Coordenação editorial
Juliana Serafim

AS DONAS DA P**** TODA

Celebration

© LITERARE BOOKS INTERNATIONAL LTDA, 2022.
Todos os direitos desta edição são reservados à Literare Books International Ltda.

PRESIDENTE
Mauricio Sita

VICE-PRESIDENTE
Alessandra Ksenhuck

DIRETORA EXECUTIVA
Julyana Rosa

DIRETORA DE PROJETOS
Gleide Santos

RELACIONAMENTO COM O CLIENTE
Claudia Pires

EDITOR
Enrico Giglio de Oliveira

EDITOR JÚNIOR
Luis Gustavo da Silva Barboza

ASSISTENTE EDITORIAL
Gabriella Meister

REVISORES
Sérgio Ricardo do Nascimento e Leo A. de Andrade

CAPA
Juliana Serafim

DESIGNER EDITORIAL
Lucas Yamauchi

IMPRESSÃO
Gráfica Paym

Dados Internacionais de Catalogação na Publicação (CIP)
(eDOC BRASIL, Belo Horizonte/MG)

D674   As donas da p**** toda: celebration / Coordenadora Juliana Serafim.
       – São Paulo, SP: Literare Books International, 2022.
       872 p. : il. ; 16 x 23 cm

       Inclui bibliografia
       ISBN 978-65-5922-481-4

       1. Literatura de não-ficção. 2. Empoderamento. 3. Feminismo.
       I. Serafim, Juliana.
                                                    CDD 305.42

Elaborado por Maurício Amormino Júnior – CRB6/2422

LITERARE BOOKS INTERNATIONAL LTDA.
Rua Antônio Augusto Covello, 472
Vila Mariana — São Paulo, SP. CEP 01550-060
+55 11 2659-0968 | www.literarebooks.com.br
contato@literarebooks.com.br

SUMÁRIO

11   PREFÁCIO
Juliana Serafim

13   UM ESQUEMINHA PERFEITO
Adriana Candido

19   A DOR É INEVITÁVEL, O SOFRIMENTO É OPCIONAL: MAS NEM TODOS SABEM DISSO
Adriane Fernandes

27   O MOVIMENTO COMO CAMINHO DE CURA
Aline Oliveira

33   AUTOCONHECIMENTO, AUTOCONFIANÇA E AUTOGESTÃO COMO TRIPÉ DE VIDA
Aline Voigt

39   MULHER: CRIADA PARA FAZER TUDO AQUILO QUE O HOMEM NÃO PODE!
Ana Maria Bieger Veiga

47   COMO ME TORNEI QUEM SOU
Andréa Araújo

53   PEDAÇOS DE MIM: COMO ENCONTREI MEU *IKIGAI* – PROPÓSITO DE VIDA
Andréia Dias S. Nakagawa

61   LIMITAÇÕES SÃO CRIADAS POR SUA MENTE!
Andreia Stanger

69   A FÓRMULA DA ALEGRIA PARA FALAR EM PÚBLICO
Andreza Vargas

77   TODA MULHER TEM UMA HISTÓRIA FORTE PARA CONTAR, QUAL É A SUA?
Angelis Bogdan

85   TAL COMO A ÁGUIA
Arlana Campos

93	DEPENDÊNCIA EMOCIONAL NA PERSPECTIVA DA PSICOLOGIA FEMINISTA **Bárbara Alves**	
99	RESILIÊNCIA, FÉ E CORAGEM **Carla Guimarães Lopes do Rosário**	
109	FOQUE EM ENTREGAR AUTENTICIDADE: *FUCK YOU* PARA QUEM SÓ SABE SER MEIA VERDADE **Carla Nakai**	
115	PROGRESSO PROFISSIONAL DE MANEIRA CÉLERE E HUMANIZADA **Carolina Pavão Silva**	
121	VIOLÊNCIA CONTRA A MULHER E SAÚDE MENTAL **Catarina Cursino e Geisa Sampaio**	
129	UM PEDAÇO DE MIM **Cilene Maria Cavalcanti**	
133	MINHA VIDA DEPOIS DAS CONSTELAÇÕES FAMILIARES **Cirlei Turmina**	
139	A FORÇA FEMININA QUE HABITA EM NÓS **Clécia Aragão**	
147	NÃO VIVA APENAS POR UM ACASO **Cristiane Sousa**	
155	A LIDERANÇA QUE EXISTE EM CADA UMA DE NÓS **Cristina Ferreira Alves Lopes da Costa**	
163	AH, SE EU FOSSE HOMEM... NÃO FARIA PARTE DAS "DONAS DA P**** TODA"! **Cynthia Moleta Cominesi**	
173	AS TRÊS ESFERAS DA ORGANIZAÇÃO **Dailza Ribeiro**	
181	A MARGINALIZAÇÃO DA MULHER NEGRA: UMA LIBERDADE QUE A ABOLIÇÃO NÃO TROUXE **Daniela Vasconcellos**	
189	QUANDO VOCÊ QUER, VOCÊ PODE! **Daniella de Oliveira Santos Leal**	
197	FAÇA DA MUDANÇA SUA ALIADA **Delaine Costa**	

205	O QUE PRECISO SABER ANTES DE ABRIR UMA FRANQUIA? **Diana Fochesatto**	
213	SEU PODER É SEU PRAZER DE VIVER **Diana Raquel**	
221	CORRIDA: UMA METÁFORA DA VIDA **Edde Noemia Orlandini Rodrigues**	
235	LUTA PELA IDENTIDADE **Erjane Alves Costa**	
241	MUITO ALÉM DOS RÓTULOS **Eulália Andrade**	
249	EMPREENDER É PARA AS FORTES! **Euriale Voidela**	
257	TERAPIA E ESPIRITUALIDADE **Fabi Santos**	
263	SALTO DA RIQUEZA: A MINHA JORNADA DOS SONHOS **Fernanda Dassie**	
271	MULHERES DE SUCESSO: DE UMA HISTÓRIA, UM GRANDE MOVIMENTO **Fernanda Oliveira**	
279	OS PILARES DO TRIUNFO: EMPREENDA COM QUALIDADE DE VIDA, SOLIDEZ E SUCESSO **Fernanda Sbrussi**	
287	UMA HISTÓRIA DE MUDANÇAS E DESAFIOS **Fran Donazzolo**	
293	TALVEZ TUDO QUE VOCÊ PRECISE SEJA APENAS ACREDITAR EM SI MESMA **Gabriella Galdino**	
301	VOCÊ É O QUE VOCÊ DECIDE SER **Giselli Brambilla**	
309	UMA VEZ ERA... A FORÇA DA MATERNIDADE **Hellen Rosa Ferreira**	
317	ACESSO F **Ilma Freitas**	

325   O DIREITO DE ESCOLHER E A RESPONSABILIDADE DE ASSUMIR: RELACIONAMENTO ASSOCIATIVISMO EMPREENDEDORISMO
Irene Sá

333   INCRÍVEL ELA: SOZINHA JÁ É UMA AGLOMERAÇÃO
Iris Maltez

341   VOCÊ JÁ PRECISOU DAR UM PASSO ATRÁS PARA AVANÇAR NA SUA VIDA PROFISSIONAL?
Ivanessa Furlick de Andrade

349   DISCIPLINA, PENSAMENTO POSITIVO E FÉ, UMA TRÍADE PODEROSA!
Janelise Royer dos Santos

357   EU ME QUERO DE VOLTA!
Jaque Becker

365   QUERIDA EU: NADA COMO SER O SEU MAIOR AMOR, ARQUITETAR E CONSTRUIR ESSE AMOR E ESPERAR PELOS FRUTOS DELE...
Juliana Pina

371   QUEM FAZ SEU DESTINO É VOCÊ
Juliana Rampani

377   CANSEI: E ESTÁ TUDO BEM
Juliana Serafim

383   O CHAMADO DA ALMA
Juliana Trein

391   ACORDE PARA SER FELIZ
Kariani Almeida

403   ORGULHO DE SER CORRETORA DE IMÓVEIS
Kathyúscia Pretto

409   MAS AFINAL DE CONTAS, QUAL É A RECEITA?
Katya Suely

419   SOU EMPREENDEDORA. E AGORA?
Kelen Turmina

429   COMO SUPEREI MEDOS E CRISES
Larissa Iná Gramkow Mesquita

437   INTUIÇÃO: COMO RETOMAR SEU PODER PESSOAL E SEU ESTADO DE LUZ ESPIRITUAL!
Leticia Mendez

445	GESTÃO ESTRATÉGICA DO TEMPO **Lívia Aurora**
453	MINHA JORNADA DE EVOLUÇÃO PESSOAL E PROFISSIONAL **Lucedile Antunes**
461	DE "AMÉLIA", A DONA DE CASA, PARA ADVOGADA, A DONA DA P**** TODA **Luciana Assis**
469	SIM, SOMOS TODAS LOUCAS! **Luciana Frast**
477	BELEZA É PODER, VOCÊ SABIA? **Luciana Oliva**
485	EXISTE MOMENTO CERTO PARA "CHUTAR O BALDE", EMPREENDER E MUDAR DE CARREIRA? **Ludmila Cardoso**
493	O AMOR TRANSFORMA **Márcia Giacomossi**
503	É POSSÍVEL: ACREDITE EM VOCÊ! **Márcia Reis**
513	A SOMBRA DA MULHER QUE NASCEMOS PARA SER **Marciani Kestring Badziak**
519	UMA CARTA ABERTA PARA TODAS AS PESSOAS ACIMA DO PESO **Marines Trentin Berg**
527	CONTINUAR... APESAR DE **Michelle Thomé**
535	MULHERES REAIS PODEM, DEVEM E MERECEM PASSAR PELA CONSULTORIA DE ESTILO **Mônica Xavier**
549	DE REPENTE, AVC **Morena Fornaciari**
557	RECOMECE QUANTAS VEZES VOCÊ PRECISAR **Nadja Lima**
565	O GRANDE DESAFIO DOS GESTORES DA ATUALIDADE **Natalia Guimarães Viotti**

573	A CORAGEM DE SER MULHER	
	Núbia Monteiro	
579	O PODER DA ADAPTABILIDADE	
	Pâmela Leal Quintian Ramos	
589	O QUE TE IMPEDE DE SE SENTIR DONA DA P**** TODA TODOS OS DIAS?	
	Patrícia Mello	
597	QUAL FOI A ÚLTIMA VEZ QUE VOCÊ FEZ ALGO PELA PRIMEIRA VEZ?	
	Patrícia Paulino	
605	CHAMADA	
	Paula Emanuela	
613	OUSANDO SONHAR	
	Pollyanna Microni Quites Pellegrinelli	
621	RESILIÊNCIA	
	Priscila Oliveira	
629	QUEM COMANDA É VOCÊ: SEJA PROTAGONISTA DA SUA VIDA!	
	Priscila Susin	
637	ESCLEROSADA	
	Raquel Andressa Rodrigues	
647	EMPREENDENDO SEM FILTRO	
	Raquel Bersano	
655	QUE P**** É ESSA?	
	Raquel Casal	
665	MULHER	
	Regina Pocay	
673	O VALOR DO MEU TRABALHO, DO TRABALHO DE TODAS AS MULHERES	
	Rejane Silva Sánchez	
681	LANÇADA NA ARENA CONDOMINIAL	
	Renata Freire Costa Gutiez	
689	A CURA DAS FERIDAS DA HUMANIDADE ESTÁ NA RAIZ: A RAIZ É UMA MULHER PRETA	
	Renata Silva	

699   EMPREENDER NUNCA FOI MEU SONHO, MAS FOI EMPREENDENDO QUE MUDEI MINHA REALIDADE DE VIDA
Reni Serafini

707   A FELICIDADE É APRENDIDA
Rosangella Fagundes

715   EFEITO DESIDERATA: COMO TRANSFORMAR UM COTURNO EMBARRADO NUM LINDO SCARPIN
Rose Floriano

723   DE PROFESSORA A EMPREENDEDORA: COMO O EMPREENDEDORISMO MUDOU MINHA HISTÓRIA
Sandra Prado

731   ARQUITETANDO A VIDA
Sandy Belmonte Garcez

739   DESTRAVE E SEJA A DONA DA P**** QUE QUISER
Sara T. Lima

747   AFRONTAS, CONFRONTOS E TRANSFORMAÇÕES
Simoni Luduvice

755   O AMOR TRANSFORMA
Sônia Margarete da Silva

761   SEJA SUA PAZ
Sophia Gomes Figueiró

771   PODEROSA SIM, FELIZ TAMBÉM
Suely Buriasco

779   MEU PRIMEIRO SALTO ALTO
Tatiane Serafim

787   SEJA INSACIÁVEL, O PODER DO CONHECIMENTO É TRANSFORMADOR
Thaynara Teixeira

795   HÁ DEZ PASSOS PARA A FELICIDADE E O SUCESSO
Thayni Librelato

803   VOCÊ PODE REALIZAR TUDO O QUE SONHA, BASTA ACREDITAR
Tina Marcato

811   A PRINCESA QUE DESCEU DA TORRE SOZINHA
Verônica Brito

819 RECOMEÇAR
Vívian Landim

827 MAS, AFINAL, QUEM SÃO AS DONAS DA P**** TODA?
Vivian Santos de Moraes Sarmento

835 SEU MOMENTO É AGORA!
Viviane de Paula

847 MULHERES E SEUS DIFERENTES PAPÉIS
Viviane Karina Gianlorenço

853 A ENGENHEIRA AGRÔNOMA DAS CIDADES INTELIGENTES
Waleska del Pietro

863 AS DEUSAS VIKINGS COMO INSPIRAÇÃO
Walkiria Almeida

PREFÁCIO

Estamos na terceira edição da obra *As donas da p**** toda*, e eu digo para vocês: que jornada!

Como em qualquer negócio ou relacionamento, em tudo existem problemas e glórias. E neste terceiro volume não seria diferente. Juntamos mulheres brasileiras, que estão por todo o mundo, para contarem suas histórias, transformações, decepções, angústias, vitórias etc... mas, principalmente, as grandes lições que tiveram.

Os caracteres são poucos para as muitas histórias incríveis que li e também soube mais pelas próprias coautoras. Tive vontade de saber mais e de conhecer mais detalhes que não couberam em seus capítulos.

É incrível a conexão que criamos com cada capítulo desta obra. Como costumo dizer: *As donas da p**** toda* é um manual para as mulheres, pois existem tantas situações que você pode tanto aprender, como também tirar uma lição de cada uma delas.

Você se conecta hoje com alguns capítulos e mais tarde com outros e é essa a magia de *As donas da p**** toda*: você pode ler e reler de tempos em tempos e sempre vai poder tirar algo para sua vida.

Quando aprendemos com os erros dos outros e suas lições de como poderiam fazer diferente, ampliamos nossa visão, e muitos fatos que são tidos como problemas podem ser facilmente contornados ou resolvidos.

Este livro é muito mais que mulheres que contam suas histórias, é uma libertação para muitas que o escreveram e para muitas que o estão lendo.

Ainda lutamos por espaço, por salários melhores, pela família, pelos nossos direitos. Nunca vamos parar de lutar e ensinar novas gerações de mulheres a crescerem com nossos acertos e erros.

E, neste volume três, estamos celebrando o sucesso de nossas coautoras e o sucesso da série *As dona da p**** toda*.

Mas o que é o sucesso?

O sucesso são diferentes coisas para diferentes pessoas e este livro mostra histórias de 108 coautoras, que, do seu jeito, acharam o seu sucesso, sendo no trabalho, na construção de uma família, viajando, adquirindo bens ou autoconhecimento, se autorrealizando, se amando, e por aí vai.

E o que é sucesso para você?

Espero que este livro amplie a sua perspectiva e ajude você a alcançar o sucesso que você tanto quer, ou a percebê-lo caso já o tenha alcançado.

Juliana Serafim

1

UM ESQUEMINHA PERFEITO

Depois de algum tempo de relacionamento, é muito comum que a vida sexual de um casal caia na rotina e que diferenças de expectativas gerem confusões. Neste capítulo, a autora conta uma história pessoal e espera inspirar mulheres e homens na busca por soluções para seus problemas na cama.

ADRIANA CANDIDO

Adriana Candido

Contatos
enf.dri@hotmail.com
Instagram: @adrianacandido
11 99726 5120

Criativa por natureza e apaixonada pelas pessoas e pelas suas histórias, Adriana Candido é escritora, mas também é esposa e mãe de duas filhas. É executiva de saúde e educação, avaliadora da Organização Nacional de Acreditação, palestrante em diversas áreas, analista comportamental, consultora em saúde e *professional & leader coach*, com reconhecimento internacional do World Coaching Council (WCC) e chancelada pela Sociedade Portuguesa de Coaching Profissional. É graduada em Enfermagem (UMC), especialista em Docência do Ensino Médio, Técnico e Superior (Fapi); em Auditoria dos Serviços de Saúde (Unicsul); em Gerenciamento dos Serviços de Enfermagem (Unifesp), em Sexualidade Humana (CBI of Miami) e mestre em Gerontologia pela Universidade de Aveiro, em Portugal. Como se não bastasse, nas últimas décadas, fez-se estudante e aprendiz da arte do relacionamento e da sexualidade; e tudo isso sem esquecer a maquiagem e o salto alto!

> *O sexo não viceja na monotonia; sem sentimento, invenções ou surpresas na cama. O sexo deve ser misturado com lágrimas, risos, palavras, promessas, cenas, ciúme, inveja, todos os condimentos do medo, da viagem ao estrangeiro, novos rostos, romances, histórias, sonhos, fantasias, música, dança, ópio, vinho.*
> ANAÏS NIN

Cara leitora, dedico este capítulo a você, mas também aos curiosos de plantão que adoram ler sobre o que as mulheres pensam, pois respeito o fato de desejarem aprender o que se passa em nossas mentes.

Esqueminha? O que seria isso? Quando você chegar ao final deste capítulo, irei te presentear com uma solução bombástica para a mesmice do sexo no relacionamento e você vai desejar elaborar o seu próprio esqueminha. Continua comigo que te explico tudo. No entanto, não vamos direto ao ponto; antes disso tenho de te contar uma história que começa com alguns anos de pós-casada. Sim, do meu casamento!

Se você é casada, se já foi ou se já esteve em algum relacionamento, sabe muito bem qual é um dos grandes problemas que enfrentamos. Estou me referindo à rotina. Depois de algum tempo em um relacionamento, talvez a rotina ou a distração dos desafios que temos diariamente nos faz perder o foco. Deixamos, então, de nos dedicar ao nosso casamento ou namoro sem perceber o que estamos deixando de lado. Toda essa situação de falta de atenção com o relacionamento ou a rotina nos deixa vulnerável aos ofensores do relacionamento, ou seja, tudo o que atrapalha nossa relação com o parceiro ou parceira. Um desses ofensores é a falta de dedicação a sua vida sexual.

Em algumas ocasiões, você, mulher, acha que o outro tem de adivinhar o que você quer no momento do sexo ou a brincadeirinha que acontece antes do sexo. E, em contrapartida, o outro espera que você diga o que deseja que seja feito. Doideira entender essa contradição, mas, como disse, consegui achar uma solução dos deuses para essa problemática. Na verdade, foi uma ideia sensacional, top, ultra das galáxias.

Vou contar aqui uma história engraçada para você rir comigo, enquanto eu escrevo pensando em você. Eu e meu marido, Oscar, tínhamos uma falha na comunicação sobre o que cada um gostaria de receber no momento da relação sexual.

Um dia, eu cheguei tão cansada do trabalho, depois de uma semana exaustiva, e ele me esperava para fazer um convite a fim de irmos jantar em um restaurante que eu já tinha falado que gostaria de conhecer. Então, resolvemos ir, sim! Tomei um banho, dei uma encerada na lataria e passei um reboco no rosto, o que, no meu vocabulário, quer dizer que estava de banho tomado, vestida, cheirosa, hidratada e maquiada.

Depois de um jantar fantástico na companhia do maridão, chegamos em casa e logo rolou um climinha. Eu, como não perco uma oportunidade, logo pensei: "**É hoje que a gata ataca! Miau!**".

Fui tomar um banho rápido, só lavando o necessário mesmo e imaginando tudo o que eu queria fazer com ele, e só conseguia pensar nas preliminares. Afinal, preliminar é tudo, né, amiga!

Nas minhas fantasias, já estava me imaginando numa camisola preta de mulher-gato, pronta para arranhar, morder, lamber e por aí vai. Sou tão criativa... Pensei até na música que tinha de estar tocando, um super-rock da banda AC/DC. Então, deixei minha fantasia de lado enquanto me secava do banho e saí do banheiro. Abri a porta bem rápido para junto de mim sair aquele monte de vapor e fazer uma cena de um filme de Hollywood. Eu sexy, camisola preta, fumaça (na verdade, o vapor do banho) numa pose de gata, grudada na parede do quarto. Dessa forma, eu tinha planejado tudo. Dentro da minha cabeça, eu estava vivendo em uma cena erótica de um filme de Hollywood. Mas, como o sucesso dura pouco, principalmente com tudo acontecendo só na minha cabeça, qual era a realidade?

Oscar me aguardando com cara de menino travesso, ao som de uma musiquinha romântica, que não combinava nem um pouco com minha fantasia de gata malvada. Pronto, de modo automático, já fiquei irritada e ele me perguntando o que ele tinha feito para eu não querer mais namorar. Como eu iria explicar a cena erótica do filme de Hollywood? E, na verdade, ele não fez nada de errado, não teve culpa alguma! Eu que tinha planejado tudo em meus pensamentos e me esqueci de contar para ele. Ou seja, faltou comunicação da minha parte. E não só falta de comunicação, mas falta de comunicação assertiva. A assertividade é a habilidade que nos faz saber expressar pensamentos, crenças, sentimentos negativos e positivos, além de continuar e terminar uma conversa comum de maneira direta e honesta, sem gerar sofrimento e mal-entendidos.

Diante dessa e de outras situações por que passei no meu casamento, resolvi dar um basta e pensar numa solução. Não bastaria qualquer solução, uma vez que, para a comunicação dar certo, ambos os envolvidos devem compreender perfeitamente a informação. Além dessa dificuldade, eu tinha mais um grande desafio: como a formação do maridão é da área das exatas, ele tinha uma certa "tara" por tabelas. Depois de pensar, não poderia perder essa oportunidade e tive de tirar proveito da situação. Logo pensei numa tabela.

Vou descrever a solução que criei, o esqueminha das camisolas. Eu vinculei meu desejo sexual a uma cor de camisola, a uma música e os detalhes da brincadeira e coloquei no papel. E ficou assim:

Gata selvagem	Camisola: preta	Música: Back in black, do AC/DC	Significado: eu vou ser malvada. Gosto de lambidas e cafuné. Deixe-me dominar!
Noivinha	Camisola: branca	Música: With or without you, do U2	Significado: hoje eu quero namorar devagarinho, com romance. Não puxe meu cabelo!
Predadora	Camisola: animal *print* (oncinha)	Música: Tapão na raba, do Raí Saia Rodada	Significado: eu posso fazer tudo com você e você pode fazer o que quiser comigo. É permitido brinquedos mais ousados. Palavra de segurança se a brincadeira passar dos limites: Pare!
Soninho	Camisola: fofinha e confortável	Música: nenhuma	Significado: não quero namorar. Não quero discutir a relação. Só quero aconchego para dormir. Não precisa virar as costas para mim só porque não quero namorar!

E foi dessa maneira que comecei a me comunicar melhor com meu marido. É claro que para uma comunicação mais assertiva tive de imprimir, explicar e deixar visível na mesa de cabeceira o tal esqueminha das camisolas. Além disso, perguntei a ele se realmente tinha entendido e acabamos fazendo pequenos ajustes.

Passei a deixar as camisolas arrumadinhas no banheiro e já saía pronta para safadeza ou para dormir sem brincadeira alguma. A partir dessa minha experiência, percebi que eu sempre acabava criando uma expectativa e certa ansiedade nas minhas saídas do banho. Aquele homem me aguardava inquieto sair do banheiro e, algumas vezes, eu achava que ele iria sair correndo da onça. Depois desse esqueminha, percebemos que nossa comunicação para o sexo melhorou muito. É claro que apareceram outros desafios que compartilho com vocês em outro momento, mas a experiência bem-sucedida do esqueminha das camisolas nos inspirou a novas soluções.

O sexo ficou tão mais gostoso, prazeroso e, com essa solução, ambos saímos da brincadeira muito mais satisfeitos. Em algumas ocasiões, ele até sugeria qual camisola desejava que eu usasse. Mas esta é a minha realidade, foram os meus desafios e a minha maneira de achar a solução para a situação que eu vivia. Talvez pudesse haver outras soluções mais fáceis ou até mais engraçadas e elaboradas, porém foi o esqueminha das camisolas que me trouxe à tona novamente.

O importante é você saber que toda mulher é única em sua beleza, inteligência, força interior e garra. Não deixe que a rotina do dia a dia ou os desafios que cruzam nosso caminho nos enfraqueçam ou nos façam sentir que somos menos importantes.

Como eu acredito em você e sei que você é a dona do seu próprio destino, o que acha de customizar seu próprio esqueminha de camisolas, *lingeries* ou pijamas? Não economize na criatividade, coloque suas músicas preferidas, de acordo com suas cores e seus desejos. Acredito que eu iria aprender muito com você! E que tal se, depois de customizar seu esqueminha, você me marcasse nas redes sociais? Poderíamos trocar experiências, já pensou?

Agora eu me dirijo a você, querido curioso: não deixe que toda esta informação valiosíssima do esqueminha das camisolas caia no esquecimento; leve-a por onde você passar e apulverize entre as mulheres com as quais tem contato. Aproveite e inove criando seu esqueminha das cuecas; capriche no visual! Já estou até imaginando as tendências da moda. Afinal, nenhuma mulher merece se produzir tanto e se deparar com algumas cuecas velhas, largas, rasgadas e furadas. Para um relacionamento dar certo e ser saudável, ambos devem investir na relação.

Por fim, um último conselho: viva a sua vida, conte as suas histórias e seja feliz ao seu modo com os seus esqueminhas. Mas não se deixe apagar pelas rotinas da vida; afinal, o corpo é seu e quem dita as regras é você! Te encontro nas redes sociais!

E como disse o escritor Cesare Pavese: "Se o sexo não fosse a coisa mais importante da vida, o Gênesis não começaria por aí".

2

A DOR É INEVITÁVEL, O SOFRIMENTO É OPCIONAL
MAS NEM TODOS SABEM DISSO

Empreender, muitas vezes, é uma jornada solitária. Neste capítulo, você encontrará um espaço seguro para realizar reflexões importantes sobre sua carreira e se questionar sobre seus próximos passos, enquanto navega pelos aprendizados de uma jovem empresária.

Adriane Fernandes

Contatos
adriane@karmadigital.com.br
LinkedIn: linkedin.com/in/adrianefernandes/

Fundadora da Karma Digital, trabalha com *e-commerce* e marketing digital desde 2010, atuando em mais de 200 empresas desde então. É formada em Empreendedorismo e Liderança pelo YLAI (intercâmbio do Departamento de Estado dos EUA), além de Liderança e *Coaching* Executivo Estratégico pela Harvard Extension School. Antes de se dedicar à Karma, trabalhou em projetos e *startups* premiados internacionalmente.

> *O propósito original do trabalho é que não nos deixemos morrer.*
> *Afinal de contas, somos seres de carência, de necessidade.*
> *Ou construímos o nosso mundo ou não há como existir.*
> MARIO SERGIO CORTELLA

O ano era 2016, eram nove e alguma coisa da noite de uma quinta-feira. Nas minhas mãos estava o recente lançamento do escritor Mario Sergio Cortella: *Por que fazemos o que fazemos*. Eu folheava as páginas enquanto esperava um voo depois de mais uma viagem exaustiva realizada pela agência de publicidade na qual eu trabalhava. Naquela leitura, eu encontrava respostas para algumas questões que frequentemente circulavam pela minha cabeça, mas também construía novas perguntas que me acompanham até hoje.

Por muitos anos, tive orgulho de dizer em voz alta que eu amava as segundas-feiras. Enquanto muitos amigos e conhecidos reclamavam sobre a tristeza dos domingos à noite, eu na verdade adorava os recomeços das semanas. Acordava às cinco e cinquenta da manhã, pegava um ônibus até o trem, cinquenta minutos de viagem em um vagão cheio de pessoas, mais um ônibus lotado até o escritório e, mesmo assim, eu amava o que fazia. E por vários anos aquela rotina fez sentido para mim. Até o dia em que os valores escritos nas paredes daquela empresa me fizeram pensar o contrário.

Naquele ano, eu estava na faculdade, cursando Psicologia. Fascinavam-me as questões sociais e ambientais que fazem as pessoas serem diferentes umas das outras. A constituição do sujeito se constrói na relação com o outro, aprendi logo nas primeiras aulas. Em nossas carreiras, famílias e círculos de amizade, exploramos distintas versões de nós mesmos. Foi observando essas relações que percebi que a Adriane do trabalho era outra pessoa em comparação com a Adriane da mesa de bar, das redes sociais ou dos relacionamentos íntimos.

Outro aprendizado valioso da faculdade foi a importância das perguntas. Absorver o contexto e saber fazer as perguntas corretas, para mim, se tornou mais importante do que saber as respostas. A minha genuína curiosidade pela vida foi sendo lapidada pela arte de fazer perguntas. Tornou-se uma das minhas características mais fortes. Eu costumo dizer às empresas que atendo que, se eu as fizer pensar sobre coisas que não se deram conta, meu papel estará cumprido.

Hoje, ouso fazer a mesma provocação neste breve texto. Quero te fazer questionar tópicos sobre os quais nem sempre temos a oportunidade de refletir. Sinta-se à vontade para me procurar nas redes sociais ou e-mail e compartilhar suas reflexões sobre esta leitura.

O que te fez escolher qual carreira seguir?

O ano de 2017 foi complicado para mim. Larguei a jornada CLT e abri meu CNPJ no primeiro trimestre daquele ano. No segundo semestre, já estava trabalhando em tempo integral como *freelancer*, oferecendo marketing digital para pequenas empresas. Eu já sabia muito bem como executar demandas, mas foi minha primeira vez captando, atendendo e gerenciando clientes. Foi o ano em que fui diagnosticada com uma doença crônica. Também o ano em que perdi meu pai.

No meio daquele caos emocional, me joguei de corpo e alma no meu trabalho. Logo veio minha primeira assistente, o primeiro cliente grande, o primeiro milhão de receita gerada para uma empresa. No ano seguinte, éramos três pessoas trabalhando no meu apartamento. Em 2019, eu abri meu primeiro escritório.

Olhando para trás, hoje, eu entendo que construí minha empresa por motivos de sobrevivência. Quando estava triste, trabalhava. Quando a perda do meu pai doía forte, eu trabalhava. Quando mais um relacionamento fracassava, trabalhava. E hoje eu entendo também que foi nesse momento que "as Adrianes" começaram a se tornar uma só.

Quantas versões de você existem?

Quando meus amigos perguntavam como eu estava, eu respondia que a empresa ia bem. Se minha mãe ligava perguntando como iam as coisas, eu contava sobre clientes novos e pessoas da equipe. Há anos as pessoas sabem mais sobre como vai a minha empresa do que como eu realmente estou.

E essa mistura é complexa de dissolver. Uma grande amiga minha me perguntou, no alto da sabedoria dela, quem era a Adriane fora do trabalho.

Eu honestamente não sabia responder. Já faz quatro anos que ela fez essa pergunta e ainda estou tentando descobrir a resposta.

Você já quis recomeçar tudo do zero?

Minha empresa já ia bem quando começou a pandemia. De repente, todas as marcas precisaram fortalecer sua presença on-line para sobreviver ao impacto do isolamento social. Oferecer nosso serviço era como vender água no deserto. Enquanto muitas empresas afundavam, nós mergulhamos. Olhamos para dentro e estudamos muito para entender como ajudar essas empresas. A pandemia foi o auge do marketing digital, muitas agências novas surgiram, mas também muitos charlatões. Nós seguimos firmes, oferecendo um trabalho de qualidade, do qual sempre me orgulhei muito.

Minha prioridade durante o início da pandemia foi ajudar nossos clientes, sem comprometer a qualidade do nosso trabalho e mantendo um ambiente saudável para minha equipe. Mas alguns meses depois, a pressão começou a afetar minha saúde mental. Outro relacionamento fracassado me fez desejar que eu pudesse começar de novo em outro lugar. *E por que não?,* pensei. O escritório já estava fechado, ninguém da equipe trabalhava presencialmente há meses. Então decidi mudar de estado.

E foi assim que me mudei para Florianópolis/SC. Mas a mudança real precisa ser feita de dentro para fora e, alguns meses depois de chegar na nova cidade, grande parte daquela pressão ainda me acompanhava. Eu já fazia terapia há anos, mas procurei um psiquiatra. O diagnóstico me surpreendeu: estresse pós-traumático e ansiedade generalizada.

O que você precisa fazer por si mesmo hoje?

Medicada, comecei a trabalhar mais ativamente na ansiedade durante as consultas com a psicóloga. Minha terapeuta utiliza a abordagem da Terapia do Esquema, que foca muito a nossa criança interior e o atendimento das nossas necessidades. Minha obsessão por perguntas foi alimentada pela terapeuta, que, na insistência das sessões, me apresentou aquele que seria meu novo mantra: o que eu preciso fazer por mim mesma hoje?

E assim fui entendendo que algumas cargas só seriam aliviadas se eu parasse de fingir que tudo estava bem o tempo todo. Ouvir esse questionamento é fácil, começar a agir sobre isso é o desafio. Fiz um esforço gigante para ser capaz de identificar pessoas, situações e até mesmo clientes que me deixavam ansiosa. Nessa jornada se foram algumas amizades e pessoas da equipe. Também se foram clientes.

Prestar serviços é lidar com expectativas de clientes. No meu caso em especial, expectativas de vendas e faturamento. Mas um bom marketing digital não salva um produto que está muito caro, o público-alvo não percebe valor ou, ainda, a experiência de compra não é boa. Existem empresários que sabem lidar com o fato de que o marketing sozinho não vai conseguir salvar as vendas. Essas pessoas nos perguntam como podemos juntos melhorar os resultados e trabalhamos juntos nisso. Porém há também aqueles poucos que não conseguem olhar para as falhas nos seus processos, e me doeu por um tempo admitir isso; eram eles que me deixavam ansiosa. Então, respondendo à pergunta da minha terapeuta, para aliviar essa pressão, eu precisava deixá-los partir. Foi nesse momento que encerrei meu contrato com várias empresas.

O que a pandemia ensinou a você?

O novo normal, o velho normal. Dentre tantos aprendizados que a pandemia me trouxe, veio um dos mais doloridos: *as constantes são imprevisíveis*. Meu perfil analítico tem a tendência de analisar ambientes e contextos entre o que é variável e o que é constante. E, no que se refere a minha vida pessoal, eu sempre considerei meu trabalho a única constante.

O avanço das vacinas e a flexibilização do isolamento social trouxeram um novo cenário para a humanidade. Porém, por mais que estejamos tentando empurrar novas vidas de volta ao normal, a situação econômica está longe de voltar ao que era antes. Foi nesse contexto que fui obrigada a assistir tudo o que levei dois anos para construir se esfarelar em dois meses. Em algumas semanas precisei enxugar minha operação, lidar com novos problemas de saúde e mais um relacionamento fracassado. E no meio desse caos eu me voltei para a pergunta mais importante que me fiz até hoje.

O que vem a seguir?

Fui questionada, em um dos eventos em que palestrei durante a pandemia, sobre o que significa liderar. Respirei fundo e respondi: liderar é ser vulnerável.

Quando você lidera pessoas, você se expõe. Um bom líder está com sua equipe nos momentos bons e ruins. Um líder de verdade consegue inspirar pessoas mesmo nos seus piores momentos. Nos últimos anos, passei por vários momentos difíceis e, analisando as constantes, destaco a terapia. Ter um espaço seguro para compartilhar meus sentimentos foi essencial para superar tantos desafios.

Algumas semanas atrás, estava almoçando num restaurante próximo da minha casa. Uma jovem mulher veio até minha mesa para anotar se eu desejava beber algo para acompanhar a refeição. Eu só consegui prestar atenção aos hematomas roxos nos braços dela. Comentei com a pessoa que dividia a mesa comigo naquele momento e ela disse que aquelas manchas podiam ser qualquer coisa. Mas acredito que só uma vítima de violência reconhece facilmente essas marcas.

Foi um almoço silencioso. Pensei no quanto aquela mulher precisava de ajuda e se conhecia alguém que podia oferecer apoio a ela. Minha mente divagou entre meus amigos e pessoas conhecidas, muitos fariam daquele momento uma inspiração para criar algum aplicativo ou *startup* que ajudasse a combater a violência doméstica. E eu, novamente, pensei no espaço seguro.

Por que fazemos o que fazemos?

Pessoas machucadas precisam de espaço para se curar. Vítimas precisam de uma pessoa qualificada e pronta para acolher. Então, o que vem a seguir? Respondendo à minha própria pergunta, eu quero proporcionar esse espaço de cura. Graças à terapia, eu entendi que eu *faço o que faço* hoje para *fazer alguma diferença*. Mas quero oferecer uma transformação diferente daquela que eu proporciono hoje.

Decidi voltar à faculdade e começar tudo do zero, de novo, pela terceira vez, agora aos trinta anos. Vou concluir aquele diploma que nunca terminei porque estava muito ocupada construindo um nome para mim mesma dentro do mercado digital. Eu quero aplicar todo o amor que sempre coloquei no meu trabalho, dessa vez num ambiente menos volátil. O que eu preciso hoje é ajudar pessoas que precisam encontrar em si mesmas a força para começar de novo e construir um futuro diferente.

A cada dia que vivo, mais me convenço de que o desperdício da vida está no amor que não damos, nas forças que não usamos, na prudência egoísta que nada arrisca, e que, esquivando-nos do sofrimento, perdemos também a felicidade.

> A dor é inevitável.
> O sofrimento é opcional.
> (poema "Definitivo", MARTHA MEDEIROS)

O MOVIMENTO COMO CAMINHO DE CURA

Um dos caminhos para se curar de um estado de desequilíbrio passa pela descoberta do próprio corpo por meio do movimento. Essa jornada depende de se buscar um meio seguro para se mover, que propicie bem-estar e alegria na realização, e de se apoiar em conceitos que facilitem o aprendizado. Este capítulo aborda um método criado há mais de um século e bastante estudado pela ciência atual, o Pilates, além de fundamentos de outras áreas que, em conjunto, fazem sentido para a busca de saúde e autoconhecimento.

ALINE OLIVEIRA

Aline Oliveira

Contatos
ommaitri.com.br
alineoliveira.pilates@gmail.com
Instagram: @alineoliveira.pilates
Youtube: Aline Oliveira (Om Maitri)

Fisioterapeuta graduada pela PUC/GO (2005), com especialização em Tratamento Neuroevolutivo Método Bobath (2006) e pós-graduação em Fisioterapia Neurofuncional (Universidade Castelo Branco – 2007). Instrutora de Pilates com formação internacional pela Polestar Pilates Education (2021) e em processo de formação em Manipulação Fascial Método Stecco.

> *Um corpo livre de tensão nervosa e do cansaço excessivo é o abrigo ideal oferecido pela natureza para manter uma mente bem equilibrada, que é sempre capaz de enfrentar os problemas da vida moderna.*
> JOSEPH PILATES

Nosso corpo é a fonte primeira de bem-estar para a vida diária. Pelo menos deveria ser assim para todos, na maior parte do tempo. Mesmo que em alguns momentos haja limitações, ou mesmo diante de restrições permanentes, o corpo deve ser capaz de proporcionar um estado de equilíbrio que permita uma vida agradável. E essa sensação agradável deve propiciar o desenvolvimento das atividades e das habilidades de cada indivíduo de forma eficiente.

Manter o corpo com bom condicionamento é um requisito fundamental para a saúde e, como dizia Joseph Pilates, "o primeiro requisito para a felicidade". Na maioria das vezes realizamos atividade física para manter a estética corporal, o que nos dispensa um exaustivo esforço no trabalho com pesos; ou após termos passado por momentos de crise, seja uma doença ou a reabilitação de uma lesão. Deixamos de lado o prazer de se mover o corpo e nem notamos os benefícios que o engajamento da mente nesse processo poderia propiciar ao dia a dia.

É possível encontrar com facilidade estudos que apoiem a premissa de que uma disfunção no corpo pode ter relação com a mente e/ou com o campo bioenergético criado ao redor dele. Essa relação se refere tanto a patologias quanto a alterações musculoesqueléticas e posturais, assim como dores agudas ou crônicas.

Permitir se conhecer é o primeiro passo para se equilibrar a mente e o corpo. E mesmo diante de inúmeros recursos atualmente, o caminho para essa conquista é mais simples e acessível do que se pensa. Vamos estudar alguns conceitos importantes neste capítulo e, ao final, você poderá reunir os conhecimentos que farão sentido para se apropriar de mais saúde.

Jornada pelo centro do corpo

Quando crianças, buscamos o movimento para explorar o ambiente e adquirir experiências. Conhecer o mundo explorando o próprio corpo permite não só a criação da percepção corporal, mas de uma rede neuronal ampla, uma cognição estruturada e, por consequência, um desenvolvimento adequado. Ao longo dos anos, vamos perdendo essa necessidade e nos resignamos a utilizar o corpo para permanecer em posturas por longos períodos, por demanda de trabalho, ou a utilizá-lo somente em alguns momentos de práticas esportivas e de lazer. Adquirimos, assim, hábitos posturais que nos causarão transtornos futuros e deixamos de perceber as necessidades do nosso corpo.

O trabalho de Joseph Pilates se baseou em criar exercícios que pudessem fortalecer o corpo como um todo. Seu objetivo era tornar os movimentos mais naturais e eficientes, para que as atividades do cotidiano fossem realizadas com menor esforço. Baseando-se em diversas atividades já consagradas, como ioga e *Tai chi chuan*, ele estabeleceu suas pesquisas e metodologia de exercícios na ideia de que a aquisição da saúde passa pelo "controle da mente sobre os músculos". Chamou isso de Contrologia, o que hoje conhecemos por Pilates.

A base principal do método está na ativação correta da musculatura abdominal por meio de uma respiração adequada que acessa o "centro de força". Esse centro envolve músculos abdominais, além de músculos da parte lombar da coluna vertebral e da pelve. Mas acessá-lo vai além da contração da musculatura em si. É uma aquisição progressiva de consciência e organização corporal em diferentes posturas, que dependerá tanto de uma orientação inteligente quanto de um esforço próprio de concentração. É neste ponto que a mente entra em cena, revivendo experiências passadas de movimento, expandindo novas experiências, engajando-a em imagens durante os exercícios, e até revelando uma força interior antes bloqueada. Envolve um conhecimento sobre como você se observa respirando, como seu corpo se movimenta e como você se enxerga diante da vida e de seus desafios. Porque respirar não é só colocar o ar para dentro e para fora, pelo menos não em uma aula de Pilates. Joseph dizia que a respiração funcionava como um "chuveiro interno", em que a completa inspiração e expiração do ar faria uma limpeza das toxinas a partir das trocas gasosas. Logo, todos os músculos são levados a uma atividade maior e, assim, o corpo todo recebe oxigênio puro. Essa respiração consciente pode ser um desafio no início, mas com o tempo se torna uma ferramenta fundamental na fluidez dos exercícios e no processo de se perceber internamente. Experimente fazer uma aula de Pilates, com respiração bem orientada, bastante concentração e controle, e perceba que ao final seu corpo estará mais energizado e você se sentirá mais capaz de realizar uma tarefa.

Conhecendo o corpo por meio da conexão integral

Já percebeu que na correria dos nossos dias ligamos o piloto automático e nem notamos o quanto a relação corpo-mente é importante em nossas vidas? Quando integramos o movimento para além do nível musculoesquelético e incorporamos a mente, as emoções e o subconsciente, elevamos o trabalho para a visão holística do indivíduo. Outros métodos nos trazem essa relação de integração holística, que é a base das terapias alternativas (complementares) de tratamento e cura e que agregam o que já vimos do Pilates.

Para se conquistar o desenvolvimento pessoal, é necessário contínuo aperfeiçoamento da autopercepção do corpo e do espírito. Foi a partir disso que Moshe Feldenkrais organizou seu método de trabalho, o Método Feldenkrais, que relaciona a integração dos movimentos e a percepção deles ao corpo. Seu pensamento faz uma ponte entre padrão indesejável de movimento e comportamento, destacando que a boa motivação para a ação interfere no processo de autoaprendizagem. Se você está centrado em seu objetivo e se move com consciência, logo integrará os sistemas, possibilitando reconhecer o que seu corpo precisa para se curar.

Outra vertente atual de estudo alinhada a essa ideia é o Sistema Fascial. Em nosso corpo, uma extensa rede tridimensional de tecido conjuntivo mantém a tensão ideal para que os músculos se deslizem facilmente em unidade com as estruturas ósseas. Esse conceito de tensegridade entende que a tensão exagerada ou desequilibrada gera compensações em outras regiões e restrições nas fáscias, o que causa dor e altera o movimento. Isso também se expande para o campo energético do indivíduo, pois segundo esse entendimento a eliminação das restrições melhora a transmissão de importantes correntes bioelétricas curativas. Na Manipulação Fascial, o objetivo é remover as restrições fasciais e recuperar o equilíbrio do corpo. Quando a estrutura retorna ao estado equilibrado, a capacidade intrínseca de autocorreção é recuperada, restaurando a função e diminuindo o gasto energético no desempenho de tarefas. Contudo, sem o entendimento de que o corpo se cura a partir do que você oferece a ele de maneira consciente, não é possível se obter resultado satisfatório. Seu empenho em desenvolver autoconhecimento fará toda a diferença. Espero que você encontre a motivação necessária para buscar o caminho que mais faça sentido em sua jornada por mais saúde e vida, e que aproveite as possibilidades de movimento que o Pilates pode te proporcionar.

Referências

DAVIS, C. M. *Fisioterapia e reabilitação – terapias complementares.* Rio de Janeiro: Guanabara Koogan, 2006.

ISACOWITZ, R.; CLIPPINGER, K. *Anatomia do pilates.* Barueri: Manole, 2001.

PILATES, J. H. *A obra completa de Joseph Pilates.* São Paulo: Phorte Editora, 2010.

SILER, B. *O corpo pilates.* São Paulo: Summus Editorial, 2008.

4

AUTOCONHECIMENTO, AUTOCONFIANÇA E AUTOGESTÃO COMO TRIPÉ DE VIDA

Este capítulo é dedicado a mulheres que buscam quebrar paradigmas e posicionar-se como líderes e gestoras em ambientes culturalmente masculinos. O caminho é complexo e passa por desafiar e ressignificar expectativas estreitas sobre si mesma, além de compreender o cérebro para administrar melhor as emoções.

Aline Voigt

Contatos
www.sankhya.com.br
aline.voigt@sankhya.com.br
47 98408 1505

Formada em Ciências Contábeis e Estudos Sociais pela Universidade do Vale do Itajaí (Univali), tem especialização em Gestão Empresarial, Mapeamento de Processos Empresariais e em Negócios na Construção Civil. É membro do Núcleo da Mulher Empresária (Numea), da Associação Empresarial de Balneário Camboriú e Camboriú (Acibalc), conselheira fiscal da Associação Empresarial de Balneário Camboriú e Camboriú (Acibalc) e diretora financeira do Conselho Estadual da Mulher Empresária de Santa Catarina (CEME). Há 20 anos na área da tecnologia, dirige a Sankhya Gestão de Negócios, unidade Santa Catarina.

Com alguma frequência me perguntam como cheguei à posição que ocupo hoje, ou seja, diretora executiva da Sankhya Gestão de Negócios da unidade catarinense. Os questionamentos muitas vezes vêm carregados daquela pecha feminista: "Você é mulher, como conseguiu?".

Adoraria dizer que existe uma receita pronta, mas seria mentira. A primeira coisa importante de se frisar é que a intenção deste conteúdo não é abordar profundamente as questões de gênero ou fazer juízo de valor sobre o movimento feminista. Pelo contrário. O objetivo é trazer a minha perspectiva e experiência no mundo empresarial para inspirar ou, quem sabe, impulsionar mulheres que identificam em si capacidades pouco exploradas ou mal trabalhadas no universo dos negócios. Sendo assim, por um momento vamos esquecer que somos mulheres e vamos focar nossa condição de seres humanos. O título que escolhi para este capítulo resume – se é que isso é possível – os princípios que vamos trabalhar neste conteúdo.

Analisem comigo. "Auto" é um prefixo de origem grega que significa "a si próprio, a si mesmo". Há outros significados, se analisarmos a palavra etimologicamente ou em diferentes contextos, mas vamos nos ater ao uso desse elemento composicional aqui no Brasil. Trata-se, numa ideia reflexiva, daquilo que é próprio ou que funciona por si mesmo.

Começo minha reflexão neste livro dizendo que a solução para todos os nossos conflitos e obstáculos, sejam eles de ordem pessoal ou profissional, sejamos nós homens ou mulheres, está dentro de nós. Longe de mim sugerir uma visão simplista ou até ingênua da vida. Também não nego a existência e a força das interferências externas.

Quando chamo a atenção para o universo interior de cada um, estou me referindo às nossas inúmeras capacidades. Somos seres pensantes, com capacidade de raciocínio e funções cognitivas. Muitas vezes o que nos separa dos nossos objetivos ou sonhos é a falta de conhecimento sobre nós mesmos. Entra aí o primeiro "auto" do nosso tripé: autoconhecimento.

Quem sou eu

Mulher ou homem, você precisa conhecer a si mesmo(a). Antes de trabalhar suas habilidades e até mesmo sua atitude perante a vida, os negócios e os colegas homens, você precisa se entender.

Não sou daquelas pessoas que sempre souberam o que gostariam de ser. Quando criança, ao me perguntarem o que eu seria quando adulta, jamais dizia "empreendedora" ou "gestora em uma empresa de tecnologia". Neste exato momento, você deve estar se perguntando como eu cheguei aqui. Pois bem, foi um processo. Uma sucessão de acontecimentos e escolhas.

Sou filha de militar. Vivi muitos anos em Florianópolis (capital catarinense) com a família, mas minha vida profissional aconteceu de fato em Balneário Camboriú/SC. Desde pequena acompanhei, com meu avô, o trabalho do Movimento Internacional da Cruz Vermelha, em Santa Catarina.

Ao observar aquele ambiente e o movimento voluntário daquelas pessoas, percebi que já tinha uma vocação natural para liderança e para ajudar o próximo. O trabalho da Cruz Vermelha é organizado, deixa claro o papel da liderança e tem fim social. Aquilo fazia sentido pra mim.

Nessa altura da minha vida, minhas vocações profissionais ainda eram uma incógnita, mas eu já começava a entrar em contato com meu propósito e com minha essência, o que foi possível graças a um exercício de observação e autoconhecimento.

Quando falamos em essência e conseguimos visualizar um propósito, começamos a nos aproximar do que pode vir a ser uma vida e carreira de sucesso.

Algum tempo depois, enquanto cursava a faculdade, trabalhei no setor administrativo de uma empresa da área de varejo. Perfeccionista, como boa virginiana, percebi que faltavam indicadores para compreender melhor os resultados da loja. Então me fiz a seguinte pergunta: "Que dados eu gostaria de ter e entender para obter visão melhor do negócio?". Com a resposta, criei minha própria planilha de indicadores e aperfeiçoei a gestão da loja.

Insegura, decidi levar esse trabalho para avaliação e validação de meu professor, hoje meu sócio, José Santos Pereira. Após analisar meu arsenal de indicadores, ele me convidou para trabalhar consigo. Já se passaram 22 anos desde então e, hoje, reconheço o acerto da decisão que tomei. Deixei a loja para ganhar a metade do salário, mas comecei a pavimentar meu futuro.

Determinação e persistência

Estamos entrando no segundo "auto" do nosso tripé, a autoconfiança. Nesta etapa da minha vida eu já tinha mais clareza sobre a carreira e sobre as minhas capacidades, mas era preciso lapidar habilidades e fortalecer as crenças sobre mim mesma. Essa fase exige muita determinação e persistência, porque erramos muito e temos medo do desconhecido. No caso das mulheres, em especial, este é um momento importante de autoafirmação. No mundo da tecnologia e até da contabilidade, naquela época, os homens eram maioria absoluta. Participar de uma reunião ou expor uma ideia era aterrorizante para a maioria das mulheres. Não para mim.

Hoje percebo que sempre foquei mais minha habilidade de aprimoramento, sem permitir que o ambiente externo me limitasse. Fácil? Não! Essa capacidade é fruto de muito exercício de autoconhecimento e da sorte de se viver em família estruturada, dentre outros elementos. Mas também é o resultado de muito trabalho fora de hora, treinamento e humildade.

Quando nós, mulheres, falamos em "conquistar nosso espaço" em um mercado essencialmente masculino, muitas vezes adotamos postura arrogante. É importante refletir sobre o papel de cada um no mundo ou no universo corporativo. Homens e mulheres têm perfis diferentes, habilidades natas diferentes, cérebros com funcionamentos diferentes. Eu gosto de dizer que cada um deve se posicionar em seu próprio espaço. Somos complementares e precisamos uns dos outros.

Nem sempre somos deliberadamente rejeitadas ou menosprezadas no mundo empresarial. Muitas vezes, falta-nos atitude mais enérgica na hora de nos posicionarmos e nos comunicarmos – sem prepotência ou vitimismo. Por isso é tão importante trabalhar a autoconfiança. Quando estamos mais seguras, nos posicionamos melhor e não nos excedemos, pois todo excesso mostra uma falta. E acredite: tudo isso faz parte de um processo evolutivo de homens e mulheres.

Primeiro você

O último "auto" do nosso tripé é a autogestão. Exercitar o autoconhecimento e fortalecer a autoconfiança não são práticas suficientes quando não aprendemos a nos autogerenciar. Muitas de vocês estão lendo este capítulo porque têm desafios na área da liderança e da gestão. Certo? Pois bem, quem não sabe se autogerenciar jamais será uma boa líder. Aquela máxima "faça o que eu digo e não faça o que eu faço" não serve para o mundo corporativo ou para qualquer relação interpessoal. Existem vários modelos de liderança, mas todos começam pela compreensão de si e do outro, ou seja, do espaço de cada um. Por isso, é essencial trabalhar o autogerenciamento antes de querer mostrar ao outro o que fazer. Nesse quesito, a maternidade me trouxe muito conhecimento. Passei a ser menos microgerenciadora e mais construtiva na liderança. A maternidade chegou à minha vida depois dos 40 anos, e mudou tudo. Meu cotidiano, minhas prioridades, dentre outras coisas. Mas meus valores não mudaram, o que é importante.

É preciso ter em mente que, no mundo dos negócios, as coisas mudam o tempo todo, especialmente nos dias de hoje. Na área da tecnologia, nem se fala. Isso exige atenção, resiliência e educação continuada. Esse movimento é comum e precisamos estar atentos a ele. Estou há 20 anos trabalhando com desenvolvimento de empresas e vi muitas mudanças acontecerem. Minha carreira passou por várias reviravoltas até que, em 2010, assumi a diretoria da Sankhya Gestão de Negócios em Santa Catarina, empresa com sede em Minas Gerais e com mais de 50 unidades distribuídas em todo Brasil.

Eu estou sempre aberta a mudanças e procuro manter *mindset* de crescimento. Ideia fixa não sustenta crescimento. Uma mudança que me forcei a fazer com o passar dos anos e, principalmente, depois do nascimento do Gabriel, foi abandonar (ou quase) o perfil "realizadora". É preciso aprender a fazer cada coisa no seu tempo, elencando prioridades e delegando tarefas.

De nada adianta saber tudo sobre negócios, liderança, gestão e não ter amigos, família e saúde mental. Por isso, quando falo em trabalhar o autoconhecimento, a autoconfiança e a autogestão, estou dizendo que devemos trazer para a vida pessoal os conceitos do universo empresarial, que são: devemos olhar para dentro, planejar os passos, organizar o que for preciso, além de gerenciar e controlar o que estiver ao nosso alcance. Isso é gestão, isso é vida, isso é sucesso. Lembre-se de que somos a mesma pessoa em casa, com os amigos ou no trabalho. Isso tudo faz sentido para você?

Referências

BROWN, B. *Trabalho duro, conversas difíceis, corações plenos*. Rio de Janeiro: Best Seller, 2019.

McKEOWN, G. *Essencialismo, a disciplina busca por menos*. Rio de Janeiro: Sextante, 2015.

5

MULHER
CRIADA PARA FAZER TUDO AQUILO QUE O HOMEM NÃO PODE!

Esse é um desafio a todas as mulheres que desejam alcançar a verdadeira identidade feminina e o propósito de ter nascido uma mulher em um mundo machista, em sua pior conotação, e que coloca mulheres e homens em uma disputa infindável por um posicionamento que não lhes pertence. Nós podemos sim alcançar muito sucesso, na família, na carreira e na vida... em todos os aspectos, desde que saibamos ativar a verdadeira essência feminina dentro de nós.

ANA MARIA RIEGER VEIGA

Ana Maria Bieger Veiga

Contatos
anabieger@gmail.com
45 99906 8998

Mãe da Mariana, apaixonada pela arte culinária, escritora de pequenos poemas não publicados desde a adolescência, formada em Gestão Comercial e entusiasta do mundo do empoderamento feminino. Tenho ajudado mulheres empreendedoras a conectarem suas empresas e seus negócios para, unidas, gerarem grandes resultados financeiros, por meio da Rede Mulheres Empreendedoras Oficial.

Eu desejo que, ao iniciar a leitura deste capítulo, você esvazie sua mente, respire com profundidade até sentir os ossos das suas costelas se abrirem e solte o ar lentamente. Repita quantas vezes necessário, até que possa sentir o silêncio de seus pensamentos. Deixe que o conteúdo que está prestes a degustar acesse amorosamente seu entendimento e que, sem julgamentos racionais, você possa interiorizar essas palavras e cada frase traga muito aprendizado.

Permita-se, nesse momento, sentir a doçura e a amorosidade com que escrevo estas palavras e, a partir de agora, que eu seja apenas a portadora da caneta que transmitirá uma mensagem vinda de nosso Criador, que nos fez únicas e nos moldou para sermos tudo o que os homens NÃO podem ser.

Durante muitos anos eu vivi em um ambiente extremamente machista, e em todas as vertentes mulheres não tinham vez e nem voz. Convivendo nesse ecossistema com essa pressão, minha feminilidade ficou contida por anos e anos. Na verdade, nunca convivi com mulheres que despertassem em mim o desejo de desenvolver a doçura e a meiguice, que são características intrínsecas a 99% das mulheres.

Hoje posso observar que o mundo, no geral, se tornou menos feminino devido às inúmeras responsabilidades masculinas que as mulheres se obrigaram a desenvolver no passado, por questões de necessidade extrema. Por conta das guerras, muitas perderam pais, irmãos ou seus companheiros, e a falta desse personagem do sexo masculino obrigou mulheres a assumirem papéis que na verdade nunca foram delas.

Minhas avós são exemplos natos dessa sociedade. As duas perderam seus maridos, ficaram viúvas, sozinhas para criar mais de meia dúzia de filhos, e sem o apoio do pilar central de sua casa, o marido. Muitas feministas criticarão este capítulo, porém a verdade é que: homens foram criados por Deus para serem a cabeça da família, o homem é aquele que morre por sua esposa e seus filhos, quem Deus preparou para que seja o braço que protege aquela que gera – o homem dá a semente e a mulher multiplica.

A repressão da feminilidade na essência tornou as mulheres mais donas de si. Claro, isso nos trouxe uma certa "liberdade", porém nos tornou emocionalmente masculinizadas e perdemos a energia vital da mulher, que torna a casa de pedra um verdadeiro lar.

Diante de todos os desafios que vivemos nesse mundo precisamos parar, nos reconectar com essa essência feminina e lutar em prol das famílias. Nós, seres femininos, somos o único portal existente na Terra que dá à luz, que transforma a centelha divina em seres humanos e que cede seu corpo para que Deus possa enviar um novo espírito a este mundo.

E como reconectar mulheres a sua essência? É justamente essa indagação que precisamos despertar em todas as mulheres e fazer com que voltemos juntas a nosso estado natural de feminilidade.

Precisamos trazer ao mundo o amor e a delicadeza que Deus nos deu, que colocou exclusivamente em nós, para que pudéssemos transbordar aos demais. Eu trago neste capítulo a ideia de que podemos e fazemos tudo o que os homens NÃO podem, mas mesmo assim queremos competir por igualdade em um mundo onde não existe igualdade, e nunca vai existir. Essa constatação precisa ser espalhada aos confins da Terra, pois uma luta injusta se trava há séculos, e só faz mal ao elo mais frágil, ou seja, as próprias mulheres. Vamos sim nos empoderar, nos relacionar em diversos meios, porém com as competências e atributos que nos pertencem.

Vamos olhar para nossas crianças, estamos cada dia mais nos afastando da criação e educação de nossos filhos por conta da necessidade de buscar recurso financeiro para o sustento dessa família, em busca de darmos aos nossos filhos uma vida que não tivemos. Porém, será que não deveríamos parar e pensar no que fazer para não ter que ser essa guerreira que todos esperam? Como podemos mudar esse paradigma de que a mulher é a super-heroína que dá conta de tudo sozinha? Será que realmente as mulheres estão completamente felizes em dar conta de TUDO? Quais são os primeiros passos que temos que dar em direção a essa reconexão com nossa feminilidade na essência? São tantos questionamentos que nem sei por onde começar.

Para que eu pudesse escrever este capítulo, tive que viver a real mudança em mim, e ninguém segura uma mulher que quer realmente mudar e ter plenitude e felicidade em todos os campos da vida. Durante cinco anos, eu estive em um caminho de autoconhecimento para que pudesse ter a oportunidade de levar essas palavras a muitas mulheres que realmente estão necessitando, mulheres que, assim como eu vivi, ainda hoje vivem uma vida sem sentido e que sentem que existe algo que não está realmente de acordo com o que sonharam para si.

Esse tempo de reflexão me despertou para uma nova vida. Entre terapias, leituras, convivência com outras mulheres e amadurecimento natural da idade, eu notei que minha história, a minha criação e tudo o que vivi foi para chegar exatamente a esse momento. Eu vivia uma vida totalmente fora do estado de presença, deixava de lado o refletir sobre situações e sufocava minhas emoções em vícios. Estive fora do meu peso ideal por muitos anos (um eterno efeito sanfona), por não me dar conta de que viver fora do meu propósito e comer as emoções fazia mal para meu corpo e minha alma e que minha missão não estava sendo cumprida.

Eu desejo que você, mulher que esteja lendo estas palavras, reflita comigo sobre qual estágio de sua vida em você se encontra hoje, e o que você quer realmente mudar.

Quando despertei minha energia feminina, tudo começou a fluir em minha vida de maneira positiva e rápida. Eu percebi que me posicionar estrategicamente como uma mulher sensível e que se preocupa com outras mulheres era o meu verdadeiro desígnio, que eu poderia ter uma carreira independente, ter sim uma família em harmonia e relacionamentos verdadeiros.

Meu perfil sempre transitou pelo caminho da independência total. As frases que eu mais dizia eram: "Eu faço tudo sozinha", "Eu não preciso de homem pra nada", "Eu me viro"! Na doce ilusão de que estar com essa medalha da mulher guerreira estampada no peito iria me trazer a total felicidade. Doce engano, pois quanto mais vibrava nessa energia, mais solidão e fracasso eu tinha.

No meu trabalho, vivenciei centenas de insolências de funcionários da empresa do meu pai, por conta de que eu estava num embate, medindo forças com homens que não tinham respeito por mim. Eu achava que carregar caixas pesadas, mostrar força física e falar mais alto do que deveria eram atitudes que fariam que eles me respeitassem... Porém, mais uma vez, eu estava enganada.

Eu tive que viver todas essas situações constrangedoras para entender que a posição que eu queria assumir na verdade não me pertencia, e que minha missão é escrever minha história para que muitas mulheres possam retornar a sua energia natural feminina e, assim, possamos restaurar nossas famílias e nossa sociedade.

No meu percurso de autoconhecimento, eu pude entender que abrindo mão dessa energia masculina, e abrindo espaço para que os planos do Criador pudessem se manifestar dentro do meu caminho, eu estava liberando minha mente, meu corpo e a criação começava a fluir através de mim. Mudei meu modo de agir, mudei a forma como me relacionava com as pessoas, parei de confrontar assuntos sobre pessoas e situações que realmente não faziam diferença alguma na minha estrada e na minha evolução pessoal.

Em um dos cursos que fiz, minha professora me usou como exemplo em uma de suas aulas. Determinada vez eu estava conversando sobre minha vida com ela e mencionei que buscava um plano maior para minha vida, além de estar com 30 anos, 40 quilos acima do peso e passando minhas tardes dos finais de semana bebendo e falando mal de outras pessoas. Quando ela usou minha frase na frente de outras mulheres e ainda falou que era eu que a havia dito... me senti muito humilhada, pensei na hora: "Caramba, depois de todo o esforço que venho fazendo para mudar e evoluir, essa mulher me usa como exemplo na frente das outras pessoas sem o menor tato?".

Era como se meu chão fosse arrancado ali mesmo, e a vontade era de esquecer tudo o que aprendi e gritar com ela. Mas eu me contive; afinal, todo o tempo de estudo e de introspecção tinha que dar algum resultado. Foi aí que me dei conta de que eu estou aqui para isso mesmo, para servir de exemplo, para que mais e mais pessoas possam ver que se eu que sou uma mulher simples, nascida no interior do estado do Paraná, em um bairro da mais alta periculosidade, uma total improbabilidade na vida, mas que consegui superar meus desafios e escrever minha história, sim: você, querida leitora, também pode. Sua história e sua vida são de muito valor, e nunca deixe que ninguém tente apagar o brilho que Deus lhe deu.

Alguns dias atrás, comecei a pesquisar sobre essa questão da feminilidade, da energia feminina e sobre como nossa vida é imensamente impactada quando nos afastamos do nosso eu natural feminino, e encontrei uma autora chamada Ariana Schlosser. Ela é uma pesquisadora que ampliou muito minha visão e todo o conhecimento que eu vinha buscando e comprovou, por meio de seus estudos, que quanto mais competimos nessa energia masculina, menos sucesso alcançamos. Ariana fala sobre a questão da produção hormonal e como isso causa impacto no nosso dia a dia. A ideia de sermos mulheres extremamente independentes e, como ela diz: "fortona-tá-tudo-bem-comigo-não-preciso--de-ninguém", além de prejudicar seu estado emocional, também prejudica sua saúde. Abaixo, cito um texto muito importante da pesquisadora, que fala justamente sobre essa questão:

> Uma mulher, quando RECEBE apoio emocional, físico, de qualquer necessidade (desde ajudar a carregar a sacola do mercado a ser ouvida), produz mais hormônios femininos e eles a fazem se sentir BEM e menos estressada. Até mesmo antecipar que sabe que pode contar com as pessoas ao redor dela a ajuda nisso. O fato de uma mulher saber de manhã que a noite irá poder conversar sobre o que sente e ser ouvida já a faz se sentir menos estressada. Agora, o oposto acontece quando faz tudo sozinha. Isso a faz produzir mais testosterona, o que em excesso pode levá-la ao estresse, tensão, preocupação, longe da sensação de bem-estar que pensa que irá sentir se não precisar de ninguém.
>
> O homem, quando te ajuda ou te faz feliz, produz testosterona... e ao contrário de nós, que com testosterona em excesso nos tornamos mais duras, secas e sem suculência... os homens, quando com produzem testosterona, mesmo que cansados, conseguem se sentir bem e realizados. Você não tem ideia como muda o dia de um homem deixá-lo fazer uma gentileza a você e saber que te ajudou. Ou seja... Te ajudar faz ele se sentir BEM e diminui o estresse dele. E ser ajudada te faz se sentir BEM e diminui seu estresse.
>
> **Ariana Schlosser**

Com base em tudo que vi e li tanto de autoras quanto na Bíblia Sagrada, entendi que nós, mulheres, temos uma linda missão de sermos o elo entre os seres da Terra e que, para alcançarmos o sucesso em nosso percurso nesse mundo, devemos parar de competir em uma energia que não nos pertence e deixar fluir o que de fato faz parte da nossa essência.

Na Bíblia Sagrada, temos a história de Abigail (1 Samuel, capítulo 25), uma das mulheres sábias daquela época. Ela era casada com Nabal, um homem muito rico, porém duro e intolerante. Davi estava próximo às suas terras e enviou alguns homens à casa de Nabal para que o ajudasse com alguns suprimentos. Mas Nabal, com sua personalidade, negou a ajuda. Vendo toda a situação e sabendo que Davi se vingaria da atitude grotesca do marido, Abigail juntou alimentos e mandou seus servos irem até o acampamento para ajudar o exército de Davi. Abigail mandou que seus servos fossem e foi logo atrás para que pudesse tentar se reconciliar com Davi, pois ela tinha certeza de que a guerra chegaria a sua casa. Quando ela avistou Davi, rapidamente desceu do jumento e prostrou-se por terra para lhe pedir que tivesse piedade, e assim foi. Davi, vendo aquela mulher inteligente e formosa a sua frente, livrou toda a família do derramamento de sangue. Abigail retornou a sua casa; dias depois seu marido teve um acometimento e acabou falecendo: sabendo dessa notícia, Davi a tomou por esposa.

Aqui nessa história podemos ver que nosso Criador nos deu diversos dons que somente nós, mulheres, podemos desenvolver e fazer fluir por meio da nossa inteligência e sensatez. Quantas guerras e quantos conflitos nós podemos pacificar com astúcia e dedicação, tanto dentro da nossa casa como na sociedade como um todo.

Se todas nós nos unirmos de verdade e lutarmos pelo que realmente faz a diferença no mundo, seremos todas a mulher sábia que é descrita em Provérbios 31, versículo 10 a 31, e o último deles quero deixar a você como uma inspiração, assim como ele é para mim:

> Seja essa mulher virtuosa recompensada por seus merecimentos, e suas boas obras, proclamadas à porta da cidade!

Referências

BÍBLIA SAGRADA. Provérbios 31, p. 815-816. 1 Samuel 25. Editora Ave Maria, 2014.

SCHLOSSER, A. *Energia feminina e relacionamento*. Disponível em: <instagram.com/arianaschlosser_/>. Acesso em: 5 ago. de 2022.

6

COMO ME TORNEI QUEM SOU

Saí dos abismos da tristeza e da depressão, onde eu já não cabia mais com a vida aparentemente perfeita que vivia e, nem ao menos sabia quem era na minha essência. Este é um mergulho nas minhas profundezas, memórias e dores em busca das minhas cores, até o reencontro comigo e com a felicidade por meio dos meus pincéis e das letras.

ANDRÉA ARAÚJO

Andréa Araújo

Contatos
andreardearaujo@gmail.com
Instagram: @andreaaraujo.art
13 99709 3378

Graduada em Artes Plásticas pela Escola Panamericana (2018) e em Publicidade e Propaganda, pela FMU (1995). Autora do livro *A vida em todas as cores*, publicado pela Literare Books. Creativity Masterclass 1, 2 e 3, MAM – ministrado por Charles Watson, São Paulo/SP, 2017 e 2018; Curso História da Arte Moderna, MAM, São Paulo/SP, 2018; Mulheres Pintoras Através dos Tempos, Ateliê Oficina FWM de Artes; "Eco Estação Cultural Olimpia", Coletiva, Olímpia/SP, 2021; "Fluxo", Individual, Pinacoteca Benedicto Calixto, Santos/SP, 2019; "A diversidade e Pluralidade da Arte Contemporânea", Coletiva, 25º Salão de Arte de Praia Grande/SP, 2018; "Artes Pláticas Novos Talentos, 2018", Coletiva, Escola Panamericana, 2018; "Desafio Criativo Canson", Coletiva, Premiação: Menção Honrosa, Escola Panamericana. 2018; "TodoMeuSer", Individual, Studio Dalmau, São Paulo/SP, 2018; "Muretas na Cidade", Coletiva, Projeto Santos Criativa 2ª edição, Jardim da Praia, Santos/SP, 2017.

Quase dois anos se passaram daquele momento em que pensei que não conseguiria dar um passo sozinha, que as lágrimas não secariam nunca e que não me levantaria daquele sofá. Daquele momento, em que olhando ao redor me vi e me senti completamente só... Somente eu, uma dor imensa e um copo de uísque.

— Você não tem saída, Andréa... O que você vai fazer da sua vida?

Não me reconhecia mais ao me olhar no espelho. Então, parei, a me perguntar quem era aquela mulher que mal conseguia olhar para si mesma, seu rosto e seu corpo nu. O que havia acontecido para que ela se encontrasse naquele estado disforme, sem brilho, sugada e completamente sem forças?

— Meu Deus, como você se colocou nesse lugar? Como você se permitiu tantas coisas?

"E agora, como vou sair daqui? Como vou me reconhecer no espelho? Quando?"

Eram tantos sentimentos e tantas questões que se misturavam, que parecia um emaranhado, um imenso nó; e tudo o que eu queria era desatá-lo, mas para isso eu precisava encontrar a ponta, o fio condutor, eu precisava sair da inércia, da apatia. Por mais que aquela dor imensa arrebentasse meu peito, eu precisava reagir e isso só dependia de mim.

Nada na vida é simples, ou às vezes até é, mas não enxergamos em meio ao caos que se instaura. De qualquer forma, tudo exige um processo e durante o caminho são muitas as recaídas, os retrocessos, a vontade de desistir, mas quando você tem fome de vida sempre aparece uma luz, por mais fraca que seja, para iluminar o caminho e clarear as ideias.

Fui em busca de mim, do meu eu e da minha essência. Mergulhei nas minhas memórias, da criança inquieta, da adolescente intempestiva, da jovem impetuosa, da adulta contida, até chegar a essa mulher madura, de meia-idade, cheia de dúvidas, medos e sem definição no meio desse caos no qual me encontrava.

— Você já foi tão destemida... Tão audaciosa... Cadê essa força, Andréa?
— Não sei!

Nasci com espírito de liberdade. Conta minha mãe que ainda muito pequena ela me pegou saindo portão de casa afora, em busca da rua. Eu já queria fugir, ganhar o mundo. Nunca me encaixei em padrões ou segui tendências. Era rebelde, se ninguém queria ir comigo eu ia sozinha mesmo. Pintava minhas roupas porque não gostava de ser igual aos outros, eu era a diferente.

"Como hoje não consigo dar um passo sequer? Parar de chorar... Sair desse sofá?"

Fui aquela jovem que deu trabalho para os pais; cortei o cabelo, pintei o cabelo, raspei a cabeça, inventei um esmalte preto porque não existia, tatuei a pele, beijei todas as bocas e desvendei todos os corpos que tive vontade. Sexo para mim nunca foi um tabu. A sedução sempre foi um jogo delicioso e a opinião alheia algo que nunca me importou.

"E você não consegue ficar nua em frente ao espelho, Andréa? Como você fez isso consigo?"

Fui morar em outro país sem falar nada em um idioma que não fosse o meu. Conheci pessoas de várias índoles, boas e más, aprendi uma nova cultura, ganhei uma nova casa, mas retornei para a minha. Essa é minha essência, minha alma de artista, minha inquietude, meu espírito livre.

"E agora está aí parada? Inerte? Movimente-se, Andréa!".

Olhava para aquela mulher no espelho, encolhida e assustada, mas com essas memórias dentro de si, e perguntava: "Onde foi parar tudo isso? Cadê você? Volta, por favor!".

"Eu preciso reencontrar tudo isso! Será que eu consigo? Como? O que eu faço?"

Então, lembro-me da mulher adulta e do amor... uau... e que sentimento! Aquele que faz a perna tremer, o coração se acelerar e você não querer acordar nunca, porque é um sonho lindo. Mergulho na lembrança de cada momento mágico, cada olhar, cada palavra, cada projeto de um amor imenso, maior do que eu mesma, que eu vivi em plenitude e intensidade. Um amor que me trouxe o sentimento mais puro e sublime que uma mulher pode ter: a maternidade. Sempre sonhei em ser mãe e meus filhos são minha vida, uma mulher nunca mais é a mesma depois que ganhou o título de mãe.

— Acorda, Andréa! Nenhum amor pode ser maior do que o amor-próprio! Como você vai amar alguém sem se amar primeiro?

Meu grande amor, filhos lindos e perfeitos, uma vida completa, mas isso tudo exigiu uma caixa, uma gaiola, amarras que foram se formando imperceptíveis e silenciosas, pois em meio ao sonho tudo fica invisível, mas pouco a pouco o tempo me deu sinais de que algo em mim não ia bem. Adoeci, entristeci-me e ainda assim não entendi o que acontecia. Não percebi a rigidez que impus às amarras, elas podiam ser mais flexíveis, mas meu perfeccionismo não me deixou enxergar isso e segui tentando me manter nessa gaiola dourada, que dia após dia me roubava de mim, afastava-me da minha essência.

Naquele momento, ainda me olhando inerte e sem forças, percebi que as lágrimas desciam pelo meu rosto como um desabafo ou por ter tido a coragem de me encarar e chegar ao cerne da questão.

Passei algum tempo em uma espécie de estado de apatia. Minha vida continuava como sempre, aparentemente completa e perfeita, mas dentro de mim eu lutava para equilibrar minhas emoções, o perfeccionismo da esposa, mãe e dona de casa e o espírito livre de artista e mulher.

"Quem sou eu?"

Sim, voltei para a arte, minha terapia, minha paixão e minha salvação. Abracei a carreira de artista e mergulhei nela tentando encontrar minhas respostas. Esse foi um período de muitos altos e baixos. Descobri que havia feito uma amiga que conviveria comigo para sempre, a depressão, e algumas doenças autoimunes que vieram com ela. Por fim, formamos uma turma, que com terapia e medicação hoje vive em harmonia, às vezes desanda, mas depois volta ao normal. Esse processo foi sofrido demais. Acho que nunca chorei tanto na minha vida. Foram muitas realidades a serem encaradas, duras, porém, verdadeiras, inclusive a de que os sonhos também terminam e a gente tem de acordar. Eram tantos os questionamentos e as incertezas que meu corpo sofreu comigo entre dores e marcas. Ali naquele momento as lágrimas viraram pranto, quase um grito e o espelho já não existia mais; a imagem refletida não importava. Ali era preciso resgatar aquela alma, a minha alma.

Juro que não sabia o que fazer. Abandonei-me no choro até não ter mais uma lágrima. Chorei por tudo, por ter me perdido de mim, por ter permitido tantas coisas, pelo sonho acabado, pelo amanhã incerto, por tudo, simplesmente tudo.

— Chega, Andréa! Reage!

O caminho depois foi fácil? Não, é claro que não. Todo o processo de reconstrução, reinvenção e renascimento é repleto de dúvidas, de medos, de incertezas e de inseguranças; e ainda tem as dores, os traumas, os dissabores. Porém, lentamente redescobri o calor do sol na pele, a delícia do banho de chuva, a paz do silêncio, o prazer de fazer nada. As coisas tão pequenas e simples que eu já não enxergava mais ganharam vida novamente.

Aprendi a viver comigo, a ser minha melhor companhia, minha parceira perfeita. Diminui meu perfeccionismo, fiz as pazes comigo e com o espelho, passei a olhar para ele sorrindo. Ah, o sorriso! Sim, ele voltou para o rosto, assim como o brilho para o olhar.

Redescobri meus gostos, descobri novos prazeres, percebi a vida em torno de mim e me joguei nela, com toda a fome e a vontade. Fiz amigos, perdi alguns, outros quero levar vida afora. Conheci lugares por onde passava e que não havia visto antes. Voltei a ouvir música e a dançar. A vida voltou com ritmo.

Como eu fiz isso? Conhecendo-me, aceitando-me como sou. Olhando minhas fraquezas como parte de mim. E meus talentos, como dons que agradeço, recebo e realizo. Aprendi a ouvir elogios e aceitá-los por ser merecedora deles.

A arte me ajudou muito a entender e externar meus sentimentos.

Sabe a maior lição que tive comigo mesma? Foi aprender a exercer o filtro das palavras. Nem sempre o que os outros dizem diz respeito a nós, geralmente diz respeito a eles mesmos. Então, não pego para mim o que não me pertence, nem palavras, nem gestos, tampouco opiniões. Aliás, essas não importam... lembra lá daquela jovem? Ela me lembrou disso.

Hoje, tenho meus filhos e minha arte. Escrevi um livro, sorrio, danço! Vivo cada dia. Se eu fico triste? Sim, sou humana, mas aí eu me lembro daquela mulher de olhar sem vida e aos prantos na frente do espelho e sei que não quero mais estar naquele lugar. Então, coloco uma música e espero esse sentimento passar e sigo, pois sei que não tem mais a gaiola nem as amarras. Sei quem sou.

O amanhã? O futuro... Bem, não sei se fará sol ou chuva. Então, penso: "Amanhã, a única certeza que tenho é que vestirei meu melhor sorriso e seguirei minha vida em todas as cores".

— Gratidão, Andréa, por ser quem você é!

7

PEDAÇOS DE MIM
COMO ENCONTREI MEU
IKIGAI – PROPÓSITO DE VIDA

Compartilho como encontrei meu *Ikigai* (propósito de vida) e como construí um novo caminho. Tento desmistificar a etiqueta ao contar minha história e provar que a Nova Etiqueta está ao alcance de todos, porque é democrática e inclusiva. Explico como as virtudes são pilares para o desenvolvimento pessoal e de uma sociedade melhor.

ANDRÉIA DIAS S. NAKAGAWA

Andreia Dias S. Nakagawa

Contatos
ikigaietiqueta.com
andreiadiasnakagawa@gmail.com
Instagram: @andreiadias_ikigai
11 94228 2805

Formação superior em Publicidade e Propaganda e especialização em Marketing. Pós-graduada em Gestão de Negócios e Organização de Eventos. Mestre em Hospitalidade. É certificada como *master* em Etiqueta pela Escola Brasileira de Etiqueta e tem formação internacional pela British School of Etiquette, em Londres, e Estilo & Tendências, em Paris. Direcionou suas pesquisas pelo CNPq para compreender as relações humanas. Atuou por 15 anos nas áreas comercial, de atendimento e marketing em grandes empresas. Professora universitária por mais de 10 anos em instituições como Senac, FMU, UAM e Faculdade Hotec. Autora dos livros *A etiqueta corporativa e o jogo das relações sociais: a etiqueta como viés do poder* (2015) e *A nova etiqueta – comportamentos, virtudes e interações à luz de um novo tempo* (2022), além de diversos artigos. Empresária, é fundadora e CEO da Ikigai Etiqueta e Hospitalidade Ltda.

Sou Andréia. Meu nome é uma variante feminina de André, nome de origem grega, curiosamente derivado do termo *andrós*, que significa "homem" ou "másculo". Mas quando relacionado à variante feminina utiliza-se Andréia, que exprime o oposto, "feminilidade". Sim, sou extremamente feminina, mas me considero uma mulher feminista. O feminismo é um movimento social, filosófico e até político que defende e luta pela igualdade de direitos entre mulheres e homens. Esse movimento tem como principal objetivo quebrar a hierarquização dos sexos e o fim do sexismo e do machismo.

É importante esclarecer que feminismo é diferente de femismo. O femismo pode ser considerado o sinônimo do machismo, mesmo sendo seu oposto, porque também é uma ideologia de superioridade; nesse caso, da mulher sobre o homem. Muitas mulheres confundem feminismo com femismo e, assim como no machismo, acabam pregando e exaltando a hierarquização da sociedade por gênero; assim, defendendo um regime totalmente matriarcal. Confesso que adoro meus privilégios ligados ao meu gênero. Eu nunca abri mão de ter meu direito à precedência, de ser cortejada com elegância, de ter regalias e de ser tratada com respeito e gentileza. Por 30 anos eu fui a mulher mais amada e valorizada do mundo por um verdadeiro *gentleman*, meu marido Rui. Recebi todos os galanteios e cortejos que uma mulher merece ter. Por isso valorizo tanto a importância de gestos corteses, zelosos e carinhosos. A gentileza e o respeito são os alicerces para qualquer relacionamento saudável, pois eles geram admiração. Infelizmente a violência de várias ordens contra a mulher ainda é uma realidade que devemos combater, denunciar e punir exemplarmente. A falta de respeito com a mulher não pode ser banalizada ou instituída como algo normal porque não é. Nós, mulheres, temos que conhecer os códigos de conduta de cavalheirismo e prestigiá-los sem o risco de perder nossa liberdade e independência. Agora estamos em um novo tempo que, se por um lado traz novos desafios, por outro nos oferece instrumentos valiosos para sua superação e para uma nova condição feminina livre de amarras e crenças limitantes.

A história do comportamento e evolução do papel da mulher na sociedade são complexos e sempre me fascinaram. Acredito que seu conhecimento seja de grande importância para compreender e contextualizar todas as nossas lutas e vitórias e assim poder promover novas conquistas. Portanto, é importante saber que o movimento feminista teve seu início na Europa no século XIX, em consequência dos ideais de "Igualdade, Liberdade e Fraternidade", promovidos pela Revolução Francesa. Mas o feminismo só se tornou popular mesmo nas primeiras décadas do século XX, questionando o poder monopolista dos homens na esfera social, política e econômica. Assim como no feminismo, eu também defendo a igualdade entre ambos os gêneros e não como um movimento sexista, como muitas vezes é erroneamente interpretado. O sexismo promove atos de discriminação sexual quando, por meio de palavras, ações, gestos e comportamentos, se reduz alguém apenas pelo gênero ou orientação sexual, o que é, ao meu ver, repugnante.

Só o conhecimento traz luz e clareza para nossas futuras conquistas, então sempre procurei ler e me informar sobre o assunto, baseada em literatura confiável e enriquecedora, como foi o caso do livro *O segundo sexo,* da escritora feminista francesa Simone de Beauvoir, que impulsionou o feminismo na década de 1960, conseguindo desmistificar a hierarquização dos sexos não como apenas uma questão biológica, mas sim como resultado de uma construção social.

Depois surge o movimento "Feminismo Radical", uma espécie de tentativa de exterminar o machismo por meio de uma revolução, eliminando assim todos os regimes patriarcais. É importante ressaltar que sou contra qualquer forma de radicalismo, inclusive concordo com Aristóteles, ao afirmar que o radicalismo é algo péssimo. Nas relações humanas, os extremos são sempre maléficos. O difícil mesmo é encontrar o equilíbrio para que, de maneira justa e pacífica, conquistemos a tão sonhada igualdade.

Adoro ser mulher, com minhas forças e fragilidades. Há pouco tempo, descobri que eu fui considerada uma mulher rebelde e revolucionária pela minha família – talvez pelo fato de ser uma das primeiras a ter formação superior, por viajar sozinha, por não me casar tradicionalmente na igreja e por não ser mãe em idade "normal". Talvez eu não fosse rebelde, mas uma mulher que não se conformava. Hoje as mulheres da minha família, assim como tantas outras, possuem formação, independência profissional e se casam ou têm filhos – quando e se quiserem –, sem causar espanto. Vale lembrar que a educação até o início do século XX era praticamente a mesma do período colonial: ministrada pelas ordens religiosas e destinadas à catequese e à formação da elite branca e masculina. Mulheres brancas, negras, indígenas, ricas ou pobres, de qualquer faixa etária, eram proibidas de estudar pelos padrões morais da época. Minha mãe, nascida na década de 1950, não teve a oportunidade de realizar seu sonho de ser professora. Por isso mesmo, hoje eu luto para que minha filha Ana possa ser o que ela quiser.

É importante relatar que nasci na periferia de São Paulo, em uma família simples sem tradições burguesas, filha de um retirante pernambucano e neta de imigrantes espanhóis. Sou fruto de povos corajosos que deixaram "seu lugar" para se aventurar no desconhecido. Minha família era humilde, mas muito elevada em seus valores e princípios. Nela, a educação rígida, o amor, a moral e a ética sempre foram muito salientes.

Mas não havia nenhuma influência aristocrática para que eu me interessasse pela etiqueta, um tema tão distante da minha realidade. Cresci em uma casa cheia de cores e fragrâncias, porque meu pai trabalhava como distribuidor de flores. É provável que isso tenha despertado meu encantamento pela beleza, meu senso estético e apreço pela delicadeza. Identifico-me com a definição do filósofo genovês Leon Battista Alberti: "A arte é a harmonia e a concordância de todas as partes arranjadas de tal forma que nenhuma possa ser adicionada, subtraída ou alterada, exceto para pior".

Sempre fui curiosa e dessa curiosidade comecei a construir meu repertório por meio dos livros na biblioteca da escola pública onde eu estudava e ao apreciar filmes clássicos, nos quais pude descobrir outros mundos regidos pelo lúdico da nobreza e da realeza. Tenho meu próprio repertório em movimento. Sou uma miscelânea dos lugares que visitei, dos livros que li e das pessoas que conheci. Sou fruto do amor que um dia senti, de minhas próprias alegrias e tristezas, das conquistas que alcancei e das derrotas que sofri, pois foram elas que me ajudaram a ser quem sou: uma mulher feminista, idealista, romântica e que acredita no amor.

O amor surgiu para mim de uma forma linda. Meu "príncipe encantado" era meu professor de biologia no cursinho pré-vestibular. Rui era seu nome. Iniciamos um namoro proibido que se transformou em um amor forte e uma paixão duradoura. Só oficializamos nossa relação em respeito às nossas famílias. Se isso era importante para eles, por que não? Dessa forma, iniciamos nossa história, pautada por desafios de todas as ordens, e sempre baseada na lealdade, no respeito e no amor. Compartilhamos experiências inimagináveis e inúmeros aprendizados. Tínhamos profissões diferentes (ele, médico, e eu, publicitária) e vínhamos de culturas diversas. Mas isso só enriqueceu nossa jornada e acabou despertando em ambos um grande interesse em conhecer mais a grande diversidade do mundo. Dividimos as paixões e respeitamos as nossas muitas diferenças.

Com o nascimento da nossa filha, essa relação se fortaleceu. Escolhi o nome Ana Harumi. "Ana" significa "graça" em hebraico, e "Harumi", "linda primavera" em japonês. Mesmo nascendo no verão fiz uma homenagem a minha estação preferida: a primavera. Como Cecília Meireles, "aprendi com as primaveras a deixar-me cortar e a voltar sempre inteira". A renovação é inerente a nós. A cada nova primavera avançamos, mesmo que minimamente.

Ser mãe foi meu maior presente e continua sendo meu maior desafio. Eu não poderia deixar de relembrar do momento mais sublime da minha vida, aquele em que, com quase 40 anos de idade, fui agraciada pela dádiva de sentir o milagre da vida em toda a sua plenitude dentro de mim. Senti o amor em sua forma mais pura e completa. Sempre que me descreviam as maravilhas da maternidade, eu sinceramente não conseguia entender a dimensão daquele sentimento. Naquele momento, eu estava em plena ascensão profissional e em processo de conclusão do curso de mestrado em Hospitalidade. Mas optei sem culpa alguma por pausar todas as minhas atividades e me dedicar integralmente à minha gestação. Não acredito que todas as mães possam ou queiram fazer o mesmo e nem acho que essa seja uma decisão assertiva, mas naquele momento da minha vida foi minha opção.

Desde que me tornei mãe, lembro-me de escutar muitas vezes a frase "não pause sua vida pelos filhos, pois eles um dia crescem". Era uma forma disfarçada de menosprezar a dedicação materna. Eu pausei e não me arrependo, pois foi nessa pausa que eu fortaleci meu vínculo com minha filha. Foi nela, igualmente, que construí as memórias mais importantes da infância de Aninha, minha filha. Eu pausei planos, viagens, trabalho, carreira, mestrado e vivi intensamente a maternidade. Depois consegui retomar e concluir todos os meus projetos. O mais importante foi ter descoberto que, às vezes, a pausa não é uma opção, mas sim uma necessidade. É no pausar da vida, nesse incessante viver pelo outro, em meio às dores e aos sacrifícios, que como mulher me tornei mais forte. Minha vida seguiu entre dores e delícias e eu estava feliz e sabia, porém quando o sol brilha forte é sinal de que pode vir uma tempestade e levar tudo embora.

Infelizmente, um dia essa tempestade veio. Em 2020, em plena pandemia, enquanto o mundo se isolava e enfrentava desafios inéditos, eu enfrentava o meu próprio martírio. Rui adoeceu súbita e irreversivelmente. Diagnóstico: câncer de pâncreas em estágio avançado. Tive que descobrir forças. Vi, então, que elas estavam em minhas raízes pernambucanas e espanholas, aliadas à sabedoria milenar dos japoneses. Eu permaneci ao lado de Rui até o último instante. Ele partiu em meus braços no dia 3 de janeiro de 2021. Assim me tornei "mãe solo", aos 49 anos, 11 anos após o nascimento de Aninha. Deparei-me, então, com medos, dilemas, angústias e inseguranças dessa situação – que aprendi a enfrentar alternando movimentos e pausas.

Continuei a cuidar de minha filha pré-adolescente, de meus pais idosos e de minha querida sogra, que mora conosco há nove anos. Mas faltava algo, um motivo, uma razão que me devolvesse à vida. Um dia, ao me ver triste, minha sábia sogra, que tem 90 anos de idade, me falou sobre o *Ikigai* – uma filosofia japonesa. *Ikigai* significa "a razão pela qual eu acordo todos os dias". Ou, simplesmente, "a minha razão de viver".

Essa descoberta foi o gatilho para a mudança, um divisor de águas em minha vida. Eu então busquei estudar, ler muito e fazer cursos sobre o assunto. Mergulhei de cabeça nesse tema e descobri que ele já fazia parte da minha vida prática, assim como a etiqueta. Dentre os aprendizados que o *Ikigai* me trouxe, destaco aquele que me salvou. Percebi que, para tornar a ser feliz, eu precisava oferecer com entusiasmo o que eu tenho de melhor, e que isso seja algo de que o mundo precisa. Foi isso o que me propus a fazer desde então. Propagar o meu conhecimento prático e teórico adquirido ao longo da vida, para que a sociedade entenda que é por meio do desenvolvimento das virtudes que se constrói um mundo melhor. É essa a base da Nova Etiqueta – colocar em movimento as nossas virtudes, como a gentileza, a cortesia, a sutileza, o respeito, entre outros, a fim de alcançar uma convivência mais harmoniosa e o bem-estar coletivo. Nessa trilha, o autoconhecimento é a pedra angular. Conhecermo-nos permite que descubramos o que realmente nos faz felizes e o como podemos contribuir para um mundo melhor. Estou convencida de que a Nova Etiqueta é também o caminho para nos adequarmos melhor a esse mundo volátil em que vivemos. Em suma: podemos utilizar a Nova Etiqueta a nosso favor e, ainda contribuir para uma melhoria na vida coletiva. Antes disso, porém, é necessário desmistificar as regras históricas convencionais e promover a Nova Etiqueta.

Mais importante ainda: minha história é a prova de que a Nova Etiqueta está ao alcance de todos. A Nova Etiqueta é uma série de coisas. Mas ela é, sobretudo, democrática. Não é um código reservado a poucos. Ela é uma ferramenta de desenvolvimento pessoal à disposição de qualquer pessoa – desde que se esteja buscando, além de seu próprio bem-estar, algo que também possa ser compartilhado com todos, na forma de bem comum.

8

LIMITAÇÕES SÃO CRIADAS POR SUA MENTE!

Não aceite que digam que algo é difícil, perigoso, impossível ou que você não é capaz! Diga não, coloque-se em primeiro lugar. Não sinta vergonha de tirar pessoas da sua vida; amigos são mais do que família; não aceite relacionamentos abusivos; faça pausas e pense friamente; acredite em você; não aceite qualquer coisa; você é preciosa e merece muito mais do que migalhas. Siga seus sonhos!

ANDREIA STANGER

Andreia Stanger

Contatos
academiastanger.com.br
andreia.stanger@gmail.com
LinkedIn: linkedin.com/in/andreia-stanger/
Instagram: @andreia.stanger

Perita criminal da Polícia Federal na área de Crimes Cibernéticos. Professora, palestrante e mentora com um currículo cheio de títulos, mas que prefere ser conhecida por sua simplicidade e atenção ao próximo. Gosta de despertar, em todos, o realizar dos sonhos e mostrar que é possível alcançar objetivos e mundos, até então inimagináveis, com esforço e dedicação. Ninguém sai do "interiorr" do Paraná para conquistar o mundo se não tiver, no mínimo, um desejo, uma inquietação, uma pitada de ousadia e se não quiser conhecer além do seu "cercadinho", nem que isso signifique romper e ir contra o que é considerado "padrão"; além disso, é preciso confiar naquela que diz: "não sabendo que era impossível, foi lá e fez".

Era uma vez uma princesa... que foi arrancada a fórceps (literalmente). Nasceu com um pouco mais de 2 kg, careca e sem dentes, como todo bebê, e permaneceu careca até mais de um ano. De princesa, só tinha os olhos azuis.

Mas a princesa chorou por três meses e seus pais a quiseram dar. Moravam em frente ao hospital e todos os dias iam lá tentar devolvê-la, mas os médicos diziam que era assim mesmo. Tentaram então dá-la para a avó paterna, mas ela disse que já tinha criado muitos filhos e não poderia assumir mais uma criança. E foi assim que a princesa se apegou à avó materna, a uma tia (futura madrinha) e ao pai.

Família de origem simples, poucos estudos, descendentes de imigrantes italianos e alemães, saiu do interior do Paraná (do lado de Pato Branco) e foi morar no Mato Grosso do Sul, divisa com o Paraguai, onde era comum ver gente morta nas ruas e os matadores correrem para o país vizinho.

Com cinco anos, foi levada para a escola (possivelmente porque ninguém a aguentava) e foi deixada na turma de primeira série, haja vista que não havia pré-escola na cidade e, caso conseguisse acompanhar, seria matriculada. Como ela já sabia ler e escrever, a escola cumpriu sua promessa e a matriculou, e nunca mais parou de estudar. A escola era de chão batido e os banheiros eram "casinhas", em que ela morria de medo de entrar e por isso se segurava para não precisar ir.

De lá foram morar em uma cidade no interior do estado de Rondônia, onde só tinha luz elétrica algumas horas à noite, os alimentos eram escassos por conta das condições das estradas e a vida não era fácil. Faltava água inclusive! A princesa tinha dois irmãos, com quatro e nove anos de diferença de idade.

Na época da seca era necessário comprar água mineral para poder dar banho de banheira no bebê. A mesma água era reaproveitada pelo irmão do meio para só então a princesa tomar seu banho.

A mãe da princesa cortava-lhe os cabelos bem curtinhos, como se fosse de menino, porque dizia que era muito quente, cabelo comprido dava muito trabalho e piolho! A princesa aprendeu a lavar louças, limpar casa, cuidar de criança, matar e limpar galinhas, trocar pneu de carro, pintar, bordar, fazer crochê e tricô, e aos cinco anos já tinha guardado num baú o enxoval (feito pelas próprias mãos para quando se casasse).

Ela adorava brincar e criar mundos imaginários! Foi dona de hotel, de hospital, casas improvisadas com restos de madeiras e lonas, inventava colônia de férias para ela mesma, costurava as roupas de suas bonecas, passava o dia todo juntando gravetos do quintal para cozinhar um ovo num fogão improvisado com tijolos e um pedaço de metal. Ficava cheirando a fumaça, vivia suja e com as pernas raladas das brincadeiras e também das surras que levava.

Não aceitava provocação dos irmãos e a briga era constante. Todos os dias apanhavam da rainha, e quando a situação ficava complicada a rainha pedia para o rei bater nela, e possivelmente nem sabia por que estava fazendo aquilo!

Com dez anos começou a fazer curso de datilografia e se inscreveu em todos os cursos que tinha no centro social urbano próximo à sua casa: pintura, desenho, bordados e muitos outros para dar vazão à criatividade. Adorava jogos: quebra-cabeças, caça-palavras, livros, jogos de tabuleiro, sinuca, pingue-pongue, queimada, videogame...

A princesa acordava sozinha, tomava um café e ia para a escola. Estudava sozinha, tirava boas notas, nada excepcional; e morria de vergonha se algum professor a chamasse para ir resolver alguma questão no quadro.

Queria estudar balé, mas o rei disse que as mulheres que faziam balé ficavam com as pernas musculosas e com os pés feios, porém foi autorizada a fazer *jazz*. Aos 13 anos era uma das mais altas do colégio e sofria *bullying* das coleguinhas, que diziam que não ia arrumar namorado. Resolveu então jogar basquete.

Foi nessa época que começou a trabalhar com o rei. Limpava o chão do seu escritório, fazia e servia café, atendia ao telefone, datilografava cheques e tudo o que mais precisasse. Trabalhava meio período, recebia meio salário.

Ao fazer 14 anos, no pequeno reinado em que viviam, só tinha escola no período noturno e o rei achou melhor enviar a princesa para morar com os avós maternos em outro reino, distante 2.300 km e poder estudar numa escola melhor. E assim a princesa, que não gostava de frio, foi morar na capital mais gelada do Brasil, que não era gelada só no clima, mas também no trato das pessoas. Foi um período de difícil adaptação e a princesa se sentia invisível em uma escola cheia de príncipes e princesas maravilhosos que iam para a escola com motorista particular, que viajavam para outros países, que iam para o Havaí surfar e que usavam casacos de pele nas aulas. A princesa mal falava, não conhecia ninguém, ia com roupas simples e usava o serviço de ônibus escolar.

Pensou em desistir e voltar, mas o destino fez que conhecesse um vizinho que lhe apresentou um outro mundo e assim a princesa foi estudar computação, algo bem restrito ao mundo dos meninos; apaixonou-se pelos computadores, pela escola e pelos novos amigos e não quis ir mais embora.

Morou com a vó, com tios, em pensionato, sozinha e com irmão. Sempre trabalhou e estudou ao mesmo tempo: curso técnico, faculdade e pós-graduação.

Foi nessa época que teve seu primeiro namorado, o primeiro carro, o primeiro emprego de carteira assinada, o primeiro pedido de demissão para poder fazer um estágio, a primeira demissão porque a empresa achava que a princesa tinha muito potencial e que seria melhor demiti-la (oi?). E foi assim que a princesa retornou a Rondônia a fim de empreender e também aceitou dar aulas em uma faculdade, para alunos que eram mais velhos do que ela. Ainda era muito tímida e passava mal antes de cada aula, mas fingia que estava tudo bem e assim iniciou sua trajetória em sala de aula.

O namorado foi junto e o rei disse que era necessário que eles noivassem e se casassem para que a princesa não ficasse "falada". E assim foi: noivaram e começaram a montar uma casa (do lado do castelo do rei e da rainha). Só tinha um problema: o noivo já tinha sido casado e a princesa não poderia se casar na igreja, mas ela nem queria nem se imaginava num vestido de casamento. A princesa só queria saber de trabalhar e pensava em viajar o mundo, mas pelo jeito os finais de semana e as festas seriam sempre ali naquele reinado. Certo dia, a princesa surtou e terminou o noivado. Sentiu que aquilo era muito pouco para sua vida de princesa, ela queria mais.

E assim "(ven)deu" sua empresa para a família, mudou de vida, de cidade e foi dar aula em outra faculdade. Ganhava pouco, alugou uma sala com banheiro e fez dali seu próprio castelo. O dinheiro mal dava para o aluguel; aceitava dar aula de conteúdos que nunca tinha visto na vida e que nenhum outro professor queria assumir.

Conheceu o namorado número 2 nos primórdios da internet, num *chat* desses da vida (mIRC – só os mais velhos vão saber do que se trata), e a criatura se achava o verdadeiro príncipe encantado. Há de se concordar que ele sabia cativar as pessoas, sendo educado, enviando flores, poesias diárias, mandando mensagens carinhosas, mas, esteticamente falando, não era nada atraente. Posteriormente descobriu-se que, apesar de ele se achar a última cocada, a ultima bolacha do pacote ou mesmo o último príncipe na face da Terra, era na verdade um sapo horrível. A princesa simplesmente foi morar com o sapo (vamos chamá-lo assim, porque príncipe não é adequado) e tiveram uma longa convivência.

A princesa trabalhava os três turnos porque queria conquistar o mundo com as próprias pernas e também porque o sapo, apesar de ser de origem humilde, e a família ser pobre, era enjoado e só gostava de coisas caras. E assim se passaram longos anos em que a princesa se dedicava aos estudos e ao trabalho nos três turnos, muitas vezes também nos finais de semana. Conclusão: sobrava pouco tempo até mesmo para analisar a própria vida. Entrou no piloto automático.

A vida foi se encaminhando, a princesa passou num concurso para dar aula em uma universidade e depois passou em um concurso superdifícil no qual só tinha uma vaga e ela nem teve tempo para estudar e se preparar. E foi assim que, depois de muita luta, de lesões, de treino pesado, de algumas unhas do pé arrancadas, a princesa se tornou Policial Federal! Mas não apenas isso, mas sim Perita Criminal da Polícia Federal em crimes cibernéticos. Pode uma princesa se tornar policial? Aqui nessa história pode!

A vida foi melhorando, e o sapo sugeriu que seria bom se ele pudesse estudar e também passar num concurso para que a princesa parasse de trabalhar nos três turnos. Assim, ele parou de trabalhar, fez faculdade, pós-graduação, cursinhos preparatórios, academia, *personal trainer*, viajava para vários lugares para fazer provas de concurso e a tal da aprovação em concurso para ajudar com as contas nunca chegava!

E a princesa continuava trabalhando cada vez mais, e o dinheiro nunca era suficiente. E a princesa descobriu o empréstimo consignado e foi fazendo um atrás do outro.

Nas poucas horas de folga, ela assistia a *Sex and the City* e sonhava em ser uma daquelas mulheres independentes e donas do próprio nariz. Foi também nessa época que ela assistiu a *Titanic* e no final ficou muito feliz porque o personagem principal Jack (Leonardo di Caprio) havia morrido e a Rose (Kate Winslet) viveu muito e conheceu o mundo. Todo mundo chorando pelo Leonardo di Caprio e a princesa superfeliz pela Rose, pensando em conhecer o mundo. Mal sabia ela que seu relacionamento havia naufragado há muito tempo e que só faltava se libertar e conhecer o mundo.

O naufrágio da vida real aconteceu quando vieram à tona todas as mentiras, as enganações, todas as traições (várias!) de um relacionamento abusivo (emocional e financeiro) com um psicopata misógino, narcisista e manipulador. A princesa se sentia feia, com a autoestima nos pés, sentia-se acabada com muitas dívidas no seu nome; e foi assim que ela resolveu dar um basta!

Mas não foi essa a única decepção em sua vida. Houve muitas outras em situações de trabalho, "amizades", calotes, familiares, namorados, enfim, de toda a ordem. Também teve muitas perdas: seus avós, o rei, a madrinha, três de suas melhores amigas. Mas a princesa é brasileira e brasileiros não desistem nunca!

É óbvio que ela precisou de terapia, né? Ou você acha que alguém sobrevive a tudo isso sem ajuda? Muitos amigos e amigas estiveram presentes, pessoas desconhecidas que ajudaram, "anjos" que surgiram em momentos cruciais, um psiquiatra porreta para dar um "baculejo", psicólogos fantásticos que ajudaram a colocar sua cabeça em ordem.

E foi assim que a princesa correu atrás dos seus próprios sonhos: viajou, viajou muito, conheceu praticamente todos os continentes. Fez tudo o que queria e que até então lhe era tolhido: dança do ventre, dança de salão, deixou o cabelo crescer, cortou, pintou, começou a usar esmaltes fortes, calcinha fio dental, emagreceu, participou de provas de corrida, de desafios e competições, começou a comprar coisas para si (e não para os outros), a sair mais, ir a teatros e cinema (sozinha ou acompanhada), fazer mais amizades, alugou um conversível e viajou sozinha, foi para vários países, recebeu amigos e amigas em sua casa, aprendeu a cozinhar, a apreciar vinhos e cafés, a estudar novos assuntos, fazer uma nova faculdade, tirar a cidadania italiana, aprender novas línguas, a querer conhecer o mundo todo. Mudou de cidade, mudou de vida.

Acredito que a esta altura você já tenha uma imagem da princesa em sua mente. Mas como você deve ter percebido pela história, ela não é uma princesa normal. Ela já foi muito alta para a idade, desengonçada, vivia (e vive) brigando com a balança, adora café (sem açúcar), vinho tinto seco e espumante *brut*, gosta de rock e blues, gosta de atirar, tem armas, restaurou um carro antigo que era do seu pai (um Mustang, que é considerado um *muscle car*, ou seja, um carro de "macho"), é formada em informática (um campo predominantemente masculino), é policial (outro reduto masculino), não tem medo de viajar sozinha, não aceita menos do que merece, fala a verdade (o que nem sempre agrada), já ganhou duas medalhas de ouro numa competição mundial de policiais (prova de orientação, que é uma corrida com mapa e bússola), o que também não é algo típico de mulheres.

A que se deve tudo isso? Possivelmente devido à influência do rei, que sempre foi destemido, conseguiu sair de uma situação de pobreza e proporcionar uma vida confortável para a família.

A princesa nunca foi a criança ou a mocinha que usava laços no cabelo ou vestidinhos, mas isso também não significa que ela seja masculina. Talvez suas atitudes remetam a uma postura que geralmente é associada aos homens, como ter autonomia, ser direta e objetiva, porque a vida a fez usar isso para sobreviver.

A princesa atualmente mora no Nordeste, de frente à praia, num condomínio que tem piscina de borda infinita e banheira de hidromassagem no apartamento (seus grandes desejos). Viaja muito, tem uma adega cheia de vinhos, uma geladeira cheia de ímãs dos lugares aonde foi e estantes cheias de livros. Ah, sim, tem três fiéis escudeiros, seus *dogs* salsichas: *Sir* Sheldon, *Sir* Raj e *Dame* Penny.

Ela vem trabalhando o cuidado consigo mesma, permitindo que outras pessoas entrem em sua vida, que façam algo por ela, que cuidem dela, mas ela continua sendo a DONA DA PORRA TODA!

Esta obra é de ficção, qualquer semelhança com nomes, pessoas, fatos ou situações da vida real terá sido mera coincidência.

9

A FÓRMULA DA ALEGRIA PARA FALAR EM PÚBLICO

Falar em público é uma habilidade de extrema importância para atingir grandes resultados. Muitas pessoas renunciam a sonhos e oportunidades por medo, vergonha, ansiedade e timidez. Eu garanto: falar em público não é dom. É preparação. É treino. E pode ser leve. Entendendo porquês e aplicando técnicas simples e práticas, é possível enfrentar o medo, agir apesar dele e conquistar o mundo. Vem comigo!

ANDREZA VARGAS

Andreza Vargas

Contatos
andrezavargasoficial@gmail.com
Instagram: @andrezavargasoficial
LinkedIn: linkedin.com/in/andrezavargas/

Comunicadora, apresentadora, narradora, locutora e mestre de cerimônias. Especialista em Gestão e Negócios, MBA em Gestão de Marketing, graduada em Comunicação Social – Publicidade e Propaganda, técnica em Administração de Empresas. Vivência de dez anos de teatro. Mais de 15 anos de experiência em eventos. Acredita que falar em público é o caminho para grandes conquistas, que todo mundo pode. Por isso, transformou técnicas práticas na Fórmula da ALEGRIA, para que todos se lembrem de que falar em público é possível e pode até ser divertido. Voluntária no Projeto Pescar, falando sobre o tema para jovens.

Eu costumo dizer que a vida é muito curta para ver filmes repetidos, ir sempre aos mesmos lugares e perder oportunidades por medo de falar em público. E por que isso? De um tempo para cá, comecei a perceber que muita gente (muita gente mesmo) renuncia a sonhos, deixa grandes possibilidades passarem por causa de um medo paralisante: o medo de se expor a outras pessoas. O receio de falar em público pode ser tão aterrorizante a ponto de uma pessoa sequer prestar o vestibular porque um dia terá que apresentar o trabalho de conclusão (verdade, eu ouvi esse depoimento diretamente); ou nem tentar uma promoção no trabalho porque terá que apresentar um projeto, ou ainda não conquistar o emprego tão almejado porque precisa se posicionar em uma dinâmica de grupo.

Conforme fui verificando essas situações, e tantas outras deste tipo, fui entendendo que aquilo que hoje é fácil (e divertido) para mim poderia também ser para outras pessoas; e o quanto é fundamental para avançar no caminho da vida de maneira geral, tanto pessoal como profissionalmente.

Sempre quis fazer diferença no mundo de algum jeito e, muitas vezes, me perguntei qual é minha melhor habilidade. O que eu tenho de útil para ajudar alguém? Ficava procurando a resposta e me sentia frustrada por não a encontrar.

Ouvi num curso: "O pouco para você pode ser o muito de alguém". Isso me tocou fundo. Eu entendi que o que para mim parecia simples é muito difícil para outras pessoas: a coragem de falar em público.

Passei a prestar atenção ao sofrimento de algumas pessoas. Pesquisei a respeito disso e descobri um estudo realizado pelo jornal britânico *Sunday Times*, que apontou que, para cerca de 41% dos ingleses entrevistados, o temor de falar em público é maior que o medo da morte. Esse medo ganhou nome: glossofobia, um termo que vem do grego. "Glossa", língua e "fobia", medo. Isso provocou em mim uma inquietude enorme, queria muito ter um poder mágico para libertar todas as pessoas que sofrem com isso. Queria ter um pó de pirlimpimpim para abrir os olhos delas e mostrar que falar em público não é dom. É preparação. É treino. É possível. E pode até ser divertido, mesmo!

No meu momento de vida atual, essa é a minha habilidade de destaque, me sinto bem, fico à vontade e feliz na frente de pessoas, câmeras, microfones e gravadores. É assim agora porque eu me joguei. Estudei. Busquei. Aproveitei as oportunidades. Todavia, nem tudo foram flores nessa estrada...

Desde que me entendo por gente eu quis ser atriz, meu sonho era fazer novela, teatro, trabalhar com grandes nomes da dramaturgia. Entrei para o grupo de teatro na escola, na adolescência, que realização! Porém, não pude ficar muito tempo, não tínhamos dinheiro para eu continuar.

Quando eu tinha 17 anos, estava no meu primeiro emprego formal; encontrei uma escola de atores em Porto Alegre/RS. Fiz o teste para entrar (nervosíssima) e passei. Uau! Foi o primeiro investimento em mim com meu próprio dinheiro. Eu trabalhava a semana toda, estava concluindo o ensino médio e técnico e fazia as aulas de atuação aos sábados. No final de todo primeiro semestre da escola, gravávamos uma cena especial e o diretor da escola (famoso diretor de novelas da Globo) vinha para avaliar cada aluno. Chegou o dia da minha avaliação, eu frente a frente com aquele diretor, do qual eu era fã desde novinha, tremendo, feliz e apavorada. Depois que ele assistiu à cena, me disse algo mais ou menos assim: "Tua voz precisa ser muito trabalhada, assim não vai continuar."

Meu mundo desabou: muito sentimental desde sempre, fui chorando para casa. Cheguei com os olhos inchados e vermelhos, minha mãe veio me acolher e saber o que havia acontecido. Contei. Ela me disse: "A escolha é tua, ou isso te abala e desiste do teu sonho, ou te prepara, ensaia, melhora e mostra para ele no próximo semestre como pode continuar". Grande sabedoria da minha mãe. Foi o empurrão de que eu precisava. Se eu tivesse desistido naquela hora, certamente, eu jamais teria me desenvolvido. Eu não seria a comunicadora, apresentadora, narradora, mestre de cerimônias e locutora que sou.

Por vezes recebemos *feedbacks* que nos entristecem, nos colocam para baixo, mas é aí que precisamos bater o pé no chão e nos impulsionar para o alto.

O medo de ouvir uma avaliação negativa é um dos motivos pelos quais muita gente se esconde. Mas não é só isso, também há o medo de falhar, de não dar conta, de não se explicar bem, de esquecer o conteúdo, de ser julgado, de passar vergonha; enfim, os receios são inúmeros e provocam sensações muito desagradáveis emocional e fisicamente. Essas sensações são explicadas pela neurociência. Nosso cérebro é dividido em três partes: o reptiliano (irracional), que tem cerca de 500 milhões de anos de evolução, o límbico (emocional), com algo como 200 milhões de anos, e o neocórtex (racional), bem mais novinho, com mais ou menos 200 mil anos.

O límbico, na amígdala cerebral, é a parte do nosso cérebro onde existe o sistema de luta ou fuga. Isso significa que situações diferentes daquelas com que estamos acostumados o cérebro entende como uma ameaça, e com isso substâncias (hormônios e neurotransmissores) são liberadas para que nosso corpo se prepare e reaja. Seja lutando, seja fugindo. Um desses hormônios é a adrenalina, que deixa os batimentos cardíacos acelerados, aumenta a pressão sanguínea e expande o fluxo do sangue para os músculos. Isso tudo aumenta a energia química do corpo, e substâncias são lançadas na corrente sanguínea para serem utilizadas como fonte de energia e produzir uma reação imediata.

Na época das cavernas, quando acontecia uma situação de perigo, o cérebro preparava o corpo dessa forma e, dependendo da circunstância, o indivíduo saía correndo ou partia para a briga.

Hoje o que sentimos é o mesmo em qualquer ocasião diferente. Porém, naquela época, as situações eram de sobrevivência, fugir de um leão para não ser atacado e morto ou matar uma lebre para se alimentar e não morrer de fome, por exemplo. Contudo, falar em público não é uma situação real de perigo e isso precisa ser indicado ao cérebro. Essa ferramenta fantástica dentro da nossa caixa craniana só quer nos proteger quando acredita que estamos diante de uma ameaça. Então, é fundamental transformar o que parece ser ameaçador, e que na verdade não é, em algo normal.

Quanto mais se foge, mais se reforça a ideia de risco, de problema. Sendo assim, toda vez que surgir uma situação parecida, como o cérebro também é programado para economizar energia (e por isso ele provoca a repetição de comportamentos), ele vai desencadear todas aquelas sensações desagradáveis e a fuga vai ser sempre a solução, deixando as emoções cada vez mais intensas e dolorosas.

É importante reforçar internamente que o contexto de falar em frente a outras pessoas não é um leão faminto a ponto de matar, mas sim uma lebre que pode ser dominada. E como fazer isso? Fazendo. Não tem outro jeito. Jogando-se. Aproveitando todas as oportunidades.

Que oportunidades são essas? Uma apresentação de trabalho, uma reunião de equipe, uma confraternização com amigos... Ou, ainda, o próprio celular (ah, a tecnologia!).

Como eu disse antes, e repito sempre, falar em público não é dom. É preparação. É treino. E pode até ser divertido. Por isso, eu transformei dicas simples, práticas e muito eficazes na Fórmula da A.L.E.G.R.I.A.

Atividade física
Levada da música
Enche o peito
Gruda no poder
Respira
Interioriza
Avança

Atividade física: o exercício físico libera endorfina, conhecido por aí como o "hormônio do prazer" ou "hormônio da felicidade". Na verdade, é um neurotransmissor que proporciona energia, disposição, alívio de dores, ajuda na memória, no humor; e algumas pesquisas afirmam que os efeitos podem ser sentidos até uma ou duas horas após sua liberação. Dessa forma, uma atividade física intensa, como correr ou fazer polichinelo, é uma excelente ação para realizar antes de um momento desafiador, seja ele qual for, uma palestra, uma entrevista de emprego ou um primeiro encontro. É claro que não dá para chegar suando ao compromisso, se não der tempo de um banho antes, dar uns pulos no banheiro (sem suar muito) já vai ajudar bastante.

Outras atividades que também liberam endorfina: dar gargalhada, dançar, fazer sexo. Fica a dica.

Levada da música: ouvir músicas animadas também libera endorfina e eleva a vibração positiva no corpo. A agitação sonora que dá vontade de dançar muda o estado do corpo, altera a fisiologia mesmo e troca a tensão pelo bem-estar, isso traz mais calma e energia para se falar em público.

Enche o peito e **Gruda no poder**: se o cérebro influencia o corpo, o corpo também influencia o cérebro. A psicóloga social e pesquisadora de Harvard Amy Cuddy, desenvolveu um experimento científico no qual comprovou que praticar o que ela chama de "poses do poder" durante dois minutos eleva a testosterona (hormônio da dominação) e reduz o cortisol (hormônio do estresse).

Há algumas teorias que refutam este experimento; no entanto, na prática, pode fazer muita diferença, sim (e não custa nada tentar). As posturas de poder são aquelas, tipo "mulher maravilha" e "super-homem"; são posições de dominação. É o corpo dizendo para o cérebro que estamos no poder, com o controle da situação.

Respira: sim, às vezes, no meio da tensão, esquecemos de respirar, pelo menos de uma forma adequada. Parar por um tempo e acalmar a respiração é fundamental. Parece simples, afinal, a gente respira sem nem se dar conta. No entanto, são nesses momentos de estresse e ansiedade que precisamos prestar atenção e focar em sossegar a respiração. Existem inúmeras técnicas, uma delas é uma técnica havaiana, chamada "respiração Há", que significa Respiração da Vida.

Ela é muito fácil:

- Basta inspirar contando até sete (não necessariamente sete segundos, apenas uma contagem lenta).
- Segurar o ar com o pulmão cheio contando até sete.
- Soltar o ar contando até sete.
- Segurar o ar com o pulmão vazio contando até sete.

Repetir esse processo por, pelo menos, três vezes ajuda a equilibrar o corpo, diminuindo a aceleração cardíaca, o nervosismo, a sensação de falta de ar e outras sensações que o medo de falar em público desperta.

Interioriza: o cérebro não consegue ter dois pensamentos ao mesmo tempo. Logo, quando estamos focados no problema, por exemplo, na vergonha de subir no palco ou de ficar na frente de uma câmera, ou nas sensações do corpo, falta de ar, boca seca, tremedeira, é preciso trocar o pensamento.

Parar de pensar nas questões ruins e direcionar o foco para coisas boas, como: o resultado que essa ação vai acarretar (emprego, promoção, boa nota, venda); a imagem que queremos transmitir (segurança, confiança, conteúdo); o sentimento de realização por alcançar o objetivo e enfrentar o desafio.

Outros pensamentos também podem ajudar muito: pensamento de gratidão, mantras, orações, um lugar ou atividade que promova felicidade. Portanto, sempre que o foco estiver em algo negativo, é importante ajustar para algo positivo para facilitar a ação e, com isso, realizá-la de maneira mais leve e confiante. Além disso, atividades como meditar também elevam os níveis de serotonina, que é uma substância sedativa e calmante, deixando-nos mais tranquilos.

Avança: "A repetição leva à maestria". Mais uma vez: falar em público é treino. Desse jeito, é preciso fazer. Fazer. E fazer! Se jogar. Quanto mais ensaiamos, mais preparados ficamos. E com isso ensinamos ao cérebro que não é preciso fugir.

Algumas formas de treinar para avançar:

• Gravar vídeos no celular: escolher um assunto (no início pode ser a apresentação pessoal mesmo), gravar um vídeo e o assistir. Nas primeiras vezes vai ser horrível, possivelmente o sentimento vai ser de jogar o celular longe, mas fazer de novo e de novo, assistir de novo e de novo vai ajudar na preparação e a não doer mais (pelo menos, não tanto).
• Mandar para quem confia: mandar vídeos para a mãe, para o namorado, para amiga. Responder alguém por vídeo no WhatsApp. Isso é ajudar o cérebro a entender que não é uma situação de morte. E vai preparando aos poucos, passo a passo.
• Aproveitar os momentos com os amigos para contar histórias: e assim se testar na frente de outras pessoas. Aproveitar um momento seguro e confortável para se experimentar é uma ótima oportunidade de preparação e treino.

Eu sei que não é fácil enfrentar esses desafios, por vezes é muito doloroso. Entretanto, garanto que pode ser melhor e os resultados valerão a pena.

Quer dizer que um dia não sentiremos mais medo de falar em público? Acabará de vez? Não. O que é bom, porque o medo instiga o estudo, a organização, o compromisso em fazer o melhor.

Todos os dias temos escolhas. Coisas ruins vão acontecer? Sim. Falta de incentivo também? Com certeza. Julgamentos? Tantos que até perderemos as contas. Contudo, podemos escolher como lidar com cada pedra no caminho. Disso temos controle e só podemos transformar aquilo que depende da gente. É fácil? Não. Mas pode ser bom, muito bom. Com grandes resultados e conquistas. A comemoração está além do medo.

Referências

CUDDY, A. *Sua linguagem corporal pode moldar quem você é*. Disponível em: <https://www.ted.com/talks/amy_cuddy_your_body_language_may_shape_who_you_are>. Acesso em: 4 jun. de 2022.

PSICANÁLISE CLÍNICA. *Glossofobia: conceitos e sintomas.* Disponível em: <https://www.psicanaliseclinica.com/glossofobia/>. Acesso em: 4 jan. de 2022.

RODRIGUES, A. *A Neurociência por trás do comportamento*. Formação realizada na ESPM Porto Alegre. 2018.

SUNDAY TIMES. *Estudo sobre medos.* Disponível em: <https://www.thetimes.co.uk/?sunday?>. Acesso em: 4 jan. de 2022.

10

TODA MULHER TEM UMA HISTÓRIA FORTE PARA CONTAR, QUAL É A SUA?

Olhe para a sua história, não para mudar você mesma, mas para descobrir momentos fortes – eles irão ajudá-la a tomar decisões mais sábias. É preciso buscá-los porque, entre tudo o que compõe sua vida, é neles que está a sua verdade.

ANGELIS BOGDAN

Angelis Bogdan

Contatos
angelisbogdan@gmail.com
Instagram: @angelisbogdan
@mulheresemaravilhosas
44 99806 5045

Psicóloga, treinadora comportamental e palestrante do TEDx 2021 – Fortaleça uma mulher e você fortalecerá toda uma geração. Idealizadora do programa de Saúde Emocional no Ambiente de Trabalho e do Movimento Mulheres Emocionalmente Maravilhosas. *Coach* executivo e empresarial certificada pela Associação Brasileira de Coaching Executivo e Empresarial (ABRACEM). Analista transacional em certificação pela UNAT. Cientista da felicidade em formação. Diretora fundadora do Instituto A. Bogdan Coaching e Desenvolvimento Humano.

Passei a vida inteira ouvindo histórias fortes. Tenho erdadeiro amor e respeito por cada vida que acompanhei.

Eu sou Angelis. Nasci em uma família chefiada por mulheres, fui criada por mãe e "vó". Minha avó teve 11 filhos; em 1966 deixou uma relação abusiva e saiu de Minas Gerais em direção ao Paraná com cinco filhos pequenos, a mais nova é minha mãe. Com 18 anos, ela engravidou de mim...

Fui criada como uma boneca. Estudei em colégio particular. Fiz informática e inglês. Minha mãe assumiu a maternidade com aquela postura superprotetora: "Essa menina vai dar certo!".

Também imagine só, lá em 1982, mãe solteira, já começou que o padre não queria nem me batizar; fui batizada já grande. E por aí segue apresentação de escola, crises de asma, pé quebrado... Tudo sozinha.

Recentemente, eu e meu esposo conversávamos sobre os desafios da educação dos filhos e meu marido falou algo que mudou minha perspectiva: "Imagina só como foi difícil para sua mãe e para sua avó, duas mulheres chefes de família, há 40 anos atrás". Eu parei e pela primeira vez senti. Porque até então eu pensava: "Minha mãe me criou sozinha; foi difícil". Uma entrevista de emprego é difícil, passar numa prova é difícil, mas pela primeira vez eu senti e falei: "Nossa! Foi muito difícil, mas ela nunca reclamou? Eu nunca ouvi um 'tá difícil' sair da boca da minha mãe ou da minha avó".

Se sua vida está leve para você, alguém provavelmente está segurando a barra. Permita-se olhar e reconhecer. Mas se está pesado para você, é você quem está segurando a barra, peça ajuda. Parece óbvio, mas eu demorei 38 anos para sentir como foi pesado para minha mãe...

Estudei com minha mãe "em cima"; afinal, "filha de mãe solteira vai engravidar logo, o que vai virar da vida", *bastarda* foi algo comum de ouvir... Mas fui para a faculdade, consegui um estágio, namorei, noivei e estava indo para o trabalho... Naquele dia demorou para amanhecer. Tem dias em que às 6 horas da manhã o sol já está alto, mas naquele dia não. O céu estava cinza, rua deserta; eu a caminho do trabalho e fui assaltada. Aquela boneca,

Angelis Bogdan

princesa, nunca tinha nem apanhado. Fui pega por trás, jogada no mato, esmurrada na cara e apagada com estrangulamento...

Eu me lembro que, quando apaguei, conversei comigo e pensei: "Meu Deus, coitada da minha mãe quando ela me achar morta aqui. Deus não permita que isso aconteça". Lembro-me de, na sequência, ouvir minha respiração e, como você pode ver, um milagre aconteceu. Consegui ser salva por um grupo de pessoas que trabalhavam na região...

A primeira vez que contei publicamente minha história e falei dessa fatalidade que marcou minha vida foi no TEDx 2021. Convido você a me ouvir visitando o link: youtube.com/watch?v=vsMzOiYtI7U.

Hoje eu trabalho com Educação Emocional para Mulheres e descobri que existe algo em comum entre todas nós e que são pontos-chave no processo de consciência e maturidade emocional. Eu os chamo de "Os 3 Ps": Permissão, Proteção e Potência.

Contar minha história foi um processo de acolhimento da minha dor, permissão de honrar quem esteve ao meu lado e cura para muitas feridas emocionais. Foi muito poderoso para mim; por isso, construí instrumentos para desenvolver meus clientes. Compartilho dois deles no final deste capítulo. Todos eles vão trabalhar com "Os 3 Ps", em especial com a Potência.

Potência: é aquilo que tem poder, força, vigor e importância.

Identifique seus momentos fortes. Você precisa olhar para sua história, não para mudar a si mesma, mas para descobrir momentos importantes – eles irão ajudá-la a tomar decisões mais sábias. É preciso buscá-los porque, entre tudo o que compõe sua vida, trabalho, relacionamentos, planos, sonhos, são eles os mais confiáveis. É neles que está a sua verdade.

O mais difícil e verdadeiramente potente é se despir de expectativas irreais e se permitir ser você mesma. Por um lado, tão capaz como todas as outras e, por outro, tão singular com seus poderes únicos. E pensando na minha verdade, esta é minha história. Cheguei de surpresa em uma família chefiada por mulheres. Mas não estou só... Segundo o IBGE, o número de famílias chefiadas por mulheres passa de 28,9 milhões e o de mães solteiras passou de 11,6 milhões. Além disso, em 2011, 5,5 milhões de crianças estavam sem o nome do progenitor na certidão de nascimento.

Cada uma de nós tem uma história de vida, uma identidade narrada, uma história forte para contar. Narrando nossas histórias, solidificamos nossas memórias e identidades, eliminamos fragmentos e criamos coerência no sentido de nossas vidas.

As histórias nos permitem ligar as experiências por meio do tempo, um senso de desdobramento de nossas vidas, com começo, mudanças, ressignificados e fim.

Toda narração envolve a imposição de um significado, pois realçamos alguns eventos e desqualificamos outros. Uma nova história pode emergir do diálogo, do ouvir o outro ou mesmo do simples fato de prestar atenção para uma parte da sua história; essa parte será realçada e ampliada. Uma construção interna de ousadia, necessária para enfrentar nossas feridas de frente e dialogar de maneira gentil, com os outros e conosco mesmas. Considerando que as histórias que contamos para os outros são também as histórias que contamos para nós mesmas, tendemos a nos enxergar em termos de nossas histórias determinadas. É na interação entre o contador e o ouvinte que novos relatos emergem.

Narrar minha vida foi uma oportunidade de revisitar minha origem e questionar minhas verdades. Foram meses de desconstrução e construção que me fortaleceram emocionalmente. Desde então decidi usar a narrativa como ferramenta de trabalho nos processos de autoconhecimento e desenvolvimento. Para isso, utilizei duas abordagens, que compartilho aqui, com o propósito de autodesenvolvimento ou mesmo de inspiração para trabalho com desenvolvimento de pessoas. Se decidir utilizá-las, peço que compartilhe comigo, porque me traria muita alegria conhecer sua narrativa e seu trabalho.

A primeira proposta foi a Biblioteca Humana Mulheres Emocionalmente Maravilhosas, que nasceu em meio à pandemia da covid-19, durante a mentoria de educação emocional. Inspirada pelo projeto Biblioteca Humana, que se iniciou na Dinamarca há 21 anos e já atingiu mais de 84 países e seis continentes, tem como inspiração "não julgue o livro pela capa". Nosso projeto é voltado a histórias de mulheres que de maneira voluntária relatam suas histórias, a fim de juntas formarmos um exército de mulheres emocionalmente conscientes. No canal do YouTube® Mulheres Emocionalmente Maravilhosas você pode conhecer quatro delas:

- A meninas que não queria ser médica.
- Reencontro com a sorte.
- Sonho e superação.
- O sonho do reencontro.

O segundo instrumento que desenvolvi foi um *template* que simula a capa de um jornal, um convite para que cada participante narre um viés da sua história, com o seguinte estímulo: a mulher que sou hoje é a soma das experiências que adquiri ao longo da minha caminhada. Compartilho anexo o formulário que utilizo.

Por fim, é como afirma Tara Mohr (2016):

> Você conhece esta mulher. É sua amiga ou colega de trabalho. Uma pessoa inteligente e criativa. Ela é incrível: qualquer que seja a situação na empresa, na comunidade ou nos noticiários, ela tem ótimas ideias sobre o que precisa ser feito. Também é muito íntegra – não é gananciosa, não cede a tentações de corrupção, não tem sede de poder. E é engraçada, calorosa e confiável. De vez em quando, você a ouve falar e pensa: como seria bom se pessoas como ela estivessem no topo...
> Pois saiba que alguém vê você da mesma maneira que você enxerga essa mulher. Na verdade, muita gente.

E então, qual é a sua história?

JORNAL 3E - FAÇA SER INCRÍVEL!

HISTÓRIAS INSPIRADORAS

TÍTULO: _____

TUDO COMEÇOU
RELATE MOMENTOS FORTES DA SUA VIDA

_____
_____
_____
_____
_____
_____
_____

Se desejar, pode anexar algo: _____

ALEGRIA OU SABEDORIA

DEIXE UMA MENSAGEM SIGNIFICATIVA:

COMO ESTOU HOJE

PARA O FUTURO DESEJO:

Primeiro Emprego, Desafios...

Instituto A.Bogdan

Referências

BERNE, E. *Prêmios*. Porto Alegre: UNAT-Brasil, 2010.

MOHR, T. *Ouse crescer*. Rio de Janeiro: Sextante, 2016.

11

TAL COMO A ÁGUIA

Se nascemos sabendo quem somos, nos esquecemos disso no meio da jornada. Somos moldadas por vivências desde a infância. Aprendemos a atender expectativas e ocultamos nossa essência para agradar o outro. Desejamos nutrir o amor de outrem, mas não nutrimos o amor-próprio. Sentimos raiva, desesperança, aflição, medo... nos perdemos de nós mesmas. Como se reencontrar? Como ser "dona da p**** toda"?

ARLANA CAMPOS

Arlana Campos

Contatos
arlanacampos.com.br
sitearlanacampos@gmail.com
Instagram: @arlanacamposeducadora
31 99213 6615

Licenciatura Plena em Pedagogia, formada pela Universidade Estadual de Minas Gerais. Pós-graduações: Psicopedagogia, Educação Digital, Neurociências. Mestra em Educação Tecnológica pelo Centro Federal de Educação Tecnológica de Minas Gerais. Pedagoga referenciada pelo Método Bendizer: maternidade na visão espiritual. Professora de graduação e pós-graduação. *Life coach* pela Sociedade Latino-Americana de Coach. Especialista em Desenvolvimento de Vida com Propósito, pela Formação no Método Empreenda com Propósito. Oficial da Força Aérea Brasileira. Educadora, escritora e empreendedora em educação e autodesenvolvimento. Presta assessoria e consultoria em educação e projetos sociais. Autora do livro *Não retorne mais aqui: uma história de honra e rejeição* (2022).

> *Numa coincidência incrível, aos 40 anos iniciei esse processo de transformação profunda, tal como uma águia. Minha montanha foi o quartel; arranquei todos os "adereços femininos" para me reconstruir de dentro para fora, encarando minhas dores, questionando escolhas e descobrindo minha essência. Com muita clareza, aceitei que não era mais a criança ferida, mas a mulher forte na qual a criança havia se transformado e, agora, eu a conduziria pela vida, grata por ela ter sido quem foi para mim.*
> ARLANA CAMPOS

Quando foi que eu me perdi de mim? Não sei direito, só me lembro de um dia não reconhecer mais minha casa, minhas escolhas, meu rosto no espelho. Não se trata de um caso de amnésia, mas de automatização da vida. A síndrome da mulher-maravilha havia me pegado. Pensava que somente eu poderia fazer as coisas do jeito certo. Aliás, vamos falar a verdade: muitas mulheres carregam essa crença. Não cabe aqui apresentar os motivos históricos e sociológicos para isso, mas podemos afirmar sem medo que isso é um fato.

Foi mais ou menos assim que eu percebi que nada estava fazendo sentido na minha vida. Eu parecia ter tudo, mas uma insatisfação profunda fazia parte do meu cotidiano. Sentia-me culpada (aliás, a culpa vem no pacote da mulher-maravilha). Eu tinha saúde, casa própria, carro, um marido amoroso, um filho saudável e feliz. Parecia que eu estava sendo ingrata com a vida. Como se pode ter tudo e ainda se sentir vazia e insatisfeita? Assim, como muitas mulheres e homens também, eu ficava esperando que algo espetacular acontecesse e sempre projetando no futuro grandes realizações. Por causa disso, deixava de usufruir o presente. Sacrificava o "agora" (TOLLE, 2002) em nome do "quando tal coisa acontecer". Nessa época eu já estava em um caminho de autoconhecimento, buscando me entender e por explicações para minhas insatisfações.

Até então estava procurando fora de mim. Depois de um tempo me sentindo frustrada e achando que todos conseguiam, menos eu, percebi que a solução não estava fora, mas dentro. E é aí que essa história fica boa. Porque percebi isso ensopada de suor, sentindo que ia morrer de tanto esforço físico, fazendo flexão de braço no pátio de um quartel. É que em busca de mais satisfação deixei de ser gestora para ser estagiária de novo. Candidatei-me a oficial da Força Aérea e iniciei um processo de treinamento militar. Eu não imaginava que aquela experiência fosse transformar minha vida por completo. Não foi apenas passar pelo treinamento desafiador, mas significou encontrar a coragem de ser quem eu sou. Tornei-me militar aos 40 anos e foi depois de passar pelo processo de "mortificação do eu", explicado por Erving Goffman (1922-1982), sociólogo e antropólogo, que consolidei minha identidade. Para Goffman (1974), nossa conduta depende das relações pessoais e dos cenários em que estamos, ficamos mergulhados o tempo todo na necessidade de atender às expectativas dos outros.

Para quem não conhece o mundo militar, é importante dizer que, ao usar a farda e colocar o interesse coletivo em primeiro lugar, deixamos os interesses e as características individuais em segundo plano. Basta observar uma tropa, na qual todos os indivíduos são absolutamente iguais, não se distinguem particularidades quando se apresentam em bloco. Tornar-me militar me colocou em confronto com meus valores pessoais e escolhas feitas até então. Eu não era nenhuma mocinha, já tinha carreira consolidada, era esposa e mãe. Um período intenso de treinamento, uma mudança radical de *mindset* e a descoberta de uma força interior latente. Eu precisei passar pela experiência para despertar para a vida. Dentro do quartel tudo ganhou lentes de aumento. Passei a valorizar a cama quente, o banho demorado, o tempo com a família, a comida fresquinha, a conversa com os amigos e tudo o que há de mais simples. Lavar as mãos para comer passou a ser um luxo; dar preferência para os mais velhos, honrar quem chegou primeiro, ter disciplina e respeito pelo lugar em que se encontra, tudo ganhou novo significado. O essencial saltou aos meus olhos. Depois de um tempo, o que é importante para cada um ficou mais evidente.

Cada pessoa tem o livre-arbítrio para fazer das experiências o que bem entender. Eu costumo dizer que a vivência militar ressalta em cada indivíduo as características que ele já possui. Penso que ela torna mais acessível e manifesto o que cada um já carrega dentro de si. Por um motivo muito simples: nos deparamos com nossos limites, sejam físicos ou emocionais. E, em situações de forte estresse, é mais difícil sustentar máscaras. Minha essência ficou, para mim, mais cristalina. Além de me conhecer melhor eu pude comprovar o que já estudava na teoria, que produtividade tem a ver com prioridades e não com quantidade de tarefas.

Depois de alguns anos prestando serviço e em meio ao constante aprendizado profissional e pessoal, vivi uma experiência que me provocou imensa aflição, a qual jamais pude imaginar. Vi-me envolvida em uma trama digna de roteiro de filme. Fui ao fundo do poço. Estava tomada pela dor e paralisada pelo medo. Depois de vivenciar meses de intenso sofrimento emocional e físico, tive um *insight*, depois de ouvir do meu marido: "Somente você pode sair desse buraco". Essa afirmação me fez iniciar meu processo de "saída do poço". Não foi um processo rápido, tampouco fácil. Custou dedicação, acompanhamento profissional, paciência, resiliência, força e amor-próprio.

Ah... o amor-próprio. Esse é imprescindível para fazermos qualquer coisa por nós mesmos. Sem ele eu nunca fui minha prioridade, eu não era merecedora, não era boa o bastante, e por aí vai... Desenvolver o amor-próprio pode ser uma tarefa árdua e levar anos. Mas quando você se aceita como prioridade na sua vida, percebe que é capaz de ajudar muito mais pessoas do que ajudava antes. Você faz pelo outro porque quer fazer, não porque precisa que ele te dê algo em troca, atenção ou reconhecimento: "Olha como ela é uma boa pessoa". Não há cobrança nem expectativa, tampouco frustração.

Sugiro que vá visitar os recônditos do seu ser. E, se a primeira coisa que vem à sua cabeça é "bobagem, não preciso disso", sugiro que olhe com mais cuidado. Se dê o benefício da dúvida.

Hoje, analisando com distanciamento o que passei, identifico alguns passos fundamentais que percorri: oito precisamente, e podem ser replicados por qualquer pessoa, desde que esteja disposta a se renovar, tal como a águia (CAMPOS, 2022, p. 51-52).

1. Reconhecimento – é preciso aceitar que há um problema para resolver. Aceite que o desafio existe. Reconheça a situação-problema. Olhe-se no espelho e aceite: "Estou com problemas". E agora? Depois de semanas em negação e em sofrimento emocional profundo, após ouvir do meu marido "somente você pode sair desse buraco" eu aceitei. Foi o primeiro passo para sair do buraco.
2. Autorresponsabilidade – saia do lugar de vítima. Pare de apontar para um "outro" qualquer como se ele fosse o "culpado" pelo que aconteceu. Assuma o que te cabe. Ainda que tenha sido uma injustiça, o que você pode fazer para sair da situação? Outros te colocaram nela, mas a respon-

sabilidade de sair é sua. Assuma-a. Foi quando pensei: "Tenho que fazer alguma coisa". Ficar parada, chorando feito uma criança desamparada e dormindo para não enfrentar a realidade não vai ajudar. Assuma as rédeas da sua vida e faça alguma coisa. Sempre há algo que pode ser feito. Não importa o que fizeram com você, importa como você recebe o que fizeram com você. Levante essa cabeça.

3. Rendição – significa sair da postura de resistência e se entregar à experiência. É muito difícil se render à dor, ao julgamento alheio, às expectativas frustradas. Em vez de aceitar sentir a dor que advém da experiência, em geral, buscamos por paliativos para não senti-la. Procuramos por situações de autoengano que podem levar, inclusive, aos vícios ou a comportamentos destrutivos. Não finja que a dor não existe. Beber, fumar, fazer sexo, ter pensamentos positivos, fazer compras, maratonar filmes e séries – se essas atividades forem feitas de maneira irrefletida e como fuga, não vão ajudar, apenas vão mascarar a dor. Anestesiar-se, seja lá como for, não resolve o problema. Esteja consciente de suas escolhas. Mais do que pensamentos positivos, tenha atitude positiva. Para superar a dor, é preciso se render a ela. Torne-a sua companheira. Conheça-a profundamente, convide-a para tomarem juntas uma xícara de café, talvez duas. Procure compreender quais as origens dela, torne-a sua melhor amiga. Conhecendo-a, você saberá como superá-la. Ela pode ser a expressão de sua criança interior, ou mesmo o discurso presente na sua memória, e que não é seu. Investigue.

4. Distinção entre fatos e interpretações – observe os fatos como realmente são. Boa parte dos nossos problemas são oriundos das interpretações que fazemos e das expectativas que alimentamos. Ao observar apenas os fatos, temos melhores condições para avaliar a situação, de maneira mais distanciada e objetiva. Se no meio do caos seu carro dá problema, qual é o fato? O carro deu problema. Nossa interpretação sobre o fato pode ser "como sou azarada, no meio disso tudo, o carro tinha que me deixar na mão? O que eu fiz para merecer isso? Não é possível. Joguei pedra na cruz. Logo hoje? Só pode ser maldição. Agora só falta fulano saber. O que vão pensar de mim?". Percebe como alimentamos desnecessariamente nossa mente de pensamentos ruminantes, e altamente destrutivos? Apegue-se aos fatos e avalie o que pode ser feito. Silencie esse "grilo falante" que fica na sua cabeça.

5. Ação – para modificar qualquer realidade, é necessário agir. Ideias são apenas ideias se não forem colocadas em prática. Após analisar os fatos é possível pensar em quais ações poderão ser tomadas e hierarquizá-las. O que é mais urgente? O que posso delegar? Sobre o que não tenho alcance? Mais uma vez, ficar parada não vai te ajudar em nada. Ainda que a primeira ação seja muito simples, comece. Dê o primeiro passo. No meu caso, a primeira ação foi comer. Eu precisava me fortalecer.

6. Confiança/fé: em um deus, nos homens, na vida ou no universo – acreditar que há algo maior do que nós ou alguém em melhores condições, que

possa nos fortalecer ou alcançar o que nossos braços não alcançam. Pode ser contratar um profissional especializado, pode ser ter um momento de prece ou meditação que a traga de volta para seu eixo. A fé fortalece. Somos seres sociais e sempre que nos sentimos solitários, em qualquer situação, nos sentimos limitados (ARISTÓTELES, 384-322 a.C). Acreditar que não estamos sós nos fortalece. Expanda seus limites, tenha fé em Deus, nos homens ou na vida. Fortaleça-se com um grupo de apoio, de estudo, de oração. Faça sua escolha. Você é responsável por sua vida e por suas escolhas. Tenha fé em si.

7. Dizer não – poupar-se não é fugir. Reconhecendo o que te causa dor e sofrimento, diga não. Deixe claro o que aceita, e o que não aceita. Estabeleça limites. Acolha-se, nutra-se e cuide-se. Isso é amor-próprio. Para tal é preciso dizer "não" ao que não te faz bem. Não se trata de negar a dor que já existe, mas sim de negar a repetição de situações de sofrimento, que você já conhece. Se te faz mal, negue. Ame-se primeiro.

8. Perdão – entendo o perdão como a aceitação do que é. O perdão com condicionantes não é perdão: "Eu perdoo, se...". Mesmo o imperdoável pode ter perdão se houver a aceitação do que é, por mais que doa. Aceitar que o mal foi feito, que houve um erro (seu ou do outro), aceitar seja lá o que for... e soltar. Soltar a necessidade de voltar atrás, de refazer, de o outro pedir desculpas, de você pedir desculpas (quando não é mais possível pedir). Ao soltar, deixar ir, aceitar que aconteceu e que passou não te faz esquecer, mas abre o caminho para que possa seguir em frente apesar de...

Fazer é muito mais difícil do que falar. Eu sei porque passei por isso. Doeu muito. Senti-me revirada do avesso. E percebi que não importam os fatos, mas como eles repercutiram dentro de mim. Ao perceber isso, me libertei. Foi a melhor coisa que fiz. Sabe por quê? Porque aceitar liberta. Perdoar liberta. Trata-se de se desapegar do passado e reconhecer que o momento presente traz novas possibilidades, que podem ser vividas de modo diferente. Uma nova chance nos é dada a cada segundo. Sempre podemos fazer diferente. E se desejamos um novo resultado, devemos fazer algo novo.

Quando eu estava no fundo do poço pensei que, mesmo se saísse de lá, eu jamais seria bem-sucedida. Mas depois que perdoei e segui em frente, pedi baixa, me tornei empresária, sou procurada por grandes empresas da minha área para prestação de serviço e consultoria e publiquei meu primeiro livro (*Não retorne mais aqui: uma história de honra e rejeição*, Ed. All Print). Tudo isso em aproximadamente seis meses. Não pretendo voltar ao fundo do poço, mas sou grata por tê-lo conhecido; afinal, sem essa experiência eu jamais teria chegado onde estou agora. Hoje eu sou livre e me sinto a "dona da p**** toda".

Referências

ARISTÓTELES. *Ética a Nicômaco; Poética* – Aristóteles: seleção de textos de José Américo Motta Pessanha. 4. ed. São Paulo: Nova Cultural, 1991. (Os pensadores; v. 2.)

CAMPOS, A. *Não retorne mais aqui: uma história de honra e rejeição.* São Paulo: All Print, 2022.

GOFFMAN, E. *Manicômios, prisões e conventos.* São Paulo: Perspectiva, 1974.

TOLLE, E. *O poder do agora: um guia para a iluminação espiritual.* Rio de Janeiro: Sextante, 2002.

12

DEPENDÊNCIA EMOCIONAL NA PERSPECTIVA DA PSICOLOGIA FEMINISTA

Este capítulo é um convite à reflexão, a partir da ótica da psicologia feminista, acerca da dependência emocional nas mulheres como expressão da socialização patriarcal.

BÁRBARA ALVES

Bárbara Alves

Contatos
Instagram: @psibarbara.alves
12 98118 1107 / 12 98143 4047

Psicóloga clínica (CRP 06/131709), feminista, mãe atípica, cursando especialização em Políticas Públicas de Enfrentamento à Violência Doméstica – PUC. Coautora do segundo volume de *As donas da p**** toda*, idealizadora do projeto Mulheres Sororas, no formato de roda de conversa on-line, tendo como objetivo acolhimento e psicoeducação para mulheres com recorte de gênero, raça, classe, regionalidade, etnia e sexualidade, como forma de transformação pessoal e social.

Na prática clínica de psicologia comportamental exclusiva para mulheres, uma das principais demandas é a dependência emocional e suas consequências em várias esferas da vida das mulheres especificamente.

A dependência emocional se caracteriza pela sensação de incapacidade de existência sem o(a) parceiro(a). Mas por que será que isso acontece com tanta frequência?

De acordo com Z. Valeska (2018), nós, mulheres, somos socializadas e temos, portanto, nossa subjetivação (processo de construção da subjetividade) definida por diversos aspectos. O conceito da prateleira do amor ilustra a vida afetiva das mulheres como sendo produto das ESCOLHAS dos homens. Ou seja, a mulher na sociedade patriarcal só tem valor se estiver em uma relação heteronormativa. A validação e a subjetivação da mulher se dá a partir de ser ESCOLHIDA por um homem.

Os espaços dessa prateleira simbólica são determinados a partir de raça, classe e padrão físico.

Assim, mulheres brancas e magras ficam expostas bem na frente dessa prateleira. Enquanto as demais mulheres plurais (gordas, pretas, mulheres com deficiência, mulheres indígenas), ocupam lugar de pouca visibilidade e destaque nessa prateleira do amor.

Podemos pensar em como os contos de fadas clássicos negavam a diversidade feminina e reforçavam o papel e as características das mulheres como sendo dóceis, ingênuas, passivas e incapazes de cuidarem de si.

Em *A Pequena Sereia*, por exemplo, normalizamos uma mulher abrir mão de sua voz pela POSSIBILIDADE de conquistar o príncipe. Em Cinderela, vemos a rivalidade feminina, representada pelas irmãs e pela madrasta de Cinderela, que assim como Ariel, de "A pequena Sereia", também tem traços de passividade e submissão. Nesse conto, vemos como a relação representa a SALVAÇÃO para as princesas. O príncipe as tira de uma vida infeliz para uma vida "feliz para sempre".

A Bela Adormecida é assediada enquanto dormia, quando o assediador a beija sem seu consentimento. Não há questionamento, ou na época não havia, sobre o beijo não consentido e sobre a ideia de que o casamento com um príncipe salvaria a vida das mulheres solitárias. Assim, vemos um pedaço da influência midiática na construção da nossa subjetividade.

Nos contos de fadas clássicos, não havia lugar para as mulheres plurais, apenas para princesas brancas, magras e loiras. E passivas. A mulher que se coloca como prioridade ou assume o protagonismo de sua vida é vista como "mal amada", rude etc.

Entendemos os lugares que são ocupados na prateleira. Agora, vamos pensar nas consequências dessa não escolha. Não ser escolhida por um homem na sociedade patriarcal implica a desvalorização da mulher enquanto indivíduo. Uma mulher que não está em uma relação heteronormativa ouve violências como:

> Ela sobrou. Vai ficar para titia!

> Fulana não arrumou ninguém!

> Esse mau humor é falta de homem!

O amor dos contos e o amor vivenciado na nossa cultura é o amor romântico, ou seja, idealizado. Essa ideia de amor nos distancia da nossa individualidade, uma vez que passa a noção de fusão do casal. Dois que viram um!

Em As donas da p**** toda, Volume 2, Capítulo 2, foi discutido que a ideia de fusão em que dois viram um impossibilita o autoinvestimento pessoal, a prática de atividades sem a presença do parceiro e, consequentemente, reforça a dependência emocional.

A contraposição da dependência emocional é a prática da individualidade de maneira saudável e acolhedora.

Isto é, acolher e validar a carência, como algo a ser vivido, e não evitado a qualquer custo. E por meio do autoconhecimento e da ação, criar e manter práticas diárias voltadas para nós mesmas.

Sugestões práticas que contribuem para a construção da individualidade saudável:

- dedicar quinze minutos diários para a prática do autoconhecimento, refletindo sobre seus padrões de se relacionar e as consequências desse padrão em sua vida;
- estudar sobre dependência emocional a partir da perspectiva feminista, com olhar atento para recortes estruturais (raça, classe, etnia, religiosidade...);
- acolher a carência quando ela vier. Questionar-se sobre o que fazer em relação à carência, para que ela não determine seus comportamentos.

Escrever sobre suas emoções e reflexões. Revisitar essa escrita depois de alguns dias. Essa releitura possibilita ampliar as perspectivas de elaboração de determinado episódio ou emoção.

Essas práticas podem não ser confortáveis, porém são importantes para que consigamos lidar com a carência, investindo em nós mesmas. Isso não significa ser insensível a qualquer sentimento. Mas sim assumir o PROTAGONISMO de nossas vidas, sem deixar esse papel para o outro.

Quebrar um padrão de comportamento não é um episódio, e sim um processo, que não tem tempo certo de duração, e sim é visto como uma prática constante, já que somos seres dinâmicos e não estáticos.

A psicoterapia é indicada para entender as contingências desse comportamento dependente, considerando as questões pessoais e subjetivas, somadas às questões histórico-culturais que o atravessam, além de auxiliar na ampliação do reportório emocional, promovendo autonomia pessoal, a partir do autoconhecimento, do autoacolhimento e da autopriorização.

Gerar e ampliar a autonomia pessoal por meio das ciências humanas e da humanidade é um dos objetivos gerais da psicoterapia.

Referência

ZANELLO, V. *Saúde mental, gênero e dispositivos: cultura e processos de subjetivação*. Curitiba: Appris, 2018.

13

RESILIÊNCIA, FÉ E CORAGEM

Neste capítulo, você vai perceber que temos escolhas a fazer com o que a vida nos apresenta. Oportunidades são bem-vindas, dificuldades podem ser superadas. Fácil? Nem sempre. Conto aqui minha história, com orgulho de estar sempre em evolução e tentando ser melhor a cada dia, uma mulher e profissional de sucesso! E como disse Ayrton Senna: "Quando penso que cheguei ao meu limite, descubro que tenho forças para ir muito além!".

CARLA GUIMARÃES LOPES DO ROSÁRIO

Carla Guimarães Lopes do Rosário

Contatos
carlaguimaraes2012@gmail.com
Instagram: @carlaguimaraesescritora
31 99415 2012
31 99823 2365

Psicóloga pela FUMEC, pós-graduada em Gestão de Pessoas e Finanças pela Fundação Getulio Vargas. Sócia-fundadora da empresa Promisses Corretora de Seguros, atuando com consultoria financeira, em seguros e previdência nos estados de Minas Gerais, Rio de Janeiro, São Paulo, Distrito Federal, Paraná e Rio Grande do Sul. Seu histórico profissional engloba vivências em grandes empresas: Itaú, como gerente Uniclass, gerente de contas e expansão (1987-2000); Santander, como gerente (2000-2003); e Prudential Financial, como *life planner* (2003 a 2005).

Será que nascemos empreendedores? Em que momento descobrimos em nós a força de um gigante, e o que nos faz seguir? Afinal, sou de uma geração de transição, da qual ainda se dizia que as mulheres foram feitas para casar, ter filhos e trabalhar, sim... porém não em todas as áreas... Fui criada para passar em concursos e ter estabilidade. Sou filha de funcionários públicos que fizeram carreira e se aposentaram com a tranquilidade desejada por todos.

Cresci ouvindo que precisava estudar para passar em algum concurso, casar e ter filhos. Sempre fui boa aluna, esforçada e, sim, tinha namorado. Enquanto meus amigos saíam para dançar e beber, eu saía para jantar. E gostava disso. Era o que conhecia.

Comecei a trabalhar cedo e contra a vontade do meu pai, que não entendia o porquê, já que não me faltava nada. Acho que nem eu entendia. Mas queria fazer algo diferente, ter meu dinheiro. Ele era meu herói. Sua história de vida me inspirava; sua honestidade, sua humildade e sua perseverança foram para mim o símbolo de que devemos seguir nosso objetivo sem jamais desistir. Acho que fui feita dos dois, pai e mãe. Minha mãe, mulher linda, inteligente, amiga, brava e forte. Também funcionária pública, esposa, filha e cantora de voz inigualável. Mostrou-me que nós mulheres podemos ser o que quisermos e sempre me apoiou...

Me formei em Psicologia e fiz pós-graduação em Administração e em gestão financeira, gestão de pessoas. Fiz curso de inglês, francês instrumental, curso de investimentos e PNL.

Comecei a trabalhar em um banco e comecei a gostar da área. Era jovem, bonita, mulher. Precisava mostrar mais que todos, que sabia o que estava fazendo. Incomodava, porque conseguia. Porque era mulher. Fui transferida para Brasília e assumi uma carteira de alta renda. Ninguém acreditava em mim. Em um mês, bati a meta de previdência privada da agência e fui convidada para treinar os gerentes da região Centro-Oeste. Sentia-me feliz? Não muito.

Sentia-me culpada? Sim, porque me olhavam como se estivesse tirando dos outros os cargos que eram deles.

Estudava muito; afinal, precisava sempre provar que podia ser melhor, superar. Sofri com assédio, presentes caros que devolvia, e fingia ser casada para minimizar as investidas. Mas continuava e conseguia todos os meus objetivos. E aos poucos ia percebendo que estava conquistando meu espaço e não estava tirando nada de ninguém.

Em minhas primeiras férias, fiz o que todos acharam loucura. Fui sozinha para a Califórnia passear. Afinal, mulher, viajando sozinha para o exterior? Como pode? Pode! E fui mais uma vez contra o que diziam. Diverti-me muito. Fui para ficar uma semana e fiquei um mês. Fiz amigas e amigos, e me virei com um inglês que achava ser perfeito e que lá percebi que era horrível. Mas, como sempre fiz, observava, aprendia, repetia e cada vez mais ia me comunicando melhor. Conheci Hollywood, chorei ao tirar fotos com o Mickey... Sim, chorei. Corri atrás do Pateta! Emoção. Sonho realizado. O primeiro de muitos... eu só não sabia.

Visitei Malibu, praia que via nos seriados, mas que nem achei lá essas coisas. Desci a San Diego e de lá subi pela costa até São Francisco, onde lembrei muito de meu pai, que cantava muito a música que falava de lá. E por fim fui a Las Vegas. Oportunidade única e experiência maravilhosa. Economia diferente, dólar a um por um. Não deixei passar.

Com um ano em Brasília, já era referência e ganhei o prêmio da região como melhor gerente, então convidei minha mãe para ir comigo na viagem de premiação. Meus pais se orgulhavam de mim, eu me orgulhava das minhas conquistas e isso me fazia seguir em frente.

Passei dificuldade financeira, pois fui para receber um salário prometido e, chegando lá, não aconteceu. Comia miojo a semana toda, dividia apartamento com uma colega maravilhosa, estudiosa e que me dava força.

Após ter ganhado o prêmio e triplicar o salário com vendas de produtos na agência, cobrei meu aumento e, se não o tivesse, iria sair. Consegui parte do prometido e tive várias propostas de outros bancos. Quando resolvi aceitar uma das propostas, na qual fazia parte do acordo voltar para Belo Horizonte, o banco em que trabalhava resolveu aumentar meu salário, pagar aluguel e curso de pós-graduação, que pleiteei desde quando fui para lá. Porém, a contragosto do meu pai, que achava que eu deveria aceitar o que era certo, ou fazer concurso, arrisquei e fui. Afinal, meu objetivo era voltar para Minas Gerais. Mas ainda precisava ficar seis meses em Brasília.

Pouco antes de trocar de banco, mais uma vez a oportunidade me aparece. Sorte? Não. Sempre trabalhei muito, e nunca deixei uma oportunidade passar. Recebi de um cliente a chance de usar um hotel em Paris, por meio de um clube que ele tinha; porém, como ia embora do Brasil, se ninguém aproveitasse a chance, perderia a hospedagem. Ofereceu-me e junto com minha colega de apartamento fiz uma viagem maravilhosa, cheia de desafios, a começar pela língua (nenhuma de nós falava francês), e por não termos ideia de como era lá.

Cidade-Luz, em onde cada estação de metrô errada que desembarcávamos descobríamos algo diferente e único. Museo Rodin... foi maravilhoso passear e ver a Porta do Inferno e a estátua O Beijo, dentre outras obras tão aclamadas. Cultura pura. Visitar lugares que hoje não seria possível como Notre-Dame, pelo incêndio. Subir a famosa Torre Eiffel, Ir ao Louvre e ver a Mona Lisa. Andar de trem-bala até Londres, para voltar quatro horas depois por não ter roupa suficiente para o frio que estava lá, nem grana para comprar nada. Mas sempre aprendendo com tudo o que víamos.

Divertíamo-nos muito, confundindo-nos ao pedir café e receber um copo gelado. Ou estar tomando um vinho e deixarem a conta na mesa (que não sabíamos que era habitual). Mais um sonho realizado.

Sempre vi o bom de tudo. Isso me fazia seguir, sonhar. O que me movia? Achar que percorrer caminhos novos e desafiadores me levaria longe. Acho que sempre quis provar que podia. Era a filhinha do papai. Precisava provar para mim mesma que a filhinha do papai era mais que um rosto bonito.

E assim mudei de banco e voltei para BH. Meses depois, com chefe que assediava todas, já morando com meu marido, e não cedendo às investidas, ele fez de tudo e perdi o emprego. Sim, fiquei apavorada; afinal, tinha prestação do apartamento que acabara de comprar, um início de relacionamento a dois, contas. Então recebi a oportunidade de trabalhar numa multinacional do ramo de seguros. Sinceramente, não achei que ia gostar, mas era o que tinha e nunca neguei um desafio. Mais uma vez. Só fui. Taxada de louca, por sair de um emprego com carteira assinada há oito anos, e não procurar novamente "estabilidade". Mas acho que isso foi um divisor de águas. Aceitei meu lado empreendedor. Precisava arriscar mais. Medo? Tive muitos. Frio na barriga, enjoo, mas ao mesmo tempo adrenalina. Aprender me dava sempre essa sensação. E me deixava motivada.

Fui treinada, tive que tirar o Susep, que é um certificado para vender seguros e capitalização. Fiquei dois anos, e confesso que não foi fácil, pois era um método muito diferente do meu jeito. Muita coisa era sensacional e uso até hoje técnicas de vendas sensacionais. Porém, como nada é fácil e rotineiro na minha vida, engravidei e fiquei muito feliz. Seria mãe! Outro sonho realizado... Mas aí veio o pior. Perdi minha filha e me tranquei em casa, com síndrome do pânico, depressão. Meu companheiro tentou me ajudar, mas nada adiantava. Não foi fácil para nós dois, não demos conta e terminamos. Sonho perdido, e o pior, perspectiva zero de poder engravidar de novo. Fui desligada da empresa por não produzir, o que fazia parte do contrato. E fiquei sem nada mais uma vez.

Arrumei um emprego numa loja embaixo do meu prédio, e fiquei oito meses, até que vi que ia perder o apartamento, pois o que ganhava não cobria as prestações. E perdi. Dessa vez, não chorei. Fiquei em choque, acho. Encontrei um amigo, que me perguntou se não sentia vontade de voltar para a área de seguros. Não pensei em nada, disse que sim, e ele me indicou uma seguradora. Isso me deu uma responsabilidade maior, pois ele me via como uma superprofissional, e naquele momento me sentia um lixo. Pedi demissão da loja, voltei para a casa dos meus pais e recomecei mais uma vez. Sim, perdi o apartamento e com o que sobrou comprei um carro.

A cada recomeço, percebia que precisava buscar, dentro de mim, forças para seguir. E dessa vez não foi diferente. De novo, só fui. Coloquei um salto, um terno, um sorriso no rosto e fui com a determinação de que iria voltar ao mercado da melhor maneira. E corresponder ao que foi dito de mim. E cumpri. Em seis meses, já era uma das referências na venda de previdência privada e seguro de vida. Era reconfortante poder ajudar as pessoas a pensar no futuro, na realização dos sonhos delas, sem deixar de proteger o agora, e o imprevisto. E quanto mais eu fazia, melhor eu ficava. Percebi que ser excelente era e é fazer muitas e muitas vezes a mesma coisa, receber muitos "nãos" e aprender com eles.

Aí sim comecei a ouvir o sim que queria. Percebi que não é só a venda em si. É a confiança que você transmite e o vínculo que cria com seu cliente; afinal, ele abre a vida emocional e financeira, porque sabe que você irá ajudar. E quando você realmente se doa e o ajuda, ele confia em você, e o mais importante, te recomenda. Com isso, novamente fui crescendo. E com o crescimento profissional e a satisfação pessoal, surgiram também novos desafios, em que os clientes queriam novos vínculos comigo por meio de novos produtos. Voltei a estudar para atender a essas demandas. Porém, não tinha ainda condições para pagar o curso de corretor pleno e poder oferecer todos os produtos.

Aproveitei que estava no Rio de Janeiro a passeio e fui comprar livros; teria de estudar sozinha e buscar ajuda de um tio, que é como um pai para mim, fera em contabilidade (matéria que arrepiava, mas em que precisava passar).

E a vida novamente me impondo desafios. Foi quando uma vendedora me disse: "Você não fará o curso? Então não irá passar". Saí de lá com a sensação de tristeza. Mas logo pensei, por que não? Cheguei até aqui e não vou desistir. Estudei, busquei ajuda com as dúvidas e três meses depois fui fazer a prova.

Frio na barriga, mas novamente um salto, um batom e o pensamento otimista. E sim. Passei. E fiz questão de buscar o certificado com a mesma pessoa. Queria mostrar a ela que, apesar de não fazer o curso, somos capazes se nos dedicarmos e persistirmos. Saí de lá feliz e espero ter deixado essa mensagem para que ela um dia também não deixe que as pessoas falem e nos afetem ao ponto de desistirmos. Se eu tivesse ouvido a fala dela como fato, não teria nem aberto o primeiro livro.

E aqui começou minha nova jornada. Agora seria uma corretora pessoa jurídica. Tinha uma empresa. Sempre achei que sozinho não se vai longe. E me associei a outro colega. Ele indicou um cliente no Rio de Janeiro e não pensei dias vezes, peguei o avião e fui. Fechei com esse cliente, que indicou tantos outros, e me mudei para lá. Foram dois anos maravilhosos, de muito trabalho, nos quais realizei mais um sonho... ir à Sapucaí! Mais uma vez, minha companheira de viagens veio, após meu pai convencê-la. Mamãe e eu nos esbaldamos naquele ano, no Carnaval. Sapucaí, blocos, praia... Porém as vendas começaram a cair; e precisei mais uma vez voltar para Belo Horizonte e para a casa dos meus pais.

As pessoas perguntavam: "Poxa, mas você não se envergonha de voltar para a casa dos pais?". Porque, quando estamos bem, dizem que temos sorte, né? E no restante, as palavras não são lá essas coisas. Mas minha resposta era: "É claro que não! Sou é muito grata de ter para onde voltar para recomeçar". E ter quem me apoie, como meus pais, que sempre me apoiaram.

É claro que ouvia do meu pai: "Eu disse que se tivesse prestado concurso..." Mas é claro que a gente não pensa em fazer isso. Quando conseguimos nossa independência financeira, queremos que seja para sempre. Porém, o que aprendi com esses recomeços é que não existe o "para sempre". Se é preciso voltar atrás, para depois seguir, faça-o com determinação. Por mais difícil que seja, nada é para sempre, no bom e no ruim. E coloque prazo, estipule metas, passo a passo, sem grandes saltos. Devagar, dentro do seu limite. E mais uma vez voltei a visitar clientes e trabalhar quase 18 horas por dia. Mas estava feliz. Logo consegui alugar um apartamento novamente e segui em frente. Viajava, trabalhava... vida calma e estável.

E a vida segue...

Perdi meu pai em maio de 2009. Meu chão se abriu. Senti-me tão vazia. O mundo ficou sem graça. Meses depois, descobri uma gravidez. Porque para mim é assim, né? Pense num turbilhão de emoções... Feliz porque sempre quis ser mãe, mas desesperada, pois tinha 43 anos.

E meu trabalho? Como pagarei o apartamento? Será que consigo? Minha irmã e duas amigas surtaram junto comigo, o que foi bom, porque fomos contar para a mamãe. Eu parecia uma adolescente falando para a mãe que fez algo errado.

Primeira etapa cumprida, fui contar para o futuro pai que estava grávida e que eu já não queria namorar. Ele recebeu a notícia bem. Já tinha outro filho. Mas avisei que ia voltar para a casa da minha mãe. Novamente voltei, mas me deparei com uma gravidez de risco, o que limitou meu trabalho. Sou prestadora de serviços, e quando não se está perto, na ativa, você perde seu cliente. Mais uma vez me vi desesperada, sem poder trabalhar muito para que meu bebê nascesse.

O tempo foi passando e precisei parar de trabalhar para que conseguisse chegar ao final da gravidez. De 18 horas trabalhando, me vi reduzida a uma cama e uma TV. Nunca fui tanto ao hospital fazer ultrassom, com sangramentos, para ver se ele ainda estava lá. Sim, ele, porque falaram que era um menino, apesar de nos meus sonhos sempre vir uma menina.

Como a vida é um ciclo, fui fazer o ultrassom novamente, um mais específico, no qual se constatou que era menina. Como nos meus sonhos. Mais uma vez, a vida sorriu para mim. Gratidão. Tudo o que sempre quis. Superssonho realizado. Saí dali diferente, com energia suficiente para retomar a vida. Ao trabalho. Visitei os clientes que restaram, recuperei alguns, ganhei outros. Já sabendo que eu iria atendê-los por telefone, comecei a usar a internet para isso. Outro desafio. Não era e nunca fui muito digital. Tinha que aprender.

É claro que a renda era pequena, mas tinha uma reserva que me ajudou também. Tive pré-eclâmpsia e o médico marcou a cesárea. Nasceu a menina mais linda do mundo. Minha filha, que já era inspiração e o motivo para jamais desistir de novo. Se é que de verdade alguma vez desisti. Após o nascimento dela, fiquei um ano aprendendo a ser mãe e vi que não podia mais. Então, mesmo morando com minha mãe e minha irmã, voltei ao trabalho e a coloquei na escola. Precisava lutar para dar a ela o melhor. Éramos eu e ela... para sempre.

Recuperei a empresa, contratei uma pessoa e tive ajuda de alguém que, além de amiga, era uma profissional de excelência. Juntas, tornamos a fazer da empresa de novo meu orgulho. Tornei-me inspiração de alguns, me inspirei em outros. E é isso.

Após anos, trabalhei incansavelmente, curti minha filha, vi-a crescer – e no auge realizei meu sonho, que era levar minha afilhada e minha filha à Disney. Mais um sonho realizado. E as pessoas sempre me dizendo ou que era louca ou que tinha muita sorte na vida. Sorte? Recomeços não são sorte. São determinação e superação, dos seus limites, das suas dificuldades. Porém não sabia que estaria me metendo numa fria. Conheci alguém. Sempre gostei de namorar sério, me apaixonava, mas nunca deixei nada interromper meu foco. Até então.

Casei-me com um homem maravilhoso, gentil. Mas possessivo. Após alguns anos, me divorciei. Meu erro? Ter misturado trabalho e amor e não ver os sinais. Deixar me levar pelo fácil, quando nada para mim foi fácil. Ao me divorciar, vi minha empresa praticamente falida, devido às imprudências do meu ex-sócio e agora ex-marido. E ainda com síndrome do pânico mais uma vez, mas dessa vez devido a uma relação abusiva com direito a BO. Cena de cinema, o que aí já é outra história. Medicada, dessa vez não voltei para a casa da minha mãe.

Mudei-me para outro apartamento, busquei empréstimos enormes para tentar equilibrar as finanças da empresa e me vi apoiada por amigos de verdade. A vida é engraçada: derruba-nos, mas dependendo do que vamos fazer com isso, nosso destino pode mudar. No meu caso, chorei, mas não deu tempo de chorar muito. Tinha uma filha. Não queria que ela sofresse mais do que já havia sofrido. Cerquei-me de pessoas que me auxiliaram e aos poucos fui novamente tomando as rédeas do meu negócio. Dessa vez com o apoio da minha sobrinha, que virou sócia e é excelente profissional. E é impressionante como, em todas essas fases, minha fé foi fundamental. Sem isso, acho que não sobreviveria. Foco e fé. Muita fé!

Mas não para aí, né? A roda da vida sempre nos testa. E um ano depois descubro outro rombo de alguém que me ajudou no último episódio. Porém percebi que se aproveitara. Mas enfim. Deus me deu anjos. Levantei a poeira, o excluímos e seguimos.

Fácil? Não. Acabou? Também não. A lição? Empreender não é fácil, mas não é impossível.

Ser feliz: são momentos que devemos aproveitar muito, criar memórias. Não desista. Eu nunca desisti. Eu nunca vou. Cerque-se de pessoas com o mesmo propósito que você. Dê valor aos amigos que a vida te dá e que estão com você de verdade. Nisso sou muito abençoada, pois os tenho e os amo.

Valorize sua família, pois é ela que jamais deixará você sozinha. Seja grata até pelo que não deu certo, porque com certeza é por um motivo melhor. Talvez livramento. E não se envergonhe nunca de ter que voltar atrás. Mudar de opinião, ter que recuar, é sinal de possível crescimento e novas oportunidades.

Deixe de lado a desculpa de que não é capaz. Todos somos. "Quem é bom em desculpa não é bom em mais nada." Assuma os erros e aprenda com eles. E vai ter que aprender para sempre, porque erramos sempre.

Hoje, sucesso com a empresa. Inovando e crescendo. Empreendendo em outros ramos. Estou feliz, em paz, com amigos que escolhi, crescendo profissional e pessoalmente. Com uma filha maravilhosa, que é minha vida. Com uma família de mulheres fortes e unidas. E como a vida é uma roda, prepare-se hoje para quantas vezes mais precisar girar.

Dou o melhor de mim, como pessoa e como profissional, ajudando e me doando, sigo. Porque na vida tudo que você transborda te faz mais feliz.

Faça por você! Inspire-se, seja o que inspira. E procure sempre o lado bom das coisas... porque tudo na vida tem os dois lados. Apegue-se ao que te ajudará a seguir.

Sorria, seja otimista. Divertida. Louca. Sonhadora. Eu fui, eu sou. Mas e daí? Não pare... o reconhecimento sempre vem!

14
____

FOQUE EM ENTREGAR AUTENTICIDADE
FUCK YOU PARA QUEM SÓ SABE SER MEIA VERDADE

Quão rasa têm sido nossas relações? Quanto de verdade há naquilo que falamos e fazemos? Quanto de nós fica para trás quando, em vez de somente ser, decidimos manipular, atuar? Por que por vezes nos traímos, buscando ser perfeitos para o outro e nos punimos esquecendo quem somos? Há que se refletir o quão próximo ou distante nossa prática está de nossos sentimentos para não corrermos o risco de nos tornarmos apaixonáveis somente na superficialidade do princípio.

CARLA NAKAI

Carla Nakai

Contatos
carlanakai@hotmail.com
Instagram: @carla.nakai
Facebook: carla.nakai
11 99900 0800

Pedagoga graduada pela Universidade do Grande ABC (2006). Especialista em Educação Especial – pós-graduação *lato sensu*, na Anhanguera Educacional (2010). MBA em Gestão Empresarial pela Fundação Getulio Vargas (2019). *Customer experience* – Extensão pela Pontifícia Universidade Católica de São Paulo (2021). Pós-graduanda em Psicologia Positiva pela Pontifícia Universidade Católica de Rio Grande do Sul – (2022). Entusiasta de qualidade de vida, felicidade e desenvolvimento humano. Bancária, voluntária, educadora e mãe de três.

> Para ser grande, sê inteiro: nada
> Teu exagera ou exclui.
> Sê todo em cada coisa. Põe quanto és
> No mínimo que fazes.
> Assim em cada lago a lua toda
> Brilha, porque alta vive
> (FERNANDO PESSOA)

Já parou para pensar como (num mundo onde, na maioria do tempo, as pessoas estão atuando), quem é autêntico acaba causando nos demais certo desconforto, incômodo? Aqueles que não têm medo de ser quem são via de regra são os mais julgados e atacados. Independentemente do ambiente ou contexto, seja familiar, profissional, acadêmico ou amoroso, basta você ter coragem de se despir de personagens, se posicionar sem vergonha de suas fraquezas, suas características, para encontrar quem se incomode com tamanha bravura de alguém que se assume como é, que não se envergonha por se posicionar e ser verdadeiro em suas relações.

Vivemos em sociedade e como tal estamos, a todo momento, sujeitos a diversas regras que precisam ser cumpridas. Isso, em tese, torna possível uma convivência mais harmoniosa a partir do momento em que criamos padrões de comportamento.

O que causa estranhamento e até um certo pesar é me deparar com "ensinamentos", em sua grande maioria voltado às mulheres, acerca de padrões de comportamento para prender alguém em um relacionamento. Relacionamentos construídos nesta premissa me parecem tão verdadeiros quanto uma nota de R$ 3,00.

Iniciar algo pautado na atuação desmedida, com cada passo, cada ação milimetricamente calculada está fadado, senão ao fracasso, à decepção quando a "máscara" cai. E ela vai cair... É humanamente impossível manter *ad aeternum* um personagem. Por melhor que seja o interprete, cedo ou tarde o personagem fenece.

Não se traia ao ponto de seguir um *script* que "ensina" a ter atitudes que não lhe cabem para apenas e tão somente forjar uma pessoa que no fundo não te representa.

Em que pese o fato de que, em todo começo de relacionamento, tentamos "vender" a melhor imagem possível, que possamos fazê-lo de tal maneira que nos permita manter integridade de nossos valores e de nossas virtudes.

Veja estes ensinamentos:

- Não insista.
- Não se importe.
- Não demonstre afeto.
- Não telefone no dia seguinte.
- Não transe no primeiro encontro.

Apesar de tentarem blindar nosso sentimento, eles só são capazes de afastar quem valeria a pena ter por perto.

Faça mais o que seu coração mandar. Diga que quer encontrar, que sente falta, demonstre tudo quanto desejar e for verdadeiro. Se for recíproco, melhor ainda; caso contrário, você não terá de conviver com a dúvida, com o se... saber que deu seu melhor é sem dúvida libertador. O que o outro fez com sua doação é problema dele. O coração pode se entristecer na falta da reciprocidade, mas se alegrará na mesma medida quando encontrar quem valorize a originalidade do que você é.

- Não viva a vida encenando.
- Não ame atuando.
- Não demaseie nos senões.

A autenticidade e a liberdade de sermos quem somos nos permite ter a nossa volta aqueles que realmente valem a pena. Afinal, algumas pessoas não vão gostar de você pelo seu modo de ser e viver, enquanto outras vão te amar e admirar exatamente pelo mesmo motivo...

Seja plena, intensa em tudo que fizer. Aceite, encare e demonstre tudo o que sentir. E viva a plenitude de quem é fiel ao que acredita, valoriza, emana e atrai. Perceba que, se você acredita, você valoriza. Valorize-se, você emana e se emana, atrai!

Afinal, tal qual um bumerangue, a vida nos devolve o que jogamos por aí...

Pode ser que você se fira vez ou outra; afinal, nem todos estão preparados para receber o melhor das pessoas, mas isto é algo que não podemos mudar... o que nos cabe apenas é saber que entregamos verdade, ter gratidão e orgulho por isso.

Os julgamentos certamente chegarão:

- Se você for santa, vão te julgar.
- Se você for puta, vão te julgar.
- Se transar logo no primeiro encontro, vão te julgar.
- Se decidir casar virgem, vão te julgar.
- Se abdicar da profissão em prol da família, vão te julgar.

Que nos julguem então pela coragem e pela felicidade de sermos quem somos, por nossa dolorida e deliciosa inteireza!

Referências

PESSOA, F. *Odes de Ricardo Reis.* Lisboa: Ática, 1946 (imp. 1994), p. 148.

15

PROGRESSO PROFISSIONAL DE MANEIRA CÉLERE E HUMANIZADA

Engana-se quem pensa que sobrenome e certificações são certezas de sucesso. Talvez, em épocas pretéritas, castas coroadas da sociedade possam ter levado herdeiros a boas portas. Hoje, se você não tem jogo de cintura, determinação e reciprocidade com outros profissionais, sinto muito. Convidada, decidi contar de maneira resumida minha vida profissional. Nada de extraordinário, apenas um incentivo a quem ainda não soube virar a chave pessoal da valorização.

CAROLINA PAVÃO SILVA

Carolina Pavão Silva

Contatos
www.pavaoeassociados.com.br
Instagram: @carolinapavao

Advogada e consultora. Proprietária do Escritório Pavão & Associados Advocacia e Consultoria Imobiliária – OAB/SC 2551. Membro do Instituto Brasileiro de Direito Imobiliário. Facilitadora de cursos de Documentação Imobiliária Técnica em Transações Imobiliárias. Palestrante e colunista na área imobiliária. Pós-graduada em Direito Tributário, em Direito Imobiliário, em Direito Empresarial, e em Direito Imobiliário Aplicado. Anjo investidora de empreendedoras.

Nasci em Brasília/DF na época de Legião Urbana e Barão Vermelho; quando se viam revoluções, enfrentamento e patriotismo. Naquele tempo, não entendia nada sobre isso, mas entendia tudo sobre clima seco, pneumonia e muita Benzetacil. Filha de militar e pedagoga, saímos de Brasília dada a minha saúde precária e os anseios de meus pais por nova vida, o que se deu em Minas Gerais. Povo mineiro acolhedor e de bom coração. Grandes amigos e aprendizados. Estudei em uma escola de crianças muito humildes, que iam estudar descalças. Senti-me bem ali. Acolhida. Humanidade. Após alguns anos, ao iniciar a primeira série, fui para uma escola particular de renome na cidade. E quer saber? Também me senti muito bem lá. Meu pai sempre dizia que eu não podia desejar tudo o que via, pois não tínhamos condições de arcar com os luxos; minha mãe me ensinava a não desejar o que era dos outros, mas aproveitar todas as oportunidades que me ofereciam.

Saímos de Minas e chegamos a Santa Catarina em 1995. Por quanta dificuldade cultural passei. Filha de cariocas, eu era um papagaio ambulante mirim querendo falar com todo mundo. Tudo o que ganhava eu queria dividir com os outros e tentava ajudar todo mundo, até quando não era chamada. Conclusão, nasciam as primeiras inimizades gratuitas. Saída de um colégio particular de nome nacional, fui para um estadual da cidade e, sinceramente, não entendia por que querer o bem e compartilhar o que eu tinha agradava uns e incomodava demais outros. Acumulei umas três ameaças de "vou te pegar na saída" sem nem saber a razão. E aos poucos, fui entrando no ritmo e me fechando, vindo a me tornar tímida. *Bullying*? Sofri bastante. Quando não eram meus lábios, era meu sotaque. Mas eu seguia em frente com medo mesmo.

Infelizmente, experimentei a separação dos meus pais e, como qualquer filho de pais separados, sofri as penas emocionais e financeiras de um divórcio junto a minha irmã, sem falar do afastamento do pai, dada a mudança. Ou seja, nessa idade, de vestibular, iniciaram-se as limitações de gastos. Enquanto meu pai reduzia a pensão, minha mãe se virava nos trinta para conseguir bolsas e estágios para mim. Pernas, para que te quero?! Nesse meio de caminho, inúmeras tempestades inimagináveis ocorreram, mas aqui se iniciava a evolução e o maior aprendizado da minha vida. Para quem quer algo, nada é obstáculo! Então, durante a faculdade, mergulhei em dois estágios por dia, almoço a base de pacote de bolacha no ônibus e, de janta, um pão de queijo na faculdade.

Nessa época, entendi Joinville/SC. Apesar ser de uma cidade fechada de colonização alemã, é um lugar de muito trabalho e oportunidades profissionais. Uma cidade de pessoas acolhedoras que querem ajudar com trabalho. Com isso, conheci inúmeros anjos na minha jornada. Formada ao final de 2011, trabalhei em dois escritórios, até elaborar o projeto do meu próprio escritório em 2015, abraçado com muita bondade pelo meu padrinho de batismo. Pois bem, aqui se inicia minha carreira empresarial. Passo a lidar com contas, clientes, boletos, notas fiscais, gerência de equipe, gerência de processos, consultorias, audiências, comercial, compras, garota da limpeza aos finais de semana e produtora de conteúdo. Vivi e vivo todos os percalços imagináveis e inimagináveis no dia a dia de uma empresa, incluindo iniciar sociedade, quebrar a cara, encerrar e resolver tocar tudo sozinha com apoio de parceiros.

Qual é o diferencial então para se tornar uma advogada renomada na área da construção civil e imobiliária na cidade? Deus, força de vontade, jogo de cintura, gratidão, humildade e coragem. Você deve saber lidar com pessoas! Lembra-se do que falei sobre as quinhentas certificações? Esqueça-as. Procure sempre se atualizar para desenvolver um serviço de qualidade, mas jamais ignore pessoas. Quem se destaca hoje é porque sabe lidar com reconhecimentos, ânimos, incentivos, empatia, firmeza e segurança. Antes de ser um profissional envolto em certificações, você precisa ser humano. Tirando tais adjetivos de mister valia, tem toda a parte técnica, prática de processos. Tentar fazer o certo e fazer errado. Corrigir e acertar.

Eu já tinha em mente que, para abrir algum negócio, eu precisaria estudar o mercado e ter foco. Escolhi manter a área de minha predileção, a área imobiliária e de construção civil. Outra coisa que considero importante e que deu certo: fiz o caminho inverso. Geralmente, advogados iniciam carreira como "clínicos gerais" a fim de obterem clientes. Eu optei por me especializar e me arriscar para construir, desde já, um *business plan* para atender a um nicho específico de clientes. O Plano de Negócios é um documento primordial para abertura de qualquer empresa, no qual se estuda sua viabilidade mercadológica, financeira e territorial; nele irão constar objetivo, missão, visão, metas, perspectivas, responsáveis técnicos, possíveis sócios, competências, deficiências, possíveis concorrentes, possíveis parceiros, cronograma de prazos para alcançar metas de crescimento, despesas para girar o negócio, ideal de faturamento, entre outras tantas coisas. Como eu não possuía receita sobrando, tudo inicialmente foi adquirido com muito estudo de preço, horas de pesquisa em sites de compra barata, eletroeletrônicos usados ou em promoção. Para iniciar minha marca e vinculação com a área de atuação, vivia compartilhando matérias técnicas em redes sociais, e em seguida comecei a postar fotos minhas em canteiro de obra, montar minhas matérias, e fazia isso todo dia. Tempo? Quando você deseja algo, você se esquece de almoço, janta e sono. Você não tem capital suficiente, então trate de se virar e aprender a fazer. Você aprende aos trancos e barrancos sobre financeiro, comercial, vendas, marketing, gestão de pessoas, gestão de insumos, gestão de tempo, até como perder a timidez e ter jogo de cintura para retirar um sócio e manter o negócio girando enquanto meia dúzia de pessoas querem e dependem de você.

A partir do dia a dia, vai-se aprendendo como se impor em meio a machismo e assédio, como dar a volta por cima com inadimplências, como negociar contratos. Vai-se perdendo o medo de liderar. Com o tempo e os percalços como empresária, você também relembra que é uma pessoa normal, com direito de errar, consertar, respirar e ter vida particular; vai-se compreendendo que desejar crescer mais, criar outros negócios e ganhar dinheiro não é pecado. Vai-se entendendo que o mundo dá voltas, então, da mesma forma que não acreditaram em você, as pessoas passam a precisar de você; que você também precisa cuidar dos seus atos; por fim, entende-se que reconhecimento às pessoas que lhe ajudaram e gratidão lhe geram riquezas imensuráveis, que humildade a faz sábia e prática para lidar com o jogo, que confiar em si é sua armadura e que estudar, aprender e fazer conexões com pessoas é multiplicador de oportunidades.

Hoje, posso ainda não estar onde almejo, mas tenho meu negócio, um time do qual me orgulho, minha casa, meu carro, minhas viagens... Mas o mais importante para mim como pessoa: hoje faço por outras pessoas exatamente o que o universo fez por mim por meio de meu padrinho, chefes, amigos e pais; hoje tenho um projeto no qual sou, na cidade em que resido, uma investidora-anjo de pequenas empresárias que têm visão, vontade de trabalhar, responsabilidade e sonhos a conquistar, sem apoio e incentivo de seus pais e/ou cônjuges; ou ainda, que mantêm relacionamentos abusivos e infelizes por dependência financeira e precisam adquirir segurança e liberdade para ter seu próprio negócio e independência financeira. Assim, além da advocacia, que é minha profissão de sonho e escolha, tenho hoje um Estúdio de Beleza, criado para uma empresária do ramo do *lash* designer, e espero contribuir com tantas outras. Esse é meu propósito de vida. Empreender e ajudar pessoas a empreenderem, assim como o mundo me ajudou. Foco, coragem, gratidão e retribuição sem dúvida foram as bases para meu sucesso pessoal e empresarial.

16

VIOLÊNCIA CONTRA A MULHER E SAÚDE MENTAL

Para iniciarmos esta reflexão, permita que nos apresentemos. Sou Catarina Cursino, psicanalista e jornalista, e estou compartilhando este capítulo com Geisa Sampaio, psicanalista e bancária. Vou trazer à tona algumas temáticas e, ao final, você conhecerá um caso real da vida de Geisa, dialogando com todos os pontos abordados aqui.

CATARINA CURSINO E GEISA SAMPAIO

Catarina Cursino

Contatos
escritoriocatarinacursino@gmail.com
81 99748 4557

Jornalista e psicanalista. Especialista em Saúde Mental. Doutora em Hipnose Clínica. Coautora de cinco livros e um E-book.

Geisa Sampaio

Contatos
geisa1302@hotmail.com
Instagram: @geisasampaiopsi

Psicanalista, programadora neurolinguística (PNL) e graduanda em Psicologia. Bacharel em Administração de Empresas com MBA em Gestão Financeira. Bancária há 18 anos.

Quando falamos em saúde, entendemos que é o estado de completo bem-estar físico e mental. O alcance desse bem-estar pode variar de acordo com o meio físico, cultural e social em que a mulher está inserida e com o modo como vive. Muitas discussões sobre as questões de gênero têm nos norteado cada vez mais ao falarmos e escrevermos sobre a saúde mental feminina, sendo uma problemática de todos. Isso porque a mulher possui peculiaridades, tanto fisiológicas como socioculturais, que irão interferir diretamente no seu bem-estar. Como exemplo dessas diferenças, temos previstos cinco tipos de violência doméstica e familiar contra a mulher na Lei Maria da Penha: física, psicológica, moral, sexual e patrimonial. Essas violências contra a mulher são, potencialmente, geradoras de transtornos psicológicos, que podem se somatizar em outras doenças físicas. As diferenças de gênero vão afetar diretamente a saúde mental da mulher e, por isso, como psicanalista e especialista em Saúde Mental, reitero a necessidade de tratarmos desse assunto neste livro. A forma como nós mulheres somos vistas e tratadas pela sociedade, os tabus e preconceitos que enfrentamos, além das próprias transformações fisiológicas pelas quais passamos desde a infância – menarca, gravidez e menopausa – já seriam o suficiente para uma atenção especial em Saúde Mental.

Os principais fatores que levam a mulher a precisar de uma assistência no campo da Saúde Mental estão relacionados a sintomas ansiosos e depressivos, especialmente associados ao período reprodutivo. Das dez principais causas de incapacitação, cinco delas são transtornos psiquiátricos, sendo a depressão responsável por 13% das incapacitações, alcoolismo por 7,1%, esquizofrenia por 4%, transtorno bipolar por 3,3% e transtorno obsessivo compulsivo por 2,8% (LOPES; MURRAY, 1998). Portanto, a depressão é a doença que mais causa incapacitação em mulheres, tanto em países desenvolvidos como naqueles em desenvolvimento, sendo associada aos casos de morte por suicídio e segunda causa de morte para mulheres na faixa de 15 a 44 anos de idade. A violência contra a mulher também é um fator de risco para a saúde. A OMS (2002) define violência contra a mulher como "qualquer ato de violência com base no gênero que resulte, ou tenha uma grande probabilidade de resultar, em dano ou sofrimento físico, sexual ou psicológico da mulher". Diferentes tipos de violência podem ser encontrados no contexto da mulher, como a agressão à integridade corporal, sexual e doméstica. Deve-se atentar para os tipos de violência que não causam necessariamente uma lesão visível, incapacitante ou morte, mas que, muitas vezes, causam danos latentes que podem manifestar-se tardiamente e por tempo prolongado, interferindo na saúde e no bem-estar da mulher. A saúde mental feminina é afetada por seu contexto de vida ou por fatores externos, como aspectos socioculturais, legais, econômicos, de infraestrutura ou ambientais, e a identificação e a modificação desses fatores tornaria possível a prevenção primária de algumas desordens. Os esteroides sexuais femininos, particularmente o estrógeno, agem na modulação do humor, o que, em parte, explicaria a maior prevalência dos transtornos do humor e de ansiedade na mulher.

Quando pensamos na atenção à saúde mental desta mulher, é necessário identificar suas especificidades para que o cuidado prestado seja qualificado. A escuta terapêutica pode ser o instrumento identificador de suas angústias, necessidades, medos e sofrimentos. É por meio da escuta terapêutica que nós, profissionais especialistas em Saúde Mental, à luz da ciência e da integralidade do sujeito, conseguimos identificar necessidades de intervenções de apoio psicossocial, diante dos problemas de ordem psíquica ligados à subjetividade feminina. Reconhecer as especificidades de uma mulher possibilita auxiliá-la a ser protagonista de sua história, tendo a garantia dos seus direitos acerca de saúde mental e assim buscar, junto com seus familiares e profissionais, sua recuperação. Nesse contexto de saúde mental feminina, quero agora afunilar nossa reflexão sobre a violência psicológica, que considera qualquer conduta que cause dano emocional e diminuição da autoestima; prejudique e perturbe o pleno desenvolvimento da mulher; ou vise degradar ou controlar suas ações, seus comportamentos, suas crenças e suas decisões. Mas como identificar se você está sofrendo uma violência psicológica? Seja por meio de ameaças, constrangimento, humilhação, manipulação, isolamento (proibir de estudar e viajar ou de falar com amigos e parentes), vigilância constante, perseguição contumaz, insultos, chantagem, exploração, limitação do direito de ir e vir, ridicularização, retirada da liberdade de crença ou distorcer e omitir fatos para deixar a mulher em dúvida sobre sua memória e sua sanidade (*gaslighting*).

A violência contra a mulher tornou-se um drama do cotidiano das cidades e de países como o Brasil. Nos últimos anos, o assunto da violência psicológica contra a mulher tem se manifestado de modo mais constante, por meio de profissionais da Imprensa, do Direito e da Saúde. Atualmente, apesar dos progressos na redefinição do papel da mulher e sua individualidade na sociedade brasileira, ainda há o drama daquelas que lidam com um entendimento equivocado por parte do homem quanto à função da mulher na sociedade; estes não admitem a ascensão e a independência da companheira, o que pode desencadear a relação de total domínio do homem sobre a mulher, influenciando, nesse sentido, a prática da violência em suas várias expressões, entre elas, uma muito sutil e silenciosa, mas nem por isso menos danosa: a violência psicológica. Esse assunto ainda é tratado, muitas vezes, como um assunto distante da realidade de quem tem um poder aquisitivo maior. Esse tipo de percepção mostra o reflexo da desigualdade econômica, porém o fenômeno pode acontecer com qualquer mulher, independentemente da sua posição social. Deve-se ter o cuidado e a sensibilidade de observar a violência psicológica contra a mulher em sua tênue expressão, pois essa situação pode desencadear consequências graves e até irreversíveis. Entende-se que a violência psicológica pode ser a porta de entrada para outros tipos de violência contra a mulher.

As consequências psicológicas da violência contra a mulher têm diversos sintomas (por exemplo, são prejudicadas em sua vida social, reprimidas e psicologicamente abaladas). É importante observar que as consequências da violência psicológica comprometem toda a estrutura psíquica, física e social da mulher. A vítima de violência psicológica pode perder o interesse em cuidar-se, isola-se, sente-se cansada, mentalmente esgotada, tendo perdas significativas na qualidade de vida. A partir dessa análise, observa-se que a violência psicológica compromete o estilo de vida da mulher em muitas esferas. Leva à distorção de pensamentos, fazendo-a acreditar de que não é importante, merecedora de reconhecimento nem de respeito. A violência psicológica agride sua vontade de estar com outras pessoas, família e amigos. Com a harmonia destruída, sofrem caladas, sem coragem de compartilhar as vivências sofridas com mais ninguém. Essas implicações tornam a vítima vulnerável, mentalmente fragilizada, o que pode ocasionar mais tarde doenças psicossomáticas como depressão e ansiedade, entre outros males.

A violência contra a mulher é um fenômeno que está presente no cotidiano de muitas mulheres, independentemente de classe, cor, credo ou escolaridade. Ela prejudica a qualidade de vida da mulher que a vivencia.

Depois de toda essa explanação, convido você à reflexão para além da associação entre exposição à violência e ambiente de trabalho. A violência no trabalho é qualquer ação, incidente ou comportamento em que uma pessoa é agredida, ameaçada, ferida ou humilhada por outra no exercício profissional, podendo se expressar na forma física ou psicológica. Mais adiante, você vai conhecer a história de Geisa Sampaio, coautora deste capítulo. Ela foi vítima de violência no trabalho e desenvolveu síndrome de *burnout*. Essa patologia emocional apresenta um conjunto de sinais e sintomas caracterizados por exaustão emocional, despersonalização e diminuição da realização profissional. A identificação de relações agressivas no trabalho, associada à ocorrência de estresse exacerbado, torna-se requisito importante para manter a saúde do trabalhador. A violência no trabalho pode repercutir sobre diferentes aspectos da vida laboral.

Os trabalhadores que sofrem violência em seu ambiente de trabalho costumam ter, associadamente, sintomas de *burnout* e transtornos psíquicos menores. Trabalhadores submetidos a diferentes formas de perpetração da violência experimentam ainda mais esses agravos. Os malefícios da violência estão sempre atrelados às intercorrências típicas do trabalho, como acidentes e absenteísmo, refletindo a complexidade de elementos implicados no sofrimento e no adoecimento dos trabalhadores. A exposição à violência também repercute de maneira negativa sobre a satisfação e o reconhecimento da mulher no ambiente de trabalho.

Existe a necessidade de medidas protetivas quanto à ocorrência da violência e de danos à saúde mental das mulheres no ambiente de trabalho, investindo-se cada vez mais em medidas que coíbam esse tipo de violência. Meu intuito como trabalhadora da área de Saúde Mental é chamar atenção para a saúde mental das mulheres, a fim de minimizar o desconhecimento sobre esses tipos de violência, sobretudo a psicológica, no ambiente laboral, no qual cada vez mais se observa o desgaste físico e emocional em face das pressões sofridas pelas empresas. Instituições essas que, cada vez mais, visam apenas à lucratividade, exigindo de seu funcionário comportamento competitivo e multifuncional, sob pena de exclusão do mercado de trabalho. Essa forma degradante de trabalho influencia significativamente na condição humana, trazendo efeitos nocivos à saúde, danos de natureza psíquica que desencadeiam diversas doenças, entre elas, a síndrome de *burnout*. Para evidenciar essa temática no ambiente do trabalho e evidenciar uma história real – que trará à tona as consequências do trabalho estafante, de modo a prejudicar a vida de Geisa Sampaio, e as implicações psicológicas –, nas próximas linhas você vai se identificar com o relato dessa mulher que também é dona da p**** toda.

"Viver um propósito é bem desafiador, principalmente quando ele nos faz amadurecer. Recordo-me das 'dores do crescimento', que sentia quando criança. Creio que você se recorde dessa fase. Nós, mulheres, passamos por isso quando visualizamos a discrepância entre dar conta da casa, dos filhos, do emprego, da aula de judô dos filhos, da aula de natação dos filhos, do horário do médico dos filhos, do horário da consulta na ginecologista – a que muitas das vezes não pude ir e deixei para depois –, do horário do almoço, de buscar os filhos na escola, de ser esposa, de cuidar do marido, ser amante do esposo, ser namorada do esposo, ufa! 'Guento', não! Rsrs... cheguei a pensar quando eu ia tentar dormir: como dei conta de tudo?

Sou uma mulher de 40 anos, bancária, e fui diagnosticada com síndrome de *burnout* (ou síndrome esgotamento profissional). É um distúrbio profissional e emocional com sintomas de exaustão extrema. Ser diagnosticada com isso foi muito desafiador. Logo eu, a supermãe, a mulher-maravilha, a quer dava conta de tudo, a que era a *workaholic*! Mas tive de levantar a bandeira branca e pedir ajuda. Evoluímos tanto em algumas áreas, porém negligenciamos as mais importantes para nossa saúde; a correria em que vivemos hoje nos impulsiona a dar as costas para valores tão básicos.

Minha tomada de decisão de pedir ajuda foi decisiva para o restabelecimento da minha saúde emocional. O processo não é fácil, mas pode ser mais simples. Por isso, eu vou reforçar a importância em procurar ajuda de profissionais especialistas, ainda que você seja uma especialista.

Estou aqui para ajudar mulheres com dupla ou tripla jornada a levantar a mão e pedir ajuda, a dizer não, a se impor. Não adianta esperar circunstâncias perfeitas para crescer nem se esconder atrás de aparências. Não se permita ter de viver em um ambiente adoecido, tóxico. Esse caminho não é para uma supermulher-maravilha, mas para mulheres como eu, normais, com dores a serem cuidadas.

Você se identificou com os sintomas da síndrome de *burnout*? Procure ajuda! Assim como a depressão, o *burnout* não é um sinal de fraqueza, mas sim um indício de que muitos dos próprios limites foram ultrapassados. Por isso, não se culpe caso você esteja apresentando sintomas desse esgotamento extremo.

O primeiro vestígio do problema é aquela indisposição para ir trabalhar. Pouco a pouco, a pessoa passa a se sentir desmotivada para o trabalho e já não sente tanto prazer em estar lá. Devagarinho, vai sentindo um cansaço cada vez maior diante de atividades profissionais antes desenvolvidas com facilidade. O problema de não procurar ajuda nesse momento é que essa mudança pode alterar completamente – porém temporariamente – o perfil profissional e de atuação daquela trabalhadora. Ela pode passar a negligenciar atividades e ter consequências sobre essa atitude. Não dá para abraçar o mundo – e isso é normal. Fique tranquila! Você não está sozinha nessa jornada."

UM PEDAÇO DE MIM

Um pedaço de mim diz muito! Minha vida mudou depois do meu primeiro livro. Devo isso à leitura. Depois de situações desagradáveis, descobri que a saída deveria ser pela determinação. Enfrentar e encarar, de frente, o medo que nos ronda, procurando conduzir a caminhada. Mulheres, façam a "troca de pele". Iniciem uma vida de realizações bem-sucedida na área espiritual e no desenvolvimento do corpo e da mente.

CILENE MARIA CAVALCANTI

Cilene Maria Cavalcanti

Contatos
arquivoscilenecavalcanti@gmail.com
Facebook: cilene.cavalcanti.18
facebook.com/LygiaBojungaeSuasHistorias/
Instagram: @psicanalistacicavalcanti

Graduada em Pedagogia. Psicanalista clínica e mestre em Teorias Psicanalíticas, pela Escola de Psicanálise do Rio de Janeiro (2015). Pós-graduada em Neurociências; e em Orientação Educacional. Servidora pública, atuando como pedagoga. Publicou seu primeiro livro, *Lygia Bojunga e suas histórias: um caminho para o autoconhecimento e desenvolvimento cognitivo*, em 2017 e 2019, na XVIII e na XIX Bienal Internacional do Livro do Rio de Janeiro. Em 2020, lançou *A bolsa amarela guarda*, na XX Bienal Internacional do Rio de Janeiro. Tem participação em várias edições coletivas. Lançamento na Feira Literária de São Paulo em 2021. Lançamento, em 2022, na XXVI Bienal Internacional do Livro de São Paulo, *Coletânea Literare: memórias, histórias e estratégias capazes de revolucionar vidas*, pela Literare Books. Bolsista no Programa de Desenvolvimento Profissional de Professores Alfabetizadores em Portugal – 2022. Bolsista no Programa de Desenvolvimento Profissional de Professores Alfabetizadores em Portugal – 2022. CAPES (Coordenação de Aperfeiçoamento de Pessoal de Nível Superior) e SELF/MEC (Secretaria de Alfabetização do Ministério da Educação).

Primeiro, quero deixar registrado um pequeno trecho do livro *Guerra sem testemunhas*, do escritor brasileiro Osman Lins:

> Escrever, para mim, é um meio, o único de que disponho, de abrir uma clareira nas trevas que me cercam. [...] escrever se me apresenta como a experiência máxima, a experiência das experiências. Minha salvação, meu esquadro, meu equilíbrio.

Encontrei na escrita uma forma para expressar o que sinto. Fui uma menina tímida e não tinha muitos amigos. Tenho uma irmã gêmea, mas quando éramos crianças ela se relacionava melhor com as pessoas. Até hoje guardo as cartas que escrevi para namoradinhos. E, também, todos os telegramas que recebi, além dos cartões. Enfim, a escrita sempre me acompanhou e parece até que era a minha amiga. Só não imaginei que me ajudaria, anos depois. Escrevo sobre acontecimentos que jamais poderia prever... Na fase da inocente infância, por ser insegura e tímida, acreditava muito no Amor, no romance. Ouvia músicas românticas, inclusive em outros idiomas. Uma dessas canções até fez parte da minha formatura, na graduação. A decisão de me formar foi tardia, eu já tinha 35 anos. Uma balzaquiana com três filhos, divorciada e morando numa casa em que eu mesma banquei a construção. Esses anos fizeram importantes transformações em mim.

Casei-me aos 18 anos. Ele, com a mesma idade, era alto, muito bonito e já militar. Eu sou baixinha e, na época, achava que havia casado com um príncipe. Sofri chacotas e, por ser ingênua, achava que as pessoas brincavam carinhosamente comigo. Por eu ser calada, só ouvia.

Foi no período de 1991 a 1995 que tive meus filhos. O primeiro nasceu quando eu estava com 20 anos, um menino. Quando fiquei grávida do segundo, aos 22 anos, fui aprovada num concurso público e passei a ser professora. Tendo que sair para trabalhar, deixava as crianças com uma das avós. Em 1994, abandonei o serviço público para acompanhar meu marido, transferido para Brasília/DF. No ano seguinte, antes de completar 24 anos, de volta ao Rio de Janeiro, nasceu meu terceiro e último filho – desta vez, uma menina. E me separei.

Minha vida se transformou, fui aprovada em mais três concursos públicos. Sou pedagoga. Tenho mestrado em psicanálise e pós-graduação em neurociências. Tornei-me psicanalista. Lancei livros nas últimas três Bienais Internacionais do Livro do Rio de Janeiro e, nesse ano de 2022, na de São Paulo. As atividades profissionais que desempenho me completam. Devo muito de minhas conquistas aos livros. Agradeço aos meus pais, professores, por me proporcionarem, bem cedo, o gosto pela leitura. Em nossa infância, liam para mim e meus irmãos. Hoje, sempre que possível, divido com minha netinha a paixão e o hábito da leitura. Interessada, ela já adora.

Escrever – um pedaço de mim – *minha salvação, meu esquadro, meu equilíbrio.*

Iniciei este meu texto citando um homem. Agora terminarei com uma mulher. Para homenagear todas as mulheres e, em especial, as que participam deste livro junto a mim com seus relatos, foco central desta publicação. Faço com um fragmento, também pequeno, do texto "Nossa árvore de amigas", da minha querida Ilda Monteiro:

> Nunca podar galhos, mesmo que aparentemente desnecessários. Ao contrário, dê mais atenção, pois podem estar apenas enfraquecidos. [...] Ah, as diferenças! Que lindeza de ramos!

18

MINHA VIDA DEPOIS DAS CONSTELAÇÕES FAMILIARES

Houve mudanças assertivas depois das Constelações Familiares em relação a família, profissão, conflitos emocionais; os resultados que antes não eram alcançados, hoje são possíveis com o olhar sistêmico sobre nosso sistema familiar. "Agora sou 100% responsável pelas minhas escolhas; posso seguir adiante, livre para olhar para a vida de maneira leve e harmônica, pronta para novos ciclos, novos recomeços, pronta para a prosperidade e a abundância."

CIRLEI TURMINA

Cirlei Turmina

Contatos
turminacirlei@gmail.com
Instagram: @cirleiturmina
54 99988 2933

Pedagoga graduada pela Universidade Castelo Branco (2013); pós-graduada em Psicopedagogia pela Faculdade FASFI (2014), cursou Administração Escolar, Supervisão e Orientação pela UNIASSELVI (2016). Tem capacitação em Atendimento Educacional Especializado e Educação Especial Inclusiva – Educamundo (2017). Formação em Justiça Restaurativa e Círculos de Construção de Paz pela AJURIS (2017). Curso de Facilitadores de Círculos de Justiça Restaurativa e de Construção de Paz pela AJURIS (2018). Teologia pela ITEPA (2018). Formação em Constelação Sistêmica com Bonecos pelo IBRACS (2020).

Quando nascemos, já viemos carregados de heranças familiares, e por vezes nos deixamos levar pelo destino e repetições dos que vieram antes, por amor cego ou por julgamento. Segundo Carl Jung: "Aquele que não aprende nada sobre os fatos desagradáveis de suas vidas força a consciência cósmica que os produzam tantas vezes quanto seja necessário. O que você nega lhe domina. O que você aceita lhe transforma" e "Até que você torne o inconsciente em consciente, aquele irá direcionar sua vida e você irá chamá-lo de destino". As citações de Jung nos esclarecem de maneira simples como podemos estar em conflito com nós mesmos quando não aprendemos com nossos erros e fracassos, ou como nos deixamos levar no piloto automático chamado Inconsciente.

Com a técnica das Constelações Familiares, podemos identificar tudo isso. Muitos se perguntam: "O que é Constelação Familiar? O que podemos trabalhar numa sessão?". A Constelação Familiar, criada pelo psicoterapeuta alemão Bert Hellinger, é uma terapia breve, fenomenológica, aplicada individualmente ou em grupo. Trata-se de um processo terapêutico ligado à ancestralidade do paciente, trabalhando a premissa de que toda a nossa família está ligada a um campo invisível e contínuo. As heranças passadas por nossos antepassados influenciam nossas escolhas e destinos. Muitas vezes repetimos o comportamento e as atitudes por amor cego a um familiar, carregando suas dores e fracassos. Pensamos que, com essa dinâmica, estamos ajudando, porém, nos "emaranhamos" saindo do nosso lugar, gerando desequilíbrio no sistema. Bert Hellinger se baseia em três leis sistêmicas:

1. **Lei do pertencimento:** todas as pessoas do sistema têm o direito de pertencer. Quando um familiar é excluído ou se sente excluído do seu sistema de origem, nossos descendentes podem repetir seus emaranhados, vícios e conflitos. Isso está no inconsciente coletivo de nosso sistema familiar e muitas vezes nem percebemos que gera peso, desentendimentos e doenças.
2. **Lei da hierarquia:** os que vieram antes têm precedência. Cada um deve tomar seu lugar de direito dentro do sistema. Quando, por amor cego,

tentamos cuidar de quem veio antes ou parecermos maiores que nossos pais e antepassados, passamos a ter a postura de arrogantes, desequilibrando a hierarquia do sistema familiar.

3. Lei do equilíbrio: equilíbrio entre o dar e o receber. Os pais são grandes e dão a vida aos seus filhos, e nós tomamos a vida que nos deram. Entre casais, é necessário ter equilíbrio entre o dar e o receber para não gerar separação ou conflito.

Em meus atendimentos terapêuticos, utilizo o método da Constelação Familiar individual com bonecos na água, que consiste em escolhermos um boneco para representar cada membro da família ou situação, para que possamos olhar para seu sistema fenomenológico; assim somos capazes de trazer à luz os processos anímicos e o modo como se apresentam. Durante a sessão, o posicionamento de cada boneco colocado no campo gera movimentos, podendo identificar os desequilíbrios, conflitos ou emaranhados no seu sistema que estão interferindo negativamente na sua vida, permitindo encontrar soluções adequadas. Após identificadas as situações, podemos usar frases de solução para a resolução desses conflitos e ficar livres para fazer nossas escolhas. Assim, seguimos adiante com nossas próprias responsabilidades e curados.

O que posso trabalhar na sessão de constelação?

- Traumas.
- Depressão e ansiedade.
- Assuntos relacionados a filhos.
- Situações profissionais e/ou de carreira.
- Situações de sua própria empresa.
- Problemas com dinheiro.
- Complicações no casal.
- Tomada de decisões difíceis.
- Implicações emocionais de doenças.
- Questões pessoais, luto e perdas.

Diante de todas as situações apresentadas, vou relatar como tudo isso mudou significativamente minha vida. Por muito tempo convivi com questionamentos internos e não obtive muita clareza sobre eles, foi uma busca de mais de 20 anos de autoconhecimento, superação, resiliência, fracassos e vitórias, para entender que a figura paterna e materna que são nossos pais nos dão somente o que puderam dar naquele momento e com as condições que tinham. Pois muitas vezes nos colocamos no papel de vítimas porque acreditamos que poderíamos ter recebido mais atenção, proteção, amor de nossos pais. Não percebemos que é um sentimento infantil acreditar que os pais são super-heróis, e sim, eles são, mas conforme suas escolhas e não as nossas. Aceitar a vida que recebemos deles da forma como puderam nos dar nos libera de muitos emaranhados e conflitos. Olhar para os pais e dizer: "Eu tomo a vida que recebi de vocês e vou fazer algo de bom em honra e homenagem a vocês" é uma frase de solução para sermos gratos por tudo o que fizeram por nós. Uma ação em relação aos nossos pais ou antepassados é nos colocar como pequenos, pois viemos depois deles (lei da hierarquia). Quando queremos ser melhores que eles ou achamos que sabemos, mais passamos a ter a postura de arrogantes, gerando desequilíbrio. Aqui, cito, na hierarquia entre irmãos, o lugar que cada ocupa dentro do sistema familiar. Quando tornei consciente todas essas situações, pude compreender meu sistema familiar, as doenças que havia enfrentado: câncer, depressão, crenças limitantes que geravam ansiedade e medo começam a ter um novo formato. A técnica das Constelações Familiares me permitiu olhar para dentro de mim; seu efeito benéfico se tornou possível, pois pude virar a chave, tomar atitudes diferentes daquelas que eu vivenciei e não deram certo. Somente eu tenho o poder de mudar e decidir se quero viver a vida que os outros escolheram para mim, ou se quero ser "100% responsável pelas minhas escolhas e meu destino". Uma frase de solução para essa situação é pensar em algum de nossos antepassados e dizer: "Eu vejo você; sinto muito, você por você, eu por mim". Bert escreveu vários livros com frases de solução que podemos usar nas constelações e no dia a dia para nos trazer leveza e harmonia.

As constelações proporcionaram mudanças em minha vida, na profissão também, e em todo o sistema familiar; principalmente quem vem depois de mim poderá sentir mais leveza e liberação dos emaranhados visíveis e invisíveis que carregamos inconscientemente. Quando tornamos consciente o que está gerando desconforto ou conflito, podemos dar um novo significado para o fato e também pensar se queremos continuar no conflito ou fazer diferente. Carregamos e repetimos situações por amor e é por amor que podemos olhá-las, ressignificá-las, mudar, deixando no passado o que não faz mais sentido ou o que não nos pertence. A mudança de atitude e de vida requer autoconhecimento. Muitas vezes, por comodidade, permanecemos na dor por falta de ação. Conhecer nossa história familiar cura feridas abertas, dando-lhes um novo significado. "Eu vivo meus processos evolutivos assim como você."

Mude sua vida por meio das Constelações Familiares, encontre seu propósito conforme seu coração, pense e repita diariamente: "Aceito tudo como foi, agora me permito e aceito fazer diferente".

Referências

HELLINGER, B. *Ordens do amor: um guia para trabalho com constelações familiares*. São Paulo: Cultrix, 2003.

HELLINGER, B. *O essencial é simples*. Patos de Minas: Atman, 2004.

HELLINGER, B. *Ordens de ajuda*. Patos de Minas: Atman, 2005.

A FORÇA FEMININA QUE HABITA EM NÓS

O que é efetivamente ser dona da p**** toda? O que faz de nós essa potência que transborda vidas? Talvez a resposta esteja na dor que sentimos, que nos faz mais humanas e que nos fez, ao longo de séculos de opressão, perceber que há algo que precisa mudar não apenas no mundo, mas em nós. Precisamos aprender a equilibrar as forças feminina e masculina para provocar transformações profundas no relacionar.

CLÉCIA ARAGÃO

Clécia Aragão

Contatos
www.pinguepongueeducacao.com.br
Instagram: @clecia_aragao

Filha de nordestinos, nascida em Aracaju e criada em São Paulo, a mãe de duas meninas começou trabalhando como assistente de enfermagem, se formou em Psicologia e já atuou em questões organizacionais e no desenvolvimento de pessoas. Encontrou no mercado editorial a oportunidade de trabalhar com gestão de pessoas e hoje é CEO da Pingue Pongue Educação, empresa com foco em projetos educacionais para inclusão, acessibilidade e representatividade. Entre os projetos de inclusão promovidos por Clécia estão o Cultura ao Alcance de Todos, o *Livro ilustrado de Língua Brasileira de Sinais*, as coleções *Ciranda da inclusão* e *Ciranda da diversidade*, e publicações como *Esclarecendo as deficiências*, livros em Braile e africanidades. Ela também foi idealizadora e editora da revista *Incluir*, projeto pelo qual recebeu o Prêmio Mulher Excelência, em 2010. A empresária também promoveu, em 2010, a primeira edição da Mostra Casa e Corporativo Acessíveis Projeto & Estilo, mostra de arquitetura com foco exclusivo em projetos de desenho universal, que uniu o Grupo Ciranda Cultural ao Shopping D&D - maior centro de decoração e design da América Latina - e ao Instituto Brasil Acessível. Entre seus projetos, também está a parceria com o escritor Marcos Martins, que deu origem aos livros *Até que a morte nos ampare* e *Mortinha da Silvia*. Os títulos são um convite para falar sobre luto, morte e valorização da vida com crianças e jovens.

Ser mulher é ser dona da p**** toda! Mas o que isso realmente significa? Sem a pretensão de ditar rótulos ou de fechar um conceito, humildemente me coloco aqui para abrir questionamentos. Você, mulher, que vive, ama, luta, cria, produz, gera, direciona, confecciona, alimenta, projeta, incentiva, você, que é plural, é dona do quê?

Somos donas dos nossos corpos há muito pouco tempo. Desde o século XVIII, mais precisamente com a Revolução Francesa, movimentos ao redor do mundo começaram a pressionar o modo como a mulher, sua vontade e seu corpo eram vistos e manipulados.

A revolução feminina passou fortemente pelo direito de voto, uma expressão máxima da liberdade de escolha, um reflexo de ter autonomia sobre a própria vida. Será que ainda temos essa autonomia? Quantas de nós ainda se diminuem ou se direcionam por modelos pré-fabricados de corpos, de beleza e de intelecto, longe ainda de serem livres para serem o que quiserem, porque querem, antes de tudo, aceitação e pertencimento.

A mulher que comeu a maçã e ganhou conhecimento, simbolicamente, foi expulsa do paraíso. De quais paraísos temos medo de ser expulsas a qualquer momento? Do casamento? Da família, do papel de mãe? Do emprego, da própria empresa? De qual paraíso estamos falando? Esse construído e gerenciado pelo masculino sofrido, que renega, portanto, o feminino?

Muito prazer, meu nome é Clécia Aragão O., sou mulher, filha, mãe, dona de casa, amiga, empresária, fui esposa e hoje sou companheira de mim mesma. Os créditos poderiam ser infinitos, e são. Eu poderia, na verdade, dizer que sou muitas e que vivi muitas vidas e isso seria totalmente real. Nós, mulheres, somos múltiplas, somos muitas, somos vida.

Durante muito tempo, ser mulher, para mim, foi significante de obstáculo. "Qual será o próximo desafio? O que será que terei de ultrapassar para conquistar o que realmente importa?". Sei que ninguém quer sofrer, mas se há algo que podemos agradecer de toda experiência vivida é o tanto de aprendizado que ela traz. Se hoje sou melhor, é porque passei pelo que passei.

Desde muito pequena, vi mulheres sendo desmerecidas, sofridas, acusadas de loucas, desequilibradas, de querer demais, de sonhar demais, adjetivos esses todos que pareciam esquecer que elas, na realidade, faziam demais.

Essa imagem era, para mim, determinante para acreditar que eu também precisaria cruzar inúmeras fronteiras da alma para provar a que vim e para merecer chegar onde queria. Dentro de mim, havia uma batalha constante – dentro de qual mulher não há? E foi só quando eu entendi que, como mulher, também residia em mim a energia masculina, que a energia feminina também estava nos homens, e que só no equilíbrio dessa polaridade a vida poderia florescer, é que percebi que havia muito mais chão para trilhar do que eu podia imaginar.

Mulher brasileira, feminino e masculino de luta

Na história do Brasil, país onde as mulheres são a base da família, ainda hoje, muitas vezes, é preciso que um homem esteja à frente e "assine embaixo". As mulheres plantam, adubam, colhem, mas no final nunca são lembradas, sejam essas mulheres, indígenas, negras, brancas, de classe média, alta ou periféricas. A invisibilidade da mulher pode ser gritada e explícita, ou pode ser introspectiva, calada. Ainda assim, acontece e dói.

Na família, a mulher segura as pontas, dá de comer, cuida, agasalha, acolhe. Depois sai para o trabalho, constrói, cria, reverencia. Na volta, tudo outra vez. Ainda assim, a tarefa que é delegada ao feminino é invalidada. E esse ciclo vicioso parece nunca acabar.

A mulher inspira, mas o tempo todo se questiona se tem permissão, se tem condição. Existe a dúvida lá dentro, dizendo, baixinho "se eu não performar, posso perder meu lugar". É cansativo. Mas, então, por que tem que ser assim?

Quando me dei conta de que vivemos fora o que se passa dentro, eu acordei. Existe uma guerra, uma luta infinita que começa no interior de cada ser e se materializa, como que na ânsia de validar fora o que tem dentro. É o constante desequilíbrio entre as energias masculinas e femininas.

Como tudo no universo, somos feitos dessa polaridade. Somos masculino e feminino, e a não aceitação dessa realidade causou, no decorrer do tempo, a desconexão que vemos hoje. Nos homens, o feminino ferido, negado, reage contra o feminino da mulher. Em nós, a energia masculina, muitas vezes utilizada para vencer os inúmeros obstáculos, cansa, manipula, nos afasta do nosso propósito.

Nossa busca? O equilíbrio necessário entre as suas polaridades. Curar o masculino ferido em nós e o feminino ferido nos homens. Aceitar que é possível viver em paz e que a igualdade vem, na verdade, das reais oportunidades para que cada energia brilhe em sua plenitude fará com que possamos realmente viver em paz.

"Vá, viva e vença" não tem gênero

Ação máxima da vida, "vá, viva e vença" não têm gênero. Serve tanto para o masculino, quanto para o feminino, é crédito do ser humano. Mas, pelo que tenho percebido e experienciado, a sociedade é estruturada somente para que um dos gêneros possa vencer, o outro acaba sendo suporte que não merece nem sequer ser agradecido. Já vivi tantas situações de desamparo e invisibilidade!

O julgamento social é uma das piores versões do comportamento patriarcal. Se uma mulher é "deixada" pelo marido, não soube agradar, não soube manter o casamento. Será que você nunca ouviu outra mulher falando: "viu, por isso ele foi procurar fora!"? Triste história de alguém que foi traída e culpada pela própria traição que sofreu. Da mesma forma, se uma mulher decide sair do casamento, abandonará o marido, o lar. Crime hediondo esse de escolher a própria vida.

A mulher é, então, culpada nos dois contextos. "Vá, viva e vença" não tem gênero, mas será ação sempre mais sofrida vinda do lado de cá, de quem se sente um pouco mais dona de si toda vez que desafia o *status quo* e toma suas próprias decisões.

E como não sofrer tanto ao escolher? Exercitar o amor, esse que é a aniquilação do ego. Na luta da vida não há vencedores. No seio da vivência calada e invisibilizada de tantas mulheres pretas e indígenas que construíram e ainda constroem esse país, é preciso promover o resgate do poder real da mulher brasileira, que vence, mas que prefeririam, talvez, não ter de matar um leão a cada dia.

O dia em que ganhei flores de mim

Hoje posso dizer que, apesar de amar e ser amada, ter filhas, família, amigos, eu sou meu verdadeiro amor. Foram décadas de busca por algo que eu não sabia explicar. Hoje, fico pensando no tanto que amadureci – não quero fazer apologia ao sofrimento aqui. A vida existe para ser apreciada, festejada e sempre brindada. Mas é certo que, ao antever o que viria para mim, eu me abri ao aprendizado do destino que eu mesma escolhi.

Em tudo, para mim, sempre houve um grande propósito. Eu não sei se esse comportamento já nasceu comigo ou se ele foi aprendido mas, desde pequena, a cada tropeço, sempre pensei: "O que será que isso quer me ensinar?". E seguia assim, certa de que as lágrimas de um dia seriam brilhos no sorriso em outro.

Eu não sei precisar o dia, mas sei que houve uma epifania, um momento em que eu, definitivamente, me dei conta da grande mulher que eu era: "Poxa, Clécia, você viveu, sofreu, passou por poucas e boas, caiu e levantou sem perder a ternura. Que maravilha da natureza você é". Toda mulher precisa virar para si e fazer um grande elogio. Depois desse dia, não aceitei mais ser desmerecida, calada e subjugada.

Na minha história, sempre levei a ancestralidade para junto de mim. Hoje, de maneira totalmente presente e consciente, busco nessas raízes a construção de um futuro que perpetue a história de tantas que vieram antes de nós: Marias, Josefinas, Cassimiras, mulheres de fardo e de fé que foram e são raízes desse nosso Brasil.

Em cada passo da minha trajetória, eu honro essas mulheres. Sou sergipana/paulistana, de origem afro-indígena, mãe de duas meninas, comecei a minha vida profissional em uma agência de recursos humanos, trabalhei como assistente de enfermagem e me formei em Psicologia. Trabalhar com o ser humano, em todas as áreas, sempre fez parte daquilo que construí.

Por isso, se as mulheres me guiam, os homens da minha história me apoiam. Os Josés, Jovelinos, Joãos e Juarezes que, sistemicamente, fazem parte de quem sou. Na busca pelo lugar da mulher, não invalido o lugar do homem. Isso não é luta ENTRE, é COM.

Sempre soube que era necessário resgatar a alma feminina e uma perspectiva mais ampla da vida. No mercado editorial e educacional, aos poucos, encontrei meu lugar. Hoje, com a Pingue Pongue, traduzo meu propósito no caminho de abrir mentes com relação à inclusão. O que, afinal, é a inclusão? Para mim, abrir o mundo para todos.

Quero contar aqui uma história: um dia, uma criança me abordou perguntando se o dinheiro que ela trazia seria suficiente para comprar um livro. Da sua mãozinha miúda, saiu uma moeda de 25 centavos. Não sei se me emocionei mais por uma criança tão pequena querer, mais do que tudo, comprar um livro ou se pelo fato de que aquela realidade representava a de milhões de jovens leitores.

Desde então, tornar a leitura mais acessível é uma bandeira para mim. Afinal, a cultura amplia nossos horizontes e eleva nossos níveis de consciência. O futuro melhor de meninas e meninos só será possível por meio de uma expansão de consciência, uma vida com significado. São as crianças que vão levar adiante os projetos de um mundo melhor, e é a partir da nossa força que elas encontrarão a inspiração para seguir.

A vida é terapêutica

Em tudo que vivi, houve sempre uma possiblidade de cura. Um dia, ouvi essa pequena frase que ainda provoca, em mim, reflexões: a vida é terapêutica. Isso porque enquanto há vida há cura, renovação e tantas coisas positivas que só a vida traz.

O mundo machuca, mas é na vida que somos curados. A vida é um sopro, um alento, é preciso aprender a degustá-la para que possamos apreciar a beleza e entender a felicidade, que não é viver sem problemas, mas é entender que a vida acontece entre eles, nas decisões que tomamos, nos pequenos gestos.

A vida é simplesmente vida, é a pulsão que há em nós, vibrando as energias de masculino/ação e feminino/atração. A pulsão é vida e morte o tempo todo, mas ela é boa, impermanente, coerente, precisa. Então, o que machuca? O mundo, o comportamento das pessoas e as desigualdades. Isso sim machuca.

O não respeito a tudo que há, o desmerecimento, a subjugação, a invalidação do outro. Isso não é a vida agindo, isso é o mundo, tal qual o conhecemos, sendo construído por nós mesmos. Mas é essa mesma realidade do mundo, tão desafiadora, que nos leva a querer transformar por meio do amor.

Sim, vida é amor, é plenitude, é estado de presença. Todo o mais é construção e, de tal forma, pode ser desconstruído. Se temos um mundo de corações endurecidos, é na aspereza das pedras do caminho que somos lapidados e moldados para construirmos e trazermos à existência coisas que vão impactar outras pessoas.

A vida não é linear! A vida não está em trilhos nem em estradas, mas em uma grande mata, um percurso com surpresas e aprendizados. A vida não é pequena, ela é uma grande chama. Apequenamos a vida quando não cuidamos das relações, das palavras e dos sentimentos que nos tornam pesados, sombrios e conflituosos. O mundo, na sua pequenez, quer ser gigante como a vida, nos pede tanto, exige, cobra. O mundo quer ser, mas jamais será a vida. O mundo jamais será divino, a vida em si é divina, é ir além.

O futuro é da conexão

Somos cada vez mais donas dos nossos corpos, das nossas vontades, mas ainda somos julgadas e desmerecidas. E, nesse processo, é preciso perdoar especialmente a nós mesmas. O autoperdão não é a varinha de condão de uma fadinha, que vem e desfaz todo o nó. É uma decisão, uma escolha. Eu me perdoo pelas minhas atitudes, por ser tão pequena perante o que é tão grandioso. Por ter me diminuído para caber em um lugar que não é meu.

Eu me perdoo para evoluir. Me deixei oprimir? Eu oprimi? Como tratei meu próprio feminino? Amo muito Vinicius de Moraes quando ele diz que tudo vale a pena se a alma não é pequena. E a alma feminina, com essa pulsão de vida do sagrado masculino e do sagrado feminino, não fica pequena de jeito nenhum!

Ser eu mesma dona da p**** toda só é possível porque tenho a espiritualidade, a ancestralidade, queridos mestres, profissionais da área da saúde mental e física, consultores e líderes educadores que contribuem para minha evolução. Ou seja, é ter liberdade e respeito, enquanto ressignifico e acolho a pulsão de vida feminina e masculina em minha essência.

Ser dona da p**** toda é ser dona de si. E se apoderar de si é se apaixonar pela vida, o princípio do amor-próprio. É viver com autorresponsabilidade. Olhar para dentro de si e, assim, olhar para o outro de forma natural.

Nossa vida se expande quando aprendemos a olhar com os olhos do outro, quando somos verdadeiros com palavras, quando reconhecemos nossos erros e pedimos perdão, quando decidimos caminhar e construir zonas claras e ensolaradas que dissipam os lugares sombrios que nos cercam. Tudo isso só é possível enquanto há vida.

Acredite, mulher!!!

Só existe uma opção: viver.

E viver com autorresponsabilidade!

NÃO VIVA APENAS POR UM ACASO

Acredito que nem todas as pessoas tiveram a oportunidade de ter uma infância próspera e uma vida acessível. A minha não foi diferente, mas a diferença e a mudança está na mente e na vontade de fazer diferente. Aconteça o que acontecer, quando temos força de vontade, determinação e coragem, podemos conquistar o mundo.

CRISTIANE SOUSA

Cristiane Sousa

Contatos
crissousa405@gmail.com
Instagram: @crissousa405
11 97506 2103

Colorista, *expert* em mechas e visagismo formada pela RS Academy. Especializada em loiros e técnicas mais atuais em mechas. Formada em Cosméticos Associados a Terapias Capilares pela Faculdade de Tecnologia (FATEC-SP). Especialização Científica em Leitura de Contrarrótulos e Terapia Capilar Cosmética pela Hair Class Technical School, Escola Científica – Marketing Digital e Gestão na área da beleza.

Éramos eu e mais quatro irmãos, filhos de um casal que vivia em pé de guerra. Pai alcoólatra e completamente irresponsável, que traía e agredia minha mãe; e um dia, sem que esperássemos, foi embora com outra família, deixando os filhos e a esposa para trás. Eu, nessa época, aos oito anos de idade, vi minha família se desestruturando. Começamos a passar fome, muita fome. Minha mãe teve de começar a lavar roupas para fora. Ela não sabia muito o que fazer com aquele tanto de filhos, sozinha e perdida. Não tinha muito para nos dar, mas o que ela nos ensinou (educação, respeito e caráter) foi de grande valia, pois foi o que nos tornou o que somos hoje. Ainda muito criança, tive que assumir a responsabilidade pelos meus irmãos mais novos para que minha mãe pudesse trabalhar. E assim fomos crescendo e nos criando por um acaso e sem praticamente a presença dos pais.

Aos 11 anos, comecei a ficar mais rebelde. Achava-me adulta, não tinha pai para me direcionar, minha mãe não tinha tempo de me levar à escola, pois dava duro o tempo todo.

Adolescência

Aos 13 anos, comecei a fumar cigarro. Arrumei um namoradinho que tinha uma família muito bem estruturada, então me apaixonei por aquela realidade tão diferente da minha. Não passou muito tempo e fiquei grávida aos 13 anos, e possivelmente seria o fim. Eu não sabia nada da vida, então tudo o que viesse naquele momento seria lucro. Tão criança e já me encontrava grávida. Eu e meu namorado fomos morar juntos em um cômodo no quintal da casa dos pais dele. E ali passei por maus bocados. Não tínhamos muitas coisas, somente o básico para começar a vida. Passava meus dias ali, sozinha, pois meu agora marido – desempregado – passava a maior parte do dia na casa da mãe dele, onde se alimentava do melhor e eu, naquele cômodo, comia miojo e pão; e aquela realidade na qual achei que viveria e seria feliz não aconteceu.

Cristiane Sousa

Maternidade

Por volta do sexto mês de gravidez, começaram os abusos, agressões psicológicas e traições. Fui tão humilhada, mas não sabia o que fazer para mudar tudo aquilo. Ainda era menor de idade e não respondia por mim. Mas me prometi que, quando completasse a maioridade, iria mudar aquela situação. O tempo foi passando, engravidei mais duas vezes e aos 19 anos já era mãe de três. Nessa época, eu já trabalhava. Comecei a trabalhar assim que meu primogênito nasceu – eu e meu marido vivíamos em pé de guerra. Ele, muito ciumento, me mantinha em cárcere privado dentro da minha própria casa e foi aí que sofri a primeira agressão física. Cansada daquela situação, decidi ir embora. Peguei meus filhos e, com a roupa do corpo, fui embora para outra cidade.

Já instalada em outra cidade, saía todos os dias para procurar emprego a pé, pois não havia dinheiro para nada; e 15 dias após, arrumei um trabalho em um *fast-food* no qual comecei a trabalhar e assim podia cuidar dos meus. Eu trabalhava como recepcionista e, em uma época de muito frio, peguei uma pneumonia. Nessa época, eu havia conhecido uma pessoa que me ajudava muito, cuidava dos meus filhos como se fossem filhos dele. Fazia papel de pai. Apaixonei-me; começamos a namorar e foi então que engravidei da minha filha mais nova (hoje, meu amor, minha companheira). Fiquei desesperada, pois, além de não querer, não tinha condições de ter mais um filho.

Depois que passou o desespero, resolvemos levar a gestação à frente. Eu e meu namorado resolvemos morar juntos e fizemos nossa vida. Criamos nossos filhos e vivemos por dez anos. Éramos uma família feliz, éramos parceiros, tínhamos muitos planos de vida, até eu descobrir a traição e meu mundo desabar mais uma vez, colocando fim à relação. Não era o que eu havia planejado para mim, mas não suportava a ideia da traição, pois em minha infância era isso que eu vivia no meu lar.

Nessa época, eu já tinha começado meus primeiros empreendimentos. Montei meu primeiro espaço de beleza. Era bem pequeno, apenas uma cadeira e um espelho muito humilde, mas era um começo. Eu também não tinha experiência alguma com comércio, gestão, administração etc., mas tinha algo dentro de mim, uma vontade incrível de mudar aquela realidade, queria a virada de chave da minha vida. Eu já tinha passado por muitas humilhações, acusações e preconceito e não aceitava mais aquilo na minha vida. Estava disposta a pagar o preço que fosse para mudar aquela história.

A princípio, meu espaço cresceu muito. Tinha muitas clientes; e em poucos meses comprei móveis novos e contratei novos profissionais. Em dois anos, comprei um carro e montei mais dois salões, mas existia o problema da falta de gestão, que me impediu de chegar ao meu objetivo. Por fim, do mesmo jeito que abri os três salões, fechei-os oito anos depois. Muitas coisas aconteceram. Além da falta de gestão, não tinha capital de giro e falta de treinamento com os profissionais, e acabei quebrando. Por alguns anos, desisti de levar isso à frente. Comecei a trabalhar sozinha com atendimentos em casa. Tive que vender meu carro para pagar as dívidas que o antigo espaço tinha me deixado. Voltei à estaca zero!

Pegava ônibus com materiais e produtos dentro de uma bolsa para atender clientes e permaneci assim por alguns anos, até então dentro de uma zona de conforto que, na verdade, eu sabia que não era para mim; e sabia que aquele conforto não me levaria a níveis mais altos. Então, comecei e me preparar para uma nova tentativa. Comecei a estudar cosmetologia. Formei-me e me tornei "pesquisadora nata" de ativos cosméticos, pois queria levar o melhor para meu público-alvo. Tornei-me terapeuta capilar, especialista em leitura de contrarrótulos. Fiz especializações em mechas, colorimetria, entre outros cursos que me levariam onde eu queria. No ano de 2016, tinha me programado para viajar para a Argentina a fim de fazer um curso em uma instituição famosíssima, que também me levaria a um patamar a mais alto. Também naquele mesmo ano havia programado uma viagem a passeio para a Grécia em 2019. Estava muito feliz; afinal, meus projetos estavam se encaminhando e minha vida iria começar a se encaminhar novamente. E foi aí que começou mais uma etapa difícil que eu teria que enfrentar. Um dia, ao acordar, passei a mão sobre meu seio e senti um caroço, achei estranho. Acabei não dando tanta importância; afinal, achei que fosse algum cisto benigno com o qual eu já havia sido diagnosticada anteriormente. Na mesma época, minha filha descobriu uma gravidez e decidiu se casar. Nesse meio tempo, me ocupei com o casamento dela, que aconteceria em novembro daquele ano… Tínhamos apenas seis meses para preparar tudo e acabei deixando para ir ao médico depois. No ano seguinte, passei por consulta e o médico me pediu alguns exames; então, veio o resultado: positivo para câncer de mama. Ao receber a notícia, meu mundo caiu. Cheguei "passada" naquele dia em casa, mas ao mesmo tempo ainda não havia "caído a ficha". Comecei a pesquisar sobre a doença que, até então, só tinha ouvido falar em pessoas bem distantes. E nunca dei tanta atenção para isso. Foi então que vi um vídeo de uma pessoa que estava passando pelo mesmo problema. Dando seu depoimento e com um nó na garganta, ela tentava explicar como se sentia. Aí foi o momento em que a ficha caiu, e eu desabei a chorar. Chorei por horas. Eu não aceitava aquela situação e perguntava para Deus por que tudo aquilo tinha que acontecer justo comigo... Eu tinha vários planos e projetos, estava no meu melhor momento e fui barrada mais uma vez. Agora por uma doença que poderia me levar à morte.

Naquele dia, depois de horas de choro, resolvi parar de chorar. Pensei: o choro não vai resolver. Naquele momento, parei, respirei fundo, ergui a cabeça, tomei um banho, coloquei uma roupa e fui atender; saindo do atendimento fui treinar (eu amava treinar); e pensar que iria ficar sem meus treinos me deixava muito mal. Afinal, iria passar um bom tempo sem poder trabalhar e treinar, dentre tantas outra coisas que eu não poderia fazer devido à agressividade do tratamento. Naquele dia, à noite, antes de dormir, fiz uma oração e pedi a Deus que me ajudasse a passar por mais esse momento. Disse com lágrimas nos olhos: "Deus, segura em minhas mãos. Não me abandone e me ajude a passar por mais esse deserto". Eu nunca aceitei doenças, mas durante a minha oração, conversando com Deus, me veio uma reflexão. E então eu disse: "Deus, aceito passar por isso se for para ajudar quem precisa, ajudar pessoas que precisam ser fortes, tanto quanto eu serei, e poder levar experiência positiva a quem precisar".

Então adormeci em meio à oração e acordei na manhã seguinte com uma voz que dizia: "Cuide-se, pois tudo dará certo no tempo certo. Faça o quem tem de ser feito, pois, se você não se cuidar, até uma infecção urinária a mata". Aquela voz me deu uma força tão grande que eu pulei da cama como se nada tivesse acontecido. Continuei fazendo minhas coisas. Fui atrás de uma peruca, pois iria ficar careca dentro de alguns dias e não queria me caracterizar com a doença. Além do mais, eu trabalhava com beleza, sempre fui muito vaidosa, sempre gostei de entregar a beleza em prol da autoestima de mulheres e, para isso, a minha também tinha de estar elevada. Por fim, chegou o dia do início do meu tratamento (dia inesquecível). Confesso que foi um pouco difícil. Nesse dia, eu sabia que tomaria medicação para me curar, mas que me deixaria mal. Por um momento, pensei em desistir. A sala onde eu faria a primeira sessão de quimioterapia ficava ao final do corredor, a última das 24 salas que havia no setor de quimioterapia do Instituto do Câncer de São Paulo. Conforme passava ali, naquele corredor, o medo aumentava. Parecia que eu estava indo para o corredor da morte (parece dramático, mas foi exatamente assim que me senti diante aquela realidade). Cheguei à sala e me acomodei. Chegou a medicação, a famosa "químio vermelha", e começou ali meu tratamento. Senti Deus cuidando de mim naquele momento e por todo o tratamento. Por incrível que pareça, eu não tive o temido efeito colateral causado pela medicação. Continuei minha vida normalmente, 12 químios e 30 radioterapias e mais 1 cirurgia de quadrante, que foi um sucesso. Meus médicos não acreditavam na minha recuperação. Minha força era muito grande, não tinha aparência de doente e o único efeito foi a queda de cabelo. Continuei meus treinos e meus trabalhos normalmente. Não dei atenção à doença, apenas tratei-a. No início do meu tratamento, conheci uma pessoa que me pediu em namoro quando eu estava no pior momento da minha vida, inclusive careca. Hoje sei que essa pessoa foi aquela mão de Deus que pedi em oração. Essa pessoa permaneceu na minha vida por todo o meu tratamento, segurando minhas mãos, me ajudando e me apoiando. Um dia, do nada, terminamos sem motivos. Continuamos amigos e prometi que o ajudaria sempre que precisasse, pois eu era muito grata por todo o bem que me fez. Pouco tempo depois do nosso término, eu já estava curada, com o cabelo começando a nascer, e ele veio a falecer. A. R., deixo aqui minha eterna gratidão por ter sido as mãos que Deus preparou para segurar as minhas nos momentos em que achei que não suportaria.

A vida seguiu. Continuei trabalhando de sol a sol em busca do meu sonho. Recomecei sem medir esforços um ano após o término do meu tratamento e adquiri um espaço de beleza. Estava bem cru, precisava passar por reforma, fui arrumando aos poucos. Muito trabalho, muita dedicação, muitas horas de trabalho. Fui montando a equipe aos poucos e em alguns meses o negócio estava funcionando muito bem. Vários projetos para o ano seguinte. Foi então que chegou a pandemia de covid-19 e tivemos de parar tudo. Mais uma vez, me vi perdida sem saber o que fazer: boletos, fornecedores, custo do espaço – que não era barato –, colaboradores e funcionários que dependiam dali para se sustentarem.

O tempo passou, as coisas foram se normalizando e eu permaneci firme e forte. Continuo com meu espaço. Consegui superar mais uma batalha, mas a luta não para, pois a vida é feita de lutas. O segredo é se fortalecer a casa dia para que possamos enfrentar os obstáculos com força, garra, determinação e muita vontade de vencer. É fácil? Não! Nada é fácil, mas não é impossível quando existe o desejo da mudança.

Mudar dói, crescer dói, nascer dói. A transformação dói, mas não se incomode com a dor: é ela que a fará crescer em todas as áreas da sua vida e a levará a altos montes. Supere a dor e ela a fará uma pessoa melhor a cada dia. Saia da zona de conforto e entre em ação o mais breve possível. Esse é o segredo.

21

A LIDERANÇA QUE EXISTE EM CADA UMA DE NÓS

Quando ouvi pela primeira vez a frase "a dona da p**** toda!", me identifiquei de imediato, pois trata de liderança; e, para mim, isso significa muito mais do que liderar pessoas, mas saber liderar a mim mesma. E é sobre autoconhecimento e autoliderança que escrevo aqui, pois seremos melhores líderes de outras pessoas se soubermos liderar nossa própria vida.

CRISTINA FERREIRA ALVES LOPES DA COSTA

Cristina Ferreira Alves Lopes da Costa

Contatos
cristinafalcosta.coach@hotmail.com
Instagram: @crisferreiranet
Facebook: @kriska.lopes
LinkedIn: linkedin.com/in/crisferreiracoach
91 98068 3308

Médica veterinária, mestre em Saúde Animal, bacharela em Administração, mentora, *coach* e consultora empresarial com especializações e MBAs em Administração, Empreendedorismo, Desenvolvimento Sustentável, Negócios Financeiros; Elaboração e Análise de Projetos e em Gestão da Informação. *Master coach* com formações em *personal, professional, leader, business & executive coach*. Praticitioner em Programação Neurolinguística (PNL), analista comportamental, terapeuta quântica e consteladora sistêmica integrativa, com atuação em desenvolvimento e empoderamento pessoal e profissional com foco em alta perfomance e liderança ativa, por meio de técnicas, dinâmicas, *assessments* e ferramentas de *coaching*, de PNL e de terapias quânticas.

> *Hoje se fala muito em liderar pessoas, mas antes de liderar alguém,*
> *é importante o líder desenvolver sua autoliderança.*
> SANDRO FERRARI

Há algum tempo, ouvi pela primeira vez a frase "Eu sou a dona da p**** toda!". Vinha de uma professora do meu curso de *Business coaching* e me impactou de maneira positiva, pois eu fiquei refletindo sobre o que significa ser "a dona da p**** toda" e percebi que eu havia me identificado com o que significava aquela fala de imediato, pois se tratava de ser líder, ser líder da situação, da equipe e muito mais.

Percebi que, na verdade, o que minha professora queria dizer é que nós, como líderes, devemos deter o poder não de mandar nas pessoas, mas de liderá-las, e para mim ser "a dona da p**** toda" significa muito mais do que liderar as pessoas, mas também, e talvez principalmente, saber liderar a mim mesma, e isto só se faz quando nos conhecemos de uma forma mais profunda. Ou seja, para termos liderança, precisamos ter autoliderança, e para tal precisamos, inevitavelmente, passar por um processo de autoconhecimento, muitas vezes profundo.

Mas como fazer isto? Simples... (mas não tão simples assim), conhecendo-nos e conhecendo o que nos motiva, o que nos influencia, o que nos inspira, nossas crenças, pontos fortes, pontos de melhoria; enfim, o que nos move, ou seja, somente a partir do autoconhecimento podemos desenvolver a autoliderança.

Então, fica bem explícito que uma das formas de se potencializar as características e habilidades voltadas para a liderança são os processos que possibilitam o autoconhecimento. Mas o que vem a ser o autoconhecimento? Segundo o dicionário, autoconhecimento é um substantivo masculino que quer dizer conhecimento de si próprio, das suas características, qualidades, imperfeições, sentimentos etc. que caracterizam o indivíduo por si próprio (SIGNIFICADO... 2022). Isto é, conhecer nossas crenças limitantes e fortalecedoras, identificar nossos valores, pontos fortes, pontos de melhoria, nossos paradigmas e o que faz a gente avançar ou se retrair.

O autoconhecimento na verdade é um processo de reflexão, de auto-observação; e neste processo é importante que a gente perceba o que pensamos, o que sentimos, o que valorizamos, o que desprezamos, e principalmente como reagimos nas diversas situações que a vida nos apresenta. Tal processo requer dedicação de tempo para colher as informações internas (se autoperceber) e externas (o que os outros percebem e pensam sobre nós).

Uma boa forma de percebemos a nós mesmas é utilizando a "lei do reflexo" ou "lei do espelho", com a qual podemos verificar que o defeito ou a qualidade que vejo no outro é uma característica que pode ser minha e por este motivo me incomoda ou me agrada.

Segundo Fádel (2018), psiquiatra na área esportiva: "A Lei do Espelho determina que nosso inconsciente, impulsionado pela projeção psicológica que realizamos durante esse momento, nos faz pensar que o defeito ou desagrado que percebemos nos outros existe somente 'lá fora', não em nós mesmos".

Este psiquiatra também afirma que nem sempre essas projeções envolvem apenas defeitos, pois podem refletir experiências positivas, como quando nos apaixonamos e atribuímos a outra pessoa algumas características que na verdade só existem em nós mesmas. Dessa forma, temos quatro situações que são proporcionadas pela Lei do Espelho: o que nós vemos no outro que nos incomoda ou que nos atrai e como percebemos e nos percebemos quando recebemos críticas e julgamentos de outras pessoas. O que significa cada uma dessas situações está sintetizado no esquema a seguir.

Primeira	Segunda
Tudo o que me incomoda, irrita ou que quero mudar na outra pessoa, na verdade, é uma característica minha da qual eu não gosto.	Tudo o que a outra pessoa me critica, ou julga, se me incomoda, é algo que está reprimido dento de mim e preciso trabalhar para mudar.
Terceira	**Quarta**
Tudo o que eu gosto na outra pessoa, na verdade, é uma característica minha de que eu gosto e que posso não ter percebido ainda.	Tudo o que a outra pessoa me critica, ou julga, se não me incomoda, é algo que pertence àquela pessoa e não deve mesmo me afetar.

Fonte: Adaptada de Baptista (2019)

Além da auto-observação, há diversas ferramentas que nos ajudam no processo de autoconhecimento e uma delas, que eu particularmente acho muito interessante, é o *autofeedback*.

O *autofeedback* pode ser considerado uma autorretroalimentação, uma resposta ou um retorno para nós mesmas, e é uma forma de nos conhecermos mais profundamente. Todavia, eu reconheço que não é fácil de se fazer, pois, em geral, as pessoas têm medo de se colocar frente a suas verdades mais profundas, tanto do que há de melhor quanto do que há de pior nelas, mesmo questionando inclusive o real significado da sua existência, pois evidencia as principais características, tanto pessoais quanto profissionais, que possibilitam uma noção maior sobre suas próprias capacidades, analisando e refletindo sobre o que é preciso ser trabalhado para que se possa alcançar uma evolução real e um desenvolvimento eficaz e duradouro. Ou seja, essa técnica tem o objetivo de promover em nós uma reflexão profunda, por meio da utilização de perguntas. E que perguntas são estas? São perguntas de reflexão profunda que nos levam a uma viagem ao nosso interior.

Vou deixar aqui algumas dessas perguntas para que você possa iniciar esse processo. Procure respondê-las com calma, refletindo realmente sobre cada uma delas e principalmente com sinceridade; afinal, você não tem motivos para mentir para si mesma. Ou tem?

Escreva as respostas. Isso é muito importante, pois quando escrevemos estamos mentalizando e refletindo sobre cada uma.

- Quem é você? Como você se define?
- Como você gosta de ser chamado? Prefere seu nome ou um apelido? Qual?
- Quais são seus papéis no mundo (mãe, irmã, filha, profissional, amigos etc.)
- De qual desses papéis você mais gosta?
- O que a move? O que a faz levantar todos os dias?
- Como você se vê? Que tipo de pessoa você vê ao se olhar no espelho? Consegue se olhar nos olhos?
- Quais seus pontos fortes? E quais são seus pontos de melhoria?
- Quais são suas crenças que limitam seu crescimento? E quais são potencializadoras de resultados?
- Como está sua autoestima? Quão confiante você está hoje?
- Qual frase a define?
- Quais são os valores (morais) que norteiam sua vida?
- O que você acha que as pessoas pensam ou sentem ao te conhecerem ou ao lhe verem pela primeira vez?
- Qual livro ou filme foi marcante em sua vida? Ele te proporcionou alguma evolução significativa? Qual?

• Qual é seu momento atual na vida pessoal e profissional? O que precisa melhorar?
• Aonde você quer chegar na vida pessoal e profissional? E como você quer chegar lá? Quando?
• O que está te impedindo no momento de dar o primeiro passo para ir ao encontro dos seus objetivos?

Como foi para você ler estas perguntas? O que você sentiu? Conseguiu respondê-las? Se houver alguma que você não conseguiu responder, o que te impediu? Tudo isso faz parte do autoconhecimento.

José Roberto Marques sempre usa uma máxima que diz: "Quanto mais eu me conheço, mais eu me curo e me potencializo" (MARQUES, 2017), e isso faz todo o sentido, pois quanto mais nos conhecemos, mais somos capazes de entender nossas limitações e nossas potencialidades, inclusive no que se relaciona à autoliderança e à liderança, pois se a líder se conhece ela tem condições de desenvolver as habilidades requeridas para uma liderança efetiva, com eficácia e eficiência.

Outra vantagem do autoconhecimento é a possibilidade de se aumentar a autoestima, ou seja, desenvolver a capacidade de valorizar e respeitar a si e ao outro. Além disso, a autoestima proporciona confiança na tomada de decisões, bem como saber lidar com as adversidades e conquistas do dia a dia.

Um exercício muito bom para aumentar a autoestima é se olhar no espelho e fazer afirmações positivas para si mesma, principalmente dizer para si o quanto você se respeita e se ama, e o quanto você é capaz de liderar sua própria vida. O ideal é praticar esse exercício diariamente por 21 dias seguidos e prestar atenção na diferença que ocorrerá nas suas atitudes e comportamentos, nas diversas situações e ambientes que você frequenta.

Bom, já falei sobre autoconhecimento e autoestima, fatores muito importantes para o desenvolvimento da autoliderança, mas antes de falar em autoliderança é interessante saber de fato o que é liderança, e eu gosto da definição da empresa de gestão de pessoas Pontotel (2021), que diz que: "Liderança é considerada a habilidade de motivar, influenciar, inspirar e comandar um grupo de pessoas a fim de atingir objetivos". Então se liderança é tudo isso, o que seria a autoliderança? Para mim autoliderança é a habilidade de motivar, influenciar, inspirar a pessoa que existe dentro de cada um de nós, por isso a importância do autoconhecimento.

Falando em liderança e autoliderança, há um pensamento de que diz que um líder já nasce líder, já nasce pronto, o que não é totalmente verdade, pois não é uma questão só de DNA, mas também da influência do meio e do processo de desenvolvimento de cada um de nós, visto que qualquer pessoa é capaz de desenvolver habilidades e comportamentos, e uma mudança de mentalidade visando melhorar sua capacidade de liderar outras pessoas, o que também se aplica à autoliderança.

Segundo Tieppo (2019), já foi provado que o ser humano possui capacidade de desenvolver algumas funções cerebrais que podem ajudar a atingir os resultados rumo à liderança de maneira mais rápida. Essa pesquisadora também enfatiza que:

> As características trabalhadas na infância são preponderantes para a idade adulta. A mistura entre genética e ambiente provoca o aparecimento de características de personalidade e comportamentos desejáveis na liderança, que podem ser potencializadas em treinamentos e desenvolvimentos onde a pessoa possa desempenhar a liderança.

A autoliderança nos propicia a capacidade de nos automotivar, compreender nossas qualidades e limitações, assumir nossa trajetória de vida, agir com disciplina, estar em movimento e abertos a novos aprendizados e experiências para, assim, extrair o máximo de nós mesmas para comandar nossa vida.

Quando passamos a desenvolver nossa autoliderança, entramos no caminho para nos tornar nossa melhor versão, pois passamos a identificar nosso propósito de vida e traçar melhor nossas metas e objetivos, sendo capazes de utilizar melhores estratégias para a obtenção do resultado desejado. E mais, quando as pessoas percebem que temos um diferencial, uma marca de liderança, e passamos a ser reconhecidos como líderes, ganhamos uma vantagem competitiva que se reflete tanto na vida pessoal quanto profissional. E isso acontece porque, ao desenvolvermos a autoliderança, tomando as rédeas da nossa própria vida, passamos a ter confiança na tomada de decisões sobre os fatores que podem influenciar nossos resultados pessoais e profissionais, dentre eles os valores pessoais e a percepção sobre o que pode ou não nos trazer benefícios; e essa confiança é percebida no meio, aguçando a percepção das outras pessoas sobre nós, pois nossas atitudes são atitudes de líder. Então, posso dizer que para desenvolver a autoliderança é preciso, além do autoconhecimento, também ter especificado nosso propósito de vida de maneira clara e objetiva, sermos íntegros e éticos, identificar nossos valores, sentimentos, habilidades e competências, que temos e muitas vezes não sabemos que temos, além de também desenvolvermos nossa inteligência emocional, um quesito muito importante de uma boa líder.

O autoconhecimento e a autoliderança podem nos transformar em uma líder inspiradora capaz de conduzir uma equipe de maneira equilibrada, tornando o ambiente mais seguro e saudável, pois possui algumas habilidades e competências como autoconfiança, calma nas adversidades, equilíbrio emocional, comunicação assertiva e habilidade de negociação, dentre outras, que são fundamentais para a obtenção de resultados com a qualidade e a agilidade esperada pelo mercado. Porém nem sempre será fácil trabalhar sozinho o autoconhecimento e a autoliderança, sendo necessário que tenhamos a ajuda de um profissional que possa contribuir para acelerar esse processo. E posso dizer que este, com certeza, é um investimento que nos proporciona retorno, e sempre vale a pena.

Referências

BAPTISTA, I. *Olha as fichas a caírem!!!* 16 jul. 2019. Facebook: @isabelbaptista.net. Disponível em: <http://www.isabelbaptista.net/>. Acesso em: 15 jun. de 2022.

FÁDEL, H. *Lei do Espelho: o defeito que vejo no outro é uma falha que existe em mim mesmo.* 2018. Disponível em: <heliofadel.com.br/lei-do-espelho/1/>. Acesso em: 15 jun. de 2022.

FERRARI, S. *Autoliderança.* 2005. Pensador. Disponível em: <http://pensador.com/frase/MjMzNzY0Ng/#:~:text=Hoje%20se%20fala%20muito%20em%20liderar%20pessoas%2C%20mas%20antes%20de,o%20l%C3%ADder%20desenvolver%20sua%20autolideran%C3%A7a>. Acesso em: 15 jun. de 2022.

MARQUES, J. R. *Autofeedeback: análise estratégica de si mesmo.* Goiânia: Editora Ibc, 2017.

PONTOTEL. *Liderança: o que é, tipos e atribuições.* 2021. Disponível em: <pontotel.com.br/lideranca/>. Acesso em: 15 jun. de 2022.

TIEPPO, C. *Uma viagem pelo cérebro: a via rápida para entender a neurociência.* São Paulo: Conectomus, 2019.

SIGNIFICADO de Autoconhecimento. In: *Significado das Palavras.* Disponível em: <http://www.dicionario.info/autoconhecimento/>. Acesso em: 13 jun. de 2022.

22

AH, SE EU FOSSE HOMEM... NÃO FARIA PARTE DAS "DONAS DA P**** TODA"!

Este capítulo aborda a questão do empoderamento feminino e do poder de transformação da mulher, trazendo uma reflexão de que não podemos ficar de braços cruzados diante de nenhum tipo de preconceito e intolerância. Mesmo que nossa ação, no momento, pareça pequena, ela reverbera no universo e poderá, inclusive, salvar vidas.

CYNTHIA MOLETA COMINESI

Cynthia Moleta Cominesi

Contatos
www.cmcsolucoes.com
contato@cmcsolucoes.com
LinkedIn: linkedin.com/in/cynthia-moleta-cominesi/
66 99678 0521

Engenheira agrônoma e de segurança do trabalho com 20 anos de atuação. Possui mestrado, MBA e especialização. Linhas de atuação: sustentabilidade, gerenciamento de projetos, empreendedorismo social e empoderamento feminino. Atuou como coordenadora de projetos e diretora de sustentabilidade da Associação Amigos da Terra – CAT Sorriso. Foi idealizadora do projeto "Mulheres do campo: a força feminina em ação pelo desenvolvimento sustentável", que nasceu em 2009 em Sorriso/MT – o primeiro projeto de empoderamento feminino no Mato Grosso. Em 2016, foi finalista na Categoria III – Empreendedor Social do 1º Prêmio Fundação André e Lucia Maggi. Atualmente reside em Sorriso/MT e é proprietária da empresa CMC Soluções Agroambientais e sócia-diretora da Studio Agro no Mato Grosso. É membro da Worldwide Association of Female Professionals, sempre buscando caminhos para promover a valorização da mulher e sua maior convicção: mulheres apoiam mulheres!

Quando decidi participar como coautora do livro *As donas da p**** toda* me perguntava se seria capaz de impactar a vida das pessoas com o que escreveria aqui da mesma forma que já fizera uma vez, durante os anos de 2009 até 2016, quando trabalhei com projetos que abordavam dois temas principais: empoderamento feminino e sustentabilidade[1]. E é desses temas que se trata este capítulo. Ou melhor, é sobre perceber que a luta de todos pode ser nossa luta, que a violência doméstica está em todas as esferas da sociedade e, finalmente, sobre o poder da mulher de promover a sustentabilidade onde quer que ela esteja, a partir do momento que ela percebe seu valor.

Você pode estar se perguntando: "Será que ainda é importante falarmos sobre questão de gênero/empoderamento feminino atualmente?". Sim, é IMPORTANTÍSSIMO se considerarmos os dados do levantamento apresentado pelo Fórum Brasileiro de Segurança Pública (FBSP) nas vésperas do Dia Internacional da Mulher deste ano. Eles apontaram que, em 2021, o Brasil registrou um estupro a cada 10 minutos e um feminicídio a cada 7 horas. Ainda, de acordo com dados da Organização Mundial de Saúde (OMS), o Brasil ocupa a quinta maior taxa de feminicídio do mundo. Como se posicionar diante dessa realidade tão cruel, tão desumana? Simplesmente, não há como ficar de braços cruzados. Para falar sobre isso, vou contar para vocês a história de uma mulher que desde pequena pensava: "Ah! Por que eu não nasci homem?". Ela cresceu numa fazenda até os 11 anos e, devido a essas raízes, escolheu se dedicar à Agronomia. A turma de Agronomia em que ela entrou era formada por trinta e seis homens e nove mulheres. Durante os cinco anos de estudo, integrante de um grupo formado por seis meninos,

---

[1] O Projeto "Mulheres do Campo: a força feminina em ação pelo desenvolvimento sustentável" foi lançado em março de 2010 em Sorriso/MT, pela Associação Amigos da Terra – CAT Sorriso/MT. O projeto é pioneiro em abordar o empoderamento feminino no agronegócio. O projeto "Gente que Produz e Preserva: produzindo soja, preservando a Biodiversidade" foi lançado no final de 2013 pela WWF-Brasil, em parceria com a Solidariedade e com o CAT Sorriso.

sentiu as dificuldades de ocupar um espaço onde havia tão poucas mulheres. E assim, numa tentativa de "burlar" o preconceito e ser aceita, sua maneira de ser foi se transformando e incorporando cada vez mais o pensamento de que deveria ter nascido como homem.

Aos poucos, seu jeito de falar, seu jeito de agir e de se sentar foi ficando cada vez mais "masculino". Mas só isso não bastava, nos estudos, nas notas, nas apresentações de seminários, em tudo precisava ser melhor, precisava mostrar que sabia tanto ou mais do que seus colegas e que estava completamente à vontade dentro daquele universo masculino e arraigado de preconceitos contra a mulher.

Se durante a graduação o preconceito já era visível, quando se formou foi impactante. Na época, todos os seus colegas que saíram da faculdade já estavam estagiando ou contratados por grandes empresas do agronegócio. E ela, no meio do percurso, havia se casado e tinha um bebê pequeno em casa. Participou de inúmeras dinâmicas de grupo, chegava nas provas finais ou para a etapa das entrevistas, mas sempre que perguntavam sobre filhos já sabia que não seria contratada. Lá vinha aquele pensamento novamente: "Ah, se tivesse nascido homem...". Como resultado, sem nenhuma oportunidade de ingressar no mercado de trabalho, foi trabalhar com o pai numa pequena propriedade rural. Mas logo as divergências sobre como fazer administração da fazenda foram aparecendo e, uma vez que o pai tinha muita experiência prática na área e era homem, um ano e meio depois deixou a administração da fazenda rumo à única porta que apareceu, um Mestrado Interdisciplinar em Ciências Sociais Aplicadas, ou seja, para a área da Educação, uma das poucas áreas em que as mulheres dominam.

Em agosto de 2005, após finalizar o mestrado e já no seu segundo casamento, mudou-se com a família para Sorriso, no Mato Grosso, hoje conhecida como a Capital Nacional do Agronegócio. Um mês depois, foi contratada pela faculdade local como professora para o curso de Administração de Empresas nas disciplinas de Gestão do Agronegócio e Gestão Ambiental, ao mesmo tempo que se descobriu grávida pela segunda vez.

No dia 19 de maio de 2006, nasceu prematuramente seu segundo filho e, em julho, mesmo de licença-maternidade, a convite da faculdade, aceitou assumir a Coordenação do Curso Tecnologia em Agronegócios (3 anos de duração), um dos primeiros cursos no agronegócio nessa modalidade no Brasil. Isso porque era única professora mestre na área do curso.

Bem, naquele momento, mãe de dois meninos – um recém-nascido –, professora e coordenadora de curso, salário razoável, sentia-se conformada com a questão de não atuar diretamente no campo, mas tinha um sentimento bem lá no fundinho que a incomodava, por que o pensamento "Ah, se eu fosse homem!" era cada vez mais frequente e, dessa vez, era por causa do que vivia dentro da própria casa, e era um inferno.

Uma carga horária de 20 horas como professora, 20 horas como coordenadora e, em casa, um filho de 6 anos se adaptando a uma cidade nova, um bebê que havia nascido prematuro, além de um relacionamento que era um caos de várias formas devido ao machismo, ciúmes, bebida e a seu perfil "masculino" e "agressivo" que se desenvolveu lá nos tempos da faculdade como uma defesa, que não aceitava desaforos, que enfrentava tudo e não sabia ficar de boca fechada. Tudo isso era o cenário perfeito para brigas domésticas homéricas.

Sem nenhum familiar por perto para dar apoio, não aguentou toda a pressão e, nas férias do final do ano de 2007, numa visita a familiares no sul, simplesmente resolveu não voltar mais para toda aquela situação e seu marido – ex-marido, naquele momento – retornou sozinho para Sorriso. Entretanto, estar desempregada e com duas crianças pequenas morando novamente na casa dos pais não era fácil porque era seu segundo relacionamento finalizado. Isso a fazia se sentir um fracasso como mulher e que a culpa era dela. Se tivesse reclamado menos, se tivesse sido mais paciente, se tivesse se comportado melhor, se tivesse sido mais amorosa, mais feminina, menos agressiva... Eram muitos "ses" em sua cabeça. E, como resultado, quatro meses depois, seu marido veio buscá-la para que voltassem e dessem uma chance para o relacionamento.

Chegando em Sorriso/MT, atrás de emprego, surgiu uma oportunidade para trabalhar com uma associação sem fins lucrativos de produtores rurais – CAT Sorriso[2]. Um ano antes, ainda como coordenadora do curso de Tecnologia em Agronegócios, tinha feito uma parceria com a instituição para que eles recebessem acadêmicos para estágios etc. Desse modo, já tinha um relacionamento com eles e, quando o presidente da associação, que era um visionário, resolveu pagar o salário (modesto) do próprio bolso para que ela pudesse realizar projetos e trabalhar com a captação de recursos para a instituição, encarou como a grande oportunidade da vida, finalmente teria a chance de atuar junto a produtores rurais e no campo.

---

2 O objetivo da Associação de Amigos da Terra – CAT Sorriso era disseminar o sistema de plantio direto e promover o desenvolvimento sustentável.

Enquanto profissionalmente iniciava uma nova fase cheia de expectativas, pessoalmente, todas as expectativas de que seu relacionamento melhoraria já tinham ido por água abaixo. Devido a seu novo trabalho, organizando dias de campo, eventos, treinamentos em que a maioria dos participantes eram homens – produtores rurais –, a relação com o marido ficava cada vez mais tensa, mais cheia de cobranças, mais pressão psicológica. Ela "era uma burra que estava sendo explorada pelos produtores rurais", "não se dava valor por trabalhar tanto por miséria", "queria se aparecer no meio dos homens" e por aí afora. Então, no início de 2009, as coisas começaram a mudar.

A instituição em que trabalhava precisava de novos projetos/ideias para desenvolver, pois só os eventos que fazia não estavam funcionando como deveriam, já que não conseguiam atrair a atenção do público-alvo: os produtores rurais. Por ser um grande produtor de soja, município de Sorriso sempre teve uma oferta muito variada de dias de campo, eventos tecnológicos, pois as maiores empresas do Agronegócio já estavam instaladas lá. Assim, os eventos da associação – que com certeza eram de alta qualidade – muitas vezes eram atendidos por poucos acadêmicos universitários.

Durante uma conversa com o presidente da Associação de Plantio Direto no Cerrado – o sr. John Landers – sobre esta questão, ele sugeriu: "Por que não fazem um projeto com foco nas mulheres?".

Quando falou aquilo, sabe quando acende uma luz na mente, você não sabe direito o que é, mas sabe que aquele é o caminho? Foi assim que ela sentiu.

Em agosto de 2009, fizeram uma reunião com 30 produtoras rurais (pequenas, médias e grandes) com o objetivo de entender por que, já que seus maridos, filhos não participavam dos eventos, elas não participavam? E o resultado foi chocante e ao mesmo tempo a fez sentir um senso de "pertencimento", porque pela primeira vez viu que existiam outras mulheres que queriam estar no mesmo mundo que ela; e, mesmo tendo suas raízes no meio rural, enfrentavam preconceito. Não participavam porque os convites não chegavam até elas, porque na cabeça de seus esposos, pais e filhos aqueles eventos técnicos não eram espaço para mulheres. Simples assim. Foi nesse momento que ela encontrou seu propósito de vida.

Depois daquela reunião, a associação precisava dar uma resposta para aquelas mulheres e, para isso, nossa protagonista, que era a responsável, precisava conhecer todo aquele contexto e entender, por exemplo, o que as palavras *preconceito* e *empoderamento* realmente significavam para o universo feminino. Assim ela leu, pesquisou, buscou outros casos, exemplos, dados e estatísticas. E quanto mais aprendia sobre o assunto, mais conhecia seu próprio contexto. Ela descobriu o quanto o conhecimento pode ser libertador. E este foi o primeiro degrau que subiu rumo a seu próprio empoderamento.

Usando como estratégia o viés da sustentabilidade, ou seja, com o discurso de que o objetivo era desenvolver um trabalho com as mulheres produtoras rurais para que elas pudessem ajudar no marketing do agronegócio sustentável, considerando o contexto de que naquele momento o estado do Mato Grosso sempre aparecia na mídia como o vilão nas questões do desmatamento e era muito atacado por ONGs internacionais, a associação conseguiu captar recursos suficientes para desenvolver um trabalho. E, assim, nasceu o projeto "Mulheres no campo: o empoderamento feminino em prol do desenvolvimento sustentável".

Em paralelo, da mesma forma que o projeto tomou forma, a visão sobre a situação em que ela vivia começou a mudar; e aquele pensamento sobre que seria melhor ela ter nascido homem começou a soar tão repulsivo, abusivo... e ela percebeu que não precisava mudar quem era para ter um espaço no agronegócio, para ter direitos; e SIM, vivia numa relação extremamente tóxica e abusiva, o que era muito contraditório. Uma mulher que vive assim seria capaz de realizar um trabalho com mulheres? O sentimento de "sou uma farsa" veio com tudo.

A pressão que vivia em casa estava no auge, porque à medida que o projeto começou a ser conhecido o marido passou a ser apontado como "aquele casado com uma "feminista" que estava tentando desestabilizar os casamentos. Quando ele ia num bar, por exemplo, perguntavam para ele quem era o homem da casa? Quem é que mandava? Enfim, todo o tipo de piada sobre essas questões; e é claro que isso piorava cada vez mais o relacionamento. Em setembro de 2009, depois de uma das brigas homéricas que tiveram, ela, de maneira consciente das consequências do que estava fazendo, tirou o marido da casa por meio de uma medida protetiva de urgência[3]. Mas isso não durou muito, pois seu nível de empoderamento estava só no começo e havia um longo processo pela frente. Tinha coisas que ainda não entendia totalmente. Uma delas era a questão do Ciclo da Violência. Assim, foi só ouvir de alguns amigos em comum que seu companheiro estava mal, arrependido, sofrendo porque estava longe das crianças, fora da casa que ELE construiu; 40 dias depois, ele estava de volta e com as mesmas promessas.

Em 2010, o projeto Mulheres do Campo foi lançado com um grande evento na comunidade. O projeto previa vários cursos e treinamentos sobre

---

3 Criada pela Lei nº 11.340/2006 – Lei Maria da Penha.

sustentabilidade, empoderamento, oratória, liderança, gestão no agronegócio, cooperativismo e, claro, violência doméstica. Esse tema era visto como um tabu, era sabido que era importante dentro do universo de empoderamento feminino, porém nenhuma mulher falava que sofria disso, mas havia comentários, rumores. E, ainda, a questão da violência doméstica "existia" somente nas classes mais carentes. Porém, nossa protagonista sabia que isso não era totalmente verdadeiro; afinal, ela tinha uma situação financeira boa e elevado nível de instrução. Como isso era possível? Como ela aceitava e continuava?

Num dos muitos eventos que o projeto realizou, trouxeram uma mulher que era presidente de um Centro de Apoio a Mulheres Vítimas de Violência Doméstica em Rondonópolis. Quando a palestrante começou a descrever o Ciclo da Violência, foi um SOCO no seu estômago. Foi a primeira vez que teve a certeza de estar vendo a realidade em que vivia de maneira correta.

O "ciclo da violência doméstica" foi criado em 1979, pela psicóloga norte-americana Lenore Walker, para identificar padrões abusivos em uma relação afetiva.

Até então, ela achava que toda aquela agressividade e todo aquele ciúme eram porque o amor que vivia era muito intenso. Ele a amava demais! Ela que não tinha paciência e fazia-o perder a cabeça. Ela não era amorosa o suficiente, implicava com tudo. Afinal, supostamente ela "tinha tudo", uma bela casa, um marido que a "amava demais", filhos saudáveis que estudavam no melhor colégio, o que mais poderia querer? Todo casal tem problemas, não é? E ainda, em sua cabeça, o amor que ela tinha poderia curar tudo, modificar toda a situação, era só aguentar mais um pouco. Enquanto isso, o projeto das mulheres avançava e crescia; e nossa protagonista se fortalecia junto a todas as outras mulheres que estavam participando dele. E no dia 17 de novembro de 2010, finalmente conseguiu dar o passo que precisava para se libertar porque não podia mais aceitar viver naquela contradição de trabalhar com empoderamento e não ser empoderada, simplesmente pegou os filhos e foi embora.

No projeto Mulheres do Campo, no dia 2 dezembro de 2010, aconteceu o Fórum "Construindo um Futuro Melhor", no qual reuniu mais de 150 mulheres, incluindo as que vieram de várias cidades vizinhas e, nesse dia, construíram a "Carta da Terra das Mulheres do Médio-Norte do MT: um pacto pela sustentabilidade"[4], um documento norteador das próximas ações do Projeto Mulheres do Campo com o intuito de fortalecer a mulher na promoção da sustentabilidade no Mato Grosso.

Em 2020, o projeto fez 10 anos; e para comemorar a data, nossa protagonista teve a chance de contar um pouco sobre ele durante o 5° Congresso Nacional das Mulheres do Agro (CNMA), um evento que contou com a participação de aproximadamente 7.500 mulheres.

Esta mulher sou Eu, Cynthia Moleta Cominesi, formada em Agronomia, com Pós, Mestrado e MBA, hoje empresária, totalmente independente. Sim, vivi tudo isso; e, enquanto empoderava mulheres, fui empoderada.

Olhando para trás – um movimento que começou com 30 mulheres, depois de 1 ano tinha 150 e, nos dias atuais, um evento para mulheres do Agro consegue reunir quase 10.000 mulheres –, fica claro que estamos progredindo nas questões de empoderamento feminino e tantos outros. A sociedade está se transformando; principalmente, cada vez mais mulheres estão cientes de seu valor e de seu poder de transformação.

Desde então, fiz e continuo realizando palestras, participei em inúmeros eventos de comemoração ao Dia Internacional das Mulheres e nunca perco uma oportunidade para falar sobre o tema. Quanto a mim, posso dizer que a luta de um é a luta de todos; e nunca podemos ficar de braços cruzados

---

4 A Carta da Terra era formada por VIII Princípios, sendo: I. Proteger o Planeta Terra; II. Praticar a solidariedade; III. Mulheres conscientes e ativas politicamente; IV. Manter o local onde se vive como um todo; V. Mulheres parceiras da Educação; VI. Pensar e agir a nível local; VII. Lutar pela igualdade de direitos nas esferas social e econômica; VIII. Comprometimento com a valorização da mulher na sociedade.

diante de preconceito, intolerância e violência, seja em que esfera e classe social for. Porque eu sei que qualquer movimento, qualquer pedrinha que se joga num lago, causa uma reação; e quando se fala sobre empoderamento feminino, ela pode, inclusive, salvar vidas.

Referências

INSTITUTO BRASILEIRO DE ADMINISTRAÇÃO MUNICIPAL. *Projeto mulheres do campo: a força feminina em ação pelo desenvolvimento sustentável.* Disponível em: <amazonia-ibam.org.br/premio-gestao-ambiental-bioma-amazonia/pratica/detalhe/158/projeto-mulheres-do-campo-a-forca-feminina-em-acao-pelo-desenvolvimento-sustentavel>. Acesso em: 03 nov. de 2022.

CLUBE AMIGOS DA TERRA. *Projeto gente que produz e preserva: produzindo soja, preservando a biodiversidade.* Disponível em: <catsorriso.org.br/projetos/gente-que-produz-e-preserva/>. Acesso em: 9 ago. de 2022.

23

AS TRÊS ESFERAS DA ORGANIZAÇÃO

Quando estamos desorganizados, nosso primeiro incômodo é com o espaço externo: a casa. Porém, o externo é reflexo do nosso interior. Neste capítulo, trago luz à questão das três esferas da organização: o eu, a Casa e o mundo. Levarei o(a) leitor(a) a uma viagem que se inicia no cérebro, onde tudo acontece. Inclusive a desorganização.

DAILZA RIBEIRO

Dailza Ribeiro

Contatos
www.dadaorganiza.com.br
contato@dadaorganiza.com.br
21 98312 3337

Formada em Redes de Computadores e pós-graduada em Escritas Performáticas pela PUC, Dailza Ribeiro é escritora, compositora e profissional de Organização e Desenvolvimento Pessoal. Foi vencedora do Prêmio literário OFF-FLIP, em 2010, com o conto "O menino e seu cavalo". Lançou livros infantis e participou de coletâneas e antologias, entre elas a Antologia da AEILIJ (Associação dos Escritores e Ilustradores de Literatura Infantojuvenil), com o conto "A pescaria". Em 2019, se capacitou com as melhores profissionais do mercado e abriu a empresa Dadá Organiza. Hoje, certificada pelo Institute for The Challenging Disorganization (EUA), é uma das poucas especialistas em Desorganização Crônica no Brasil. Aprofundou-se nos estudos da desorganização neurocerebral para atender casos de desorganização em pessoas com TDAH e distúrbio da acumulação, entre outros. Hoje, seu trabalho está focado no atendimento a empreendedoras que sofrem com desorganização. Dailza, que também usa o nome Dadá Ribeiro, atende e ajuda clientes por meio de mentorias, consultorias e cursos gravados.

Milhões de pessoas vivem, diariamente, sofrendo com algum tipo de desorganização, seja sua própria desorganização ou a desorganização de alguém com quem convive.

Neste capítulo, vou falar sobre as três esferas da organização e a chave para elucidar esse grande problema, que afeta milhões de pessoas em todo o mundo.

Primeira esfera: o Eu

A desorganização tem seu berço dentro de nosso cérebro. É nele que guardamos memórias, registros de hábitos, traumas e aprendizados. Além de ser nossa caixinha de referências, o cérebro é também nossa máquina central. Falhas nas sinapses dos neurônios e na fabricação e absorção de hormônios podem interferir na nossa capacidade de focar, de detalhar, de priorizar e até de tomar as decisões corretas.

Seu cérebro é você.

O jornal *The Wall Street* publicou uma estimativa muito interessante. Tomamos em média 35 mil decisões por dia! Essas decisões são tomadas pelo cérebro em questão de milésimos de segundos, de maneira automática. Desde as escolhas mais triviais, como a roupa que vamos vestir, o que comer no café da manhã, até as mais complexas, como as decisões que envolvem nosso futuro pessoal e profissional.

Agora imagine esse cenário turbinado por uma vida que envolve filhos, casa, relações afetivas, trabalho, compromissos sociais e por aí vai. Mas existe algo mais importante, que deveria estar em primeiro lugar nessa lista: você!

Sem você, não existe vida. Ninguém consegue saber o que se passa na sua cabeça, a menos que você o exteriorize de alguma forma. Por isso, é essencial implementar ações diárias de autoconhecimento e autocuidado. E sinto muito lhe dizer, mas ninguém vai poder fazer isso por você.

Quando estamos desorganizadas por dentro, nossa relação com o externo também fica desorganizada.

Nosso relacionamento...

- Afetivo e emocional.
- Familiar.
- Profissional.

... depende do quanto estamos saudáveis por dentro.

Quando iniciamos o caminho do autoconhecimento, descobrimos que todas as ferramentas de que precisamos para ser feliz e prósperas estão dentro de nós. Perdemos anos e anos procurando isso nos outros, nos objetos, nas situações. Mas posso lhe assegurar que esse tesouro está dentro de você.

Como resolvemos isso?

Tomando o controle da nossa vida. Ouvindo-nos, prestando atenção à nossa intuição. Você precisa mergulhar em si, descobrir onde está sua verdade, o que realmente importa e o que você realmente quer. Então, nossa listinha prioritária fica assim:

1. Quem sou, realmente? Meus gostos, meus desejos, o que é importante, o que me faz sofrer, o que me traz alegria?
2. O que eu realmente quero?

Agora, vamos por partes:

Quando nascemos, trazemos conosco uma série de informações de fábrica. Nossos gostos, inclinações e talentos.

Aí vem o mundo: pais, professores, vizinhos, família, mídias (TV etc.). Somos incitados num processo de domesticação. Como vamos falar, agir, o que é certo, o que é errado, o que devemos fazer da vida, e por aí vai. Imagine tudo isso bombardeando um cérebro fértil e novinho. Acabamos sendo uma construção de outros e de regras sociais. Se você é supercriativa e nasceu numa casa onde seus pais a vislumbraram como uma advogada, por exemplo, existe uma grande chance de você crescer, virar uma advogada e descobrir que isso a faz infeliz, que não era o que você queria. Não era o desejo da sua alma. Foi um desejo de outros, uma informação social de que isso lhe traria felicidade e segurança. Por isso, é tão importante que a primeira ação na organização da sua vida seja o autoconhecimento. Existem muitas formas de fazer isso. Formas terapêuticas medicinais e holísticas. Tem caminho para todos os gostos. O que importa mesmo é a sua decisão. É esse tempero, essa pitada de pimenta, que vai fazer qualquer uma das práticas de autoconhecimento funcionar. De posse dessa nova arma, que é saber quem você é, partimos para a segunda pergunta crucial:

O que eu realmente quero?

Essa é a pergunta de 1 milhão de dólares. Você sabe o que quer? De verdade, lá no fundo do coração, no berço da alma?

Eu achava que sabia...

Como aconteceu comigo?

Em 2019, morando em Nova York, me vi mergulhada num processo de depressão aguda. Por puro desespero, decidi entrar em um processo de *coaching* com Frank Copolla, um *coach* de desenvolvimento pessoal, junto com o processo de análise, há mais de oito anos. Isso é uma coisa que você precisa aprender. Você não vai conseguir fazer esse caminho de autoconhecimento sozinha. Assim como foram seres humanos que encheram sua "caixa postal" com informações que a afastaram da sua essência, você vai precisar de humanos que estão preparados para ajudá-la a se curar. Pessoas que sabem como a levar para dentro de você e te acompanhar nesse processo.

Logo no início de nossas sessões, Frank me perguntou se eu sabia o que realmente queria. Aquela pergunta me pareceu tão óbvia... É claro que eu sabia. Eu queria ser feliz! Queria acordar todos os dias plena, alegre. Mas não era tão simples assim. No momento em que respondi dessa forma, vi o quão vazia era essa resposta.

Levei mais de um mês para responder. Todos os dias eu me fazia essa pergunta. Fiquei obcecada. Vi o quanto eu estava perdida. Minhas respostas eram muito aleatórias. Mas não desisti. Um dia, acordei com a resposta clara e límpida: quero trabalhar ajudando pessoas e alcançar minha independência financeira, usando apenas as minhas mãos e meu cérebro.

Um mês depois de finalizar a formação para *Personal Organizer*, com minha empresa aberta, estava atendendo minhas duas primeiras clientes. Esse é o poder da decisão já alinhada com nossa alma. E não parei aí. Fui me especializar na organização do cérebro. Eu, mais do que ninguém, sabia que ele era a principal peça para uma vida organizada.

Não pare até, conseguir responder a essa pergunta. Ela precisa ser seu norte, seu alvo. Não tome decisões na sua vida sem responder de verdade a essa pergunta. A mais importante da sua vida.

Segunda esfera: o espaço que habito (a Casa)

A casa é o reflexo das pessoas que moram nela.

Já reparou que na natureza não existe desorganização? Os animais costumam manter limpos e organizados os locais onde moram. Nada se estraga na natureza. O lixo de um é alimento de outra espécie. Por que será que com o ser humano é diferente?

Lembra-se do início deste capítulo? Somos seres em camadas. Corpo energético, emocional e físico. O equilíbrio dessas camadas é muito complicado de se manter. O desequilíbrio delas nos bagunça. E quando nos bagunçamos, bagunçamos o lado de fora também.

Não se preocupe que não vou pregar aqui sobre ter uma casa "super ultra mega" organizada. Isso é ótimo, maravilhoso. Facilita a vida num nível impressionante. Porém, vamos começar pelo básico: em que ponto a desorganização da casa a incomoda?

Vamos fazer uma lista de coisas que podem causar desordem na casa:

1. Excesso de roupas, sapatos, acessórios.
2. Excesso de panelas, pratos, potes.
3. Excesso de toalhas, lençóis.
4. Excesso de produtos de beleza, xampu, maquiagem, cremes e afins.
5. Excesso de objetos de decoração, livros.

O excesso de pertences nos faz desorganizados. É como se para cada item, se formasse uma linha de conexão energética.

Somos responsáveis por tudo o que nos pertence. Qualquer coisa. Uma blusa, um carro, uma frigideira. As coisas precisam ser limpas, mantidas, consertadas. E quando não fazemos isso, vira bagunça. Observe se na sua casa tem:

- Objetos quebrados, esperando conserto (de que você nem precisa mais).
- Panelas em excesso, que você nunca usou, nem vai usar.
- Louça rachada, faltando pedaços.
- Roupas que você não usa há muito tempo. Roupas mofadas ou que precisam de conserto.
- Roupas que não cabem mais ou não se encaixam mais no seu estilo atual.
- Livros que você nunca mais irá ler (pobrezinhos! Os livros existem para ser lidos).
- Objetos de decoração enferrujados, empoeirados, quebrados.
- Documentos que não têm mais validade para você.
- Material de estudo de que você não vai precisar mais (apostilas etc.).
- Material de escritório em excesso.

Se você respondeu sim para algum desses itens, ou mais, comece por aqui. O segredo de uma casa organizada começa no descarte.

Muitas pessoas que sofrem com a desorganização da casa iniciam pela compra de produtos organizadores. Por que gastar dinheiro para organizar um monte de coisas que não tem mais uso, que você nem quer mais, que nem sabia que ainda existia?

Fazer o descarte pode não ser tão simples para pessoas que estão de luto, deprimidas, ansiosas, com déficit de atenção, enfim, pessoas que estão emocional ou fisicamente comprometidas.

Se você se encaixa em uma dessas categorias, chame alguém para a ajudar. Um familiar, uma amiga. Contrate uma consultoria para ser guiada por um profissional de organização, ou até mesmo uma profissional que vá até sua casa ajudá-la a se organizar. Isso não é vergonha! Muitas pessoas deixam de procurar ajuda por vergonha. Se você é uma delas, pare com isso agora. Lembre-se: você é a pessoa mais importante da sua vida. Se a desorganização te incomoda, te deixa ansiosa e infeliz; se você não consegue fazer sozinha, seja por falta de tempo ou outro motivo qualquer, peça ajuda.

Uma casa com menos objetos é mais fácil de se manter arrumada e limpa. E uma casa mais limpa e arrumada vai facilitar sua vida e dar mais tempo para ser usado de formas mais divertidas do que faxinar a casa todos os sábados.

Espero ter conseguido te dar uma injeção de ânimo e coragem! A organização, em qualquer área da vida, nos traz equilíbrio.

Terceira esfera: o Mundo que habito

Depois de olhar para dentro, organizar emoções, relacionamentos e o local onde vivemos, vamos olhar para nossa relação com o mundo?

- Familiares ou pessoas com as quais convivemos diariamente.
- Amigas e amigos.
- Vizinhos.
- Colegas de trabalho.
- Clientes, pacientes.
- Regras de bem-estar social.
- A natureza.

Depois do autoconhecimento, da organização das nossas emoções, de nossos pertences, é hora de olhar para como estamos agindo com os outros. Como está nosso relacionamento com o amor de nossas vidas, com nossas crianças, nossos animais, a natureza ao nosso redor, as pessoas que encontramos diariamente, nossa cidade, nosso país.

Como está nosso relacionamento com nosso trabalho? Estamos felizes? Fazemos aquilo que amamos? Estamos usando nossos talentos para transformar vidas, ajudar pessoas, melhorar a vida na sociedade?

No campo energético nossa família imediata, ou seja, as pessoas com as quais convivemos diariamente, são as almas com as quais viemos nos relacionar nesse mundo. É com elas que aprendemos. São elas que nos desafiam. Essas pessoas são as mais importantes da nossa vida, depois de nós mesmas. Por isso é tão mais fácil de nos relacionar com as amigas, os amigos. Esses nós escolhemos e geralmente eles gostam das mesmas coisas que nós.

E, por último, mas da mesma importância: não posso finalizar este capítulo sem chamar sua atenção para os cuidados com o meio ambiente. A natureza é nossa Grande Mãe, nossa casa. Quando consumimos em excesso, estamos incentivando a destruição das reservas naturais. Ajudamos a poluir, a destruir, a derrubar árvores, levar espécies à extinção.

Não adianta lutar contra as injustiças perpetradas contra os animais; a destruição das florestas, das nascentes; a poluição dos mares, lagos, rios, se:

- Consumimos produtos desnecessários, alimentando a indústria que polui o meio ambiente.
- Somos irresponsáveis com o consumo de água e energia elétrica.
- Maltratamos as outras espécies, para termos conforto pessoal.

Nenhum outro ser vivente destrói o lugar que habita. Só nós fazemos isso. Você pode ajudar a fazer diferente. Comece na sua casa.

Resumindo: olhe com carinho para as três esferas da sua vida: você, o espaço que habita e as pessoas com as quais se relacionam, pessoal ou profissionalmente. Invista no autoconhecimento, organize seu espaço externo e sua relação com as outras pessoas e a natureza. Esse é o caminho do equilíbrio e da felicidade. Isso não tem preço.

Com amor,
Dadá.

A MARGINALIZAÇÃO DA MULHER NEGRA
UMA LIBERDADE QUE A ABOLIÇÃO NÃO TROUXE

Sempre ouvimos falar em Abolição da Escravatura, mas devemos pensar que tal abolição não trouxe equidade para as mulheres negras, que ainda precisam lutar muito mais que os homens por um salário digno, e quem dirá sobre ocupar espaços de poder. Essas mulheres são invisibilizadas e, sem políticas públicas de inclusão da mulher negra, dificulta-se o modelo de desenvolvimento elaborado pelos movimentos auto-organizados por mulheres contra o racismo, opressões de gênero ou qualquer outra violência. Devemos discutir sua história, seu pertencimento e os obstáculos para a construção dessa mulher negra, e como é possível fortalecer o laço com sua ancestralidade.

DANIELA VASCONCELLOS

Daniela Vasconcellos

Contatos
ddecampos@yahoo.com
Instagram: @danielavasconcellosadv

Advogada feminista. Especialista em Direito e Processo Civil e Direitos da Mulher. Membro de Comissões da OAB-SC. Membro da Comissão Promoção da Igualdade OAB Nacional.

O Brasil acabou sendo o último país das Américas a abolir a escravidão, e isso aconteceu por meio da Lei Áurea, que foi aprovada pelo Senado e assinada pela regente do Brasil, a Princesa Isabel. O fim da escravidão no país, no entanto, não foi um ato de benevolência da monarquia, mas sim resultado da pressão e do engajamento da população brasileira.

Lélia Gonzalez (2020) nos diz que, enquanto a questão negra não for assumida pela sociedade como um todo, enquanto negros e brancos e todos nós juntos refletirmos, avaliarmos e desenvolvermos práticas comportamentais de conscientização em relação ao racismo, será muito difícil que o Brasil chegue algum dia a ser uma democracia racial.

Em outras palavras, existe um racismo estrutural no Brasil que, apesar das relações supostamente amigáveis entre "raças", faz que exista uma desigualdade e uma exclusão social de pessoas negras na sociedade brasileira. Portanto, o que o mito da democracia racial acaba fazendo é dissimular o racismo que constitui as relações sociais no Brasil. Logo, torna-se mais difícil combater a violência racial se as pessoas não admitem sua existência, acobertando a desigualdade com o mito. Assim, estrutura-se o racismo.

A herança discriminatória da escravidão (todas as relações com base na ideia de inferioridade dos negros que foram transmitidas), em conjunto com a falta de medidas e ações que integrassem os negros e indígenas na sociedade, como políticas de assistência social ou de inclusão racial no mercado de trabalho, gerou o que se entende por racismo estrutural, ou seja, uma discriminação racial enraizada na sociedade. Nas palavras de Lívia Sant'Anna Vaz e Chiara Ramos:

> O racismo é um complexo sistema de opressão que impõe a superioridade de uma raça em detrimento de outras. Opera a partir da atribuição de significado social a determinadas características fenotípicas, imputando-se qualidades negativas e inferiores àqueles grupos tidos como desviantes do padrão considerado superior/hegemônico. Em outras palavras, pode-se afirmar que o racismo se configura a

partir da imputação de atributos e comportamentos deterministas de inferioridade associados a padrões fenotípicos específicos.
(VAZ; RAMOS, 2021, p. 174)

Na definição do brilhante Silvio Almeida (2019), antes de tudo, que o racismo é sempre estrutural, ou seja, ele é um elemento que integra a organização econômica e política da sociedade.

Silvio Almeida (2019) nos diz que "ainda que os indivíduos que cometam atos racistas sejam responsabilizados, o olhar estrutural sobre as relações raciais nos leva a concluir que a responsabilização jurídica não é suficiente para que a sociedade deixe de ser uma máquina produtora de desigualdade racial". Assim, vale ressaltar que: "O racismo é um problema estrutural, institucional, e, portanto, é importante decidir qual o espaço dado e quanto espaço, quais temas ocupam quanto espaço e de que forma são tratados".

Falar de racismo estrutural é lembrar as questões centrais que mantêm esse processo longo de desigualdade entre brancos e negros que se desdobram no genocídio de pessoas negras, no encarceramento em massa, na pobreza e na violência contra mulheres.

> *O racismo é um crime perfeito no Brasil, porque quem o comete acha que a culpa está na própria vítima. Além do mais, destrói a consciência dos cidadãos brasileiros sobre a questão racial. Nesse sentido, é um crime perfeito.*
> KABENGELE MUNANGA

Nas palavras de Sueli Carneiro:

> Em geral, a unidade na luta das mulheres em nossas sociedades não depende apenas da nossa capacidade de superar as desigualdades geradas pela histórica hegemonia masculina, mas exige, também, a superação de ideologias complementares desse sistema de opressão, como é o caso do racismo. O racismo estabelece a inferioridade social dos segmentos negros da população em geral e das mulheres negras em particular, operando ademais como fator de divisão na luta das mulheres pelos privilégios que se instituem para as mulheres brancas. Nessa perspectiva, a luta das mulheres negras contra a opressão de gênero e de raça vem desenhando novos contornos para a ação política feminista e antirracista, enriquecendo tanto a discussão da questão racial como a questão de gênero na sociedade brasileira.
> (CARNEIRO, 2011; GELEDÉS, 2010)

Percebe-se que a essência do racismo e a brutalidade do Estado recusam a história, a força da ancestralidade e silenciam as vozes negras como sujeitos ativos.

> A mulher negra escravizada conseguiu preparar o alicerce de certo grau de autonomia, tanto para ela como para os homens. Mesmo submetida a um tipo único de opressão por ser mulher, era levada a ocupar um lugar central na comunidade escrava. Ela era, assim, essencial à sobrevivência da comunidade.
> (DAVIS, 2016, p. 33)

Mesmo com todas as opressões e dificuldades, a mulher negra é resistência e é o elemento central a favor da pluralidade de existências, cria estratégias coletivas de luta e de reafirmações da sua cultura. Na verdade, ela sempre foi a essência social da comunidade negra. Podemos dizer que é ela quem movimenta a roda da sociedade brasileira.

Podemos observar, em pesquisa realizada pelo IBGE (2022), que é uma "análise das condições de vida da população brasileira", mas que também acaba falando sobre racismo e, indiretamente, sobre a própria história do País, que as mulheres negras são historicamente o grupo social mais prejudicado no Brasil. Segundo a pesquisa, no Brasil vivem 7,8 milhões de pessoas em casas chefiadas por mulheres negras, e 3,6 milhões em casas de mulheres brancas.

A partir desses dados, podemos falar do matriarcado negro que se faz presente na construção das famílias brasileiras, porque 54% da população é negra. Nesse sentido, referimo-nos à capacidade das mulheres negras de gestarem suas comunidades, que não deixa de ser um "aquilombamento", mesmo quando não possuem instrução formal. São os saberes, tecnologias e os ensinamentos éticos passados por essas matriarcas que permitiram que outras mais jovens alcançassem melhores condições de sobrevivência e algumas, o sucesso.

A mulher negra enfrenta constantemente a insegurança de uma maior exposição à violência, por serem consideradas mais vulneráveis, e à injustiça social, com imposição da branquitude, sendo obrigadas a conviver com a intolerância e o desrespeito e com o não reconhecimento de sua ancestralidade para a construção da cultura e do progresso do país, ou seja, com a negação e a desvalorização da negritude na formação da identidade brasileira.

Somos o país da cordialidade violenta, onde a branquitude, depois de violentar e humilhar corpos negros, apresenta desculpas esfarrapadas para justificar seu racismo estrutural. E a mídia e a opinião pública tratam essas pessoas públicas como trapalhonas, que cometeram uma gafe. Então, o racismo está presente até mesmo nas aparelhagens que deveriam combatê-lo, uma vez que o sistema jurídico brasileiro não coloca a negra como sujeito histórico participativo. Mesmo com todas as dificuldades no Estado/Justiça, é preciso não desistir de lutar contra a discriminação da violência histórica que sofreram desde a escravidão até o presente.

Segundo Djamila Ribeiro, nos dizem que fomos discriminados, insultados, violentados porque somos diferentes. Esse é um mito que precisa acabar. Não sou discriminada porque sou diferente, eu me torno diferente por meio da discriminação. É no momento da discriminação que sou apontada como tal. Precisamos desconstruir o racismo e descolonizar o conhecimento. Às vezes os insultos podem soar como simples palavras, mas possuem uma construção teórica imensa (RIBEIRO, 2018, p. 111).

Por meio de apontamentos diários de questões incômodas, bem como dos termos sexistas e racistas, a construção de demandas e aspirações específicas para a mulher negra pode ser conquistada. Com o fim da escravidão, não foi implantada nenhuma forma de acolhimento e muito menos foram estabelecidas políticas públicas eficazes para a melhoria e a sobrevivência dos escravizados, sendo necessárias medidas de equidade para além das folhas de papel que são as leis do país.

Para reconhecer-se negra, a mulher negra precisa enfrentar os obstáculos impostos pela branquitude, como o modelo ideal a ser seguido. Quando as mulheres negras entendem que o meio social não as representa e os moldes-padrão contrariam sua história étnica, criam-se as questões sobre seu lugar de pertencimento. Mas como já citado anteriormente, as mulheres negras possuem resistência ancestral e não desistirão de buscar seu lugar de fala dentro da sociedade brasileira.

Não se pode afirmar que a luta se encerra apenas nas desigualdades citadas, isso seria simplificar muito o movimento feminista negro. A luta não acaba com a mera legalização de direitos, mesmo que essa seja a forma mais imediata. O reconhecimento de direitos se insere em muitos âmbitos e sua efetivação tem como principais obstáculos o sexismo e o racismo, o que dificulta a igualdade de gênero e raça. É por isso que o movimento deve estar presente em muitas áreas, com o objetivo de se mudar as bases sociais.

As mulheres negras precisam ser reconhecidas como sujeitos ativos; e isso só será possível quando enfrentarmos a experiência da violência no cotidiano delas, em que é preciso a persistência no meio político e a leitura das variáveis de raça, gênero e classe da comunidade.

A luta pela visibilização das mulheres negras não é só a luta contra o racismo estrutural, é um ato de coragem e resistência para se (re)viver a ancestralidade de uma cultura marginalizada e excluída pela história.

A branquitude nos fez pensar na Abolição sob um caráter redentor, ou seja, um engendramento com o intuito de nos converter em objeto de emancipação; por isso, ainda insistem em chamar os corpos negros como objetos de políticas públicas e de estudo, associados a outros fatores que compõem o racismo estrutural e a utopia da democracia racial, impondo-se obstáculos à nossa ascensão coletiva enquanto povo. Então, a liberdade que a Abolição não trouxe virá quando a mulher negra tomar para si seu protagonismo.

Ao assumir essa resistência, as mulheres negras buscam igualdade social e autonomia, protagonizando uma revolução para enfrentar e solucionar o sexismo e o racismo.

Referências

ALMEIDA, S. *Racismo estrutural*. São Paulo: Pólen, 2019.

CARNEIRO, S. *Racismo, sexismo e desigualdade no Brasil*. São Paulo: Selo Negro, 2011.

DAVIS, Â. *Mulheres, raça e classe*. São Paulo: Boitempo. 2016.

FERNANDES, F. *O negro no mundo dos brancos*. São Paulo: Difel, 1972.

FERNANDES, F. *A integração do negro na sociedade de classes* (O legado da "raça branca"). São Paulo: Globo, 2008.

FRAGA, W. *Encruzilhadas da liberdade: histórias de escravos e libertos na Bahia* (1870-1910). Rio de Janeiro: Civilização Brasileira, 2014.

GELÉDES. *A revolução da internet e a decadência da velha mídia*. 2010. Disponível em: <https://www.geledes.org.br/a-revolucao-da-internet-e-a-decadencia-da-velha-midia/>. Acesso em: 10 jun. de 2022.

GONZALEZ, L. *A democracia racial: uma militância*. UFRJ, 2020.

IBGE. *Síntese dos indicadores sociais*. Disponível em: <ifz.org.br/wp-content/uploads/2021/12/IBGE-SIS-Sintese-dos-Indicadores-Sociais-2021.pdf>. Acesso em: 11 ago. de 2022.

IBGE. *Conheça o Brasil. População – cor ou raça*. Disponível em: <educa.ibge.gov.br/jovens/conheca-o-brasil/populacao/18319-cor-ou-raca.html>. Acesso em: 11 ago. de 2022.

NUNES, S. da S. *Racismo no Brasil: tentativas de disfarce de uma violência explícita*. Faculdade Taboão da Serra. São Paulo: Psicologia USP, 2006.

RIBEIRO, D. *Quem tem medo do feminismo negro?* São Paulo: Companhia das Letras, 2018.

SCHWARCZ, L. M.; GOMES, F. (orgs.). *Dicionário da escravidão e liberdade*. São Paulo: Companhia das Letras, 2018.

VAZ, L. S.; RAMOS, C. *A justiça é uma mulher negra*. Belo Horizonte: Casa do Direito, 2021.

25

QUANDO VOCÊ QUER, VOCÊ PODE!

Durante o percurso de nossa vida, aparecem diversas oportunidades e grandes desafios. Neste capítulo, eu compartilho um pouco sobre dois momentos importantes em minha vida, que foram quando comecei a trabalhar viajando, sem experiência alguma em direção veicular de carro e sobre o empreendedorismo no setor de semijoias, que é uma atividade lucrativa que desenvolvo hoje e que eu amo.

DANIELLA DE OLIVEIRA SANTOS LEAL

Daniella de Oliveira Santos Leal

Contatos
www.belezadivinajoias.com.br
daniella.mv@hotmail.com
Instagram: @daniella.mv / @belezadivinajoias
LinkedIn: Daniella Santos
71 99995 5142

Médica veterinária graduada pela Universidade Federal da Bahia (2008), com especialização em Liderança e *Coaching* pela Universidade Estácio de Sá e especialização em Inspeção Industrial e Sanitária de Produtos de Origem Animal pela UNIME. Empreendedora no setor de semijoias, gestora de equipe, empreteca e amante da dança. Livros publicados: *Relações humanas 4.0: desafios e perspectivas;* e *As Donas da p**** toda* vol. 1, pela Editora Literare Books.

Na direção de sua vida

Comecei a dirigir em 2009, aos 26 anos de idade. Talvez um pouco tarde para uma época em que a habilitação era algo muito essencial na vida de muitos trabalhadores e até de estudantes. Eu adquiri minha habilitação provisória logo após me formar em Medicina Veterinária, e como qualquer recém-graduada, ávida para começar a trabalhar na minha área.

Neste mesmo ano de 2009, eu consegui um trabalho e tive minha carteira de trabalho assinada pela primeira vez. O trabalho exigia habilitação para realizar viagens por toda a Bahia e lá estava eu, com apenas seis meses de habilitação provisória, para iniciar essa jornada. Nessa época, eu era completamente inexperiente, tinha apenas uma única vivência de direção em asfalto, na qual eu percorri 184 km entre Salvador (cidade onde moro) e Santo Antônio de Jesus (cidade onde nasci), mesmo assim enfrentei esse desafio.

A habilitação definitiva era entregue quando se completava um ano de habilitação provisória e eu não poderia receber nenhuma multa, pois tinha o risco de perder minha carteira e, por consequência, perder o emprego; e eu só receberia minha habilitação definitiva depois de seis meses após começar esse trabalho.

Primeiramente, eu sabia que era muito inexperiente na direção, que não podia receber multa e que qualquer imprudência, imperícia ou negligência poderia custar minha vida. Acima de tudo isso, eu não queria jamais que meus pais tivessem o sofrimento de ter que enterrar uma filha por conta de um acidente de trânsito.

Meus pais sempre me deram apoio em todas as escolhas de minha vida, sempre foram muito presentes, acompanharam meu desenvolvimento e o de minhas irmãs, sempre orientando da melhor forma possível para que ganhássemos as conquistas de nossas vidas e depois caminhássemos com nossas próprias pernas, pois eles sabem que os filhos se criam para o mundo.

Eu não imagino o tamanho da preocupação de meu pai e de minha mãe ao saberem que eu iria trabalhar dirigindo, e ainda por cima praticamente sem experiência. Eles nunca disseram para eu não aceitar ou não ir trabalhar viajando; ao contrário, sempre incentivaram meu desenvolvimento e deram apoio em minhas batalhas.

Eu sei que muitas pessoas deviam ter achado, na época, que meus pais estavam sem juízo por permitir uma de suas filhas trabalhar viajando sem experiência e percorrer longos quilômetros (cheguei a percorrer mais de 800 km em um dia); algumas pessoas chegaram até a dizer que eles estavam me entregando para a morte.

Eu aprendi a dirigir com minha irmã mais velha, meu pai me ensinou a trocar os pneus do carro, me falou também sobre os cuidados que eu tinha que ter quando estivesse pela estrada – cuidados nas curvas e ultrapassagens, não pegar estrada durante a noite, atenção aos caminhões etc... Apesar de meus pais me apoiarem nessa empreitada, percebi a preocupação muita tensa deles; minha mãe sempre em orações com toda a sua sabedoria e meu pai superpreocupado, supertenso e com certeza passando um milhão de coisas na cabeça dele. Porém, eu estava muito feliz para essa aventura que iria enfrentar, e meus pais, com o medo e a sabedoria deles, me guiaram durante esse período de viajante.

Em minha primeira viagem, meu pai pediu que eu ligasse para ele de hora em hora a fim de saber em que cidade eu estava e se tinha ido tudo bem; e assim eu fiz, percorri aproximadamente 600 km no primeiro dia de viagem e avançava devagarzinho, respeitando minha inexperiência e aprendendo aos poucos o que é dirigir. Fui então desenvolvendo minha habilidade na direção de um automóvel.

O que eu posso dizer com esse aprendizado é que tudo podemos quando queremos. Desafios sempre estarão presente em nossas vidas e cabe a nós analisar o desafio e encará-lo, estando preparado ou não... Sabe aquela frase: "Se der medo, vai com medo mesmo"? É bem por aí... mas é claro que, diante de uma situação de inexperiência, você precisa ter ciência de sua pouca habilidade, se cercar de cuidados e pensar no que pode dar errado para diminuir os possíveis erros ou situações em que você possa se prejudicar.

Por mais que a situação seja difícil ou complicada, sempre tem uma ou mais saídas. Não permita que as pessoas te diminuíam ou imprimam pouca habilidade em você; qualquer lugar ou pessoa que te diminua não é o local nem a companhia que você deve ter por perto. Cerque-se de pessoas que a encorajem, te orientam e que queiram seu melhor.

Lembro-me de que, quando viajava, eu mandei fazer meu cartão personalizado do Banco do Brasil com a estampa da fotografia de meus pais abraçados e sentados em uma poltrona. Eu olhava essa foto todos os dias: para abastecer, para pagar o hotel, para almoçar, sempre que usava o cartão eu olhava a foto deles; e aquele simples ato de ter uma foto deles no meu cartão, vendo-os todos os dias, me fortalecia muito e me dava mais vontade de vencer, alcançar meus objetivos e ter cuidado e cautela quando eu ia para as estradas.

Tenho esse cartão até hoje guardado em minha carteira pela representação que teve em minha vida; era uma forma de tê-los sempre juntinho de mim, me fortalecendo, lembrando de todos os ensinamentos e do exemplo que são para mim, acima de tudo do amor familiar e do quanto deve ter sido difícil para eles ter que concordar, orientar e se preocupar com minha vida de viajante.

Eu não poderia de maneira alguma deixar que nada de mal acontecesse comigo e, por alguns anos, fiquei trabalhando dessa forma; e o final dessa vida de viajante foi muito feliz: não morri nem me acidentei... Consegui cumprir com meu trabalho, adquiri muita habilidade ao volante, tive ganhos pessoais importantes em minha vida e hoje estou aqui para dizer que você pode quando você quer; mesmo que todos ou quase todos se posicionem contra, acredite sempre em VOCÊ!

Criando oportunidades para si

Sempre fui inquieta com relação às minhas conquistas, sempre pensando que dá para conquistar mais, crescer mais, desenvolver mais.

Eu sempre achei que nunca levaria jeito para vendas, achava que seria uma péssima vendedora (nunca vendi nada na vida e já tinha essa crença limitante...). Em uma certa oportunidade, fiz um curso de empreendedorismo, curso muito bom para identificar e dar um impulso no seu perfil empreendedor. Durante o treinamento, ocorrem várias atividades e vivências que vão revelando coisas sobre você de que nem mesmo você tinha conhecimento. Lembro-me bem de que, durante uma atividade, descobri que tinha um perfil empreendedor, fiquei muito surpresa no momento; e demorou uns dias para a ficha cair. O curso foi excelente para mim e abriu portas que eu não sabia que existiam.

Após o término do curso, eu fiquei com uma "pulguinha" empreendedora coçando atrás da orelha. Queria empreender em alguma coisa para trabalhar, praticar o que aprendi e desenvolver meu lado empreendedor, que de alguma forma eu já tinha dentro de mim, oculto em algum lugar. Eu sempre pensava no que eu queria empreender, com o que eu me identificava; tinha que ser um bom produto, as pessoas tinham que gostar, tinha que ter a minha cara e que também eu pudesse conciliar com outros trabalhos que eu tinha.

Acreditava com toda a força de meu coração que na hora certa a oportunidade iria aparecer (como tudo que aconteceu em minha vida – sempre pensando positivamente e atraindo aquele desejo para mim, com toda a força de minha alma).

Sou uma pessoa muito vaidosa e gosto de estar sempre bem vestida e arrumada. Certa vez, eu estava pesquisando sobre semijoias na internet para meu uso pessoal. Aí veio uma grande surpresa para mim! Apareceu um anúncio para empreender em uma loja virtual de semijoias em uma formatação de *franchinsing*, uma franquia on-line de semijoias. Aquilo me chamou a atenção e fui estudar a proposta. Basicamente você tinha um site para vendas em que o estoque e o envio das semijoias eram feitos pela franqueadora direto para a casa do cliente. Eu, como franqueada, basicamente trabalhava com o marketing da loja e realizava as vendas no site, no Instagram e no WhatsApp.

Quando me deparei com a proposta, percebi que se encaixava perfeitamente no que eu queria, parece que caiu como uma luva para mim. É claro que tive muitas dúvidas e muito medo para tomar a decisão de empreender em uma franquia, e isso é normal para novos desafios que aparecem em nossa vida. Mas como uma boa empreendedora analisei a proposta, calculei possíveis riscos, falhas de vendas ou vendas baixas, problemas com clientes etc. Mas, e se desse supercerto? Se as vendas fossem boas? Se as clientes gostassem? Nunca vendi nada, como vai ser isso? Porém eu posso aprender, estudar e me desenvolver... Muitas dúvidas e uma decisão para tomar.

E foi aí que nasceu a BELEZA DIVINA JOIAS, minha loja virtual de semijoias contemporâneas com semijoias de qualidade e um ano de garantia. Montei o Instagram da loja e fui me preparar melhor para este mercado digital, que para mim era tudo muito novo.

Eu sabia que o mercado digital é um mundo de diversas oportunidades de negócios e ele possui muita coisa para aprender. Por conta da consciência de minha imaturidade no mercado digital, busquei me aperfeiçoar e entender como funciona o mercado on-line, quais ferramentas estavam disponíveis e quais são aquelas que se encaixam melhor em meu negócio. Fiz alguns cursos on-line sobre marketing digital, cursos para aprender como funcionam as ferramentas das redes sociais para o *e-commerce*; participei de mentorias e li um pouco sobre o assunto também.

Pois bem, cá estava eu com meu site, podendo trabalhar a qualquer hora do dia, fazendo minha própria rotina e meus horários, precisando fazer apenas uma coisa: vender! Quando inicia um microempreendimento, você esbarra logo em algumas dificuldades para atingir sua meta de vendas, que é o reconhecimento de marca.

Nessa ótica, quando seu mercado é digital, ainda fica um pouco mais difícil porque seus clientes ainda não possuem a confiança na qualidade de seu produto, pois ainda é um produto desconhecido; e em se tratando de semijoias os clientes sempre querem ver, pegar, colocar no seu corpo para ver se é de qualidade mesmo e se fica bonito em si.

O retorno das vendas foi maravilhoso, semijoias são algo que enche os olhos dos clientes, principalmente das mulheres que gostam de se vestir bem e se sentirem elegantes e sofisticadas. Eu estou muito feliz com o resultado do trabalho e sei que ainda posso crescer e expandir muito meu mercado. E, dessa forma, vou seguindo com esse meu perfil empreendedor, com dedicação à BELEZA DIVINA JOIAS para ajudar as mulheres a se sentirem com autoestima elevada, valorizando a beleza individual de cada uma e sempre com os olhos abertos para outras oportunidades empreendedoras que aparecerem para mim.

Acredite em você

Durante esse período de experiências que tive, que marcaram muito algumas fases de minha vida, eu tive grandes e importantes aprendizados. A primeira coisa é sempre acreditar em nosso potencial; mesmo inexperiente você pode aprender e ficar muito habilidosa (ninguém nasceu sabendo). Você precisa internalizar que pode tudo quando quer muito algo para sua vida e canalizar as energias para a realização disso, sempre com o pensamento positivo.

Pessoas que estão próximas a você e que fazem parte de seu convívio são extremamente importantes para lhe dar o apoio e servir de base para você superar seus obstáculos; mantenha-se longe de pessoas negativas, que te diminuam ou que não acreditem na sua capacidade. Quando algo novo aparecer em sua vida, é sempre prudente analisar a situação, pensar no que pode dar errado para se prevenir com antecedência, tomar alguns cuidados, caso algo dê errado ou saia de seu controle, e sempre começar devagar, com um passo de cada vez.

Pensar sempre positivamente é algo muito importante para mim. Várias conquistas que tive em minha vida sempre foram com esse pensamento de que tudo sempre vai dar certo. Eu tenho muita fé em Deus e acredito que tudo que Ele coloca no nosso caminho é por algum bom motivo.

Acredito profundamente que atraímos aquilo em que pensamos, por isso tento manter meu pensamento positivo sempre e entregando a Deus tudo aquilo que está fora de meu alcance e sob o poder dele. É claro que muito foco, determinação, disciplina, querer profundamente algo e correr atrás daquilo sempre ajuda a alcançar seu objetivos mais rapidamente.

Sempre acredite em si. QUANDO VOCÊ QUER, VOCÊ PODE! Seu objetivo pode até parecer difícil e inalcançável, mas o pensamento e o querer do ser humano são coisas muito poderosas!

26

FAÇA DA MUDANÇA SUA ALIADA

A mudança não é mais algo eventual. Ela é a regra básica dos dias atuais, e cada experiência cotidiana tem exigido uma nova postura do ser humano. Este capítulo traz o contexto da mudança em uma história real e, ao lê-lo, você poderá se reconhecer nos principais motivos que levam o indivíduo a não mudar e acessará estratégias para fazer da mudança sua grande aliada na conquista de uma vida melhor.

DELAINE COSTA

Delaine Costa

Contatos
delainecostaoficial@gmail.com
Instagram: @delainecostaoficial

Líder com foco em resultados e alta performance desde 2012. Profissional do mercado financeiro há mais de 30 anos. Mentora e palestrante. *Personal and professional coach*, certificada pela SBCoaching. Graduada em Ciências Contábeis e Direito. Especialização em Planejamento Fiscal e Auditoria Contábil. Pós-graduada em Direito Civil. MBA em Gestão de Projetos Empresariais pela FGV-SP, com Imersão em Negócios Internacionais (University of Tampa). Pós-graduanda em Neurociência e Psicologia Positiva (IPOG-2022/2023). Formação em Constelações Estruturais e *Coaching* Sistêmico Organizacional (Universidad Sistémica de Iberoamérica). Capacitação em Comunicação Não Violenta. Vivência em Constelações Familiares no Brasil e na Alemanha pela Hellinger Schule. Thetahealer®. Voluntária do movimento Arrasta Para Cima Solidário. É gente que move gente, que transforma e que vive o #amorporpessoas por meio da prática de uma #liderançaterapêutica positiva e processos de *mentoring* baseados em solução e ação.

Mudar é difícil. Não mudar é fatal.
LEANDRO KARNAL

Medo de mudar

O ano era 2004, início de fevereiro e lá estava ela, se mudando para mais uma cidade – essa era a oitava e não era qualquer uma. Era a maior capital do país, com mais de 10 milhões de habitantes à época e ela não conhecia nada naquele lugar.
Após aceitar um novo desafio no trabalho, ela estava repleta de dúvidas, pois não era simplesmente o fato de sair do interior e ir morar sozinha em São Paulo que mais a amedrontava. É lógico que o frio na barriga inerente a isso estava presente. Porém, existiam outras mudanças envolvidas: ela deixava a família, amigos e pessoas especiais nas Minas Gerais.
Todos os âmbitos da sua vida iriam ser diferentes a partir dali. Era um momento de vida complicado e mal sabia ela que estava dizendo o maior e mais importante SIM da sua jornada: o SIM da sua aliança à mudança!

É certo que mudar dói – mas permanecer na zona de conforto também dói! A questão é que muitas das vezes a vida a obriga a mudar e, claro, tudo o que permeia a obrigação, sem chance de escolha, não lhe traz sensação de prazer ou de liberdade.
Você é tomada pelos questionamentos. Às vezes, se sente vítima da situação (por que eu?! Por que comigo?!) e não consegue ampliar o olhar e ver que ali, logo ali à sua frente, estão se abrindo novas e maravilhosas oportunidades de viver tudo aquilo que sonhou.
Existe uma frase que diz "tudo o que você busca está do outro lado do medo". É lindo de ler... e um pouco árduo de colocar em prática. Sabe por quê? Porque o ser humano, por natureza, é avesso às mudanças.
Pesquisas de 2021 mencionam que 90% dos brasileiros estão insatisfeitos com o seu trabalho, 64% das pessoas gostariam de fazer algo diferente do que fazem para serem mais felizes e 100% carregam o medo da mudança na mochila.

E quando você se dá conta dessas porcentagens e vê que o tempo passa, você se depara com outro fato: o fato de que conhece pessoas que "morreram aos 40 e que foram enterradas aos 80 anos" porque criaram essa aversão, esse medo da mudança. Ou seja, pessoas que passaram a metade ou mais da metade da vida com medo de mudar e que não criaram, não inovaram, não empreenderam, não fizeram o que queriam e não se tornaram quem realmente desejavam ser na esfera pessoal, profissional ou ambas.

E ela quase se tornou uma dessas até que, então, percebeu que nada acontecia por acaso.
Ao analisar sua vida, via que as mudanças já haviam ocorrido nas mais diversas áreas. Eram inúmeras e incontáveis. E estavam recorrentemente presentes em sua trajetória.
Focada em solução e ação, ela entendeu o quanto mudar era desafiador e o quanto não mudar poderia ser mesmo fatal. Afinal, o que era a vida dela, senão viver e mudar?

O medo derrota mais pessoas que qualquer outra coisa no mundo.
RALPH WALDO EMERSON

Motivos para não mudar

O que a leva a deixar de realizar algo que deseja? O que a leva a não mudar uma atitude ou comportamento, mesmo sabendo que é correto fazê-lo? O que a obsta em trilhar caminhos desconhecidos e arriscar-se ao novo? O que a impede de mudar?

Há várias vertentes de estudos que podem te dar tais respostas. Há vários conceitos que se encaixam em justificativas muito eficientes para isso. Porém, de uma forma mais simples, visando facilitar o seu dia a dia quanto à autorresponsabilidade de não estar, não fazer ou não ser a sua melhor versão hoje, é que são compilados a seguir três dos principais motivos pelos quais você não muda.

Você não muda porque você A.M.A. – sim, três letras: "a-eme-a", de Alienação, Medo e Apego. Você deve estar se perguntando: "Como assim?!".

Na alienação, você acaba não tendo acesso às informações ou não conhece outras coisas ao seu redor e crê que o seu mundo é só aquilo que você vive. Atualmente, esse é o menor percentual – o que se justifica pelo fato do quanto você tem sido bombardeada de dados e notícias o tempo todo. Hoje, adquirir conhecimento tem se tornado cada vez mais fácil e não mudar por alienação é quase uma escolha própria.

No medo é onde o grande público habita. É nele que você simplesmente paralisa e não caminha. É no medo de mudar que na maioria das vezes você não age, não decide e não conquista a vida que deseja. Trata-se do medo imaginário que surge frente ao desconhecido. Aquele medo que gera o "e se", que desenha uma cena mental do quanto será difícil adaptar-se ao novo (seja esse novo um emprego, estado civil, cidade, condição social ou relacionamento, por exemplo). Por outro lado, pode-se até afirmar que esse medo de mudar vem de uma falta de imaginação, pois ele pode vir também da sua incapacidade para perceber o quanto o novo pode ser motivador e estimulante.

No apego, você abraça a zona de conforto, se agarra à falsa segurança do conhecido, se apega ao passado ou às receitas de sucesso que deram certo algum dia e continua acreditando na fórmula do "sempre foi assim", vivendo inclusive um certo comodismo. A tentação do apego leva você a realizar comportamentos e hábitos costumeiros, prendendo-a às raízes da mesmice.

Sempre que você estiver diante de algo que venha exigir uma ação ou decisão, as quais você esteja postergando ou evitando, perceba em quais desses motivos a situação se encaixa, para que você tome clareza a respeito dela e possa, conscientemente, mudar o que necessita mudar.

> Uma marcante mudança na vida dela, ainda adolescente, foi quando se mudou da casa dos pais para dividir um quarto de pensão com uma amiga. O objetivo era prestar vestibular e seguir os estudos em Belo Horizonte/MG. Foi necessário buscar informações, conhecer as experiências de outras pessoas e falar com alguns professores para obter orientações, dicas e conselhos. Naquela época, não havia internet. Os jornais, a televisão aberta, os livros, as revistas e as conversas eram as ferramentas que ela possuía.
> Mais tarde, mudaram-se os planos do estágio pela necessidade de um emprego formal para me manter até terminar a faculdade.
> Já com alguns anos de empresa, mudou-se o dono, que mudou a administração, que mudou a cultura, que mudou a forma de trabalhar, que mudou o local de trabalho. No caso dela, foram sete cidades diferentes antes de se mudar de Minas para São Paulo.
> Alguns anos depois, liderando equipes, ela sentiu na pele o quanto cada liderado era diferente do outro. Seguiu em busca de conhecimentos sobre pessoas, pesquisou motivos, catalogou experiências que, ao final, se encaixavam nas situações trazidas pelo "A.M.A.".
> Ao olhar para as mudanças que encarou, em diferentes fases, ela viu que foi preciso abrir a mente, ter coragem de fazer escolhas, desapegar-se de velhas decisões e era isso que fazia a diferença.

Há quem diga que foram dias de luta. Ela diz que estava "fazendo o intervalo valer a pena". Aquele intervalo entre o nascer e o morrer, sabe? Sim, aquele chamado vida!

> *Existe o risco que você jamais pode correr.*
> *Existe o risco que você jamais pode deixar de correr.*
> PETER DRUCKER

Consciência para mudar

Quando você toma consciência das suas não escolhas e das suas não ações, você toma consciência também de que a estagnação está lhe fazendo companhia. A famigerada paralisia pode estar instalada em sua vida e você pode até estar comemorando bodas de relacionamento com tudo isso.

Mas atenção: esse é o primeiro sinal de que você precisa agir de maneira diferente, pois a consciência é a autoridade máxima. Tomar consciência é um passo necessário nessa jornada de mudança para que você tenha a grande oportunidade de praticar uma pergunta poderosa – COMO vou mudar? – ao invés de se questionar se vai ou não mudar.

A consciência é um estado de percepção, observação, autoconhecimento. Não implica compreensão e sim ampliação do olhar em busca de algo ainda maior: liberdade de escolha para aliar-se às mudanças, de maneira alinhada aos seus valores e objetivos do momento.

É a partir dela – a consciência – que você constrói respostas e segue para a ação. Pode parecer complicado, complexo ou até utópico. Contudo, na prática, pode ser mais simples do que você imagina.

— Então, ok – disse ela. Tudo combinado para após as férias já ir transferida para São Paulo.

Ao desligar o telefone, sentiu as mãos geladas e um nó na garganta. Por que havia aceitado? Será que ela queria mesmo fazer aquela mudança e começar tudo de novo?

Era uma avalanche de pensamentos, um turbilhão de dúvidas. Um lado dizendo sim e outro dizendo não. Uma mistura de sentimentos e lembranças de outras experiências vividas. Uma tempestade de conselhos diversos, opiniões variadas a cada pessoa que conversava.

Então ela fez uma pausa. Uma pausa consigo mesma. Parou o carro no acostamento, respirou fundo e pensou: o que está acontecendo? Por que mudar novamente? Por que mudar agora que tudo estava tão bom e organizado? Lembrou-se de algumas passagens pelas cidades anteriores. Ela sabia que não era fácil morar onde não se conhecia ninguém e entendia bem os desafios, dificuldades e preconceitos pelos quais uma mulher passava. Mais uma vez, respirou fundo. Sentia os olhos marejando e um aperto gritando no peito. E foi aí que uma frase veio, certeira: no fundo, ela sabia que não conseguiria conviver futuramente com a dúvida de "como teria sido, se não tivesse ido".

As pessoas têm medo das mudanças.
Eu tenho medo de que as coisas nunca mudem.
AUTOR DESCONHECIDO

Fazer da mudança uma aliada

Quem escolhe fazer da mudança a sua aliada, tem a oportunidade de se presentear com uma visão simples, porém essencial para se viver melhor. À medida que o tempo passa e muitos acontecimentos vão ocorrendo, você conquista e aprimora uma força humana incrível que é a adaptabilidade. A capacidade de adaptação é algo extraordinário. É um presente na vida de quem opta por aliar-se à mudança. Obviamente que é muito mais fácil e rápido adaptar-se a coisas mais agradáveis, confortantes e mais difícil e demorado adaptar-se a condições piores do que aquelas em que você se encontrava anteriormente.

A boa notícia é que você não está sozinha. A maioria dos seres humanos são idênticos e passam pelos mesmos anseios, medos e desejos. E, assim como você, também possuem internamente a capacidade de praticar três SIMs cruciais que farão com que essa aliança flua com leveza e clareza: 1) o SIM à Transformação, 2) o SIM à Inovação e 3) o SIM à Atitude de pedir ajuda.

E o que é dizer sim à transformação? É olhar para tudo o que está se modificando ao seu redor e, internamente, abrir-se para aceitar de maneira genuína essas alterações de *status quo,* sejam elas tecnológicas, de mercado, do físico ao digital, das relações humanas, dentre outras. É estar disposta a expandir e a crescer, se colocando disponível a passar pela metamorfose que a vida lhe oferece.

Já quando diz sim à inovação, você dá uma chance ao novo. Parece o mesmo sim do parágrafo anterior, mas transformação é diferente de inovação. A transformação, em geral, leva mais tempo para acontecer, é um processo, uma passagem de um estado para outro. A inovação é mais veloz, acontece como um *insight* de criatividade, um impulso para a experimentação. Portanto, diga sim também a ela, experimente, libere-se dos preconceitos no sentido literal da palavra, ou seja, dispa-se dos conceitos previamente formados.

Tão somente após provar o novo, você escolherá o melhor caminho para si. Vale lembrar que a experiência do outro diz respeito apenas a ele e novos desafios e vivências recompensam o seu cérebro, tornando-o mais adaptável, forte e saudável.

Adicione-se aqui o sim à atitude de pedir ajuda. Busque auxílio, levante a mão, eleja apoiadores na sua caminhada. Ao escolher alguém para acompanhá-lo na realização de um objetivo ou ter uma rede de apoio, você se sentirá mais segura e provavelmente não desanimará no meio da jornada. Saiba que quando você não pede ajuda, está tirando do outro a oportunidade de se sentir bem, da mesma forma que você se sente quando auxilia e colabora com alguém. Essa é uma análise empática que abre espaço dentro de você para receber esse suporte tão importante.

Ao apoderar-se desses três SIMs e colocá-los em prática, as mudanças positivas acontecerão no seu percurso, pois você passará a olhar os problemas como oportunidades e buscará solução e ação. Duvidar do que eles podem fazer por você é uma dádiva e será saudável. Então... Duvide! Experimente! E decida agora nunca mais se intimidar com a mudança. Faça dela uma porta para a sua liberdade e felicidade. Faça dela sua aliada!

Anos se passaram e ela continua dizendo sim às novas experiências. Desafia-se constantemente, explora novos lugares, gastronomias e histórias. Ama estudar, aprender novos assuntos e compartilhar informações. O autoconhecimento ampliou ainda mais suas perspectivas e o propósito do servir. Por meio de todas as conexões verdadeiras que estabeleceu por onde passou é que ela realmente entendeu e externalizou o seu amor por pessoas. Surgiu, então, o convite para ser coautora desta obra. Como de praxe, hesitou em um primeiro momento. Refletiu sobre o quanto gostava de saber sobre histórias de vida das pessoas. Decidiu-se pelo SIM, pensando que alguém poderia sentir-se da mesma forma ao ler algumas páginas escritas por ela. E cá estão.

Ela espera que alguma frase toque você. Que surja alguma nova percepção a respeito do seu Eu. Que você mude e se mova em busca dos seus sonhos. Que se abra para o novo. E deseja profundamente que haja Mudanças e "Transform-Ação" em sua jornada.

Há quem diga que ela tem um olhar positivo demais perante a vida. Sorrindo, Delaine encerra apenas afirmando que "segue em frente, com a mudança sendo sua grande aliada".

27

O QUE PRECISO SABER ANTES DE ABRIR UMA FRANQUIA?

Neste capítulo, trago informações importantes para você que sonha em empreender, mais precisamente no ramo de franquias. Aponto dados que faltaram na minha jornada para tomada de decisões. Processos e informações de certa forma simples, mas que não foram implantadas no meu negócio. Espero que as próximas páginas levem você à reflexão e, com as informações que serão apontadas, façam com que suas decisões sejam assertivas.

DIANA FOCHESATTO

Diana Fochesatto

Contatos
diana.fochesatto@yahoo.com.br
LinkedIn: Diana Fochesatto
54 99679 2154

Diana presta consultoria a empresas de sua região, contribuindo para a melhora do desempenho de pessoas e processos. Com graduação em Administração de Empresas e MBA em Gestão Empresarial, tem vasta experiência na área de gestão em recursos humanos, relacionamento com cliente e indicadores. Mãe da Beatriz e esposa do Fernando, mora na Serra Gaúcha. Em sua trajetória, coleciona anos de trabalho em empresas de pequeno e médio portes nas áreas de recursos humanos e administração.

São muitos os motivos que levam uma pessoa a empreender. Sabe-se que algumas pessoas empreendem por necessidade. Outras, no entanto, porque querem realizar um sonho. Tem ainda as que estudam e se profissionalizam em áreas que realmente fazem ser necessário empreender para atuar. Além destas, tem pessoas, assim como eu, que, "quando nasce uma criança, nasce uma mãe"; e neste novo momento, tão único, tem questões que começam a pairar nas nossas mentes. Na minha, havia um sentimento dúbio de querer retomar à rotina profissional, que conflitava com querer também passar mais tempo com minha filha. E quer saber o que eu fiz?

Quando nasce uma criança, nasce uma mãe...

Estava com a vida confortável. Tinha minha família, meu emprego fixo. Trabalhava como gestora de Recursos Humanos numa empresa com mais de 120 funcionários, com três unidades, localizadas em Caxias do Sul, na Serra Gaúcha. Minha remuneração era interessante e garantia uma certa qualidade de vida.

Sempre tive o sonho de ser mãe. O momento estava bastante apropriado para realizar esse sonho. Para felicidade minha e do meu marido, a tão esperada notícia chegou. Teríamos uma linda menina. Quando já estava há dois anos no cargo de gestão, chegou a Beatriz; com ela, a licença-maternidade.

Passar os quatro meses junto com minha filha foram momentos novos. A cada dia, uma descoberta. E também o desejo de permanecer mais tempo com ela. Estavam muito presentes na minha mente e nos meus dias questões como: o que vou fazer quando voltar a trabalhar? Com quem vou deixar minha filha? Ela é tão pequena, como vou fazer com sua alimentação?

Por mais que os pais apoiem, durante a gestação e na chegada do bebê, sabemos que nós, mulheres mães, ainda nos sentimos muito responsáveis por essa vidinha que chegou ao mundo por meio de nós.

Existe um conflito que chega com o nascimento dessa nova mãe. Um conflito interno entre cuidar do bebê e o autocuidado. Nossa vida realmente muda. Isso nos obriga a amadurecer e a nos adaptarmos a esse novo momento, pois sim, o cenário é bem diferente. Então, com o retorno da licença-maternidade vieram as culpas. Por que estou longe da minha filha? Poderia empreender e ficar mais tempo com ela. Elas confrontavam com outras perguntas: por que deixei de cuidar de mim? E a minha carreira? Como faço agora?

Você que está lendo, já passou por isso? O que fez? Eu comecei a estudar possibilidades de negócio em que pudesse empreender e passar mais tempo com minha filha, Beatriz. Acreditava que com esse novo negócio poderia estruturar a empresa de uma forma que andasse sozinha e eu pudesse passar mais tempo com ela. Dentre as possibilidades, acreditei que, tendo uma franquia, que já viria estruturada, eu poderia realmente colocar meu projeto em prática.

A proposta

A escolha da franquia se deu a partir do encantamento com a proposta. O projeto era maravilhoso. Eu me imaginava proprietária de um estabelecimento que cuida da beleza de outras mulheres. Estaria então realizando meu sonho de passar mais tempo com a Beatriz, de ter um negócio próprio, já estruturado, que pudesse gerar o retorno financeiro necessário para a manutenção da empresa e nosso sustento.

Momento de colocar o sonho em prática

Escolhi o modelo de negócio com base numa franquia já estruturada. Fiz contato com a empresa e agendamos a visita para conhecê-la. Chegando lá junto com minha família, ficamos maravilhados com a proposta e pelo projeto já prever identidade visual, fachada e um espaço bar para receber as clientes. Tinha uma proposta de padrão de atendimento, com orientação de como tratar as clientes (achei bárbara). A proposta previa indicação de móveis e de fornecedor para aquisição dos móveis, seguindo o padrão visual. As cortinas, as luminárias, as paredes e o piso também eram padronizados, o que me encantou num primeiro momento, pois vimos a identidade visual e o ambiente acolhedor da loja modelo.

Realmente, implantar um novo negócio, com essa base já pensada, trouxe a expectativa de ganhar tempo e com isso obter resultados mais imediatos. A franquia cobrava valores mensais para utilização do nome e da marca, bem como da proposta de serviço. Para a modalidade que adquiri, a cobrança era de valores fixos. Pagávamos *royalties* (uma importância cobrada pelo proprietário de uma patente de produto, processo de produção, marca, entre outros, ou pelo autor de uma obra, para permitir seu uso ou comercialização) mensais no valor de R$ 2.100,00 mês, somados a uma taxa de marketing de R$ 300,00. Os valores totais pagos de maneira fixa ao franqueador eram de R$ 2.400,00 mensais, que anualmente somavam um investimento fixo de R$ 28.800,00.

Por que estou apresentando essas informações e números de 2015? Porque elas são essenciais para as decisões no momento que formos definir uma modalidade de negócio. Eu realmente estava muito feliz e deslumbrada com a proposta e deixei de fazer as contas iniciais sobre a viabilidade a longo prazo.

A dura realidade

Montamos a estrutura da nova empresa. Ficou maravilhosa, do jeito que sonhei. Inauguramos e iniciamos as divulgações junto aos amigos e moradores próximos. Escolhemos um lugar no Centro, por compreender que muitas pessoas poderiam usufruir dos serviços nos seus horários de almoço.

Iniciamos com uma equipe composta por quatro profissionais. Nosso espaço comportava seis pessoas. O primeiro ponto que trago é referente à qualificação de profissionais para atuarem na empresa. Relacionarei os pontos de aprendizado que você pode aplicar ao seu negócio:

- Certifique-se de que no mercado de trabalho existe mão de obra qualificada para o tipo de negócio que você deseja iniciar.
- Eu deveria ter iniciado o processo de seleção e contratação antes da abertura do negócio. Porque eu tinha a oportunidade de faturar múltiplos de seis, mas iniciei faturando múltiplos de quatro, pois contava com dois espaços vazios, ou seja, sem faturamento.
- Qualificação do profissional contratado: nossa empresa estava posicionada como premium, porém percebemos que a mão de obra entregue deixava a desejar. Isso impactava diretamente a atração e a fidelização dos clientes.
- O cenário ficou mais preocupante quando os profissionais, que recebiam a remuneração por produtividade começaram a reclamar que recebiam pouco (afinal, estavam com dificuldade de fidelizar clientes) e eu me comprometi com um valor fixo quinzenal de R$ 400,00 por profissional, que aumentou meu custo fixo para R$ 800,00/mês por profissional.

Com essas decisões, sem planejamento, meu custo fixo mensal somente com franquia e bônus quinzenal passou de R$ 2.400,00, somados a R$ 3.200,00, para um total de R$ 5.600,00.

Como segundo aprendizado, relacione todos os custos fixos mensais para identificar qual é o faturamento mensal necessário para que a empresa seja sustentável. Vou trazer um exemplo de conta simples, com custos que precisam ser considerados.

Data	Pagamentos	Valores
1ª quinzena	Profissionais	R$ 1.600,00
Dia 10	Aluguel	R$ 1.500,00
Dia 10	Franquia	R$ 2.400,00
Dia 10	Energia	R$ 200,00
Dia 10	Telefone/Internet	R$ 200,00
Dia 10	Insumos	R$ 500,00
2ª quinzena	Profissionais	R$ 1.600,00
Dia 10	Contabilidade	R$ 250,00
Dia 10	Transporte	R$ 300,00
Dia 10	Alimentação	R$ 300,00
?	Proprietária	R$ 0,00
Custo fixo mensal		R$ 8.850,00
Custo fixo anual		R$ 106.200,00

Qual dos itens da planilha é mais relevante e chamou sua atenção? Não sei se você, leitor, percebeu, mas quando iniciei a empresa esperava o resultado para definir meu Pró-Labore. Então, segue o terceiro aprendizado, defina seu Pró-Labore mensal e some o valor ao custo fixo, para identificar a viabilidade de empreender na modalidade de negócio que você escolheu.

O quarto e último aprendizado que gostaria de compartilhar é: mantenha os pés no chão. Não se deixe encantar com uma modalidade de negócio sem antes fazer o estudo de viabilidade. Os custos fixos que relacionei acima são verídicos, do ano de 2015. O faturamento que o negócio tinha na ocasião não ultrapassava R$ 5.000,00 mensais. O que representa um faturamento anual de R$ 60.000,00 e, consequentemente uma dívida acumulada de R$ 46.200,00/ano. Além disso, o sonho que tinha em passar mais tempo com a minha filha, Beatriz, naquele ano e naquele momento, não se realizou. Estava numa fase em que trabalhava de segunda a sábado, a partir das 8 horas, sem horário certo para chegar em casa.

O que precisa saber antes de abrir uma franquia?

Aprendi muito com essa experiência, por isso achei importante compartilhar com você. Obviamente, após esse aprendizado, muitas coisas mudaram. Inclusive, me desfiz da franquia, vendi a estrutura; e hoje, sim, trabalho de maneira mais estruturada e posso usufruir de momentos junto à minha filha. Mas vamos às dicas para quem quer abrir uma franquia.

1. Estude a franquia: avalie quanto tempo de mercado ela tem. Por mais que ela possa apresentar um projeto estruturado, precisa ter um bom tempo no mercado e se apresentar sustentável.
2. Converse com mais de um franqueado: elenque todas as dúvidas que tem e busque esclarecimento. Se ficou com dúvida ou desconfortável, lembre-se: "Mantenha os pés no chão".
3. Análise de viabilidade econômica: faça cálculos, prevendo as possibilidades de entradas financeiras. Também o levantamento de todos os custos fixos e variáveis, lembrando que seu valor hora deve estar previsto nesse cálculo.
4. Análise de mercado: compreenda a cultura do local onde você pretende abrir sua franquia. O que realmente é uma necessidade do cliente? Qual é o perfil de cliente ideal? Qual é o perfil de cliente real? Qual é o diferencial do seu produto/serviço em relação aos demais?
5. Análise do ponto de venda: a localização que você escolheu para instalar seu negócio é atraente para o cliente? Tem facilidade de estacionamento? É um local de fácil acesso? Tem oportunidade de atrair clientes locais?
6. Análise financeira: ao fechar contrato de *royaltes* com o franqueador, avalie se os valores estabelecidos são fixos ou trata-se de percentuais a serem pagos mensalmente. Lembre-se de que esse custo sai do seu faturamento mensal e por contratos que giram em torno de dois anos. Nesse período, seu faturamento vai suportar a manutenção desses custos mensais?
7. Infraestrutura: sabe-se que, dependendo do tipo de negócio, a estrutura e a localização são importantes para gerar um maior fluxo de pessoas para adquirirem o produto ou o serviço. Esse custo deve estar incluído no cálculo de valores de produto/serviço oferecido pela empresa. Inclusive, faz parte do posicionamento que você vai estabelecer por meio das campanhas de marketing e vendas, para seu negócio.

Espero que essas dicas ajudem você a ter mais clareza sobre essa modalidade de negócio que tem se apresentado, a cada dia mais, como opção para quem quer investir dinheiro de maneira mais rápida e estruturada. Estar atenta a esses pontos faz com que sua decisão realmente seja mais assertiva.

Consultoria para empresas

Após vivenciar esse aprendizado e com experiência de mais de 20 anos no mercado, atuando em Gestão de RH, hoje me dedico a trabalhar com consultoria para empresas que precisam olhar para seus processos, mudança cultural e estrutura de pessoal e, assim, obterem melhores resultados.

Conforme descrito anteriormente, a infraestrutura é importante e precisa ser considerada ao pensar no negócio. Mas, além disso, é imprescindível olhar para a estrutura de pessoal. Pessoas certas, atuando no local certo, geram melhores resultados, além de entregas superiores, o que consequentemente gera uma visão positiva da empresa por parte dos clientes.

Quando observamos do ponto de vista de público interno e ambiente de trabalho, quando existe essa visão de que as pessoas são o centro do negócio, o ambiente se torna mais leve e produtivo, porque pessoas felizes entregam mais e com qualidade superior.

Encerro este capítulo agradecendo a todos que fizeram e fazem parte desta trajetória, especialmente aos meus pais, Ivo Fochesatto e Indelci Fochesatto; a meu marido, Fernando Toss; a minha filha, Beatri;, a minha irmã, Carla; e às minhas amigas do coração, que estão sempre presentes embarcando nos meus sonhos.

28

SEU PODER É SEU PRAZER DE VIVER

Empoderar sua vida significa se reconectar com seu Poder Pessoal. O poder de criar uma vida plena e repleta de prosperidade em que nem o céu é o limite. Parece impossível? Acredite, não é! Convido-a a conhecer minha jornada de transformação e entender como você também pode eliminar suas crenças e seus traumas e acessar esse poder que habita em si.

DIANA RAQUEL

Diana Raquel

Contatos
empoderesuavida.com.br
contato@empoderesuavida.com.br
Instagram: @dianaraqueloficial
Facebook: facebook.com/empoderesuavidaoficial
YouTube: Diana Raquel Empodere Sua Vida

Diana Raquel Fontana é psicoterapeuta holística, com pós-graduação em Sexualidade Humana pela CBI Miami. Hipnoterapeuta não verbal – mesmerismo, magnetismo e fascinação hipnótica. É *trainer* certificada pelo ISI-CNV (International Institute for Neuro-Linguistic Programming (NLP), Hypnosis, Communication – Non Verbal (CNV), *Leadership and Coaching* (Université Europeenne L.L.P.), Nice, França. *Practitioner* em Lei da Atração pelo Global Sciences Foundation de Joe Vitale; e *Presence Coach*, por Robert Dilts e Richard Moss. Criadora do Método Empodere Sua Vida®, atualmente atua como mentora em Poder Pessoal, disseminando sua técnica para que mais pessoas possam se libertar do abuso e vivenciar prosperidade e abundância em todas as áreas da vida.

> *Tudo o que a mente humana pode conceber, ela pode conquistar.*
> NAPOLEON HILL

Desde pequena, eu sempre fui muito boa em imaginar. E de tanto imaginar, tudo o que eu idealizei sempre se concretizou. Isso inclui coisas boas e outras, nem tanto.

Quando criança, não compreendia muito bem como conseguia atrair aquilo que eu desejava. Tive uma infância bem restrita: filha de pais separados, minha mãe não podia me dar certos benefícios, então me restava usar a imaginação. E esse foi meu início no que diz respeito a um universo repleto de possibilidades.

Eu era a menina da rua que, em vez de brincar de casinha, fazia "poções" medicinais com ervas colhidas na horta da minha avó misturadas em água e oferecia para minhas bonecas, que na minha imaginação eram minhas clientes que vinham em busca de algum tratamento.

Ao longo da minha vida, fui percebendo uma habilidade muito forte de perceber energias por meio das sensações corporais e foi isso que me atraiu aos estudos sobre terapias complementares, ocultismo e expansão da consciência.

Aos 14 anos, ganhei meu primeiro baralho cigano e iniciei os estudos holísticos. Posteriormente, aos 17 anos, fiz as primeiras formações em *Reiki*, Aromaterapia e Cromoterapia e comecei a aplicar a animais. Paralelo a isso, iniciei minha vida profissional. Eu tinha consciência de que vivemos em uma realidade material e sempre gostei das coisas boas que a vida pode oferecer. Dessa forma, durante muitos anos trabalhei no meio corporativo, o que me possibilitou a realização de muitas coisas que eu idealizava na época, como morar sozinha e viajar.

Durante esse tempo permanecia consumindo conteúdos que ressoavam em mim e tinham a ver com o mundo para além do que nossa mente lógica e racional pode explicar.

Queria entender como eu manifestava tantas coisas na minha vida. Como mencionei anteriormente, isso incluía situações maravilhosas e outras bem desafiadoras. E aí vai a primeira lição que gostaria de compartilhar com você após essa longa jornada de estudos e trabalho na área terapêutica: não existem situações ruins ou erradas. Existem situações desafiadoras que acontecem porque de alguma forma você atraiu aquilo e é uma oportunidade para que você evolua, se desenvolva como pessoa e acesse seu poder de criação.

Após o nascimento do meu segundo filho, deixei de trabalhar em empresas para cuidar dele. A partir daí resolvi ir atrás do meu propósito, daquilo que realmente vibrava em mim, que me entusiasmava e fazia meus olhos brilharem.

Retomei meus estudos, dessa vez me aprofundando ainda mais em questões emocionais e na relação que o desenvolvimento pessoal tem com o despertar da consciência. Nesse período, comecei a atender profissionalmente e comecei a perceber que o público que mais vinha até mim eram mulheres fragilizadas emocionalmente por diferentes motivos. Eu já havia feito algumas especializações em Sagrado Feminino e relações abusivas e tinha clareza de que meu próprio relacionamento era extremamente tóxico. Resumindo, na minha vida pessoal eu estava com as mesmas dificuldades que minhas clientes.

Um dia, após uma formação específica sobre os diferentes tipos de abuso, que me desgastou profundamente, entrei no quarto do hotel e me perguntei o que é que eu estava fazendo com minha vida. Em todos os cursos, formações, especializações relacionadas à área terapêutica, nós somos tratados em primeiro lugar.

Tomar consciência de que as situações abusivas em que eu mesma me colocava eram derivadas de crenças de infância foi como uma cascata de água fria jorrando sobre minha cabeça. E foi libertador!

Voltei para casa decidida a fazer qualquer coisa para mudar minha situação. Passei a usar todas as ferramentas que eu tinha em mãos, que eu tinha aprendido ao longo dos anos de estudo e aos poucos fui me reestruturando. Ao mesmo tempo, ajudava outras mulheres a se fortalecerem emocional e psicologicamente.

Dentro dos muitos atendimentos, consegui detectar os diferentes tipos de abuso pelos quais muitas vezes passamos sem nos dar conta. E esses abusos não acontecem somente com mulheres, a diferença é que os homens têm mais dificuldade de perceber e trabalhar essas questões em si mesmos.

Quando falamos em abuso, logo vem à mente o abuso sexual, porém existem outros tantos (por exemplo, abuso financeiro, familiar, profissional e, principalmente, o autoabuso). E todos esses geram medo, insegurança e dúvida, sentimentos que paralisam a vida da pessoa, além de uma dor emocional muito forte que muitas vezes somatiza para o corpo físico. O resultado é autoestima totalmente fragilizada, falta de amor-próprio e autoconfiança para fortalecer o poder que existe em cada um de nós e que faz com que assumamos o controle de nossas vidas.

Durante algum tempo, ainda insistimos em manter a relação já desgastada. Procuramos ajuda, terapia de casal, constelação familiar e outras, porém quando duas pessoas estão em diferentes níveis de consciência, a tendência é que haja uma separação, e foi o que aconteceu.

Saber que as pessoas chegam a nossas vidas no momento em que necessitamos e que elas partem quando já houve um aprendizado também é libertador.

Foi assim que nasceu o Empodere Sua Vida®. Na época, a palavra "empoderamento" não era tão usual nem tão distorcida quanto hoje. O real sentido de Empoderar se refere ao ato de dar poder a si própria(o).

Você dá mais poder aos acontecimentos externos ou a si mesma? Enquanto colocamos mais poder na pressão externa, no governo, na crise, nos sentimentos e nas atitudes de outras pessoas, vitimizamo-nos e encontramos justificativas que nos impedem de progredir. Ao acessar todo o poder existente em si, você deixa de ser afetada por questões externas porque sabe que sua mudança, sua transformação, parte de si.

Empodere Sua Vida® diz respeito à essência de Ser Você. Ser Você em toda a sua veracidade, sem necessidade de cortar partes de si para se encaixar na vida de outra pessoa ou no meio em que vive.

Reuni todas as técnicas que me auxiliaram a recuperar meu poder pessoal e transformei em um método próprio que tem ajudado outras pessoas a se libertar da gaiola do abuso e viver sua verdade. A Metodologia Empodere Sua Vida® está baseada no fortalecimento de cinco pilares:

- Autoconhecimento (que envolve autoestima, amor próprio, autoconfiança).
- Saúde/Corpo.
- Dinheiro/Negócios/Profissão.
- Relacionamentos/Sexualidade.
- Espiritualidade.

Quando esses pilares estão equilibrados e fortalecidos, ocorre a verdadeira prosperidade, que não tem a ver somente com dinheiro, e sim com algo muito mais grandioso, que é o poder de cocriar absolutamente tudo o que se deseja.

Levei algum tempo para compreender o real sentido da palavra "cocriar". Ela parte do pressuposto de que tudo o que você é capaz de imaginar já está criado em sua mente. Só que não adianta somente imaginar, quando logo em seguida vem um pensamento sabotador lhe dizendo que aquilo não é para você. A questão é: como eliminar esses pensamentos? Como materializar o que você deseja? Como trazer isso para o físico? Aí é que entra a conexão com o corpo. Sim, nossa mente mente muito. Pensamentos sabotadores geram sentimentos depressivos e emoções desalinhadas com nosso verdadeiro Ser.

Equilibrar Corpo e Mente é de vital importância no que diz respeito a perceber quando você está sendo você mesma ou quando está funcionando a partir da mente lógica e racional, que nem sempre condiz com aquilo que pensa e sente.

Quantas vezes na sua vida você agiu de uma forma e depois sentiu o peso do arrependimento? Quantas vezes fez algo somente para agradar à outra pessoa e para caber na caixinha dela, com medo da rejeição? Quantas vezes sua mente lhe disse para fazer alguma coisa ao mesmo tempo que você sentiu uma contração no peito como se algo ali estivesse errado?

Seu corpo responde de muitas formas, basta saber ouvir seus sussurros. Nossa mente está acostumada ao que aprendemos ao longo da vida, de acordo com a família, a cultura e a sociedade em que vivemos.

Captar o que a mente está falando e trazer para o presente por meio da consciência corporal é uma ferramenta poderosa para alinhar todos os pilares da vida. Essa é uma das melhores formas de se eliminar crenças ou traumas que fazem você atrair padrões repetitivos.

Desvinculamo-nos do nosso corpo por diversos motivos. Um dos principais está relacionado aos diferentes tipos de abuso que passamos ao longo da vida. Dependendo do abuso, a mente faz de tudo para esquecer, algumas terapias inclusive são desenhadas para ressignificar o que ocorreu e auxiliam dessa forma quanto ao trauma emocional gerado. Porém, guardamos em nosso corpo algo muito mais profundo, chamado de *memória celular*. E mesmo quando o abuso é emocional ou psicológico, as moléculas do corpo inteiro se contraem, causando dessa forma a falta de percepção, insegurança, ansiedade, doenças físicas e falta de prazer de viver.

Quando percebi que era exatamente isso que estava acontecendo comigo logo após minha separação, quis saber qual é o fundamento para essa desconexão. Iniciei um processo terapêutico corporal intenso que trouxe de volta minha sexualidade, minha sensualidade e minha consciência corporal. E, juntando com as terapias quânticas, tive uma percepção ainda maior do que realmente era verdadeiro para mim e que me fazia acordar todos os dias sentindo gratidão por estar viva e por transbordar meu conhecimento em prol de auxiliar outras pessoas e do planeta. E nesse momento veio a compreensão de todo o propósito do Empodere Sua Vida®: "empoderar pessoas para que elas se permitam e se disponham a acessar seu próprio poder por meio da conexão com o corpo, da sexualidade e da expansão da consciência". Para isso, alinhei os estudos científicos sobre sexualidade por meio de uma pós-graduação em Sexualidade Humana junto a conhecimentos profundos sobre como a energia sexual está diretamente ligada à prosperidade e à abundância nessa realidade. Isso inclui bens materiais, saúde, qualidade de vida e principalmente prazer de viver. É o que eu chamo de Vida Orgástica. Afinal, qual é o sentido da vida se ela não puder ser tão prazerosa quanto um orgasmo? E isso não diz respeito somente a uma relação sexual, mas sim ao prazer de pisar na grama, tomar um banho de mar, comer uma comida ou beber uma bebida gostosa ou fazer alguma atividade que te proporcione tanto prazer quanto o de um orgasmo.

Atendo muitas pessoas, cada uma com sua história de vida, e que não têm percepção nenhuma sobre como experienciar a vida de maneira mais prazerosa. São condicionadas a pensar que seus sonhos e seus desejos estão em um futuro distante. "Quando eu me aposentar, aí sim vou poder viajar"; "quando eu tiver a casa própria, aí sim estarei tranquilo" e assim por diante. E se a vida puder ser prazerosa aqui/agora? Neste exato nanossegundo, em que você respira?

Acredite, esse poder de criar uma vida fantástica e orgástica existe e está em você. Talvez no momento em que você estiver lendo este capítulo não o perceba, mas ele está aí, escondido, engavetado, louco para se libertar para que você viva a vida plena e repleta de abundância que merece.

Basta uma escolha: empoderar sua vida! O que você escolhe?

29

CORRIDA
UMA METÁFORA DA VIDA

Os desafios de uma atleta amadora, apaixonada por montanha e caminhos estimulantes, em busca de superação e aventura. É uma história sobre como podemos superar nossos limites, fazer planos e ultrapassar os obstáculos, de como a corrida é uma metáfora da vida, cheia de altos e baixos, de largadas e chegadas, de apoio e solidariedade. De conquistas e recomeços. Uma reflexão sobre nunca estarmos sozinhos, sempre tem alguém para dar a mão.

EDDE NOEMIA ORLANDINI RODRIGUES

Edde Noemia Orlandini Rodrigues

Contatos
edde_rodrigues@yahoo.com.br
LinkedIn: https://bit.ly/3KwhO1r
Instagram: @eddenoemia
11 98101 9709

Secretária executiva bilíngue de formação, com mais de 20 anos de experiência em diversos segmentos: escritórios de advocacia, indústria automobilística, mercado financeiro e mercado de energia renovável. Mãe da Dudinha, um ser humaninho fantástico, que torna meus dias mais felizes. Corredora, maratonista e ultramaratonista por opção! Acredito que podemos ser a mudança que queremos ver no mundo e que estamos aqui para servir! Ser secretária me dá a oportunidade de servir e ajudar, que é o propósito da minha vida.

Toda vez que treino, venço a mim mesma. Cada corrida escolhida como prova-alvo é uma construção diferente, um novo caminho a ser percorrido, que exige novas abordagens e estratégias para converter todo o esforço em conquista.

A corrida me ensina sobre a vida. Correr, segundo definição do dicionário, é um verbo intransitivo, cuja definição diz: "imprimir grande velocidade ao deslocamento do corpo, pelo contato rápido dos pés ou das patas com o solo e/ou se deslocar no espaço velozmente". Correr, no meu dicionário particular, significa a vida pulsando, o vento batendo no rosto, os pés em movimento. Plena, presente em cada segundo, em cada respiração. Para mim não há nada de intransitivo, eu transito na minha história a cada passo que avanço. Comecei a correr em 2012, na academia, com uma professora fantástica, que acreditava mais em mim do que eu mesma, confesso. Os primeiros 5 km em esteira foram dificílimos, mas na semana seguinte baixei o tempo e a satisfação cresceu. Nessa época, eu ainda era bem baladeira, adorava (adoro) conhecer gente, jogar conversar fora e beber umas cervejinhas, conhecia tantos bares em São Paulo que muita gente me chamava de Edde Bohemia. Os primeiros treinos foram despretensiosos, sem objetivos claros, apenas pela satisfação de melhorar semana a semana meu desempenho. Transitei muito tempo entre corridas e festas, me dividindo entre treinos e drinques, entre noites mal dormidas e exercícios; porém, persistindo. Até que me inscrevi na minha primeira prova. Uau. Que emoção! Como era a minha primeira corrida com direito a medalha (e sim, elas, as medalhas, significam muito para mim), escolhi uma prova de cunho social, a Criança Esperança, em 2013, que saía do Pacaembu, na capital paulista. Como nunca tinha participado de uma corrida, havia marcado com um amigo, porém ele me deixou na mão. Poderia ter desistido, mas só quem foi para uma linha de largada sabe a emoção. Meu coração estava disparado, todo mundo feliz, às 6 horas e 30 minutos da manhã de um domingo chuvoso. Naquele dia, me encontrei. Terminei a prova em

40 e poucos minutos, peguei minha medalha e me senti completa. Como era bom concluir um objetivo e sentir essa energia. Queria mais disso, queria vibrar novamente. Então continuei treinando; da primeira prova até início de 2016, treinei sozinha, sem técnica. Acordava cedo, simplesmente respirava e ia, e fazia o melhor possível; às vezes era somente eu, às vezes ia com uma grande amiga minha; e, assim, continuei a me inscrever em provas que tinham um apelo social: GRAAC, Olga Kos... Cheguei ao meu limite sem saber o que estava fazendo, mas fazendo e tive a sorte de não me machucar. A questão com a corrida é que você sempre quer ir mais longe, ou ir mais rápido e eu buscava esses desafios. Entre 2014 e 2015, passei a fazer provas mais longas. De 5 km, fui para 10, de 8 km pulei para os 16 km. Porém queria alcançar os tão sonhados 21 km e percebi que sozinha, sem orientação, poderia ser desastroso. Acredito que nenhum encontro na nossa vida seja por acaso; e em 2015 reencontrei uma amiga antiga, que me convidou para correr na assessoria do então namorado (hoje eles são casados). Estava numa fase complicada de trabalho, cuidando da minha mãe, que enfrentava um câncer, e me desdobrando para dar conta da maternidade solo; enfim, não conseguia encaixar os treinos como gostaria, andava desanimada, não tinha tempo para mim. Nessa época eu trabalha na região de Pinheiros, zona oeste da cidade de São Paulo, e demorava duas horas para chegar em casa do trabalho, por conta de trânsito. Para mim, TEMPO é tudo que temos de mais valioso, e a forma como aproveitamos é importante. Eu gosto de aproveitá-lo para atender às minhas necessidades, desejos e vontades. Portanto, duas horas para voltar para casa era perda de tempo, ainda mais de pé, parada, encarando o transporte público precário. Então, finalmente resolvi aceitar o convite dessa minha grande amiga. E em fevereiro de 2016, fui conhecer essa assessoria, no Parque do Povo. Eu simplesmente amei. É inerente a todo ser humano pertencer, viver em comunidade, ser reconhecido como parte de algo; e naquele dia conheci pessoas que carrego comigo até hoje. Eles fazem parte de uma das minhas comunidades. A corrida se tornou minha terapia e eu corria como vivia, como se fosse meu último dia na Terra. Eu era explosiva, queria ir mais rápido do que meu corpo poderia suportar no momento. Eu ia no meu limite, e quando terminava meu treino, uau, a sensação era de plenitude. A partir desse momento, passei a utilizar meu tempo de melhor forma, e sem querer encontrei uma atividade que faz minha alma vibrar. Entrei para fazer 21 km em 2016 e em menos de dois meses já estava inscrita em uma maratona. Correr é uma construção, correr é uma escolha, correr é crescer em números,

velocidade e humildade. Correr é ser pé no chão! E com essa bagagem em outubro de 2016 fiz meus primeiros 21 km; a prova é a celebração da conquista, aprendi nesse primeiro ciclo de treino. É a consequência da sua dedicação! E meus primeiros 21 km foram feitos em duas horas e 17 minutos... Terminei a prova chorando, feliz, mas sozinha, pois não tinha ninguém para celebrar minha conquista comigo, não tinha ninguém na linha de chegada nesse dia. Naquele momento, aprendi que nossas vitórias têm menos sabor se você não tiver com quem celebrá-las. Então, após 15 dias fiz minha segunda prova de 21 km, mas nesse dia minha família foi me esperar, e ouvir eles gritando meu nome na chegada não tem preço. Estavam me esperando, minha filha, meus pais, minha cunhada, sobrinha e irmão, todos vibrando por mim, numa manhã de domingo. Ver o orgulho nos olhos deles foi emocionante. Acredito que só o esporte pode proporcionar esses momentos. A corrida me dá momentos inesquecíveis, cheios de amor, emoções e sentido na vida... Correndo encontrei pessoas incríveis, me joguei em desafios, encontrei a montanha, minha paixão. Correndo, me encontrei. E de baladeira me tornei corredora, a que buscava desafios mais difíceis. E em fevereiro de 2017, eu fiz minha primeira prova *trail* montanha; ou melhor, encontrei as montanhas (ou talvez elas tenham me encontrado?). Eu simplesmente amo correr nas montanhas (sim, o Brasil tem paisagens fantásticas e são altas o suficiente para fazer nossas pernas sofrerem!). Essa primeira prova foi em Mogi das Cruzes, em um local chamado Pico do Urubu – um estradão de terra sem fim, umas subidinhas difíceis e uma alegria gigante de terminar. Uma conexão comigo, com a natureza, com o momento presente, pois correr é sobre estar presente. Você só tem aquele passo, é um quilômetro por vez. Ali, me apaixonei pela montanha, que nem era tão montanha assim. Continuei em busca de desafios e provas; e em abril de 2017 fiz minha primeira prova de revezamento, chamada Volta à Ilha, com uma equipe de oito pessoas para fazer 140 km ao redor de Florianópolis. Essa prova foi um marco em minha vida, pois me ensinou o poder da cooperação, o poder da comunidade, correr mais rápido e melhor para o último não sofrer para entregar a prova. É uma prova com muitos desafios, diferentes terrenos, desde areia dura, areia fofa, até mesmo dunas, além – claro – de asfalto e alguns morros... Essa prova dura o dia inteiro (para nós, os amadores), pois acordamos às 3 horas da manhã, largamos por volta das 4 horas.. E temos até às 20 horas e 30 minutos para entregar a prova, ou não ganhamos medalha. Corremos sob a pressão. Só quem corre sabe a importância da medalha. E nesse dia, no meio da prova, uma atleta torceu o pé e precisamos recalcular a rota, redistribuindo os trechos. Eu tinha um trecho ao meio dia e meio, calor do Deserto do Saara, areia fofa e não conseguia desenrolar, estava sofrendo e preocupada com o tempo, que não conseguiria entregar. Na minha frente havia um corredor, creio eu que com uns 45 anos, um pouco mais "parrudo" que o porte normal de corredor e ele estava lá, no ritmo dele, sem parar, e aparentemente não estava sofrendo. Como a areia era fofa e era minha primeira vez em terrenos desse tipo, eu pisava onde ele pisava, mas ainda assim estava difícil. E em algum momento desse sofrimento, ele ganhou uma boa distância de mim. Eu estava cada vez mais desesperada por conta do tempo, pensava o tempo todo que podia prejudicar meu grupo; e nesse meu trecho, de apenas 5 km, já estava cansada, esgotada pelo calor. De repente surge um corredor de elite (os caras fazem a mesma prova que a gente na metade do tempo) na ponta da água, descalço e correndo forte. Pensei, "vou fazer o mesmo", mas pensei na atleta machucada, não podia correr o risco. E estava sofrendo, mais cinco minutos de sacrifício, aí não tive dúvidas, arranquei o tênis, e corri, sem olhar o tempo, focada em terminar, em recuperar o tempo que perdi... faltando uns 500 m para a chegada, encontrei esse corredor novamente, ele me viu, ficou surpreso e gritou: "É isso aí, garota, vai lá!". E eu respondi "não vou sem você" e cruzei a chegada desse trecho junto com esse atleta que nunca mais vi na vida! Que emoção, consegui recuperar o tempo que perdi, entreguei esse trecho exatamente no tempo planejado. Após essas emoções todas, eu precisava descansar, pois faria o último trecho da prova, o mais temido, pois se faltar tempo é responsabilidade desse atleta correr como se não houvesse amanhã. Porém, meu incrível time conseguiu correr bem, todos deram o seu melhor, todos diminuíram o tempo em seus trechos e, mesmo diante de tantos problemas, entregamos a prova às 20 horas e 20 minutos, com 10 minutos de folga (Se você acha que 10 minutos não é nada, pergunte a um piloto de Fórmula 1 o que são 10 segundos.). Saí dessa prova cheia de energia, amor, alegria, conectada com a vida, com amigos, com o que realmente importa. Aprendi naquele dia a confiar no processo (mesmo que ainda esqueça algumas vezes). Aprendi a me adaptar rapidamente às situações, a recalcular a rota, a corrida da vida mais uma vez me ensinou. Após esse processo de treinamento, foquei a minha maior prova: a Maratona do Rio de Janeiro. Meu primeiro ciclo de treinamento focado em maratona, sem entender ainda como funcionavam os ciclos, com pessoas que acreditavam em mim mais que eu mesma. O pico do ciclo de treinos ocorre entre três e quatro semanas antes da prova-alvo e eu não cumpri essa etapa. Eu quebrei no maior treino. Simplesmente não respirava, e me desesperei. Na semana seguinte, fui brindada com uma bela sinusite... Então fui para a maratona sem saber se conseguiria cumpri-la. Essa prova sempre ocorre no feriado de Corpus Christi; e numa quinta-feira chuvosa, fomos minha filha e eu para o Rio de Janeiro, num plano audacioso, pois eu não tinha com quem deixar minha companheirinha de 11 anos. Mas quem tem amigas tem tudo. E eu tenho amigas e uma delas tinha uma irmã que vivia bem próximo da chegada da maratona. Conversei com minha filha, ela topou; e no sábado à noite deixei-a com essa pessoa maravilhosa que cuidou de minha filha como se fosse sua. E no dia seguinte, domingo, estava pronta para correr minha primeira maratona. Tive o privilégio de ver o sol nascer no Recreio dos Bandeirantes, de estar acompanhada por outros atletas que também estavam vivenciando a maratona pela primeira vez. Quanta ansiedade, quanta alegria, nervosismo. Quanta energia. E quando larguei, simplesmente sabia que ia conseguir, completei minha primeira maratona no Rio de Janeiro, cinco horas e 27 minutos correndo, chorando, sendo recebida por um público incrível, que me incentivou, que vibrou, pessoas desconhecidas que estavam lá, dando seu tempo e seu apoio a centenas de desconhecidos. Que experiência! No meio da prova, mandava mensagens via celular para minha família, para meus amigos e eles me respondiam me passando a energia para continuar. Quando cruzei a linha de chegada, meu Deus, completar uma maratona, sozinha, e mesmo sem ninguém na linha de chegada, me fez me sentir insuperável... Eu seria capaz de qualquer coisa. Foram cinco horas e 27 minutos sozinha com meus pensamentos. Foram cinco horas e 27 resolvendo questões emocionais, traumas, passa tudo em nossa mente nessas horas. Foram cinco horas e 27 minutos de silêncio interno. Chorava por mim, chorava pela minha filha, por todos os sacrifícios que passei para estar nessa chegada. A dúvida de saber se conseguiria, a logística de uma mãe maratonista com sua filha, sozinha no Rio de Janeiro. Era um choro de satisfação, de alegria, de alívio, de conquista. Era um choro de felicidade. E como a corrida sempre me dá lições preciosas, eu estava na metade da prova, peguei o celular para mandar mensagem para minha filha, saber como ela estava; e uma outra corredora gritou comigo e disse: "Maratona não foi feita para andar, se não consegue correr, não merece estar aqui" e eu simplesmente chorei. Aquela corredora não sabia da minha história, dos meus sacrifícios. Ela não sabia que minha filha estava com uma estranha. E mais uma vez pensei como a corrida é metáfora da vida. Quantas vezes fazemos julgamentos e tiramos conclusões sobre pessoas e situações sem saber a verdade. E depois de algum tempo, me dei conta de que eu tinha compaixão por essa pessoa sem empatia. Meu mundo era recheado de apoio e amor, talvez o dela não o fosse. Além disso, chegar era o objetivo e eu completei, meus treinadores não estavam na linha de chegada (mesmo porque nem sempre eles conseguem acompanhar todos os atletas), mas estavam lá para celebrar comigo minha primeira grande conquista, para me abraçar e chorar comigo. E assim é a vida, uma grande maratona, com altos, baixos, obstáculos, pequenas conquistas, com pessoas torcendo por você! Sim, sempre teremos obstáculos em nossas vidas, e às vezes queremos desistir, às vezes não conseguimos respirar, às vezes só queremos parar. Ainda assim, com tantas dificuldades escolhi continuar; escolhi continuar e a sensação foi tão boa que queria mais. E fui em busca de mais experiências, porque a corrida trouxe para mim equilíbrio mental e emocional, e entendimento dos meus sentimentos. Ela me trouxe limites, mas também me ensinou a quebrá-los, me trouxe clareza e me tornou uma pessoa melhor. Para 2017, tinha apenas mais duas provas-alvo, uma em São Paulo e outra em Bombinhas/SC. A primeira localizada em Mogi das Cruzes, estradão, subidas, sol, apoios inesperados, mais uma prova incrível. No pós-prova, e cheios de endorfina (sempre tomamos decisões arriscadas cheios de endorfina), decidimos fazer uma outra prova, chamada El Cruce, 100 km, em três dias, dormindo aos pés de vulcões... em barracas e levando sua própria água, alimentos. Uau, parecia bem desafiador. E uns dias depois, um sinal dos céus em forma de um *post* avisando que as inscrições abririam no final daquele ano. Pronto, convencemos mais alguns loucos e nos tornamos Los Destemidos. Contudo, antes dessa loucura, tínhamos tantos outros desafios pela frente... Tantos quilômetros de alegria, tristezas, raivas, entre outros sentimentos, pois para cada decisão de prova que tomamos, que escolhemos, temos desafios: rotina, renúncia, a disciplina. Quando compartilhei com minha família o que iria fazer, minhas escolhas e do que iria abrir mão, eles me apoiaram e pude ver novamente aquele brilho no olhar deles, de orgulho. E já focada nos próximos desafios, em 30 de julho de 2017 estava apta a fazer 21 km da Maratona de São Paulo; porém, como a vida é cheia de surpresas, essa foi a primeira prova que quebrei (quebrar é um jargão dos corredores que significa ser forçado a diminuir o ritmo ou até a abandonar um treino ou uma prova) e precisei parar. Já corria há anos, fazia provas há quatro anos, nunca havia acontecido nada parecido. E lembra que falei que a corrida ensina limites? Pois bem, naquele dia aprendi. Estava com uma forte contratura na coxa direita, que começou no segundo quilômetro, consegui levar até o décimo primeiro, porém essa não era minha prova-alvo, era uma prova-treino, e minha sábia amiga me lembrou disso: valia a pena perder a prova-alvo para terminar uma prova-treino? Dilema dos bravos, pois corredor nunca quer abandonar uma prova, e nesse dia abandonei. O acolhimento que recebi, no entanto, foi incrível. Quanto carinho, compreensão, abraços incontáveis. Aprendi que desistir nem sempre é ruim, é renunciar a algo para conseguir se recuperar para outra. E o que essa desistência me ensinou: limites, sejam eles corporais ou mentais, que nossos planos nem sempre saem como queremos, mas podemos recalcular a rota e colocar nossa energia onde realmente importa. E eu coloquei a energia na minha prova-alvo, em Bombinhas/SC, em outubro de 2017. Foquei a recuperação, foquei os treinos e fiz uma linda prova. Aliás, uma das mais bonitas do Brasil, uma altimetria considerável para minhas pernas curtas, todo tipo de terreno: asfalto, areia, pedras, trilhas fechadas. Já era apaixonada pela prova de montanha, mas Bombinhas deu a flechada final no meu coração. A corrida me dá vitórias e histórias para contar. A corrida me dá amigos que vou levar para o resto da minha vida. A corrida me alegra a alma e me dá propósito. Em outubro desse mesmo ano, fiz uma prova em trio, com mulheres incríveis. Nessa prova, 75 km divididos por três pessoas, no litoral norte de São Paulo (um *spoiler*, fiz essa prova solo em 2022), corri sem relógio, e estava desesperada ao longo do meu último trecho, pois achava que estava atrasada. Corria pois não sabia se estava atrasada, corria, pois tinha certeza mais uma vez de que ia prejudicar meu time, corria como se não houvesse amanhã. Meu trecho era o penúltimo, ia entregar para outra atleta finalizar o tão temido trecho da Serra de Maresias. Coloquei minha alma nesse trecho e entreguei minutos antes do planejado. Quando eu cheguei sem fôlego, roxa e achando que tinha atrapalhado tudo, uma grande amiga que a corrida me deu gritou comigo: "Você nunca mais vai correr sem relógio, sua louca", até então não sabia que tinha conseguido diminuir o tempo! E um outro corredor do nada me olha e diz, "pega essa cerveja, você merece!". E cerca de uma hora depois entregamos a prova, tão felizes que o sofrimento dos trechos ficou pequeno perante a alegria. Nesse dia, pude perceber que realmente eu gosto de correr pelo outro, esse é um dos meus propósitos de vida. Servir ao outro. O ano de 2017, aliás, foi bem intenso em termos de corrida, de vida pessoal. E a empresa que eu trabalhava estava passando por uma fusão, e não me via mais lá, diferentes culturas e formas de pensar. Em meio a um caos de informações desencontradas, eu não sabia se ainda teria emprego; e, no mundo corporativo, aprendi a contar apenas comigo. Aliás, essa experiência profissional me ensinou muito, pois foi uma das mais difíceis que passei. A corrida me ajudou a aguentar num ambiente difícil que necessitava de muita energia e inteligência emocional. Acredito que na vida nos damos aquilo que temos; portanto, a corrida era meu combustível, me enchia de energia para aguentar situações que necessitavam muito equilíbrio. Diante desse cenário, fui atrás de um novo emprego; e em outubro de 2017 comecei numa nova empresa, ganhando cerca de 25% menos no total anual, porém fiz uma escolha de carreira e apostei numa empresa que tinha mais minha cara. Junto com essa mudança, comecei meu treinamento para a prova de 100 km. Veja, correr essa distância parece difícil, mas treinar para isso é muito mais. Treinar para esse objetivo foi renunciar a muitas coisas, de vida social, de viagens, de questões financeiras. Foram muitos *happy hours* perdidos, muitos almoços com pessoal do trabalho perdidos; isso tudo em meio a uma rotina desgastante de trabalho, por escolha minha, sim, mas nem por isso menos cansativa. Em meados de 2018, tive sérias reconsiderações sobre o rumo da minha carreira, pois afinal eu era assistente de um CEO, mas meu propósito sempre foi ajudar os outros. E não me via fazendo isso. E o pior, tinha que lidar com o excesso de cobranças, carga horária de trabalho extenuante e um treinamento puxado. Eu quis desistir da corrida, mas quando está em um grupo, você está apoiado. Pois quando um está para baixo o outro está melhor. Então, a energia é preservada e você consegue dar o próximo passo. Esse é o maior poder da comunidade, seja ela do esporte, da religião ou de pessoas com a mesma intenção. Esse grupo, o Los Destemidos, me deu a força que eu precisava para passar pelos meus desafios profissionais. Na corrida eu descontava meus sentimentos nada nobres, os treinos eram praticamente uma sessão de terapia. E em meio a esse treinamento intenso, encontrava em cada desafio a vontade de continuar. Para treinar para El Cruce, fizemos provas e treinos duplos, triplos. Fiz o Desafio do Rio de Janeiro, 21 km no sábado, 42,195 km no domingo; aliás, foi nesse final de semana que me dei conta que era possível fazer o Cruce. Inexplicável o sentimento. Na chegada do desafio, eu chorava sem conseguir respirar, não tinha ninguém me esperando; e dessa vez minha filha ficou sozinha no hotel. Fui pegar minha medalha especial e encontrei um grupo de mulheres que me deram um abraço, me disseram o quanto eu era forte, pois eu tinha terminado o desafio. Engraçado como um grupo de pessoas, que nunca vi na vida e nunca mais vou ver, pode ser capaz de me dar o acolhimento que eu queria, o abraço da chegada. E mais uma vez a corrida da vida me ensinou que empatia vem de onde você menos espera. E os treinos continuaram, junto com a vida, literal e figurativamente, corrida, em meio ao caos do profissional, dos problemas financeiros que adquiri ao fazer uma escolha de carreira e não de dinheiro e de questões pessoais. Eu queria fugir, várias vezes quis largar tudo, mas o que me fez continuar foi a certeza de que tudo passa. Quem me via sorrindo, todos os dias, não sabia que eu matava muitos leões por dia. A corrida me deu o fôlego que eu precisava para seguir adiante. E eu segui, e em agosto de 2018 fizemos uma prova incrível, chamada La Mision. 35 km de distância, nas lindas montanhas de Minas Gerais, uma cidade linda chamada Passa Quatro, uma prova que fiz em 11 horas e 24 minutos com parceiras que a corrida me deu. Corremos, andamos, xingamos, foram 11 horas e 24 minutos pensando na vida, subindo morros bem inclinados, descendo morros mais inclinados ainda. Correndo no escuro, mas era mais um treino e dessa vez não tinha tempo mínimo (até tinha, mas não me lembro dele), mas o importante era chegar, e chegamos; e nessa chegada estavam nossos amigos que são mais rápidos e chegaram antes, vibrando por nós, gritando, chorando com a gente. Ganhamos nossa medalha e ganhamos lembranças além da certeza de que o Desafio de El Cruce estava cada vez mais factível, cada vez mais próximo e nada iria nos segurar. Em outubro desse mesmo ano voltamos para treinar nas montanhas de Passa Quatro, éramos três grupos correndo e treinando, os super-rápidos, os rápidos e nós, as mais lentas, também conhecidas carinhosamente como tartarugas ninjas; fizemos a meia travessia da Serra Fina, no nosso ritmo, rindo cantando, curtindo. Afinal, a corrida não é só sobre a chegada, é sobre quem está com você no caminho, é sobre aproveitar a paisagem. Mais um treino entregue e a certeza de que estávamos no caminho certo. Mas a vida é cheia de surpresas. Vinte dias antes da prova, eu tive um diagnóstico de herpes-zóster, até então nem sabia o que era; e o médico me proibiu de correr. "Você não pode correr, a dor é insuportável". Eu saí do consultório arrasada, pensando nos meus últimos 18 meses e meu todo sacrifício.

Liguei para meu treinador e contei o que estava acontecendo, mais uma vez ele recalculou a rota. Liguei para minha nutricionista, amiga, corredora que me ensinou a ter uma relação mais saudável com a comida. Ela me disse: "Você vai para a prova, ou eu mudo de nome". E começamos uma via-sacra de tratamentos médicos convencionais e alternativos, regulando imunidade, diminuindo treinos. A dor insuportável cheguei a ter, mas a mente e a vontade de vencer eram maiores; então, foquei no que podia fazer e, no dia do embarque, estava 100% curada. Zero dor, zero incômodo, zero feridas. Pronta para viver uma das maiores aventuras da minha vida, com a minha comunidade. Mais uma vez a corrida me ensinou: ensinou a não desistir, ensinou a correr ao encontro do que almejo e realmente lutar pelo que queria; e o que queria era finalizar El Cruce. Chegamos a Pucón, no Chile, ansiosos, excitados, animados. Dois dias depois saímos para nossa aventura. Primeiro dia de prova, cerca de 30 km, com cerca de 3.000 m de altimetria acumulada, ou seja, subida e descida somadas oito horas de prova, com direito a sentir frio, calor, trilhas fechadas e neve (sim, eu corri na neve, eu parei 10 minutos para fazer um vídeo de anjo na neve e para escrever o nome da minha filha, pois aonde eu vou, ela está comigo)! Descemos o declive como se não tivéssemos corrido muito. Finalizamos o primeiro dia com a certeza de que fizemos nosso melhor, a sensação de alívio do dia 1 era indescritível. Chegamos, pegamos nossa mala, fomos para nossa barraca e nos preparamos para tomar banho num lago gelado (não, não tem chuveiro ou banheiros), tem apenas o lago e banheiros químicos. A água gelada advinda do degelo das montanhas serviu para ajudar na recuperação muscular.

Nesse dia comemos um belo churrasco argentino, feito no chão, e apreciamos o resto do dia e nossa primeira vitória! Na hora de dormir, outra surpresa, dormi no chão, pois esqueci a válvula do colchão de ar no Brasil (já diria uma amiga, "nada é tão ruim que não possa piorar")! Já no segundo dia, saímos para o dia mais difícil, pois foi o dia em que a sensação térmica no pico da montanha chegou a -9ºC. Ventava tanto que não era possível sequer olhar para o lado. Estávamos preparados, tínhamos o equipamento necessário, precisamos apenas manter a calma e continuar até sair do pico. Para esse tipo de prova, você tem que largar com equipamentos obrigatórios, sendo eles kit de primeiros socorros, corta-vento, enfim, tudo para garantir sua sobrevivência. É uma prova com apoio, mas a maior parte do tempo não tem *staff* (pessoas que trabalham na prova) perto para te ajudar. Passado o perrengue do vento, finalizamos o segundo dia em seis horas, 50 minutos e 32 km para a conta, com altimetria acumulada de 2.000 m. Que alegria! Como diria meu treinador, os dois primeiros dias corremos com a perna, o terceiro seria com o coração.

No fim do segundo dia, fizemos um *happy hour*, estava muito frio (isso não impediu meu banho), com queijo, vinho e muitas risadas. Como rimos. Como nos divertimos. Todos estávamos cansados, alguns já estavam dormindo, mas outros ficaram dividindo a alegria nesse momento de vida. Pois já tínhamos cumprido dois terços da prova. O último dia, 35 km, em 8 horas, estava só a nossa espera. O dia em que o coração correu no lugar da perna. O dia em que a cabeça venceu o cansaço e as dores. O dia em que a amizade nos ajudou a chegar ao final. E chegamos, juntas, as tartarugas ninjas. Nenhum queniano correria no nosso *pace*, eles não estão acostumados a serem tão lentos! E nesse dia, acabada e feliz por ter completado meu tão sonhado objetivo, eu lembrei do médico que disse que eu não conseguiria correr, e pensei: "Você não me conhece e não sabe do que sou capaz". Eu venci! Nós vencemos, pois não venci sozinha. Comigo estavam todos acreditaram em mim, minha família, meus amigos mais amados! Cheguei tão acabada, suja, que quando minha melhor amiga viu uma foto que minha mãe enviou para dar notícias perguntou para minha mãe se realmente eu estava inteira. Ela queria saber o motivo de eu estar tão acabada. E eu estava só o pó da rabiola, mas um pó da rabiola feliz! Eu só pensava na canção da cantora australiana Sia: "*I'm unstoppable, I'm a Porsche with no brakes, I'm invincible, Yeah, I win every single game, I'm so powerful*", o que quer dizer mais ou menos isso: "Eu sou imparável, sou um Porsche sem freios, sou invencível, ganho todos os jogos, sou tão poderosa"! Eu consegui, eu finalizei El Cruce, eu já podia relaxar; e então, após três dias, pude tomar um banho quente e dormir numa cama de verdade. Quanta alegria, quanta celebração, uns corredores mais animados, outros arrebentados, mas todos felizes! Pois na corrida da vida a alegria compartilhada é a energia que nos move, nos acolhe!

Na celebração, não importava ritmo, tempo de ninguém, importava que todos estavam juntos celebrando uma vitória incrível, cada um com seus leões, cada um com seus sacrifícios, cada um com suas escolhas. Em meio aos 18 meses de sacrifícios pessoais, profissionais e financeiros, eu colho o que plantei! Eu plantei amizade, amor, reconhecimento, persistência, resistência; eu colhi conquistas, e quantas conquistas intangíveis, sem preço! A corrida da vida é cheia de surpresas, imprevistos, de apoios inesperados, de obstáculos, de escolhas, de adaptação; e por isso que por mais importante que seja a chegada quem a acompanha durante seu caminho, que está com você quando a festa acaba, é o que realmente importa! E eu continuo correndo, vivendo novos desafios, fazendo novas escolhas, me perdoando pelas escolhas do passado, procurando novas linhas de chegada e desafios para enfrentar! A corrida da vida nos permite sempre recomeçar! Correr, na minha definição, é transitar o amor!

30

LUTA PELA IDENTIDADE

A resistência diante das conquistas femininas não acontece somente nos círculos externos, mas também nos círculos internos de relacionamento. Neste capítulo, você encontra a trajetória de uma mulher em busca do desenvolvimento profissional e, principalmente, do autorrespeito.

ERJANE ALVES COSTA

Erjane Alves Costa

Contatos
erj.costa@gmail.com
Instagram: @erj.costa
LinkedIn: linkedin.com/in/erjane-costa-pmp

Bacharel em Matemática com especialização em Tecnologia da Informação pela Universidade do Estado do Rio de Janeiro. Trinta e seis anos atuando em análise de sistemas e gerenciamento de projetos de tecnologia da informação. Certificada como PMP (Project Manager Professional) pelo PMI (Project Management Institute). Produtora de conteúdo digital sobre técnicas de gestão aplicadas aos projetos pessoais, gerenciamento de tempo e produtividade.

Depois desses 58 anos, eu digo com toda a certeza: sempre fui diferente. Desde pequena eu só tinha um pensamento: "Quero ser independente". Queria ter minha própria vida, meu próprio espaço. Mas o ambiente que me cercava não me estimulava muito a ter esse pensamento. Sou filha de professor e dona de casa que sempre estimularam os filhos a ler. Desde gibis até livros infantis e adultos. E sem querer, estimularam em mim o desejo cada vez mais forte de explorar o mundo, que eu conhecia por meio dos livros. Consegui explorar? Ainda não totalmente. Mas ainda tenho 58 anos, estou correndo atrás... Mas por que então eu disse que o ambiente em que eu vivia não era tão estimulante?

Morando na zona oeste do Rio de Janeiro, na época, a intenção da maioria das pessoas era concluir o mínimo dos estudos. O objetivo final era arrumar logo um emprego, mais tarde se casar, ter filhos e sossegar na vida. Eu não conseguia me enxergar naquele modelo de jeito nenhum! Com 14 anos falei para meu pai: "Quero estudar no colégio tal... porque o colégio em que estou agora tem o ensino médio (que nós chamávamos de científico) muito fraco, e eu quero passar no vestibular para uma universidade pública para ter mais chance no mercado de trabalho". Detalhe: nem sabia o que eu ia cursar. Meu pai arregalou os olhos, me olhou bem fundo e disse "Está bem". Meu pai era do tipo que se eu pedisse dinheiro para comprar uma bala ele respondia que não tinha dinheiro, mas se fosse para comprar um livro, fazer um curso, não sei onde ele arranjava grana. E ele conseguiu. Matriculou-me no colégio que eu queria. Primeiro toque de diferença: eu não queria somente completar o mínimo dos estudos, queria ir além, muito além. Assim, fui para o colégio que eu queria e dei o primeiro mergulho. Nessa fase já tinha traçado o primeiro objetivo: ir para uma universidade pública. No terceiro ano me inscrevi para o vestibular. Beleza, mas para estudar o quê? Ahá! Segundo toque de diferença: no início da década de 1980, na busca de uma profissão com a qual me identificasse, descobri a Informática (hoje, Tecnologia da Informação). Só que, como era uma ciência ainda em expansão no Brasil, estava ligada ou à engenharia ou à matemática. Optei pelo caminho da Matemática. Quando eu contei ao meu pai que ia prestar vestibular para Matemática, ele vibrou (ele era professor de Matemática). Mas eu complementei: "Vou estudar Informática!". Pronto. Ele arregalou os olhos de novo. Tentou argumentar, disse que ser professora seria melhor, porque depois de casada e com filhos seria mais fácil, mas não adiantou. Era minha escolha. E agradeço muito aos meus pais por respeitarem minha escolha, mesmo sem entender qual era minha intenção. Também acho que eles já sabiam que não ia ter jeito.

Vale aqui um ponto para reflexão: por que a gente precisa optar por aquilo que é mais fácil? Vamos escolher aquilo queremos e depois vamos trabalhar para alcançar de maneira mais fácil.

Fiz vestibular e passei para a UERJ (Universidade do Estado do Rio de Janeiro). Meu Deus! Que sensação de vitória incrível! Mas nesse momento eu claramente comecei a me distanciar da minha rede de relacionamento. Por quê? Porque os objetivos e os momentos de vida eram muito diferentes. Sinto que perdi um pouco da história dos meus amigos de infância nessa fase, mas o que eu sempre busquei em possibilidades estava ali na minha frente! Cursos, atividades, conhecimentos, oportunidades de trabalho. Foram quatro anos incríveis que abriram demais meus horizontes. Eu estava em ritmo acelerado. Lembro-me de que, conversando com um professor sobre oportunidades de estágio, de repente ele me perguntou: "Você dorme?". Esse era meu nível de aceleração.

Graduei-me, comecei a trabalhar. Fui mudando de empresa até chegar à IBM. Não só uma empresa, mas uma escola. Devo muito da minha postura profissional ao que aprendi nessa empresa. Depois disso, chegou meu filho. Meu presente, meu porto seguro. E ele chegou num momento em que eu pensava: "Não vou ter filhos. Minha vida é muito corrida, não consigo cuidar de uma criança". Mas Papai do Céu sabia do que eu era capaz. E Juan veio. E meu mundo se transformou. Se havia o desejo de conquistar o mundo, eu queria ensinar a ele, conquistar com ele, para ele. E nessa fase, quando minha maternidade aflorou e achavam que eu ia sossegar (afinal de contas, eu estava numa grande empresa, com um filho, podia ficar trabalhando lá até me aposentar), descobri a carreira de gerenciamento de projetos. Uau! Minha cabeça explodiu! Toda e qualquer iniciativa para alcançar um objetivo específico dentro de um período era um projeto! Foi o primeiro ensinamento! Eu via não só aplicação à minha área, mas também a vários setores de vida e negócios. E fiz um novo mergulho saindo da IBM para atuar na nova carreira. E hoje, em 2022, completo 20 anos de experiência como gerente de projetos de Tecnologia da Informação, certificada pelo mundialmente conhecido Project Management Institute (PMI). Mas durante esse mergulho, essa nova experiência, vieram as pressões e as cobranças. Sutis, mas presentes. Comparações e insinuações que, mesmo sem ser ofensivas, me mostravam o quanto eu estava fora de sintonia com o ambiente que me cercava: família, amigos e relacionamento.

Eu trabalhava, estudava, cuidava do meu filho, mas, não nego, me sentia dividida porque queria evoluir mais e mais, mas ao mesmo tempo eu não me descolava do ambiente que me cercava e tentava sempre de alguma forma me encaixar. O famoso "sossegar". Tempo perdido. Nas várias tentativas em ser uma filha-padrão, esposa-padrão, mãe-padrão, eu simplesmente deixei de ser eu. Aqueles que entenderam quem eu sou não me cobraram atitudes de "encaixe". Sabiam que eu sempre fui e serei uma mulher de atitude e de sempre buscar algo novo e diferente. Aqueles que não me entenderam se afastaram porque não encontraram sintonia. E aqueles que me conheceram e não me aceitaram como sou tentaram me mudar e me fizeram muito mal. Fizeram. Não fazem mais. Porque depois de passar tanto tempo procurando defeitos em mim, eu entendi que não são defeitos. É simplesmente o meu jeito de ser. Eu quero sempre aprender, evoluir, expandir, conhecer pessoas novas, trocar ideias que me enriqueçam, buscar oportunidades.

Em 2020, fui demitida. Primeiro resolvi cuidar de mim. Depois resolvi que iria empreender. Nesse caminho fui chamada de volta ao mercado corporativo. Se alguém pensou: "Agora ela pode sossegar...", errou, e errou feio. O empreendimento digital abriu meus olhos para possibilidades incríveis.

Criei um perfil no Instagram, no qual falo de maneira simples e direta como desenvolver seus projetos pessoais, utilizando metodologias do mercado corporativo para todos aqueles que querem desenvolver e alcançar seus objetivos pessoais e profissionais. E estou trabalhando para lançar um curso. Também falo sobre produtividade e gestão de tempo. Afinal de contas, para dar conta de tudo tem que ser produtiva ao máximo!

E hoje, com toda convicção, afirmo: eu sou não diferente, eu sou simplesmente Erjane. Uma mulher que simplesmente quer viver aprendendo, progredindo, explorando, expandindo conhecimentos, aproveitando oportunidades e, por que não, ser amada. Mas se não for possível, tudo bem. Hoje eu tenho forças e confiança para seguir, mesmo solitária, pois não me sinto sozinha. E você também não se sinta.

Não deixe de ser você. Se você busca construir um lar, cuidar do seu marido, dos seus filhos, faça. Não se sinta pressionada pelo mundo para ser uma mulher "moderna". Por outro lado, se você busca se profissionalizar, empreender, não deixe ninguém segurá-la. Qualquer que seja o caminho que escolher, no final das contas você será a única a conviver com o resultado das suas escolhas, suas vitórias e suas decepções. Não tenha medo de achar que vai abandonar seus filhos, seu marido, sua família. Eles terão sempre ao lado uma mulher vibrante, radiante, porque terão uma mãe e esposa realizada. Mas se ninguém reconhecer isso, tudo bem. Olhe-se no espelho e diga: "Parabéns para mim, eu me realizei".

31

MUITO ALÉM DOS RÓTULOS

É incrível como, durante nossa vida, somos rotuladas por conta de comportamentos, características, ações ou aparência. O jeito como a pessoa se porta ou o que ela faz se torna o que ela é. Erroneamente acabamos sendo conhecidos, predominantemente, por nossas características mais marcantes. Prefiro ter o cuidado de focar no ser humano como um todo e não apenas em partes. Somos complexos e completos, por isso autoconhecimento é tudo!

EULÁLIA ANDRADE

Eulália Andrade

Contatos
www.eulaliaandrade.com.br
Instagram: @prof_eulalia_andrade
15 99708 5358

Especialista em Gestão Estratégica de Pessoas pela Fundação Getulio Vargas. Graduou-se em Administração pela Universidade de Sorocaba. Possui Licenciatura Plena no Programa Especial de Formação Pedagógica, do Centro Estadual de Educação Tecnológica Paula Souza. É *Personal & Professional Coach* e *Leader as Coach* pela SBCoaching, treinamento reconhecido internacionalmente pela Behavioral Coaching Institute. *Master Coach* de Carreira e *Coach* Vocacional pelo Instituto de *Coaching* de Carreira MS. Membro da Sociedade Brasileira de Coaching. Analista comportamental C-VAT. Professora titular do Centro Estadual de Educação Tecnológica Paula Souza, nos cursos técnicos da área de Gestão e Negócios. Atualmente ocupa o cargo de diretora de escola técnica, na Etec de Cerquilho. Atuou como professora universitária. Tem experiência nas áreas de Educação, *Coaching* e Administração de Recursos Humanos. Coautora do livro *Coaching de carreira: desperte todo o seu talento e alcance o sucesso profissional*.

> *Qualquer ser humano que seja firme em seus planos e metas pode fazer a vida entregar a ele exatamente aquilo que ele deseja.*
> NAPOLEON HILL

Querida leitora, idealizei começar este capítulo com a famosa introdução "era uma vez"; apesar de clichê, é incrível como essas três palavrinhas utilizadas para iniciar narrativas infantis fazem muito sentido na vida adulta. Afinal de contas, ela traz a ideia de que num determinado período no tempo nossa história foi diferente. Pois é, por trás de cada mulher existe uma história oculta ou exposta, mas que por algum motivo ficou no passado. Afinal, para nos tornarmos mulher é necessário deixar a menina na lembrança; então, gosto de dizer: "Era uma vez uma menina". Isso me faz lembrar com carinho quem fui e de onde vim.

Filha de gari e caminhoneiro, neta e sobrinha de pedreiros, minha infância, apesar dos pouquíssimos recursos, foi fantástica. Fui criada pela minha avó, pois minha mãe sempre trabalhou fora. Chegava à noite cansada do trabalho e ainda achava um tempinho para dar atenção para meu irmão e para mim. Minha família nunca foi perfeita e não estava dentro dos padrões de família tradicional, apesar de meus pais terem se separado na minha entrada na vida adulta. Quando aconteceu fui morar definitivamente com minha bisavó e avó; a experiência mais fantástica de todas; falarei dela mais à frente.

Gosto de pensar que na minha vida eu tinha duas opções: fazer igual ou fazer diferente. Eu poderia simplesmente aceitar minha condição social e ficar reclamando das situações que a vida me impunha ou poderia fazer diferente e criar meu próprio destino baseado nas minhas decisões. É claro que optei pela segunda opção; e, sem dúvida nenhuma, fazer diferente é sempre mais difícil, pois envolvia quebrar um ciclo. Afinal de contas, na minha família não tinha ninguém com diploma de ensino superior.

Lembro com gratidão o que meu pai queria para mim. Quando criança ele dizia para todo mundo: "Minha filha vai ser doutora". Apesar do pouco estudo, meu pai e minha mãe cobravam que eu estudasse para "ser alguém na vida". Queriam que meu irmão e eu tivéssemos um futuro diferente. Como tinham apenas a quarta série do ensino fundamental, me ajudar nos deveres de escola era tarefa quase impossível; portanto, dependia apenas de mim. É claro que esperar de uma criança motivação para estudar é algo ilusório, ainda mais de uma criança que não gostava de estudar como eu.

Meus primeiros anos na escola foram bastante difíceis, não para mim, mas provavelmente para meus professores, que naquela época se viam diante de uma criança agitada e conversadeira. Era comum eu terminar a tarefa de sala antes de todos e começar a conversar; comportamento esse que naquela época era considerado inadequado, pois "atrapalhava" a aula. Meus pais não entendiam as reclamações dos professores, que me punham de castigo quase todos os dias por conversar nas aulas; e, por outro lado, me davam notas altas nas provas e atividades. Parecia contraditório. Com o tempo percebi que ao terminar as tarefas de sala antes dos demais sobrava tempo de fazer as tarefas de casa ainda na escola, e assim o fazia. É claro que os professores adoravam isso, pois assim não atrapalhava os colegas, mas minha motivação não era agradá-los e sim aumentar o tempo livre em casa para brincar.

Como todos na minha família, comecei a trabalhar muito cedo. Minha primeira experiência profissional foi ao lado da minha mãe. Ela trabalhava como auxiliar de limpeza em uma empresa e aos finais de semana fazia faxina em uma funerária. Como ela era medrosa, levava meu irmão e a mim em semanas alternadas. Assim ela não ficava só e nós a ajudávamos no serviço. Para nos motivar, ela dividia seu pagamento conosco e sem perceber essa grande mulher ensinava seus filhos o poder de transformar a realidade por meio do trabalho, da responsabilidade e da dedicação.

Considero-me uma mulher de sorte, pois além de minha mãe pude conviver com duas grandes mulheres: minha avó e minha bisavó. Com elas aprendi a ser forte, corajosa, lutar pelo que quero e depender apenas de mim. Aprendi a ser dona do meu destino e das minhas escolhas. Sim, como se pode ver, venho de uma família de mulheres empoderadas, cada uma a sua maneira; tenho o maior orgulho disso.

Como citei acima, comecei a trabalhar cedo, e gostei! Trabalhar me fortaleceu como pessoa, como mulher, e me deu a expectativa de uma vida melhor. Por falta de orientações, demorei um pouco para me encontrar profissionalmente. Quando tive a oportunidade de cursar uma faculdade, optei por Desenho Industrial, uma escolha impulsiva, que fazia sentido quando comecei, mas com o decorrer do tempo percebi que não era isso. É claro que estar cursando essa faculdade me abriu portas, e por meio dessas portas pude perceber que minha vocação era outra.

Quando comecei o curso de Administração, percebi que era disso que eu gostava. Apesar de já trabalhar na área, eu era um pouco resistente em fazer este curso, mas quando percebi que levava jeito, me encontrei. Durante a faculdade, resgatei um desejo de infância: ser professora. Como qualquer pessoa, eu tive grandes influências, e ao ver professores tão cativantes e apaixonados pela profissão decidi no meu segundo ano de faculdade que eu seria professora de Administração. Resolvi comentar meu desejo com um dos meus mestres, acreditando que ele me apoiaria; no entanto, ouvi do professor: "Você pode ser professora, mas antes foque em ser diretora de uma grande empresa, e torne-se professora quando estiver se aposentando". Confesso que não era a resposta que eu esperava, mas foi a resposta que eu precisava, pois o fato de pensar em levar tanto tempo para me realizar profissionalmente me deixou apreensiva e assim resolvi que ser professora era meu destino e que não estava disposta a esperar tanto tempo.

Desde a infância fui rotulada de falante, tagarela e por aí vai. Apesar de ter uma boa comunicação, por muito tempo, quando me perguntavam qual era meu defeito, minha resposta era sempre a mesma: falo bastante. Mas, ao cursar minha primeira formação de *Coach*, percebi que minha comunicação fácil era um dos meus melhores recursos. Então, passei a não mais me policiar para falar menos, mas sim para falar melhor e com mais conteúdo. É claro que essa característica é uma das principais habilidades que um professor deveria ter e eu não percebia. É claro que por conta do rótulo de falante eu também não percebia o quanto era boa ouvinte. Sou a pessoa que todos procuram quando querem ser ouvidos, então compreendi que autoconhecimento é a chave para nosso desenvolvimento pleno.

Trabalhei com desenvolvimento profissional em diversos projetos e lugares. Dentre estes, tive a oportunidade de trabalhar com desenvolvimento profissional de pessoas com deficiência, desenvolvi programas de capacitação profissional na Fundação Casa, coordenei programas de aprendizagem em nível regional, fui *Coach* de carreira pessoal e em empresas. Na minha trajetória, tive a honra de trabalhar com grandes mulheres, que são fontes de inspiração até hoje.

Dentre tudo que realizei na minha vida profissional, nada me deu mais prazer do que ministrar aula. Lembro-me de que no meu primeiro salário como docente eu brincava com meus amigos dizendo: "Vocês conseguem imaginar?

Agora, as pessoas me pagam para falar!". Isso para mim era formidável e ainda é! Afinal, fazer o que você ama e ainda ser paga por isso realmente satisfaz.

É claro que nas minhas aulas não coloco ninguém de castigo por falar demais; muito pelo contrário, minhas aulas são de muita interação e conversas. Acho isso fundamental para o processo de ensino-aprendizagem. Além do mais, acredito que o professor não é o dono da verdade e detentor de toda sabedoria; por isso, gosto de ouvir os alunos, pois também aprendo com eles.

Hoje, trabalho há mais de dez anos em uma renomada instituição de ensino, na qual atualmente sou diretora de escola técnica estadual. Tenho a oportunidade de contribuir com o aprendizado de jovens e adultos e isso me completa como profissional e acima de tudo como educadora. Trabalhar em uma instituição que tem valores tão próximos aos meus torna meu trabalho mais tranquilo. Trabalho nos moldes de gestão democrática e participativa. É muito comum me verem junto aos alunos; conversamos muito, e essa comunicação é muito benéfica para a escola. O ensino tem passado por grandes mudanças, e o perfil dos alunos também mudou; por isso, considero esse contato fundamental e com isso podemos levar a escola para a direção certa.

Mas é claro que não sou apenas a mulher profissional que deve estar imaginando, sou também esposa... E apesar de gostar de contos de fadas, não me considero uma pessoa romântica, nem mesmo sonhava ou planejava me casar, mas minha história de amor teve um início diferente. No final da adolescência ganhei um livro chamado *Glorioso encontro*. Ele me fez entender o poder de saber pedir o que queremos para Deus e confiar na espera, e assim o fiz... Até que um dia conheci aquele que seria meu esposo. É claro que não foi amor à primeira vista, me apaixonei por ele conforme íamos nos conhecendo; e sem ele saber, como tudo na vida eu já tinha decidido: é com ele que vou me casar... E assim aconteceu. Meu esposo é meu maior apoiador, juntos somos um time.

Sempre sonhei em ser mãe, gosto muito de crianças e a ideia de ter um bebê e vê-lo crescer sempre me fascinou. Em 2017, descobri um mioma muito grande no útero. A indicação do meu médico era a retirada total do útero, e com isso a possibilidade de gerar um filho na minha barriga não existiria. Fiquei muito triste. O médico, ao saber do meu desejo de ser mãe, me prometeu que faria de tudo para tentar preservar meu útero, mas só saberíamos se tinha dado certo após a cirurgia. Rezei e clamei a Deus. Apesar de querer muito um filho, a única coisa que eu conseguia pedir era que Ele me desse entendimento para aceitar o que fosse acontecer. Graças a Deus, a cirurgia foi um sucesso e logo em seguida pude gerar meu tão esperado filho.

Meu filho nasceu em dezembro de 2018. Foi a maior alegria da minha vida; tive um garoto lindo. Mas eu não imaginava o que viria a seguir. O puerpério foi a fase mais difícil que passei. Tive depressão pós-parto e pela primeira vez me senti sozinha e desprotegida. Infelizmente as pessoas não são sensíveis aos problemas de mulheres consideradas "fortes". É como se não tivéssemos o direito de precisar de um ombro amigo. Tirei grandes lições dessa fase, me reconstruí e com a maternidade fiquei mais forte e realizada… Amo ser mãe.

É claro que equilibrar a vida profissional, ser mulher, mãe, esposa e dona de casa não é uma tarefa fácil e nunca será. Longe de romantizar o cansaço ou mesmo de lhe passar a ideia de que dou conta de tudo, é preciso deixar claro que nem sempre isso é possível, e está tudo bem! Aceitar nossos limites e nossas fraquezas é o que nos faz realmente fortes.

Independentemente do que estejamos fazendo, estamos constantemente buscando sermos felizes. Segundo Shawn Achor (2012), a felicidade implica um estado de espírito positivo no presente e uma perspectiva positiva para o futuro. Adoro essa visão e busco me manter nela.

Confesso que, ao olhar para meu passado, penso: "Como estou indo bem!". Sei que poderia ter feito escolhas diferentes e ter tido outros resultados; também sei que muitos não acreditavam no meu potencial. Talvez meus professores, aqueles que me punham de castigo por falar demais, hoje teriam orgulho da mulher e educadora que me tornei. Mas, independentemente de quem acreditou em mim, a única pessoa que precisava acreditar era eu mesma… Foi isso que aprendi com as grandes mulheres que passaram na minha vida, e levarei comigo para sempre!

Hoje eu sei que não importa o rótulo, mas sim o conteúdo!

> *Se você estiver convencido de que está destinado a ser um grande sucesso na vida, e de que não existe nada no mundo capaz de impedi-lo de alcançar grandes feitos, desde que você se aplique com todo o coração em cada atividade e persista até conseguir, você de fato vai se tornar uma irresistível força da natureza.*
> BRIAN TRACY

Referências

ACHOR, S. *O jeito Harvard de ser feliz*. São Paulo: Saraiva, 2012.

BOURGERIE, D.; BOURGERIE, S. *Glorioso encontro: como receber do coração do Pai o esposo(a) que você procura*. São Paulo: Logos, 2013.

HILL, N. *Mais esperto que o diabo: o mistério revelado da liberdade e do sucesso*. Porto Alegre: CDG, 2014. 200p.

TRACY, B. *O ciclo do sucesso: como descobrir suas reais metas de vida e chegar aonde você quer*. São Paulo: Editora Gente, 2013.

EMPREENDER É PARA AS FORTES!

Empreender é para as fortes. Envolve tempo, dinheiro, paciência e uma série de outros fatores que vão muito além de histórias milagrosas de sucesso. Mas há um elemento decisivo para quem quer chegar ao topo: o foco no cliente. Entender, desde o marco zero, que o consumidor precisa estar no centro do negócio, seja ele quem for, faz a diferença entre a dor e a glória na jornada de uma empreendedora.

EURIALE VOIDELA

Euriale Voidela

Contatos
euriale@customercentric.com.br
euriale@gmail.com
Linkedin: linkedin.com/in/eurialevoidela/
11 99958 3954

Consultora empresarial, empresária da área de Experiência do Cliente e Governança Coorporativa, coautora do *Gestão da experiência do cliente em academias*, conselheira especialista independente, palestrante e autora de mais de 100 artigos publicados. Fundadora da consultoria Customer Centric, consultoria de experiência do cliente, estratégia de atendimento ao consumidor, *customer success*, inovação e implantação de soluções de CRM. Completando 23 anos de experiência com 12 premiações conquistadas na carreira, sendo: Prêmio da Revista *Consumidor Moderno* – Melhor atendimento de Saúde; prêmio Melhor Operação – ABT ; prêmio Reclame Aqui com *case* do segmento financeiro; prêmio Conarec – Operação Telecom; prêmio da Revista *Consumidor Moderno* – Melhor Estratégia Digital; e prêmio Melhor Profissional de *Customer Experience* – DIGITALKS 2019.

Empreender é para as fortes. Por mais que, com frequência, sejamos bombardeadas com notícias de pessoas que criaram um negócio do nada e ficaram milionárias, na vida real, posso assegurar que não é bem assim. A pesquisa "Sobrevivência de empresas", divulgada pelo Sebrae em 2021, indica que, em até cinco anos, três em cada dez microempreendedores individuais encerram suas atividades. Ou seja, transformar uma ideia em um negócio, resolvendo, como se diz por aí, uma dor de um determinado grupo de pessoas, está longe de ser uma tarefa simples.

Para começar, o que é essa tal dor? Gosto de usar um exemplo bem simples. Muitas pessoas gostam de café com bolo na hora do lanche. Mas nem todas têm tempo para fazer um quitute ou moram sozinhas e não querem gastar tempo e dinheiro preparando um doce que não será consumido integralmente. Pensando assim, um empreendedor teve a ideia de criar uma fábrica de bolos. Resolveu uma dor e criou uma tendência no mercado. Hoje, nas grandes cidades, são muitas as franquias de diferentes redes do setor.

Encontrar a dor e resolvê-la, no máximo, significa que você deu o primeiro passo. A partir daí, aparecem todos os desafios de empreender. Será preciso, por exemplo, desenvolver pensamento crítico, ou seja, aprender a mudar tudo, quando for necessário. E mais: um empreendedor tem que estar no controle de suas emoções. As tempestades virão e, como comandante do barco, você não pode deixar que ele naufrague. Isso significa que você, querendo ou não, estará sempre se adaptando e "criando casca". Em outras palavras, vai se fortalecer e se tornar resiliente. Com criatividade, tudo fica mais fácil, já que desconstruir modelos e padrões também faz parte do manual do empreendedor que quer nascer, crescer e permanecer no mercado.

Parece muito? Há ainda mais um tópico importante: estratégia. Largar e se manter na frente dos adversários faz diferença na jornada do empreendedorismo. E tal qual uma partida de xadrez, o xeque-mate vem da soma de todos esses fatores, mais uma boa dose de paciência e de tranquilidade para chegar ao topo. Seja fabricando bolos, seja construindo foguetes.

Ufa. Na largada, já se percebe que, é óbvio, empreender é para as fortes. Capacidade de dar conta do recado está no sangue. Nós, mulheres, já saímos do berço multitarefas. Dados da pesquisa "Estatísticas de gênero: indicadores sociais das mulheres no Brasil", divulgados no ano passado pelo IBGE, indicam que dedicamos quase o dobro do tempo que os homens aos afazeres domésticos. Cozinhar, lavar roupa, limpar a casa e cuidar dos filhos nos consomem 21 horas semanais. Eles gastam, nas mesmas tarefas, 11 horas.

É evidente que a pandemia acentuou essas diferenças, mas, aqui, a guerra dos sexos não é o tema central. Afinal de contas, apesar de todas as dificuldades, estamos empreendendo cada vez mais. Um outro estudo, assinado por Sebrae e Global Entrepreneurship Monitor 2020 (GEM) – uma consultoria que monitora o assunto no mundo todo –, apontou que, dos 52 milhões de empreendedores no Brasil, 30 milhões, ou seja, 48%, são mulheres. Com isso, estamos em sétimo lugar no ranking mundial de países com maior número de empreendedoras.

São mulheres de todas as regiões do país, que enfrentam alguns obstáculos, apontados na pesquisa "Mulheres Empreendedoras 2021", realizada pelo Instituto Rede Mulher Empreendedora. Em geral, na hora de montar um negócio, a brasileira se ressente da dupla ou tripla jornada e do fato de não encontrar um ambiente acolhedor no meio empresarial. Mesmo assim, foi durante a pandemia que o número de mulheres empreendendo cresceu 40% nesse período. Entre as recém-chegadas, 44% são chefes de família e, na hora de contratar um colaborador, dão preferência a uma mulher. Minha experiência pessoal se reflete plenamente em todos esses estudos. Comecei sozinha, com filho para criar e uma ampla vontade de fazer diferente para melhorar a vida de minha família.

Agora que consegui me firmar na carreira que escolhi e comando um bem-sucedido negócio, percebo que, apesar de estarmos sempre equilibrando os pratinhos da casa e do trabalho, nem sempre levamos em consideração na vida profissional um aspecto que é fundamental no ambiente doméstico: o foco no cliente.

Como mães e donas de casa, estamos sempre atentas ao que nossos "clientes" querem, sejam eles os filhos, os maridos ou até os pais, quando ficam mais idosos e dependem mais de nossa ajuda. Escutamos suas demandas e tentamos, do melhor jeito, atendê-las. Pedimos *feedback* dos serviços que prestamos e, em geral, somos capazes de buscar formas de agradá-los, criando fidelidade e amor pela nossa, digamos, marca. Ou seja: no nosso DNA, já trazemos a ideia de que o cliente precisa ser o centro do universo. Mas, na hora de empreender, por que ignoramos esse fator tão importante? Por que ao criar nossa fábrica de bolos, em vez de leite, açúcar, farinha, manteiga e chocolate, queremos preparar um doce com ingredientes que são apenas do nosso agrado?

Muitas vezes, eu ouço a pergunta: "Ah, eu sou uma pequena empreendedora. Com tanta coisa para cuidar, como posso ainda pensar em estratégias para transformar meu consumidor em cliente?". Pois eu digo: desde o marco zero do seu empreendimento, você pode e deve prover um excelente atendimento com uma bela experiência do consumidor. Repito. O primeiro cliente que comprar seu bolo, cortar o cabelo no seu salão ou contratá-la para uma consultoria de finanças precisa ser tratado como alguém que, com o passar do tempo, torne-se um divulgador de seu produto ou serviço, de tanto que ficará apaixonado pelo resultado.

Conquistar essa paixão, em uma grande empresa, envolve funcionários, departamentos, estudos e, lógico, orçamentos. Quem vai empreender talvez não tenha a mesma estrutura. Ok, isso não pode ser um obstáculo para você alcançar a melhor forma de fazer seu consumidor cair de amores pela sua marca. #Ficaadica: como em todo relacionamento, você não deve esperar que esse "amor" seja assim, do nada. Cabe a você iniciar o flerte, demonstrando seu afeto por esse contatinho. E como faz? Treine sua equipe, por menor que seja. Colaboradores apaixonados pelos consumidores e que acreditam efetivamente que o produto ou serviço que estão oferecendo faz diferença na vida das pessoas são um *crush* certeiro.

Vale a pena investir nessa estratégia. Diversos estudos evidenciam a ligação direta entre a satisfação e a quantidade de promotores da marca com o aumento de receita, a redução no número de cancelamentos e até mesmo com o crescimento do valor efetivo da marca.

Talvez, você esteja se perguntando qual é o pulo do gato. Eu aprendi alguns dispositivos ao longo de minha jornada como empreendedora e como consultora. Por exemplo: o que faz o cliente feliz com uma determinada marca, produto ou serviço são as experiências positivas e marcantes. Para alcançar esse nível de satisfação, além, óbvio, de estar sempre buscando a excelência no negócio, uma medida importante é exercer o lugar de escuta.

No mundo em que tanto se clama por um lugar de fala, nós, empreendedoras, devemos desenvolver a capacidade de escutar o outro. Isso significa jamais levar críticas para o lado pessoal mas, sim, tratá-las como *insights* importantes para o crescimento do seu negócio. Se alguém me diz que não gostou do meu trabalho, eu paro e reflito sobre toda aquela dinâmica até encontrar a origem dessa insatisfação.

Pode acreditar que, em 99% das vezes, funciona. Lógico que tem gente que critica só por criticar, mas, nessas horas, respire fundo, pense positivo e siga em frente. Engula o sapo com elegância. Afinal de contas, empreender é para as fortes.

Quando você, em vez de encarar uma situação difícil de maneira reativa, usa o bom senso e se comporta de maneira proativa, as ideias fluem mais rápido e aumenta sua chance de retomar o controle da situação. Reconhecer o erro é virtude. Insistir nele é burrice. O fato é que, ao investir em um relacionamento sério com o cliente, você começa a caminhar rumo a uma palavrinha que muda a vida de todo empreendedor: fidelidade. Não no sentido monogâmico da palavra, mas na intenção de contar com alguém que não apenas a ama como grita para todo mundo ouvir que sua marca é o máximo.

Acredite: construir elos emocionais positivos e satisfeitos abre as portas para transformar consumidores em clientes que saem por aí promovendo sua marca. Apenas porque amam o produto, o serviço, o atendimento... São esses consumidores que não perdem a chance de recomendar suas marcas do coração aos amigos e parentes. Pense bem. Quantas vezes você comprou o bolo X em vez do bolo Y apenas porque sua tia ou seu vizinho atestaram a qualidade? Quem nunca ouviu falar de um empreendimento qualquer e correu lá para ver do que se tratava?

A propaganda boca a boca é um negócio da China há séculos, mas, com as redes sociais, a capacidade de um cliente satisfeito influenciar dezenas de outros consumidores se multiplica de maneira exponencial. Para quem está começando, o efeito desse compartilhamento gratuito e orgânico pode levar seu negócio a outro patamar. Tem mais: esses garotos-propaganda vão comprar com mais frequência e ficar mais refratários às tentativas de sedução dos seus concorrentes. No fim das contas, cresce a receita, e a reputação da sua marca alça voos mais distantes.

No fim das contas, como em tudo na vida, as escolhas dos consumidores combinam ações racionais com outras emocionais. Se somos capazes de dar uma bronca em um filho por uma atitude errada e, no instante seguinte, abraçá-lo e beijá-lo diante de um pedido de desculpas, por que não conciliar coração e mente na gestão de nossos negócios?

Volto a dizer: nada do que propus aqui é grandioso demais para quem está começando. Ao contrário. Quanto mais cedo se enraíza a cultura de foco no cliente, mais você se prepara para crescer de maneira sólida e sustentável. É lógico que não há uma receita pronta, que você pega na prateleira do supermercado, mistura e pronto!

Cada empresa é única, mas, invariavelmente, as mais bem-sucedidas ou nasceram pensando em seus consumidores ou entenderam muito cedo que era impossível ir ao infinito e além sem dedicar a eles todo amor e carinho. Talvez, em algum momento, você, empreendedora, tenha pensado que encontrar uma solução genial, que resolva uma dor do mercado, bastasse para galgar a escada da fama.

Com 30 anos de mercado nas costas e a experiência de quem já atendeu dezenas de empresas, garanto: não, não e não. Você pode ter o melhor produto na mão ou oferecer um serviço fantástico. Pode construir sua marca com ferramentas modernas de marketing e design. Pode até montar um esquema poderoso de divulgação em redes sociais. Basta um comentário negativo para seu negócio entrar em risco. Seu castelo de cartas pode desmoronar.

Se você não se preocupou com seu cliente, não terá a menor ideia de quem ele é. No máximo, saberá quais foram as escolhas racionais que ele fez avaliando o preço do que ele consumiu, a cor, o modelo, o tipo de entrega que preferiu, se quis pagar à vista ou parcelar. Mas como ficam as decisões emocionais? O que ele queria com aquele objeto? Era um presente, resolvia uma dor? Realizava um sonho? Ou era apenas uma compra por impulso? Como conquistar alguém que você desconhece? Mais do que isso, alguém que se jogou de cabeça na sua proposta, e você apenas ignorou?

Entender o perfil e o comportamento de consumo de seus clientes, para equipará-los à solução efetiva das dores e valores entregues pelo seu produto, é fundamental nesse namoro. Sem o encanto inicial, em vez de rumar ao altar, você estará caminhando para o divórcio. Nos tempos de hiperconectividade, esse problema tem, literalmente, o tamanho do mundo. As pessoas estão cada vez mais digitais. A informação e as ofertas saltam aos olhos, nas telas que devoramos com sofreguidão. Resultado: as marcas que lutem para arrebatar um cantinho no coração de seus consumidores e na conquista de novos clientes. Até porque, na era dos influenciadores digitais, toda e qualquer experiência do mundo real ganha corpo nas redes. Aposto como você conhece muitas histórias de marcas que foram da glória ao inferno em pouquíssimo tempo, apenas porque um único consumidor postou suas impressões de um atendimento ruim, um serviço de má qualidade, um produto que não cumpriu o prometido. Apenas um. Que virou dois, quatro, oito, dezesseis e, num instante, uma enxurrada de críticas em redes sociais, fóruns e sites de reputação. Quando uma reclamação é postada e arranca apoio de outros consumidores que tiveram empatia pela situação, o reflexo negativo para a marca pode ser devastador. Aí sim há uma diferença entre pequenos e grandes. Uma corporação terá dinheiro e tempo para investir na recuperação da sua marca. Uma empreendedora iniciante vai acabar naquela triste lista dos que não conseguem completar cinco anos no mundo dos negócios.

Ao contrário do ditado que diz que, na vida, nada é eterno, na internet, tudo é para sempre. Cada vez que um consumidor mais curioso se interessar pelo seu empreendimento e fizer uma pesquisa básica, as críticas e os comentários negativos vão saltar aos olhos dele. O mais provável é que ele vire o rosto para você e corra atrás de outro produto, de outro serviço ou de outra marca.

Empreender é para as fortes. E as mais fortes usam sua inteligência emocional para criar negócios robustos e saudáveis. Negócios que, desde o berço, estão interessados em transformar simples consumidores em clientes fiéis.

Vale a pena tentar.

33
___

TERAPIA E ESPIRITUALIDADE

Olá, sou a Fabi Santos. Terapeuta integrativa, escritora, espiritualista. Profunda estudiosa em desenvolvimento pessoal, em conhecimentos humanos e lei da atração. Este é um resumo de um pouco do que aprendi, do que vivi, e quais lições e aprendizados tive nessa viagem do autoconhecimento, da expansão da consciência e do entendimento de saber quem eu era, o que buscava, de qual forma eu iria me integrar no processo chamado VIDA. Foi um processo árduo, sofrido em alguns momentos, mas libertador.

FABI SANTOS

Fabi Santos

Contatos
fabianajs0706@gmail.com
YouTube: Fabi Santos
Instagram: @fabisanttoss
13 98129 2511

Terapeuta desde 2019, com ênfase em espiritualidade, e cuidados com a mente e o espírito. Praticante de Barras de *Access*, formada em 2019, com cursos extracurriculares na mesma área. Atende e facilita o entendimento na vida dos pacientes. Essa é uma técnica poderosa para o autoconhecimento. É apresentar ao ser humano uma visão diferente do mundo, em que as escolhas são possibilidades reais e grandiosas de prosperar, engrandecer-se e emponderar-se, trazendo para ele uma nova concepção de vida. Consultora de *Feng Shui*, desde 2013, atendendo principalmente empresas. Concentra a experiência e o cuidado com o cliente na harmonização das influências das energias para que elas possam fluir livremente. Oraculista desde 1999, com mais de 250.000 atendimentos (no Brasil e exterior), visando sempre dar direção, caminhos, escolhas e fazendo com que essa experiência, que para alguns é esotérica e mística, seja muito importante para o autoconhecimento e o entendimento da própria vida. Por meio dos oráculos, sempre buscamos nossa evolução, a expansão de nós mesmos e o conhecimento necessário para uma vida de abundância, felicidade e sucesso.

Eu, Fabiana, hoje me vejo pensando em como cheguei até aqui. Como os problemas nos deixam mais forte e nos fazem pensar e até mesmo traçar um plano B na vida. Sim, muitas vezes, pensando em como seriam nossas vidas se os problemas e os desafios não tivessem acontecido. E vou explicar por que...

Assumimos o papel de grandes pessoas que queremos ser, mas muitas vezes o que queremos ser depende de nossas habilidades, consciência e metas, certo? Errado. Isso tudo que mencionei acima, ajuda, mas não definirá quem somos, quem queremos ser nem muito menos aonde chegaremos... E por que eu digo isso? Porque foram tantos os caminhos, até descobrir exatamente qual era minha missão, o que de fato eu queria ser. Hoje entendo o porquê de ter passado por tantos desafios e acontecimentos. Foi para me preparar para ser quem eu sou, ajudando as pessoas a também se encontrarem.

Nesse meu processo de autoconhecimento, eu queria mais, queria mais da vida, das pessoas, e do mundo, e posso garantir que essa reflexão, esse mergulho dentro de si mesma, vendo-se de fora e de dentro, não é nada fácil. Mas é uma jornada que se torna encantadora e indispensável.

Tornei-me terapeuta justamente para que eu pudesse ajudar mais pessoas não só nesta busca, mas para que fosse mais fácil para elas encontrarem o que levei anos para encontrar (diga-se de passagem, anos dolorosos), para alcançarem essa estabilidade emocional, esse aprendizado.

Nos meus trabalhos, incluo o lado não só emocional da vida, mas também o espiritual. Trago essa concepção de que uma coisa não está separada da outra. Sim, meus amores, essa ideia, ao meu ver e ao meu entendimento de hoje, é totalmente errônea, já que somos seres espirituais e de pura energia (inclusive, falo muito mais profundamente disso no meu livro *Você pode tudo*). E entendam, a espiritualidade que abordo aqui nada tem a ver com religião, OK? É um jeito diferenciado de tratar as pessoas, de fazer a minha terapia, tenho orgulho dessa nova maneira ou jeito especial e amoroso de cuidar dos meus pacientes; e não os vejo apenas como pacientes e sim como seres únicos que precisam de atenção, cuidado e muito equilíbrio. E é dessa forma que tento ajudá-los ao máximo, trazendo-lhes uma maneira diferente de fazê-los pensar, agir, se amarem. Dessa forma, também consigo extrair o melhor deles e fazer que eles reconheçam seu valor, seu potencial e se conheçam para que nada os impeça de chegar aonde querem. E de saber quem são.

Estou sempre em busca do "Mais", do melhor; não só nas terapias, mas como ser humano. Trabalho acreditando que tudo vai melhorar, que tudo é e será possível. Absolutamente nada é impossível! Somos capazes, somos ilimitados e iluminados.

Trabalhei e trabalho desde muito cedo. Venho de uma família simples, porém muito unida e de muitos valores, meu pai (já falecido) deixou um legado puro de amor, compaixão e honestidade. Minha mãe é uma grande mulher que, ao lado do meu pai, nos ensinou os pilares de uma família, do amor e da ajuda mútua que levo para mim, para minha vida e para meu trabalho.

Sou extremamente dedicada e determinada no que faço. Quando quero algo, luto para conquistar, traço metas e busco meus objetivos. E dessa mesma maneiro faço meu trabalho e ensino a todos como o fazer. Sinto-me especial mesmo, me valorizo e me amo por ser assim. Já consegui muitas vitórias em minha vida, seja no âmbito profissional, familiar, financeiro e emocional. E quero dividir minhas conquistas e vitórias com todos, pois, como já disse, nem sempre foi assim.

Passei por muitos desafios, problemas e falta; enfrentei uma depressão e quase me suicidei (e isso só não aconteceu pois chegou um anjo que me salvou), não tinha forças para lutar contra tudo o que estava acontecendo. Na minha cabeça era mais fácil desistir e acabar logo com tudo. Foram alguns meses nesse processo, até conseguir voltar a orar, a fazer uma técnica chamada ho'oponopono (que também ensino o que é e como fazer no meu livro, e no meu canal do YouTube. Sim, meus amores, cresci muito e tenho até um canal do YouTube). Foram longos meses de sofrimento, mas EU VENCI e fui procurar meu caminho. O que eu estava buscando de verdade para mim e para os meus? Fiz-me essa pergunta várias vezes nesse processo de autoconhecimento e missão de vida. Foi quando me deparei com a terapia. Busquei saber mais, o que era, como fazer e como eu poderia usar essa ferramenta para me ajudar e ajudar as pessoas.

Fui a fundo em mais esse estudo, e entendi muitas coisas, que naquele momento me era um véu, um sopro de esquecimento que me invadia a alma e o coração, pois não acreditava que tanta beleza e tratamento me fugiam ao conhecimento.

Seria muito mais fácil para as pessoas, tendo a expansão de consciência que adquiri e que hoje eu estou ali passando, ensinando, por meio da minha própria experiência, conhecimento e vivência. Ninguém vive a vida do outro. Ninguém tem ou terá exatamente as mesmas dores, processos, experiências ou sofrimentos. Mas a cura para tudo isso, independentemente do desafio, do sofrimento é uma só: o Amor. Mas para você que não sabe, vou lhe falar, o amor é o pilar de todas as outras coisas. É a soma de tudo o que precisamos para nos curar. Sabedoria, respeito, consciência de quem somos, equilíbrio emocional e muito mais... A terapia tem esse processo, esse fundamento principal. O que é uma terapia integrativa ou holística? *Holístico* quer dizer tudo, ou seja, tudo integrado, tudo faz parte... A cura se faz de uma forma total: mente, corpo, espírito e emoção.

A terapia holística cuida de você como um todo, e não somente uma parte, uma área da sua vida, e sim tudo o que há em si, consigo e dentro de si. E imagine juntar esse TODO mais uma gama enorme de processos espiritualistas. É SURREAL. E o trabalho, a cura se faz tão fácil e sem dores maiores. É o apanhado perfeito de conscientização, iluminação e ciência, da valorização do Ser.

Tenho obtido resultados maravilhosos, pessoas transformadas dentro do que acredito, respeitando seu livre-arbítrio, suas próprias experiências e suas limitações. Com elas (as pacientes), ensino e aprendo, pois, cada ser é um ser, cada desenvolvimento é único e cada processo é um crescimento expansivo e moldado por cada um.

Há algo que aprendi com alguns mestres e mentores durante essa minha jornada e que levo para minha vida. E quero também passar para vocês. Todos nós somos 100% responsáveis por tudo o que acontece em nossas vidas. Não existem culpados, não existe vítimas, existe a não aceitação de que tudo tem um propósito, de que tudo tem um porquê e uma razão de ser. Seja para nosso crescimento pessoal, seja para nosso desenvolvimento espiritual, isto é, apenas para nosso conhecimento interno, mas há sempre uma grande e enorme sabedoria por de trás de tudo isso.

Não temos todas as respostas, mas com certeza teremos muitas perguntas e questionamentos. O que devemos fazer então? É procurar estar sempre em constante evolução, atentos ao nosso redor e o que envolve todo o processo de estudos, buscar a expansão da nossa consciência e a melhoria de nossas vidas.

Acredito que todo ser humano, independentemente de cor, raça, credo ou religião, tem um propósito nessa imensidão do Universo. Somos apenas gotículas de uma vasta Sabedoria Superior. E seja ele qual for, você só descobrirá quando se tornar uma profunda conhecedora de si mesma.

Busque sempre o melhor. E nessa jornada nem sempre seu melhor agradará aos outros. Mas está tudo bem, até porque o principal do conhecimento é saber que você é sempre a primeira pessoa que terá de se agradar. Faça tudo o que tiver que fazer para se conectar com essa intensidade de SER e lhe garanto que todas as respostas sempre estarão dentro de si.

Boa jornada do autoconhecimento!

34

SALTO DA RIQUEZA
A MINHA JORNADA DOS SONHOS

Como você visualiza seu "eu do futuro"? Acredite, você é capaz de alcançar tudo o que deseja com resiliência e caminhando na direção certa. Neste breve capítulo, conto como é possível transformar suas maiores dificuldades em combustível para crescer e ainda iluminar a vida de diversas mulheres.

Fernanda Dassie

Contatos
fernandadassie.com.br
fernanda.dassie.mentora@gmail.com
Instagram: @fernandadassie
LinkedIn: @fernandadassie

Empresária e mentora de finanças para mulheres, natural do Rio de Janeiro. MBA em Finanças pelo Ibmec, atuante há mais de 16 anos na área administrativo-financeira, com formações em Análise Comportamental, Mentorias, Finanças Comportamentais, Psicologia do Dinheiro, Gestão Financeira, Gestão Empresarial de Alta performance, Treinamento de Atletas, Nutrição e Neurobótica. Ex-atleta fisiculturista, com títulos nacionais e internacionais, tem também experiência em grandes empresas como Losango, HSBC e Odebrecht. Criadora do Método FOCO$ e dos cursos Salto da Riqueza - a jornada que elevará seus sonhos e Comande o seu negócio. Orienta diversas alunas por meio de suas mentorias em seus planejamentos financeiros pessoais, alavancando seus resultados em busca da realização de suas metas.

Quem me vê falando sobre finanças para mulheres e à frente de duas empresas de segmentos diferentes não faz ideia do que vivi ao longo desses meus 37 anos. Hoje, agradeço imensamente por tudo o que construí; e como toda Jornada dos Sonhos, foi preciso vencer muitos obstáculos e manter a resiliência para chegar até aqui. Uma história bem longa, com muitos acertos, erros, tropeços e muitas reviravoltas, que com certeza dariam muito mais do que um capítulo de livro.

Nasci em Niterói/RJ em 1985, filha de Suely e Luiz, ambos vindos do interior, muito humildes e de infância sofrida. Quatro anos depois, nasceu minha irmã Renata. Meus pais sempre trabalharam muito para sustentar nossa família e havia muito amor em nosso lar. Fomos instruídas para sermos independentes, estudar muito, trabalhar duro e fazer bem ao próximo. Posso afirmar que crescemos com diversos valores e eles ansiavam por um futuro melhor para nós.

Com muito esforço e coragem, em 1989, eles conseguiram abrir a primeira empresa, a Lab Madeiras (comércio varejista do ramo moveleiro). A empresa foi crescendo, outras foram sendo criadas durante o tempo, como a Fernata, mas eu sempre ouvia sobre a dificuldade que era mantê-las. Afinal, quem é empreendedor sabe o tamanho do desafio que é gerir uma empresa no Brasil.

Me espelhando em todo o esforço dos meus pais, fui uma ótima aluna na escola, porém muito exigente comigo mesma. Era gordinha e desajeitada na época, mas muito sonhadora: me espelhava nas revistas da época e meu sonho era um dia seguir carreira no exterior em uma grande multinacional, sendo reconhecida, admirada e bonita.

Em 1998, meus pais se divorciaram e minha família passou por diversas situações complicadas emocionalmente, difíceis de relembrar. Mas com o passar dos anos, tudo foi se recompondo, meu pai se casou novamente, e Janete e seu filho Victor passaram a fazer parte de nossa família.

Da mesma forma que encarava meus desafios pessoais, me empenhei em lidar com minha jornada de estudos, em busca do que sonhava. Escolhi o curso de Administração, e apesar de ter muito orgulho da jornada dos meus pais, na época não ansiava em ir trabalhar com minha família, pois sempre ouvia a reclamação de que o dinheiro era escasso, apesar de tanto trabalho. Também sentia que precisava vencer sozinha e no futuro levar conhecimento de mercado para ajudar a empresa a crescer.

Iniciei a graduação no Ibmec em 2003, e tive a oportunidade de estudar com pessoas muito ricas e ter aulas com executivos. Meu padrão de vida nem se aproximava do deles, mas ansiava por alcançar sucesso com minha dedicação, o que me incentivou a procurar emprego cedo, ingressando na Losango (recém-adquirida pelo HSBC), aonde tive uma jornada de muito aprendizado.

Concluindo a graduação, iniciei como *trainee* na Odebrecht, o que me proporcionou conhecer várias outras cidades do Brasil e do mundo. Vivi um período de trabalho muito intenso, contando com mudanças de cidade e até o término de um noivado. Foi quando, em 2009, me ofereceram uma proposta diferente: trabalhar na Líbia! Pois é, um país muçulmano. Minha responsabilidade seria ministrar treinamentos para pessoas de 28 nacionalidades. Apesar de ter um "Manual de Como uma mulher deve se portar na Líbia", me pareceu uma oportunidade única. Seria maravilhoso realizar meus sonhos de trabalhar internacionalmente, ministrar treinamentos e ser reconhecida.

Aceitei o desafio com muita coragem, e em pouco tempo já estava lá, meio a uma ditadura, com precária comunicação com o Brasil, mas vivenciar outra cultura me ensinou a respeitar ainda mais as crenças e ideais de outras pessoas, e ver a vida com outros olhos.

Devido a algumas alterações nas minhas atividades, solicitei o retorno ao Brasil após seis meses e trabalhei em mais outras obras da Odebrecht. Fui muito feliz e reconhecida no trabalho, porém em um certo momento a rotina de trabalho e estudo (havia iniciado meu MBA no Ibmec) me levaram ao limite. Eu amava o que fazia, mas aceitei a proposta de trabalhar com meu pai, diante da autonomia que eu teria na empresa.

Trabalhando na Lab assumi as áreas Administrativa e Financeira, conseguindo realizar muitas mudanças positivas junto a meus irmãos, o que ajudou muito no crescimento e na profissionalização da empresa.

Tempos depois me casei e tudo fluía bem, quando me deparei com períodos de intensa turbulência em minha vida. A empresa de minha mãe, do mesmo ramo, teve sérios problemas de administração e quase afundou. Meu marido na época assumiu a administração da empresa e com a dedicação do trabalho em conjunto, conseguimos contornar a situação.

Porém, com tanto foco no trabalho, o meu casamento começou a desmoronar. Fiquei com o emocional totalmente abalado e baixa autoestima, o que me despertou uma busca incessante pela beleza por meio de procedimentos estéticos, treinos intensos, além de gastos desnecessários. Mas nada disso conseguia me preencher e reverter a situação. Meu consumismo só crescia, e virou minha rotina utilizar o cheque especial do banco e o parcelamento da fatura do cartão de crédito. Mesmo com bons rendimentos e experiência com o financeiro de empresas, meu descontrole emocional e a falta de planejamento fizeram que eu nunca conseguisse poupar.

Toda essa busca pela aparência me despertaram o desejo de ser fisiculturista no ano de 2016, com o desafio de provar a mim mesma que poderia vencer competições e finalmente me sentir bem com o espelho. Com orientação, em quatro meses participei de minha primeira competição. Obtive o quinto lugar e, é claro, não fiquei satisfeita. Fui em busca do melhor treinador da época, que me apoiou em minha primeira conquista do ouro. Essa vitória intensificou ainda mais minha vontade de competir, o que passei a fazer todos os meses, conquistando diversos títulos.

A vida de atleta não foi fácil, mas me ensinou muitas coisas, como ter foco e determinação para cumprir o planejamento a fim de conquistar a vitória, mesmo com tantos desafios e sabotadores. Aprendi a querer melhorar a cada dia e a ser a minha própria adversária, entendendo que para toda escolha há uma renúncia. Consegui muitos patrocínios, como médicos, manipulados, academias, clínicas e a tão sonhada marca de suplementos Black Skull USA.

Os gastos para manter a vida e o esporte eram altos, e como forma de obter renda extra, decidi abrir uma loja online de roupas fitness. Porém iniciei da pior forma: adquirindo um empréstimo sem planejamento. Portas se abriam, mas sem conseguir administrar tantas coisas em paralelo me afundei cada vez mais financeiramente. Havia me divorciado e, em 2018, uma das revendedoras desapareceu com parte de meu estoque de roupas. Neste momento fiquei desnorteada, pois todos os meus rendimentos passaram a ser direcionados para o pagamento dos custos básicos e da dívida. Enfim, fali. Não sabia como encarar o problema de frente; afinal, como poderia uma Diretora Financeira estar endividada? Senti vergonha de mim mesma e mantive isso em segredo, pois me via como uma fracassada.

Alguns episódios ocorreram em minha vida, culminando na minha decisão de ter forças para mudar. Procurei livros, cursos online e, por fim, contratei a mentoria financeira do Ben Zruel, mesmo sem ter recursos suficientes para tal. Eu estava disposta a mudar minha mentalidade de uma vez por todas e dar uma reviravolta em minha vida. Acreditei totalmente nele e segui todas as orientações; confesso, não foi fácil. A instrução era dele, mas o resultado dependia totalmente de mim. Mudei meu pensamento e meu comportamento, aprendendo a não ser tão imediatista e usei toda a força e determinação de atleta para conquistar minha leveza financeira. "Poderia ter aprendido isso antes!", pensei. Mas entendi que tudo acontece realmente na hora que tem de ser.

Foi então que no início de 2020 consegui renegociar e quitar minha dívida, que tinha chegado a R$ 150.000,00 com os juros. Foi um dia libertador! Continuei aplicando todos os conhecimentos adquiridos em minha vida e desenvolvi meu próprio método de organização financeira.

Desse ponto em diante muitas outras oportunidades se revelaram. São inúmeras histórias para contar, de encontros e desencontros, de quedas e reviravoltas. Eu estava feliz, mas precisava encontrar a verdadeira Fernanda. Precisava entender quem eu era e qual era meu propósito de vida. Busquei desenvolver minha espiritualidade e investir em diversas formações.

Nesse processo, tive outros mentores maravilhosos me ajudando no autoconhecimento e crescimento, como o Yoshio Kadomoto, Tereza Trovões, Janaína Quintella e Kênia Gama. Alguns amigos também incentivaram muito minha jornada, como Ricardo Muri, Vinícius Casagrande e Carolina Trovões, me mostrando o quanto minha história e minha vontade de servir poderiam apoiar outras pessoas a se reerguerem e lutarem por seus sonhos. Confesso que durante essa jornada fui um pouco incompreendida em meu círculo social, pois não entendiam o porquê de buscar tantos cursos e mentores, já que eu era Diretora de uma empresa sólida e que poderia ter uma vida tranquila e comum. Mas certa do meu propósito, me afastei e continuei em busca do que eu acreditava.

Em paralelo a tudo isso, eu e meus irmãos havíamos assumido a gestão da empresa de meu pai, mas ainda sob seus olhos, o que me fez abandonar a minha vida de atleta, mantendo somente a rotina saudável. Todas as decisões estratégicas do negócio eram tomadas em conjunto e nosso grupo teve um grande crescimento, sendo vista como referência no ramo.

Com a chegada da pandemia, em 2020, veio o momento de caos e incertezas. Entendi mais uma vez a importância sempre buscar o conhecimento.

Traçamos nosso plano de ação com nossas diferentes visões e, após muito sacrifício, felizmente conseguimos vencer essa fase, contando com a força e a fé de toda a equipe. Esse comprometimento nos permitiu alcançar a maior marca de faturamento em julho e o dobro das receitas no ano seguinte.

No início de 2021, conheci o Romário, um homem que tinha muitos valores iguais aos meus, me apoiava e incentivava meu crescimento. Nos apaixonamos, começamos a namorar e fomos nos conhecendo melhor. Ele era autônomo, trabalhava como promotor e como *barman*, estudava bastante e tinha o sonho de crescer, crescer, apesar de não sentir segurança para começar a empreender sozinho.

As ideias para abrir uma empresa em conjunto começaram a fluir pensando em nosso futuro. Percebi que tínhamos habilidades complementares para o trabalho e iniciamos o estudo para a abertura de um delivery de bebidas e conveniência, com produtos selecionados. A ideia era tocar esse novo negócio em paralelo com meu atual emprego, tomando todos os passos com cautela, paciência e constância, após aprender com os erros impulsivos do passado.

Após muito trabalho duro e noites em claro, nosso Plano de Negócios ficou pronto, nos programamos financeiramente, e o Romário mudou-se para a minha casa em Niterói. Foi aí que em 13 de dezembro, inauguramos a Prime Express. Foram muitos os sacrifícios e desafios, mas acompanhados de vitórias, alcançando resultados acima do planejado para os primeiros meses, mas sabendo que ainda temos várias batalhas a enfrentar.

Com tudo engrenando, passei a focar nos cursos e palestras que sonhava ministrar. Aprendi muito e conheci mulheres incríveis que apoiavam umas às outras. Senti que isso fazia meu coração vibrar. Tudo começou a se encaixar com o meu verdadeiro propósito: transformar a vida de mulheres, mostrando a importância da correta mentalidade financeira, planejamento e equilíbrio na vida. Ensinar a elas que acreditando em si mesmas e com empenho, podemos conquistar tudo.

A jornada passou de dupla para tripla, porém mais feliz e realizada como diretora da Lab Madeiras, sócia da Prime Express e mentora de Finanças para Mulheres com o curso "Salto da riqueza – a jornada que elevará seus sonhos".

E hoje eu posso dizer que já orientei cerca de 700 mulheres em cursos e palestras de Educação Financeira e já mentorei mais cerca de 40 individualmente. Sou professora em diversos cursos on-line de outras especialistas, ensinando sobre educação financeira e empreendedorismo, e ministrei palestras internacionais. E, de coração, espero ter realizado muito mais do que isso no momento em que você estiver lendo este livro, pois ser um canal de leveza e transformação para as mulheres me move.

Hoje, aos 37 anos, acredito que "nada na vida é por acaso". Com certeza a cada dia terei um novo aprendizado, e todas as reviravoltas que vivi serviram para me fortalecer e me preparar a fim de ajudar outras pessoas. Meu desejo é que as mulheres entendam que a vida pode ser mais leve e que todos os sonhos são possíveis de serem alcançados.

Acredite em si. Você é capaz de muito mais do que imagina. Basta ter um sonho bem definido, cercar-se de pessoas com os mesmos propósitos que os seus, batalhar duro por isso, ter resiliência e fé! A sua Jornada dos Sonhos é você quem traça. Voe alto!

35

MULHERES DE SUCESSO
DE UMA HISTÓRIA, UM GRANDE MOVIMENTO

Ao longo da minha vida, convivi com executivas sobrecarregadas, e eu me incluía entre elas; até que um dia experienciei abrir mão de uma vida segura, para me reencontrar. Nesse caminho, tive o prazer de me conectar com pessoas que tinham uma visão diferente sobre sucesso. E por estarmos tão condicionadas a seguir regras sociais, precisei me curar e me reconstruir. Nesse movimento, nasceu o Mulheres de Sucesso.

FERNANDA OLIVEIRA

Fernanda Oliveira

Contatos
mulheresdesucessonf.com.br
fernandinha.splash@gmail.com
Instagram: @fernandaoliveirasplash
@mulheresdesucessonf
22 99252 9431

Empreendedora, mulher e mãe do Pedro. Educadora física, é proprietária da Splash Atividades Aquáticas. Psicopedagoga e *coach*, é especialista em gestão feminina. Criou o movimento Mulheres de Sucesso NF e idealizou o Clube de Negócios Empreender com Mais Sucesso. Estudante do desenvolvimento humano, ama aprender, criar novos projetos e sonhar no concreto.

Toda vez que ouvimos a expressão: Mulher de Sucesso (MS), o que vem à sua cabeça? E quando você para e pensa em como se tornar uma MS, qual pergunta vem à sua mente? O que acredita que as empreendedoras em ascensão buscam?

Ao longo dos anos, conversando com mulheres de diferentes profissões e estilos, o questionamento maior é: uma mulher nasce ou não uma Mulher de Sucesso? Existe um manual a seguir ou tudo é instintivo? Vou dividir um pouco da minha experiência; acredito que ao final você estará no grupo seleto e único das Mulheres de Sucesso do novo tempo.

Em toda a minha busca, eu não encontrei relatos de que se nasce uma Mulher de Sucesso, mas tenho a certeza de que ela emerge e por meio de seus manifestos, aparece. Não surge uma Mulher de Sucesso do nada, não brota de repente, e não se trata simplesmente de saltos altos, cabelos bem penteados, roupa engomada, altos cargos, atrás de óculos, *laptops* ou de uma grande empresa.

Ser uma Mulher de Sucesso pode ser bem mais simples e prazeroso do que isso. Não se decepcione! Não precisa de uma fórmula mágica nem de passar por cima de outras pessoas para alcançar o que desejamos. Esse não é um caminho de superação do outro. É um espaço de autoconhecimento que transcende sua história e depois isso impacta toda a sociedade. Precisamos de muito pouco, precisamos apenas de quem somos: inspiração, essência, reequilíbrio e, acima de tudo, encontrar a verdade de ser donas de nós mesmas; e é com isso que uma MS é sustentada. Se ainda está com dúvidas, vou direto ao ponto: uma autêntica Mulher de Sucesso é feliz!

– Só isso? Simples assim?

– Não. Isso é o mais difícil, mas posso garantir que é possível e transformador.

"A felicidade exige valentia", disse Fernando Pessoa, e é ela que abre caminho para todos os demais movimentos que desejamos seguir.

Conhece a expressão: estado de *Flow*[1]? É um momento no qual experimentamos uma enorme satisfação, em que nossas ações acontecem com fluidez. Estima-se que nos tornamos 5 a 7% mais produtivas e inteligentes quando estamos em paz, por isso existem tantos líderes que falam de meditação e autoconhecimento como caminho para o sucesso.

Só que para nós, mulheres, isso se torna um pouco mais desafiador, já que vivemos em um mundo que o patriarcado domina e nos estimula a seguir padrões menos atuais. Infelizmente, os modelos instruídos a seguir são aqueles que dizem que não é necessário criar, que tudo já foi feito e cabe a nós, mulheres, reproduzirmos o que vem dando certo, pois "em time que está ganhando, não se mexe". Será que a razão de nos imobilizarem profissionalmente está relacionada ao medo do nosso "possível" fracasso ou ao medo do nosso sucesso estrondoso? Isso faz sentido para você? Esse é um caminho de muitos lados; como ter êxito sendo autêntica num ambiente que normalmente não aceita a mulher no seu papel feminino?

"Ser ou não ser? Eis a questão"; "Existir ou não existir"; "Viver ou morrer?". Quantas mulheres você conhece ou identifica que andam na corda bamba? Que vivem existindo e não construindo o que sonham, que têm a certeza de que nos dias atuais, viver ou morrer não faria diferença, pois não gostam da vida que têm? Quantas conhecidas vivem deixando a vida levá-las porque não podem proferir opiniões próprias, seguem padrões e nunca saem de suas caixas? Eu sei que estou fazendo muitas perguntas, mas foi encontrando minhas respostas que me tornei quem sou.

Quantas amigas suas se permitem ousar? De quantas mulheres você escolheu ser amiga, quantas vezes você frequentou os espaços que queria, usou as roupas de que gostava, decidiu como e onde empregar seu dinheiro sem pedir autorização, e muito mais...

Eu vivi muitos anos sem ter escolhas. Era "orientada" a não ter amigas, pois mulheres só eram amigas de mulheres por interesse; a não usar roupas X ou Y, pois minha posição social não permitia; a não ir a tal espaço ou igreja, pois não era lugar de moças ou de Deus. Consegue se ver nessas palavras?

Agora tudo isso poderia ser diferente se tivéssemos uma cultura integral de valorização inclusiva, em que aprenderíamos sobre respeito não como uma forma de punição ou medo e sim como uma maneira de percebermos que as diferenças não nos excluem, mas nos completam.

---

[1] O conceito de *Flow* foi desenvolvido pelo psicólogo húngaro Mihaly Csikszentmihalyi e pode ser entendido como um estado no qual a pessoa está tão envolvida em uma atividade, que se torna capaz de esquecer-se do tempo, da fome, da fadiga física e mental, do ambiente e até dos ruídos a seu redor.

Existe uma uma tribo africana que possui um costume ancestral grandioso. Quando um integrante da tribo erra, se engana, prejudica alguém, é colocado no centro de uma roda na sua comunidade. Por dois dias, todos o relembram tudo de bom que ele é, relembrando seus valores e virtudes. É um ritual em que todos dizem *Sawabona*: "eu respeito você, eu valorizo você, você é importante para mim". E em resposta o centralizado responde *Shikoba*, que significa "então, eu existo para ti". Neste lugar de reconhecimento e aceitação mútua, o perdão acontece seguido da transformação. É nesse caminho de aceitação e cura que eu me coloco. Escrever a história que fez de mim uma Mulher de Sucesso não é simples. Tem dores e sabores. Nó na garganta e vitórias. E, para tudo isso, eu tive antes de mais nada, me conhecer. Aceitar minhas fraquezas e me permitir ser vulnerável. Entender que os julgamentos dos outros pertencem a eles e não a mim. E que eu só preciso ser congruente com meus valores e fiel aos meus sentimentos. Um grande resgate, ainda em construção. Honrar minha história e inspirar muitas vidas a serem donas do seu destino, amando e sendo amada, respeitando e sendo respeitada. Tendo voz para inspirar negócios prósperos e famílias que se amem e se aceitem, independentemente das diferenças que possam e vão existir.

Imaginem se pudéssemos escolher viver sem rótulos. Utopia? Não! Toda Mulher de Sucesso tem um espaço rico e abundante, e não falamos de sobreposição, mas sim de igualdade. E cada erro, seja ele no processo de construção da identidade ou à frente de uma empresa, não é tratado como uma sentença, mas sim como um processo de ir e vir, de construção que é formado por erros e acertos.

Se entendermos que tudo (na vida e nos negócios) é feito de ciclos e também de sucessos e fracassos, teremos mais construções que lamúrias. Somos pouco educadas a lidarmos com as perdas, as frustrações, os términos e as reconstruções; e nos apegamos ao que não faz mais sentido, simplesmente porque não queremos mudar ou ousar sermos donas do nosso próprio destino.

Se quiser ser uma Mulher de Sucesso, seja você e se permita viver todas as suas fases. Como? Após ter feito todo o caminho que a sociedade exigia, eu me vi perdida de mim. Eu tinha uma vida extraordinária, casa, família, carro, emprego e posição social. Tinha dinheiro para realizar todos os sonhos, vivia como dizem hoje: uma vida de Facebook. Fotos perfeitas, momentos incríveis, *status* e solidão. Sim, havia um vazio dentro de mim que era substituído por uma bolsa, um sapato, um relógio, um passeio. Eu estava aprisionada. E não era apenas na futilidade das minhas compras, ou na eficiência frenética do meu trabalho. Sem perceber, eu tinha me tornado parte de uma estatística que condenava, mas da qual não tinha consciência.

Por anos, fui impedida de me expressar, falar, me posicionar e escolher. Logo eu, uma mulher corajosa e determinada... E saber que essas marcas não eram exclusivas minhas, que muitas mulheres sofrem caladas e se contentam com a vida que não sonharam – pois a sociedade nos empurra para isso – é de doer. E eu só me perguntava, por quê? Por que comigo? Onde estava errando? Como refazer o caminho? Seria culpa minha desejar ser feliz?

A sociedade tolera no homem o que é fortemente condenado na mulher e esse sentimento tem literalmente nos matado. Num momento de reconstrução, precisamos de todos. Não é só a força do homem que vai reerguer uma nação, mas também de muitas mulheres. Amores, coragem e revolução podem ser feitas por mãos diversas. É a mistura de olhares que fará do novo mundo um espaço melhor para as próximas gerações viverem.

Embora muito ainda temos para conquistar e conhecer, estamos no melhor momento, a hora é de nos unirmos e de sermos, todos, ousados! Foi assim, sendo ousada, ovelha negra e desgarrada que eu me encontrei e me libertei. E, claro, nada adiantaria esse movimento se essas reflexões não atravessarem as páginas deste livro e chegarem a muitas pessoas e a muitos homens, em especial. Entendam, todos têm suas dores e histórias e não cabe mais estarmos do lado A ou B. Precisamos unir esforços e talentos. Forças e fraquezas para termos um espaço de igualdade e de amor; queremos andar livres com segurança. Queremos dialogar sem ameaças e, acima de tudo, não queremos mais rótulos. Queremos ser iguais. Queremos reescrever uma nova história. Não precisamos ser vítimas de um sistema cruel, que cobra um preço alto e excludente para mulheres que querem seus espaços.

Eu paguei o preço e quero ajudar a todas, tanto quanto possível, a não trilharem o caminho da dor, da submissão, da falta de voz. Hoje, tenho um lugar de fala conquistado e não há preço pela satisfação de pertencer a mim mesma. Só não se esqueça: é mais difícil trilhar esse caminho sozinha; com outras mulheres a jornada fica mais leve. Foi por isso e por ter experienciado e observado mulheres fortes que, na presença de homens, mudavam e por me ver sozinha empreendendo que nasceu em maio de 2018 um movimento de união feminina chamado Mulheres de Sucesso. Naquela época, não estava em voga falar de união feminina e muito menos de mulheres assumindo seus negócios. Existiam, sim, milhares de mulheres que conduziam suas empresas, mas na hora de fechar um contrato ou pegar um empréstimo, por exemplo, precisavam da figura masculina para garantirem o sucesso do seu projeto. E isso me incomodava, não porque não acredito na parceria de homens e mulheres, mas porque não existia um espaço para que mulheres pudessem falar de seus negócios, seus sonhos e aspirações sem medo, cobranças ou receios. Foi nesse momento que minha história se tornou um grande movimento.

Cada mulher que chegava percebia que ali existia a certeza de que poderíamos muito mais. Mais compromisso, mais entrega, mais negócios, mais *networking*, mais amizades, mais aprendizados, mais mulheres olhando para si e se fortalecendo, na certeza de que juntas nossos negócios prosperariam, porque juntas somos imbatíveis. Como consequência, experienciamos menos mulheres sozinhas, sofrendo injustiças. Menos guerreiras enfrentando batalhas, se arranhando, tendo que viver sozinhas, um dia daqueles.

É verdade, todas nós temos dias daqueles! E foi por meio dessa ausência de espaço, pelo sumiço de "amigos", por não ter quem acreditasse que eu poderia recuperar minha vida e reconstruir a minha história que eu renasci.

Hoje estou livre e completamente feliz! Sou uma Mulher de Sucesso humana, que entende a importância da igualdade, que honra seus pares, que agradece a quem está ao seu lado e deixa ir quem não se sente "em casa". Hoje, percebo que somos feitas de feminino e masculino (e como isso é importante).

Quando eu me reconheci e me libertei, meu grito deixou de ser solitário; e hoje caminho buscando o equilíbrio, entendendo que é mais confortável ser fiel a mim e me amar. Ando num caminho de volta. Hoje quero me conhecer mais e me ouvir. E para isso preciso de pausas, em meio ao burburinho do mundo.

O dia a dia ainda insiste em me fazer voltar a seguir aquilo que já conheço e esquecer daquilo que posso alcançar. Sou(somos) condicionada(s) a acreditar que a mudança é ruim, que não faz sentido olhar, refazer, recomeçar, amar...

Aí, num determinado dia, um imprevisto acontece, a gente muda tudo e vê que é possível mudar a história. De início isso assusta, deixa marcas e incômodos, faz a gente pensar o que fizemos de nós e o que faremos na sequência. Mas ao respirar por um ou dois instantes, percebemos algo imensurável: a liberdade.

Quantas vezes podemos ter a chance de refazer nossa história? Uma? Duas? Sete?

Eu achei que a vida já tinha me ensinado bastante e que a missão que carrego já seria inspiração suficiente para quem ainda está desejando se encontrar. Mas a vida não é tão linear, e o caminho não é feito em uma única jornada, ele é um processo contínuo de ir e vir, de aceitar e se aceitar, de amar e se enamorar, de conhecer e se conhecer. De voltar e continuar. Qual foi a última ou a primeira vez que você fez essa jornada?

Conhece-te a ti mesmo! Se queremos conhecer o mundo à nossa volta e termos sucesso, devemos em primeiro lugar conhecer quem nós somos. Aceitar nossas vulnerabilidades, nossas imperfeições. Estar no jogo. Também aceitar nossos desejos e vontades. Nossos momentos e espaços.

– Recomeçar! De novo?
– Sim!
– Por onde?
– De onde você parou de se olhar!
Vamos?

Eu tenho a certeza de que estou diante de uma incrível e nova Mulher de Sucesso. Vem! Sempre tem espaço para mais uma.

36

OS PILARES DO TRIUNFO
EMPREENDA COM QUALIDADE DE VIDA, SOLIDEZ E SUCESSO

Um capítulo recheado de estratégias, dicas e inspiração para empreendedoras e futuras mulheres de negócio. Foi escrito por quem ama empreender e fez da profissão sua grande missão. Adentra aos pilares que te ajudarão a percorrer os caminhos do triunfo, com propósito e atitude.

Fernanda Sbrussi

Contato
Instagram: @fernandasbrussi

Tecnóloga em Marketing (Fatec - Faculdade de Tecnologia Internacional/2010). Pós-graduação em Marketing (Univates - Universidade do Vale do Taquari, 2012). MBA em Gestão de Negócios e Varejo (Uninter - Universidade Internacional do Paraná, 2016). Fundadora e CEO da Rede Unikids. É palestrante e mentora de empreendedorismo; idealizadora do projeto Cegonha Empreendedora, que auxilia mulheres a darem início ao sonho de ter sua loja física, além de fomentar o negócio por meio de marketing digital e gestão de tráfego pago. Há mais de 20 anos atua com estratégias de marketing e comunicação para varejo. Em 2017, foi vencedora do Prêmio Sebrae - Mulher de Negócios, na categoria Varejo, no Rio Grande do Sul.

Este é mais um capítulo sobre protagonismo, sobre ser exemplo de coragem, perseverança e muitos desafios. Sem dúvida, eu poderia estar aqui descrevendo mil histórias que vivi nesta jornada empreendedora, e não faltaria drama, comédia nem ação. Mas minha missão é muito maior, e quero usar este espaço para inspirar você não somente a empreender e ser dona do seu próprio tempo, mas também a fazer isso com equilíbrio, solidez e sucesso.

Quem não quer ficar rico empreendendo? É o sonho de todo mundo que abre um negócio. Sim. Mas empreender não é sobre isso, não é sobre dinheiro, não é sobre bens, nem sobre ser mais do que alguém. Em 2013, abri minha primeira loja e, desde então, vejo de perto uma espantosa realidade, de pais de família que investiram todas as suas economias em um negócio e hoje retornaram à busca pela carteira assinada; de mulheres que perderam tempo e dinheiro; de amigas que se frustraram e agora se sentem impotentes diante das dificuldades em administrar a casa, o marido, os filhos e a empresa; vi casais se separando... E tudo isso porque a pressão de administrar uma empresa foi devastadora. É impossível estar no meio empresarial e não conhecer alguém que fechou as portas; aliás, quantos ao nosso lado não estão justamente com essa ideia na cabeça? Eu sei bem, vejo de perto gente abrindo as portas com o ego nas estrelas, gente que nunca leu uma única página sobre administração, gente que acha que eu tive sorte... E não para por aí, quantos nem imaginam o controle emocional necessário para gerir a si, sua empresa, sua família, sua equipe e tudo ao mesmo tempo. Mulheres que nem imaginam que suas ações na empresa serão reflexo do que vivem em casa e se não souberem administrar isso viverão o caos por todos os lados.

Talvez neste momento você esteja vivendo esse caos e tenha vontade de desistir. Talvez neste instante você tenha deixado o sonho de empreender de lado. Talvez você esteja cheio de entusiasmo para ter seu primeiro negócio e eu não estou aqui para a desmotivar, menos ainda para dizer que você deve desistir do sonho grande. Se eu tivesse desistido, certamente não estaria aqui para lhe contar sobre a magia de ver as pessoas levando para casa um pouquinho da sua história, realizando o sonho de adquirir algum item que você escolheu para ela com tanto empenho. Se eu tivesse desistido, não poderia lhe contar o prazer que sinto quando o cliente diz: "Não faz mal, se não tem o produto aqui, vou na tua outra loja". Ou seja, ele vai ser tão fiel a tua marca e ao teu negócio, que vai comprar o que ele precisa em qualquer loja, desde que que seja a tua. Ele vai consumir teu produto onde for, desde que tenha a tua marca. É sobre isso, é sobre ser solução na vida das pessoas, porque dinheiro, bens e reputação são apenas o resultado e não o caminho.

Uma missão

Foi observando esses cenários que eu percebi que minha missão era muito maior e meu amor inabalável pelo empreendedorismo poderia inspirar e transformar pessoas que estão vivendo o lado nebuloso de se ter uma empresa, mas também impactar aquelas que estão cheias de vitalidade para ter seu primeiro CNPJ. E foi por isso que aceitei estar aqui, para lhe trazer soluções e ser luz na sua vida. Quero que saiba que não fui a melhor aluna da escola. Não vim de uma família com bens; aliás, talvez alguns familiares até tivessem, mas a cultura era diferente, não usariam para ajudar no desenvolvimento de um familiar o qual julgavam que "não vai dar em nada na vida". Você já deve ter ouvido essa expressão; e, de fato, quando ninguém acredita, nem a própria pessoa, realmente ela "não vai dar em nada na vida". Outro dia encontrei uma professora lá do oitavo ano, justamente da fase adolescente. Ela estava comprando em uma das minhas lojas e me falou: "Quem diria, você ir tão longe, nem parece aquela menina que eu conheci, que parecia não querer nada da vida". Mal sabia que aquela menina tinha sonhos e era movida por eles, estava apenas tentando mostrar ao mundo que também existia, mesmo que ninguém acreditasse nela.

Ainda é triste saber que você é julgada por buscar seu lugar ao sol, por querer ser protagonista da sua própria vida, por ter opinião própria. Hoje eu até entendo que talvez eu mesma vendesse essa imagem, mas ninguém havia me ensinado a ser diferente e que eu poderia defender minhas ideias com outra forma de falar, sem magoar e ofender ninguém. Isso, na verdade, eu só aprendi mesmo quando me desenvolvi como líder, hoje, perto dos 40. E, de certa forma, existe nesse ímpeto algo muito positivo. Nunca deixei de acreditar que eu poderia ser e fazer o que eu quisesse, ser dona do meu próprio destino. E, por falar nisso, imagine o que pensariam se eu tivesse contado que só tinha R$ 7.000 guardados e abriria uma loja no centro da cidade. Diriam que era mais uma loucura minha; aliás, até falaram, mas eu não dei ouvidos. E por entre essas e outras, evito comentar meus planos e sonhos; afinal, empreendedores são visionários e veem o que ninguém está vendo.

Foi entre tombos e tropeços que fiz minha empresa crescer. Aquela menina que "não queria nada com nada" agora era a vencedora do prêmio Sebrae Mulher de Negócios na categoria Varejo, no Rio Grande do Sul; e precisava equilibrar os pratos entre família, empresa, estudo e si própria, quebrando barreiras e mostrando que seu lado empreendedor era propulsor de sonhos, porém era preciso ainda "lapidar as arestas". E foi na prática que eu compreendi o que, necessariamente, precisava ser lapidado; afinal, mesmo com boa formação em marketing e administração, sendo pioneira em comunicação de varejo por meios digitais, era preciso muito mais para crescer e é sobre isso que eu preciso lhe falar: os pilares do triunfo.

Os pilares do triunfo

Antes que você mergulhe ainda mais nesta leitura, quero que pare por um instante e consulte a razão de sua mente almejar ser uma empreendedora. Quais são os reais motivos que te levam a crer que esta seja a melhor alternativa para sua vida? Muito bem; feito isso, escreva os motivos mais relevantes em um caderninho, muitas vezes você vai precisar rever seus propósitos para continuar no caminho. Vamos aos pilares que a tornarão uma empreendedora audaz e de sucesso, mas também lhe permitirão equilibrar a família, a vida pessoal e os sonhos.

Mude sua mentalidade

Em primeiro lugar, é imprescindível compreender que somos o que queremos ser, e nossas conquistas são de inteira responsabilidade nossa. Ninguém poderá sonhar por você, menos ainda irá trabalhar por um sonho seu, se antes disso não tiver propósitos pessoais para estar nesta batalha com você. Então, se você é puramente responsável pelos seus sonhos, com o que você anda sonhando? Sinta-se incomodada com a pergunta, porque nossas realizações são do tamanho dos nossos sonhos. A questão é que muitas vezes nem imaginamos o quão grande podemos ser, o quão longe podemos ir e sabe o que acontece? Passamos muito tempo "correndo atrás do próprio rabo" enquanto o mundo gira lá fora. Ficamos brigando com nossas incapacidades, ficamos lutando contra o que os outros dizem ou pensam, ficamos assistindo de camarote à conquista dos outros, ficamos cegas diante da guerra, sem saber o que devemos fazer. Então, este é o primeiro pilar: hoje, agora, mude sua mentalidade, não importa de onde veio, que cor tem na sua pele, se é casada ou solteira, saiba que você pode sonhar com as coisas mais estranhas que lhe pareçam. E compreenda que está nas suas mãos realizar, você só precisa acreditar.

Desenvolva sua liderança

O segundo pilar é desenvolver sua liderança. Sobre você e sobre o outro. Ninguém nasce líder, mas torna-se grande à medida que compreende que existe um processo para isso. Líderes compreendem suas próprias limitações e de que forma podem lidar com elas a fim de extrair o máximo do seu potencial. Desenvolvem seu autoconhecimento de maneira profunda, pois sabem que a reação do outro justamente depende da sua própria reação diante dos fatos. E, nesta complexa simbiose, controlar a emoção passa a ser a chave para fazer o que precisa ser feito, sem crises, sem devaneios, mas com profissionalismo, amor e cuidado, independentemente da situação. Não pense que líderes são necessários apenas nas empresas, essa é a função de toda pessoa que rege sua própria vida. Quanto mais e melhor nos lapidamos como líderes, melhor administramos o caos, nossa família, nossa empresa, nossos sonhos; melhor nos relacionamos com o mundo externo e com os outros, organizando, desenvolvendo e possibilitando que as pessoas à nossa volta também cresçam com autonomia, independência, segurança e gestão emocional.

Empreenda com estratégia

Neste terceiro pilar, será imprescindível você compreender que o empreendedorismo é um conjunto de táticas e, se eu puder lhe dar um conselho, desenvolva seu conhecimento nelas antes de abrir o negócio; depois, você irá perceber que ainda existem muitas coisas que ainda não domina e precisará aprender. Essas táticas fazem parte do seu dia a dia na empresa, ou seja, são diferentes papéis que você precisa ocupar se quiser ver o negócio deslanchar. Ou seja, tem horas em que você executa atividades operacionais na empresa: no varejo, o atendimento a clientes, organização de prateleiras; na indústria, a separação de insumos, a embalagem de produtos e muito mais. Em outros momentos, você precisa parar e organizar a empresa, lidar com burocracia, pensar sobre a gestão de pessoas; literalmente, administrar. Além disso, se você quiser que sua empresa cresça, precisará ter tempo de criar novas estratégias, executar e lapidar novos processos buscando meios para diferenciar sua empresa no mercado, ou seja, empreender.

No projeto de mentoria que ministro, comparo a empresa a um pomar e, com essa analogia, conto como transformei uma ideia (uma semente) em uma rede de lojas (pomar), fazendo a gestão desses papéis de maneira saudável, à medida que a empresa crescia. E de fato este é o caminho, na hora de plantar a semente seja muito empreendedor e visionário; no crescimento, seja muito operacional e administradora; com o passar do tempo, cada um desses papéis vai sendo delegado a outras pessoas e você pode ocupar mais tempo, ampliando o pomar (empreendendo). Não queira delegar tudo de maneira rápida e às pressas, você precisa vivenciar os papéis para criar os processos adequados e que ofereçam solidez ao negócio. Saiba também que, neste processo, por algum tempo, principalmente no início, quando o operacional consome muito do seu tempo, a família e os amigos poderão ficar um pouco de lado; e é de extrema importância que você tenha maturidade para compreender que isso é temporário. Por isso, precisa conhecer muito sobre gestão de pessoas, para delegar e treinar sua equipe a fim de a ajudar na empreitada.

Desenvolva competências para inovar

Muita gente empreende sem nunca ter lido um só livro sobre marketing, vendas ou administração. Outros acreditam que depois que a empresa abre não precisam mais estudar, e assim se afundam no operacional da empresa e acaba sendo consumido por ela. Em tempos de tecnologia, mudanças repentinas e muita concorrência, se você quiser continuar vendo sua empresa crescer, é imprescindível que não pare de estudar. Novas estratégias, novos meios de pagamento, novas formas de comunicar seus produtos, seus canais de venda, e tudo aquilo que a ajude a lapidar os processos internos e agregar mais valor ao seu modelo de negócio será de grande valia. Dessa forma, estará tornando-o cada dia mais sólido, sustentável e exponencial.

Faça a mágica acontecer

Existe algo que pode fazer que nenhum desses pilares funcione para você: o medo. O medo estará sempre ao seu lado, puxando para trás a fim de que você não faça o que precisa ser feito. Trabalhe isso em si, minimize os gatilhos do medo, porque a mágica só acontece na prática. De nada vai adiantar você ser muito competente, ter muitas estratégias, compreender como funciona uma empresa, se não for para o campo de guerra. É lá que você vai trilhar a maior batalha de todas, consigo mesma!

Chegamos ao final deste breve capítulo. Espero, do fundo do meu coração, ter plantado a semente do empreendedorismo saudável na sua vida, por meio do que chamei de "Pilares do Triunfo", pois foram eles que me trouxeram até aqui. E nunca se esqueça: não desista, apenas realinhe a rota criando processos melhores. Agora é a sua vez!

37

UMA HISTÓRIA DE MUDANÇAS E DESAFIOS

Neste capítulo, mulheres poderão conhecer um pouco da minha história de vida, algumas das mudanças que já fiz, sem medo do novo. Poderão se fortalecer e tomar coragem para viver seus sonhos, transformar sua realidade. Principalmente descobrirão que não estão sozinhas, que podemos nos apoiar mutuamente e crescer unidas sempre.

FRAN DONAZZOLO

Fran Donazzolo

Contatos
fcds_@hotmail.com
Instagram: @frandonazzolo
@mulheresempreendedorasofficial
45 99986 0401

Contadora de formação, confeiteira por acidente, empreendedora por amor. Mãe apaixonada do Arthur e do Noah, sócia-proprietária da Rede Mulheres Empreendedoras Official. Tem como propósito de vida ajudar e inspirar outras mulheres a se desenvolverem profissional e pessoalmente.

Toda a minha jornada, desde que comecei a estudar e trabalhar, foi de desafios. Eu tinha muita dificuldade de me interessar por algumas tarefas, pois para mim não faziam sentido, e eu não entendia o porquê.

Quando ingressei na faculdade, minha mãe e meu marido, na época ainda namorado, me alertaram: são quatro anos de curso, não vá desistir no meio do caminho. No período eu achava que era falta de vontade ou interesse, mas hoje entendo de uma forma totalmente diferente.

Passei por muitas experiências profissionais para chegar aonde estou agora; e ao longo deste percurso vim desenvolvendo várias qualidades que me lapidaram para ser a profissional de hoje. Não estou de maneira alguma falando que estou 100% do que imagino para mim, mas sim que estou galgando um lugar melhor a cada dia.

Antes da faculdade, fiz curso técnico e comecei a trabalhar muito cedo, sempre com vendas ou atendimento ao público, pois sempre fui muito comunicativa. Porém, faltava o curso superior, pois na época havia uma crença muito forte de que o sucesso só vinha para quem fosse formada. E assim, quando estava na faculdade e já trabalhava na área, em um escritório de contabilidade, fui me desenvolvendo como profissional. Gostava muito do que fazia, mas ainda faltava algo, e eu nem sabia.

Quando já formada, casada, com um filho pequeno, sofri dois acidentes de carro em 40 dias. Fui bruscamente forçada a parar e olhar para tudo o que eu tinha feito até ali. Pedi a conta e a contragosto optei por ficar em casa, principalmente por motivos financeiros.

Depois de alguns dias em casa, muito deprimida, culpada, preocupada com a situação em que me encontrava, não me sentia confortável em ficar sem trabalhar. Depender do meu marido nunca foi uma escolha, apesar de ele sempre deixar essa opção aberta para mim. Comecei a procurar algo para me ocupar.

Elenquei várias atividades que gostaria de desenvolver, pensando sempre que a partir daquele momento na minha vida iria trabalhar para mim, até porque tinha meu primeiro filho, ainda pequeno, e queria passar mais tempo com ele. Um dia, assistindo a um programa de televisão, anotei uma receita de pão de mel e fiz para nós comermos em casa. Meu marido achou muito bom e, vendo minha angústia dentro de casa, mesmo descrente, me encorajou a fazer para vender, e assim comecei minha jornada, mesmo que desacreditada.

Nem eu conseguia ver um futuro neste movimento, mas fui a uma loja de utensílios de confeitaria e panificação, pesquisei as formas e tamanhos, comprei as primeiras de muitas formas e utensílios, e comecei a testar e modificar a única receita que tinha. Procurei vídeos, tutoriais na internet, fiz muitos testes e comecei a vender. Neste meio-tempo, conseguimos comprar um carro, e foi com uma caixa de isopor no porta-malas que eu comecei. Fazia as receitas de manhã e à noite; e à tarde saia de porta em porta no comércio da cidade para vendê-los. Primeiro ofereci onde eu conhecia as pessoas e depois os clientes começaram a indicar para outros novos clientes, e assim fui aumentando minha rede de vendas.

Quantas histórias deste período... Era carro que estragava no meio do caminho, o calor que derretia o chocolate dos doces... Essas são as leves, pode acreditar. Mas nada me fez parar. Muito pelo contrário, cada dia que voltava para casa com a caixa vazia era um impulso para evoluir. Sempre fui muito positiva, uma característica que julgo ter me ajudado a superar cada novo desafio. Assim, chegaram as primeiras encomendas para outros doces. Quando me perguntavam se eu fazia doces para festa de aniversário e bolo, mesmo que nunca tivesse feito e me sentindo despreparada, não neguei as encomendas.

Lembro-me de que em minha primeira encomenda de festa infantil. Queimei o braço com brigadeiro, por não saber trabalhar direito ainda; e mesmo assim fiz o melhor que podia, entreguei; e desta surgiram muitas outras encomendas.

A necessidade de me profissionalizar e atender a uma demanda de doces diferentes, de qualidade, fez-me procurar cursos na área, e a cada curso eu melhorei e transformei meus cardápios, aprendia a trabalhar. Agora já conseguia entender o que faltava, porque não conseguia me interessar por algumas tarefas. Empreender estava na minha essência desde sempre, mas quando eu era nova não tinha essa visão tão clara. Sim, empreender, trabalhar por conta é incrível; e eu descobri depois de muito tempo que era essa trajetória que precisava traçar. Arrisco-me a dizer que era predestinada a este caminho. Precisei de dois acidentes e muitas receitas de teste para perceber que meu caminho é empreender.

Com os doces tive várias oportunidades que imagino não teria se trabalhasse em um emprego convencional da minha área de formação. Hoje trabalho em casa e – é claro, sem romantismo nenhum – trabalho muito mais, pois o trabalho não acaba quando termina a encomenda. Ainda fica toda a bagunça da cozinha, os filhos, o serviço normal da casa, marido, as divulgações, os orçamentos, tudo se mistura e o trabalho não tem fim. Posso dizer tranquilamente que só não estou trabalhando quando estou dormindo, mas é extremamente satisfatório.

Tenho uma rede de apoio muito grande. Na minha trajetória pude contar com a ajuda da minha mãe, avó e marido, cada um da sua maneira; e me sinto agraciada por isso. Conheço várias pessoas que trilham esse caminho totalmente sozinhas e sem apoio, o que torna muito mais difícil.

O tempo passou, e com as encomendas crescendo meu marido, que é bombeiro, começou a me auxiliar na cozinha, fazer entregas, fazer as compras; enfim, começou a trabalhar mais em casa do que no trabalho, e juntos trabalhamos muitas madrugadas para dar conta de festas grandes, datas comemorativas; e na pandemia, quando todos estavam parados, nós nos unimos e desenvolvemos nosso delivery e não paramos. Assim, mantivemo-nos por seis anos. Construí minha cozinha, participei de eventos para divulgar minha marca e fiz participação em um programa de televisão local. Posso dizer que amo trabalhar com os doces e que eles me trouxeram uma visão diferente do mundo.

Sou grata a todas as possibilidades que essa nova profissão me trouxe. Todas as receitas, as estratégias que tive de montar a cada desafio, visão de negócios, e como fui amadurecendo profissionalmente durante esse período. Mas eu sempre me desafiei muito; e depois de entender que tenho na vida várias opções de caminho e posso começar vários projetos por acreditar que sou capaz, hoje me vejo outra vez buscando uma nova possibilidade de mercado.

Posso dizer que aprendi a não ter medo de mudar, de querer algo novo, me desafiar. Quando existiam vários problemas que pareciam sem solução na minha vida, em vez de focar o problema, eu busquei uma solução.

Entendo que as pessoas que não acreditavam em mim tinham uma perspectiva de realidade muito diferente da minha, e essa é a verdadeira graça da caminhada.

Tudo o que passei até hoje, as minhas escolhas, foram me estruturando para agora começar a desenvolver e apoiar outras mulheres, em parceria com uma amiga que também tem os mesmos objetivos que eu.

Vi muitas mulheres que tinham um sonho, que gostariam de começar a empreender, mas eram julgadas, não tinham apoio e acabavam por se frustrar e desistir. Vendo essa dificuldade, eu e minha amiga, Ana, começamos a promover encontros somente para mulheres, e mais uma vez me desafiei para o novo.

Ainda não parei com os doces; contudo, ficaram em segundo plano, pois os encontros foram tomando corpo, pela necessidade das mulheres de se apoiarem, buscarem ajuda e serem ouvidas.

Nossa proposta é levar desenvolvimento pessoal e profissional para as mulheres que chegam até nós, fortalecê-las, conectá-las e juntas gerar resultados financeiros. Nós entendemos que a história de vida, a trajetória de cada uma, motiva outras mulheres a galgar seu lugar, transformar seu sonho em realidade.

Neste curto espaço de tempo em que estamos trabalhando juntas, com o propósito de ajudar outras mulheres, cada dia mais têm chegado as mesmas reclamações; só por ser mulher, a dificuldade de ingressar no mundo dos negócios, empreender em qualquer área, é muito maior.

Além de a mulher ser multitarefas, acumulando várias funções, mesmo sendo muito competente no que desempenha, tem de sempre provar seu valor, porque ainda hoje a sociedade cobra muito mais e questiona muito mais os resultados de uma mulher do que os de um homem.

Estou completando quase um ano nesta nova trajetória e me vejo desafiada novamente; e o que posso agregar à sua vida com toda essa minha história é: não tenha medo de transformar sua vida, não tenha medo de começar aquele projeto que sempre quis; podem surgir oportunidades que jamais pensou para si. Talvez essa seja a solução. Não ouça conselhos de pessoas que não estão dispostas a te ajudar. Muitos vão achar que é mais fácil você desistir, mas pense: daqui a um tempo você quer lembrar que tentou, que conseguiu, ou que desistiu?

38

TALVEZ TUDO QUE VOCÊ PRECISE SEJA APENAS ACREDITAR EM SI MESMA

Quantas vezes você desejou o sucesso, a prosperidade financeira, a realização de algum projeto, mas ainda assim não conseguia se mover em tal direção? Isso tem uma explicação e, neste capítulo, você compreenderá as causas que a levam a agir de maneira contrária aos seus objetivos e quais são os primeiros passos para mudar essa realidade. Já adianto que uma única postura é capaz de transformar sua vida.

Gabriella Galdino

Contatos
gabriella.galdinoo@gmail.com
Instagram: @gabriellagaldinoo_
62 98584 2920

Apaixonada por crescimento, empreendedorismo e expansão da mentalidade humana, sempre buscou compreender o que leva alguém a estar onde está e o que fazer para sair de alguma situação desfavorável, criando uma nova realidade. É graduada em Administração pela Faculdade Evangélica de Rubiataba (2017), *Supercoach* certificada pelo Instituto Neurocientífico, e também analista de temperamentos humanos formada, com especialização em Desbloqueios Emocionais, atuando hoje como palestrante e consultora comportamental com metodologia própria, focada em Desbloqueio de Resultados Pessoais e Profissionais. É líder, em sua região (Goiás), do Movimento dos Obstinados, idealizado por Janguiê Diniz, um grande empresário, que foi de ex-engraxate a bilionário, listado pela Forbes. Também é proprietária da Protocolo Slim, uma empresa focada na produção e venda de bebidas funcionais.

Você já sentiu isso?

Empolgação, frio na barriga, a grande expectativa de começar algo novo, um novo projeto, um novo curso, e acreditar de verdade que agora vai dar certo, que aquilo vai mudar sua vida, que agora o dinheiro vai entrar. Só que em dado momento você começa a se deparar com as dificuldades, os obstáculos, a desmotivação diária e já não consegue mais sair do lugar, por mais que isso seja a coisa que você mais queira na vida.

Quando se vê já está totalmente paralisada e sentada novamente, conversando com aquela amiga chata, insuportável chamada frustração, que cá entre nós nem é amiga, não é mesmo?! Mas pela presença constante ela meio que se convidou a entrar na sua vida, insistindo em permanecer nela para se tornar sua melhor amiga; afinal, somente assim para ganhar atenção, confiança e livre acesso para estar o tempo todo com você, ouvindo você e a aconselhando. O problema é que seus conselhos serão sempre do tipo: "Está vendo, você não consegue"; "Isso é difícil demais"; "Lembra daquela vez que deu errado"; "Jamais vai conseguir isso"; "Só os outros conseguem"; "É melhor sumir"; "Só precisa comprar mais aquele curso"; "Precisa se preparar mais"; "Encontre a fórmula mágica que tudo vai mudar".

Bem, talvez você se identifique com histórias como esta. A verdade é que esta também é minha história, como também a de muitas outras mulheres, que talvez sequer tenham consciência do que está acontecendo consigo mesmas e por que não conseguem realizar grandes coisas, apesar de ter todo o potencial dentro de si.

A verdade é que cada uma de nós traz consigo uma imagem mental de si mesma, uma concepção construída em conformidade com nossas experiências passadas, sentimentos, fracassos e êxitos. E, uma vez determinada essa imagem mental, ela se torna verdadeira para si, e assim sempre agiremos como a pessoa que julgamos ser.

O grau de autoconfiança determina a grandeza de nossos objetivos e, consequentemente, nossos resultados. Nossa capacidade de realizar sempre estará diretamente ligada à capacidade de acreditar. Para que uma coisa esteja em nossa vida, ela precisa primeiramente ser internalizada, e nós não internalizamos nada sem antes aceitarmos isso como verdade absoluta ou sem o ter repetido diversas vezes em nossa mente.

Uma criança que ouve diariamente de seus pais ou responsáveis que é desastrada, que não faz nada direito, que precisa tirar sempre as melhores notas para se destacar, que o(a) irmãozinho(a) é sempre melhor no que faz, que o(a) coleguinha é mais inteligente, que quando erra seus erros são tão desmoralizados a ponto de ela passar a ter medo de errar de novo; e adivinha, ela vai ter medo sim de errar novamente em qualquer outra coisa. Essa criança vai crescer e se tornar um adulto que se sente inadequado, que duvida da própria capacidade, que quer fazer as coisas mais perfeitas possíveis para ser aceito, que evita a todo custo correr riscos, tentar novas coisas porque ele morre de medo de errar. E nosso cérebro, de tão incrível que é, vai buscar formas de confirmar o que você acredita sobre si. Ele pode ser considerado praticamente um mecanismo perseguidor de objetivos, um sistema de orientação automática que vai fazer você agir a favor ou contra si. E o que vai determinar o caminho é o que você tem instalado na sua mente, a imagem mental de si mesma.

Um adulto que ouviu repetidas vezes na sua infância tudo isso que mencionei claramente vai buscar se sabotar a todo momento, tomar decisões erradas, procrastinar, duvidar de si mesmo para provar que está certo; afinal, é isso que ele acredita, não é mesmo?! Mas isso acontece de maneira inconsciente, e a cada nova situação só reforçará aquilo que acredita sobre si, internalizando-o cada vez mais em sua própria autoimagem.

Agora imagine a cena oposta, uma pessoa que se sente autoconfiante, que faz do erro seu trampolim para o triunfo, extraindo aprendizados, que acredita que tudo sua mão tocar prosperará. Não tem outra, seus hábitos e comportamentos serão correspondentes ao que ela acredita sobre si.

Ao contrário do que muitas pessoas pensam, a procrastinação, a estagnação, a escassez financeira e a própria frustração não são os problemas; são uma consequência. Consequência de crenças e feridas emocionais, advindas de situações em grande parte vividas na sua primeira infância, reforçadas ao longo da vida; e, como qualquer ferida, você vai buscar proteção – e com sua parte emocional não será diferente. Quando descobri essas coisas e busquei minha cura interior, tudo começou a fazer sentido. Porque antes de nos curar é preciso saber o que curar. Não adianta eu querer parar a água da goteira com baldes se não cuido do buraco no teto. Muitas vezes é preciso aprender a desconstruir para construir.

Um adulto não precisa necessariamente ter tido uma infância dura, perturbadora e triste para explicar as dificuldades de hoje, uma criança que também teve a melhor educação, amor e superproteção pode ter a mesma ferida que a primeira, sabe por quê? Porque o que conta é o sentimento que você quando criança teve diante dos fatos.

Uma simples expectativa que teve e não foi atendida pode muito bem ser motivo de uma ferida emocional existente hoje. Quero até trazer um exemplo aqui. Digamos que você em dado momento da vida se sentiu rejeitada. A consequência disso hoje é que você se rejeita, rejeita seus próprios sonhos e as oportunidades, ou seja, você não acredita mais em si, porque não se acha digna. Sendo assim, como você vai conseguir o sucesso, a prosperidade financeira se não se sente merecedora e digna disso? Apesar de querer muito, isso não é suficiente, pois seus sentimentos com certeza não estão alinhados; e suas atitudes menos ainda, pois elas sempre serão correspondentes ao sentimento, ou seja, o que você verdadeiramente acredita sobre si, a sua imagem mental.

Formando novos padrões internos

Por muito tempo, tracei uma batalha interna comigo mesma, passei a reparar que alguns ciclos insistiam em se repetir de novo e de novo. Eles queriam me ensinar algo, mas enquanto meu foco estava apenas no vitimismo, e em buscar erros e culpados, a tendência era viver cada vez mais aquele ciclo; e o sofrimento batendo cada vez mais forte.

É bem mais complicado acreditar na própria capacidade quando você só sabe olhar para o que deu errado, para o que foi vergonhoso, para o que não conseguiu ou o que ainda falta.

O crescimento só vai acontecer quando estiver consciente de si mesma, dos seus pensamentos e seus sentimentos; por isso a importância de ser verdadeiramente honesta consigo mesma, com tudo o que está sentindo. Isso vai ajudá-la a ter maior clareza sobre si e saber onde trabalhar para se fortalecer.

O grande detalhe aqui é que poucas de nós aprendemos a desenvolver a percepção para o lado positivo da vida, tirar aprendizado de tudo o que acontece. A percepção é uma das seis habilidades mentais que temos, mas é muito pouco difundida e menos ainda fortalecida para nosso próprio crescimento.

A partir do momento em que eu busquei fortalecer essa e outras habilidades mentais, minha vida deu um salto. Só que antes de esse salto começar a ser visível e externalizado ele acontece primeiramente dentro de nós. Por muitas vezes, essa transformação interna acontece em longo prazo; afinal, imagina você viver, pensar e agir do mesmo jeito por tantos anos e querer mudar isso da noite para o dia? Não é assim.

O segredo sempre estará nas pequenas ações do dia a dia. A transformação não é um evento, um acontecimento, ela precede os pequenos passos, ações diárias realizadas de maneira consistente e o longo prazo.

Para eu entender isso foi difícil; afinal, imediatista igual a mim... era complicado. Mas compreendi o motivo por trás das minhas ações por meio dos temperamentos humanos e como trabalhar cada ponto de atenção dentro da minha jornada, facilitando assim meu processo de evolução. Não é à toa que hoje sou uma analista de temperamentos formada. Isso traz uma compreensão e uma transformação absurda.

Mudar os padrões internos requer uma decisão, e mais que isso, reforçar essa decisão todos os dias. Isso faz total diferença, e a partir daí se envolver nas pequenas mudanças do dia a dia, a começar pela forma como se enxerga. Passe a repetir para si mesma tudo aquilo que você deseja ser de verdade, repita ao ponto de sua mente não ter outra alternativa a não ser fazer isso ser verdade, porque é isso que ela faz.

Passe a imaginar como essa nova pessoa age no seu dia a dia, e não apenas do resultado final. Vá fazendo pequenas mudanças em seus hábitos diários. Uma coisa é fato: as pessoas nunca verão as decisões que tomamos, mas sempre enxergarão os resultados dessas decisões.

Quero aproveitar e deixar uma verdade aqui para você e não é para a confortar, mas para você ter consciência do que está acontecendo. Quando você não consegue sair de onde está, não consegue sair da escassez financeira, ou mesmo não consegue concluir nada do que começa, isso não diz sobre sua capacidade, e sim sobre sua dor.

"Do que você está se protegendo?"; "Qual é seu grande medo?". Faça a si mesma esta perguntas!

Uma nova chance

Agora quero fazer uma dinâmica bem rápida com você.

- Pare por um momento e comece a respirar profundamente, como em uma meditação.

- Inspire novamente e agora prenda o ar.
- Segure o máximo que puder.
- Quando não aguentar mais, solte. E não deixe de fazer isso aqui que pedi, hein?!

Viu que horrível a sensação de segurar o ar dentro de si? Não dá para viver desse jeito e talvez seja assim que você esteja vivendo neste momento, sufocada, segurando dentro de si todos os medos, erros, incertezas, frustrações e sonhos trancados aí dentro. Solte isso, mulher!

Quando você aprende a fazer isso, liberta-se. Para algumas vai ser mais fácil, para outras nem tanto. Eu mesma fazia parte desse segundo time. Não foi nada fácil; e, para ser sincera com você, é um processo. Ainda o vivo. Por incrível que pareça também nos viciamos na dor e no sofrimento. Que coisa, hein?!

Bloqueios emocionais vão aparecer, porque eles servirão como uma armadura para proteger suas feridas emocionais, se lembra?! O papel deles é este, proteção! O problema é que eles a vão proteger também daquilo que você mais quer. Afinal, empreender e crescer envolve riscos, exposições e responsabilidades; e isso é exatamente tudo o que você não quer encarar neste momento (inconscientemente).

O engraçado é que você só vai deparar com esses bloqueios quando buscar crescimento. Quem está na zona de conforto nem sabe que isso existe, nunca foi pego por isso, mas se você decidiu mudar de vida, fazer acontecer, ah!! Nessa hora parece que você bate de frente com paredes invisíveis que não a deixam ir para a frente, e dói porque você quer ir, mas não entende por que não consegue.

O medo vai falar no seu ouvido, vai fazer você acreditar que não é capaz, a lembrar de todas as vezes em que tentou e não conseguiu; e se você der ouvido a essa voz, viverá para sempre na estagnação e na frustração. Acredite, é mais fácil suportar a dor do crescimento do que do arrependimento e da estagnação.

Neste momento, cada sonho que você tem aí dentro de si está apenas esperando uma única atitude sua, a de acreditar em si mesma! Faça isso e se surpreenda!

39
_____

VOCÊ É O QUE VOCÊ DECIDE SER

Neste breve resumo sobre minha história e meus desafios, gostaria de dividir alguns pontos que facilitem sua busca pela independência, que eu chamo de liberdade, porque acredito que nós estamos no comando e nossa vida não deve ser delegada a ninguém nem a nenhuma instituição.

GISELLI BRAMBILLA

Giselli Brambilla

Contato
gisellib02@gmail.com

Engenheira química, mackenzista e pós-graduada em Marketing, com foco no comportamento do consumidor do futuro. Mentora com foco na transformação de vidas. Mãe da Fernanda e do Guilherme. Mais de 20 anos de experiência no mercado de varejo e alimentos, sendo os últimos 14 anos como *Key Account Manager* no mercado BTB em vendas. Motivada pelo desafio dos resultados e estuda para contribuir com um ambiente de trabalho mais diverso e inclusivo.

Como manter o foco nos seus objetivos?

Quando delegamos nossas prioridades e objetivos para algo ou para alguém, perdemos o controle e também a capacidade de decidir. Isso acontece muitas vezes porque não temos coragem e fica mais fácil dizer que isso ou aquilo não acontece porque a empresa ou certa pessoa não nos apoia nas decisões. Nada vai acontecer se você mesmo não tomar o comando da sua vida. Quais são seus objetivos e sua lista de prioridades? Prioridade é o que vem primeiro, e para conseguir esta lista é preciso dedicação, pensamento, autoconhecimento... O que você quer para sua vida? Quer ter saúde? Todo mundo quer, mas a qual custo? Ou vai trabalhar tanto porque quer ganhar muito dinheiro e ter mais tempo durante a "envelhescência"? Você deseja filhos? Parece uma infinidade de perguntas difíceis, mas se você fizer sempre as mesmas perguntas para si mesma, conhecendo sua situação e possibilidades, aos poucos vai conseguir desenhá-las. Quais são seus valores? Do que você não abre mão? Uma lista com 20 prioridades não nos levará a lugar nenhum! Iniciei esta tarefa cedo, ainda adolescente, aprendendo ferramentas e desenvolvendo habilidades que me permitissem executar o que queria sem depender de ninguém. Eu usava uma bicicleta cor de rosa e chegava a alguns lugares, um, dois ônibus e chegava mais longe, dava aulas particulares, trabalhava nas férias e com isso chegavam as primeiras conquistas, regadas de muita satisfação, mas também com algum receio, porque logo entendi que não poderia parar, o caminho tinha somente uma direção: para a frente.

Sou de uma geração em que estudar em escola particular, falar inglês e francês e conseguir um emprego em uma multinacional era sinal de sucesso; então, esta era a primeira meta e o foco sem desvios. Fui parar na Faculdade de Engenharia Química, porque gostava de química e matemática e, afinal de contas, ser engenheira era bem adequado, além de me dar um *status* que eu gostava. Àquela época havia muito machismo escancarado e muito preconceito, mas devo admitir que passei quase toda a minha carreira sem prestar atenção a esse ponto, porque foquei em mim e no meu desejo de liberdade. Sim, liberdade é meu foco, liberdade de escolha. O conceito de liberdade, muitas vezes, se confunde com a falta de responsabilidade, mas o que buscava, e demorei para entender, era poder fazer minhas próprias escolhas. Não é sensacional? Poder escolher como e onde vou morar, quais estratégias vou priorizar, o que vou comer e que horas. São coisas aparentemente simples, mas que são enormes conquistas.

Comecei no mundo corporativo e hoje acúmulo mais de 20 anos em multinacionais, na área de marketing e vendas. Gosto de gerar receita, de trazer resultado financeiro para as empresas e uma das minhas táticas para construir várias dessas conquistas foi não me deixar distrair. Um dos meus mantras: *contra fatos não há argumentos*. Posso dizer que deu certo, estudo bastante sobre os negócios nos quais estou envolvida, tenho números e percentuais de pesquisa na minha cabeça e toda vez que tentam desqualificar qualitativamente meu trabalho ou uma posição, mostro números e fatos, funciona na maioria das vezes. O trabalho corporativo teoricamente não combina com liberdade. Tem a roupa certa, hora de falar, muitos processos; por outro lado, empreender no meu ponto de vista era ainda menos libertador. Aquela história de que o empreendedor é seu próprio chefe não é bem assim! Se eu resolvesse desistir do meu empreendimento amanhã para partir para outra oportunidade, ficaria com um passivo de muita burocracia, documentos, impostos para pagar, sem contar o risco de envolver outras famílias na decisão. No mundo corporativo, você tem toda a liberdade de ir embora; você pede demissão e pronto! Segue seu caminho e se a empresa não precisar mais das suas competências ela a demite. Sem emoção, sem grandes consequências. Eu entendo que algumas pessoas tenham paixão pelos seus trabalhos, também já me dediquei intensamente a muitos projetos. Mas é uma relação de trabalho, comercial, técnica e assim o indicador de liberdade aumenta um pouco mais.

Infelizmente, vivemos em um país com pouca liberdade econômica. Depois de estudar o assunto, passei a acreditar no liberalismo econômico clássico e de costumes, o que me possibilita aprender a respeitar opiniões divergentes e, sim, conhecer, dividir e aprender com meus dois filhos adolescentes. Tive dois filhos, a razão da minha vida, que nunca me tiraram a liberdade. Por eles eu decidi trabalhar perto de casa, resolvi explicar para a empresa que era feliz em um cargo de gerência que ocupo até hoje, feliz e motivada. A opção pela ascensão na carreira não me daria a liberdade de ficar com meus filhos e fazer várias outras escolhas. Eu não abri mão da minha carreira; me considero realizada, bem-sucedida, principalmente porque me guiei pelas minhas prioridades e não pelos caminhos que as empresas queriam me proporcionar, que poderiam também ter sido sensacionais. Já pensou em escolher você a mesma? Quando você foca em si a vida é mais leve, você consegue dividir sem amarras, trocar ideias, aprender mais do que quando está tão preocupada em ser melhor que o colega ao lado que acaba perdendo o foco.

Menos é mais. Abri mãos de várias coisas bem pouco importantes: eu posso ir a qualquer manicure, qualquer cabeleireiro, almoço ou janto em qualquer lugar e com menos exigências eu ganho mais tempo e flexibilidade. Eu tinha certo potencial, mas não queria a parte do "social" da ascensão da carreira, parecia um custo muito alto a pagar. As batalhas que resolvo enfrentar no trabalho sempre têm um objetivo: resultado. Se o resultado não vier, a culpa é minha. Ignoro até mesmo os fatores incontroláveis, como greves, enchentes, pandemia, e entendo que sempre há uma solução que tenho de encontrar para entregar o resultado.

Eu não penso se alguém é melhor ou pior, foco meu resultado. É claro que no início da minha carreira esteve presente aquela sensação de fazer tudo e ninguém faz melhor que eu! Com o tempo a ansiedade diminui, porque você vai tendo mais certeza do que traz realização, como as coisas pequenas. Isso parece um clichê, mas buscar meus filhos na escola é sensacional, ter a certeza de que divide muitos momentos divertidos e alguns não tanto com eles faz minha alma ficar leve.

Busco a simplicidade com as perguntas: "Eu preciso?"; "Que diferença faz?"; "Vai agregar?". Chego a um limite tal que, na maioria dos dias, ter meus filhos com saúde me basta. Isso não gera nenhum *post* fantástico com muitas curtidas, mas me dá uma sensação de liberdade enorme. Posso escolher fazer viagens divertidas, comprar em site de moda e, às vezes, faço isso porque escolho, não porque preciso.

Eu contei com um mentor que tinha esta transparência e tem um pensamento que sempre utilizo: na dúvida, vai 100% para a análise técnica, sem emoção. Não que seja fácil, mas funciona.

Meus maiores desafios foram lidar com pessoas, pares ou gestores, que tivessem algum desvio de caráter, pois nesse caso não há tecnicidade. São ferramentas que desconheço e não sei utilizar. Isso é muito diferente de ser ingênua. Eu não sou, muito pelo contrário, mas ao perceber uma situação como essas, sempre envolvi outras pessoas na conversa. Foi o modo que encontrei para inibir esse tipo de ação. Tive a sorte de encontrar profissionais maravilhosos, inteligentes e competentes, pessoas que admiro e com quem pude aprender muito. Eu disse muitos "nãos", e dizer não é uma arma poderosa, por vezes eu era a única mulher na equipe e frequentemente era acionada para buscar o café ou fazer a ata de reunião, o que não me agregava valor, e simplesmente dizia não. Outro "não" importante: todas as empresas pelas quais passei tentaram me seduzir pela ideia de progressão de carreira, morar fora do país, benefícios que cargos superiores trariam, mas que tirariam minha liberdade de escolher; e disse não, sem medo de pensar que minha decisão poderia afetar meu futuro nesta ou naquela empresa. Penso que na empresa há curto prazo. A empresa tem metas e espera que você as atinja e supere, e este sempre foi meu foco!

O pragmatismo me direciona. Fazer, agir e resolver é o meio para chegar aos objetivos. Uma estratégia sem execução não leva a lugar nenhum. Faço, erro, conserto e refaço.

Aprendi a valorizar o *feedback* transparente. Eu era uma menina que tinha saído da faculdade com 22 anos e achava sensacionais e superconfortáveis minhas roupas gastas. Uma gestora, que muito admiro, explicou-me que se eu não usasse um rímel e uma bolsa adequada não conseguiria ser promovida. Vida real, assumi o *feedback* dela e fui promovida. Com isso aprendi a dar *feedback* e o quanto este tipo de atitude transparente pode ser útil. Quando alguém me procura para pedir um *feedback*, sou o mais clara e diretiva possível.

Geralmente o *feedback* que recebia dos meus gestores era que eu deveria ser mais *polished*, e levei muitos anos para entender que meu lado não *polished* era uma questão de sobrevivência. Sempre tive que me impor em salas onde muitas vezes era a única mulher e, com isso, era sempre interrompida inúmeras vezes. Por isso, tive de ser sempre mais enfática ao colocar meus pontos, para que me deixassem terminar a frase antes de ser interrompida.

Aprendi que não é preciso comprar todas as brigas. Isso funciona com os filhos também; o mundo ensina muito mais, porque parece real, não é literal e acredito no exemplo.

Esforço-me para ser brilhante no básico, manter os valores importantes, ser uma pessoa do caminho do bem, fazer o melhor sempre, ser honesta e educada, sem me esquecer do meu objetivo.

A humildade é um valor que levo comigo e que me ajudou muito em vários momentos. Ninguém sabe tudo; e quanto mais sei, menos sei. Desse modo, sempre busquei perguntar, aprender. Uma pessoa que apresenta vários diplomas não, necessariamente, sabe mais que outra sem diplomas. Existem várias áreas do conhecimento que, juntas, podem formar um conhecimento muito maior e uma forma mais eficaz de chegar ao resultado.

O altruísmo permeia minha jornada, e sempre retorno à simplicidade. "Não dê o peixe, ensine a pescar."

Acredito que somos responsáveis pelas nossas escolhas. Busco opiniões, mas fecho minha equação e sou responsável pelo resultado dela. Não delego minha felicidade nem meu bem-estar e arco com as consequências. Isso gera um ciclo de aprendizado bastante importante. Consigo ter uma boa ideia de onde errei e como não repetir o erro.

Sempre fiz uma corrida contra mim mesma, sem olhar para o lado ou para trás. Não quero dizer que não devemos trabalhar em time, exatamente o contrário: o foco nunca foi ser melhor que alguém, mas ser a melhor versão de mim, chegar ao resultado. Muitas vezes é necessário nos adaptar rapidamente, pois o projeto já começou e você quer subir no avião com ele já em velocidade de cruzeiro, nesta hora, o importante é subir no avião, colaborar para que outras façam o mesmo e tirar do avião o que pesa e não agrega: justificativas, desculpas e negacionismo.

Foque seu plano, o que não quer dizer que seus planos não possam mudar. Trabalhe por você, estude muito, adquira ferramentas que contribuam para sua autonomia.

Tenho dois filhos, viajei a trabalho durante a infância deles, com a culpa na mala, mas com a certeza de que estariam ganhando autonomia e uma mãe feliz e realizada. Hoje acredito que eles tenham orgulho de mim. Mas abri mão de crescer na carreira. Cheguei rapidamente a um cargo de alta gerência e decidi ficar nesse patamar.

Meu conceito de liberdade foi sempre baseado em tempo. Tenho horror a fazer aniversário, pois tenho a sensação de que deixei de fazer algo, conhecer algum lugar, aprender alguma coisa, ajudar alguém. O tempo é tão democrático, igual para todos; e o que você faz com o tempo que tem? Por que eu tinha que seguir o fluxo? Treinamento, carreira, viagens, avaliações, promoções, mudanças. Eu não precisava, o que me realiza é fazer projetos, criar valor para a vida das pessoas. E neste sentido eu não preciso de um cargo.

Sua felicidade é o resultado das suas escolhas, mas você só poderá fazer escolhas se tiver conquistado sua liberdade para fazê-las.

40

UMA VEZ ERA...
A FORÇA DA MATERNIDADE

A maternidade tem um efeito muito humanizador.
Tudo fica reduzido ao essencial.
MERYL STREEP

A vida está repleta de histórias, era uma vez... uma vez era... Esta história é para compartilhar com quem, muitas vezes, vive o mesmo. Conhecer histórias nos ajuda a não nos sentirmos só. Compartilhar é uma forma de apoiar. Sem apoio TUDO fica mais pesado. Aqui, neste capítulo, quero trazer um pouco de afeto e realidade. Trazer experiências e mostrar que, apesar de tudo, é possível. Que somos mulheres, mães e donas da p**** toda!

HELLEN ROSA FERREIRA

Hellen Rosa Ferreira

Contatos
hellen.rosa@gmail.com
LinkedIn: linkedin.com/in/hellenrosarh
21 96832 5104

Mãe da Suellen, do Bruno e do Luiz Filipe; avó da Laura. Executiva de Recursos Humanos, psicanalista, psicopedagoga, especialista em Gestão de Recursos Humanos, Dinâmica dos Grupos, Responsabilidade Social, Cultura Organizacional e Diversidade & Inclusão, com doutorado em Psicologia Social pela Universidad John F. Kennedy – AR. Professora de pós-graduação do Grupo Ser Educacional, com Certificação internacional em *Personal & Professional Coaching* (ICI). Especialista em *DISC Assessment* e *QUANTUM Assessment*, com formação em *Leadership Development* DDI - Development Dimensions International. Palestrante do I Congresso Sul-Americano de Psicologia Social. Publicação de artigos e entrevistas em revistas, jornais, rádio e TV: *Revista SBDG ; Humanitas; Folha Dirigida; RH pra Você*; Rádio TUPI; Rádio Nova Brasil; TV Globo (TV Rio Sul – RJ2); Rádio Roquette; *Revista Fórum*. Coautora do livro *Mulheres no RH*, vol. III.

O poder transformador da maternidade

A maternidade é uma experiência transformadora. O corpo muda, as prioridades se reorganizam e a vida se transforma. Ser mãe é uma experiência única, mas é um processo que requer cuidado, força e coragem. A maternidade nos ensina uma outra maneira de lidar com nossa história. História em que nos deparamos com nossa luz e nossa sombra, nosso melhor e nosso pior. A maternidade é linda, sim, mas algumas desconstruções são necessárias para que a sociedade evolua. Mães precisam, muitas vezes, serem lembradas de que para cuidar do outro é preciso cuidar de si. Quando uma mãe não aguenta mais, ela não quer deixar de ser mãe, ela só quer e precisa descansar, pois está exausta. Mães, mesmo com todas as suas limitações, entendem, com a vida, o valor do ser humano e que, por ele, vale a pena todo o esforço. Mães são mulheres em constante transformação!

É tão fácil, hoje, pensar assim. Pensar em tudo o que aconteceu e ter esse olhar do papel de MÃE. Mas como fica a cabeça e a vida quando se engravida aos 18 anos? (Isso há quase 30 anos.)

Pois é... A maternidade na adolescência é um tema de importância capital e ascendente devido aos riscos biológicos, pessoais e sociais implícitos. Não estando preparada para vivenciar as várias transições com que é confrontada, a mulher necessita de apoio por parte da família, de amigos e da comunidade, na promoção do seu desenvolvimento pessoal e no desempenho do seu papel parental. Porém, nem sempre esse apoio existe. Quando a gravidez acontece sem ser planejada, torna-se muitas vezes um problema. Muitos questionamentos vêm à tona: como será a reação de minha família? Como cuidar de um bebê quando não há condições econômicas ou psicológicas? Como será minha vida a partir de agora?

Aos 18 anos, estudando muito para vestibular, noiva, em um relacionamento abusivo e conturbado, descubro estar grávida. Que desespero! Algo que era para ser de uma alegria sem fim se torna trágico, de certa forma. Sabe quando você pensa que o tempo pode parar? Que se você ficar quietinha as coisas vão seguir e, no fim, dará certo? Acho que foi assim...

Mas como culpar o vento pela desordem, se fui eu que deixei a janela aberta?

E, neste misto de sentimentos, só pensava: vou ser MÃE! Que amor já sentia! Que responsabilidade! Só sabia que queria ser a melhor mãe, mesmo em meio a tanta confusão. Tudo foi muito difícil, desde o início, quando descobri a gravidez, até o dia do parto. Passei os meses, durante a gravidez, escutando: "Olha aí a faculdade dela na barriga!" e "Tá vendo a besteira que ela fez? Tá aí, agora não tem futuro, vai cuidar de filho."

Sempre tentei não demonstrar reações ao escutar os comentários, mas o sofrimento era grande. Questionava-me: por que não posso ser mãe e seguir com meus sonhos? Por que a maternidade me limitaria? Por que deveria me sentir culpada? Eram muitos porquês, dúvidas e incertezas. Infelizmente, as realidades mostram o quanto a tarefa de ser mãe precisa ser mais bem compreendida pela sociedade e pela família. É tão importante que se tenha uma rede de apoio, composta por outras mulheres que estão passando pelo processo ou que já passaram. Tudo isso ajuda a caminhada a ser mais tranquila e prazerosa.

Quando engravidamos, novas, sem planejamento, parece que a dificuldade se torna triplicada. Medo, incerteza, mudança de planos, falta de apoio, tudo isso é muito difícil. Carregamos uma CULPA! No meu caso, sentia-me como se tivesse cometido um crime. Ninguém me explicou de uma forma, sem acusação, sobre a mudança do corpo, sobre o vazio do pós-parto, sobre as inseguranças, os medos, as fissuras, as dores (muitas dores físicas e emocionais) e a solidão. O incrível é que todos pareciam saber mais da minha vida que eu. Definiram que, por conta da gravidez, minha vida tinha acabado.

Em 19/08/1994, nasce Suellen (desde pequena disse que teria uma filha com esse nome). Quanto amor! Eu pensava: "agora nunca mais estarei sozinha". É incrível como tudo muda. Que o centro do meu mundo agora é outro. É claro que vivo caindo na tentação, até hoje, de querer protegê-la de tudo, mas quero acima de tudo ser o ombro amigo, onde ela vem repousar depois de viver todas as coisas que inevitavelmente já vive e ainda terá de viver. Na verdade, acho que o primeiro sentimento desse enorme amor que tive foi com meu irmão caçula. Fábio é três anos mais novo que eu, mas, como passamos alguns contratempos desde a infância, como a separação dos pais, pai alcóolatra e mais algumas dificuldades, tornamo-nos melhores amigos, pai e mãe, irmãos de sangue e de amor um do outro. O parto de Suellen, meu irmão foi quem me ajudou a pagar. Nunca esquecerei desse gesto de dar o dinheiro que ele juntou por tanto tempo, para comprar seu computador, para me ajudar a fazer o melhor parto.

Bem, com toda a dificuldade de uma mãe de primeira viagem, saindo da adolescência, vivo tudo de mais difícil: relacionamento abusivo, dificuldade financeira, convivência com uma pessoa doente pelo vício de drogas, humilhação. Foram tempos difíceis! Às vezes percebia um certo prazer de algumas pessoas quando me viam naquela situação. Era quase como: "Eu te disse!". Mas aquele amor por aquela menina me fazia ter certeza de que eu conseguiria!

A maternidade realmente muda tudo! A verdade é que engravidei, não peguei uma doença contagiosa ou terminal. Por muitas vezes fui preterida por ser mãe jovem e já tive de dar algumas voltas a fim de superar as barreiras que me eram impostas. No fim, o mais importante foi a capacidade de enxergar que a maternidade não era um empecilho em minha vida; na verdade, ela funcionou de maneira inversa.

Mãe de três

Alguns meses depois, após o nascimento de Suellen, em meio a tanta dificuldade, uma outra notícia! Grávida de novo! Meu Deus! Ainda me lembro de que eu parecia querer me colocar em um mundo paralelo, onde eu não queria sofrer aquilo de novo. Na verdade, acho que eu estava apática. Era como se estivesse boiando e a maré me levasse. Horas tinha uma força incrível, horas me sentia sem forças para caminhar. Já estava condenada pelos amigos, pela família e pelo mundo! Como poderia estar grávida novamente? Nove meses de angústia, dores físicas e psicológicas. Uma gravidez em silêncio!

Toda gravidez é um sonho para a mulher. Exibir a barriga e curtir cada momento da gestação, mas, devido a toda a situação que me encontrava, não vivi nada disso. Ainda me pergunto se devo me perdoar ou perdoar alguém pelo que passei, pois, essa dor ainda não curou. Medo, angústia, falta de apoio, humilhação, não sei ao certo o motivo, mas fui privada de viver essa gestação em sua plenitude; quero dizer, me privei. Não tive forças para encarar mais uma vez isso sozinha. Aguentei calada, com meus temores e amores. Só sabia que gerava mais um ser, que já amava mais que tudo e que dependia de mim.

Em 23/09/1995, nasce Bruno. Ele me trouxe uma sensação maior de que eu precisava protegê-los do mundo. Era uma confusão de sentimentos. Tinha 20 anos, com dois filhos, sem conseguir fazer faculdade, condenada por todos, com um peso de salvar a relação e tirar o companheiro do vício das drogas. Como poderia fazer isso tudo ao mesmo tempo?

Ser mãe não tem trégua. Ser mãe, ser mulher, pensar em ser profissional, ser mil pessoas e não saber mais nem o que se é. E mesmo tão nova, com os planos todos alterados, tive várias lições e uma delas foi, como disse, Clarice Lispector: "Perder-se também é caminho".

Não é fácil, não é simples. Diariamente, diversas vezes ao dia temos de nos reinventar. Só quem exerce o papel materno verdadeiro sabe. O maternar envolve ser amor, educar, contribuir para a evolução de alguém que depende de você até que o fluxo natural da vida siga por si só. Pode ser feito por mãe, pai, avó, avô, tutor, pode ser fruto de uma gestação, adoção ou outra situação, não importa. O que define não é o título ou a origem, mas o laço afetivo e de responsabilidade. E essa responsabilidade estava em mim. Acho que não sabia que se poderia amar tanto alguém. A vida continuava um caos, mas acho que me fortaleci em meio aos meus altos e baixos, dores e alegrias. Ainda parecia bem distante o sonho de crescer profissionalmente, quer dizer, ter uma profissão.

Será que estaria condenada a não realizar meus objetivos? Bem, a família e a sociedade já haviam determinado isso para minha vida. Em meio ao tsunami, acho que posso fazer essa comparação, nasce Luiz Filipe, em 14/02/1997, após mais nove meses escondida, de silêncio, dor e sofrimento. Se eu achei que a gravidez de Suellen foi difícil é porque eu não sabia o que viria pela frente. Muito sofrimento! Mas como já disse, incrivelmente, a maternidade nos dá forças e um poder inexplicável. Ainda lembro que, após o parto do Luiz Filipe, senti-me bem mais forte. Vesti uma jardineira jeans, como uma menina que se sentia uma mulher, bem e segura. Parecia ter forças para encarar a sociedade, a família, os amigos e toda a condenação que sentia por parte de todos. A força e a coragem para mudar o rumo das coisas, para sair de toda a situação difícil, na verdade, nem sei de onde veio, mas veio. EU ERA MÃE DE TRÊS!

Com certeza sempre questionam: "Por que ter três filhos?". Julgar é fácil, mas conviver com uma pessoa doente pelo vício das drogas nos deixa doentes também. Ninguém imagina o que é viver ao lado de um adicto. Passamos por tanta coisa! Tantos sentimentos de raiva, dor, angústia, pena e apatia. Você não sabe o que fazer para ajudar o outro e ajudar a si mesma. A pessoa entregue ao vício se torna uma pessoa irreconhecível. Você vive coisas inacreditáveis ao lado dela. A droga destrói o adicto e quem está ao seu lado.

Depois que Bruno e Luiz Filipe nasceram, fiquei mais corajosa, mais determinada e focada. Fiquei cada vez mais preocupada com o mundo. Passei a querer, mais do que tudo, que este mundo fosse melhor. Eu queria mudar o mundo! E falando em mudança de mundo, mudei meu mundo!

Mude agora; e, se for preciso, mude tudo!

Só pensava que os três precisavam de mim. Fiz tudo o que pude para ajudar quem estava ao meu lado. O adicto precisa querer se curar. Busquei de todas as maneiras, com todas as minhas forças ajudar nesse processo. Depois de muita luta, segui em frente. Tinha certeza de que havia feito minha parte como mulher e companheira. Mas era a hora de traçar um novo caminho para meus filhos. Sabemos que o mundo ainda é cruel para mães solteiras, ainda mais mãe de três. Mas essa era a realidade da vida.

Com toda a fé em Deus e muita vontade e coragem, segui com a certeza de que a vida mudaria. Comecei a cursar faculdade e a trabalhar. Fui professora, recepcionista, secretária e iniciei minha trajetória na área de Recursos Humanos. Que luta! Trabalho, filhos, estudos e, com tudo isso, a culpa. Culpa de ter de sair cedo de casa e chegar tarde, de não estar sempre presente. Culpa de ver os filhos acordados até as 23h para te esperar. Culpa, culpa, culpa! Nessa fase, você fica meio perdida. Não sabe se pode ter amigos, se ainda pode se ver como mulher, se sua vida pessoal pode seguir. E o pior é não encontrar uma orientação, uma palavra amiga. Mesmo assim, siga em frente! Isso a maternidade me deu de lição também. Não importa o que os outros dizem. Acredite em si! Olhe para seus filhos. Ser mãe não te limita, te desenvolve.

Um dia escutei um relato de um pai que trabalhava muito e quase não conseguia ver os filhos. Ele dizia que buscava sempre ter qualidade no tempo com eles, apesar da quantidade. COMECEI A REFLETIR MUITO SOBRE ISSO. Queria, independentemente da quantidade, que eu não tinha, ter qualidade de tempo com meus filhos. É um misto de sentimento, de querer sempre fazer o melhor, mas nunca ser possível. De lutar para dar certo e, ainda assim, dar errado. A maternidade me mudou, me moldou. Ensinou-me que, de fato, não vale a pena perder tempo com aquilo que não é eterno. Que o importante é rir de bobeiras, mesmo estando com mil problemas na cabeça. A maternidade me tornou a mulher, a profissional e a líder que sou. Uma mãe passa por todos os sentimentos que conhece e descobre tantos outros que nem esperava sentir. A menina que todos diziam que estava fadada a não "ser ninguém" pelo simples fato de ser mãe estava ali lutando, mesmo com um grito em silêncio. Pedindo SOCORRO, muitas vezes, sem encontrar. E, assim, com muitos altos e baixos (acho que mais baixos que altos), fui traçando meu caminho. Oportunidades de trabalho foram surgindo. Mudamo-nos algumas vezes, Macaé/RJ, São Paulo, Recife/PE (meus filhos diriam que não foram algumas vezes e, sim, muitas vezes...). Eu estudava, estudava, cada vez mais. Estava lá, mudando o destino já determinado pela sociedade. Hoje, posso dizer que estou conseguindo. Duas graduações, seis especializações e doutorado. Escrevi alguns artigos para revistas e jornais, palestrei em congressos (nacional e internacional) e ainda não parei!

Hoje sou executiva de Recursos Humanos em uma multinacional, com uma trajetória de reconhecimento em grandes empresas, atuando como líder há alguns anos. Tenho certeza de que tudo o que sou e que ainda busco ser foi por conta da maternidade. É devido ao desenvolvimento que tive a partir do momento em que me tornei mãe. A gravidez, neste caso, não é o fim, e pode ser o começo de uma nova trajetória, de uma nova história. Da construção de um novo ser, de uma nova mulher. Não há receita mágica ou pronta para ser mãe, nós nos encontramos. Descobrimos como ser a melhor mãe que podemos. Adaptamo-nos a nossa realidade. Lutamos por nossos sonhos e os deles. Agora, não falamos mais EU, falamos NÓS. Minha vida passou a ser BISCOITO (eu) e BATATAS (eles). Éramos quatro, quero dizer, somos quatro. Melhor dizendo, agora, somos cinco. Sou avó da Laura (tornei-me avó aos 40). Falar de "VOTERNIDADE" é outro capítulo! O amor em dobro!

Em minha trajetória, apesar de todos os tropeços e dificuldades, tive exemplos de várias mães. Minha mãe, que batalhou muito para nos criar, minhas avós, minhas tias, minhas primas. Hoje, tenho de ressaltar uma referência que tenho em minha vida. Creio que todos temos um "ídolo", que pensamos, quero ser assim quando crescer. Eu tenho minha tia Mary Barcia, que é minha "PÃE" e, para mim, é um exemplo de força, determinação, mãe e profissional.

Só tenho a agradecer a Deus, meus filhos, minha neta e todos que participaram da minha história e do meu crescimento!

E a todas a MÃES guerreiras, o meu MUITO OBRIGADA!

Quando você olha para trás e conclui que nem tudo foi como gostaria, esqueça o passado e comece a construir um futuro do qual possa se orgulhar no dia em que novamente decidir olhar para trás.
ANDERSON HERNANDES

41

ACESSO F

Uma flor, por natureza, é perfumada. Seja em um campo, em um santuário ou em um funeral.

Ilma Freitas

Contatos
drailmafreitas.com.br
ilmajpr@hotmail.com
Instagram: @drailmafreitas
69 98427 1005

Farmacêutica especialista em Estética Avançada e Cosmetologia. Coordenadora do Grupo de Saúde Estética do CRF/RO. Escritora e palestrante. CEO da The Sthetic Clinic. Docente em cursos de pós-graduação em Estética Avançada. CEO do Instituto Freitas – Centro de Especialização em Saúde Estética. Conselheira do CRF/RO. Idealizadora do *Clinical Mentoring Day – Hands-on* em harmonização facial para injetores.

A menina de 13 anos que lia romances escondida estava diante do seu maior desafio. Escrever um livro para entregar na próxima aula de literatura.

Amava leitura e era figurinha carimbada na biblioteca da escola. Já tinha lido basicamente tudo por lá quando descobriu que a mãe de uma amiguinha trabalhava em uma banca de revistas. Ficou empolgadíssima com o vasto acervo ao qual passaria a ter acesso.

E foi assim que os primeiros romances adultos caíram em suas mãos. Eram histórias com pouca ou nenhuma poesia, narradas com palavras que ela adorava aprender. Seu amor pela leitura tinha realmente um cunho didático e esperava ansiosa uma oportunidade para usar o vocabulário que estava descobrindo!

Quantos anos ela tem?

Não foram os romances com folhas pardas que me tornaram precoce. Desde cedo fui me acostumando a ouvir que eu era diferente e isso era dito em tom de severa reprovação. Minhas preocupações realmente diferiam daquelas da maioria das garotas da minha idade. Ignorando a pobreza em que vivia, passava horas idealizando e planejando um futuro bem distinto da realidade a minha volta.

Parar não era uma opção

O primeiro desafio veio aos 15 anos, quando meu pai avisou que me tiraria da escola porque eu me casaria no ano seguinte. Não o culpo. Estava reproduzindo em mim aquilo que lhe fora ensinado. Sou única filha mulher entre dois irmãos, educada em um regime cristão rigoroso, mas parar de estudar decididamente não estava nos planos. É desnecessário dizer o quanto essa "teimosia" afetou minha relação familiar na época, mas permaneci estudando até o ano seguinte, quando então me casei.

Aos 16 anos, ao sair do cartório civil ao lado do então marido, quase tão jovem quanto eu, comecei a aprender a lidar com pessoas difíceis. Hostilizada pela nova família, eu tinha uma única certeza: continuar estudando. Sete meses depois, vieram a gravidez e a respectiva chegada do meu primeiro filho; isso só reafirmou essa necessidade. Perdi a conta de quantas vezes levei meu bebê para a sala de aula até concluir o ensino médio.

A rotina de mãe e dona de casa adolescente não tirou meu foco. Logo após a conclusão do ensino médio, ingressei no mercado de trabalho formal como recepcionista (eu já havia trabalhado como babá aos 13 anos e doméstica aos 14). Despreparada e tímida a ponto de não olhar as pessoas nos olhos, continuei a estudar. Todas as noites, após colocar o bebê para dormir, ensaiava saudações em frente ao espelho e lia em voz alta até gostar do som da própria voz. Começou a dar certo!

Eu tinha 21 anos quando minha vida profissional deu um salto. De recepcionista a secretária executiva em uma grande empresa, eu agora tinha outra preocupação: permanecer no emprego, já que as secretárias anteriores não conseguiram devido ao temperamento do empregador. Logo percebi que ele não era hostil, mas dono de uma inteligência incomum, somada a uma boa dose de perfeccionismo; e eu poderia aprender muito com ele. De fato, essa convivência elevou minha vida profissional a outro patamar. E graças a isso, pouco tempo depois eu estava assessorando outros cinco diretores, assumindo um posto extremamente desafiador. Trabalhei arduamente, cometi erros, fui julgada por ser uma mulher tão jovem em ascensão, mas cresci dignamente. Fiz minha primeira faculdade, comprei o primeiro carro e conquistei minha independência financeira durante os sete anos que lá permaneci.

Voo rasante

"Voa, menininha. Voa alto!" Dizia um dos meus diretores, incentivando-me a empreender. Apegada à aparente estabilidade, eu não tinha muita certeza se deveria. Além disso, divorciada há seis anos, eu iria me casar em breve com alguém que não tinha a menor visão empreendedora e me dissuadia da ideia. Estava começando a me acostumar a ser persuadida, só não tinha percepção disso.

A indecisão durou pouco. Sempre quis ingressar na área da saúde, e o fato de trabalhar junto a médicos por tantos anos só aumentou esse desejo. Com muito planejamento e pouco dinheiro, encarei o desafio de abrir minha primeira clínica de estética. Lembro-me bem do medo que senti no primeiro ano de gestão. Tinha bons profissionais na equipe, mas meu conhecimento sobre o assunto era limitado; e isso travava minha relação justamente com a classe médica. Muitos deles teriam sido excelentes clientes, mas a ideia de ser considerada uma impostora me assombrou por muito tempo. E se fizerem perguntas a que eu não sei responder? Como discutir anatomia e fisiologia com um médico? Eu devorava artigos científicos e virava noites pesquisando, mas a necessidade de uma formação na área da saúde era evidente.

Do cais ao caos

A graduação em Farmácia foi desde o primeiro dia de aula focada naquilo que eu queria ser: farmacêutica esteta! Voltar à faculdade grávida e administrando meu próprio negócio foi exaustivo, mas trouxe recompensas que mudaram o curso da minha vida.

Foi no auge da profissão que percebi o quão ameaçador isso era para meu casamento. Quanto mais me destacava, mais difícil era manter a relação. Como um segundo divórcio não estava nos planos com um filho pequeno novamente, tratei de administrar os dois extremos em que me encontrava. Lá fora eu era dra. Ilma Freitas, farmacêutica esteta, visionária e inspiradora, em casa, uma vítima da violência doméstica física, moral, psicológica e patrimonial, silenciada pela vergonha de denunciar e passar por toda a exposição inerente.

Durante 14 anos, a maldade do meu cônjuge definiu minha paz e minha logística de trabalho. Meus telefones foram cancelados inúmeras vezes para impedir agendamentos, cartões de créditos foram destruídos cancelando compras importantes, secretárias foram assediadas e frases do tipo: "Quanto você vai ganhar com esse atendimento? Fique em casa que te dou essa mixaria" foram ditas com muita frequência. Tornei-me boa em representar, segurar o choro e esconder os hematomas.

O programa de entrevistas

Rodeada por mulheres em um evento, eu as observava sendo entrevistadas por um famoso programa de TV local, quando comentei sonhadora: imagina como seria abrir uma filial aqui na capital e falar sobre meu trabalho? O deboche foi imediato: você é uma esteticistazinha de uma porta só. Esquece isso!

Encontrei forças para viver meu propósito. Apaixonada pelos avanços na minha área, especializei-me em oferecer uma harmonização facial sem exageros, pautada no bom senso estético. Essa assinatura mais conservadora, prezando pela naturalidade, tornou-se o diferencial do meu trabalho e trouxe muitas propostas de parcerias. Para o cônjuge, no entanto, aquilo era apenas um *hobby* caro que me mantinha ocupada. Infelizmente minha crescente demanda permitia que ele tivesse domínio absoluto sobre minhas finanças, gerenciando minhas contas e fazendo empréstimos, o que eu só soube muito tempo depois.

A soma de todos os crimes

Pelo bem da minha saúde, eu deveria ter encerrado aquele relacionamento havia muito tempo, mas a violência psicológica é paralisante e os danos causados são devastadores. Calei-me, mas meu corpo não, e então veio a paralisia facial em decorrência do estresse. Meu rosto assimétrico foi um nocaute na minha autoestima e no meu trabalho.

Abalada com o rosto torto e sofrendo agressões diárias, eu permanecia com a justificativa de que minha filha precisava de um lar. Foi preciso vê-la encolhida no sofá, soluçando e escondendo o rosto ao presenciar uma cena de selvageria entre os pais, para entender que nada poderia ser pior do que mantê-la ali.

Diariamente eu ouvia frases do tipo: "Vou cortar suas asas. Vou acabar com sua profissão". "Vou te deixar implorando ajuda". Todas as vezes que tentei ir embora, recebi ameaças assustadores como: "Vai voltar babando. Vou te deixar inválida em uma cadeira de rodas". "Pode ir, mas não volta inteira". Mas nada se comparava ao fato de tê-lo flagrado injetando veneno nos meus frascos de toxina botulínica no meio da noite. Meu cérebro ainda zonzo não conseguia processar o tamanho da covardia e o dano irreparável que eu causaria às pessoas.

Com a pouca força que me restava, eu parti. Coloquei minha filha no banco traseiro do carro e peguei a estrada. Já não sabia mais dirigir em rodovias, não tinha dinheiro para o abastecimento e não conseguia sacar da própria conta porque as digitais cadastradas eram dele. Sim, era uma fuga. Tudo o que construí ficou para trás e nunca recuperei um único centavo. Dirigi por quase 400 quilômetros até a capital, onde me instalei.

Se você acha que chegou ao fundo do poço, prepare-se para saber o que realmente é cair

Ameaçada várias vezes ao dia, sem dinheiro, sem local de trabalho e com uma criança dentro do carro sofrendo privações, voltei a minha cidade cerca de 30 dias depois, para fazer alguns atendimentos.

Embora tenha evitado contato, o que mais temia aconteceu. Fui covardemente agredida pelo ex-cônjuge durante um intervalo de trabalho. No hospital, as múltiplas fraturas foram diagnosticadas como lesão gravíssima e fui encaminhada à cirurgia. Infelizmente, em decorrência das complicações, a cirurgia foi adiada por alguns dias para que eu fosse medicada. Não há como descrever a vergonha (sim, fui atendida em um hospital no qual boa parte da equipe me conhecia). Os dias que sucederam à cirurgia foram ainda piores. De alta do hospital, tive de permanecer na cidade para que o cirurgião removesse o tampão cirúrgico e reavaliasse meu rosto. Sozinha em um hotel, vivi uma forma primitiva de desespero. Respirava pela boca com muita dificuldade, a dor era insuportável, os curativos sangravam mais que o esperado e a revolta me consumia. Quase sem notícias da minha filha, eu só queria voltar para casa. Mas que casa? Finalmente liberada, retornei à capital com escolta policial.

Cada dia em casa me lembrava o quanto eu estava ferrada. Dois meses depois, morando de favor, eu ainda tinha muitos hematomas no rosto e nenhuma vontade de recomeçar. Perder meus bens me consumia, o financeiro me humilhava e as perguntas confusas da minha filha doíam na alma. Levantava da cama e voltava para chorar novamente.

A virada de chave

Só quando entendi que o fardo da vergonha não era meu e sim do agressor, consegui dar os primeiros passos. Voltei a olhar o celular, enviar mensagens aos antigos pacientes e fazer alguns agendamentos. A reconexão com o trabalho foi lenta. Às vezes tinha dois pacientes por semana, às vezes nenhum e oscilava entre o orgulho do retorno e a angústia da escassez. Eu sabia trabalhar e, modéstia à parte, era boa nisso. Era questão de tempo. E de fé.

E foi aqui, longe da família e dos amigos, que inaugurei meu primeiro consultório e recomecei minha historia. E, pasmem: a primeira entrevista foi justamente naquele programa de TV que mencionei. Eu estava desenvolvendo um tratamento para calvície e fui convidada a falar sobre a atuação do farmacêutico na área de Estética e sobre esse protocolo. Pouco tempo depois, estreei um quadro sobre saúde estética neste mesmo programa e fiquei meses no ar. Outras propostas vieram e passei a falar ao vivo semanalmente, sobre o impacto da saúde estética em nossa autoestima e qualidade de vida.

Fui eleita conselheira no conselho Regional de Farmácia do Estado de Rondônia, coordenadora do Grupo Técnico de Saúde Estética do CRF/RO e me tornei professora de pós-graduação e cursos livres na região Norte, além de palestrante em semanas acadêmicas. Recebi algumas homenagens e premiações e fui capa de uma revista pela qual tenho muita admiração.

Aquele medo que eu tinha de interagir com a classe médica converteu-se na capacidade de compor com eles uma equipe multidisciplinar e ampliar o atendimento aos meus pacientes. Não raramente tenho "alunos médicos" com os quais tenho a maior alegria em compartilhar conhecimentos; e em breve, em um Instituto que também leva meu nome, iniciaremos o primeiro Programa de Residência em Estética Avançada no estado.

Meu corpo carrega sequelas, mas meu coração encontrou um amor pacífico e digno. A dor deu lugar a um olhar atento aos sinais de violência doméstica ao meu redor, e o que me envergonhava agora me impulsiona. Meu rosto e minha história estão nas redes sociais, documentário, peça e palestras. Enquanto viver, não medirei esforços para promover informação, incentivo e acolhimento.

Não estou aqui para dizer que você é capaz de recomeçar do zero, descapitalizada, injustiçada e machucada. Estou aqui para lhe provar isso!

Aquela menina agora tem 42 anos e ainda ama ler. Quase sempre sobre conteúdos científicos, mas de vez em quando arrisca um romance.

Renaissance

Sentada no hall de um dos maiores shoppings da região Norte, ela observa o movimento em torno de si e sua atenção se prende à fachada a sua frente. Uma linda e ampla parede *off-white* com letras reluzentes. Dali é possível avistar a entrada do shopping e então seus olhos marejados se movem naquela direção. Os devaneios de menina fundiram-se à história da mulher. Aquela é sua marca, aquele é um dos seus negócios. Ali é o seu consultório.

ACESSO F. Essa é a sua porta agora. A "esteticistazinha de uma porta" ressignificou a sua história.

Sua natureza é ser flor. Não ouse feri-la, você não suportaria o perfume que ela deixa no ar.

42

O DIREITO DE ESCOLHER E A RESPONSABILIDADE DE ASSUMIR
RELACIONAMENTO
ASSOCIATIVISMO
EMPREENDEDORISMO

Temos de assumir as responsabilidades das nossas escolhas ou da ausência delas. Muitas vezes, somos convidados a participar de situações, sejam corporativas, relacionadas ao nosso trabalho ou atuações voluntárias na comunidade, e o que se percebe frequentemente é um "sim" sem comprometimento, o que, por sua vez, gera estresse e atrasos pela falta de responsabilidade das pessoas envolvidas e não comprometidas, razão pela qual escrevi este capítulo.

IRENE SÁ

Irene Sá

Contatos
irenefisk@gmail.com
49 98839 7389

Professora, empresária, agente de viagens e relações internacionais – VP – Vice-Presidente Regional do Conselho Estadual da Mulher Empresária (CEME) (SC). Presidente da Associação Empresarial de Xanxerê (ACIX) – Gestão 2021/2022; diretora de marketing da Federação das Associações Empresariais de Santa Catarina (FACISC). Graduação em Letras Inglês Facepal – Palmas (PR). Pós-graduações em Português e Literaturas – URI (RS), Espanhol e Inglês – Unoesc Xanxerê/SC. Aperfeiçoamento Internacional em Inglês (Nova York, Londres e Toronto). Curso em *Business* na LSI (Londres e Toronto). Curso de *Marketing and Strategies for Developing Countries* na UNB – Normal University – Pequim (China). TESOL na Mississippi College (Estados Unidos).

Como as escolhas ou a falta delas interferem no sucesso pessoal e profissional

Nem tudo são flores, mas quando for, regue!
NME – ACIAX

Deus nos dá o livre-arbítrio e isso é fantástico! Ao mesmo tempo que é apaixonante, pode, de certo modo, ser assustador. Tem-se diante de si a maravilha e a responsabilidade de ser o construtor da sua própria estrada, sendo que é necessário ter o discernimento e o entendimento de que haverá ônus e bônus durante a caminhada para todas as escolhas que fizer ou deixar de fazer. Não precisa ser um martírio, pode ser muito prazeroso, desde que entendamos que assim a vida é plena em nuances de altos e baixos. São os detalhes que a tornam tão interessante e nada monótona, para os que buscam vivê-la intensamente, corajosamente e com responsabilidade.

Para chegar a qualquer lugar, temos de sair de onde estamos, ou seja, sair da acomodação. Para falar inglês, preciso estudar; para obter meu diploma universitário, preciso frequentar a faculdade; para ter as coisas que quero, preciso de dinheiro e; para ter dinheiro, preciso trabalhar – há os que não precisam, mas estamos falando da maioria; e, dessa forma, precisamos agir. Não somos seres inanimados que ficam estacionados. Somos seres vivos, em constante movimento. A VIDA é um constante ir e vir. O universo está em movimento e nós fazemos parte dessa engrenagem, com a liberdade de escolher qual rumo seguir, qual curso fazer, qual profissão abraçar, onde morar, com quem morar, se quer ou não ter filhos, entre tantas outras escolhas. O que fica claro é que traçamos nossas metas e seguimos em frente, obstinados e crédulos, enfrentando as dificuldades normais da caminhada, conscientes de que, sejam quais forem nossas metas, o resultado delas dependerá do nosso esforço para realizá-las. Quanto maior seu sonho, maior o empenho depositado nele e maior a recompensa também. O universo é justo. Recebemos o que depositamos (damos). Ônus e bônus.

Sem vitimismo. Sem pôr a culpa em ninguém. Quando você traz para si o controle do leme do barco da sua vida e entende que o que quer que aconteça com ele é responsabilidade sua, você desperta para uma vida plena, você passa a se autoconhecer e passa a ter uma compreensão melhor e maior dos seres ao seu redor também. Quando você assume, para de culpar os outros. Você cresce, desenvolve-se, prospera em todas as áreas de atuação. Seu campo de visão se expande, bem como sua compreensão. Quando assumimos nossas falhas, sucessos e fracassos, tornamo-nos fortes diante de nós mesmos e dos outros e, melhor ainda, diante do poder absoluto e incontestável do universo. Quando culpamos o outro e não assumimos isso, nos enfraquecemos e geramos um processo energético negativo ao redor de nós, tornando-nos pesados, "reclamões" – até insuportáveis, muitas vezes. Por mais difíceis que sejam as tempestades que o barco da nossa vida tenha de enfrentar, quando o fazemos conscientes, quando chamamos a responsabilidade para nós, quando temos em nossas mãos o leme da nossa vida, haja o que houver, tornamo-nos imbatíveis e com uma força interior incrível capaz de superar todas as adversidades. O ser humano tem um potencial que, muitas vezes, desconhece: sua MENTE. Ela cria os monstros que o atormentam na caminhada ou gera a LUZ que ilumina as soluções, as saídas. Dentro de nós, habitam dois polos: o positivo e o negativo. Temos a livre escolha de decidir em qual deles vamos concentrar nossos esforços, qual vai comandar nossa existência por este plano, qual deles será dominado por nossa mente, por nossos pensamentos.

Os tombos que despertam

A tendência do ser humano é que quando tudo vai bem ele se acomoda e acha que vai ser assim para sempre. Ledo engano. A vida é feita de altos e baixos, tanto que há um antigo ditado que diz: "Não há mal que sempre dure, nem bem que nunca acabe"; o que nos remete a sair do ostracismo ou comodismo, pois corremos o risco de regredir. É claro que se tentarmos coisas diferentes, corremos o risco de dar errado, mas e daí? Você está na vida, está tentando, está aprendendo. São os novos desafios que te tornam forte, te capacitam. São as necessidades que despertam seu lado criativo e suas tentativas podem dar certo ou não. O que importa é que você adquiriu experiência; se deu errado, você retorna e começa de novo. Você não sabe quantas vezes aquela pessoa de sucesso que você admira errou, voltou atrás e tentou novamente. "A grama do vizinho é sempre mais verde", mas nós não sabemos quanto esforço e investimento que o vizinho aplicou para sua grama ser assim. Os acertos fazem bem ao ego, mas são os erros, as tentativas, que nos tornam mais humanos, mais sábios e mais perspicazes. Não importa quantos tombos iremos levar, o que importa é que aprendamos com eles, que despertemos para uma nova e possível realidade.

Um ser não evolui só na boa vida – o que não significa que não devamos ter prazeres, diversões, viagens, folgas: trata-se da zona de conforto. Ela é sorrateira e envolvente; quando você se dá conta, percebe que a vida passou e você nem viu. Se isso lhe faz bem, ok. Tudo certo! Mas se isso incomoda, vai gerar uma sensação de vida não vivida, de fracasso, de vazio, justamente porque a vida é movimento. A vida é ação, criatividade, participação. A vida é sobre pessoas, relacionamentos. Além do trabalho que você escolheu e ama, além dos amigos e da família, você precisa de algo a mais, pois é essencialmente um ser sociável. O ser humano nasceu para se relacionar e é aí que entra o voluntariado e o associativismo. Quando percebemos que, além de fazermos o bem a nós, nossa família, nossa empresa, também podemos dedicar um pouco do nosso precioso tempo a causas nobres, como ser voluntária em associações ou agremiações; descobrimos um remédio natural, a homeopatia para a vida. Quando nos doamos a causas sociais, quando unimos as forças em associações para melhorar a vida da nossa comunidade, do bairro, da cidade, sem pedirmos nada em troca, e fazemos isso por escolha, porque gostamos, com comprometimento e responsabilidade, estamos construindo o legado da nossa história e retroalimentamos nossa essência.

Nós e a autorresponsabilidade

> *A autorresponsabilidade é a chave para iniciar um grande processo*
> *de transformação em tudo o que precisa ser mudado em sua vida*
> PAULO VIEIRA

Esta frase me remete para a quinta série escolar, aos 11 anos de idade, quando recebemos uma tarefa na aula de língua portuguesa, em que tínhamos de descrever sobre a seguinte frase: "Minha liberdade vai até onde começa a do vizinho". Pela brilhante explanação da professora Aida, ficou muito claro para mim que eu tinha de assumir as responsabilidades pelos meus atos e que minha liberdade de agir não poderia ultrapassar a liberdade do meu vizinho, do meu colega. O fato de eu ser livre não me dava o direito de fazer o que bem entendesse: havia o limite até onde minha liberdade poderia ir, razão pela qual eu precisava exercitar minha autorresponsabilidade diante dos meus atos. E assim segui, entendendo que se eu assumisse algo, como presidente da sala ou mesmo da agremiação do colégio, o que acabou acontecendo três anos depois, então eu tinha de dar meu melhor. Eis a questão: "Por que as pessoas dizem sim quando são convidadas e depois não se comprometem?"

O título deste capítulo quer focar exatamente neste ponto da autorresponsabilidade. Quando dizemos SIM, ninguém estava nos apontando uma arma e nos obrigando a aceitar, foi uma livre escolha; portanto, este caso, temos a responsabilidade de assumir! Simples. Você poderia ter dito NÃO e estaria tudo bem também. Mas você escolheu dizer SIM, então se comprometa com a situação assumida. É possível, após ter aceito o convite, perceber que não dará conta ou que não era o que você esperava e a situação é maior do que parecia. Tudo bem; volte atrás e diga não. Pratique a humildade, admita que errou, equivocou-se e está tudo certo. De maneira alguma fique onde você não quer mais, onde você não acrescenta nada. Não ocupe um lugar que poderia ser de outra pessoa atuante e produtiva, não crie problemas para os outros, porque se você deixa de fazer, a corda vai arrebentar lá adiante e as "encrencas" vão surgir. Outras pessoas vão sofrer as consequências da sua falta de responsabilidade. Desse modo, pratique a autorresponsabilidade com seus atos, seus deveres, sua vida, seu destino e compreenda o quanto essa falta interfere na sua vida e, principalmente, na dos outros.

Muitas pessoas têm a plena consciência de que precisam assumir o leme do seu barco, ou seja, as rédeas da sua vida, mas muitas vezes não sabem como fazê-lo. É essencial iniciar assumindo seus próprios erros e não há nada de humilhante nisso; pelo contrário, é grandioso o processo de autoconhecimento, em que olhamos com os olhos da alma e nos miramos no espelho da vida nos perguntando: "Quem, de fato, somos nós?", ou seja, "Quem sou eu de verdade?". Sem máscaras, sem filtros, sem falcatruas. Não podemos nos sabotar. Quando o véu cai, quando assumimos nossas falhas com vontade de melhorar, de superar, renasce o novo ser, pleno de luz, esperança e leveza, com ideias criativas para evoluir em todas as esferas.

Somos feitos de vitórias e derrotas, erros e acertos, mas a forma como as vemos faz toda a diferença. Quando os assumimos, podemos ver os erros como um grande aprendizado, os quais passam, por sua vez, a serem positivos, ensinando-nos a sermos melhores, mais fortalecidos, experientes para seguirmos mais seguros em busca das nossas metas.

Somos protagonistas da nossa história

Somos os autores da nossa história, embora muitas vezes tentemos fugir às nossas responsabilidades. Existimos e isso não foi nossa escolha; no entanto, a obrigação, a responsabilidade de dar um sentido a essa existência está em nossas mãos.

O filósofo francês Jean-Paul Sartre (2005) traz em seu livro *O ser e o nada* "Estou condenado a ser livre. Isso significa que não se poderia encontrar para a minha liberdade outros limites senão ela mesma". Isso reforça que nossa realização depende das nossas tomadas de decisões e estão sob nossa responsabilidade, sejam elas positivas ou negativas.

Não responder a uma pergunta já é uma resposta e não escolher nada já é uma escolha: isso nos reporta ao fator existencial de que ao ser humano é dado o livre-arbítrio; portanto, está nas mãos dele a condução do barco nos mares da sua existência.

A felicidade não está na linha de chegada e, sim, no percurso. Erramos, acertamos, perdemos, ganhamos e seguimos em frente, arriscando com coragem. É para a frente que se olha, conscientes de que o percurso não é linear e é exatamente isso que o torna tão instigante e especial, quando assumimos com responsabilidade a liberdade e as consequências das nossas escolhas.

Considerações finais

Para finalizar este capítulo, convidei a ex-aluna do curso de Letras e também empreendedora na área de marketing e relacionamento, Michele Garbin, que estará comigo no próximo projeto empresarial/literário, para dar sua opinião sobre este tema, conforme segue:

O livre-arbítrio está na essência humana e sempre foi motivo de debates entre as diferentes culturas. Apesar do entendimento racional de que, ao se ter o direito à escolha, automaticamente, surge a responsabilidade de assumir os resultados e consequências, vivemos em uma sociedade que está em uma batalha constante para efetivamente vivenciar essa prática.

Há algum tempo, temos a percepção de que o ser humano tem "todas as escolhas" do mundo. A globalização, o acesso facilitado à informação e o "esquecimento" de alguns valores que são a base da nossa sociedade são alguns dos fatores que impactam diretamente esse mundo infinito de possibilidades. Todavia, esse discurso não tem trazido consigo o outro lado da moeda: a responsabilidade de assumir.

Arcar com as consequências e encarar um cenário desconhecido é algo que não está intrinsecamente relacionado à liberdade de decidir. Não, pelo menos, de maneira racional e intencional.

Queremos escolher, mas queremos apenas o bônus, como se o ônus da escolha não existisse. Queremos decidir, mas não analisamos que toda decisão carrega consigo um contexto maior do que o benefício que buscamos.

Somos seres holísticos, inteiros, constituídos de partes que se inter-relacionam de maneira direta. Não temos mais como separar a "vida pessoal" da "vida profissional". Nossas decisões, nossas escolhas e nossas definições têm impacto direto em todos os âmbitos da nossa vida. Se escolhemos trabalhar mais, inevitavelmente teremos menos tempo com a família. Não há como fugir da responsabilidade. Podemos escolher não lidar com ela, mas ela estará sempre lá.

Aqui, entramos em outra questão: assumir ou não a responsabilidade também é uma escolha. Não assumi-la pode falar muito sobre quem somos e sobre como encaramos nossa vida e nossas relações. Não estamos ilhados ou isolados: fazemos parte de uma sociedade em que cada escolha, cada decisão, cada ação tem um impacto sobre o outro.

O que você está fazendo com as consequências das suas escolhas?

Referências

SARTRE, J. *O ser e o nada: ensaio de ontologia fenomenológica.* 13.ed. Petrópolis: Vozes, 2005.

VIEIRA, P. *O poder da autorresponsabilidade.* 16. ed. São Paulo: Gente, 2021.

43

INCRÍVEL ELA
SOZINHA JÁ É UMA AGLOMERAÇÃO

Somos envoltas pela poesia da nossa história com um fino toque do que nos ilumina, faz ser gente e nos torna humanas. Sintonizada com seu eu, essa incrível "ela" é uma verdadeira aglomeração de definições do que a faz ser múltipla. Essa participação procura mostrar, diante do universo poético que é cada mulher, a importância de se ter confiança na autenticidade.

IRIS MALTEZ

Iris Maltez

Contatos
irismaltez@hotmail.com
LinkedIn: linkedin.com/in/irismaltez
Instagram: @imortalmaltez
71 99647 0999

Iris Maltez possui MBA em Gestão Escolar pela USP/ESALQ (2022) e é pós-graduanda em Moderna Educação: Metodologias, Tendências e Foco no Aluno pela PUC-RS (2020). Especialista em Neuropsicopedagogia pela FCE (2019) e em Gramática e Texto pela UNIFACS (2008); graduada em Letras com Inglês e espanhol e suas respectivas literaturas, pela Unijorge (2007). Acredita que adaptar-se é crer que, na mais revolta tempestade, fé e esperança serão mola propulsora de incríveis conquistas. Atua na assessoria de escolas, com ampla experiência em formação de professores e se considera uma contadora de histórias. Alegria é seu pseudônimo e ser "mainha" de Heitor a constitui e a faz viver à frente do sol na mais pura baianidade de ser quem é. Dorme elétrica, acorda no trio elétrico e entende que sua intensidade dialoga com/transforma sua razão em deleite pela vida.

Ela é uma incrível e longa história. Quem é essa protagonista de sua própria trajetória? Essa amplitude do horizonte que a faz crer que é uma verdadeira aglomeração de vozes que ecoam dentro si. Sábia, entusiasta, autêntica, feliz e segura, luz aonde quer que vá, delineia-se em plena variação de ângulos, obstinada por múltiplos quereres de plenitude. Interessante dona, que entende que mudará sua realidade ao ser quem quer ser, no ímpeto e leve frescor da brisa atômica entrelaçada dos desejos e brilho nos olhos de quem vislumbra uma felicidade oculta, por vezes enaltecida a cada momento de sua própria conquista na rigidez em explorar o mundo com a audácia de ser quem é.

Ao controlar as rédeas de sua impulsividade e tênue inconstância de silêncios e lucidez, mesmo que por meio de todos os incríveis filtros que a transformam em ser de coragem, resiliente, é reflexo de seus desígnios. Em idealidades, identidades, identificações, vívida de inspirações, constitui-se pela condicional do poder firme na potência de se fazer visível em um mundo que insiste em deixá-la invisível. Sonhos são dedicações de enfrentamentos intrínsecos e expostos de um mundo sempre a rodar em detrimento de tudo o que vale a pena para fazer acontecer e tirar visões alheias de quem não a fez acreditar em si mesma.

Onde estará em uma manhã de sol? Onde seus pensamentos rodeiam ideologias de quem acha que seu potencial é irrelevante na historicidade de quem a vê como rosa frágil. Estará onde quiser, em espetáculo de beleza, arrebatada pelo admirável poder do belo, só pelo que a faz quem é, não pela presença do olhar superficial, que em sutil toque de espinhos a deixa mal vista, mas que lhe fortalece e a deixa mais exuberante por suas crenças. Ela é deusa, e nas suas aspirações de ser ou estar, encara mentalidades rugidas de quem insiste em impedi-la de realizar. Essa protagonista de realizações é impulsionadora de outras "elas", sua incrível persona, pessoa, humana, envolve-se de expressividade, define e incentiva seu vigor que exala firmeza e autoconfiança em seu destino a qualquer tempo.

Ela rompe silêncios em passos de futuro, presente em sua manhã de sol e luar de iluminação precedente de ideais antes vistas como magia ruim e hoje levanta-se para um novo e grande dia resguardado de sentidos de vida no sim próspero e requerido pelo seu desejo e vontade.

Vivaz, transforma a ancestralidade em escolhas comuns e no lugar onde sua luz é intensa; é uma usina de veracidade que lhe toma em concretude de ser imperfeita na perfeição de ir além. Ninguém deve sujeitar-se à austeridade de crenças que limitem percepções discutíveis e passíveis de equívocos históricos de pessoas que tinham medo do seu poder. Ela é magia, sabedoria, memórias, espiritualidade, criatividade, plenitude, voz, ato, poderio de sempre mais. Pode até ser que em seus caminhos tortuosos se perca em fins rotineiros invisíveis de saber a conter-se, calar-se, mas nunca foge do que a faz única em finos guardares. Sensível, mesmo que dolorosa em seu fardo, é feroz engajada de seu ideal, se agarra ao universo e dele supre seu próprio crepúsculo.

Longa trajetória transformadora de propósitos e admirável missão, reluz em reza na mais pura demonstração de domínio sobre o que em dom sublime quer em libertação. A fraqueza não a reconhece, e sim a fortalece para driblar a maldição da falta de luz, sendo feita de bravura, ela é força, ela é seu eu, profunda, célebre em ser presença, onde se mostra incrível, em ser a dona de toda sua essência.[1]

Confiança na autenticidade

> *Conhecimento próprio não é garantia de felicidade, mas isso está ao lado da felicidade e pode fornecer a coragem para lutar por ela.*
> SIMONE DE BEAUVOIR

"Se" somos donas, quem somos na concepção de nós mesmas? Reflexões consagradas por cada uma a vida toda. Será que nos percebemos em nossa própria poética, inconstância, história, cultura e visão? Chamo a atenção para o valor, o valor da mulher incrível que é, para a autovalorização. Quais realizações nos tornam incríveis? Quantas mulheres incríveis vivem dentro de nós? Para além de causar, cada olhar deve potencializar outros olhares de quem é essa incrível dona.

---

[1] Cara leitora, essa é você! Momento de feliz inspiração e de meu prazer pela escrita de consciência poética em prosa para presentear amigas nas vozes que ecoam das minhas leituras e desejos de manhãs de poesia entre iguais.

Ser autêntica é a melhor maneira de se libertar das amarras históricas e ideológicas da vida em sociedade. Existe confiança na autenticidade? Contagiar quem está ao seu redor é mobilizar a relação interpessoal, que se configura na camada de motivação de maneira inteligente e cooperativa dentro do que reconhecemos de valores a serem trocados. Elevar-se de perspectivas e influências para o que se configura mais difícil, a relação com a motivação própria, a relação intrapessoal, aptidão voltada para dentro de si; essa habilidade orienta nosso comportamento e, claro, nossas influências e percepções de autoestima.

> A motivação parece ser resultante de uma atividade cerebral que processa as informações vindas do meio interno (fome, dor, desejo sexual) e do ambiente externo (oportunidades e ameaças) e determina o comportamento a ser exibido. Não se refere a comportamentos reflexos ou localizados, mas envolve a aprendizagem e outros processos cognitivos que se encarregam da organização das ações que melhor garantam a sobrevivência.
> (COSENZA, 2011)

A oportunidade de trabalhar a minha automotivação e jeito de viver minha vulnerabilidade, fragilidade, humanidade me conduz ao pensamento de propósito. Nasci com certo orgulho, que morrerá comigo, de ser autêntica, ninguém é de fato feliz o tempo todo, mas é nesse passo que nos encontramos em processo. Em teoria, a relação com os nossos sentimentos e capacidades de entendê-los orienta nosso comportamento; os bem-sucedidos têm a capacidade de ser verídicos, ao se olharem no espelho na legitimidade do ser quem é diante dos dogmas humanos.

Ao observar quais correntes a aprisionam, é preciso olhar para sua condição humana, a sua relação com o que liberta e é obrigado a realizar diante dos dogmas construídos a partir de quem exerceu influências em seu crescimento. Será que quando criança teve alguém para lhe ensinar o senso de controle sobre seu comportamento, seu corpo, sua intencionalidade, capacidade de entender suas emoções e expressar seus sentimentos e sensação de compreensão deles? A ter autocontrole, impulsionar e harmonizar suas próprias necessidades?

É claro que sim, as pessoas grandes tentam a seu modo, visão de mundo, educação e cultura fazer seu melhor, mesmo que muitas vezes estejam mais preocupadas com as necessidades biológicas e não emocionais. Por isso, questiono. Somos feitos de experiências, nelas estão a chave do aprendizado potencializador de novos aprendizados. É óbvio que, mesmo sendo a melhor professora do mundo, espontaneidade não se ensina; trata-se da reação que mobiliza e da expressividade que reflete a percepção automática do que pensa e sente. As pessoas costumam me dizer: "Sua alegria me contagia; você é sem filtro; essas coisas só você para fazer, falar e ser; você é maluca", que seja, esta sou eu.

> A maior parte do contágio emocional é muito sutil, parte de um tácito intercâmbio que ocorre em qualquer interação com o outro. Transmitimos e captamos modos uns dos outros [...] Inteligência emocional inclui o controle desse intercâmbio. "Muito bem quisto" e "encantador" são termos que empregamos para qualificar pessoas com as quais gostamos de estar porque a habilidade social delas nos faz bem.
> (GOLEMAN, 2012, p. 136)

Contagiar a alegria faz bem a todos, porém assumir a rigidez do que se pensa, vê e sente torna-se algo difícil quando sua confiança é exaurida por estereótipos. Que mania a sociedade tem de criar personas a partir de visões equivocadas. Sim, sou intensa, mas o que é intensidade? "A alegria dela pode atrapalhar quando tiver a necessidade de ser responsável, enérgica e séria!". Desculpe a lei do engano; gosta da minha alegria, mas ela é ruim? Cadê a coerência? Não é por ser autêntica que sou irresponsável, não é porque o sorriso não sai do meu rosto que não posso ter seriedade em tudo que realizo.

Aí vem a longa história, nem sempre as pessoas vão aceitar ou entender como você é, se comporta ou alcança suas verdades; que bom. Desde pequena, escuto, não preciso concordar com tudo; adoro boas oportunidades respeitosas de discordância. Visões históricas, sociais, temporais, mesmo que irrelevantes, muitas vezes criam crenças que, por vezes, interferem em seu crescimento e autoconhecimento e limitam-na a olhar para si com poder, não é porque os outros não aceitam como é que deixará de ser.

Falamos tanto de empoderamento, mas as ideologias que são pressupostos de vivência, que deveriam impulsionar a sabedoria do respeito; muitas vezes atrapalham. Aprendi arduamente que não preciso acreditar em tudo o que falam sobre mim, basta entender a condição de quem se coloca, daí entender se o eu do outro pode interferir em minhas percepções ou não, então sorrio e agradeço. Cada pessoa, mesmo que do mesmo time, do mesmo partido, da mesma opinião sobre algo, pode ter a sua ideologia para viver, se não é para contribuir, cale-se! Se é para construir, invista no olhar respeitoso. Ser gentil e calorosa não é ser frágil, ser rígida e impetuosa não quer dizer que seja forte.

Expressivamente mobilizamos as pessoas por meio das nossas emoções e, de maneira sutil, isso torna-se um contágio emocional em sincronia profunda e engajadora de positividade ou negatividade, os dois lados da moeda estão sempre juntos. A pergunta é: como gostaria de ser lembrada? Novamente levanto a hipótese recorrente. Cada pessoa que possui a expressividade mais apurada geralmente arrebata multidões com seu jeito de ser, daí a influência nas relações sociais, transparência.

As várias "elas" que habitam meu ser aglomeram-se em minha personalidade, em que minhas orientações e vivências permeadas de ousadia, autenticidade e soltura dos grilhões determinam minhas atitudes. Parar pelo caminho não é falhar, é olhar de outro ângulo e voltar a seguir em recomeços. Essa pessoa que sou, em escuta, sapiência, legitimidade, fragilidade, intencionalidade e firmeza, confia nessa protagonista, não se limita e aceita, assimila e deglute. Não quer ser camelo, como dizia Nietzsche, quer seu lado leoa fortalecido para não subverter sua melhoria contínua à anulação e falta de confiança.

É interessante notar que parte de mim é recomeço e a outra também. Fases são feitas para determinar o alcance das metas implícitas em seu propósito do realizável. Historicamente somos feitos de cada recomeço que emerge luz a cada conquista. Nesse delinear-se, lembro-me criança, uma menina faladeira, teimosa, questionadora e sorridente, muito amigável, acreditava em super-heróis e geralmente falava coisas que não devia, tudo era graça, acho que não mudei muito.

Filha de uma família matriarcal e segunda filha de quatro irmãos; escolhas deveriam ser bem-feitas; não tínhamos uma vida tão suave e meus pais sempre diziam: o melhor que podemos dar a vocês é estudo, e assim fizeram. Sonhadora, ops! Ainda sou... sempre vi na atenção do olhar a chave de todas as portas, a escola era o lugar de diversão, me tornei professora para nunca sair dela. Escrevia diários, tinha vergonha de chorar em público, meu sorriso é minha marca registrada. O fato de falar sobre autenticidade hoje não tira o que levei muito tempo e terapia para entender. Convencer-me sobre o meu potencial!

As escutas limitantes me influenciaram, tal como a não possibilidade de ser escritora, chave do que tenho defendido na educação. A palavra tem força e ela pode impulsionar uma criança ou prendê-la em grilhões invisíveis. A criança é o aqui e agora, o cuidado em dizer é responsável pela força do presente e a realização do futuro. Sim, eu tive a falta de avanços do: " Você é e não pode! " e "Satisfaça o outro e não a si". Isso interferiu muito em minhas emoções e sentimentos.

Típica baiana, sou o Carnaval. Sou uma mainha arretada, que crê em todos os santos e faz acontecer. Quando recebi o convite para este livro, fiquei me perguntando qual história poderia contar que inspirasse outras mulheres. Nossa, não tenho nenhuma história de luta. Tentei me perceber, para encontrar inspiração e vi que eu sou uma dona incrível de lutas internas e na concretude do que realizo. Percebi-me a mulher que sou hoje. Faço-me acreditar em meu verdadeiro valor todos os dias. Alcanço, planejo, realizo.

Disseram que eu não tinha futuro. Tornei-me professora e estudo todos os dias para melhorar minha prática. Disseram que não era tão bonita assim. Busquei reconhecer o que é belo em mim e hoje me sinto a mais bonita de todas. Disseram que não seria uma boa mãe. Sou uma mainha que aprimora seu olhar a cada momento de aprendizado e ensinamento do meu filho para ele ser um homem que respeita as mulheres. Sou uma deusa ou uma bruxa? No anseio da liberdade de agir, quando necessário for para ser e viver por meio do que acredito, sou as duas. No potencial de ser melhor a cada dia, o grande desafio é promover mudanças a cada realização do que ainda não sei. Gostaria de ser lembrada como aquela que é o máximo de si sempre e se minha história te inspira de alguma maneira, seja você também dona da porra toda!

Referências

COSENZA, R. M. *Neurociência e educação: como o cérebro aprende.* Porto Alegre: Artmed, 2011.

GOLEMAN, D. *Inteligência emocional: a teoria revolucionária que define o que é ser inteligente.* 2. ed. Rio de Janeiro: Objetiva, 2012.

OSHO. *Liberdade: a coragem de ser você mesmo.* São Paulo: Cultrix, 2004.

44

VOCÊ JÁ PRECISOU DAR UM PASSO ATRÁS PARA AVANÇAR NA SUA VIDA PROFISSIONAL?

Eu sim. Neste capítulo, escrevo sobre uma decisão profissional difícil, mas planejada durante três anos. A motivação é uma porta que se abre por dentro, e sabemos que, para todos, a chave está disponível e pendurada na porta. Agora, só nos basta coragem, determinação, ousadia, vontade e perseverança para virar essa chave. E o segredo é sempre sair pela porta da frente pois, se lá fora não der certo, teremos a humildade para recomeçar de onde saímos.

IVANESSA FURLICK DE ANDRADE

Ivanessa Furlick de Andrade

Contatos
ivanessafurlickdeandrade@gmail.com
LinkedIn: Ivanessa Furlick de Andrade
47 98861 6407

Contadora e especialista em finanças, pós-graduada em Controladoria e Finanças, Gestão em Estratégia de Pessoas. Certificada pelo XBA – Xponential Business Administration, IBGC (Instituto Brasileiro de Governança Corporativa em Conselho de Administração).

Descer degraus não é uma derrota, e sim oportunidade, pois leva você a novos horizontes

Nasci na cidade de Joinville/SC, em uma família tradicional. Eu e meu irmão sempre tivemos as mesmas oportunidades, mas seguimos com propostas diferentes. Eu quis estudar e ele quis aproveitar o trabalho como empreendedor. Sempre estudamos em colégio público e nossos pais, pessoas humildes e de muito valor, sempre conquistaram oportunidades de trabalho de cargo de confiança. A mãe como empregada doméstica e o pai como motorista. Geralmente nos dias de limpeza eu ia com minha mãe para não ficar sozinha em casa – e eu adorava, pois organizava o quarto das crianças e deixava tudo lindo para que quando a criança chegasse do colégio ela soubesse que a filha da Inês veio junto.

Quando eu tinha sete anos, minha mãe costurava rabicós e eu colocava uma mesinha lá na frente de casa para vendê-los; e com o lucro das vendas consegui ter minhas reservas guardadas ou as utilizava para ir à vendinha do Seu Zé Pedroso escolher as balas naquele baleiro. Até suspirei lembrando da vendinha. Mas quando criança uma coisa que me irritava muito era que, por ser a filha mais nova, meu irmão nas brincadeiras de alerta, esconde-esconde, no pega-pega, e até mesmo no taco, me colocava de "café com leite"[1], e isto foi algo que fez despertar a mudança em mim, porque se eu corria e me escondia muito bem, precisava ser café com leite? Só porque sou a mais nova? Ao entrar em casa sempre reclamava para a mãe com o objetivo dela brigar com ele, mas ela apenas me dizia: "Minha filha esta mudança só depende de você e você pode ser o que quiser"; e assim fomos crescendo e nos desenvolvendo: "Realmente eu posso ser quem eu quiser ser, isto é algo que depende

---

[1] Quando crianças estão participando de um jogo ou de uma brincadeira e acontece de uma delas querer entrar, mas não apresentar condições de acompanhar as regras ou de envolver-se do mesmo modo que as outras, ela é admitida em caráter especial.

de mim, exclusivamente de mim...". Então, aos 14 anos, conforme legislação trabalhista da época, iniciei em uma empresa registrada, como auxiliar de escritório. Ali comecei a jornada de trabalhar durante o dia e estudar à noite, mas sempre focada: "Eu posso ser o que eu quiser, só depende de mim". Além de trabalhar, eu continuava comercializando meus produtos, mas agora já tinha aumentado o portfólio, incluindo Avon®, Natura®, Hermes®, roupas... E em dias de entrega dos produtos eu entrava no transporte público, ônibus lotado, mas as sacolas ali estavam comigo. Fazia as entregas em meus horários de intervalo; e as vendas aumentavam, meu lucro sempre era guardado na poupança. A rotina era diária: trabalhar, estudar, captar novos clientes e reter os clientes que já compravam de mim. Como sabemos quanto aos produtos de catálogos, existem inúmeras outras pessoas que fazem exatamente o que eu fazia, *commodities,* mas precisava ter estratégia de retenção dos clientes. Então, como uma das pioneiras, comecei a fazer os consórcios de produtos de catálogos, e para fechar um grupo de consórcio teríamos que ter 10 pessoas garantindo uma parcela mensal de R$ 10,00 por pessoa em 10 vezes. O sistema era semelhante a de sorteios de consórcio, mas com papel recortado e o nome de cada pessoa em cada papelzinho, e uma vez por mês havia o sorteio na frente de um público; a ganhadora escolhia R$ 110,00 em produtos. Sempre tive que conviver com inadimplência, mas montei estratégia de ter um índice baixo; e a perda efetiva, quando assim acontecia, já era calculada, pois eu fazia análise do cadastro para liberação do crédito. Em 2002, fiz vestibular para Economia e Ciências Contábeis. Naquela época eram mais ou menos cinco candidatos para uma vaga em Economia e três candidatos para uma vaga em Ciências Contábeis. Passei na segunda chamada para Economia na Universidade de Joinville e na primeira chamada para Ciências Contábeis, mas a faculdade era fora de Joinville, região próxima de Joinville em Guaramirim/SC, mas tinha o deslocamento, e isto queria dizer que...? Além da mensalidade, por ser faculdade particular, teria mais o transporte. Mas optei por Ciências Contábeis, pois entendia que números eram melhores do que a própria economia teórica. Que percepção equivocada, pois Ciências Contábeis é pouco número e muita contabilidade gerencial, análise de balanço; mas sinceramente fiquei apaixonada por Ciências Contábeis. Porém, o que eu mais queria era trabalhar na área contábil ou financeira, mas sem experiência não havia oportunidades, e na vida profissional nesta época eu já tinha saído do meu primeiro emprego e ingressado em uma ótima empresa. Lá eu estava há praticamente seis anos, mas não era na área de contabilidade ou financeira e sim de telecomunicações. Meu cargo era projetista, como sempre um bom *networking*. Recebi o contato de uma amiga perguntando se eu tinha interesse de trabalhar com ela em uma empresa de aproximadamente 50 profissionais para uma vaga administrativa, mas não tinha atividades descritas. Seria algo generalista na área adminstrativa mas a única certeza que ela tinha era de que a empresa cresceria. E naquele momento me senti movida ao desafio e decidi descer degraus para alçar novos voos. Saí de uma organização de mais de 1.500 profissionais, sociedade anônima de capital fechado, com uma remuneração boa, e fui trabalhar na empresa que esta minha amiga me indicou. No primeiro dia saí chorando, pois além de não ter atividades definidas eu não tinha nem estação de trabalho, pois literalmente a vaga era para "quando a empresa crescesse". Espere aí, lembrei da minha mãe me dizendo que eu poderia ser quem eu quisesse ser e só dependia de mim; e, afinal de contas, eu não estava ali para fazer um bico e sim para dar minha melhor versão. Então, engoli o choro e no outro dia fiz do limão uma limonada. O privilégio de, no primeiro momento, trabalhar diretamente com um dos fundadores da empresa, tendo como uma das atividades a de organizar a sala dele; e com isso eu já tinha experiência pois ia com minha mãe à casa das patroas dela e a auxiliava na organização do quarto das crianças, sem contar a oportunidade nos primeiros dias de ser professora de informática básica do outro fundador da empresa. Dei meu melhor na atividade, provando que eu era eficiente para tal atividade. E depois de uns quatro meses a profissional responsável pelas áreas administrativas se desligou da empresa. No susto, acabei assumindo algumas atividades, isso era início do ano de 2006. Fiz uma trajetória fantástica e de muito trabalho, pois implantei as áreas de contabilidade e recursos humanos e participei da implementação de algumas áreas. Em setembro de 2007, com a contabilidade sendo internalizada, assumi como contadora da empresa, e no ano de 2010 fortalecemos o processo da Governança Corporativa nos apoiando em quatro pilares: Transparência, Equidade, Prestação de Contas e Responsabilidade Corporativa.

Independentemente de minha formação ser voltada muito para resultados, números e análises, também me desenvolvi na área de Gestão de Pessoas, por acreditar no desenvolvimento e potencial das pessoas, e sim: também fui convidada a assumir o cargo de gerente de RH. A implantação de um RH estratégico e seus subsistemas foi um *case* de sucesso, pois conseguimos mensurar em números, *turnover* baixo, movimentar a carreira dos profissionais com promoções internas. A satisfação das pessoas era alta e o querer estar na empresa era um indicador de felicidade que nos qualificou por sete vezes consecutivas como uma das melhores empresas para se trabalhar pela Você S/A. Inclusive na época fomos uma das poucas da região que aderiram ao Programa Empresa Cidadã, que estende a licença-maternidade por mais 60 dias, e a primeira profissional a usufruir desse benefício fui eu. Quando em 2014 tive o melhor presente divino, um aprendizado, conheci o amor verdadeiro, pois nasceu minha filha Laura.

Mas no ano de 2019, exatamente no dia 23 de maio, decidi que organizaria minha saída da empresa. Isso aconteceria de modo normal quando eu completasse 40 anos de idade. Por que aos 40 anos? Pois a mulher aos 40 anos é um símbolo de independência, maturidade e liberdade e geralmente nesta idade nós já temos uma vida emocional bem resolvida e existe uma ascensão de carreira. Neste período em que eu mentalizei até minha saída tivemos vários fatores: o ingresso de uma herdeira da família na empresa, a pandemia do covid-19, fui promovida a gerente de faturamento, ocupei uma das cadeiras do Conselho Consultivo e também tivemos o falecimento de um dos fundadores da empresa, de quem fui professora de informática. Mas eu continuava focada no meu objetivo sem saber se continuaria na carreira executiva ou como empreendedora, eu precisava do novo, e ele requer às vezes renúncias e maturidade para encerramento de ciclos, para que venham novos. A única certeza que eu tinha era de que precisava desenvolver uma equipe multidisciplinar, pois as boas práticas que foram implantadas e implementadas, e continuar como os guardiões dos valores e da cultura da organização tinham que permanecer e serem aperfeiçoadas após minha saída. Assim foi o trabalho sendo realizado, durante o período de 2019 a 2021 eu pedi cinco vezes demissão e em todas elas eu era recontratada. Entramos no ano de 2022, o ano dos 40 anos, e estava indo tudo normal e da melhor forma possível. No dia 15 de março de 2022 eu completei 40 anos; e no dia 21 de março de 2022 à noite, como sempre faço, organizando a programação do próximo dia, pensei comigo, eu vou me aposentar nesta empresa, pois está tudo ótimo, legal... Em questão de horas, isso já era dia 22 de março de 2022, pedi minha demissão dando a palavra de que ficaria até o dia 10 de maio de 2022; sem qualquer tipo de oportunidade de recolocação para mim, pois preparei muito bem a equipe e a empresa para dar sequência a todo o processo sem a dependência da minha gestão e acabei esquecendo a palavra *egocêntrica*, mas isso era o decidido e a certeza de que seria o melhor. Passados uns 15 dias, fui pedir para ficar por mais algum tempo, e tive um "não" imediato da alta direção. Foi o "não" mais difícil que levei, mas o melhor "não" que eu tive em toda a minha história, pois tive que descer degraus, fui do céu ao inferno, e faço uma analogia como a pedra do estilingue voltando a uns 15 cm para alçar novos voos.

Enfim, o que temos para hoje é um não, e pedir para ficar foi uma autossabotagem, como voltar atrás em algo que eu já tinha decidido comigo mesma?... Então continuei diariamente dando minha melhor versão, trabalhei dia e noite para finalizar todos os pontos que estavam comigo, participei de reuniões, bate-papo, alinhamento, até o último dia como aquele jogador que joga até o último segundo do segundo tempo e faz o gol. Apenas precisei prorrogar minha saída do dia 10 de maio para o dia 12 de maio a fim de dar o trabalho concluído; e não poderia ter sido diferente, pois o planejamento da minha saída era desde o ano de 2019. Lembro da minha fala em todos os encontros que tínhamos para falar sobre a minha saída: "A equipe é a melhor e vai dar sequência nos processos muito bem", até mesmo que deixei o planejamento da área do ano de 2022 pronto apenas para execução e redirecionamentos quando necessário; e para os próximos anos não terão qualquer tipo de dificuldade, pois a oxigenação é muito boa para ambas as partes.

As poucas pessoas que sabiam da minha decisão vinham e me falavam "você é louca" mas no final as mesmas pessoas diziam: "Como você conseguiu?". Não há certo ou errado, há sim determinação e transição de carreira; e foi aí que fiquei focada no meu objetivo, pois a vida passa muito rápido. Por que não arriscar?

Férias é muito bom, descansar é necessário e naquele momento eu só queria isto. Mas retornar ao meio corporativo é maravilhoso; e, de uma forma muito natural, no mesmo dia da minha saída, 12 de maio de 2022 às 11h30, eu estava sendo contratada por um grande empresário da região de Joinville/SC para assumir uma posição estratégica e cheia de desafios, inclusive um deles que é em um segmento totalmente novo para mim. Além do mais, eu nunca acreditei em sorte, e durante toda a minha vida eu somente encontrei trevo de três folhas. Depois de tudo isso, precisei entender o que significa um trevo de três folhas e simplesmente significa: INÍCIO-MEIO-FIM.

Em qualquer relação, quando temos a virtude de sermos humildes, honestas, idôneas, determinadas e não temos medo do fracasso, a gente se torna pessoa mais forte, e com a certeza de que a vida é uma só e passa muito rápido, e sair pela porta da frente traz apenas a gratidão de sempre utilizarmos a frase "DEUS, MUITO OBRIGADA".

Hoje sou executiva em uma organização e empreendedora na minha empresa, "Fora da Caixa Consultoria Estratégica", e sócia de um escritório de contabilidade com mais de mil clientes, pois quando entendemos que temos apenas nosso nome e *networking*, você afirma que seu próprio trabalho é você. Então, em qualquer lugar que estiver, seu trabalho estará consigo; e amar o que faz é a única certeza de que tudo vale a pena. Na minha vida profissional, desde o ano de 2019, acompanho meu indicador, de empregabilidade. Isso não quer dizer que fico participando de entrevista, isso quer dizer como estou com esse indicador dentro do meu próprio negócio, pois mesmo dentro das empresas em que trabalhamos temos muita chance de crescimento. Então, estudar, desenvolver-se, aprender, ler e escrever sempre serão o melhor caminho. Seja você mesmo o seu diferencial, pois, independentemente de onde vamos ou estamos, nosso trabalho está com a gente, "SOMOS NÓS".

Um sincero recado: mãe, realmente podemos ser o que nós quisermos, e somente depende de nós.

45

DISCIPLINA, PENSAMENTO POSITIVO E FÉ, UMA TRÍADE PODEROSA!

Estas linhas foram escritas de coração aberto, sem pretensão de ditar regras, mas compartilhar minha vivência. Com a alma repleta de respeito a cada mulher, compartilho como me fortaleci e como continuo tentando ser melhor hoje do que fui ontem. A batalha não é contra o mundo, ela é comigo mesma; e vencê-la só depende do quanto estou disposta a lutar.

JANELISE ROYER DOS SANTOS

Janelise Royer dos Santos

Contatos
janelise_15@hotmail.com
Instagram: @janeliseroyer
49 99142 4886

Sócia nas empresas Albano Royer Administradora de Participações Societárias, *Startup* Serra pra Você! e Quiron Digital. Associada ao Banco da Família. Ocupa os cargos de vice-presidente na Associação Empresarial de Lages (ACIL), diretora de Integração da Federação das Associações Empresariais de Santa Catarina (FACISC) e conselheira estratégica do Orion Parque Tecnológico. Já atuou como vice-presidente de serviços, 2ª secretária e coordenadora do Núcleo da Mulher Empreendedora, na ACIL; 1ª secretária e presidente do CEME. Graduada em Administração pela Unicesumar. Treinamento em *Media Training*, PNL, *Life* e *Executive Coaching*, Empretec, Eneagrama, *Master Mind*, PDD e PDC pela Fundação Dom Cabral (FDC). Coautora nas obras *Empreendedorismo feminino, Inovação e Associativismo, Os desafios da mulher empreendedora do novo tempo* e *As donas da p**** toda*, vol. 2.

Tenho 46 anos e sou casada há 26 anos, tenho dois filhos adultos e uma história de vida que se confunde com a de várias mulheres. Não sou especialista em assunto nenhum, sou apenas alguém que vive as experiências que a vida oferece e sempre aprende com elas. Sou canceriana, ascendente em virgem e lua em sagitário, e isso por si só já traz um misto de sentimentos que precisam conviver no mesmo ser. Adoro as coisas místicas; acredito na lei da natureza e no poder do universo. Sou comunicativa, expansiva e vivo a máxima de amar todas as pessoas que eu encontro, e com a convivência faço a seleção criteriosa de quem merece meu amor ou não. No direito seria o famoso: "Todo mundo é inocente até que se prove o contrário"; e é na convivência que essa condição é posta à prova.

Quando adolescente, sofria com medos e ansiedade, sempre tentando erroneamente prever os resultados e me apegando à pior perspectiva possível. "Tenho que estar preparada para o pior", e com isso não me preparava para o melhor. Cada passo sempre levitando entre céu e inferno, pois tinha uma noção bem distorcida do que era pecado e de quem eu era. Mas com a maturidade e muita terapia, aprendi a lidar bem com essas emoções. Sim, a terapia é uma arma poderosa para trazer à tona nosso verdadeiro EU e curar feridas. Este capítulo não tem função de ditar regras ou criar listas de coisas que se deve fazer, mas sim contar minha história e como a disciplina de pensamentos produziu resultados interessantes na minha vida.

Fui mãe muito jovem e acreditava que não podia errar. Eu precisava provar que era a melhor mãe, a melhor esposa, a melhor profissional. Como milhares de mulheres, minha rotina era exaustiva, girando em torno da casa e do trabalho, nada fora disso. Para manter a sanidade, eu lia algum romance e me transportava para aquelas histórias. Percebi que eu poderia doutrinar meus pensamentos para que buscassem sempre o lado bom e positivo, para escrever assim meu próprio conto de fadas. Busquei o autoconhecimento, até descobrir que o que me movia era o contato com as pessoas. Ao mesmo tempo que preciso de silêncio e solidão para centrar os pensamentos, preciso das pessoas para me energizar.

Para quem me procurava para conversar, desabafar, chorar, eu sempre tinha as palavras certas, a direção e a calma necessárias para enfrentar as situações. Por que não fazia o mesmo comigo? Onde estava toda aquela generosidade e amorosidade para com a pessoa mais importante na minha vida? Foi com esta inquietação que comecei, e muito lentamente fui aprimorando meu modo de encarar os problemas. Ainda não atingi o patamar ideal, mas sigo na luta.

Sempre me questionei sobre milagres, porque via pessoas com uma fé fervorosa, que oravam muito e faziam promessas, mas nem todas alcançavam aquilo que desejavam. Passei a prestar atenção, e percebi que a diferença entre elas era simples: o pensamento e as palavras. Algumas delas oravam muito, mas tinham a lamúria e a tragédia sempre em suas palavras. Falavam sobre a fé, mas davam testemunho diuturno do contrário. Pediam que a divindade provesse algo, mas reclamavam de todas as pequenas bênçãos que estavam no seu caminho. Queriam que tudo viesse por milagre, mas não faziam a sua parte e não se preparavam para que isso acontecesse. Outras, no entanto, oravam, entregavam seu problema, faziam seus pedidos e agradeciam pelas pedras que surgiam no caminho. Isso me fez pensar em como nossa atitude diante das adversidades precisa ser positiva.

Li certa vez uma frase da missionária norte-americana Piece Pilgrim que dizia: "Se você percebesse o quão poderosos seus pensamentos são, você nunca teria um pensamento negativo". Isso me fez prestar mais atenção ao que minha mente produzia.

Vocês já devem ter ouvido falar na Lei da Atração, mas de maneira prática, o que isso significa? Somos energia e nos comunicamos com o meio por ondas magnéticas. Assim como o rádio usa uma determinada frequência para alcançar seus ouvintes, nós também sintonizamos as frequências a nossa volta. Se estou alegre e grata pelas tarefas que preciso desenvolver, tudo flui. Recebo sorrisos das pessoas, o trânsito parece que se abre como o Mar Vermelho para eu passar, as palavras são assertivas e as oportunidades surgem de onde eu menos espero. Mas, se estou irritada, com raiva ou nervosa, nada sai como deveria. Não consigo estacionamento, as coisas caem da mão, perco as chaves, os óculos, o celular, o sinal sempre fecha na minha vez, o elevador demora, o café vem frio, e por aí vai.

Nós temos que manter nosso padrão vibratório em uma boa frequência, sem ruídos ou interferências. De que forma? Com disciplina, pensamento positivo e fé.

A disciplina pode ser alcançada com a constância, a repetição e a prática. É necessário criar rotinas para a ajudar a executar tudo de maneira mais leve. Porém, a disciplina começa com uma certa dificuldade, e depois se torna parte indispensável no nosso bem-estar. Eu acordo às cinco da manhã para caminhar. Sozinha, ouço um *podcast* sobre o Evangelho, faço minhas orações e depois ouço música e mentalmente organizo meus afazeres. Tomo meu café com calma, assistindo a jogos de basquete – durante a temporada da NBA – ou algum "dorama" sul-coreano, tomo meu banho e estou pronta para começar o trabalho. Alguns rituais são importantes para que a rotina seja confortável, então descubra o que funcionará para você nesse processo. O início nunca é fácil, mas para vencer a preguiça de sair da cama eu usei o Instagram. Todos os dias faço *stories* na hora em que saio para caminhar. No começo, eu não pensava que eu precisava me exercitar, mas sim que precisava fazer meu *post*. Foi uma muleta que me serviu para manter a regularidade. Para cada pessoa, seu método.

O pensamento positivo começa a se formar durante esse processo diário, pois alimento minha mente com palavras edificantes e boa música. Não penso nunca em como será difícil cumprir tal tarefa, mas em como será gratificante aprender com ela. Minha vida não é um mar de rosas, mas trago comigo sempre algumas frases de reflexão e motivação, e uma delas é "aprenda a florir onde Deus te plantar". Nós viemos ao mundo para cumprir a missão de evoluir no caminho do bem. Quando estamos dispostos a aceitar que nem tudo será perfeito, mas tudo, absolutamente tudo, será aprendizado, conseguimos retirar o peso da culpa, tornando nosso fardo mais fácil de carregar. Pensamento positivo nada tem a ver com aquele otimismo irreal que faz a pessoa viver no mundo da lua, mas ter os pés no chão, entendendo nossas limitações e trabalhando para torná-las mais amenas, de modo a não ser um empecilho ou uma fraqueza. Rir dos próprios erros nos faz humanos de verdade. Tem uma frase de Henry Ford que diz: "Se você pensa que pode ou que não pode, de qualquer forma você está certo".

Fé é uma palavra pequena, carregada de significado. Não é apenas crença em uma divindade ou em forças ocultas que operam milagres, mas é a certeza de que eu posso realizar aquilo que é indispensável para minha felicidade. É aceitar que eu sou responsável pelas minhas escolhas, certas ou não, e que lidarei com as consequências. Fé é entender que somos todos iguais perante Deus, viemos equipados com o necessário para termos autonomia sobre nossa vida. É confiar em si própria antes de confiar no outro, e estabelecer uma relação saudável, somando forças para objetivos comuns. Eu tenho fé na espiritualidade e sei o quanto isso exerce influência na minha vida.

Precisamos entender que, acreditemos ou não, nossa história carrega muitos elementos místicos, reais e traumáticos. Mulheres eram consideradas bruxas apenas por conhecerem rituais de cura, usarem ervas e benzeduras para trazer alívio a quem sofria. Fogo, terra, água e ar são elementos presentes no mundo e que regem a dinâmica do universo. As fases da lua, por milênios, serviram de orientador para a agricultura, para mudanças e até para determinar nosso nascimento. Quem nunca ouviu conselhos envolvendo as fases da lua? "Fique atenta para o parto porque amanhã muda a lua"; "Podar as árvores na lua minguante evita que cresçam novos brotos"; "Se cortar o cabelo na lua crescente ele crescerá rápido e com brilho, e na lua cheia ficará forte e volumoso". Nosso humor também sofre alterações, assim como as marés. Mesmo que não acredite, o universo todo está interligado e o equilíbrio entre os elementos e as energias influencia nossa vida.

É preciso se conhecer, entender como funcionamos e qual é nosso perfil comportamental. Por que reagimos de determinada forma às intempéries, o que nos machuca e qual é o motivo disso. Nosso corpo é cerca de 70% de água, que é fluida e maleável, então o meio em que vivemos influencia diretamente o funcionamento dessa máquina perfeita. Tentemos seguir o exemplo da água, que quando corre no leito do rio não luta com os obstáculos, mas os contorna. Perdemos tempo tentando mudar coisas que não dependem de nós, pois só temos poder para mudar nossa atitude, e por meio da mudança que operamos em nós, damos ao outro a oportunidade da transformação.

A Oração de São Francisco de Assis, na qual o pedido maior é para que Deus nos faça instrumento de paz, para mim é poderosa. Só que apenas orar sem trabalhar não trará resultados. A oração é orar com ação. É pensar no outro como se fosse uma extensão de mim, um templo divino que guarda o poder do Espírito Santo, a luz e a chama do amor. Se eu consigo ter um olhar fraternal e piedoso para com meu irmão, estou apto a ter de volta o mesmo sentimento. É a lei do retorno, de causa e efeito, ação e reação. Não posso esperar receber aquilo que eu não sou capaz de dar. Quando Jesus disse: "Se alguém te bater na face direita, oferece também a outra", não quis dizer para sermos sempre submissos, mas para não nos rendermos à ira e sermos sábios na forma de reagir às injustiças. Pagar o mal com o bem.

Trazendo isso para o campo do pensamento, podemos dizer que, se alguém não gosta de mim, é um problema dele, mas se eu não gosto, o problema é meu. Já temos que vencer barreiras diárias na vida pessoal e profissional, e acrescentar mais um elemento de preocupação é desnecessário. Tenho certa dificuldade com coisas mal resolvidas e costumo remoer discussões até azedar meu corpo refletindo em problemas no estômago. Todos os sentimentos refletem no funcionamento do nosso organismo; e alguns podem ocasionar as chamadas doenças psicossomáticas. Por exemplo, alimentar a raiva, guardá-la para si ou engoli-la pode desencadear problemas de fígado, vesícula biliar, nas articulações e nos olhos. Tente perceber como seu corpo se comporta em situações de estresse ou de raiva. Eu perco o apetite, fico com a boca amarga, dor forte no estômago e me aparece herpes labial. Até entender que isso não era uma doença crônica e sim emocional, fiz quatro endoscopias; e fazia uso constante de medicamentos para alívio das funções hepáticas.

Sabe como isso foi aos poucos sendo resolvido? Quando parei de colocar expectativa nas pessoas e passei a concentrar os esforços nas minhas ações. Hoje, entendo que tudo o que eu posso controlar são meus pensamentos e minhas reações a tudo o que acontece ao meu redor. Não criar expectativas sobre os outros evita a frustração. Pensemos que, do mesmo modo que eu tenho meus desafios e dificuldades, o outro também os tem e nem sempre responderá da forma como gostaríamos. Avalie quantas vezes você já frustrou as expectativas de outras pessoas, e como isso foi doloroso para elas. O que fazer então? Dar sempre seu melhor sem esperar reconhecimento do outro. Nas palavras de Jesus, seria "amar o próximo como a si mesmo". Dar ao outro a mesma compaixão que espera para si. A cura para nossas enfermidades está em nós, precisamos exercitar. A vida é uma melodia em que a cada passo escrevemos a letra que será ao final nossa trilha sonora, nossa canção.

Estudando o espiritismo e o Evangelho de Jesus, entendi que nada acontece por acaso e absolutamente tudo tem sua razão de ser. Nós é que precisamos abrir a mente para receber a energia do bem que emana do universo e aproveitar isso em nosso dia a dia. Precisamos ter disciplina de pensamentos, ter foco naquilo que é prioridade e aprender com cada queda.

Uma boa frase para definir o pensamento positivo está em Romanos 4:17: "Enxergar o que não existe como se já existisse" e assim projetar o que queremos para nós. Um arquiteto imagina e transfere esse pensamento para o papel, e isso se torna realidade. É assim que devemos levar a vida, com leveza. Ame-se sempre, incondicionalmente e sem restrições, colocando-se em primeiro lugar. Quando o amor e o respeito por você forem profundos, contagiará o mundo à sua volta e a paz se fará presente. Coloque seu pé no primeiro degrau da escada, olhe em frente, mire o topo, e com perseverança, no seu ritmo, com fé na sua capacidade, suba até onde deseja chegar. Gratidão por estar aqui e ter a chance de melhorar a cada novo amanhecer.

46

EU ME QUERO DE VOLTA!

Para se reencontrar, você precisa se perder. Sim, aconteceu comigo. Perdi-me de mim mesma e passei um longo tempo no casulo. É preciso? Garanto a você, há saída. Sou prova disso. Saí do casulo, virei o jogo e, hoje, ajudo mulheres a fazer isso também. Eu me quis de volta; e você, onde se perdeu? Está na hora de sair do casulo.

JAQUE BECKER

Jaque Becker

Contatos
palestrantejaquelinebecker@hotmail.com
Instagram: @jaque.beckker
45 99118 1202

Terapeuta e analista de Perfil Comportamental, cursa Psicanálise na Uninter. Palestrante, apresentadora do Programa Comunidade em Destaque. Idealizadora da mentoria Eu Me Quero de Volta.

> *Muitas vezes nos deparamos com o caos, mas quero te dizer por experiência própria que no caos é que conhecemos nossa verdadeira força. É no deserto que a vida nos prepara para as grandes vitórias; sem lutas não há o que comemorar.*
> JAQUE BECKER

O processo

Não é possível passar a vida sem autos e baixos, sem problemas, nem adversidades. Tudo isso acontece, ao contrário do que pensamos, para nos amadurecer. Os enfrentamentos da vida nos levam a um alto nível de maturidade emocional, psicológico e espiritual.

Em um determinado momento da vida, me deparei com meus fantasmas e dores e não sabia mais como lidar com eles. Passei a vida toda jogando para debaixo do tapete os dissabores, os abusos e o desrespeito que fizeram da minha existência um caos. Neste momento, já não sabia mais quem eu era, minha identidade estava apagada, era como se eu tivesse dormido por 20 anos e acordado num mundo diferente, onde tudo havia passado sem que eu visse.

Por que estou lhe contando isso? Pois o título deste capítulo diz: Eu me quero de volta!

É exatamente isso, pois minha história é a mesma de muitas mulheres, são Jaquelines, Márcias, Suzanas, Cleonices... enfim, nós todas já passamos por muitas adversidades e as jogamos, por um determinado tempo, debaixo do tapete. Mas não a vida toda. Chega um ponto em que não há mais como fugir dos fantasmas e medos, há que sair do quarto escuro e enfrentar a luz. Há que buscar de volta os sonhos e projetos de vida que deixamos escapar por entre os dedos.

Precisei entender que, para sair daquele estágio de sofrimento, teria que fortalecer as asas e lutar por mim, pois ninguém faria isso a não ser eu mesma. Também é necessário entender onde você está e saber onde quer chegar. Você sabe?

Vou lhe contar resumidamente onde eu me encontrava. Confesso que esse é um momento singular, e me encontro precisando conter a emoção ao escrever estas linhas. Tive uma infância humilde no interior de uma cidade pequena chamada Santa Helena, no estado do Paraná. Lá cresci vendo minha mãe trabalhando muito para ajudar no sustento da casa. Meu pai biológico havia falecido quando eu tinha cinco meses de idade e dona Marilene precisou lutar muito pela nossa sobrevivência. Sempre ouvi que se deve derramar suor e sangue para ter algo; logo, eu não seria diferente. Tão logo completei 11 anos, fui trabalhar numa empresa na parte administrativa, auxiliando nas cobranças e em tudo o que era necessário. Fazia sempre o melhor que podia para não deixar minha mãe desapontada; afinal, ela já sofria tanto. Ao completar 16 anos, fui morar em outra cidade, na casa de uma tia para cuidar dos filhos dela, meus primos, e ali descobri um lado dela e da vida que não conhecia.

Ao sofrer abuso por parte do marido dela (que não era pai das crianças), fui correndo contar o fato a ela, que imediatamente mudou por completo comigo, automaticamente deixando claro que a culpa do ocorrido teria sido minha. Eu, que já tinha dentro de mim uma criança ferida pela infância difícil e pelo sentimento de inferioridade, me senti abandonada, rejeitada por quem deveria cuidar de mim; e passei a pensar que realmente não tinha valor. Continuei mais uns dias morando naquela casa e tratei logo de arrumar outro lugar para ficar, pois a situação se tornou insuportável.

Passei a morar sozinha, numa cidade desconhecida, sem conhecidos, apenas um casal querido com quem eu trabalhei numa cooperativa lá mesmo, a dona Salete e o sr. Silvio, que me acolheram como pais. Lembre-se, sempre haverá alguém para a ajudar no momento de necessidade.

Venci aquele terrível ano e voltei para minha cidade. Depois de alguns anos me mudaria para a cidade de Cascavel/PR, onde resido até hoje. Aqui me casei e tive uma linda filha, porém o casamento que eu esperava ter, a vida feliz e maravilhosa com que sonhei, não aconteceu, vou lhe contar por quê. Mas antes gostaria de abrir um parênteses: hoje não aconselho ninguém a casar-se para ser feliz, isso é muito vazio. Matrimônio é um lugar onde um dia duas pessoas diferentes acordam juntas e começam uma nova direção; e, para isso, os dois precisam estar dispostos a corrigir o caminho quando precisar. Quando isso não acontece, há sérias rupturas. Felicidade vem de uma troca, uma entrega mútua. Ser feliz o tempo todo não é possível, porém uma união é feita por momentos felizes; e esses, com certeza, são inesquecíveis. Unir-se a alguém é, antes de tudo, aprimorar seu aprendizado de convivência e trabalhar para a mútua felicidade. Pois bem, casei-me e quando me dei conta havia me anulado, anulado meus sonhos e projetos para viver uma vida que passava longe daquela com que eu sonhei. Sim, afinal, casei-me para ser feliz e realizada, mas as coisas não saíram como esperei.

De tempos em tempos, me dava conta de que as coisas estavam ficando piores financeiramente e emocionalmente; e, assim, os outros pilares da vida foram se deteriorando.

Neste período passei pela falência de duas empresas e, para quem tinha casa, empresa e carro, precisar morar com a sogra por não ter condições financeiras de pagar o aluguel, andar a pé por não ter crédito para financiar um carro e ter uma filha bebê para cuidar sem condições emocionais era o fundo do poço. Detalhe, minha família não sabia de quase nada disso, pois o orgulho ainda não era tratado em mim, o ego ainda comandava. E, muitas vezes, não pedi ajuda por ser orgulhosa e não demonstrar que estava passando por dificuldades.

O abandono estava presente em meu subconsciente; automaticamente, atraía mais abandono. Olha só: com minha filha ainda bebê, meu ainda esposo na época foi para outro país, ou seja, mais uma vez me vi sozinha, sem valor e rejeitada. Fiquei aqui, pagando aluguel, com uma filha nos braços. Fui trabalhar de empregada doméstica, mas o pouco que ganhava não dava para sustentar todos os gastos. Mas como a visão de empreendedora não havia saído de mim, comecei a ver lixo reciclável por toda parte; logo, vi ali uma forma de ganhar dinheiro.

Algumas pessoas vão pensar: "Você foi trabalhar com lixo, é isso mesmo?".

Sim, sou ex-recicladora. Hoje falo isso com muito orgulho, pois assim sustentei minha casa por um período de tempo. Na época, ser vista com um carrinho catando recicláveis era o fim da linha para mim. Pensar na opinião e no julgamento das pessoas que me conheceram como empresária agora me vendo naquela condição(que para mim, naquele momento, era humilhante demais) me fazia chorar desesperadamente, por muitas vezes, sozinha no banheiro; e escrevo isso, neste momento, contendo as lágrimas, pois a dor do abandono pelo outro é terrível, mas a dor de abandonar-se a si mesmo é ainda pior. Quando me lembro, ainda me emociono, pois sei de onde tive de sair e tudo o que tive de superar para chegar até aqui.

Abandonei tudo, inclusive a mim mesma. Não me reconhecia mais, não tinha mais espelho em casa, pois não queria ver a mulher que havia me tornado. Os sinais de cansaço físico e mental eram visíveis, aos poucos eu definhava na tristeza e na angústia. Alguém que andava no salto agora mal calçava um sapato. Para quê? Afinal, se eu não queria ser vista nem lembrada, quanto menos eu aparecesse, melhor. Então fui me anulando, me escondendo, e consegui.

Se eu puder lhe dar um conselho hoje seria: cuidado com o que você quer, você consegue; portanto, cuide dos seus pensamentos. A notícia boa é: por mais que seja difícil sair da zona do medo e do sofrimento, não é impossível.

Saindo do casulo

Em meados de 2019, fui fazer um curso que para mim era de vendas, mas, para minha surpresa, na verdade, era um curso para melhorar a performance de falar em público. Você já deve ter acordado num susto depois de um sono profundo, com a sensação de que perdeu a hora, está atrasada e tem muita coisa a fazer. Tive essa sensação naquele curso: estou atrasada na vida, posso fazer mais. Hoje sei que não foi por acaso, tudo já estava preparado. Foi como acordar de um sono de 20 anos com a certeza de que havia vida lá fora. Descobri que dentro de mim ainda havia uma mulher forte, mas que precisava decidir que queria alçar voos altos, que poderia recomeçar e estava apenas olhando a vida passar; sim, estava na plateia, enquanto deixava os outros direcionarem minha vida. Perdi o controle da vida, dei o volante para outros dirigirem para mim. Enfim, havia entendido que existia sentido para a vida, a responsabilidade era minha e o vitimismo tinha de ficar para trás. Saí daquele curso convicta de que havia algo maior me esperando lá fora, mas que, para isso, eu teria de sair do casulo onde me encontrava, pois estava acorrentada, presa a vícios emocionais, a pensamentos destrutivos que não faziam mais sentido. Foi como estar por anos num lugar de escuridão e ver a luz novamente.

Saiba que o deserto é um lugar de passagem; é possível sair dele fortalecida, experiente. Assim como a borboleta no casulo tem um ciclo, a vida também é feita de ciclos. Você pode estar passando por esse ciclo agora, mas entenda: ele não é permanente. É imprescindível que passemos pelas adversidades para adquirirmos maturidade perante os problemas. Viver é passar de fases; para chegar ao final é necessário sermos desafiados.

Um dia, falando com um amigo querido, ouvi dele a seguinte frase, que virou meu jargão: "Pare de apenas existir, viva!". Nunca mais fui a mesma depois de ouvi-la. Foi outro despertar. Viu só como a vida, Deus, o universo trata de colocar pessoas certas na hora certa para trabalhar em nós e nos inspirar?

Quando finalmente comprei um espelho para minha casa, já comprei grande, para ver o corpo todo. Comecei a olhar para aquela mulher ali na minha frente e logo pensei: "O que fiz com você, o que deixei fazerem com você? Preciso arrumar essa bagunça". E fui fazer o que tinha que ser feito. Depois de muitos anos, meus olhos tinham sede pela vida. Te digo que não é um caminho simples, precisei e preciso até hoje desconstruir muitas mentiras emocionais, uma delas é o autojulgamento. O fato de não aprendermos a nos admirar causa feridas profundas na alma, viver uma vida toda nos autoflagelando com desprezo só pode atrair mais desprezo.

Fui procurar o autoconhecimento, fiz o curso de Analista Comportamental, me aprimorei como palestrante e hoje curso Psicanálise.

Num desses dias de inquietação interior, pedi a Deus que me mostrasse o que poderia fazer para ajudar pessoas, que, assim como eu, abandonaram seus sonhos e sua vida e precisam de ajuda para continuar. Recebi a resposta na manhã seguinte, quando abri os olhos e ouvi nitidamente: "Eu me quero de volta!". Pronto, entendi naquele exato momento que Deus queria de mim não só que eu contasse minha história, mas que pudesse ser agente de transformação na vida das pessoas por meio de um projeto arrojado, mentorias, cursos e – por que não? – dar vez a outros projetos lindos que já existem. Foi aí que descobri a comunicadora que estava adormecida em mim. Um novo projeto de vida começou a surgir, devolvendo brilho nos olhos.

Traga projetos para sua vida que fazem seus olhos brilharem e não deixe que ninguém os apague. O que a vida deu na sua mão faça; é para você fazer, não coloque nas mãos de outros.

Depois de fortalecer as asas

Hoje, o Projeto Eu Me Quero de Volta dá mentorias, palestras e cursos para pessoas que entenderam que necessitam sair do casulo (é por esse motivo que o símbolo do projeto é uma borboleta), que precisam de uma oportunidade de ouvir que elas merecem muito mais da vida que apenas existir e que não entenderam sua real identidade de filhos de Deus, pois somos herdeiros do melhor desta terra. Também iniciei um programa de entrevistas na Web TV para mostrar outros projetos lindos que acontecem na minha região.

Entendi que a vida é curta demais para passar batida, sem sentido algum. Nossa existência aqui é de protagonistas da nossa história enquanto agentes do meio em que vivemos.

Fortaleci as asas, saí do casulo, me libertei das amarras da falsa fé. Hoje, minha fé não é mais superficial. Ou seja, não aceito nada mais superficial. Descobri meu alto valor, a estima por mim mesma, admiração quanto aos pequenos feitos. Parei de me comparar, pois gastei tempo demais na vida me comparando com outras pessoas, me subjugando, me menosprezando, deixando meus interesses por último para agradar a outros. Se você está neste estágio, saiba que é preciso se resgatar, olhar-se verdadeiramente como motorista do seu destino. E, importante: tomar a responsabilidade para si; sim, de agora em diante é você no comando. Tome as rédeas, aprenda a dizer alguns "nãos" para aquilo que vai te trazer desconforto, para que os "sins" da vida cheguem até você. Por isso, lhe pergunto novamente: onde você se perdeu? Onde ficaram seus sonhos? Quando parou de se olhar e de se admirar?

Você já sabe a resposta. Está aí, nítida na sua cabeça. Então, é hora de se querer de volta! Eu consegui, você também pode. Deixo aqui minha frase preferida, aquela que ouvi do meu querido amigo: "Pare de apenas existir, viva!".

47

QUERIDA EU
NADA COMO SER O SEU MAIOR AMOR, ARQUITETAR E CONSTRUIR ESSE AMOR E ESPERAR PELOS FRUTOS DELE...

"Olha, eu te amo e você sabe,
Sou capaz de tudo se preciso,
Só pra ver brilhar a todo instante,
no seu rosto, esse sorriso".
(ROBERTO CARLOS)

JULIANA PINA

Juliana Pina

Contatos
pinajuliana@hotmail.com
11 99798 1596

Médica, ortopedista de formação, com 10 anos de experiência no mundo corporativo. Mãe, catequista, leitora voraz, enófila, amante do céu e da natureza.

Querida "EU",

Imagino quantas emoções até aí! Se até aqui já foram tantas... Descompassos, encontros e desencontros...

Adrenalina a milhão! Confesso que pensei muito pouco em você durante minha jornada, vivendo sempre na urgência dos momentos de agora, apagando os "incêndios" que foram aparecendo.

A maturidade me obrigou a reajustar o mapa de vida, traçar novas rotas com mais cuidado e carinho, e me preparar bem para te encontrar em boas condições físicas, mentais e espirituais.

O "estalo" pode ter vindo um pouco tarde – você vai se lembrar e ter empatia (espero); porque sabemos, afinal, que a juventude sempre se acha eterna. Mas você vem se tornando, aos poucos, a cada dia, minha meta mais importante. A prioridade zero!

Queria tanto receber uma cartinha sua, me acalmando e dizendo que está tudo bem por aí. Será que um dia vai me perdoar pelas decisões não muito bem tomadas? Lembre-se de que usei o conhecimento e as armas que tinha no momento. Dei o meu melhor, e no fundo você tem consciência disso...

E as frustrações e consequências que te deixei de herança? Tudo o que gostaria de ter feito e simplesmente abafei, calei, silenciei dentro de mim? Acho que te deixei muito material de aprendizado, né?

E o coração remendado? Espero que as colagens tenham ficado boas e que não tenha soltado qualquer caquinho. Você, mais do que ninguém, sabe o quanto foi difícil juntar todos os caquinhos (tantas vezes!) e colar um a um, tentando reencaixar as peças. Sei que ficaram frestas. Mas esse vazio entre elas deixa que alguns ventos penetrem, arejem e relembrem que a cola deixou o material mais plástico, e que deformá-lo não vai ser mais uma tarefa tão fácil... Esses mesmos ventos que oxigenam toda a cavidade, por vezes empoeirada, mas renovam o espaço e preenchem de novos ares! A eterna história do Kintsugi... Das belas cicatrizes que enaltecem nossos defeitos e erros e deixam a beleza do aprendizado no ouro dos "remendos"... Um show de amor próprio, meu bem!

As decepções que permiti te magoarem, que não atormentem seu coração nem te endureçam. Não sei se elas aconteceram por desleixo ou se foi por só querer acreditar e ser feliz mais uma vez. Só não deixe que isso a desacredite do ser humano. Tem muita gente legal nesse mundão (será que você encontrou?). Saiba que todas as lágrimas foram enxugadas com a esperança de que um dia elas fossem apenas uma lembrança turva de fatos borrados do passado quando você se pegasse em nostalgia.

Quero muito acreditar que você está rindo disso. Sério mesmo. Fico pensando se você continua tentando ser legal consigo. Fui eu mesma tantas vezes sua algoz, com cobranças e culpas dos pecados passados. Mas me arrependi (espero que a tempo).

E, por favor, tente ser com você o que o mundo na maioria das vezes não é. Tenha compaixão e se respeite como a mulher fantástica que tenho certeza de que você se tornou. Ah, essa certeza é uma das poucas que tenho.

Estou ainda com muito esforço esbarrando nas diversas "pedras" do caminho, e ainda carregando algumas delas. Querendo ou não, você está sendo lindamente forjada: com o suor dos fortes! E é por isso que me encho de orgulho quando penso em você aí na frente. Falando em "pedras": espero que esteja se deliciando com os frutos de toda a labuta: a aposentadoria merecida; todas aquelas férias adiadas (não se esqueça de Bali e daquela *trip* que combinamos de *bike*, com direito a piquenique com muito vinho no Vale do Loire... e também daquela escapada para a Costa Amalfitana! Ah, e daquela para o Salar de Uyuni acampar, fazer observação noturna (aquela que ninguém queria ir e ainda ria...)? Esquece não, hein? E de preferência, sozinha, sem excesso de bagagem e "encheção de saco", se é que você me entende.

Sei que as crianças já estão crescidas, mas sempre vão dar e ser o seu verdadeiro trabalho, né? Não?? Aquelas broncas e castigos surtiram efeito? Devem ter aprendido, né? Será que você precisava se culpar e se cobrar tanto?

Bom, com a vida mais calma, mente mais madura, e coração leve, eu espero que a vida esteja sendo bem legal com você e que esteja conservando não só o corpinho, mas espírito e cabeça jovens e abertos a tudo de bom que ela possa vir a te oferecer.

Ah... e não esqueça do quão importante foi estar ligada a Deus, naqueles dias. O quanto você foi abençoada com verdadeiros milagres! Siga sempre a luz (mas não aquela do fim...). Aproveite muito cada momento "seu", renove periodicamente seu rol de desafios (só para não enferrujar) e que novas realizações estejam te esperando no final.

Mantenha sempre a leveza de ser, alegria de estar e uma taça do mais gelado espumante ou o que melhor convier!

Tudo isso espero e desejo a você com todo o ardor da minha alma.

Tim-tim!

Com muito amor, ansiosa, à sua espera...

QUEM FAZ SEU DESTINO É VOCÊ

Este é um relato de uma trajetória predestinada à repetição de uma vida mediana, que muitas pessoas aceitam sem questionar. Trago reflexões quanto aos motivos que me fizeram quebrar essa crença e transcender em minha caminhada.

JULIANA RAMPANI

Juliana Rampani

Contatos
clinicarampani.com.br
julianarampani@hotmail.com
11 94229 6209

Graduada em Farmácia com ênfase em Bioquímica. Possui especialização em Estética Avançada, Cosmetologia, Ciências da Pele e do Envelhecimento Cutâneo, além de se especializar em Terapias da Medicina Ortomolecular. Atuante no mercado estético dermatológico há mais de 18 anos em projetos e protocolos da indústria farmacêutica. Atualmente, se dedica à formação de profissionais da área em seu Instituto Nutrapele e ao atendimento dos pacientes em sua clínica Rampani & Co.

Mais uma história, como tantas outras, porém tenho certeza de que irá inspirar pessoas a se arriscarem e buscarem um destino escolhido e não aceitar um destino imposto por condições da vida.

Eu cresci em um lar tradicional, sou a caçula de três mulheres. Meu pai, desde que eu me entendo por gente, era dono de uma pequena empresa do ramo de peças para motos. Talvez essa veia empreendedora eu tenha herdado dele.

Quando completei 12 anos, um golpe do destino fez meu pai quebrar; nós perdemos tudo, morávamos de aluguel, tivemos que construir às pressas no terreno de minha avó. Presenciei tudo o que tínhamos ser vendido dia após dia, até o micro-ondas da cozinha. Nessa época meu pai estava com 40 anos, e eu mesmo no auge da minha ingenuidade senti que ele sucumbiu; ele se entregou para a situação que nos assolou.

Logo comecei a namorar e se passaram alguns anos. Já terminando o colégio, decidi me casar. Jamais passou por minha mente fazer uma faculdade, pois era totalmente fora da minha realidade. Poderia ser uma história como outra qualquer. Tivemos dois filhos, trabalhávamos na área da saúde e fim, mas na minha vida não existe esse ponto final. Eu sempre acho que está faltando alguma coisa. Não conseguia entender o motivo de algumas pessoas terem oportunidades que as levavam longe e a terem coisas e experiências na vida que eu não podia ter. Então, percebi que, como essas oportunidades não caíam na minha cabeça, eu teria de ir buscá-las.

Entendi que precisaria fazer uma faculdade. Meu desejo era cursar Farmácia, então iniciei mesmo sem ter dinheiro para pagar. Pensei que no final de cada semestre faria um acordo para continuar. Não deu certo. No final de dois semestres eu já não podia arcar com essa despesa. Então, eu parei. Precisava de outro plano. Três anos depois eu consegui uma bolsa de 100% e retornei à faculdade. Trabalhava como secretária de uma médica e presenciava as representantes da indústria farmacêutica indo visitá-la. Eu ficava pensando se um dia teria uma oportunidade de ter um emprego assim, carro da empresa, andar bem arrumada, não ter que ficar enfiada dentro de um escritório, poder ver a vida acontecer de um consultório para outro. Todas as vezes que via uma delas, pedia que me avisassem se houvesse vaga. Fui em muitas entrevistas, e a resposta era sempre a mesma: não contratavam inexperientes nem estudantes de Farmácia.

Nesse meio-tempo me separei e as coisas pioraram para meu lado. Sozinha com dois filhos para criar e fazendo faculdade. Mas como eu pensava 24 horas por dia em alcançar meu objetivo, Deus me abriu uma oportunidade em uma grande indústria multinacional do ramo de dermatologia. Nessa empresa minha mente se expandiu, eu viajei de avião pela primeira vez, e foi uma viagem internacional. Conheci muitas histórias de pessoas humildes como eu, que chegaram à diretoria e até à presidência de unidades internacionais.

Empoderei-me e achei que era a dona do mundo, mal sabia eu que o mundo coorporativo é extremamente cruel e tem mais gente para puxar seu tapete do que para lhe estender a mão. Perdi-me no meio do caminho, acabei ficando sem emprego, perdi a bolsa da faculdade no último ano e me senti sem saída. Cheguei a pensar que realmente não era para mim uma vida assim, era para poucos e eu não estava no meio desses poucos.

Meu desespero era tanto que cogitei tirar minha própria vida, lotada de dívidas e sozinha. Meu pai me ligou nesse dia; ele me encorajou muito a fazer o que ele não conseguiu: ter coragem e determinação. Então, fui atrás do crédito estudantil para terminar a faculdade, e falei com alguns amigos que me ajudaram a voltar ao mercado de trabalho. Desta vez com mais humildade, sabendo que um dia estamos em cima e no outro estamos embaixo. Nessa época conheci meu atual esposo; ele falava todo dia para mim o quanto me achava inteligente e capaz. Quanto mais ele falava mais eu me empoderava. Ele um cara sério, bancário, com a vida financeira em ordem; e eu com dívidas em todos os bancos do País.

Passado quase um ano de namoro fomos morar juntos. Ele resolveu comprar uma franquia desconhecida de uma farmácia, e achei ali que era minha chance de ser a empresária de sucesso que eu tanto almejava. Foi um fracasso, nós tentamos por um ano fazer dar certo, mas tivemos que vender ou íamos para o buraco. Eu estava grávida da minha filha caçula, e quando a farmácia foi vendida resolvemos que ficaria em casa para cuidar da bebê. Foi me dando uma inquietação... Eu tão ativa, com tantas ideias, não podia cair nessa de achar que nasci para ser dona de casa. Conheci uma empresa de cosméticos que tinha um plano de carreira independente, em que se montava sua equipe e dava para fazer isso mesmo cuidando de um bebê. Lá fui eu; em três meses me tornei uma diretora independente com 30 consultoras. Mas eu não estava feliz, pensava em tudo que passei para terminar a faculdade e não estava usando para nada.

Voltei para o mercado de trabalho quando minha filha tinha dois anos. Já foi um pouco difícil, pois estava com quase 30 anos e levei muitos "nãos" por causa disso. A única vaga que me apareceu foi em uma farmácia de manipulação para ganhar muito pouco, mas mesmo assim eu aceitei. Precisava voltar, sabia que encontraria pessoas que poderiam me indicar para lugares melhores. Na mesma época, pesquisando sobre minha profissão, descobri que, para farmacêuticos, havia uma resolução que permitia abrir consultório e trabalhar com procedimentos minimamente invasivos, porém tinha que ter uma especialização. Nessa farmácia eu trabalhava diretamente com uma moça com a qual eu conversava muito sobre esse meu desejo de estudar e ter um consultório. Ela me ouvia e até incentivava, porém pelas minhas costas ela tirava um sarro e me ridicularizava. Eu ficava muito triste, mas vida que segue.

No primeiro congresso de que participei com a farmácia, encontrei um amigo que trabalhou comigo naquela primeira empresa multinacional. Ele me apresentou ao chefe, que me ofereceu uma vaga. Nesse dia eu pude ouvir os fogos explodirem, pois estava precisando muito de um salário e de uma oportunidade melhor. Por coincidência ou destino, essa empresa vendia preenchedores para uma área de novas especialidades, que incluía dentistas, biomédicos, farmacêuticos etc. Nessa empresa eu fui do céu ao inferno muitas vezes. Fui colocada à prova por tudo, por ser mulher principalmente, mas as oportunidades foram chegando e eu fui aproveitando. Até que cheguei ao cargo executivo tão almejado: a gerência de treinamentos. Tive a bênção de frequentar todos os cursos do país e aprender sobre tudo. Fui cursar minha especialização. Quando tinha reunião com o CEO da empresa, eu olhava para ele e pensava: "Quero ser o CEO da minha empresa, da minha vida. Eu quero testar minhas estratégias". E quando me dei conta, antes mesmo de terminar a especialização, já estava ministrando cursos na área, tão logo me desliguei da empresa e fui testar minhas teorias, mas dessa vez madura, cheia de experiências na mala, com muita humildade e consciência de que hoje está bom, mas amanhã pode não estar. Tive a felicidade de ouvir do meu pai, sete meses antes de a covid levá-lo embora, que ele tinha muito orgulho de mim, pois eu venci os medos que ele não havia conseguido. Quando eu o perdi, pensei em desistir de tudo, pois ele era um dos motivos mais fortes para eu estar sempre tentando, mas fui forte e corajosa e continuei.

Hoje minha clínica de alto padrão fica em um dos bairros mais *tops* de São Paulo, e o Instituto Nutrapele tem até especialização. Eu transito entre os grandes nomes da área e sou convidada para palestrar nos maiores congressos do segmento. Os representantes que eu tanto sonhei em ser hoje me visitam na minha clínica, levando novidades. Tenho 30 funcionários, entre eles uma amiga pessoal que embarcou comigo no primeiro curso que eu dei, trabalhou 16 anos em um dos maiores hospitais do país, saiu de lá e investiu no meu sonho. Minha irmã mais velha é minha sócia. Saiu de um emprego de mais de 20 anos para me ajudar nessa empreitada, e meu marido bancário, sabe... Agora também é meu sócio e me ajuda a administrar a parte financeira. Eu ajudo as pessoas a construírem seus sonhos, e dessa forma descobri meu legado: tocar os corações, nunca foi sobre ter coisas ou poder, mas isso só descobri com os tropeços que dei atrás do destino com que sonhei.

49

CANSEI
E ESTÁ TUDO BEM

Eu sei que essa ideia de *As donas da p**** toda* foi idealizada por mim para juntar mulheres brasileiras empoderadas para empoderar outras mulheres e eu teria de sustentar isso até o final, mas infelizmente eu me cansei, e quero lhe dizer por que eu me cansei ao longo deste capítulo.

JULIANA SERAFIM

Juliana Serafim

Contatos
www.butia.com.br
www.julianaserafim.com.br
atendimento@butia.com.br
www.facebook.com/butiadigital/
www.instagram.com/juliana._.serafim/

É fundadora e CEO da Butiá Digital. Desde 2011 tem ajudado clientes a conquistarem grandes resultados por meio do marketing digital. É infoprodutora do Clube Butiá Digital e ButiáVerso Metaverso para Negócios, que conta com cursos on-line de planejamento, Marketing, Publicidade e Metaverso. Atua como mentora e consultora de marketing digital e possui mais de 20 anos de experiência na área de marketing. Em 2017, teve sua empresa Butiá Digital premiada como *case* de sucesso nacional do BNDES. Desde 2018, escreve livros sobre temas como administração, marketing, publicidade, empoderamento feminino e, atualmente, sobre metaverso. Idealizadora, coordenadora editorial e coautora dos best-sellers *As donas da p**** toda*, volumes 1 e 2.

Você já deve estar cheia de julgamentos com a introdução do meu texto, pensando em como eu desisti, e como que eu posso jogar tudo para o alto e não querer mais.

Quando alguém diz que se cansou é sobre isso que as pessoas pensam: "O que será que ela vai fazer? Como vai se sustentar? Quem vai sustentá-la? Quem vai sustentar os filhos dela?". Só para avisar aos desavisados, eu não tenho filhos. Mas o meu cansar não é desistir. Não é de parar de trabalhar. Não é não querer ter mais dinheiro. Não é não querer mudar; na verdade, é sobre mudança. Querer mudar. É se cansar de algo, uma situação ou uma pessoa, e está tudo bem. Não é o fim do mundo, só o fim de algo em que não tenho mais interesse ou não tem mais valor para mim mesma.

Muitas pessoas acham ruim a palavra cansar e criam frases de efeito para que as pessoas continuem a viver do jeito que estão.

Casamento falido? Faça terapia!

Não gosta do emprego? Esforce-se mais!

Não gosta da sua vida? Tome essa pílula.

Não estou dizendo que não se deve tentar arrumar algo para que você realmente queira continuar, mas vale a reflexão: será que você quer mesmo de verdade? Às vezes é só meio cômodo.

Eu quero falar de uma conversa que tive há pouco tempo com minha ginecologista, quando estávamos falando de relacionamento e ela me contou – sem revelar quem, e sim apenas a situação para justificar – uma ideia dela. Contou que uma paciente foi traída pelo marido porque ela não dava atenção para ele, e ele contou isso para a amante, que veio a contar para a mulher traída. E a narrativa da médica é que ela deveria agradecer à amante por ter contado isso a ela e agora eles poderiam tentar novamente. E eu fiquei pensando sobre o assunto: como voltar uma relação em que a confiança não existe de um lado? A gente poderia ficar discutindo vários pontos de vista que são de fato melhores para cada pessoa. Mas, na minha cabeça, é uma nova oportunidade para essa mulher traída viver coisas diferentes. É a possibilidade de ter novos problemas, ops... desafios. Fazendo uma analogia com comida: ele cansou do arroz e feijão e foi procurar novos pratos e percebeu que gostava do arroz e feijão ou será que era mais cômodo, mais barato, e com menos risco?

A gente inventa desculpas o tempo todo para ficar em um relacionamento infeliz, num trabalho que não gosta, tolerar pessoas que não suporta...

Você pode se cansar! Mas muitas pessoas confundem cansar com parar, mas não é que você não vá continuar fazendo outra coisa, pois enquanto é viva você está no meio desse caos todo. E até quem não faz muita coisa, ainda faz, porque nada no universo está parado. Mas se cansar para mim é não querer mais, não porque é errado ou tem problemas, é só querer que outras coisas aconteçam.

Não tem como a gente querer resultados diferentes fazendo exatamente a mesma coisa.

Aos meus 14 anos comecei a trabalhar com meu pai na gráfica dele, e um belo dia cansei e fui trabalhar em outra empresa. E assim por diante. Quando eu percebia que já tinha aprendido o suficiente e o resto era repetitivo, me cansava e ia para outros desafios.

Trabalhei como *freelancer* por muito tempo, e em 2010 cansei daquele modelo, então abri minha primeira empresa: a Oficina do Design. Depois me cansei do nome em 2011, além de outros problemas, tinha de ficar soletrando design para conseguir receber um e-mail do cliente, e troquei para Butiá Publicidade; para ir evoluindo com os negócios, depois passou para Butiá Digital.

Cansei de trabalhar sozinha com um assistente e comecei a recrutar e a entender como funcionava um RH de uma empresa com quase 30 funcionários e pessoas envolvidas. Cansei também, e comecei a terceirizar a mão de obra de algumas funções que não eram estratégicas. Disso eu ainda não me cansei.

E para quem está me conhecendo hoje, eu já fui obesa por questões que não conseguia controlar dentro de mim e acabava usando a comida como remédio da alma. E foi aí que comecei a engordar sem perceber aos meus 23 anos. Parece que, em uma piscada de olhos, já nos meus 25 anos, eu era outra; e só fui me reconhecer obesa quando meu marido me filmou e eu não me reconheci. Tenho uma visão distorcida da vida, mas nesse caso era uma visão otimista da vida, em que me via perfeita no espelho e não conseguia ver que estava gorda, até não me reconhecer mais. E então, aos meus 27 anos de idade, cansei de ser obesa e fiz bariátrica. Não estou fazendo recomendações aqui, gente. Então, quem é obeso procure um médico, pois estou contando coisas da minha vida.

Mesmo com a bariátrica, ainda tive vários picos de engorda – não do tamanho que eu estava antes, mas mesmo assim engordei. Então, cansei de novo de ficar nesse efeito sanfona e comecei a ficar de olho no meu peso.

Comecei a pintar e cortar meus cabelos de vários formatos: já tive cabelo rosa, roxo, curto, longo e mediano. Já fiquei com a cara de um príncipe da Disney, mas cabelo cresce. Pelo menos eu vi que não ficava bonita com aquele modelo de cabelo. Então, já cansei da minha aparência por diversas vezes. Se você for nas minhas redes sociais não conseguirá me ver do mesmo jeito em relação à aparência por muito tempo. Estou sempre querendo testar algo novo.

Já tive vários estilos ao longo da vida e já cansei de muitos, e por vezes eu revivo algumas modas, mesmo não gostando muito do passado. Prefiro o futuro, e quero ver o que está por vir, o que eu ainda não vi, o que posso conhecer.

Também já cansei de ouvir os mesmos papos furados. Cansei de ouvir fofoca, cansei de ouvir conselhos de pessoas que nunca construíram nada, cansei de ter que me encaixar para ser aceita, eu fui cansando...

Quem aí nunca se cansou? Cansar é bom, o ruim é cansar e continuar cansada tentando mudar algo que não vai mudar. Eu também teimo com muitas coisas que quero que os outros mudem, mas quando me vejo falando ou pensando, já vem aquela voz que me diz: "É você quem não quer mais o outro ou aquela situação". É só refletir sobre sua incapacidade de tomar as rédeas da sua vida e dizer chega. Você já pensou nisso?

Mas voltando para minhas canseiras... Em 2018, eu cansei de tocar minha empresa e meu marido ficou no meu lugar. Hoje eu me intitulo sócia/fundadora. Não vou dizer que me afastei de nunca opinar, eu ainda opino. Comecei a fazer consultorias e mentorias, criando setores e estratégia de marketing para outras empresas.

Cansei de fazer parte de um grupo de mulheres empresárias do meu estado e comecei a fazer parte de grupos de escritoras do meu estado. Cansei de escrever só livros de marketing e publicidade e idealizei *As donas da p**** toda*, e estou aqui escrevendo para este terceiro volume, justamente por conta do sucesso que foi.

Agora imagine se eu não tivesse me cansado. Você não estaria aqui lendo essas histórias incríveis dessas mulheres batalhadoras. Mas me cansei de fazer livros coletivos e fui fazer um livro sobre meu novo conhecimento: METAVERSO. Comecei a investir no metaverso, um novo negócio dentro da área de tecnologia. Acredito que o marketing digital e sua evolução me empurraram para essa parte da inovação e da tecnologia.

Ao mesmo tempo que comecei a fazer cursos, ensinando sobre o tema, escrevi o livro *Metaverso: o futuro da internet*, que eu super-recomendo. Fiz também com a Literare Books, que também recomendo entrar em contato se quiser fazer um livro de coautoria ou mesmo livro solo. Então, hoje, olho para trás e penso: que bom que eu cansei.

Cansar para mim é libertador, é mostrar que estou pronta para a próxima. Para mim cansar não é sinônimo de desistir, é sinônimo de mudança. E se você está cansada de algo, que bom, mude! Mude mesmo, pois quando a gente está feliz com algo, quando a gente realmente quer algo, a gente nunca se cansa. Só cansa até a gente conquistar. Como diria Platão, o desejo é a falta.

Eu nunca gostei do termo especialista, que é dado a alguém que estuda e faz só uma coisa. Eu sempre gostei do generalista. Porque o generalista consegue ver um todo, e uma pessoa especialista não consegue ver a mesma coisa. Não estou dizendo que não devem existir os especialistas. É preciso existir! Mas sou mais do time dos generalistas, pois gosto de aprender e aplicar coisas novas. Ainda mais agora que tudo muda o tempo todo e pessoas curiosas, pessoas que gostam do novo e que se cansam do velho, são as que terão maior vantagem neste mundo competitivo. Então, desejo que você canse e que faça algo com isso. Que você nunca pare de encontrar coisas novas para desejar; e quando olhar para trás veja tudo o que aproveitou da sua vida. Para mim, isso é incrível!

50

O CHAMADO DA ALMA

Estava em uma prisão que eu mesma construí: insegurança, medo e crenças que faziam me sentir não merecedora do sucesso. Foi na busca de uma cura profunda para conseguir prosperar nos negócios que precisei desenterrar aquilo que me bloqueava. Neste capítulo, revelo os medos e as angústias que enfrentei quando decidi sair de um emprego estável e empreender para seguir meu chamado de alma.

JULIANA TREIN

Juliana Trein

Contatos
www.julianatrein.com.br
suporte@julianatrein.com.br
Instagram: @juliana.trein
YouTube: Juliana Trein

Diretora e franqueada do Instituto Eneagrama, a maior escola de eneagrama e gestão emocional da América Latina. Fundadora do Instituto Akira, empresa digital especializada no desenvolvimento de líderes e profissionais de recursos humanos. Especialista em Gestão de Pessoas, analista comportamental, *coach* e numeróloga de negócios e carreira. Atua na área de desenvolvimento humano há mais de 15 anos. Tem experiência em programas de treinamento e desenvolvimento de equipes e lideranças, como mentora e treinadora de líderes, desenvolvimento comportamental, gestão emocional, autoconhecimento e desenvolvimento de carreira. Já treinou mais de 2.000 líderes em programas de alta performance e autoconhecimento em processos de longa duração.

Quem me vê hoje não imagina o quanto eu já senti dúvidas, medo e quantas vezes acreditei que estava no caminho errado. Sempre tive um chamado muito forte dentro de mim, para fazer algo pelas pessoas e pelo mundo. Isso me acompanha desde minha infância e nunca compreendi muito bem o que era. Por vezes eu acreditei que eram desejos do meu ego e que não teria capacidade para tanto, mas esse sentimento sempre ocupou um lugar dentro de mim e me levou a ir mais fundo e acessar meus potenciais.

Sabe aqueles caminhos que você toma, mas que não sabe muito bem aonde irão levá-la, nem como serão os desafios? Mas algo dentro de você a impulsiona a seguir, um chamado forte. Eu sempre fui uma pessoa de muitas dúvidas, incertezas e questionamentos internos. Nunca me achei especial em algo e nunca pensei que de alguma forma eu pudesse contribuir significativamente com alguém. Sempre fui muito introspectiva, quieta e fechada. A perda do meu pai nos meus quatro anos fez que me retraísse na minha infância e me sentisse pequena e incapaz. Essa dolorosa experiência me trouxe muita insegurança, medo e dúvidas, que me acompanharam por muitos anos na minha vida.

A empreendedora e a criança ferida

A gente acredita que supera nossos traumas mais profundos, mas na verdade eles ficam muito bem guardados dentro de nós, lá no nosso inconsciente. Por não nos darmos conta enquanto somos crianças, nossos processos de dor ficam lá no fundo do baú. Parece que foram esquecidos, mas em algum momento da nossa vida vamos precisar nos deparar com essas memórias que estão guardadas. E foi exatamente isso que aconteceu comigo. Eu acreditava que já havia superado minha ferida mais profunda, mas só quando fui empreender de verdade é que eu percebi o quanto essas memórias ainda me mantinham presa a um lugar de me sentir pequena, incapaz e insegura.

Filha de empregada doméstica, sem pai, eu precisava ir para o mercado de trabalho muito cedo. Aos 11 anos comecei por conta própria a trabalhar porque eu queria independência do dinheiro da minha mãe. Comecei como vendedora de lanches, depois fui babá e doméstica. Aos 16 anos, ingressei no mundo corporativo, na empresa em que permaneci até os 28 anos. Passei por diversos setores dentro da empresa (compras, marketing, vendas) até chegar ao setor de Recursos Humanos, que era meu sonho. Afinal, aquele chamado que me acompanhava desde pequena ainda era muito forte.

Como sempre, desde minha infância, busquei segurança, algo que me apoiasse; afinal, a criança que perdeu a mão do pai continuava buscando algo para se agarrar. E isso era tão forte em mim que acabava me prendendo. Agora você deve estar entendendo por que permaneci 12 anos na mesma empresa. Foram anos maravilhosos, de muito crescimento, desafios, conquistas e sempre tive o apoio da empresa para me desenvolver.

Para mim aquele era o auge da minha carreira. Eu estava em uma boa empresa, estável, havia conquistado um cargo na gerência de RH, um bom salário e era reconhecida. Era tudo o que minha criança interior queria, afinal: um ponto em que se apoiar e se sentir segura. Mas algo dentro de mim me deixava inquieta; eu queria abraçar projetos maiores e contribuir de maneira mais profunda para a vida das pessoas, mas aquele espaço não comportava o tamanho dos meus anseios. De um lado estava a menina que ainda se sentia pequena e incapaz, com muito medo de passar por privações, e de outro, uma essência que gritava dentro de mim: "Vai realizar seu propósito"; "Seu tempo aqui já acabou"; "Já passou da hora de você empreender".

Eu me lembro muito bem de um momento em que minha irmã me disse: "Mas Ju, você faz tantos cursos, nunca para, está sempre estudando e ainda continua ali nessa empresa, por que fazer tanta coisa então se você não sai dali?". Fiquei sem reação. Aquilo me tocou e foi um recado de que eu não poderia mais adiar, era só o medo que me impedia, o medo de ficar sem dinheiro, de não dar certo, do julgamento das pessoas. Cheguei a um ponto da caminhada em que eu precisava fazer uma travessia; ou eu ficava onde estava, no conforto, segura, mas infeliz e insatisfeita, me sentindo estagnada e sem perspectiva ou atravessava "o vale da escuridão", enfrentando minhas sombras, medos e tudo aquilo que havia deixado guardado lá na minha infância.

Eu tinha uma escolha para fazer! Ou seguia meu medo e ficava segura onde estava ou seguia minha intuição, e ouvia o chamado interno da minha alma. E foi em um momento extremo, em que eu percebi que estava forçando situações para me manter no lugar seguro, que decidi seguir meu coração. Deixei a empresa em que permaneci por 12 anos e fui empreender no ramo de treinamentos em autoconhecimento e liderança.

Atravessando o vale da escuridão

Eu já tinha muito conhecimento, já treinava líderes e colaboradores dentro da empresa, tinha vasta experiência em gestão de pessoas e processos. E por conta disso uma parte minha acreditava que seria fácil entrar nesse mercado; afinal, eu era muito bem instruída e tinha experiência. Mas veja bem, eu estava no vale da escuridão, tinha que olhar ainda para muitas questões minhas que eu negava. Apesar de todo o meu desenvolvimento, era introspectiva, com baixa autoconfiança e pouca espontaneidade, o que me prejudicava para conseguir vender meus serviços. Mas sair da zona de conforto, vender treinamento de porta em porta se tornou uma questão de sobrevivência, e em meio a isso tudo eu precisei passar por rejeição, vergonha, preocupação e medo de não conseguir atingir minhas metas. Meses intermináveis de angústia e muitas noites sem dormir.

Além do desafio da venda, eu tinha o desafio da comunicação, estar em sala, dar um treinamento, desafiando minha comunicação, liderança e autoconfiança. Muitas vezes eu me perguntava "quem sou eu para estar aqui?", e a voz da síndrome da impostora tomava conta e me dizia: "Eu não sou capaz"; "Tem pessoas muito melhores do que eu". E quanto mais eu internalizava isso, menos as coisas fluíam para mim.

Acredito que nunca vivi na minha vida algo que pudesse me curar tanto como essas experiências, olhando hoje a gente entende que tudo por que passamos está nos construindo de alguma forma para aquilo que precisamos ser. Nada, nenhum desafio, problema ou situação indesejável será colocado diante de nós sem que tenhamos que aprender algo. Nessas horas nos questionamos, por que é tão difícil para mim? Por que tudo precisa ser com tanto sacrifício, com tanta força?

O universo tem um mecanismo pedagógico, ele funciona como nosso processo de aprendizagem na escola. Todas as lições que precisamos aprender serão colocadas à nossa frente, em forma de problemas, desafios, provas, tudo isso para que a gente as aprenda. Uma vez aprendida a lição, você não precisa se submeter à prova novamente, não é mesmo? Não foi assim na escola? E se você não aprende, não passa em determinada prova, pode repetir de ano e ter que viver todas as lições novamente. É dessa forma que funciona nossa vida.

Se você aprendeu, não vai precisar passar por aquilo outra vez. Tenha certeza disso, toda dificuldade está querendo lhe mostrar um aprendizado. Quanto antes você olhar para isso e encarar, logo você sairá desse ciclo.

Eu precisava adquirir confiança em mim, acessar minha força interior, me sentir segura na escolha que eu estava fazendo; esse era meu aprendizado. Dessa forma, se atravessa o vale da escuridão, ora sentindo muito medo, se sentindo perdida, sem rumo, ora você visualiza algumas clareiras e pontinhos de luz que lhe trazem esperança e força para continuar em frente. Nesse vale não podemos parar ou ficaremos presas para sempre ali. Voltar seria muito arriscado, eu poderia me perder para sempre e nunca atender ao meu chamado, além da frustração e do sentimento de derrota.

O baú enterrado

Mas coisas na vida vão tomando certos rumos que só depois de um tempo você entende por que esteve naquele lugar, por que conheceu tal pessoa. De alguma forma o universo vai nos apresentando soluções e possibilidades. Eu precisava fazer algo para as coisas andarem, eu já não aguentava mais; tanto esforço, tanta energia para pouco resultado. Por várias vezes cheguei a acreditar que estava no caminho errado, que nada daquilo era para mim e que esse chamado era só uma coisa da minha cabeça. Foi nessa situação difícil que eu estava enfrentando que um aluno meu me apresentou uma astróloga, que trabalhava com mapa astral. Segundo a promessa dessa leitura do mapa, podemos ter uma visão mais ampla sobre nossa missão e nosso propósito aqui. Eu queria saber se estava no caminho certo; e se estivesse, por que as coisas não andavam. Foi nessa leitura do meu mapa que entendi que sim, eu estava no caminho certo, mas precisava resolver ainda questões da minha infância, curar traumas, feridas emocionais, olhar para aquela criança interior que ainda se sentia pequena, em um lugar de escassez, medo e falta. Eu precisava de terapia profunda. Tudo isso era como se fosse um baú de coisas antigas que foram enterradas, e agora precisavam se resgatadas.

Foi muito doloroso me deparar com isso, logo eu que achava que tinha tudo muito bem resolvido na minha vida. Lembro-me de que naquele dia me deslocando de volta da consulta, para casa, um trajeto de duas horas de carro, eu voltava sozinha, em silêncio total, processando muita coisa, muitas fichas caindo. Tudo aquilo fazia sentido, e meu coração me dizia que eu precisava me curar, se quisesse alcançar espaços maiores e melhores. Eu tinha um potencial que ainda estava trancado e precisava destravar.

Estava disposta a abrir esse baú e olhar para o que estava lá dentro. Muito determinada, fui buscar ajuda e iniciei um processo de terapia profunda. Depois de algumas sessões eu já me percebia muito diferente; os negócios mudaram de uma forma grandiosa, surgiram novas oportunidades, adquiri uma franquia de treinamento que é uma das minhas empresas até hoje. Um negócio que fluiu além do que eu esperava. Esse processo de cura profunda me mostrou que nossas feridas e dores têm um recado para nós; elas são como um tesouro enterrado que nos mostra quem de verdade somos. Quanto mais negamos essa dor, querendo ser forte diante dela ou, na prepotência de acreditar que não precisamos de ajuda, mais nos encolhemos e sofremos. E era assim que eu me sentia antes. Sofria calada, mentia para mim mesma que tudo estava bem e que eu estava fazendo a coisa certa, que era difícil mesmo e que eu é que não me esforçava o suficiente.

Existe um caminho

Mas isso tudo que eu lhe conto aqui é para dizer que não precisa, nem deve ser assim. Se sua jornada ao empreender a está machucando em algum sentido, seja por conflitos entre sociedade, seja por falta de resultado, falta de dinheiro, problemas com equipe, falta de conseguir ter uma visão clara, ou mesmo sentir-se sozinha e sem forças, isso tudo não é normal e mostra aquele mecanismo pedagógico do universo. Você só não pode se conformar diante disso; precisa se questionar: "O que eu tenho para aprender com isso?"; "Para onde essa dor ou dificuldade querem me levar?"; Quanto estou disposta a encarar minhas sombras para superar essas barreiras na minha vida?".

Tudo aquilo que vivemos na nossa infância, principalmente até os sete anos, nos marca muito profundamente, constrói nosso sistema de crenças e forma a base daquilo que acreditamos na nossa vida. O medo profundo e a insegurança que senti na minha primeira infância criaram uma crença muito forte de não merecimento e de me sentir pequena.

Agora eu lhe pergunto: como fica a liderança e os negócios de uma empresária que carrega essas crenças? Eu tinha dificuldade de cobrar pelos meus serviços, não me sentia merecedora de entregar um treinamento de alto nível ou de ter alunos que estavam em posições muito melhores do que eu. Achava que não tinha nada para oferecer. Isso inconscientemente fazia com que eu afastasse bons clientes. Tinha medo de comandar e não conseguia formar equipe.

Hoje isso tudo é muito claro para mim, mas precisei dar espaço para essa cura acontecer e ter coragem de reviver as dores que guardei na minha infância. Consigo hoje me sentir merecedora, e ter superado essa crença me empodera nos negócios e me encoraja a acolher tantos desafios que ainda tenho pela frente.

Olhar para seu alvo vai encorajá-la a caminhar e superar os obstáculos, lhe dando forças para seguir o caminho da sua verdade.

> *Tenha coragem de seguir seu coração e sua intuição. Eles de alguma forma já sabem o que você realmente deseja.*
> STEVE JOBS

Desejo que você possa empreender seguindo seu chamado de alma. Que você avance e use todo o seu potencial na direção dos seus sonhos. E se você passa pelo mesmo desafio por que eu passei e quer se libertar das situações que a impedem de prosperar nos negócios, ser reconhecida, saber vender seu produto ou serviço e colocar seu valor sem medo, eu posso ajudar! Meus contatos estão na bio.

Todos somos merecedores da abundância que o universo tem para nos oferecer. Você também merece!

51

ACORDE PARA SER FELIZ

Hoje quero levá-la à reflexão do que significa acordar! Acordar não basta, desculpe decepcionar, mas acordar é apenas deixar de dormir, diferentemente de despertar! Que é fazer nascer, trazer a existência. Meu objetivo é bem claro. Quero fazê-la despertar para a felicidade e lhe dar ferramentas para nunca mais deixar a infelicidade dominar sua vida! Se você está comigo nesta jornada e se comprometer em seguir as orientações e os exercícios, a felicidade já bateu à sua porta.

KARIANI ALMEIDA

Kariani Almeida

Contatos
kari-edf@hotmail.com
Instagram: @karianialmeida
49 98804 5631

Profissional de educação física, especialista em Fisiologia do Exercício. Mentora de emagrecimento feminino. *Master coaching* e mestranda em Saúde e Gestão do Trabalho.

Acorde para ser feliz

Antes de iniciarmos, quero contar brevemente um pouco da minha história. Não tinha conhecimento de que somos a soma de dor e amor que possivelmente foi demostrado por quem mais nos amou e por quem amamos muito, os nossos pais. Hoje, com a visão que tenho, entendo que fizeram o melhor com o que sabiam e podiam, devido às crenças e às limitações que as gerações implantaram. Mas, com o olhar de criança e a visão que eu tinha antes da minha transformação, eu culpava meus pais por não ter tido as oportunidades, o amor devido, o dinheiro, e que eles não mereciam tanto amor assim. Mesmo que inconscientemente, talvez você esteja se identificando com essa história ou a achando fora da sua realidade, mas essa é minha história e, acredite, a de milhares de pessoas, devido às crenças, à falta de conhecimento e à infelicidade.

O que me levou a escrever sobre esse despertar para a felicidade foi o fato de ter passado por uma fase da minha vida extremamente infeliz, sem perspectiva de vida, me vitimizando e não acreditando no meu potencial, e tampouco me via merecedora do melhor da vida. Contava histórias dizendo que estava tudo bem, não falava sobre isso com ninguém porque aprendi que era sinal de fraqueza expor minhas vulnerabilidades. Vivia e sentia uma vida, mas demonstrava outra, então criei uma história tão perfeita, um personagem incrível, em que até mesmo eu acreditava. Porém, a personagem da menina forte, que trabalhava, estudava e conquistava, que não tinha medo de nada e era autoconfiante não durou muito tempo. O transtorno alimentar dominou minha vida, por longo período. As perdas foram terríveis: minha saúde geral, minha vida social, a paralisação do mestrado e de sonhos tão grandes, e principalmente o sofrimento que vivenciei, junto ao sofrimento que minha família enfrentou. Tudo isso porque eu estava infeliz e não conhecia um outro caminho.

Eu era magra, ainda sou. Iniciou por um elogio, após eu ter passado por uma crise renal e emagrecer alguns quilos: "Nossa! Como você emagreceu! Ficou linda!". Bastou para ativar o gatilho de querer receber mais elogios e amor. O transtorno alimentar foi uma das questões mais significativas que considerei importante pontuar, mas perdi relacionamentos, amizades, sonhos, trabalho, dinheiro, tempo com minha família e vida. Pelo simples fato de não saber lidar com minhas emoções.

Eu era infeliz com tudo! Achava-me inferior, sem graça, não gostava do meu corpo, não via nada de bom na minha vida, tinha baixa autoestima, fazia comparações, não perdoava nem a mim mesma, as reclamações eram constantes e um dia tentei parar de viver. Mas o amor de Deus, minha fé e as orações dos meus pais fizeram ser apenas uma tentativa, pois o propósito certamente é maior do que sonhei. Talvez você esteja passando por algo parecido ou conhece alguém assim; e com minha história eu poderei ajudar, sempre existe uma saída, e mesmo que a vida seja de altos e baixos ela é maravilhosa. Basta aprendermos a viver da forma certa.

Por tudo o que vivi e estudei, não sou leiga em trazer esse assunto e mostrar o caminho que me levou a Ser Feliz! Despertar para Ser Feliz de verdade, sem máscaras, personagens ou histórias. A felicidade não tem a ver com falta de problemas ou tristezas ou até mesmo dias ruins e, sim, com saber gerenciar e extrair o melhor de si e dos outros em todos os momentos.

Você pode estar se perguntando: "Por que uma educadora física está trazendo esse assunto? Esperava algo sobre percentual de gordura e exercícios físicos...". A vida e os estudos, inclusive os do mestrado, me mostraram um lado da Educação Física que me surpreende todos os dias. Para termos saúde de verdade, precisamos primeiramente estar bem e felizes em um todo. Muitas mulheres e pessoas seguem dietas, buscam corpos e padrões de belezas e sequer se conhecem ou estão felizes e saudáveis. Com as redes sociais, fica fácil as pessoas mostrarem somente o lado bom e colocar no *feed* somente a suposta foto feliz. No entanto, muitas vezes a vida real não condiz; e vive-se em um constante sofrimento.

Vamos começar? Vou deixar a sugestão de ler um módulo por dia e, em seguida, fazer os exercícios propostos.

Acorde para quem você é!

"Quem é você?". Quando ouvi essa pergunta pela primeira vez, eu não sabia responder. Você consegue? Faça a pergunta e anote antes de seguir a leitura.

Afinal, quem é você?

Lembro-me até hoje da minha resposta: eu sou professora, eu sou uma profissional de Educação Física, eu sou educadora...

Mas eu estava errada. Não somos primeiramente o que fazemos ou nossa profissão. Ser é a nossa essência. Aquela criança que nasceu única, com as habilidades e imperfeições. E que com todos os acontecimentos da vida, vamos moldando e fugindo do que realmente somos.

Cabe falar aqui da pirâmide do indivíduo: descobri-a na minha formação de *coaching* integral sistêmico e entendi o sentido. Trago esse conhecimento para você. Se por acaso já conhece, vale refletir sobre. Sempre aprendemos um pouco mais quando lemos algo pela primeira, segunda e terceira vez...

Sobre a pirâmide do indivíduo:

A base da pirâmide é o Ser, quem somos; e quando colocamos o Fazer e o Ter na base, teremos uma disfunção, por que precisamos Ser antes de Fazer e de Ter.

Compare minha primeira resposta: eu sou professora (o que eu fazia), não o que eu sou. E a sua resposta? Difícil, né? Eu vivi longos anos sem saber qual era minha identidade. Talvez fique confuso, mas mudar não é fácil, precisamos desconstruir para que haja crescimento.

Para falar de Identidade não temos como não falar sobre autoestima, amor próprio e autocuidado! Esses termos se complementam, mas são diferentes: autoestima é a qualidade de quem se valoriza; amor-próprio é a maneira como você se ama; e o autocuidado é o quanto você se cuida por se amar – sua autoestima depende disso. Autocuidado com a saúde de uma forma geral. O tempo para seu treino, uma alimentação nutritiva, um *hobby* ou um livro, meditação, orações e a conexão com Deus ou com o universo. Quanto maior for sua fé, mais você se aproxima da sua identidade, do que você nasceu para ser, do seu propósito.

Em uma mentoria, uma aluna me perguntou: "Como exercitar minha fé? Eu não vou à igreja!". Eu falei e aprendi ao mesmo tempo: "Comece agradecendo pela refeição". Tudo isso depende do resgate do seu ser, quando você descobrir, vai entender que é uma grande virada, entendendo sua identidade: suas qualidades e suas imperfeições e ainda assim se amando, se cuidando, se aceitando e entendendo que isso é você e que está tudo bem não ser perfeita, que você é única. Sua autoestima melhora e sua autoconfiança também mudará para realizar seus sonhos e buscar ainda mais o resgate do seu ser e do seu propósito de vida. Diante desse propósito você viverá Feliz, pois quando encontramos o que nos move, o que podemos transformar no mundo ou no outro, encontramos o sucesso. Tudo isso se inicia pelo autoconhecimento: Descubra quem você é! Faz sentido para você?

Agora eu te convido a fazer um exercício:

Pegue um papel e uma caneta e liste 20 características positivas sobre si: Iniciando sempre com Eu Sou:

- Eu sou capaz.
- Eu sou merecedora.
- Eu sou amada.

Continue...

Estamos resgatando sua real identidade. Mas faça isso todos os dias, mesmo que no início você não acredite, e logo perceberá uma grande mudança! Ah, e pode ir aumentando sua lista, pois eu acredito que você tenha muitas características positivas; vamos ativar todas!

Acorde para realizar seus sonhos (metas)

Os dias, os anos passam rápido, não é? Você também percebeu?

Você já parou para pensar que cada dia é uma oportunidade? Uma folha em branco na qual temos o poder de escrever algo novo, diferente e inédito?

Eu sei que está pensando neste momento em algo que deixou para a semana que vem, para as próximas horas, para o ano que vem e a procrastinação domina. A procrastinação é algo genético, sabia? E para vencer precisamos de estratégias, pois somos mais inteligentes que ela.

O que acontece quando você precisa mandar um e-mail e abre o computador e se distrai com uma mensagem no WhatsApp ou algum vídeo engraçado no TikTok ou um Reel do Instagram? Um e-mail tudo bem, atrasa, esquece e não faz, faz tarde ou deixa acumular... Mas e se você fizer isso com grandes coisas? Seus sonhos, por exemplo? Um projeto que você sabe que é incrível... Pois, neste módulo, quero ajudá-la a estabelecer metas e ainda cumprir de uma forma bem leve.

Primeiramente defina suas metas em cada área da sua vida: curto, médio e longo prazo. Por exemplo, uma viagem daqui a um ano, outra daqui a três ou cinco e outra daqui a dez anos. Depois disso: você precisa focar o que é importante e definir metas diárias, semanais e mensais. E anote tudo: tenha uma planilha, agenda física e agenda no celular. Vale colocar lembretes para despertar na hora da meditação, da atividade física ou da leitura de um livro; e sim, essas atividades devem estar incluídas na sua agenda, pois são importantes e devem ter horários definidos. Além disso, não se esqueça de agendar ligações para seus pais e aquele café com a amiga.

Agora vou trazer uma ferramenta e, se você a usar, vai ter resultados extraordinários:

Nos estudos e nos cursos de *master coaching* e também nos processos e ferramentas pelos quais passei, aprendi que nosso cérebro não sabe diferenciar o real do imaginário. Isso mesmo, se você imaginar algo grande, se você visualizar algo maior ainda, ele entenderá que é real e aconteceu. Então, o exercício de hoje é você fazer um Mural dos Sonhos, e o dividir em cada pilar da sua vida:

- Qual é seu maior sonho em relação ao seu trabalho?
- Qual é seu maior sonho em relação ao seu corpo e à saúde?
- Qual é sua meta financeira?
- Qual viagem você quer fazer com sua família?
- Qual casa e carro quer ter?
- Como você quer estar espiritualmente?
- Qual curso ou formação você almeja?
- Qual é o relacionamento dos seus sonhos?

MURAL DA VIDA EXTRAORDINÁRIA

Você vai fazer buscar uma imagem do que você sonha, se imaginar ali e colocar data para a realização: dia, mês e ano.

Por exemplo: eu quero morar em uma casa na praia. Busque a imagem dessa casa, imprima; você pode fazer um *print* do seu celular. Foi assim que montei meu mural e de fato muitas coisas estão se realizando. Depois coloque a data: 10/09/2024, por exemplo. E repita em todas as áreas da sua vida. Coloque seu mural em um lugar visível e visualize todos os dias por alguns minutos, colocando emoção e acreditando! Aconteceu!

Acorde seu corpo

Se você chegou até esse módulo é por que, assim como todas as pessoas do mundo, está em busca da felicidade. E os exercícios físicos são o caminho para essa Felicidade. Eu gosto muito desse tema por ter 20 anos de experiência em movimento humano, mas só fui entender profundamente essa ligação entre exercícios físicos e felicidade alguns anos depois. E se você é sedentária ou já pratica, neste capítulo, você vai entender a importância dos exercícios físicos e de iniciar uma vida ativa ou praticar os exercícios com outra visão. Não é uma suposição, é neurociência: existem quatro substâncias químicas naturais em nosso corpo que proporcionam felicidade: endorfina, serotonina, dopamina e oxitocina. A autora do livro *Habits of a Happy Brain* ("Hábitos de um cérebro feliz"), Loretta Breuning (2017), conta que quando o cérebro emite uma dessas substâncias químicas a pessoa se sente bem. Os exercícios físicos desencadeiam a produção de substâncias ligadas à sensação de bem-estar e ajudam a liberar tensões. Seus benefícios vão além da melhora da saúde.

A endorfina é produzida na glândula hipófise e ao ser liberada no corpo aumenta a disposição física e mental, além de melhorar a resistência imunológica das pessoas. Durante a atividade física, a endorfina traz a sensação de prazer. Ela melhora a motivação e a performance.

A serotonina é outra substância química que traz sensações de bem-estar, felicidade e tranquilidade. Dessa forma, atua na melhora do humor e pode ajudar no combate a doenças como ansiedade e depressão, por exemplo. A depressão é a principal causa de invalidez no mundo, de acordo com a Organização Mundial de Saúde (OMS), que afeta mais de 300 milhões de pessoas. O exercício físico constante e moderado ajuda a ativar a serotonina, melhorar a autoestima, a autoconfiança e diminuir o estresse.

A dopamina é o neurotransmissor responsável pela motivação, pelo impulso e pelo foco. Ela desempenha um papel importante em vários distúrbios mentais, incluindo depressão, transtorno de déficit de atenção, hiperatividade e esquizofrenia. Porém, não é necessário se exercitar de maneira extenuante para aprimorar o cérebro. Fazer caminhadas ou exercícios leves, como ioga e tai chi chuan, traz benefícios para a mente e o corpo.

A oxitocina está relacionada com o desenvolvimento de comportamentos e vícios maternos, é conhecida como o hormônio dos vínculos emocionais e do abraço. A ligação social é essencial para a sobrevivência da espécie (seres humanos e alguns animais), porque favorece a reprodução, além de promover o desenvolvimento do cérebro. A oxitocina é um composto cerebral importante na construção da confiança, que é necessária para desenvolver relacionamentos emocionais. Pessoas mais seguras se cuidam mais e se preocupam com a qualidade de vida, como vínculos emocionais, alimentação e exercícios. Além disso, praticar mais atividade física do que o costume pode influenciar de modo positivo a maneira como uma pessoa encara sua vida, de acordo com uma pesquisa da Universidade de Penn State, nos Estados Unidos. O estudo foi publicado na revista médica *Health Psychology* e o resultado é que pessoas que praticam mais atividade física se sentem mais satisfeitas com a vida do que as que praticam menos. Por isso, aumentar os níveis de atividade física também traz mais felicidade.

Um pilar fundamental da saúde é praticar os exercícios físicos, mas não deixe de ter uma alimentação nutritiva, gerenciar seu estresse com meditação e respiração ao longo do dia e ter um sono de qualidade. Escolha uma modalidade em que você tenha prazer e inclua na sua rotina. Acredite: é uma verdadeira fonte de felicidade.

Acorde para os sentimentos bons

Qual é o primeiro sentimento do seu dia? Ou pensamento? Positivo ou negativo? Seu dia e sua vida dependem disso. Ao pensar algo negativo, como: "Meu dia vai ser terrível!" ou ao se olhar no espelho você pensa ou até comunica: "Estou gorda, nem uma roupa fica bem em mim!", você já ativou o ciclo do negativo, das reclamações e da infelicidade. Porém você pode mudar isso. Existem várias formas e uma delas é comunicar: "Sim, isso mesmo". Falar em voz alta: "Meu dia vai ser incrível, alegre e abençoado!".

Ao se olhar no espelho fale coisas positivas: "Eu sou linda. Eu sou forte. Eu sou capaz" etc. Lembra-se do primeiro exercício? Se você está realizando todos os dias, será fácil comunicar isso...

O sentido é o que comunicamos, pensamos e, consequentemente, sentimos. Esse ciclo depende de você. Não é uma tarefa muito fácil, mas é realizável e logo se torna um hábito.

As pessoas estão acostumadas a serem negativas, a reclamarem e não agradecerem. A gratidão também tem o poder de ativar os sentimentos bons: já ouviu falar que "quanto mais você agradece, mais coisas boas acontecem?". Isso mesmo: a gratidão é uma das chaves para uma vida feliz e, consequentemente, saudável; além de ser uma *hashtag* popular e bonitinha, é neurociência!

Sempre que agradecemos nosso cérebro reage, aumentando o nível de dopamina, o neurotransmissor responsável pela sensação de bem-estar e prazer. Quanto mais dopamina, mais otimistas, confiantes e agradáveis ficamos. E o universo ou as pessoas que nos encontram nesse estado tendem a retribuir da mesma forma.

O ciclo da gratidão é simples e fico honrada e agradecida por compartilhar esse conhecimento. Quando algo de bom nos ocorre, então percebemos, reconhecemos e ficamos agradecidos pelo bom acontecimento. Nosso cérebro responde com a elevação da dopamina e temos uma sensação de prazer, ficamos felizes. Nosso humor e nossa energia mudam imediatamente nosso dia, e quando se torna hábito, muda a vida toda. Mas a gratidão não é apenas dizer aquele obrigada pelo café ou por um serviço prestado, deve ser exercitada todos os dias até virar de fato um hábito, agradecer com intenção as pequenas coisas, as pequenas conquistas, as pessoas que estão em nossa vida e até mesmo os aprendizados com situações tristes, ruins e inesperadas.

Convido-a agora a exercitar sua gratidão:

Faça uma lista com 40 motivos pelos quais você é grata:

O que possui, sua família...

Exemplos:

- Eu sou grata pela minha família.
- Eu sou grata pela vida.
- Eu sou grata pela saúde.
- Eu sou grata pelo amor de Deus em minha vida.

Aumente sua lista sempre, e verá que tem mais motivos para agradecer do que para reclamar. A vida é muito curta para vivermos com um fardo de infelicidade e sentimentos ruins.

Você é responsável por sua felicidade; ela ocorre de dentro para fora. Nesse momento eu estou muito feliz e grata por ter superado muitas coisas; e após tantos aprendizados, posso dizer que o melhor da vida é o agora! Não deixe para depois, inicie hoje, ame e demonstre hoje, perdoe e diga: "Eu Sou Feliz!".

Referências

BREUNING, L. G. *Los habitos de un cerebro feliz*. Barcelona: Obelisco, 2017.

VIEIRA, P. *O poder da ação*. São Paulo: Gente, 2016.

52

ORGULHO DE SER CORRETORA DE IMÓVEIS

Com sorriso no rosto e brilho nos olhos, entrego neste capítulo a motivação para que você não deixe de acreditar nos seus sonhos e viva seu propósito.

KATHYÚSCIA PRETTO

Kathyúscia Pretto

Contatos
www.kademeuimovel.com.br
kathyusciapretto@gmail.com
Instagram: @kathyuscia_pretto.oficial
Facebook: @kathyusciapretto / @kademeuimovel
YouTube: Kathyúscia Pretto e Kadê Meu Imóvel
49 99943 6060

Corretora de imóveis (CRECI/SC 17.216-F) com mais de 15 anos de experiência no mercado imobiliário. Empreendedora na cidade de Xanxerê/SC, proprietária da Imobiliária Kadê (CRECI/SC 3076-J). Idealizadora e apresentadora do Canal "Kadê meu imóvel" no YouTube. Advogada (OAB/SC n. 38.636). Perita em avaliações (CNAI n. 5488). Coautora do livro *Mulheres extraordinárias do mercado imobiliário*.

Ninguém é igual a você. E esse é o seu poder.
DAVE GROHL

Pelo que seu coração bate? Por quem ele bate? Você está vivendo seu propósito?

Amo ser corretora de imóveis. É nessa profissão que minha alma se sente em casa e é por ela que sinto meu coração vibrar. É por meio dela que cumpro minha missão de fazer a diferença na vida das pessoas.

Quando eu era criança, sonhava em ser apresentadora de TV. Nem imaginava que a profissão de corretor de imóveis existia. Agora que sou "grande", vejo o quanto sou pequena diante de tantas oportunidades que meu trabalho me permite vivenciar.

Sou uma "apresentadora de imóveis" que se importa com o sonho das pessoas. Vivo meu propósito. Com passos firmes, brilho nos olhos, sorriso no rosto e com o coração cheio de gratidão por ser corretora de imóveis.

As mulheres no mercado imobiliário

As mulheres estão cada vez mais empoderadas e se destacando em cargos que, tradicionalmente, eram dominados pelos homens. No mercado imobiliário não é diferente.

Até março de 1958, as mulheres eram proibidas de atuarem como corretoras de imóveis. Hoje, representam mais de 40% dos profissionais regulamentados no país, de acordo com o Cofeci (Conselho Federal de Corretores de Imóveis). Fico feliz por fazer parte dessas estatísticas de ascensão feminina no setor e por ter decidido empreender no segmento imobiliário.

Em 2010, com apenas 24 anos, inaugurei a Kadê Imóveis (hoje Imobiliária Kadê). A primeira imobiliária da cidade de Xanxerê/SC, fundada exclusivamente por uma mulher. Enfrentei os preconceitos com coragem, posicionamento e conhecimento. Construí minha credibilidade fortalecida na certeza de que era exatamente esse o lugar que eu queria ocupar. Com muito orgulho: mulher, empreendedora e corretora de imóveis.

O segredo para começar: comece

Se eu estivesse esperando o melhor momento para ser corretora de imóveis, talvez hoje não estivesse vivendo essa profissão que tanto me orgulha. A oportunidade de começar surgiu quando eu fazia assessoria jurídica para uma imobiliária. Sou imensamente grata pela oportunidade que os proprietários me deram na época.

A empresa passava por um momento difícil financeiramente e teriam que me demitir. A única forma de eu continuar trabalhando lá era se vendesse imóveis. Sem salário, apenas comissão.

Eu tinha duas faculdades para pagar, cursava Jornalismo e Direito. Além disso, precisaria conciliar o tempo com uma coluna social no jornal e um programa na rádio. Também não recebia salário, apenas porcentagem sobre os anúncios que vendia.

Aceitei o desafio, só que eu ainda não era corretora. Fiz o curso técnico em Transações Imobiliárias (TTI) e logo conquistei meu registro no Creci/SC. Comecei. Independentemente da minha situação e das minhas condições. O segredo é agir, dar o primeiro passo. Comece.

Amor pelo que se faz: a alma de qualquer negócio

Amo ser corretora de imóveis. E se não amasse já teria desistido dessa profissão há muito tempo. Foi esse amor que me fez levantar toda vez que eu caí. E me levantei sorrindo, porque desistir nunca foi uma opção. Cada tombo me fez mais forte. Essa força para continuar só tem quem ama o que faz. Porque a motivação está dentro de nós. É ela que nos faz querer sempre mais.

Estamos vivendo um momento pós-pandemia em que a profissão de corretor de imóveis tem sido muito visada. Isso se dá com o cenário imobiliário favorável e a glamourização gerada pelo mercado de alto luxo, principalmente nas redes sociais. Porém, só os melhores se manterão no mercado. E para ser o melhor, é inegociável amar o que se faz.

Fazendo a diferença

O mercado imobiliário está cada vez mais competitivo e desafiador. Fazer a diferença e se tornar a única opção para o cliente exige preparação, disciplina e responsabilidade.

Quando vendo um imóvel, tenho plena consciência de que meu papel fundamental é despertar o desejo de realizar sonhos e entregar uma experiência de compra inesquecível. Não é só vender um imóvel. É resolver o problema do cliente e entregar a qualidade de vida que ele busca com aquele imóvel. E para isso é fundamental entender para atender.

Quando o cliente chega até a imobiliária muitas vezes ele já vem sabendo todas as características do imóvel porque já viu pelo site ou pelas redes sociais. O papel do corretor neste caso é primeiro se importar com o sonho do cliente. Depois, entender do que ele precisa, para aí sim oferecer o imóvel certo, por meio de um atendimento exclusivo e personalizado. Lembre-se: pessoas se conectam com pessoas.

O poder da autenticidade

Costumo dizer que antes de vender, eu preciso me vender. E para que confiem no que estão comprando, eu preciso ser verdadeira. Ser de verdade para mim significa assumir minha essência. Bancar ser quem eu realmente sou. Do meu jeito, com minhas qualidades, meus defeitos e minhas limitações.

Meu esforço é sempre para me tornar melhor. Mas não melhor que os outros, melhor que eu mesma. A competição é comigo. É crescer para que as pessoas ao meu redor cresçam também. Prefiro correr o risco de ser inspiração para alguém do que deixar de ser eu mesma por medo do que vão pensar. Ser de verdade é libertador: seja você!

"Bora" vencer

"Bora" ser feliz e ponto! Vencer é isso. Agradeça e crie oportunidades para se orgulhar de si mesma. E faça isso por si, nunca pelos outros. Seja quem você quer ser, com a coragem de ser do jeito que você é.

A vida é agora. Pare de perder tempo dando desculpas e guardando seus sonhos na gaveta. Assuma a liderança da sua vida e aja! Acredite, você merece ter um motivo para seu coração bater.

MAS AFINAL DE CONTAS, QUAL É A RECEITA?

A vida é muito saborosa quando conseguimos misturar os ingredientes para temperá-la! E como ela não é linear, exige de nós muita flexibilidade, criatividade e perseverança para termos um prato que nos sacie. Venha comigo neste capítulo recheado com muitas dicas, músicas e práticas que podem nos ajudar a manter a saúde do corpo, da mente e da alma e nos permitir viver a vida de maneira leve e abundante! Hummmm!

KATYA SUELY

Katya Suely

Contatos
ksdesenvolvimentohumano.com.br
ks@ksdesenvolvimentohumano.com.br
Instagram @ksdesenvolvimentohumano
YouTube: KS Desenvolvimento Humano e Bem-estar
11 98433 4114

Psicóloga clínica e organizacional, palestrante, focalizadora de Dança Circular, instrutora de *Mindfulness*, pós-graduada em Gerência de Recursos Humanos e Terapia Financeira, especialista em Gestão Empresarial de Qualidade de Vida no Trabalho pela FEA-USP, MBA em Gestão de Saúde pela FGV. Proprietária da KS Desenvolvimento Humano e Bem-Estar. Possui vasta experiência nas áreas de desenvolvimento e comportamento humano, desenvolve inúmeros projetos, programas e ações de educação voltados para o desenvolvimento profissional e pessoal. Por meio de artes como a dança e a música, entre outros recursos, cada entrega é feita com alegria e amor para que seja cumprida a missão de fortalecer a saúde integral e a qualidade de vida dos indivíduos e das organizações.

> A gente não quer só comida
> A gente quer comida, diversão e arte
> A gente não quer só comida
> A gente quer saída para qualquer parte
> A gente não quer só comida
> A gente quer bebida, diversão, balé
> A gente não quer só comida
> A gente quer a vida como a vida quer.
> (*Comida*, TITÃS)

Vou logo iniciar com o ingrediente principal! Não, não sou nenhuma *master chef*, mas podem confiar na receita, pois sou uma apreciadora da vida. E sim, não será preciso aguardar a última linha deste artigo para descobrir a receita de uma vida plena. Para mim, o ingrediente-base, aquele que dá sustentação ao todo e faz a diferença do começo ao fim, é o AMOR!

Desde que me entendo por gente, o amor sempre esteve comigo. Isso foi quando eu tinha um ano e meio aproximadamente. Uma alma linda e amorosa, minha mãe, me acolheu mesmo com todos os fatos mostrando que "daquele mato não sairia coelho" ou que seria praticamente impossível o botão desabrochar. A ficha do dr. Jacy, pediatra incrível que apareceu em nossa história, dizia assim: "criança mal – nem uma semana a mais de vida". Mas ela, meu anjo na Terra, não pensou duas vezes e à base de muito carinho, atenção, vitaminas de hora em hora, vacinas diversas, paciência e muito amor... me fez vingar! E cá estou, essa bela flor a inspirar vocês e a mostrar que a vida vale a pena!

Assim fui crescendo nesse jardim da vida. A terra foi afofada com cada gesto de carinho dos meus pais, Neusa e Dancaherte, e de toda a nossa família maravilhosa, além dos amigos preciosos. Sem esse olhar especial de todos e os cuidados que se tem com uma semente que precisa ser regada, podada e querida, não haveria flores nem frutos.

> *Precisamos dos outros. Precisamos dos outros para amá-los e para sermos amados por eles. Não há dúvida que sem isso nós também, assim como a criança deixada sozinha, pararíamos de crescer, de nos desenvolver, e enlouqueceríamos ou até morreríamos.*
> BUSCAGLIA

> Sim, é como a flor
> De água e ar, luz e calor
> O amor precisa para viver
> De emoção e de alegria
> E tem que regar todo dia.
> (*Semente do amor*, A COR DO SOM)

E assim, fortalecida, eu pude seguir minha jornada. Formei-me, me casei com meu amor, Luis Sandro, e tivemos dois frutos maravilhosos: Guilherme e Andriely. Mais uma vez pude experimentar esse maravilhoso ingrediente da vida, me tornei mãe em circunstâncias diferentes. Num momento, a emoção veio pelas contrações: "Meu bem, acho que chegou a hora!" e no outro veio em uma ligação do fórum dizendo: "Quando vocês podem vir aqui?". Em ambos os casos foi como romper a bolsa e fui invadida por uma explosão de alegria e medo do novo que estaria por vir. E aqui já coloco o segundo ingrediente: a CORAGEM! É preciso seguir adiante, ouvir sua intuição, deixar sua essência fluir e enfrentar os desafios que envolvem cuidar de um outro ser. O medo também faz parte? Sim. E é ele que nos alerta, nos faz pensar mais. No entanto, unido à coragem, o medo não nos paralisa e sim nos prepara.

Leo Buscaglia diz em *Amando uns aos outros* (1984):

> Precisamos de coragem para enfrentar o que virá e, o que quer que seja, saber que não durará para sempre. Nada dura para sempre. Nem a dor, nem alegria, nem mesmo a vida.

Sem coragem não vamos a lugar algum. Ficamos parados, estagnados na zona de conforto e na zona do medo e só há uma maneira de enfrentar isso: ultrapassando as barreiras e chegando na zona de aprendizagem! Aqui lidamos com os desafios para expandir nossa consciência, buscamos aprender novas habilidades e assim chegamos à zona de crescimento para novamente nos depararmos com a zona de conforto e iniciarmos um novo ciclo.

> Ser feliz é pra quem tem coragem
> Coragem é um dote, coragem é pra quem pode
> Ser feliz é pra quem tem coragem
> Coragem é um dote, coragem é pra quem pode.
> (*Coragem*, JORGE VERCILO)

Prosseguimos, assim, certos de que é no outro que a gente se reconhece. Precisamos uns dos outros para evoluir e experimentar os sentimentos. Se sentimos falta é porque sabemos o que é o conviver, assim como reconhecemos a luz porque sabemos o que é a escuridão.

Já nos ensinou o Pequeno Príncipe em seu diálogo com a raposa, que por mais complexas que sejam as relações, elas valem a pena.

> *Tu te tornas eternamente responsável por aquilo que cativas.*
> SAINT-EXUPÉRY

E com esses ingredientes de base: **1 – amor** e **2 – coragem** cheguei ao mundo corporativo e encontrei minha missão: fortalecer a saúde integral e qualidade de vida dos indivíduos e organizações. E agora quero dividir com vocês minha receita para uma vida com mais significado, mais qualidade e bem-estar.

Já visualize neste momento o prato final: uma flor com seis pétalas! Elas representam as dimensões da nossa saúde integral. Vamos lá! O convite é para praticar cada ingrediente enquanto você lê este artigo. Topa?

Ingrediente 3 – movimento (saúde física): adicione este ingrediente diariamente, não importa como. Vale andar, correr, pedalar, dançar. Só não vale ficar parada. Nosso corpo precisa de movimento para manter-se firme.

Prática: levante-se agora, coloque ou apenas imagine a música mais agitada de sua preferência e escute seu corpo. Deixe-o dizer a você quais movimentos fazer. Dance, pule, eleve um pouco seus batimentos cardíacos!

> Tem que correr, tem que suar, tem que malhar (vamos lá!)
> Musculação, respiração, ar no pulmão (vamos lá!)
> Tem que esticar, tem que dobrar, tem que encaixar (vamos lá!)
> Um, dois e três; é sem parar, mais uma vez
> Quem não se endireitar não tem lugar ao sol
> (*Estrelar*, MARCOS VALLE)

Ingrediente 4 – emoções (saúde emocional): aqui invista um bom tempo em seu autoconhecimento para que possa reconhecer as emoções e, principalmente, saber lidar com elas. Cada uma tem uma função importante em nosso sistema. Por isso não as classifique como positivas ou negativas. Não as julgue, entenda-as.

Prática: faça uma respiração profunda e perceba como está se sentindo neste exato momento. Que emoção está presente? Como ela se manifesta em seu corpo? Qual é sua intensidade? De que forma está sua expressão facial agora? Faça essa observação de si própria diversas vezes ao dia e, se necessário, não hesite em buscar ajuda profissional.

> *Conhecer a si mesmo é o começo de toda sabedoria.*
> ARISTÓTELES

> Sei tudo que o amor
> É capaz de me dar
> Eu sei já sofri
> Mas não deixo de amar
> Se chorei ou se sorri
> O importante é que emoções eu vivi
> (*Emoções*, ROBERTO CARLOS)

Ingrediente 5 – conexões (saúde social): somos seres relacionais, viemos assim "de fábrica". As relações são vitais para nossa sobrevivência. Amplie seus contatos pessoais e profissionais. Cuide dessas relações para que sejam produtivas, positivas e saudáveis em sua vida. Construa sua rede de relacionamentos.

> Conectados em rede somos poderosos. Sozinhos, mesmo com toda sabedoria do mundo, somos impotentes: náufragos à deriva num oceano impessoal.
> (SANDERS, 2003)

Prática: identifique suas fontes de apoio. Desenhe uma flor, você é o círculo central. Agora escreva em cada pétala o nome das pessoas com quem você conta para ajudá-la em suas necessidades físicas, emocionais e sociais. Pinte as pétalas com a cor de que você mais gosta e quanto mais forte for sua relação, mais força você deverá imprimir ao pintar. E lembre-se de que um sistema de apoio é de mão dupla. Como você tem ajudado essas pessoas que fazem parte das suas conexões?

> Ademais a vida é curta
> Curto é o nosso tempo aqui
> Bom viver se somos juntos
> Pra somar sem dividir
> (*Tribo*, ZÉ MODESTO)

Ingrediente 6 – conhecimento (saúde intelectual): aprenda todo dia. Há diversas formas de aumentar seu conhecimento, formal e informal. Leia mais, seja curiosa, aprenda algo novo. Seu cérebro agradece. Nunca é tarde!

Prática: pesquise agora um tema, um conceito que ainda não sabe e compartilhe com alguém. Hoje ainda. Segundo Glasser (2021) e sua teoria da pirâmide da aprendizagem, nós aprendemos 10% daquilo que apenas lemos, 20% se apenas escrevemos, 30% ao observarmos e 50% se observamos e escutamos simultaneamente. Na base da pirâmide da aprendizagem, 70% quando discutimos o assunto com outras pessoas, 80% quando colocamos em prática e 95% quando ensinamos aos outros. Então mãos à obra. A escolha é sua.

> Não deixe o medo te impedir de evoluir
> O tempo amadurece e te faz enxergar
> O quanto tudo pode crescer e mudar
> Pra aprender é preciso amar
> (*Evolução*, BRUNO ZANINE)

Ingrediente 7 – propósito (saúde profissional): qual é seu *Ikigai* – o motivo pelo qual você acorda todas as manhãs? É pelo propósito que fazemos o que fazemos e quando descobrimos qual é nossa razão de ser a vida ganha mais sentido, fica mais fluida e encontramos a satisfação. Essa razão é o que a move.

Prática: responda a essas quatro questões. O que ama fazer? O que você faz bem? O que poderia fazer e ser paga por isso? Do que o mundo precisa?

O mundo precisa de muitas coisas. Como você pode contribuir com as coisas que você ama, sabe fazer bem e ainda ser remunerada por isso? A resposta é seu *Ikigai*. Avante!

> Eu quero amor
> Eu quero tudo o que for bem colorido
> Tudo que for leve
> Não me atrapalhe
> Eu tenho um objetivo
> E a vida é breve
> (*Tudo o que for leve*, ALICE CAYMMI)

Ingrediente 8 – compaixão (saúde espiritual): a compaixão tem grande importância para nosso bem-estar emocional e da sociedade. É a capacidade do ser humano para compartilhar a dor de seu próximo. A pessoa compassiva aumenta sua capacidade de amar e cuidar de seus próximos. E para poder exercer esse valor comece por si, com a autocompaixão.

Prática: experimente pelo menos um dos três componentes da autocompaixão, no dia de hoje: a autobondade (substitua a autocrítica por palavras mais gentis); a humanidade compartilhada (reconheça que o sofrimento que pode estar passando é uma experiência universal, não acontece só com você); e a atenção plena (esteja presente e observe as experiências como são, sem julgamento).

> Eu quero é ser feliz
> E desejar que todo mundo possa ser também
> Que nossos olhos possam enxergar mais além
> Pra gente amadurecer e poder celebrar o amor e a vida
> (*Seja sol*, OS FALCÕES)

Agora é só saborear!

Crédito da imagem: Designer - Wagner Morais

E aí?! Conseguiu praticar? Conseguiu ler o capítulo e pulou as práticas? Tudo bem. Você pode reler e praticar quando e quantas vezes quiser. Se você chegou até aqui, é porque investiu seu tempo em leitura, em conhecer algo novo. Parabéns!

Aprecie, curta esses momentos. Faça uma pausa agora, tome uma água com atenção plena e pense em como você é especial!

Aproveite para acessar a playlist no Spotify "Katya Suely – *As Donas da P**** Toda*" e ouça as músicas que compõem esta receita! Vou me despedindo por aqui e deixando mais um desafio: que tal experimentar essa receita em seu dia a dia? Combine sempre um ingrediente de cada dimensão da saúde integral. E se agregar outros ingredientes compartilhe comigo! Vou adorar conhecer outras combinações! Com certeza, faremos muitos outros pratos nesta vida e conheceremos novos sabores. Vamos em frente!

> Conhecer as manhas e as manhãs
> O sabor das massas e das maçãs
> É preciso amor pra poder pulsar
> É preciso paz pra poder sorrir
> É preciso a chuva para florir
> (*Tocando em frente*, ALMIR SATER)

Deixo aqui um agradecimento especial para minha grande amiga e revisora de todos os meus textos, Sandra Regina Lorandi, e para o querido professor e amigo Benedito Milioni, por me inspirar e me incentivar a escrever.

Cá estou! Já pronta para o próximo desafio! Gratidão!

> Eu aprendi com a vida que cada momento
> É um facho do tempo que leva um tanto de nós
> E que não pode ter pressa, caiu, recomeça
> No fundo da alma ecoa uma voz
> Que diz: não existe receita perfeita para ser feliz
> (*Ser Feliz*, DIOGO NOGUEIRA)

Referências

BUSCAGLIA, L. *Amando uns aos outros*. 4. ed. São Paulo: Distribuidora Record de Serviços de Imprensa,1984.

BUSCAGLIA, L. *Amor*. 8. ed. São Paulo: Distribuidora Record de Serviços de Imprensa, 1972.

GLASSER, W. *Pirâmide de aprendizagem*, 2021. Disponível em: <https://keeps.com.br/piramide-de-aprendizagem-de-william-glasser-conceito-e-estrutura/>. Acesso em: 23 jun. de 2022.

MOGI, K. *Ikigai: os cinco passos para encontrar seu propósito de vida e ser mais feliz*. Astral Cultural, 2018.

NEFF, K. *Autocompaixão: pare de se torturar e deixe a insegurança para trás*. Lúcida letra, 2017.

RUDGE, M. et al. *Opção saúde*. CPH – Corporate & Personal Health.

SAINT-EXUPÉRY, A. *O pequeno príncipe*. 29. ed. São Paulo: Agir, 1985.

SANDERS, T. *O amor é a melhor estratégia*. São Paulo: Sextante, 2003.

54

SOU EMPREENDEDORA. E AGORA?

Na primeiro volume do livro *As donas da p**** toda*, foi apresentado um guia prático para quem quer empreender, destacando os principais pontos a serem observados na estruturação do negócio. Agora, o negócio existe, é real e chega o momento de alavancar a empresa, aumentar o faturamento e definir a estratégia para o crescimento e a expansão. Convido você a embarcar nesta jornada comigo, para fazer crescer sua empresa utilizando estratégia de posicionamento e presença no mercado baseada na comunicação. Depois que aplicar as dicas que trago neste capítulo, compartilhe comigo os resultados em curto, médio e longo prazos.

KELEN TURMINA

Kelen Turmina

Contatos
www.makagenciarp.com.br
contato@makagenciarp.com.br
Instagram: @kelenturmina | @hubmakagenciarp
LinkedIn: HUB MAK Agência de Relações Públicas
Facebook: HUB MAK Agência de Relações Públicas
54 99171 2799

Relações Públicas (UCS), especialista em Marketing (FGV). Tem experiência de mais de 20 anos na área de comunicação, atuando em empresas nacionais e multinacionais. Em março de 2019, fundou a MAK Agência de Relações Públicas, que hoje atua em formato de *hub* de comunicação. É coautora do best-seller *As donas da p**** toda: um livro escrito por mulheres empoderadas para inspirar outras mulheres,* com coordenação editorial de Juliana Serafim, e do livro *Coletânea Bienal: memórias, histórias e estratégias capazes de revolucionar vidas*, com coordenação editorial de Maurício Sita. Em 2021, participou da primeira turma da Academia de Mulheres Empreendedoras (AWE 1.0 - Academy of Women Entrepreneur), programa da Embaixada e Consulados dos Estados Unidos no Brasil, programa no qual foi mentora da segunda turma AWE 2.0, e é cofundadora da Caravana de Mulheres Empreendedoras. Kelen é apaixonada por comunicação e está sempre atenta a tudo o que é mais atual em estratégias, canais e ferramentas. Autodidata, gosta de ler, escrever e realiza pesquisas de aprimoramento constantes. Durante três anos, compôs a Diretoria Executiva do Conselho Regional dos Profissionais de Relações Públicas – CONRERP 4ª RS/SC. Desde 2016, é conteudista no coletivo Fantástico Mundo RP.

> *Cada sonho que você deixa pra trás é um pedaço do seu futuro que deixa de existir.*
> STEVE JOBS

Você compraria os produtos comercializados pela sua empresa ou contrataria seu serviço? Abro o capítulo com essa provocação, pois entendo que nós só conseguimos comercializar algo em que acreditamos. E ouso ir além, as pessoas compram sim por impulso, mas contratam e são fiéis a um produto, serviço ou marca quando estes realmente atendem às suas necessidades, sejam elas fisiológicas, de segurança, sociais, de estima ou de autorrealização (informações aprofundadas, pesquise sobre a hierarquia das necessidades de Maslow), quando se identificam com a mesma causa desta marca e, sim, quando percebem vantagens na parceria.

Ao decidir empreender, tive a compreensão de que, além da profissional CPF, agora estaria compondo um CNPJ, que carrega a responsabilidade de apresentar minha experiência profissional, reunida com o conhecimento de outros profissionais, para aprimorar as entregas da empresa, gerando resultados. Para que isso aconteça, é necessário desenvolver um trabalho de construção e posicionamento de marca. Os principais aprendizados comunicacionais e de gestão de imagem serão compartilhados para que você, empreendedora, possa expandir e crescer seu negócio.

Quem é o cliente da sua empresa?

Inicialmente é necessário que você defina o mercado de atuação e o público alvo. Identificando o mercado, você terá mais assertividade na estratégia de comunicação utilizada na abordagem comercial, e com isso mais oportunidade de conversão de vendas. Você atua no mercado B2B (*business to business*) ou B2C (*business to consumer*)? Entenda a diferença:

B2B (*business to business*): refere-se às empresas que vendem produtos ou prestam serviços para outras empresas, pessoas jurídicas. Características:

- São operações que demandam maior tempo, são criteriosas.
- O público é composto de empresas de um nicho específico. É mais segmentado e seleto.
- A negociação costuma ser mais demorada e demandar mais atenção. É preciso conciliar valores, prazos de entrega, garantias e demonstrar a qualidade dos produtos ou serviços.
- As vendas são realizadas com aprovação de cadastro, análise de crédito e faturamento. Cada venda efetuada representa um alto *ticket* médio que gera grande diferença no lucro da empresa. O lucro vem de boas vendas individuais e não da quantidade de operações no mês.
- Os clientes costumam ser fiéis e fazer pedidos periódicos. Existe um padrão de compra.
- Frequentemente são comercializados grandes volumes de cada vez.
- As ações comerciais devem ser personalizadas e realizadas com maior critério.

B2C (*business to consumer*): trata-se das empresas que vendem produtos ou prestam serviços para o consumidor final, pessoa física. Características:

- Essas vendas acontecem com frequência por impulso, pela vontade de consumo imediata, mas há uma baixa fidelidade dos clientes e muita competição por meio de preço.
- Existe maior volume de operações, é bastante heterogêneo e muito disperso. São realizadas diversas vendas individuais para diferentes pessoas, com *ticket* médio baixo. O lucro vem do volume das vendas e não de vendas individuais.
- As ações comerciais são realizadas em massa e o principal objetivo é alcançar o maior número de pessoas.
- A comunicação precisa ser clara e direta, com conteúdo relevante que se destaque em meio aos concorrentes. Preço e formas de pagamento favoráveis são essenciais para conquistar mais vendas.

Como você pode perceber, essa definição de público, mesmo sendo ampla, indica o perfil de cliente da sua empresa e representa a periodicidade de vendas, poder de compra, prazo de entrega e as diferenças nas estratégias de marketing do negócio. Algumas empresas se inserem nas duas modalidades de negócio, tendo públicos diferentes. E quando isso acontece a empresa precisa adotar estratégias de marketing e comunicação com os clientes diferentes para cada situação.

Os canais de comunicação desses dois tipos de negócios podem ser os mesmos. Citam-se as redes sociais, sites, e-mail, loja física e plataformas de *e-commerce*, mas em cada caso a forma do contato precisa ser bem diferente.

Estratégia de criação da marca

A marca é fundamental para uma empresa, pois transmite os valores empresariais e fornece uma identidade ao negócio. Ela reúne características tangíveis e intangíveis, o que posso ver e o que posso sentir. Segundo Philip Kotler, marcas são "nomes, termos, sinais, símbolos que, unidos, identificam produtos e serviços de uma empresa e os diferenciam de seus concorrentes".

A identidade visual de uma marca é sua expressão. Cada item do composto da marca tem um significado para que esta se comunique com seu público-alvo. Entenda:

- **Nome:** é como a marca será conhecida pelo cliente. Por meio dele identificam-se as qualidades, as características do produto ou o serviço e o nicho de atuação. Quando você pensa em *smartphone*, ou em tênis, qual nome vem à mente?
- **Logotipo:** são símbolos e representações gráficas do nome da marca que retratam seu conceito. Vou dar dicas: símbolo da maçã com uma mordida, ou um jacaré, trazem alguma lembrança de nomes? Os logotipos expressam a essência da marca, pois fazem toda a diferença na memória visual do consumidor.
- **Logomarca:** apesar de gerar dúvidas, a logomarca é a união do logotipo (símbolo) + marca (o nome).
- **Cores:** as cores têm significados e impactos diferentes (pesquise psicodinâmica das cores). É importante definir as cores com base no seu tipo de negócio, na imagem que sua empresa quer transmitir. A identidade visual vai muito além do gosto pessoal, ela é a primeira impressão que o cliente terá do seu negócio.
- **Tipografia:** é a forma como as fontes são exibidas. É a combinação de diferentes tipos de letra que dão personalidade à marca. Exemplos de logotipos baseados em tipografia: Uber®, Google® e Coca-Cola®. É importante destacar que cada tipo de letra transmite um sentimento que vai estar presente na sua marca:
  > *Serif:* formal, confiante, maduro, prestígio, altamente legível.
  > *Sans serif:* informal, agradável, moderno, chique.
  > *Slab Serif:* robusto, forte.
  > *Script:* tipicamente formal, elaborado, especial.
  > **Manuscrita:** pessoal, criativo, único.

Escolher o tipo de fonte é o primeiro passo para obter a personalidade, mas também deve-se considerar o tratamento dado a elas: *bold*, em itálico e outras composições que agregam valor ao seu posicionamento no mercado.

Como você pode perceber, a construção de uma identidade visual envolve vários compostos. Você passará por essas definições para chegar à decisão final e oferecer a experiência da marca que ajudará a diferenciá-lo na multidão e, assim, chamar a atenção do cliente.

Estratégia de posicionamento e presença de mercado

Com base nas informações apresentadas, você tem a área de atuação definida B2B e/ou B2C e pode segmentar o mercado por público-alvo ou construindo a persona, que traz dados mais precisos para direcionar suas campanhas. Entenda:

- **Público-alvo:** é a definição de um segmento de pessoas com características em comum que a marca escolhe para direcionar suas campanhas e anúncios.
- **Persona:** identifica o público de maneira mais minuciosa, segmentando o mercado considerando idade, localização, gênero, renda, escolaridade, interesses, além de características psicológicas e comportamentais.

Com base nesses dados, você pode construir a estratégia de comunicação, marketing e relações públicas que vai adotar e definir quais canais serão utilizados para se conectar com o público.

Hoje, no mercado, muitas empresas têm adotado a estratégia de conteúdo proprietário, em que o próprio consumidor é o centro da informação, não mais a empresa, o produto ou o serviço. Essa é uma forma de reforçar a experiência vivida pelo cliente em relação à marca e estabelecer um relacionamento com mais credibilidade.

Canais e estratégias de comunicação

Você tem um negócio e a estratégia é chegar às pessoas, para que possam conhecer seu produto ou serviço. Para isso, é imprescindível investir em estratégias de comunicação e na imagem da empresa. Além da construção da identidade visual, sua empresa precisa estar presente no universo on-line. Quem é visto é lembrado, sim. Destaco alguns canais para você avaliar a importância da presença, de acordo com o nicho de mercado que você quer atingir. Alguns necessitam de investimento, outros, no entanto, são gratuitos. Abaixo os principais canais de comunicação:

- **Site empresarial:** é o principal canal de comunicação on-line da sua empresa. Ele é a "casa", é de sua propriedade. Nele devem constar as principais informações sobre a empresa, produtos, serviços, fundamentos estratégicos, dados de contato. Há plataformas em que a construção é gratuita, com investimento apenas na aquisição do domínio e na hospedagem.
- **E-commerce/loja virtual:** se você comercializa produtos e quer chegar mais longe, criar uma loja virtual é possível. Inclusive, dependendo da quantidade de produtos, existem plataformas com gratuidade, que possuem integração com os principais *marketplaces*. Além disso, sua loja virtual pode ser integrada das redes sociais e você pode criar a "sacolinha" no Instagram.
- **Redes sociais:** dados publicados no relatório de abril de 2022, produzido em parceria por We Are Social e Hootsuite, apontam o ranking das principais redes sociais utilizadas no mundo, com destaque para as mais utilizadas no Brasil. Abaixo destacam-se o ranking e a principal aplicação de cada uma das redes para você avaliar se faz sentido a utilização em seu negócio. As dez redes sociais mais usadas no Brasil em 2022 são:

    1. **WhatsApp (165 mi):** rede de mensagens instantâneas mais popular entre os brasileiros. A versão *business* possui vários recursos que podem ser utilizados para os negócios.
    2. **YouTube (138 mi):** é a principal rede social exclusivamente de vídeos on-line da atualidade. Vale investir nela como forma de distribuir esse conteúdo.
    3. **Instagram (122 mi):** dispõe de recursos como foto, vídeo, *reels*, lives e sacolinha de vendas, para promover negócios e marcas. Uma oportunidade de divulgar seus conteúdos de maneira visual e humanizar a marca, mostrando os bastidores.
    4. **Facebook (116 mi):** rede versátil e abrangente, que reúne muitas funcionalidades no mesmo lugar. Segundo estatísticas, 31,5% de todos os usuários do Facebook têm entre 25 e 34 anos.
    5. **TikTok (73,5 mi):** mais usada no Brasil por adolescentes, celebridades, humoristas – profissionais ou não – e empresas.
    6. **Messenger (65,5 mi):** ferramenta de mensagens instantâneas do Facebook, que também tem uma função *stories* exclusiva. Para empresas, possui alguns recursos interessantes, como *bots* e respostas inteligentes.
    7. **LinkedIn (56 mi):** maior rede social voltada para contatos profissionais. A diferença é que, no lugar de amigos, temos conexões, e em vez de páginas, temos companhias. Outro grande diferencial são as comunidades, que reúnem interessados em algum tema, profissão ou mercado específicos.

8. **Pinterest (30 mi):** rede social de fotos que traz o conceito de "mural de referências". Em sua empresa, você seleciona imagens que tenham a alma da sua marca, ajudem na construção dela e possam ser uma porta de entrada para o usuário chegar até você.
9. **Twitter (19 mi):** usada principalmente como segunda tela, em que os usuários comentam e debatem o que estão assistindo na TV, postando comentários sobre noticiários, *reality-shows,* jogos de futebol e outros programas.
10. **Snapchat (7,6 mi):** aplicativo de compartilhamento de fotos, vídeos e texto para mobile. Tem um público bem específico, formado por jovens hiperconectados.

- **Ferramentas Google:** hoje, o Google disponibiliza recursos gratuitos para sua empresa estar presente no ambiente on-line, como o Google Meu Negócio e o Google Maps. Também conta com o Google Ads, que é ferramenta exclusiva para anúncio.

A pesquisa publicada em janeiro de 2022, pela equipe do Oberlo, reforça a importância de as empresas estarem presentes no ambiente on-line. De acordo com o infográfico, as principais estatísticas do Google para 2022 são:

- O Google foi visitado 89,3 bilhões de vezes em dezembro de 2021.
- O Google tem 91,9% da participação de mercado, em janeiro de 2022.
- O Google processa mais de 8,5 bilhões de pesquisas por dia.
- Mais de um bilhão de perguntas foram feitas no Google Lens.
- Sessenta e três por cento do tráfego de pesquisa orgânica do Google, nos Estados Unidos, originou-se de dispositivos móveis.
- Oitenta e quatro por cento dos entrevistados usam o Google mais de três vezes por dia.
- Quarenta e seis por cento das pesquisas de produtos começam no Google.
- Noventa por cento dos entrevistados disseram que provavelmente clicariam no primeiro conjunto de resultados.
- A pesquisa orgânica produziu 23% de todas as visitas ao site.

Com base nos dados apresentados, fica mais explícita a razão pela qual as empresas devem considerar as estratégias de comunicação on-line para ter relevância no mercado.

Além das ferramentas on-line que destacamos, você pode realizar ativações de marcas em feiras e eventos, gerar parcerias e patrocinar anúncios em revistas. Para isso, pode utilizar campanhas de marketing, influenciadores, criações de vídeos pílula e muito mais.

Independentemente do canal que você escolher para trabalhar a comunicação da sua empresa, a qualidade faz grande diferença na hora de formar o preço de venda do seu produto ou serviço e validar o que está sendo apresentado. Fotos, vídeos e conteúdo de alta qualidade agregam valor a sua marca. Do mesmo modo, investir no atendimento ao cliente e no treinamento da equipe é primordial. Além de realizar as ações, é importante estar atenta às métricas e aos relatórios de resultados para identificar quais ações geraram mais efetividade e conversão em vendas. Esses dados indicam se a estratégia adotada é eficiente ou se precisa ser revista e adaptada.

Gostou do conteúdo apresentado? Quer saber mais?

Aponte a câmera do seu celular para ler o QR code e acesse conteúdo relevante sobre estratégias de comunicação para alavancar seu negócio.

Referências

AHLGREN, M. *35+ Facebook estatísticas e fatos para 2022*. Disponível em: <https://www.websiterating.com/pt/research/facebook-statistics/>. Acesso em: 20 ago. de 2022

COMUNICAÇÃO KRYPTON BPO. *Estatísticas sobre as pesquisas no google para utilizar em 2022*. Disponível em: <https://kryptonbpo.com.br/estatisticas-sobre-as-pesquisas-no-google-para-utilizar-em-2022/>. Acesso em: 20 ago. de 2022

DATAREPORTAL. *Digital 2022 April Global Statshot Report*. Disponível em: <https://www.slideshare.net/DataReportal/digital-2022-april-global-statshot-report-apr-2022-v01>. Acesso em: 20 ago. de 2022

VOLPATO, B. *Ranking: as redes sociais mais usadas no Brasil e no mundo em 2022, com insights materiais*. Disponível em: <https://resultadosdigitais.com.br/marketing/redes-sociais-mais-usadas-no-brasil/>. Acesso em: 20 ago. de 2022

55

COMO SUPEREI MEDOS E CRISES

Minha história é igual a de inúmeras, só que, ao invés de me sentir vítima ou procurar culpados nas dificuldades, eu sequer parei para pensar que tinha outra hipótese que não a de enfrentar, lutar pelo que queria, e assim chegar a feitos que sequer imagino que ainda vou ter, já que minha história está só começando. E que ela sirva de inspiração, pois para mudar o amanhã temos de agir agora.

LARISSA INÁ GRAMKOW MESQUITA

Larissa Iná Gramkow Mesquita

Contatos
www.larissainaadv.com
larissa@advlarissaina.com
66 99995 9176

Bacharel em Direito no ano de 2003 e licenciada em Pedagogia no ano de 2002 pela Universidade do Vale do Itajaí, estado de Santa Catarina. É pós-graduada em Direito Constitucional, Direito e Processo do Trabalho. Tem especialização em Recuperação Judicial e Falência. Auditoria, Consultoria e *Compliance* Trabalhista. Foi secretária-geral da 17ª Subseção da OAB (Sorriso/MT) na gestão 2009/2011. Professora universitária nas disciplinas de Direito do Trabalho, Direito Processual do Trabalho, Direito da Seguridade Social e Direito de Processo Civil na UNIC de Sorriso/MT. Mentora de advogadas na gestão de escritórios.

Sou Larissa Iná Gramkow, nascida em Presidente Getúlio/SC em 1980, filha primogênita do casal Edison e Nalita.

Desde muito nova frequentei a escola e sempre fui ótima aluna, destaque para as professoras. Uma das histórias que ouço da minha infância é que o governador foi a nossa cidade para inaugurar a nova sede da creche em que estudava e a professora convidou-me, junto com um colega, para recitar um poema. No entanto, o colega começou a apresentação do poema falando a minha parte e imediatamente o interrompi, corrigindo o erro; e como ele afirmou que não se lembrava da parte dele, apresentei o poema todo sozinha.

Com um pouco mais de dois anos, meu pai foi morar em Pariquera Açu/SP, vindo nos visitar poucas vezes ao ano. Convivíamos a essa distância por cerca de três anos, quando então fomos morar com ele. Estudante da rede pública de ensino, sempre era a melhor aluna e a seguidora das regras, e tinha poucos amigos. Sendo uma cidade pequena, colonizada por japoneses e população mais parda e negra, pode parecer mentira, mas sofria muito *bullying* por ser muito branca.

Meu pai novamente se mudou, agora para uma fazenda no interior do Estado de Mato Grosso a fim de desempenhar sua atividade de madeireiro.

Apenas no final de 1989 é que fomos com minha mãe para a cidade de Sorriso/MT, cidade escolhida pelo meu pai para nosso domicílio e onde ele edificou nossa casa.

No ano seguinte, comecei a frequentar a quarta série de uma escola estadual da cidade, onde minha mãe passou a trabalhar pelas manhãs e noites.

Com muita dificuldade de bons profissionais na região, lembro-me de que eu percebia os erros de escrita e de cálculos do meu professor à época; e isso me entristecia e me desmotivava, fazendo com que voltasse da escola por diversas vezes chorando.

Minha mãe tentou mudar a situação conversando com o professor, com a direção da escola e tentando também me matricular na escola privada, mas não fui aceita devido à renda de meus pais não ser compatível com o exigido pela escola. Dessa forma, minha mãe, no ano de 1991, iniciou as atividades de uma escola particular de ensino que atendia da educação infantil ao final do ensino fundamental.

Minha mãe passou a trabalhar muito mais, não tendo tempo sequer para ir almoçar em casa. Assim, pela manhã eu ficava com minhas irmãs, fazia o almoço e levava-as de bicicleta, com uma marmita do que tinha preparado para minha mãe na escola.

Com 14 anos já assumi a função de funcionária administrativa pela manhã na escola, à tarde como professora de educação infantil; e estudava à noite. Desde então não parei mais de trabalhar e estudar.

Passei no vestibular aos 17 anos para cursar Direito na Univali, em Itajaí/SC; e no semestre seguinte, em Pedagogia na mesma universidade, passando assim a fazer os dois cursos concomitantemente.

Escolhi Direito porque gostava de ler. Sempre fui uma ótima aluna, sedenta por conhecimento. No segundo semestre do Curso de Direito já iniciei em um escritório de advocacia para aprender na prática a profissão. Eis que não tinha ninguém na família que desempenhasse atividade na área, ficando neste escritório até a conclusão do curso.

Em posse das duas formações acadêmicas, retornei a Sorriso/MT no ano de 2003, imediatamente sendo aprovada no Exame da OAB e assumindo a gestão da escola dos meus pais.

Em 2006, sem estar casada, descobri que estava grávida. E agora? Todos os medos possíveis. Sonhos em ruínas, pois, como era obediente às regras, como seria? Mudei as ordens, grávida sem casar?

Medos enfrentados e um belo menino nos braços em abril de 2007 – Jhonatan, o primeiro neto, o primeiro menino na casa, a alegria de todos.

Na mesma época, devido à crise da economia local, que era basicamente o cultivo da soja, houve diminuição drástica dos alunos matriculados; e a maioria que ficou não conseguia honrar com os pagamentos mensais. Acreditando ser uma situação temporária, meu pai, que desde 1994 tinha deixado a madeireira e passado a auxiliar na gestão da escola, começou a fazer empréstimos bancários e depois com agiotas para manter o negócio.

Aliado a toda a crise e sem retorno dos alunos ou pagamento dos inadimplentes, ainda com empréstimos e juros a pagar, a única alternativa era vender o negócio. Quando começaram a pensar no assunto, apareceu, na escola, um casal, vindo do Sul do país, disposto a alugar o imóvel e continuar o negócio da família.

Todavia, como o valor negociado a título de aluguel não suportava todos os empréstimos contraídos, meus pais me colocaram na posição de advogada, que até então não tinha exercido, e a negociar com todos os bancos, trabalhadores e cobradores.

A cidade passou a ver a família como falida; e eu sem experiência e com cobradores à porta não conseguia emprego ou associar-me a um escritório de advocacia. Foi assim que resolvi enfrentar a advocacia sozinha. Meu primeiro cliente foi a própria empresa, a escola, na cobrança dos inadimplentes, protocolei 421 processos de cobrança com teses novas para o Poder Judiciário, fazendo com que tivesse que despachar diretamente com os juízes e cobrar atos das secretarias; com isso, estava diariamente nos corredores do fórum.

Um dos juízes chamou-me para uma reunião, solicitando-me para atuar como advogada dativa nos processos que tinham audiência na quarta-feira. Ser advogada dativa significava que o cliente não iria me pagar e sim o Estado do Mato Grosso. No entanto, o juiz já me deixou ciente de que, por mais que houvesse promessa de pagamento, o Estado não cumpria e nada pagava. Aceitei na hora.

Passei mais de um ano e meio indo todas as quartas-feiras cumprir a agenda de audiências, atendendo os clientes dativos quando precisavam em outro assunto ou se algum amigo ou familiar precisasse me indicava. Assim, comecei na advocacia do zero, ou digo melhor, do negativo, pois tinha todo o passivo da escola para administrar e clientes dativos que nada pagavam.

No final de 2009, fomos surpreendidos por uma execução de um dos agiotas com quem já tínhamos negociado e que teria ficado com um veículo em garantia, para recebê-lo quando da quitação da alienação junto ao banco. A referida execução penhorou a única renda da família, que era o aluguel; com isso, todas as negociações não seriam cumpridas.

Tive de pedir um emprego de meio período com um conhecido na prefeitura. Afirmei que aceitaria qualquer coisa e qualquer salário; fui contratada em um cargo de confiança: coordenadora do departamento jurídico. Ao mesmo tempo, tive de brigar literalmente com o agiota no processo, o que me trouxe o convívio com capangas dele no escritório, apontando-me uma arma para desistir do processo e assinar confissão de dívidas dos juros exorbitantes. Resolvi enfrentar e tomei a atitude de não ceder às ameaças.

Após várias visitas ameaçadoras, a última delas com agressão física, resolvi levar o caso para a promotoria, para o prefeito e pedir ajuda para a OAB. Com essas providências, as ameaças cessaram e passamos a discutir no processo. Consegui desbloquear o aluguel, recuperar o veículo dado em garantia e o processo continuou nos seus termos.

Fui promovida na prefeitura a advogada em 2011 e a procuradora em 2012; no ano seguinte, como era cargo de confiança e o prefeito não foi reeleito, passei o "bastão" para outro procurador. Mas agora o escritório já estava indo de vento em popa. Mudei-me para outro local maior. Em 2014, comecei a lecionar na Universidade no Curso de Direito.

Do meu pai herdei a visão de mundo para os negócios e empreendedorismo e da mãe o empoderamento, a coragem, a independência financeira e a determinação no trabalho.

No início da carreira senti dificuldade para conquistar espaço, pois tinha de provar o tempo todo que estava preparada para a advocacia; e ser mulher na área ainda é desafiador diante da cultura dos migrantes da região. Mas sempre acreditei no trabalho focado e que o conhecimento e a determinação são as principais alavancas para evoluir. Tenho como lema estar sempre preparada para novos desafios.

Casei-me no ano de 2015 com um companheiro que fez diferença na minha vida, Felipe Dias Mesquita. Formado em Administração e Direito, é policial rodoviário federal e um dos meus maiores apoiadores.

Em 2016, descobri um câncer e ao invés de diminuir o trabalho, expandi-o, ampliando o local do escritório novamente e propiciando oportunidades a outras mulheres.

Assim como a maioria, com o advento da pandemia e com o fechamento dos comércios e fóruns, preocupei-me. Doze funcionárias depois de quatro meses de pandemia foram desligadas ou pediram para sair. E eu, como sempre, dediquei-me a estudar, a buscar saídas.

Parti para construir um escritório digital. Digitalizamos todas as pastas, arquivos ativos e passivos. Instituímos atendimento remoto, organizamos sistema de gestão, contratamos sistema de CRM, ideias advindas de cursos e da mentoria do Ciro Dias, que sempre me impulsionava a aparecer nas redes sociais, a fazer mais lives, contar minha história que, segundo ele, é fantástica, que precisava contar para outras pessoas. Mas nesse aspecto sempre me reservei. Não gostava da minha imagem, eis que com o câncer e seu tratamento ganhei 50 quilos e isso me incomodava muito para tirar fotos e aparecer.

Em 2020, fui matéria do programa Empresários de Sucesso da Band News, o que me surpreendeu e me fez pensar toda a trajetória que tive até o momento, cada conquista pessoal e profissional.

Quando da venda do evento chamado Mulher Brilhante em 2021, recebi o e-mail, comprei e fui a São Paulo; lá levei muitos "tapas na cara", muita coisa fez muito sentido e a chave virou; afinal, "quem disse que aparecer nas redes sociais é sobre mim"; uma das frases ouvidas; "o que estou fazendo com o dom que Deus me deu", foi outra frase. E assim foi; desde novembro de 2021, tenho aparecido mais nas redes sociais. Fui palestrante convidada do evento presencial do Ciro Dias. Sou embaixadora do Clube Mulher Brilhante, no qual uma mulher empreendedora impulsiona a outra.

Quanto ao escritório, ele não para de crescer e atualmente conta com 25 colaboradoras. E a cada um que me pergunta o porquê de sermos a maioria mulheres, respondo que assim posso propiciar a elas oportunidades, aconselhar e inspirar por meio da minha história sem que elas precisem passar pelas dificuldades de início de carreira pelas quais passei; além do fato de que as mulheres são mais organizadas, detalhistas; fazemos várias coisas ao mesmo tempo, damos conta do recado com maestria e humildade.

Minha principal preocupação e foco é fazer sempre o melhor e com qualidade. Atendemos no sistema *full service*, ou seja, em todas as áreas do Direito, tanto para empresas como para pessoas físicas. Estamos divididas em equipes por ramo do Direito. Podemos especializar cada uma em uma área. Nosso diferencial é sobretudo a empatia, pois tratamos de uma área do conhecimento que lida com problemas dos clientes, desde a esfera íntima à negocial. Os clientes precisam se sentir abraçados e atendidos de maneira individualizada; e o mais importante: com qualidade e em tempo hábil.

Para cada situação trazida pelo cliente, procuramos ajudar a resolver buscando novos meios de solução, com muita criatividade, competência, ética e sempre mantê-lo informado de tudo, incansáveis na busca de resultados positivos a todos que nos procuram e mantendo o foco na execução, quando as coisas realmente acontecem.

É sempre importante que as soluções excedam as expectativas dos clientes, tanto na esfera judicial como na extrajudicial. Também é importante para a execução do nosso trabalho o respeito às partes, aos servidores do Judiciário, às autoridades e aos demais colegas advogados e estagiários. Nosso principal desafio de liderança é fomentar a inovação, motivar a equipe e torná-la multiplicadora de boas práticas.

Liderança para mim é enxergar o brilho nos olhos, é honestidade, compartilhamento, querer caminhar junto. Mas liderança não é de todo esse romantismo. Existe muita solidão também. Você toma decisões difíceis sozinha, precisa de uma sensibilidade aflorada e muita empatia para entender o outro e não o julgar, e resiliência para atravessar os momentos difíceis.

"Cem por cento dos nossos clientes são pessoas, 100% dos nossos colaboradores são pessoas. Se você não entende de pessoas, você não entende de negócios."

Posso afirmar que a busca incansável pelo conhecimento e a visão sistêmica são habilidades que auxiliaram na construção da trajetória de sucesso, mas o mais importante é o AMOR pelo que faço.

Continuo encarando os desafios. Hoje sou muito mais experiente e preparada, mas, ainda assim, continuo estudando, aprimorando-me e crescendo, assim como a nossa cidade no interior do Mato Grosso. E entendendo a cada dia que estamos neste plano para cumprir um único propósito, o de SERVIR. Sou muito grata a Deus a cada bênção recebida, a cada dificuldade que tive, pois tudo pelo que passamos tem um porquê que só Ele sabe, mas que temos a certeza de que servirá de lição para evoluirmos sempre.

Gosto muito de falar a todos ao meu redor: "Se está como medo, vá com medo mesmo". O medo só serve para nos paralisar, então "bora agir".

INTUIÇÃO
COMO RETOMAR SEU PODER PESSOAL E SEU ESTADO DE LUZ ESPIRITUAL!

Este é um chamado urgente para o despertar da humanidade! Aqui eu lhe conto uma breve história sobre a involução do ser humano como experiência física. Porque, afinal, somos seres espirituais vivendo uma experiencia de vivência, observações e aprendizados no mundo físico. "Quem sou eu? O que eu vim fazer no mundo? Qual é minha missão?". Todo mundo se faz essas perguntas em algum ponto na vida, mas... O quanto estamos dispostos a olhar para isso da forma que temos que VER para realmente ENXERGAR?

LETICIA MENDEZ

Leticia Mendez

Contatos
www.leticiamendez.com.br
contato@leticiamendez.com.br
Instagram: @leticiamendez_brasil
11 98381 6588

Psicoterapeuta internacional de Registros Akáshicos presente em mais de 12 países (CRT/SINTE 52146). Possui sua primeira formação em Economia (2010) e a segunda em Psicanálise Clínica (2020). É mentora de Vida & Ascensão Espiritual. Foi professora e treinadora do desenvolvimento humano por 15 anos, tendo atuado com palestras em grupos de empreendedores, na área farmacêutica e em escolas. Ativista da autocura, acredita que o mesmo poder que temos de criar nossos males e doenças por meio de percepções de realidade, temos de acessá-los e ressignificá-los, tomando responsabilidade por nossas próprias criações. Hoje é treinadora e palestrante de congressos nacionais e internacionais, tendo desenvolvido métodos próprios de autoterapia, como o *Reset* Emocional, que a empodera a investigar as causas raízes dos seus problemas e limpá-los do seu campo energético. Também é fundadora da empresa Arcana em São Paulo, onde criou a plataforma on-line de autoconhecimento e curas energéticas que leva o mesmo nome.

A origem da desconexão

No ano de 3.500 a.C. – ano em que surgiu a escrita na Mesopotâmia – os conhecimentos que eram antes adquiridos por meio da observação dos arredores e processamento interno, e então passados de geração em geração por meio da fala, começaram a ser substituídos pela escrita, pelo conhecimento escrito. Nesta época, a escrita era pouco acessível; os poucos detentores desse saber partilhavam seu saber com os próximos. Vagarosamente, iniciou-se um processo de alienação quanto ao crer no que está escrito, e desconfiança do que era falado. Porque, afinal, o que estava escrito estava estático.

No ano de 600 a.C., com o surgimento dos primeiros filósofos da Natureza – os cientistas – e com o surgimento do termo "prova científica", todo conhecimento ficou ainda mais rígido com relação às suas origens. Agora o homem precisava de uma prova científica de que aquilo que era observado era real aos olhos do espectador.

Surge aí um grande perigo: diversos espectadores da mesma realidade percebendo o mundo de maneira diferente. Mas se eu, cientista, escrevo uma percepção como teoria e a provo com métodos científicos, aquilo se transforma em uma verdade absoluta. E o que você como um ser humano diferente de mim percebe torna-se irrelevante.

O grande filósofo Sócrates foi condenado à morte por desvirtuar os jovens na crença de múltiplos deuses. A religião começava ali a ser destruída na Grécia antiga.

A sabedoria então foi substituída pelo conhecimento. Segundo o Wikipédia: "sabedoria, sapiência ou sagacidade é a condição de quem tem conhecimento, erudição". O equivalente em grego 'sofia' é o termo que equivale ao saber. O termo encontra definições distintas conforme a ótica filosófica, teológica ou psicológica.

A sabedoria tem como base informações coletadas formais ou informais que são transformadas em aprendizados e percepções. Processo bastante interno ao ser humano. O conhecimento, por sua vez, foi substituído por informação. Pedaços de informação. Quer dizer, deixamos de processar aquele conhecimento adquirido e passamos apenas para a fase do ler, escutar, nos informar e deixar que nosso sistema de medos e crenças construa o significado daquilo. A sabedoria então foi deixada de lado.

Sabemos que nosso cérebro não é serial, ou seja, igual ao computador, ele não mostra diversas cenas e realidades ao mesmo tempo. Nossa atenção é estreita e focada, e por isso pensamos que esta é a única forma de analisarmos as coisas. Grosso modo, nós temos o lado racional (esquerdo) do cérebro e o lado criativo-intuitivo (direito). Nossa crença nos permite ser apenas racionais ou criativo-intuitivos e a intuição acontece na verdade quando você trabalha os dois lados do cérebro juntos.

Pense nas guerras e outros problemas globais sérios que nós temos hoje. Nós nunca trouxemos soluções criativas de diferentes áreas e disciplinas juntas para tentar solucionar. É a famosa ideia do separatismo, em que nos vemos e nos sentimos separados uns dos outros porque estamos separados de nós mesmos.

O eixo intestino-cérebro: ciência por trás da intuição

Comumente pensamos no cérebro como a fonte de toda a nossa sabedoria, pois ele é responsável por armazenar uma pletora de informações conscientes e inconscientes. Mas e se eu lhe contasse que seu intestino possui milhões de neurônios idênticos aos do cérebro e trilhões de bactérias (boas e ruins) que constituem um sistema próprio (o sistema entérico)? Ele se comunica diretamente com o cérebro por meio do nervo vago. E se eu lhe contasse ainda que seu intestino é o maior captador e transmissor de informações que existe no seu corpo: 90% da comunicação desse nervo se dá do intestino para o cérebro e apenas 10% dessas informações seguem o caminho contrário (do cérebro para o intestino).

Lá no nosso intestino está então nosso segundo cérebro – ou o primeiro, eu diria. Quando nossas bactérias intestinais estão em desarmonia, seu intestino deixa de produzir o que ele sabe fazer melhor, que é a serotonina (seu hormônio da felicidade), a deixando estressada e enviando ao cérebro a informação para seu sistema imunológico abrir fogo. Você está inflamada, enfezada (cheio de fezes) e não está ciente de emoções que estão sendo percebidas pelo seu intestino e passando essas mensagens desordenadas ao cérebro.

Nossas emoções são percebidas pelo intestino e transmitidas ao cérebro para que faça uma interpretação. Então é isso mesmo, seus sentimentos são interpretações racionais suas de emoções percebidas primeiramente pelo seu intestino. Quando sentimos angústia, medo, raiva, rancor, ansiedade... naturalmente sentimos nosso sistema digestivo nos alertar: frio na barriga, sensação de borboletas no estômago, enjoos e náuseas. Seu intestino comunica ao cérebro essas emoções e o cérebro dá o comando químico para a mágica acontecer: liberação do hormônio cortisol (relacionado ao estresse), combate a invasores com respostas inflamatórias exageradas e por aí vai. Em resumo, sua saúde intestinal interfere na sua saúde física, emocional e na sua autopercepção. O que você come interfere nas suas percepções de mundo que ajudam a gerar a sua realidade interna percebida.

Aprofundando...

Nós nascemos nesse mundo apenas tentando navegar do ponto A ao ponto B, esquecendo de nos atentarmos ao mundo ao nosso redor, deixando de perceber inúmeras informações sensoriais das muitas dimensões à nossa volta que na verdade nós captamos automaticamente e que ficam armazenadas em nossos corpo e mente.

Nós não sabemos como sabemos as coisas, nós apenas sabemos. E essa é a grande "magia" da intuição, que de magia, aliás, não tem nada.

Muito barulho e muita informação

Uma pesquisa feita em um mercado nos Estados Unidos colocou duas mesas vendendo geleias na porta. Numa mesa, foram colocados 24 potes de geleias de sabores diferentes. Noutra mesa, 6 potes de geleia de sabores diferentes.

Ao se observar o comportamento das pessoas, constatou-se que 60% das pessoas que passaram foram atraídas para a mesa com 24 sabores de geleia, enquanto apenas 40% se interessaram pela mesa com 6 sabores. Porém, na apuração do resultado de vendas, foi visto que a mesa com 6 sabores de geleia vendeu 30% de seus potes, enquanto a mesa com 24 potes vendeu apenas 3%. Isso nos leva a crer que, no geral, ficamos viciados em acreditar que quanto mais informação temos na tomada de decisão, melhor ela será. Porém, em termos de resultados, não conseguimos tomar decisões quando temos muitas informações. No entanto, nossa busca pela validação por meio da informação consciente causa não somente confusão na tomada de decisões, mas também o que chamamos de sensação de muita informação, que nos deixa paralisados.

Você nasceu para ser intuitiva

Veja só: seu cérebro foi feito para armazenar muitas informações, mas também foi feito para esquecer e começar pequeno. Observe uma criança em desenvolvimento da fala: o cérebro dela absorve tudo o que os adultos falam – frases complexas e longas, palavras grandes e pequenas. Mas na hora em que ela vai reproduzir o aprendizado, reproduz uma frase de dez palavras com apenas quatro palavras. Ela fala as palavras parcialmente corretas de acordo com o que recapitulou do que foi internalizado. E ao longo dos anos essa criança vai acessando e corrigindo tal informação na hora da fala, até que aquela memória fica mais fresca, quando ela vai acrescentando robustez ao seu discurso.

O desenvolvimento da fala é um exemplo de que a informação armazenada está lá, e só é acessada conforme a prática e as necessidades, aos poucos e lentamente. Aos poucos a fala se torna... intuitiva!

Noventa e oito por cento do nosso cérebro não usa lógica nem linguagem. Ele cria tudo isso. Ele cria coisas para nós, que ele mesmo não usa. Os outros 2% do cérebro recebem o que os 98% criaram e transformam isso nas nossas ações.

Imagine você que os polinésios conseguiram mapear todo o Oceano Pacífico sem ferramentas. Eles apenas "escutaram" o que o oceano tinha a dizer, sobre as direções a serem tomadas. E assim desenvolveram conhecimentos de clima, ondas, navegação e ciclos. Se houvesse uma ilha adiante do seu caminho, eles saberiam apenas pelo sentir. Tudo o que coletaram com aquele conhecimento virou parte do inconsciente coletivo deles. Veja como na intuição não existe nada "mágico". Intuição é apenas conhecimento de informações armazenadas e de energias sutis.

O bloqueio

O que está bloqueando nossa conexão é o BARULHO. Muito barulho das distrações e do entretenimento. O barulho do mundo externo está mutando nossa intuição. A falta de conexão com a natureza amplia essa sensação de distanciamento uns dos outros, fazendo que cada vez mais sintamos a neces-

As donas da p**** toda: celebration

sidade de distrações externas para aplacar uma dor, um sofrimento que não estamos enxergando, mas que está dentro de nós para ser resolvido.

O quão longe você acha que iremos se violarmos a Mãe que nos deu origem (a Grande Mãe Natureza)? Que nos dá água, comida... Nós abusamos tanto da Terra que não sabemos mais em qual direção seguir.

O desbloqueio

Todos temos uma biblioteca de informações dentro de nós, coletadas por meio da nossa experiência de vida, de observações conscientes e inconscientes que nosso cérebro produz e armazena. A pergunta é: nós vamos acessar essa informação e usá-la para nos guiarmos?

Temos de aprender a analisar as coisas da ótica interna e não simplesmente reagir ao que nos acontece no mundo externo. Se algo horrível acontece conosco no mundo externo e nós não paramos para analisar quais sensações, emoções e sentimentos emergem na gente e a partir daí nos colocamos no lugar do outro, não desenvolvemos amor e empatia, que é o que nos possibilita extrair o melhor de nós mesmos. Afinal, somos meramente um espelho do mundo ao nosso redor. O que vemos no mundo lá fora é o que está dentro de nós.

Reagindo sem sentir de dentro para fora, estamos coletando emoções e sentimentos pesados para nosso sistema, o que reforça nosso senso de separação do outro e do mundo ao nosso redor. Existe um elo perdido entre nós e o mundo ao nosso redor.

O propósito e a intuição

O propósito deleta o sentimento de ser e estar randômico nesse mundo. A maioria das pessoas hoje apenas vive randomicamente, reagindo às intempéries da vida. O propósito dá um significado mais profundo à nossa vida como seres humanos, da vida à intuição.

Se eu tenho um propósito, sei que não sou você e tampouco sou aquele lugar, aquela caixinha onde me colocaram com as crenças e os medos alheios. Ter um propósito é ter o mundo olhando para mim como uma entidade que vive de propósito.

O que vivemos como seres humanos possui um significado muito maior encrustado em nossas células. Se afastarmos as distrações, a verdade inabalável associada ao mundo externo, vamos encontrar uma voz sussurrando suavemente em nosso ouvido interno, por meio do nosso canal intuitivo. Temos de entrar em nós mesmos para ativar essa intuição para que ela sussurre nosso propósito. Não vou dizer que é fácil acessar. Como já vimos, temos um milhar de crenças contrárias que nos ditam para não olharmos para ela. Mas acessar a intuição é tão difícil quanto matemática e ciências. Você se lembra das suas aulas e sabe que é difícil, mas sabe também que é possível.

Tudo funciona como um jogo de videogame. Você começa jogando uma fase e seu objetivo é passar do ponto A até o ponto B (próxima fase). Mas no meio do caminho começam a aparecer buracos, monstros e pedras (distrações).

O que você deve fazer para acessar a fase B é apenas remover as distrações do caminho. Não é fácil devido ao tempo em que essa crença de modo de viver vem sendo instalada em nós, mas assim como a matemática e a ciência, você deu conta e está aqui hoje para dizer que é possível.

57

GESTÃO ESTRATÉGICA DO TEMPO

A gestão do tempo é um tema que está em voga, mas nem todas as pessoas conseguem aplicar isso em suas vidas. Proponho cinco atividades que irão orientar você na organização e na otimização de sua vida, apresentando ferramentas que a auxiliam a dar o primeiro passo, desmistifico a gestão, o tempo e a estratégia. São atividades que realizei em minha própria vida e, hoje, compartilho com você.

LÍVIA AURORA

Lívia Aurora

Contatos
liviaan@hotmail.com
YouTube: Lívia Aurora | Fala Mulher!

Administradora e educadora física, doutora em Administração nas áreas de Gestão de Pessoas e Sustentabilidade Organizacional e mestre em Administração na área de Comportamento Organizacional pela UFMG, MBA em Gestão Estratégica de Pessoas pela Universidade Estácio de Sá e especialista em Ciências Humanas e Saúde pela UFJF. Atua como professora universitária nos níveis de graduação e pós-graduação (*lato sensu* e *stricto sensu*), consultora, mentora, *personal friend*, escritora e investidora-anjo.

Já começo trazendo a vocês a quebra da própria proposta. Isso mesmo! Não fazemos gestão do tempo, muito menos estratégica! "Opa, Lívia! Como isso?". Vou apresentar aqui ferramentas para você viver mais a vida que quer viver e menos a vida que acredita que tem a obrigação de viver.

O tempo é a dimensão que nos faz estar na terceira dimensão. Sim! A quarta dimensão – e que ainda não dominamos – é o tempo! O que consideramos hoje como tempo são, na verdade, referências didáticas para a organização das nossas vidas. Essas referências são os anos, os meses, os dias, as horas, os minutos e por aí vai... Outra coisa é a gestão. Fazer gestão pressupõe dirigir, controlar, pessoas, dados, recursos – de maneira resumida, ok? – e não é essa a proposta que vou trazer aqui para você viver mais próximo da vida que sonha. Sabe por quê? Porque quem quer controlar, controlado está! Já pensou sobre isso? Geramos tanta ansiedade em relação ao que queremos controlar que toda a nossa energia fica direcionada a fazer aquilo não "sair dos trilhos", a seguir o planejamento, a seguir o caminho previsto. Faz sentido para você? Pessoal, planejamento é para ser uma referência e não uma prisão. É para auxiliar o processo e não paralisá-lo.

Sobre a questão "estratégica", essa sim vamos manter! Ela se relaciona diretamente com o que queremos atingir, aonde queremos chegar. Ou seja: a vida dos sonhos. A estratégia é o que faremos para chegar lá. Depois, vem o planejamento para apontar como.

Agora, atenção! Se você não acredita que possa viver sua vida dos sonhos, pare de ler este capítulo neste momento! Ele não é para você... Mas sempre estará aqui, disponível, para quando você se sentir preparada, certo?

Bom! Então, a proposta que trago aqui é de organização planejada dos meses, dias, horas, minutos, com o foco em aproximar sua vida daquela que você sonha. Para isso, é necessário que você tenha, pelo menos, vontade de fazer esse movimento em sua vida, ok? Apresentarei cinco atividades para você seguir e facilitar essa mudança de hábito.

Atividade 1: aonde quero chegar?

Nesta atividade seu objetivo é ter clareza quanto a sua vida dos sonhos. Para isso, siga estes passos:

- Escreva uma carta para você mesma explicando, detalhadamente, como é sua rotina, sua vida, vivendo tudo aquilo que sempre quis. Ou seja, será você do futuro escrevendo para você de agora. Escreva tudo! Incluindo as emoções que sente com essa vida maravilhosa!
- Depois, faça uma lista do que você acredita que esteja te impedindo de chegar lá. Coloque suas crenças, suas verdades, sua realidade.
- Então, faça a tabela dos "gostos". Coloque quatro quadrantes com os seguintes títulos: Gosto e faço; Gosto e não faço; Não gosto e faço; Não gosto e não faço (esse último quadrante, se quiser, pode deixar em branco ou simplesmente não o trazer, porque se você não gosta e não faz, que ótimo!).
- Verifique se o que você gosta tem relação com sua vida dos sonhos. Se não, revise tudo, porque precisa haver um alinhamento entre ambas, percebe? Preciso gostar das coisas que estão presentes na minha vida dos sonhos, senão não faz sentido ser essa uma vida que desejo ter, não é verdade?!
- Defina uma data para atingir sua vida dos sonhos.
- Depois que tudo estiver alinhado entre vida dos sonhos e gostos, nosso foco será em diminuir os quadrantes "Não gosto e faço" e "Gosto e não faço" para ampliar o quadrante "Gosto e faço". Nesse movimento, alguns itens podem ir para o quadrante "Não gosto e não faço". Ou seja, o que você gosta e faz será o meio, o caminho, para se atingir sua vida dos sonhos, ok?

Atividade 2: ajustando...

De posse de sua vida dos sonhos e dos gostos que a levam a essa vida, partimos para colocar a coisa em prática!

- Repasse item a item do "Não gosto e faço" e verifique quais são aquelas atividades que APENAS VOCÊ pode realizar. Depois verifique aqueles que você pode delegar parte delas e coloque as opções de pessoas que podem dividir a atividade com você. Defina também aquelas que podem ser totalmente delegadas a outras pessoas e aponte as pessoas que podem receber a atividade. Por fim, verifique aquelas atividades que podem, efetivamente, ser eliminadas e elimine-as.
- Entre em contato com as pessoas que enumerou e verifique quais podem assumir o que você sugeriu a elas. Aqui, você irá fazer um dos principais exercícios para sua vida fluir: dizer NÃO! Tenho certeza de que você vai encontrar atividades que não deveriam estar com você ou que parte delas não precisaria ser feita necessariamente por você. Então, faça contato com

as pessoas e delegue! Qualquer mínima delegação que você conseguir é válida! Celebre!
• Repasse o item "Gosto e não faço" e defina a ordem de importância. Ou seja, qual atividade você gostaria de passar a fazer primeiro, depois segundo e assim vai...

Atividade 3: planejando...

Nessa etapa você irá precisar de uma agenda ou mais de uma, fique à vontade! O importante é ter ferramentas que funcionem para si, que te auxiliem a sair do lugar, a fazer a mudança acontecer.

• Defina se terá uma agenda física ou virtual ou ambas! A única coisa que peço na escolha da agenda é que seja possível você conseguir visualizar a semana inteira de uma vez. Ah, Lívia, mas eu amei uma agenda que não é assim... Tudo bem! Se você amou, use-a porque isso será mais um estímulo para usá-la, percebe!?
• Insira na agenda TODAS as atividades que você faz hoje, incluindo dormir, tomar banho, comer... Desenhe o tamanho de cada atividade conforme o prazo de realização dela. Veja o exemplo a seguir:

Nesse exemplo – minha agenda já está com algumas otimizações, mas ainda assim é possível visualizar os espaços das atividades – consigo ver o tempo que cada atividade ocupa no meu dia. Assim, tenho mais clareza a respeito da quantidade de atividades produtivas do meu dia. Verifique quantas horas, efetivamente, você tem para serem ocupadas no dia: 16 horas? 12 horas? 8 horas? Considere tempo de deslocamento também!

- A partir disso, você vai olhar para a lista de coisas que quer começar a fazer e organizar quando irá iniciá-las e em qual momento do seu dia. Atente-se que aqui irá precisar definir prazo, pois você tem uma data para ter sua vida dos sonhos, lembra? Minha sugestão é que vivencie sua agenda sem inserir nenhuma atividade por três semanas, pelo menos; e, depois, insira uma atividade a cada três semanas. Isso porque estamos falando de mudança e queremos que, efetivamente, você mude! Então, dar tempo para naturalizar um novo hábito é fundamental para inserir outro, porque se você colocar tudo de uma vez a tendência é não conseguir sustentar tanta mudança ao mesmo tempo e acabar desistindo. Não é o objetivo aqui...
- Você irá planejar toda a semana seguinte no sábado ou no domingo. Se não for possível planejar a semana porque você tem atividades muito dinâmicas, planeje no dia anterior e verifique o que precisa de ajustes.
- ATENÇÃO! Evite agendar atividades sobrepostas. Se isso acontecer, verifique qual é a mais importante para você naquele momento e a priorize.

Atividade 4: viva! Celebre!

Agora é colocar em prática! Viva cada momento com qualidade de presença. O que é isso? É estar plenamente presente – de corpo, alma, espírito, perispírito e tudo o que mais existir – no que estiver fazendo. Seja você, o exemplo que quer ter na vida!

- Celebre cada passo que dê em direção a seu objetivo. Celebrar libera hormônios e estimula energias que fazem você vibrar mais alto, e isso te anima a seguir.
- Não se paralise no primeiro deslize que tiver. Tenha paciência consigo. Respeite-se, respeite seus limites, mas não deixe de agir. Se você tem dificuldade de falar "não", assim como eu tinha, comece trocando o "não" por algo mais confortável para si, como:

João: Lívia, você pode procurar minha carteira para mim, por favor?

Lívia: João, eu adoraria, mas agora tenho um compromisso e já estou com a agenda ocupada até a hora de dormir. Sugiro que você procure quando tiver tempo ou peça a outra pessoa com disponibilidade agora.

Essa é uma forma de falar "não" sem, efetivamente, dizer a palavra. Com o tempo você vai ficando mais confortável em dizer a palavra e isso será libertador!

- Não crie muitas regras para si. Com a agenda em mãos, vá cumprindo os compromissos e introduzindo compromissos referentes às coisas de que gosta. Vá percebendo o que faz sentido e o que funciona para você!

Atividade 5: revise!

Revisar é fundamental para ir ajustando o planejamento. Revise para verificar o que funcionou e o que não funcionou para si; para listar suas conquistas; para verificar se algo mudou em relação a seus desejos, se algum caminho novo surgiu; entre outros.

Se algo precisa ser mudado, defina o que deu errado e qual ação diferente você vai tomar para tentar alcançar um resultado distinto. Acompanhe tudo o que fizer. É um processo de autorreflexão e autoconhecimento. Revisando, você vai conseguir acompanhar com mais dados sua evolução, seu avanço. Isso também pode ser considerado uma gestão.

Use sua vida a seu favor e faça de seu tempo – meses, dias, horas, minutos... – um aliado da sua felicidade, do seu prazer, da sua vida. Essa forma de organização pode ser o pontapé inicial para você sair da inércia; e fico feliz de contribuir com isso! Seu objetivo aqui é se conhecer cada vez mais, se libertar de amarras que você criou para si mesma, se respeitar cada vez mais, se amar cada vez mais, buscar o que funciona para si e o que não funciona, o que faz sentido para você e o que não faz. Além disso, é um processo de "adultecer". Ou seja, fazer o que deve ser feito e arcar com as responsabilidades do que fez.

Aqui eu trouxe algumas dicas, e esse é um movimento inicial. O primeiro passo, muitas vezes, é o mais desafiador e é também o mais importante. Minha intenção é contribuir com seu primeiro passo! Para aprofundar, acesse meu canal e o material que tenho produzido ou entre em contato.

O mundo que vivemos é aquele que percebemos e não o que contam para nós. Sinta, perceba e viva o mundo que quiser!
Sua hora é agora!
LÍVIA AURORA

58

MINHA JORNADA DE EVOLUÇÃO PESSOAL E PROFISSIONAL

Não tenha medo de começar do zero.
Isso poderá levar você a lugares incríveis.

Neste capítulo, compartilho alguns momentos marcantes da minha vida pessoal e profissional, com o propósito de encorajar você a experimentar o novo. Para mim, o novo significa superar desafios, correr riscos, alçar novos voos... E esta é a minha história. Desejo que se inspire e se encoraje a sempre ir em busca dos seus maiores sonhos.

LUCEDILE ANTUNES

Lucedile Antunes

Contatos
www.lantunesconsultoria.com.br
lucedile@lantunesconsultoria.com.br
LinkedIn: linkedin.com/in/lucedile-antunes/
Instagram: @lucedileantunes
11 98424 9669

Uma das referências no Brasil no desenvolvimento de *soft skills*. Palestrante e *founder* da L. Antunes Consultoria & *Coaching*, idealizada com a missão de transformar pessoas e empresas, visando potencializar os resultados pessoais e profissionais. Apaixonada pela evolução das pessoas, já impactou centenas de líderes e colaboradores com seus trabalhos de desenvolvimento humano. Mãe da Julia e do Raphael. Mentora e *coach* reconhecida internacionalmente pelo ICF – International Coach Federation. Autora de diversos livros e artigos sobre desenvolvimento humano e organizacional. Idealizadora dos livros *Soft skills: competências essenciais para os novos tempos* e *Soft skills: habilidades do futuro para o profissional do agora*, publicados pela Literare Books Internacional, eleitos, em 2020 e 2021, best-sellers pela revista VEJA, e do mais recente lançamento: *Soft skills kids*, que aborda as habilidades comportamentais nas crianças para termos adultos mais bem-sucedidos.

Suas ações devem refletir suas ambições!

Minha chegada aqui na Terra se deu em 25 de julho de 1974 e, como todos os outros seres humanos, estou aqui para uma linda jornada de evolução pessoal, na qual haverá muitos momentos de alegrias, mas também de grandes superações.

Passei minha infância na cidade de São Bernardo do Campo/SP. Sou filha de um vendedor de móveis e de uma funcionária pública, descendentes de italianos, com muitas tradições. Uma garotinha tímida e introspectiva com um rostinho angelical, que escondia muitos medos e muitas inseguranças.

Sempre ouvia as pessoas, principalmente em meu núcleo familiar, dizerem que eu era uma menina lenta, atrasada, que não ia para a frente. E isso tudo foi ficando marcado dentro de mim. Internamente, me sentia como se estivesse dentro de uma panela de pressão. Assim fui crescendo, acreditando que eu não era capaz, mas, no fundo no fundo, queria provar para mim mesma que eu poderia, sim, transformar aquela realidade. Bastava querer muito isso.

Estudei num colégio tradicional dos meus 6 aos 14 anos de idade, com garotas que tinham comportamentos com os quais não me identificava. Sentia-me literalmente fora do ninho, muitas vezes sozinha, como se eu não pertencesse àquela tribo. Então, veio meu primeiro grande despertar com 14 anos de idade, impulsionado por um enorme desejo de libertação, de mudar radicalmente o rumo da minha história.

Quando estava no último ano do ensino fundamental, procurei minha mãe e implorei para que ela me pagasse um cursinho, pois queria muito prestar vestibulinho, para entrar em uma escola técnica pública no ensino médio.

Em janeiro de 1990, recebo a notícia de que havia passado no vestibulinho de uma das escolas técnicas mais bem-conceituadas de São Paulo. Meus olhos brilhavam de alegria, pois queria muito ter uma formação técnica que me preparasse para o mercado de trabalho, e também aquela seria a oportunidade de encontrar minha tribo.

Foi realmente uma grande conquista, pois, no íntimo, queria me libertar das crenças e dos rótulos que havia recebido na minha infância, podendo estar em um ambiente onde pudesse ser eu mesma, me sentindo pertencente e acolhida por um grupo de amigos com os quais me identificava, gerar conexões profundas... Enfim, almejava ser reconhecida pela minha beleza interior e pelas minhas qualidades e capacidades, que ficaram apagadas por muitos anos, no convívio com pessoas que, de fato, não me valorizavam. Foi aí que tudo começou a acontecer, e eu guardo em meu coração momentos muito especiais daquela fase da minha vida. Imbuída do propósito de continuar esta jornada de evolução pessoal e empoderamento interior, buscando atingir meus objetivos e não as vontades impostas pelo meu núcleo familiar, ao me formar no ensino médio como Técnica em Edificações e ter meu primeiro trabalho com 19 anos, prossegui em busca da minha liberdade e ingressei no curso de graduação em Engenharia Civil.

Envolvida cada vez mais na área, logo iniciei meu estágio em um canteiro de obras de uma grande companhia do setor de construção civil, o que me gerou enorme aprendizado prático. Foi uma fase de intenso amadurecimento. Hoje posso dizer que, da minha formação na área de exatas, trago a força de fazer acontecer, sempre buscando soluções práticas. Mas, como sempre fui muito inquieta, querendo sempre dar passos maiores e alçar novos voos, senti em 1998 que era novamente a hora de me reinventar. Foi então que troquei minha carreira promissora de engenheira civil nesta grande construtora por uma trajetória totalmente nova. Passei por um rigoroso processo seletivo e fui contratada como consultora júnior na área de gestão em uma consultoria de São Paulo, na qual conheci e aprendi a implementar sistemas de gestão da qualidade, baseados no padrão de normas internacionais ISO 9001. Foram momentos de muita superação, pois aprendi tudo do zero. Por isso, aconselho você a nunca ter medo de recomeçar.

Para mim, reiniciar é andar por um caminho totalmente diferente e que certamente nos trará algo novo e positivo. Portanto, se não estiver feliz onde está, permita-se um novo começo.

Em pouco tempo de aprendizado, veio o reconhecimento. Após dois anos, fui convidada por uma companhia inglesa para atuar como auditora externa e tive a chance de conhecer e avaliar a gestão de mais de 1.000 empresas de diversos segmentos, portes e culturas no Brasil e no exterior. Dessa importante experiência, trago, como maior aprendizado, a paixão por buscar sempre fazer tudo com leveza, simplicidade e eficiência.

Ingressei muito jovem nesta companhia inglesa, uma das mais respeitadas e antigas certificadoras de sistema de gestão, e enfrentei o grande desafio de ser mulher num ambiente totalmente masculino e conservador. Era a única auditora no time de auditores, no auge dos meus 26 anos, mas com uma aparência de muito mais nova. Lembro-me como se fosse hoje de que, ao visitar os clientes – muitos que eram companhias multinacionais do setor automobilístico, químico, petroquímico, farmacêuticos –, o CEO ou presidente me recebia com um olhar preconceituoso e eu podia ler com meus olhos sua linguagem corporal, que dizia: "Eu contratei a certificadora mais respeitada, tradicional e mais cara do mercado e me enviam uma 'garota' para entregar esse serviço?". Essa situação ocorria de maneira muito frequente, mas, em vez de me sentir rebaixada, me encorajava ainda mais a entregar meu serviço com a mais alta excelência. E, ao final, muitos me confessavam que, de fato, criaram um rótulo inicial, mas que, no decorrer dos trabalhos, conforme observavam minha atuação, se surpreendiam com minha competência na condução dos trabalhos. E nesta experiência auditando empresas de diversas culturas, localidades, portes e escopos, passei por inúmeras situações desafiadoras, mas de todas retirei muitas lições.

Aprendi e amadureci muito. Era gratificante dar a notícia de que estava recomendando a certificação. Aquilo representava para a empresa e o time alguns anos de dedicação implantando seus sistemas de gestão. Conquistas, sem dúvida, muito importantes. Meus colegas auditores brincavam comigo, pois diziam que eu era uma auditora que gerava muita emoção ao dar a notícia, fazendo muitas pessoas se emocionarem com a conquista. Acho que isso tem a ver com "fazer com a alma", pois sempre me entreguei a tudo o que fiz, buscando entregar o meu melhor.

Reconhecer nossos momentos de superação nos faz sentir ainda mais energizadas com a jornada de evolução pessoal. Portanto, enfrente os desafios que aparecerem pelo seu caminho. Desistir de tentar jamais! Sempre em frente!

Em fevereiro de 2007, engravidei da minha filha Julia. A maternidade nos empodera muito. E como eu sempre sentia um desejo muito profundo dentro de mim de fazer a diferença na vida das pessoas e das empresas, ensinando e compartilhando todos os meus conhecimentos, em 2008, tomei coragem, respirei fundo, pedi demissão da empresa de auditoria inglesa e fundei a L. Antunes Consultoria & Coaching.

Transformar significa superar obstáculos e muitas vezes começar do zero. E como diz o escritor e futurista norte-americano Alvin Toffler: "O analfabeto do século XXI não será aquele que não consegue ler e escrever, mas aquele que não consegue aprender a desaprender para reaprender". E assim sempre fiz. Desde a fundação da minha empresa, atuando como *coach* e mentora, tenho como propósito gerar transformações na vida das pessoas e das organizações.

Outro grande aprendizado que tirei dessa minha jornada até aqui é que não temos controle de nada. Estar em estado de vulnerabilidade é a melhor maneira de se medir a coragem. E o nascimento do meu filho Raphael, em setembro de 2018, me ensinou tudo isso. A chegada dele foi naturalmente um momento muito esperado. Algumas horas após seu nascimento, contudo, o pediatra entrou no quarto e me disse: "Lucedile, estamos observando o Raphael respirar com alguma dificuldade e, de acordo com o protocolo, vamos encaminhá-lo para a UTI, onde ficará em observação". Naquele momento, pensei: serão poucos dias, deve ser algum probleminha de pulmão. Mas, com 13 dias de vida, nosso Raphael fez uma cirurgia de coração e lá se foram dois meses de UTI até o ter nos braços definitivamente.

Não ter meu bebê nos braços no dia da saída da maternidade foi uma desagradável surpresa. Eu estava totalmente despreparada, e foi um imenso desafio ter de lidar com essa frustração. É poder olhar apenas pela janela da incubadora; é esterilizar as mãos o tempo todo com álcool em gel; é ficar viciada no monitor de batimentos cardíacos. É tirar leite na máquina e vê-lo entrar pela sonda. É torcer para que ele tome um pouco mais de leite todos os dias. É se incomodar com as aspirações e as manobras da fonoaudióloga, mesmo sabendo que é algo necessário. É ver seu bebê levando picadas e mais picadas de agulha para a realização de exames e prender a respiração enquanto os resultados não aparecem.

É uma verdadeira montanha-russa. É chegar ao hospital todos os dias pela manhã com um frio na barriga e com medo do que a pediatra neonatal irá dizer. É esperar ansiosamente pela notícia de que seu bebê está melhor, embora a resposta dela seja: "Ele está estável", e considerar essa expressão uma grande conquista. É não se esquecer de agradecer o cocô e o xixi de cada dia como sinais de que não há infecção.

É preciso ter muita fé, pois, na hora do desespero, é Deus e você. É joelho no chão no banheiro da UTI para pedir por um milagre, para que ele ficasse bom rapidamente e pudesse ir para casa com a gente. Haja fé! É ver o sofrimento do seu bebê e simplesmente não poder fazer nada. Apenas confiar. É conversar com seu filho pela incubadora e ter lágrimas escorrendo pelo rosto todos os dias por não poder sentir seu cheirinho e acariciar seus cabelos. É acompanhar de perto a história dos outros bebês da UTI e o sofrimento dos outros pais.

Mas ser mãe de um filho que vai para a UTI ao nascer é ter uma inesquecível história de superação para contar. É entender de um monte de doença que pouca gente imagina existir. É sentir a passagem das horas de uma forma totalmente diferente. É, finalmente, sair da UTI sob os aplausos de toda a equipe de médicos e enfermeiros que estiveram conosco naqueles dois meses e deixar por lá amizades eternas e preciosas.

Aprendi que não temos controle sobre nada nas nossas vidas. Saí muito fortalecida de toda essa jornada. Vejo que meu desejo de superação se iniciou ainda criança e caminha comigo até hoje. Sinto que sou uma pessoa que o tempo todo busca novos desafios.

Ao longo da minha jornada, tive de dar novos significados para muitas crenças que me limitavam, me desapegar de rótulos da infância, sair da minha zona de conforto, buscar meu autoconhecimento, procurar a expansão de consciência, aprender a reaprender sempre visando à minha melhor versão.

Hoje sinto o bom orgulho de todas as minhas conquistas e também me sinto muito motivada para as próximas que ainda estão por vir. E não dá para se evoluir sem ser corajosa e vulnerável. A vulnerabilidade é a estrada que nos leva à transformação.

Desejo que, com a minha história e com minhas mais profundas descobertas, possa ter tocado você de alguma forma, a fim de que saia com inspiração para ir em busca dos seus sonhos. Nunca é tarde para fazer uma nova história, quebrar os obstáculos que a vida nos impõe e seguir nosso propósito com esperança e muita determinação. E mais: não permita que ninguém diga que você não pode realizar algo.

Um abraço carinhoso,

Lucedile Antunes.

59

DE "AMÉLIA", A DONA DE CASA, PARA ADVOGADA, A DONA DA P**** TODA

Se você acha que eu vim escrever sobre coisas chatas da área do direito, está muito enganada. Neste momento, eu e minha taça de vinho estamos prontas para lhe contar a reviravolta que tive que dar na minha vida para chegar aonde estou hoje. E detalhe: foi tudo conquistado pelo meu suor no rosto, sem o empurrão de ninguém!

LUCIANA ASSIS

Luciana Assis

Contatos
lucianasilvamoraes@hotmail.com
Instagram: @lucianaassis_advogada
LinkedIn: linkedin.com/in/luciana-assis-b019442b
62 98143 4158

Advogada, pós-graduada em Direito Tributário. Sócia-proprietária do escritório Assis, Moraes & Santos Advogados Associados. Proprietária da Assis Soluções Administrativas. Mediadora e conciliadora formada pelo Conselho Nacional de Justiça. Diretora jurídica da Associação Comercial e Empresarial de Goiânia (ACEG).

De dona de casa para dona de um escritório de advocacia, já passei por várias situações que me diminuíram, mas nunca pensei que eram pelo fato de eu ser mulher. Essa opinião pode assustar muitas, mas para mim, o que existe é uma igualdade, e aquele famoso ditado eu reformulei assim: ao lado de uma grande mulher, há sempre um grande homem!

Convido você a mergulhar na história da minha vida para descobrir como consegui sustentar uma casa sozinha, criar dois filhos, trabalhar das seis às 18h e ainda fazer faculdade de direito à noite! E aproveite, algumas partes estão sendo contadas pela primeira vez, ou seja, você é exclusiva!

Quando tudo era um mar de rosas

Comecei minha carreira profissional trabalhando como secretária de um advogado. Ele era 33 anos mais velho que eu, extremamente inteligente. Como era de se esperar, me apaixonei perdidamente por ele e nós nos casamos quando eu tinha 17 anos. Provavelmente você ficou chocada com essa informação, mas acredite, superei muitas coisas nessa fase por amor!

Depois do casamento, vivíamos numa condição financeira muito estável, mesmo com os altos e baixos da carreira de um profissional liberal. É nessa parte que eu digo que virei uma amélia, porque depois que me casei eu não precisei trabalhar, apenas cuidava de casa (não que isso seja um trabalho fácil).

Quando fiz 18 anos, tivemos nosso primeiro filho, e aos 21 dei à luz o segundo. Ambos foram e são muito amados, e graças a Deus conseguimos dar uma boa educação para eles. *Spoiler*: o mais velho já me deu uma netinha e estamos ansiosos para saber o sexo do bebê do meu caçula! Voltando, naquela época eu não sabia o que era pagar um boleto sequer. Eu cuidava feliz da vida do meu marido e dos meus filhos. Nesse meio-tempo, acompanhava de perto a emoção dele pela advocacia, ele amava aquilo... Contava-me tantos casos, demonstrava de maneira tão genuína sua paixão pelo direito que eu acabei me apaixonando também. Cheguei até a trabalhar como estagiária dele, e foi aí que mais adquiri conhecimento jurídico sem nem estar numa faculdade.

O mundo começou a desmoronar

Como eu disse, quem trabalha como profissional liberal sabe que existem meses bons e ruins, ainda mais na área da advocacia, em que tudo depende de se ganhar os processos. Em relação a isso, a certa altura do campeonato meu marido teve depressão, e daí veio uma sequência de meses ruins. Eu, que há anos tinha estabilidade financeira muito alta, nunca acreditei que passaria por dificuldades. Estava acostumada com algumas quedas na receita de vez em quando, mas logo tudo voltava ao normal.

Os dias foram se passando e os rendimentos só diminuíam, os boletos se acumulavam e eu ainda tinha esperança de que tudo aquilo era só uma fase. Até que eu caí na real de que não ia ter como ele se recuperar mais, pois a depressão atingiu um estágio muito avançado e era quase impossível ele voltar por conta da sua situação debilitada. Daí, me vi sem nenhum tipo de renda, com comida faltando em casa e duas crianças pequenas para cuidar, além do estado grave em que se encontrava meu esposo. Não tive escolha. Decidi que ia assumir toda a parte financeira para conseguirmos sobreviver. Algumas podem até se perguntar "ah, mas você não tinha nenhum familiar para te ajudar?". Ter eu tinha, mas sempre fui de sofrer calada, por conta do meu orgulho imenso que já me custou muitos problemas.

Começo de uma jornada

Saí então para a temida busca por emprego. Sabe aquela cena de filme em que o ator carrega seu currículo para todo lado e só recebe "não" como resposta? Então, essa era minha realidade na época.

Consegui finalmente um trabalho como secretária em uma empresa de classificação de arroz. Cheguei lá sem saber fazer nada e com três meses eu já era a gerente. Não demorou muito tempo e eu fui assediada pelo meu chefe, e nesse momento uma opinião começava a nascer em minha mente. Aquele ambiente era majoritariamente masculino, e eu percebi que qualquer mulher que ficaria ali sofreria com isso também. Isso me deixou extremamente incomodada, pois todos tinham plena capacidade de trabalhar em harmonia e sem essa preocupação. Depois do ocorrido, me demiti e, logo em seguida, fui convidada a trabalhar em um escritório de advocacia no qual meu esposo prestava serviços. Graças ao vasto conhecimento que tive com meu marido, não tive dificuldades para ser aceita, e era ali que começava minha luta mais desafiadora. Nesse escritório, eu trabalhava meio período para receber metade de um salário-mínimo, e esse dinheiro não estava sendo suficiente para sustentar a casa. Foi aí que tive de me virar. Arrumei outro emprego numa corretora de seguros e trabalhava o outro período para ganhar meio salário também.

Vocês não têm ideia da correria em que minha vida se tornou quando eu fiz isso. O pior de tudo é que estávamos sem carro, pois tivemos que vendê-lo para pagar as dívidas atrasadas. Resumindo, eu saía de casa às seis horas da manhã, deixava meu filho mais novo na escola e pegava dois ônibus para chegar à corretora. Quando chegava o horário do almoço, eu pegava mais um ônibus para ir ao escritório. Ao final do expediente, embarcava em mais dois ônibus a fim de voltar para casa. Ufa! Eram cinco ônibus por dia. Foi um período difícil... Sustentava toda a casa apenas com um mísero salário-mínimo, e a conta não fechava nunca. Fiquei nesse aperto por volta de seis meses, até que recebi uma proposta do escritório para trabalhar no período integral. Aceitei a proposta porque era algo melhor do que eu ganhava, mas ainda assim eu tinha que atravessar a cidade para chegar ao trabalho.

Nem tudo é só tragédia

Nesse meio-tempo em que trabalhava integralmente no escritório de advocacia, fui me descobrindo cada vez mais como profissional. De tanto lidar com assuntos do direito, me envolvi de tal forma que minha paixão só aumentava. Foi aqui que a chave girou. Mesmo em meio a tantas dificuldades, com um marido com depressão, dois filhos e uma casa para sustentar, eu pensei em mim. Demorei a cair na real que era aquilo que eu queria para minha vida, mas quando eu percebi... Ninguém me segurou!

Decidi que iria fazer um curso superior para me formar e poder exercer com plenitude tudo aquilo que eu já estava fazendo como estagiária. Essa com certeza foi uma das melhores escolhas que já fiz na minha vida!

Depois de dias com medo de começar e não ter dinheiro para pagar as mensalidades, eu ouvi a seguinte frase de um amigo: "Só vai, você consegue". Até hoje guardo essas palavras para mim, pois foi isso que eu fiz! Estudei, fiz o vestibular e entrei na faculdade!

Na época, a mensalidade era um salário-mínimo e meio, mas graças ao meu estudo, fui conseguindo bolsas de estudo que me livravam de pagar o valor cheio todo mês. Dessa forma, eu me virei para trabalhar no período diurno e cursar Direito no período noturno. Recapitulando: eu saía cedo, trabalhava o dia inteiro e estudava à noite, sem contar os dois ônibus que eu pegava na volta que me faziam chegar mais tarde ainda. E meus filhos nisso tudo? Eu só tinha a oportunidade de vê-los bem de manhã, antes de irem para a escola, pois eles já estavam dormindo quando eu chegava da faculdade. Apesar de tudo isso, eu conseguia tirar boas notas, já que as matérias não eram novidade para mim por conta do trabalho. Eu sempre fui daquelas nerds que se sentam na primeira cadeira da fila, muito esforçada nos estudos. Sabendo disso, consegui evoluir constantemente como acadêmica e profissional do direito ao mesmo tempo.

Quando me estabilizei nessa rotina, surgiu uma oportunidade de trabalho junto com uma amiga, e com o dinheiro desse serviço consegui comprar um Monza 1976! Esse teve história, viu?! E foi assim que minha vida mudou da água para o vinho (não é à toa que amo beber vinho!). Tudo ficou menos sofrido, eu resolvia tudo com esse carro. Foi nessa parte que comecei a perceber a grande mulher em que eu estava me tornando.

Nasce uma estrela

No decorrer do curso e do trabalho, eu sempre fiquei incomodada com o ambiente extremamente machista que era a advocacia. Porém, o que me deixava mais triste era o fato de que a maioria das mulheres ali não queriam se posicionar, simplesmente aceitavam aquela situação como normal.

Lembra da opinião que nasceu em mim naquele dia em que fui assediada pelo meu chefe? Ela cresceu, amadureceu e tomou proporções maiores do que eu imaginava. Como nunca fui "maria vai com as outras", eu não me encaixava nem no time das extremistas, que falam que ninguém precisa de homem, e muito menos no time das submissas, que aceitavam que o homem tomasse as rédeas por completo.

Ao longo do curso, portanto, fui construindo uma Luciana que eu jamais cogitaria em ser. Enquanto muitas reclamavam que não tinham espaço de fala, eu lutava com unhas e dentes para soltar minha voz. Dediquei-me de tal forma que antes de terminar o curso eu passei na prova da OAB de primeira, que inclusive tirei de letra! Nesse âmbito, sempre achei as provas da faculdade muito fáceis, principalmente aquelas sobre direito civil e processo civil, pois eram assuntos com os quais eu lidava todo santo dia. Depois que me formei, devido à minha área de atuação no escritório, fiz questão de me especializar em direito tributário.

Falando em formatura, das várias mulheres que se formaram comigo, pouquíssimas conseguiram viver exclusivamente da renda da advocacia. A dificuldade de se estabelecer no mundo jurídico é grande, ainda mais porque muitas delas achavam que eram "apenas" mulheres. Eu tinha até calafrios quando algumas falavam: "Todo mundo prefere advogado homem do que mulher"...

Dias de luta

Ao todo trabalhei 11 anos naquele escritório. Nos dois primeiros anos eu era apenas estagiária, e no restante do tempo fui convidada para ser sócia, mesmo antes de formada. Quando aceitei essa sociedade, comecei a ganhar muito bem, consegui viver numa condição financeira melhor e comprei outros carros mais atuais. Entretanto, nem tudo foi tão mar de rosas assim.

Na prática, eu dominava toda a gestão do departamento jurídico: cuidava dos processos, fazia análise dos casos, audiências, pareceres jurídicos e muito mais. O grande problema é que eu era sócia apenas quando conveniente para meu sócio. Resumindo, aquilo era uma falsa sociedade, pois eu era tratada como funcionária. O pior de tudo é que eu fazia todo o trabalho pesado e quem levava os créditos era ele. Eu me submeti a essa pressão psicológica por muito tempo, pois tinha medo de sair dali e voltar para aquela situação precária que eu estava vivendo antes de entrar. Apesar de ter evoluído demasiadamente como profissional, não me achava boa o suficiente para levar um empreendimento sozinha.

Durante esses 11 anos, enquanto eu comprava um carro ele comprava um avião, enquanto eu comprava um apartamento, ele comprava uma fazenda! Totalmente desproporcional para quem está em uma "sociedade", né?! Pois então, tudo isso terminou quando ele simplesmente encerrou nossa parceria e levou toda a parte financeira consigo. Isso foi um trauma muito grande para mim, pois dei minha vida por aquele escritório. Isso sem contar no desfalque de dinheiro na minha receita, fato que fez um grande estrago na minha estabilidade financeira. Depois desse ocorrido, eu ainda embarquei em outra sociedade, mas pouco tempo depois foi desfeita por divergências de interesses. Só perrengue esses homens, viu?!

Dias de glória

Quando consegui me estabilizar outra vez, decidi que não ia passar mais por isso. Juntei minhas forças e mergulhei de cabeça em um empreendimento só meu! Abri meu escritório de advocacia. Mas você deve estar se perguntando: "Cadê o marido dela nisso tudo?". Então, logo após eu me formar ele faleceu... Algum tempo depois eu tive outro relacionamento, mas não deu certo. Hoje, enxergo que o homem é sim essencial para nossas vidas, e encontrei um parceiro maravilhoso que me apoia em todos os projetos, pessoais e profissionais.

Mas para encerrar, o que importa é que eu completei essa jornada por meio da minha sede de vencer, vontade de trabalhar e estudar! Espero muito que você que leu tudo isso esteja inspirada para buscar sua melhor versão!

Não quero que absolutamente ninguém passe pelo que eu passei, porque, além dos problemas financeiros, eu não tinha autoconhecimento, não tinha credibilidade em mim mesma!

Hoje, sou Luciana Assis Silva Moraes, ADVOGADA, e sei que venci na vida porque sou perdidamente apaixonada pelo que eu faço.

O caminho para me tornar essa mulher não foi fácil, mas posso dizer com toda segurança do mundo que hoje eu sou A DONA DA P**** TODA!

SIM, SOMOS TODAS LOUCAS!

Não te deixes destruir...
Ajuntando novas pedras e construindo novos poemas.
Recria tua vida, sempre, sempre.
Remove pedras e planta roseiras e faz doces.
Recomeça.
Faz de tua vida mesquinha um poema.
E viverás no coração dos jovens e na memória das gerações que hão de vir.
Esta fonte é para uso de todos os sedentos.
Toma a tua parte.
Vem a estas páginas e não entraves seu uso aos que têm sede.

LUCIANA FRAST

Luciana Frast

Contatos
lufrast@gmail.com
Instagram: luciana.frast

Nascida no Rio de Janeiro em 1972, mãe de dois rapazes: Rômulo Frast – @rofrast, publicitário e Arthur Frast – @frastarthur, inspetor escolar e portador da síndrome do espectro autista. Trabalhou no regime CLT dos 19 aos 45 anos, quando resolveu abrir seu próprio escritório e se tornou "EUpresária", como tantas mulheres brasileiras. Bacharel em Administração e Contabilidade – Universidade Augusto Mota (UAM). Pós-graduada pelo Instituto de Pesquisas e Estudos Contábeis do Rio de Janeiro (IPECRJ). Perita Judicial, Financeira e Contábil. Curso de Extensão em Contabilidade Gerencial pela Universidade Federal Fluminense (UFF). Curso de Extensão em Gestão Financeira pela Universidade Corporativa do Conselho Regional de Administração do Rio de Janeiro (CRA-RJ). CEO da empresa Luciana Frast Assessoria Empresarial, Financeira e Contábil desde 2019. Idealizadora do Projeto Empreendedorismo para Mulheres desde 2021. Participante do projeto SEBRAE DELAS em 2022.

Vocês já ouviram falar da síndrome da impostora? A grande maioria de nós mulheres tem essa sensação de que nunca é boa o suficiente! Aquela sensação de que precisa estudar mais, trabalhar mais, malhar mais, dar mais atenção à família etc. "Mas você, Luciana!?". Eu também! Essa sensação não diz respeito ao que temos ou somos e sim ao que nos foi ensinado, de como deveríamos ser ou querer, por conta de um histórico social em que os homens eram a base da sociedade e a eles, sim, eram dados os estímulos para o sucesso!

Diariamente lido com mulheres que querem empreender, mas que acham que não terão sucesso, pois acreditam ser unicamente o papel de mãe e responsável pela manutenção de suas casas. Em quantas famílias nas quais irmãos precisam cuidar dos pais idosos esse papel é destinado "naturalmente" para a filha mulher? Nas separações, por que a guarda dos filhos fica "naturalmente" com as mães? Alguém precisa parar de trabalhar para tomar conta dos filhos? Que resposta vem "naturalmente" à cabeça de todos? E caso em alguma dessas situações a escolha não seja a "natural" e um homem venha a exercer este papel, o senso comum julga a mulher como "desnaturada", "irresponsável", "egoísta", "louca"; não é verdade?

Planta roseiras e faz doces

Desde que embarquei nessa exploração feminista na minha vida e na vida das mulheres que conheço, tenho percebido que esse conceito das mulheres "loucas" – porque decidiram tomar as rédeas da vida financeira e profissional tentando conciliar o papel de mãe e esposa, indo muitas vezes contra a opinião da própria família – tem de fato emergido como uma séria questão na sociedade.

Como contadora, me preocupava apenas em ensinar e explicar números, tributos, documentos e pouco levava em consideração a história comum a todas nós, que além de profissionais, somos mães, esposas, filhas e noras de pessoas que precisam de atenção. Sem perceber, passei algum tempo da minha vida profissional em competição com o mundo masculino, visto que os homens contadores só olham seu papel profissional por esse prisma. Percebi então que aí estaria meu diferencial: conheço bem esse universo e seus desafios; logo, por que não oferecer também apoio emocional e incentivo para essas mulheres corajosas e empreendedoras "loucas". Hoje 90% da minha carteira de clientes são compostos de mulheres "loucas" assim como eu.

Não te deixes destruir...

Casei-me muito jovem, aos 17 anos. Meu pai havia falecido e me vi sozinha com uma casa montada. Ah! Esqueci de falar: minha mãe faleceu quando eu tinha apenas três anos e meu pai – para seu desespero e a contragosto – seguiu com a minha guarda. Creio que esse sentimento muito contribuiu para que ele falecesse aos 57 anos, num infarto fulminante, além do vício em álcool e o tabagismo.

Marcada pela falta materna, minha infância não foi das melhores. Criada por meu pai, aprendi que o papel da mulher era cuidar da casa e do marido. Como ele não se casou novamente, adivinhe de quem era a responsabilidade da casa, comida, da roupa lavada...? Desde meus dez anos assumi o papel de responsável pela casa de maneira coercitiva e muitas vezes violenta por parte de meu pai, devido aos efeitos do álcool.

Na época em que meu pai faleceu, aos meus 17 anos, eu estava namorando; e, como passei a morar sozinha, meu namorado foi cada vez mais ficando na minha casa. Dormia um dia, passava um final de semana, passava uma semana... E quando vi, estava casada! Quando comecei a trabalhar e a cursar a faculdade de Administração, começaram a vir as interrogações, as indiretas e muitos "por que", "com quem", "a que horas" e "quando". Eu, apaixonada, dava todas as satisfações e morria de medo de ele ir embora. Afinal, estava "sozinha no mundo"!

Para seu maior controle, meu marido me convenceu a trabalhar com ele, ou melhor, para ele. Após oito anos de casamento, vieram os filhos. E a partir daí tudo mudou. Ele percebeu que a atenção não era mais somente dele e que agora mesmo é que eu não o deixaria, pois tínhamos dois meninos. E, naquele momento, ele estava certo! Por mais sete anos tentei manter o casamento fazendo vista grossa para as traições, para a bebida e para os motivos da falta de dinheiro em casa. Eu era uma mulher no mais puro estado de insegurança financeira e emocional. Sem perceber claramente como cheguei a essa situação, eu servia apenas para ser mãe, dona de casa e troféu, talvez! Tinha beleza, jovialidade, inteligência financeira, filhos; mas era apenas a esposa perfeita! Tenho profundo arrependimento por ter me permitido um papel de coadjuvante e ficado refém nesse relacionamento.

Ao decidir que não queria mais seguir com o casamento, ouvi aquilo que poderia ser o golpe final: "Ninguém vai querer uma mulher com mais de 30 anos e com dois filhos pequenos, ainda mais um sendo deficiente". Ali percebi que minha carência era tanta que não enxerguei o machista por quem me apaixonei. Penso que, talvez pela criação que tive, repeti naquela relação o papel que me foi "deixado" por meu pai.

Tínhamos uma transportadora em que eu era a administradora e meu então marido fazia a parte comercial e de operações. Não quis absolutamente mais nenhum contato diário com aquele homem. Saí do casamento desempregada, com dois filhos e um cartão de crédito estourado, mas com muita felicidade de ter conseguido me libertar desse relacionamento.

Ajuntando novas pedras e construindo novos poemas

A luta por minha independência foi difícil e dolorosa; afinal, "naturalmente" fiquei com a guarda dos meus dois filhos pequenos. Voltei ao mercado de trabalho por meio de uma amiga, que pediu ao seu marido uma oportunidade para mim, pois precisava me sustentar e aos meus filhos e estava fora do mercado há quase dez anos. Agarrei a oportunidade com unhas e dentes, indo trabalhar em um escritório de contabilidade sem conhecimento algum. Fui aprendendo fazendo e resolvi cursar mais uma faculdade: dessa vez EaD, de Contabilidade. Estudava à noite, quando as crianças já estavam dormindo.

Há quase 20 anos, assumi sozinha minha família, sem guarda compartilhada, visitas regulares ou pensão de alimentos estabelecida. Na época não tínhamos tão presentes a pauta feminista, a valorização do papel da mulher, seus direitos e potencialidades. Sororidade? Nem de longe sabia o que representava! Hoje sei! Sororidade foi o que minha amiga Denise me ofereceu, quando por seu intermédio fui trabalhar no escritório do seu marido! Sou muito grata a ela e devolvo isso a todas as mulheres que me procuram precisando de ajuda. Muitas não conseguem enxergar sua potência e deixam de lado a vontade de empreender e alcançar a tão desejada liberdade financeira e emocional para não serem julgadas ou não decepcionarem aos seus, que anseiam que seu papel de mulher submissa e conciliadora seja exercido. Em nossa formação cultural, nós mulheres somos "avaliadas" por meio do nosso comportamento social, habilidades domésticas e sensibilidade. É frequente que mulheres se anulem para manter relações em busca do amor do outro, da validação do outro.

Há uma frase de Clarice Lispector de que gosto muito e levo guardado sempre à minha vista: "O maior obstáculo para eu ir adiante: eu mesma. Tenho sido a maior dificuldade no meu caminho". Diante desse pensamento, não posso deixar de registrar o que tenho observado em minha prática e convivência quase diária com tantas mulheres empreendedoras: mulher tem tanta vida dentro dela, tem tanto amor para compartilhar, tanto potencial para transformar o seu e todo o mundo que não me conformo em ver uma mulher com sua luz apagada, à sombra de outro alguém. Não desejo fazer aqui um palanque de "nós contra eles" nem pretendo colocar todos os homens individualmente na "vala comum" do machismo, até porque acredito que todas as relações nos servem para fazer crescer. Minha intenção neste capítulo é que todos percebam, homens e mulheres, o valor que cada uma de nós temos na instituição familiar a que pertencemos e que não deixemos em momento algum nossos sonhos e objetivos de lado, simplesmente para não decepcionarmos os outros.

Toma a tua parte

Se sua opção é ser recatada e do lar, OK! É o Seu desejo e o Seu projeto, com S maiúsculo mesmo! Mas se exerce esse papel coercitivamente por meio de manipulação emocional e financeira, por favor, reavalie sua vida. Você é a única pessoa responsável por ela. Tenha a visão de que seu talento e conhecimento é gerador de recursos financeiros, e que recursos financeiros são a base de sua independência. Pode ser de qualquer tipo. Não existe isso de ser fácil ou simples. Você sabe fazer o que outros não sabem, não têm talento e precisam; seja para a saúde física, mental, para o prazer ou para economizar tempo. Por que, então, não se colocar no mercado? Não sabe por onde começar? Que tal responder a algumas perguntas para organizar seus pensamentos e planejar seus próximos passos, rumo à sua virada emocional e financeira?

1. Qual é a rotina ideal que me fará feliz e completa em relação a minha vida? Descreva tudo que envolve sua vida: pessoal, relacionamentos, rotinas, vida financeira, sonhos etc.

2. Quanto dinheiro eu preciso de início e quanto eu preciso gerar mensalmente, para que eu tenha a vida que quero e que sobre para investir e crescer?

Aqui seja bem realista. Sonhar grande é muito bom, mas se estamos muito distantes do que alvejamos, a frustração é certa! Vamos começar pensando no primeiro degrau e ao ir subindo, sempre olhando para o topo!

3. Quais recursos e comportamentos eu preciso adquirir para fazer isso acontecer?

Esse considero o item mais poderoso e transformador. Ele tem a ver com "olhar para dentro de si" e para sua realidade e estabelecer como se comportar a partir desse momento e quais as redes você precisa procurar e/ou construir.

4. Quais são meus valores inegociáveis? Do que eu não abrirei mão?

Sabemos que somos indivíduos com uma história e precisamos respeitar nossos limites e valores. Avalie o que é importante para sua jornada.

Ao responder a essas questões, avaliamos o que realmente queremos e o quanto estamos dispostas a fazer um movimento. Está assustada ou insegura? Normal! Você não está sozinha nessas emoções. Lembre-se das "loucas" que se rebelaram e enfrentaram o medo para conquistar direitos básicos! É impossível falar em evolução feminina e não citar o feminismo. É impossível não lembrar que foi por meio de inúmeras lutas que as mulheres conquistaram direitos sociais, políticos e trabalhistas, além da possibilidade de construção da cidadania e da autonomia.

Recria tua vida, sempre, sempre

Bem, se chegamos até aqui, posso crer que nossa conversa esteja boa. Entretanto, eu preciso encerrá-la por ora. Podemos marcar um café, uma roda de conversa ou até mesmo um *workshop* sobre nossas "loucuras" e como realizá-las.

O que eu busco verdadeiramente nesse momento, nesse curto tempo, é que tenhamos ciência da nossa grandiosidade como mulheres, nossas imensas capacidades e que somos muito mais do que todos os rótulos que a vida nos impôs. Podemos ser uma grande rede em que todas se complementam, sem medo de buscarmos ajuda de outras mulheres que podem nos inspirar e orientar. Podemos e devemos sonhar grande, mirar distante, lutar com bravura, e, na dúvida, lembrar o quanto eu, você e todas nós estamos certas!

Vem a estas páginas e não entraves seu uso aos que têm sede

Para finalizar, tenho uma notícia que reforça meu posicionamento de que nós mulheres podemos ser e ter tudo o que quisermos: casei-me novamente, mas só após conquistar minha independência financeira, que consequentemente me deu o fortalecimento emocional para encontrar um companheiro à altura da família que construí com meus filhos. E a palavra companheiro o define muito bem!

Lembra do poema do início? É de Cora Coralina. Cora o escreveu para encorajar a si mesma a seguir contra os padrões que sua própria família queria impor, não aceitando sua vocação: seus pais não queriam que ela lesse livros e não desejavam mandá-la para o ensino médio. Eles pensavam que seu trabalho era encontrar um bom marido e formar uma família, assim como o meu pai pensava. Cora não concordava com eles. Que "louca", né?!

Espero por você com sua história, sonhos, talento e loucura. Vamos juntas!

Referências

BRITES, R. *Síndrome da impostora*. São Paulo: Academia, 2020. institutoling.org.br

CORALINA, C. *Aninha e suas pedras*. São Paulo: Global, 1983, p. 1.

SOUZA, H. R. *Loucas no sótão – as mulheres da arte no século 20*. Universidade Federal de Santa Catarina – Centro de Filosofia e Ciências Humanas. Programa de pós-graduação em Antropologia Social.

BELEZA É PODER, VOCÊ SABIA?

Afinal, o que é a beleza? A cultura da beleza está ligada a um padrão de perfeição externa. Vou dividir com vocês a experiência que tive, durante alguns anos, com mulheres fora do padrão de beleza imposto pela sociedade, que se sentiam horrorosas e com vergonha de si mesmas. Mulheres excluídas por um padrão de exclusão. A beleza está muito além do que chamam de beleza; a beleza está logo ali, na fé em si mesma.

LUCIANA OLIVA

Luciana Oliva

Contatos
Instagram: @luoliva19
11 95737 7553

Terapeuta holística: constelação familiar. *Coach*, toque de cura e criadora da técnica terapêutica registrada e patenteada MMQ (Movimento Mórfico Quântico). Estudante de Física Quântica com certificação internacional de Joe Vitalle e Elainne Ourives. Treinadora mental e preparadora de passarela de modelos *plus size* e atletas *wellness*. Estilista e CEO da grife Korukru. Bailarina e atriz de teatro com mais de 15 musicais em seu currículo. Produtora de evento. 2017 – Colunista do R7 no blog da jornalista e modelo *plus size* Luh Isaga. Escritora do e-book SS.A.L.A.D.A. CEO da empresa Polirama. Formação acadêmica (incompleta) – Psicologia, Dança e Movimento, Nutrição e Gastronomia.

Meu nome é Luciana Oliva. Nasci em São Paulo, capital. Sou uma pessoa extremamente intensa, multitarefas. Estou sempre me movimentando, estudando, pesquisando, fazendo coisas novas. Numa determinada época da minha vida, por volta de 2015, trabalhei por alguns anos com moda *plus size*, e diga-se de passagem, deixei um belo legado nesse mercado, devido ao trabalho realizado nele. Sou uma estilista não formada, passei pelas faculdades de Psicologia, Nutrição, Gastronomia e quase terminei Dança! Sou terapeuta holística, atriz de teatro e trabalho com moda, mas foi durante um programa que eu apresentava na extinta TV Orkut que conheci Renata Poskus, que idealizaria meses depois o Fashion Weekend Plus Size, maior evento de moda GG do país. Eram meninas do manequim 44 ao 60 ou mais. Verdadeiros mulherões.

Na primeira edição do evento, e por ter me tornado amiga da Renata e a pedido da própria, fui ajudá-la na produção; mesmo sem ter tido experiência nisso, eu fui. Sou proativa, curiosa e minha alma tem necessidade de "ver e fazer acontecer"! Acredito que essa minha característica "inconformada" com um "não" dos mais variados tipos é o que movimenta o que aplico nos treinamentos de que vou falar mais abaixo, e vocês vão entender.

Voltando ao Fashion Weekend Plus Size, eu gostei do evento e a Renata e sua sócia, do meu trabalho. Crescemos! Tornei-me coordenadora de produção (aprendi na raça) e minha marca de cintos, a Korukru, a partir da segunda edição, passou a desfilar em todos.

O evento recebia mil pessoas, aproximadamente 15 grifes desfilavam e tínhamos 40 modelos para atender a essas marcas; e eu cuidava do evento, coordenava a equipe e tinha minha marca para desfilar. Era muita coisa para estar atenta, minha responsabilidade com o evento não me permitia parar o trabalho para dar atenção a minha marca, que desfilaria no final.

Tudo tinha que acontecer lindamente!

Qual foi a solução para não enlouquecer? O FWPS fazia um *casting* rotineiro para escolha das modelos. Para que eu pudesse trabalhar no evento sem a minha marca fazer parte da correria de troca de roupa e de modelos entre um desfile e outro, cuidar da minha produção, optei por levar meu próprio *casting*. Como eu fazia a seleção dessas meninas? Pois é, todas as meninas que eram excluídas, rejeitadas, aquelas que eram desaprovadas por qualquer característica que não se enquadrasse ao que era proposto pelo evento, a Korukru selecionava para seus desfiles; e eu, com toda a certeza de que faria uma transformação naquelas meninas. Meu lado inconformado em ação! Dessa forma, meu elenco de modelos *plus size* era formado, mas agora é que vem a parte interessante disso tudo. Quando minhas meninas desfilavam, eram unânimes os comentários de convidados que vinham até mim elogiar meu trabalho, sempre com a mesma impressão do que haviam visto: "Tuas modelos são as mais lindas! Parabéns!".

Eu sabia que poderiam não ser as mais bonitas, porque muitas realmente não eram, inclusive eram reprovadas também pela falta de beleza identificada no momento do teste, mas eram sem dúvida alguma as mais empoderadas. Era um exército de mulherões cheias de atitude avançando sem medo por aquela passarela. De ARREPIAR! O público não sabia identificar esse empoderamento, e entendia como beleza. Era um processo de mudança, que acontecia em pouquíssimo tempo, e uma mulher cheia de amor por si mesma nascia ali, e se sentia linda! E eram lindas...

Creio que muitas pessoas têm essa leitura da beleza e a confundem. Muitas vezes a pessoa nem é bonita, mas ela tem "uma coisa" que a torna linda. Essa "coisa", que é a forma popular de identificar o identificável, até então, é a atitude, a postura interna, é a força da energia do PODER. E como isso acontece? Comentei lá em cima que sou uma pessoa multitarefas e inconformada...

Juntei toda a minha experiência (dança, teatro, psicologia, constelação familiar, terapias holísticas, passarela, formação em Salti Dance[1]) e transformei num treinamento direcionado para essas meninas excluídas do *casting*, que desfilariam para minha marca.

A base do treinamento era um trabalho intensivo feito de dentro para fora, que despertava o poder dessas mulheres. O treinamento era muito intuitivo; afinal, o trabalho era feito tendo como ponto de partida o interno de cada uma delas; e cada grupo, cada edição de desfile, tinha suas peculiaridades.

---

1 Salti Dance – é a primeira marca de dança brasileira, incluindo como característica principal um abordagem terapêutica, registrada e patenteada por Rafaela de Oliveira, e eu fui habilitada em ministrar, incluindo Salti Dance Passarela e Salti Dance *Plus Size*, ambas as modalidades. Eu era instrutora exclusiva.

Os exercícios propostos eram muito variados, divertidos, emocionantes, mas sempre com um único propósito: "O despertar do poder". Esse despertar viria de muitas formas: por meio do olhar, da postura, do caminhar, da forma de parar, de mover a cabeça, do encarar, do sentir. Sentir é o ponto principal, pois se você não sentir nada vai acontecer, absolutamente nada, ou melhor, talvez você finja algo, e passe algo para o público de maneira superficial. Ninguém vai fixar os olhos em você, porque você não está levando a verdade consigo. Sentir é a chave, é o mais importante, é a base do treinamento. E você vai sentir algo nele, nem que seja a desconstrução de tudo isso para saber o que você não é, ou o que você era, ou é, desde que você sinta e que esse sentimento a leve ao ponto onde você deseja chegar; e você só chega lá se sentir. Você sente, o público sente. É assim na vida, sabia? O que você sente a seu respeito, o outro sente exatamente o mesmo sobre você.

Quer ser amada? Ame-se. Quer ser respeitada? Respeite-se. Quer ser a Dona da P**** Toda? Sinta esse poder dentro de si. Esse é o ponto, e é justamente aqui que as coisas passam a acontecer de maneira mágica: quando você sente na alma aquilo que sua cabeça pensou ou desejou ser.

O outro não vai completar em você o que lhe falta, nunca, jamais. E você sempre terá a sensação de que falta algo, seja lá o tipo de relação que você cultivar: de trabalho, no amor, entre amigos, família... porque aquilo que falta, falta dentro de você e nenhuma pessoa no mundo poderá completar aquilo que só você pode se dar. Um exemplo: você não se valoriza nos relacionamentos, e espera que o outro a valorize, porque, já que você não faz por você o que deveria, ou deve, transfere a responsabilidade para o outro, e fica eternamente no ciclo da expectativa e frustração. Nesse momento, você deu o poder da sua vida nas mãos de outra pessoa. E ela é quem decide sobre você.

Despertando o poder

Para que isso aconteça, é necessário descobrir esse poder, que TODOS nós temos, e depois despertá-lo. Somos Deus em essência e nos desconectamos de nossa essência ao longo de nossas vidas, por meio de nossas crenças limitantes aprendidas durante nossa existência. Essas crenças são as "verdades internas" de cada um. A vida é aquilo em que acreditamos. Simples assim.

Quantos "nãos" nós ouvimos, do tipo que não somos capazes, ou que não é para mim, não é para você, ou isso nunca vai dar certo, você não consegue, você é burra, é fraca e por aí seguimos! Poderia listar agora uma lista com mais de mil crenças, que são carregadas como verdade absoluta.

Com certeza, para quem fala, tudo isso é uma verdade absoluta e inquestionável, mas você pode, a partir de hoje, acreditar naquilo que ouve, se quiser. Quando escolhe acreditar, você também escolhe dar o poder da tua própria vida para o outro decidir. Mais um exemplo: você está animadíssima em montar um negócio, e conta para um amigo que faliu algumas vezes. Nesse momento, ele vai derramar a verdade dele sobre você e provavelmente diga que dará errado, pois essa é a experiência dele, não a sua, É isso mesmo que você quer? Tenho certeza absoluta que não, ou nem estaria lendo este livro.

A sua experiência só você pode saber, mais ninguém nesse mundo. Aí você tem duas escolhas: seguir a verdade do outro e dar o teu poder a ele, ou se apoderar de quem você é, de tudo aquilo que é capaz. Acredite em si, só você precisa acreditar, mais ninguém! (mas eu acredito!) Já deu certo! Apodere-se da tua própria vida, das suas escolhas, da manifestação da essência da perfeição de Deus que existe dentro de você.

VAMOS COMEÇAR? Sim! Eu sei que você disse SIM, porque a partir de agora você só dirá sim para tudo de bom que sempre esteve disponível no universo para você. Diga sim para o amor, para a alegria, para a abundância! Diga sim para a beleza que existe dentro de você. Diga sim para o ser humano maravilhoso que você é. Passe a olhar e supervalorizar tuas qualidades. As pessoas respondem e correspondem àquilo que sentimos sobre nós mesmos, lembra? Defeitos todos nós temos, então pare de se punir, de se criticar! Pense bem, ser alguém perfeito deve se tornar algo muito chato, porque se você é perfeita, se tudo é perfeito, a vida passa a não ter propósito ou motivação; afinal, o que mais você teria para fazer se tudo está perfeito? Sendo assim, valorize aquilo que até agora você considerava ruim ou negativo. Talvez esse seja o combustível para você seguir em algum propósito e nem se deu conta disso.

Olhe e valorize seus aspectos positivos. Lembre-se deles durante o dia, sejam "amigos". A ideia é realmente mudar o foco, pois tudo o que colocamos atenção cresce. Onde você está colocando sua atenção? Observe.

Quanto mais você se aprecia, mais coisas você terá a seu respeito para apreciar, porque você entra no fluxo da autovalorização. O mesmo acontece no inverso. Quando você reclama de algo seu, se desvaloriza, tudo piora. E piora mesmo, porque isso é física, é ciência. Inúmeros estudos comprovam. A vida lhe dá mais daquilo que você pede com intenção no coração, daquilo em que você coloca sua atenção, e muitas vezes você entra num fluxo energético de baixa autoestima, e cada vez mais se sente pior. Esse mecanismo deve ser quebrado de maneira consciente, até seu cérebro se acostumar com um novo padrão de comportamento e pensamento. Você altera dentro de si, e tudo o que está do lado de fora é modificado. São pelo menos 21 dias consecutivos para o cérebro criar um novo padrão, ou novas redes neurais.

"Toda informação é gerada dentro de você."

Agora vamos voltar para o desfile e mapear o que acontecia com aquelas meninas que desfilavam para a Korukru. Eram meninas num primeiro momento rejeitadas, mas que, por algum motivo, tiveram "A" segunda chance. Essa segunda chance acende uma luzinha dentro delas de algo bom. Esse algo bom é somado ao início de um processo de treinamento, tornando-se uma crescente de melhorias dentro delas. A autoestima está subindo! A luz dentro delas vai aumentando. Durante o treinamento de passarela, algumas iniciavam com um andar com ombros fechados ou com má postura. Lembro-me de pouquíssimas meninas com um bom posicionamento corporal, e vou contar algo: nosso corpo fala. Caminhar de maneira fechada nos ombros, curvada ou de peito murcho, é um sinal claro de autoestima baixa e insegurança "meu eu é inferior ao seu", e o treinamento apresentava um supertrabalho de corpo (o livro *O corpo fala* explica exatamente os diálogos inconscientes do nosso corpo). Seguindo no processo transformador, com um princípio de caminhada com os ombros fechados, elas iam sentindo aos poucos a transformação com a abertura do peito: a abertura do coração!

A melhora da postura e a luz interna delas cada vez mais vai se intensificando. A parada de passarela não era simples pausa. Era A PARADA, cheia de intenções e frases internalizadas de empoderamento, olhares, "encaradas" no público. O corpo estava parado, mas a projeção energética, a atitude, estavam em movimento.

Você precisa ter muita coragem, eu diria, até um talento de alma, ter muito de muita coisa, para ficar simplesmente em pausa em meio a um público de mil pessoas. Você precisa ter ATITUDE para não fazer absolutamente nada, e hipnotizar uma plateia.

A sua luz interna tem de estar brilhando muito, ou ninguém a vê pelo seu lado de fora, estando você como estiver, seja numa megaprodução ou na simplicidade. É o brilho se expandindo na alma que faz tudo acontecer. Com toda essa experiência interna, vem a parte final, que eu chamo de "cereja do bolo": somamos a esse relato de despertar uma superprodução, feita com muito amor, que é um ingrediente indispensável para qualquer ação que você tenha na vida. Nesse momento, é o ápice. Elas estão apaixonadas por quem se tornaram, deslumbradas com algo que jamais imaginariam acessar nelas mesmas. Um sentimento foi levando ao outro, que levou ao outro, e mais outro, que despertou o poder, transformou, empoderou, fez acender a luz interna. É aqui que entra o público com sua leitura do que está vendo: todos decodificaram como beleza externa algo que está agora impresso na alma. Virou beleza. A beleza chegou por meio do amor próprio, do empoderamento, do despertar do melhor de cada uma daquelas meninas.

O poder delas despertou!

O processo é lindo. A transformação enche nossos olhos, hipnotiza. O mais interessante é que, após o evento, muitas emagreceram porque passaram a se amar e se aceitar exatamente como estavam; mas como elas estavam? Estavam exatamente como se sentiam e na aceitação! Aceitar o que tiver de aceitar, ficar em paz com qualquer que seja a situação, porque dessa forma tudo o que estiver "aguardando" para mudar irá mudar. Agora sim, elas estavam lindas, elas se sentiam lindas, sentiam seu poder e se aceitavam com um novo olhar, o olhar de quem se ama, se admira, se respeita e não precisa de ninguém para afirmar o que antes tinham dúvidas, porque elas se preencheram daquilo que faltava. Agora sim elas puderam enxergar quem realmente são: elas são mulheres de poder! Elas são as donas da p**** toda!

EXISTE MOMENTO CERTO PARA "CHUTAR O BALDE", EMPREENDER E MUDAR DE CARREIRA?

Neste capítulo, trago reflexões para você que é mulher; e se não é *Dona da p**** toda*, mas está lendo este livro, você, no mínimo, quer ser dona de um pedacinho dessa p****, correto? Para isso, você vai precisar do que costumo chamar de "*double* A" ou duplo A: Autoestima e Atitude. Começar um novo negócio, deixar o atual emprego ou fazer qualquer coisa que a tire da zona de conforto exige, antes de tudo, coragem. Uma mulher dona de si, com essas duas características, chega aonde quiser, haja o que houver. Nada nem ninguém pode pará-la.

LUDMILA CARDOSO

Ludmila Cardoso

Contatos
www.lemaquillage.com.br
atendimento@lemaquillage.net
Instagram: @lemaquillage_rj
21 96700 9600

Ludmila tem 40 anos e nasceu em Vitória da Conquista/BA. Formou-se em Economia pela Universidade Estadual do Sudoeste da Bahia, sendo pós-graduada pela Fundação Getulio Vargas. É certificada pela AMBIMA para atuar em carteira de investimentos, fala inglês fluentemente e, por mais de 15 anos, geriu equipes em grandes bancos e empresas no mercado financeiro com atuação comercial. Nada disso a impediu de "jogar tudo para o alto" e fazer uma transição de carreira. Em 2019, decidiu mudar de área. Hoje, é referência no mercado da beleza, sendo uma das melhores dermopigmentadoras do Brasil. Seu espaço, no Rio de Janeiro, atende mulheres de todo o mundo, e os resultados do seu trabalho são reconhecidos internacionalmente. De executiva do mercado financeiro a empresária no ramo da beleza, de funcionária a dona do seu próprio negócio, de gestora a professora, pois além de atender, ela ensina sua técnica e seu exemplo às mulheres pelo mundo.

Uma cena da minha infância vem sempre à minha mente quando penso nas realizações da vida. Eu deveria ter algo em torno dos meus dez anos de idade... Estávamos eu, minha mãe e minha irmã sentadas à mesa tomando nosso café da manhã, quando minha irmã pergunta à minha mãe:
– Ô, mainha – com sotaque e entonação bem baiana mesmo – quando eu fizer 18 anos, você promete que me dá um carro?
Minha mãe ficou parada, certamente pensando na resposta que daria, quando eu, uma criança de dez anos, não contive meu ímpeto e respondi:
– Oxe, menina! Claro que não! Se você quer um carro quando tiver 18 anos, você precisará trabalhar e lutar por ele! Eu não quero ganhar um carro quando eu fizer 18 anos, porque eu mesma irei comprar meu carro com 18 anos...
Os anos se passaram, e adivinhem? Realmente comprei meu primeiro carro quando eu tinha 18 anos, financiado em longas e suadas 36 parcelas, para quem era somente uma auxiliar de escritório, mas aquela foi uma grande conquista para mim. Dez anos depois, também comprei meu primeiro apartamento, com 28 anos, tudo fruto de muita disciplina e planejamento. Naquela época, ter um carro e um apartamento me transmitiam segurança. Somos educados com essa cultura de que bens duráveis e imóveis são excelentes investimentos. Hoje em dia, depois da minha formação e experiência profissional de anos no mercado financeiro, não vejo com bons olhos investimentos em imóveis, muito menos em carros, tanto que não tenho nenhum. Todo o meu dinheiro é aplicado em ações, investimento de alto risco, diga-se de passagem.
Correr riscos nunca me impediu de chegar aos meus objetivos. Muito pelo contrário, assumi os riscos das minhas próprias decisões, que considero terem sido muito assertivas, sejam na minha vida pessoal ou profissional. Minhas melhores histórias estão "amarradas" ao risco. Vou lhe contar uma dessas minhas histórias...
Em 2011, eu tinha 30 anos, uma vida profissional estável, quando decidi largar tudo e me aventurar num país desconhecido, sem ter ideia de como

se falava a língua dali... Tudo o que tinha era cerca de R$ 40.000,00, uma cidadania portuguesa que me garantiria que não seria deportada, bastante coragem na mala e nada mais. Não havia ninguém como apoio me esperando, nem aquela prima distante que quase todo mundo tem morando fora.

Minhas amigas, e até a minha família, desacreditaram da minha decisão, me achavam louca de fazer uma viagem destas, rumo ao total desconhecido, mas nunca dei importância a esses questionamentos. Simplesmente pedi demissão do meu emprego na época, comprei as passagens, fiz uma reserva de uma semana num hotel, e lá fui eu, rumo à Inglaterra, mais especificamente à cidade de Cambridge, localizada a 70 km de Londres. Meu plano era ficar um bom tempo, mas não sabia exatamente quanto.

Os sentimentos que vivi ali, principalmente nos primeiros dias, eram de medo e vontade de desistir. Mas sempre que esses pensamentos vinham até mim eu pensava: não larguei tudo e cheguei até aqui para desistir, né?

Matriculei-me numa escola de inglês, onde eu tinha como colegas um árabe e um japonês, ambos com cerca de 16 anos. Nós três fomos "alfabetizados" em inglês. Nosso professor era mestre em desenho, pois nada que ele dizia nós entendíamos. Três meses depois, e graças a minha dedicação e disciplina, consegui mudar de sala e já estava num nível mais aceitável de comunicação com a língua inglesa. Além da escola formal, contratei uma professora particular, que me ajudou muito com vocabulário e a evolução do aprendizado. Depois de seis meses ali, conseguia rir e entender quando alguém fazia uma piada. Naquele momento, já me sentia mais confiante, tanto com a nova língua quanto com meu poder de realização.

Fiquei na Inglaterra por um ano, e além de ter aprendido um novo idioma, aprendi sobre culturas, pessoas, religiões, crenças, tradições; e, principalmente, aprendi sobre a vida, o poder da superação, sobre coragem e valores que realmente importam quando estamos longe de casa, dos amigos e da família.

De volta ao Brasil, em 2012, rapidamente me recoloquei no mercado de trabalho. Novamente estava diante das pressões do mundo corporativo, guerra de egos entre colegas e gestores, metas cada vez mais altas e qualidade de vida cada vez menor. Um dia parei e pensei: não quero isso para mim! Preciso encontrar uma alternativa para empreender. A virada de chave aconteceu quando fui fazer uma micropigmentação de sobrancelhas e a micropigmentadora me falou que estaria ministrando um curso. Eu gostei tanto do resultado em mim quando me vi no espelho que pensei: isso é maravilhoso! Transforma a autoestima, isso não tem preço. Preciso fazer isso! Dali em diante, começou mais um daqueles mergulhos no escuro na minha vida, em que a única certeza que eu tinha é de que eu não iria desistir. Mais uma vez fui aconselhada a não fazer isso. Como uma economista, pós-graduada, atuando no mercado financeiro iria largar tudo para fazer sobrancelhas? Parece coisa de gente doida, né? Mas eu estava decidida. Até ali, sempre consegui alcançar meus objetivos; e por mais difícil que pudesse ser, eu iria conseguir.

Quando decidi fazer uma transição de carreira, buscava por propósito, por realização pessoal, por mais qualidade de vida, tempo para mim e para minha família. Valores que, no mundo corporativo, são cada vez mais escassos. Para ser muito sincera, empreender, até ali, nunca havia sido uma opção na minha vida. Eu gostava de ser executiva, me sentia segura tendo um "bom salário". A estabilidade e a zona de conforto me faziam pensar que estava no caminho certo, até o momento da virada de chave, da busca por valores que já não encontrava naquele emprego CLT.

Abandonei (pela segunda vez na vida) um emprego estável na área comercial/financeira para me tornar empresária no ramo da estética. Fiz algumas pesquisas de mercado e o ramo que escolhi se mostrou muito promissor. De acordo com um levantamento feito pela Associação Brasileira da Indústria de Higiene Pessoal, Perfumaria e Cosméticos (ABIHPEC), o Brasil é hoje o terceiro país com o maior mercado de estética no mundo, ficando atrás apenas dos Estados Unidos, que têm 16,5% e da China, com 10,3%. Esse setor acumula um crescimento de mais de 500% nos últimos cinco anos e movimenta bilhões de reais em seus diversos subsegmentos, gerando emprego, renda e desenvolvimento em todas as regiões do país. Em 2020 e 2021, em plena pandemia, esse segmento cresceu 5,8% e 5,6% – totalmente na contramão da queda do mercado mundial como um todo.

E por falar em pandemia, querida leitora, abri meu negócio em meados de 2019, nove meses depois estávamos todos (eu, você e o mundo) presos dentro de casa, sem saber o que aconteceria, qual seria desfecho na economia, no emprego e na vida das pessoas. Foi um período muito desafiador para quem empreende. Particularmente precisei arcar com as despesas fixas do meu negócio por cerca de oito meses, sem qualquer entrada de receita. E se você que está lendo este capítulo acha que ter sobrevivido financeiramente a uma pandemia foi a parte mais difícil no início do meu negócio, vou lhe contar alguns fatos que aconteceram na minha vida, neste mesmo período:

- Engravidei e tive gêmeos (eles são a maior alegria da minha vida), mas quem é mãe vai entender o porquê de esse assunto ser trazido aqui, sobre as dificuldades enfrentadas enquanto iniciava meu negócio.

• Num acidente, fraturei uma vértebra das costas e fiquei imobilizada por quatro meses. Este fato não só foi um dificultador no trabalho, mas principalmente em casa para cuidar dos meus bebês.
• Meu marido descobriu um câncer e foi operado às pressas. Graças a Deus, a doença foi descoberta a tempo e foi curado.

Como podem ver, minha transição de carreira não foi tão simples quanto a narrativa em algumas linhas pode transparecer. Por inúmeras vezes eu senti aquele mesmo medo e aperto no peito, de quando fui morar fora do Brasil. Era o mesmo desconhecimento, dúvida e incerteza. Além do medo de empreender, os acontecimentos narrados acima tinham tudo para me fazer desistir ou mesmo desacelerar meu negócio. Porém, dentro de mim, havia a certeza de que desistir não seria uma opção. Não estava ali para ver se daria certo... Trabalharia no meu novo negócio até dar certo. E assim ocorreu.

Quatro anos após ter entrado no segmento da estética, sou referência no Brasil quando o assunto é dermopigmentação e camuflagem de olheiras – procedimento este em que me especializei atendendo milhares de mulheres vindas não só do Brasil, como do exterior. Hoje, amo meu trabalho e o resultado dele na vida das mulheres que passam por mim, sejam clientes – quando trabalho no resgate da autoestima –, sejam alunas – quando ensino uma técnica e sou um exemplo. Por ajudar outras mulheres, a partir do meu conhecimento, sinto que recebo em troca muito mais do que dinheiro. Diferentemente da época em que trabalhava no mercado financeiro, quando meu único incentivo era o salário do final do mês, hoje minha relação com o trabalho é completamente outra.

Meus atendimentos já não são minha única fonte de renda. Na verdade, meus atendimentos perderam espaço diante de minha segunda e mais importante fonte de receita: meu curso on-line, no qual ensino a técnica em que sou referência; e já faturei múltiplos de sete dígitos desde meu início no mercado de infoprodutos. Sobre esse feito, não pense você, querida leitora, que para faturar na internet é só gravar um curso e começar a vender... É tanto trabalho que eu poderia escrever um artigo inteiro sobre essa árdua porém extremamente prazerosa jornada. Como não tenho espaço para isso agora, esse assunto fica para uma outra oportunidade.

Diante da história que acabo de compartilhar com você, sabe o que mais me motiva? Ver o poder de superação e adaptação que todas nós mulheres temos. Só precisamos despertar e acreditar nisso, em nossa força e nosso poder interior. E, ao final deste capítulo, você pode me perguntar quando saberá a hora de chutar o balde e empreender, caso ainda não tenha feito isso. Sendo muito sincera, certeza, certeza mesmo, você nunca vai ter. Não vai existir aquele momento mágico em que tudo estará pronto e você simplesmente entra numa vida de sucesso. A insegurança, o medo e a incerteza fazem parte da jornada de todas as pessoas que se propõem a empreender. O fato é que nessa hora sempre algo ou alguém vai ganhar o jogo: o medo ou você. A boa notícia é que a escolha é sua.

Referência

ABIHPEC. ABIHPEC – Associação Brasileira da Indústria de Higiene Pessoal, Perfumaria e Cosméticos, c2022. Página inicial. Disponível em: <https://abihpec.org.br/>. Acesso em: 17 nov. de 2022.

63

O AMOR TRANSFORMA

Como empresária, aprendi que meus negócios só prosperam quando tenho propósito de vida, quando acrescento significado à vida das pessoas, quando deixo um pouco de mim. E, aqui, irei dividir com você como um negócio pode ser transformador de vidas e de crescimento pessoal e profissional.

MÁRCIA GIACOMOSSI

Márcia Giacomossi

Contatos
www.marciagiacomossi.com.br
Instagram: @marciagiacomossi
Facebook: Márcia Giacomossi

Mãe da Duda. Amante da natureza. Formada em Magistério. Bacharel em Administração pela Univali. Graduada em Educação Sexual pela Unisal-SP. Graduada em PNL (Programação Neurolinguística) pela Isulpar-PR. Graduanda em Neuromarketing – Faculdade Metropolitana. Empresária e diretora da loja Dudalinda Perfumaria, sede própria. Palestrante na área de educação sexual e empoderamento feminino.

Este capítulo tem a missão de inspirar mulheres reais, assim como eu, que sonham grande, que amam o que fazem e acham que uma empresa ou um negócio precisam ter um propósito. E aqui contarei um pouco da história de uma loja de cosméticos em uma pequena cidade do interior e que deu muito certo.

Dudalinda, a loja oficial do amor, a loja que completa uma década. Aqui vou trazer os segredos que fizeram nos tornar uma loja de cosméticos e perfumaria referência em Santa Catarina, fazendo as pessoas se apaixonarem e indicarem a Dudalinda. Maior prova é que nossos clientes-fãs até tatuaram nosso brasão (logo) no braço. Temos inúmeros depoimentos de um trabalho diferenciado em um negócio. Vem comigo que eu vou revelar os segredos de sucesso da Dudalinda Perfumaria e Cosméticos.

Em 17 de maio de 2012, eu, com 32 anos, trabalhando em uma empresa familiar há 20 anos, passando por todos os setores do supermercado, resolvi sair de lá. Já era sócia e a empresa tinha mais de 30 anos de tradição na cidade. Decidi sair porque eram muitas brigas, discussões e ofensas no ambiente familiar e de trabalho.

Somos três irmãos, e os dois já haviam saído porque não conseguiram suportar esses atritos. Eu, como filha mais velha, me sentia na obrigação de ficar, de não deixar meus pais, me sentia na obrigação de suportar tudo. Mas aqui já fica uma dica master: não se responsabilize pelo outro, e você não tem a obrigação de ficar e sonhar os sonhos dos seus pais.

A Bíblia fala em honrar pai e mãe. E ser gratos pela vida dele. E respeitá-los.

> *Honra teu pai e tua mãe, a fim de que tenhas vida*
> *longa na terra que o Senhor, o teu Deus, te dá.*
> (Êxodo 20:12)

Mas não podemos e não devemos sacrificar nossos sonhos por ninguém. E aí, em 17 de maio de 2012, tomei uma decisão muito dolorosa e difícil: cortar esse cordão umbilical. Então, veio o pulo do gato. Eu cresci, eu aprendi, eu me reencontrei, eu comecei tudo do zero. Fui em busca do meu próprio negócio, e comecei a projetar, a sonhar e a visualizar. Sabe a técnica do mapa dos sonhos, do desejo do coração de escrever... eu fiz tudo isso. Aliás, faço até hoje.

Em 13/09/2012, nascia a Dudalinda, a loja que faria o diferente, que seria tudo diferente do que vivenciei. Eu não queria mais um negócio de troca de mercadoria por dinheiro, mas um negócio transformador e com propósito, que pudesse ser transformador para mim e para as pessoas.

Como sempre sonhei grande, eu desenhei, modelei, sonhei e visualizei meu negócio já grande e tendo sucesso, enquanto projetava e estudava o mercado e o consumidor na época. Já dizia Walt Disney: "Se você pode sonhar, você pode realizar".

A ideia de ser no ramo de cosméticos foi porque sempre fui apaixonada por perfumes, cosméticos, essências. Em 2012, os cosméticos e salões de beleza estavam super em alta, o consumo no Brasil aumentava exponencialmente. Nós já éramos o terceiro país que mais consumia cosméticos.

O nome Dudalinda surgiu de Duda, minha filha, que é meu maior motivo. Motivo é muito importante em nossa vida e também nos nossos sonhos e projetos. Como já diz no dicionário:

> 2 – propósito, objetivo, fim, finalidade, intenção, intento, intuito, meta, alvo, desejo, expectativa, fito, desígnio, escopo, tenção.

Quando iniciamos a loja Dudalinda, era uma sala alugada, com uma funcionária, e em 2012 nossa pequena cidade de São João Batista/SC, terra do calçado, tinha 27.000 mil habitantes. Na época, havia uma lojinha pequena de cosméticos que fechou um ano depois.

Juntamente com a loja Dudalinda, iniciei o Centro Educacional Dudalinda, com cursos profissionalizantes na área da beleza. E foi nesse momento que o propósito acontecia... Diversas pessoas que trabalhavam CLT em fábricas de calçados começaram a ser profissionais de beleza e abrir seu próprio negócio. São barbearias, salões de beleza, manicures, depiladoras, maquiadoras, e até mesmo encorajamos as sacoleiras a terem seu espaço seu próprio negócio. Elas tiraram os sonhos do papel com a Dudalinda. E aí vem a dica, para quem deseja ter um negócio que seja promissor, rentável, saudável: pense sempre no outro, no que pode contribuir. E com a escola de beleza nós sempre precisávamos de modelos; foi aí que fomos construindo relações de amor pela cidade toda.

Participamos ativamente em ONGs, associações, encontros, grupos de idosos, centros de recuperação, escolas e igrejas. Fica aqui um dos nossos segredos, porque construímos relações impactantes, duradouras e familiares. Porque nós humanizamos nosso negócio.

Para se ter um negócio que completou uma década, como a Dudalinda, com autoridade e muita credibilidade, sendo conhecido e reconhecido no estado, lembrado e amado, é preciso estar conectada com pessoas com propósito, que fazem o bem, além de ter bons parceiros de negócios. Por isso, eu deixo outra dica: conheça seus fornecedores, faça parceria, fidelize marcas boas. Não é aconselhável comprar de todos que aparecem. É preciso ter variedade de produtos, mas não é recomendável que haja variedade de diversas marcas.

Quem deseja iniciar um negócio hoje precisa estar conectado também com a tecnologia e usar as redes sociais a seu favor. Até no Tinder® eu fazia *networking* e negócios.

Na Dudalinda, sempre priorizamos bons fornecedores, bons parceiros. Sempre estamos participando ativamente até hoje de eventos e feiras; e montamos um pacotinho com sachês de cosméticos para distribuir por onde passamos. Já diz a velha frase: "Quem não é visto não é lembrado".

Mesmo nos dias atuais, em que a era digital tem dominado em geral os clientes, mesmo no digital querem se sentir especial. Por isso, vimos muitas lojas e comércios escrevendo bilhetinhos e enviando mimos.

Eu sempre fiz da Dudalinda, nesses dez anos, um ambiente familiar, em que as pessoas se sentissem acolhidas; não só por mim, mas por toda a equipe. Outro diferencial em qualquer tipo de negócio é uma equipe que sonha junto, que ama o que faz, que gosta de pessoas e que é bem treinada. A equipe tem de estar engajada com o negócio. Estudando, participando das reuniões, entendendo dos produtos e conhecendo o perfil de seus clientes. O gestor deve estar sempre acompanhando os números, mesmo que seja da equipe. Sem números e sem dados não se chega a lugar algum. É como se pegássemos um Uber® e não soubéssemos para onde ir.

Em meu negócio trabalhamos com metas, comemoramos; e as colaboradoras recebem reconhecimento pelos números alcançados. O marketing de relacionamento é primordial nos dias de hoje. Precisamos de pessoas. Precisamos nos conectar com pessoas. Segundo Kotler (1998), "o marketing de relacionamento consiste na construção de relações satisfatórias no longo prazo com alguns consumidores, fornecedores e distribuidores, visando reter a preferência destes, além de expandir as relações comerciais". Esse é um dos nossos segredos de autoridade no negócio e o que nos faz ser a referência em todo o estado de Santa Catarina. Com isso, ganhamos notoriedade; muitas empresas nos procuram para fazer negócios e parcerias. Mas a dica é: sejam cautelosas com quem negociar, não é porque oferecem brindes e descontos que se deve aceitar. Façam negócios com marcas com as quais se identifiquem, conheça seus clientes, ouça-os e peça opinião deles. Hoje ficou bem fácil porque podemos fazer por meio das redes sociais também. E o cliente se sente valorizado, sente-se importante; e é importante, pois é dele que precisamos.

Quando estávamos completando cinco anos de Dudalinda, montei uma pesquisa de rua como essas sobre política e paguei uma moça para entrevistar 200 pessoas em lugares e bairros diferentes, a fim de saber como éramos conhecidos na cidade; se o pessoal conhecia a loja, se sabiam o que oferecíamos. Como fez diferença. Descobrimos que 90% das pessoas não sabiam que nós fazíamos entregas, que tínhamos Dudalinda Express. Como foi importante para nós essa pesquisa: conseguimos alinhar e melhorar muito mais o negócio.

Sabemos que ter um negócio, empreender hoje no Brasil, com tanta burocracia, não é nada fácil. É preciso gostar mesmo do que faz, é preciso buscar soluções inovadoras, é preciso coragem, é preciso muita determinação e força de vontade. E nesses dez anos de Dudalinda sempre nos preocupamos muito com os clientes, com a satisfação, com os relacionamentos, com as vendas e com as práticas de preços, entrega, discrição e ética profissional. Preocupamo-nos muito também com as práticas sustentáveis, reduzindo desperdício e utilizando material reciclável.

Nossa sacola personalizada Dudalinda é realmente um luxo; é linda. Nós a utilizamos para presente. Não é utilizada no dia a dia. Fizemos uma campanha: o cliente trazia sacolas de papel de qualquer loja que pudéssemos reutilizar e concorria a kits de cosméticos. E você não vai acreditar: conseguimos em dois meses seis mil sacolas. Essa prática continua todo mês. E assim colaboramos com o meio ambiente, enxugamos despesas e o meio ambiente agradece. Fazemos nossa parte. Responsabilidade social.

Nosso outro diferencial é que homens não entram em lojas de cosméticos e acham que são só para mulher. Imagine essa crença há dez anos. Então, quando abri a Dudalinda eu queria desmitificar duas crenças, que são tudo em que acreditamos sem questionamento. Essas crenças eram de que homem não usa cosméticos e que cosméticos eram caros. Logo de início, eu mesma já fazia o marketing nas rádios, eu mesma falava em caixas de som de rua que cosméticos é saúde, autoestima, beleza e amor-próprio. E montava comerciais bem estratégicos. Criatividade eu sempre tive muita. Todas as campanhas e ações até hoje são desenvolvidas por mim. Eu queria mostrar para todos que cosméticos não eram caros e eram acessíveis para TODOS. Há marcas boas com preços justos; e, como já disse, não esquecendo de ter boas parcerias e fidelizar marcas, conseguimos preços bons com marcas boas e acessíveis a todos.

Hoje temos 20% de público masculino porque muita coisa é cultural e, como disse, existem aquelas crenças que vão atrapalhando nossos sonhos. Vou falar do que me diziam há dez anos. "Não vai dar certo. A sala é muito grande. A cidade não comporta esse tipo de negócio. Já tem outra lojinha aqui há um ano." E muitas outras frases que prefiro nem mencionar aqui.

Se você tem um sonho e acredita nele, lute por ele, não escute quem não acrescenta nada, seja intuitiva e ouça sua voz interior. Quebre as crenças, transforme-as em crenças positivas. Assim, conseguimos conquistar o público geral, de crianças a adultos e idosos.

Vou contar aqui mais um segredo meu. Faço afirmações positivas diariamente. Já acordo agradecendo a DEUS e uso afirmações que fortalecem minhas crenças e me aproximam mais dos meus sonhos. Já dizem as escrituras sagradas: "Assim como você pensa na sua alma, assim você é" (Provérbios 23:7).

Nessa trajetória, trabalhando com cosméticos e perfumes, percebi o quanto esses produtos influenciavam a autoestima das mulheres; e partindo de um contato mais íntimo recebia inúmeras queixas relacionadas à insatisfação sexual. Percebi também a importância do autoconhecimento, do quão significativo é a mulher ter percepção do seu corpo e das inúmeras possibilidades de se relacionar com ele de maneira íntima e prazerosa. E foi nesse momento que decidi me especializar em venda de produtos eróticos e sensuais, buscando informações e formações, conhecimento, por meio de muita pesquisa, intensos momentos de leitura, estudos, participação em feiras e congressos relacionados à sexualidade, além de promover muito *networking*, estabelecendo relacionamentos recíprocos e enriquecedores.

Foram dois anos de pós-graduação na Unisal em São Paulo. Eu amei, eu cresci, eu aprendi; e o melhor de tudo: trouxe para Santa Catarina uma formação que nem nos meus melhores sonhos eu imaginaria o que estou colhendo hoje. Com essa formação, montamos uma loja de produtos sensuais e eróticos dentro da Dudalinda, um espaço reservado, diferenciado e familiar. E assim resolvi me aprofundar nessa área tão gostosa e libertadora, que produz transformação; transformação esta que se dá quando questões e conflitos sexuais são resolvidos. Sim: a maneira como me relaciono com meu corpo está relacionada com meu sucesso! Sou prova real de tudo isso.

Hoje somam-se maravilhosos anos de trabalho a esse universo misterioso e encantador que me levou ao crescimento profissional e pessoal, e fez de mim uma mulher feliz, realizada, empoderada, poderosa, divertida, bondosa, querida, rica ("Eu sou filha do REI") e plena. Nunca foi fácil, pois falar de sexualidade envolve inúmeros tabus, crenças e julgamentos; e imaginem em uma cidade pequena e conservadora. Mas eu tinha e tenho sonhos...

Conseguimos quebrar muitas crenças e ajudar muitos casais. E com isso comecei a palestrar na área, com palestras para mulheres: empoderamento feminino, autoestima e sexualidade. Palestrei em diversos municípios do estado de Santa Catarina e também no Rio Grande do Sul e no Paraná.

Tudo muito bom, os negócios crescendo depois de cinco anos, sede própria com mais de 100 m², eu sendo já a líder na cidade e em toda região, a referência em cosméticos e perfumaria, os negócios crescendo muito... Mas... não temos o controle de tudo, e veio a pandemia. Fecham-se as portas por uns dias, cai a rotatividade de pessoas nos comércios. Vêm a incerteza, os medos e os desafios; e aí... o que se faz? Não... eu não desisti, montei novas estratégias, novo plano de negócios; e nós que amávamos beijar, abraçar e fotografar com os clientes? Nosso trabalho humanizado estava caindo por terra?

Deu muita vontade de desistir. Eu até digo algo assim: "Vontade de jogar tudo para o alto. Mas vontade dá e passa". E então comecei a estudar o mercado, a pesquisar e a conhecer esse novo comportamento dos clientes.

Fomos a empresa pioneira em Santa Catarina em ter um aplicativo com nossos produtos; e, já que as pessoas estavam em casa, iriam namorar mais e iriam ter mais tempo na internet.

Desenvolvemos com uma empresa batistense o aplicativo Dudalinda – o prazer na palma da sua mão. E daí não paramos mais; estamos em todos os *marktplaces* e agora investimos no digital. Mas não nos esquecendo de nossa essência, de nosso trabalho com amor, dedicação e paixão pelo que fazemos.

Completamos uma década no dia 13/09/2022 com a sensação de dever cumprido. E temos um case lindo, nosso logo Dudalinda – falamos que é um brasão (quem tem brasão é família e cidades). Eu tatuei no meu braço a frase: "O amor transforma"; e mais de 80 pessoas aderiram ao nosso brasão e tatuaram também. É ou não é um negócio de amor de verdade? E para celebrar estes 10 anos Dudalinda (não tínhamos conseguido o registro de marca, mudamos para DudaMaria e com esse nome conseguimos pedir o registro.

Mesma essência ,mesmo atendimento, mesmo propósito e muitas bênçãos nesta década . Fomos a empresa selecionada no sebrae Desafia SC. A Duda-Maria deixa um legado lindo nessa trajetória de Espalhar o bem e o AMOR. E a mensagem que eu quero deixar para você é: não desista de seus sonhos.

Busque conhecimento na área em que deseja trabalhar. Ouça seu coração. Não faça porque está na moda e dá dinheiro. Faça porque gosta, porque tem propósito e o dinheiro é a consequência. Ame-se, valorize-se e acredite em si. Não se esqueça das afirmações e das orações... é como comida: você precisa se alimentar. E acompanhe a tecnologia; não temos como escapar. Para seu negócio dar certo, goste do que faz e ame pessoas, porque precisamos de pessoas. Não somos ilha. Então, precisamos de pessoas. Peça ajuda quando precisar. E se quiser saber um pouco mais da nossa história Dudalinda, acompanhe nossas redes sociais.

Eu desejo que você se inspire em minha história e construa sua história também, com propósito e amor.

Com amor,

Márcia Giacomossi

64

É POSSÍVEL
ACREDITE EM VOCÊ!

Neste capítulo, falaremos sobre persistência e paciência para conseguir alcançar objetivos e realizar sonhos. Sobre uma trajetória de superação, conquistas e realizações de alguém que nunca se intimidou diante dos desafios que encontrou pelo caminho e, com dedicação e humildade, procurou sempre buscar resultados positivos na vida pessoal, profissional e no esporte.

MÁRCIA REIS

Márcia Reis

Contatos
marciareis97.com.br
marciarreis97@gmail.com
Instagram: @marciareis97/
Facebook: facebook.com/MarciaReis97piloto
FanPage: facebook.com/marciareis97
+351 918 278 177 (Portugal)

Piloto de motovelocidade, palestrante, escritora e poetisa (2002), graduada em Administração pela Universidade Norte do Paraná (2007). MBA Executivo em Agronegócios pela IDEAU (2008). Pós-graduada em Administração Hospitalar e Negócios de Saúde pelo IAHCS (2013). Fez diversos cursos nas áreas de gestão, recursos humanos e marketing (1999/2013). Fez 15 Cursos de Pilotagem – Esportiva e Defensiva (2014 a 2020). Foi uma das poucas mulheres (brasileiras) a participar de competições de motovelocidade no Brasil e na Europa (2014 a 2019). Foi idealizadora do Projeto #VemPraPistaMulherada, que levou 20 mulheres de 7 estados brasileiros para um *Grid* Feminino em Londrina/PR (2015). Campeã das 100 Milhas de Motovelocidade (2016). Vice-campeã Brasileira de Supermoto-SMF (2016). Única dupla feminina a participar das 100 Milhas (2017). Curso de Boas Práticas em Saúde e Segurança do Trabalho pelo Senac (2022). Atualmente, ministra palestras sobre direção defensiva em todo o Brasil e, em outubro, iniciou também as palestras em Portugal.

Não era o resultado, era a experiência. Talvez a beleza da vida realmente esteja na impermanência.
ALLAN DIAS CASTRO

Nasci em 1974, em uma vila muito pobre em Porto Alegre/RS. Aos seis anos, caí e perdi os dois dentes da frente, que nasceram somente quando eu tinha 12 anos, o que me causou sérios problemas de autoestima. Sentia-me feia, desengonçada e sofria *bullying* (era muito magra, cabelos curtos, dentes feios/tortos e meus seios eram enormes, desproporcionais à minha estrutura física).

Sou a mais velha de seis irmãos e cresci ouvindo meu pai dizer que não precisava estudar, que diploma só servia para guardar na gaveta (ele era um excelente profissional e tinha pouco estudo)... Quando estava na 5ª série parei de estudar (não por vontade própria). Só aos 18 consegui retomar os estudos. Fiz supletivo de 1º e 2º graus, curso técnico em Contabilidade, depois faculdade e pós-graduação em Administração. Atuei muito tempo na área administrativa, mas foi no esporte e nas coisas que ele me deu que eu realmente me realizei e ganhei a profissão que hoje me dá imenso orgulho e satisfação de poder contribuir para a segurança no trânsito, por meio das minhas palestras. Esse trecho foi apenas para contar que nada foi fácil (desde a infância), mas não desisti. Entre desafios, erros e acertos, orgulho-me de poder comemorar com vocês neste capítulo o que eu considero uma grande vitória pessoal e profissional.

O início da paixão pelas duas rodas

Desde muito jovem sou apaixonada pelas duas rodas. Aos 13 anos comecei a pilotar motos de baixa cilindrada. Aos 16 já pilotava motos mais potentes. Em 2012, aos 38 anos, comecei no mundo das competições (GP Gaúcho de Motovelocidade), e depois de participar de duas provas com resultados positivos na categoria de 600 cc fiquei muito empolgada, vi minha vida começar a seguir um rumo diferente. Após o término de um relacionamento, mudei-me de Erechim/RS para Jaú, no interior de São Paulo, com esperança e sonhos no coração (e o que coube no porta-malas do meu carro). Era o início de uma nova jornada e eu estava convencida de que as duas competições de que havia participado no Sul (e um vídeo no YouTube) eram suficientes para iniciar um currículo na motovelocidade (e foram). Na época juntei reportagens (jornais, revistas e links de sites), fiz um portfólio (que tenho até hoje) e saí à procura de patrocínio nas concessionárias da cidade onde estava morando (precisava de dinheiro e uma moto). Não foi uma nem duas vezes que vi caras de deboche que mesmo sem falar nada diziam: "E daí? você quer correr de moto, o que eu tenho a ver com isso?". Mesmo assim não desisti (Só para constar que alguns desses mesmos que desdenharam mais tarde vieram me procurar para me patrocinar.).

2014 – Sem experiência, sem moto, sem equipamento

"Quando você quer alguma coisa, todo o universo conspira para que você realize seu desejo." E foi o que aconteceu... Eu desejei tanto que, em 2014, por meio do Facebook, fui convidada para participar do Superbike Brasil. Sem experiência, sem moto, sem equipamento (macacão, capacete e equipamentos de proteção), sem nada além do desejo. Aquele vídeo do YouTube compartilhado no Facebook ajudou... Foi por meio dele que um amigo do Facebook (Whashington) mostrou para outro amigo (Octavio Sereno), que estava procurando uma piloto feminina, e assim começou minha história...

A vida começa aos 40

Na época, eu trabalhava como gerente comercial em uma butique no interior de São Paulo. De segunda a sábado ficava na loja liderando a equipe de vendas, e aos domingos procurava curtir um programa diferente com minha filha Maria Eduarda (que criei sozinha; este ano completou 25 anos e é formada em Direito).

Mal sabia eu, que aos 40 anos de idade, estava prestes a iniciar uma nova fase da minha vida (a melhor depois da maternidade).

Após receber o convite para ser a possível piloto, combinei com o futuro patrocinador de nos conhecermos (fui até Londrina/PR). No mês seguinte nos encontramos novamente em São Paulo a fim de acertar detalhes (compra da moto, equipamento e afins). Um mês depois (julho 2014) eu estava estreando no Superbike Series Brasil em Interlagos. Como tudo na vida tem de ter uma primeira vez, fui autorizada pela direção de prova a fazer a largada, na condição de sair da pista na terceira volta para não "atrapalhar a corrida", pois eu não conhecia o traçado e era muito lenta.

Sem poder treinar por causa do trabalho, o ano de 2014 foi de muito aprendizado; e nas etapas das corridas os pilotos mais experientes davam dicas de pilotagem, do posicionamento correto em cima da moto, como entrar e sair das curvas... Fui melhorando os tempos, ficando animada com minha evolução (lenta e gradativa) e tentando retribuir o investimento e a confiança que estavam sendo depositados em mim. Naquele ano fui conciliando o trabalho com as corridas, que aconteciam uma vez por mês.

No início de 2015, com uma rotina maçante no trabalho e sem poder me dedicar aos treinos para evoluir, resolvi largar o emprego e apostar no meu sonho de ser piloto de motovelocidade. Com o apoio do meu patrocinador, comecei a fazer cursos e treinos. Foram três meses de dedicação, e o resultado veio na segunda etapa do Superbike, com um pódio de 5º lugar no Velopark/RS. Quando meu patrocinador saiu do *grid* de largada, ele disse: "Te vejo no pódio!" (e foi onde nos vimos depois da corrida, no pódio!). As palavras dele foram fundamentais na minha vida, pois ele acreditou no meu potencial, e o que era um sonho começou a se tornar realidade.

2015 – Foco, superação, determinação e coragem

Como meu objetivo era ser piloto profissional, foquei em melhorar meu condicionamento físico e fui em busca de patrocínios. Só que desta vez eu estava participando de um campeonato renomado e não foi difícil conseguir profissionais e empresas que apostassem no meu trabalho (pois eu era uma das poucas mulheres a competir). O resultado foi a perda de 16 kg. Uma performance e posicionamento melhores, fotos cada vez mais bonitas nas redes sociais. Não tardou, começaram a aparecer convites para entrevistas em revistas, jornais e televisão. A que considero que teve maior relevância na minha carreira e que fez que eu me tornasse quem sou hoje foi o Encontro, com Fátima Bernardes, que contou a história de como dei uma guinada na vida quando larguei meu trabalho e perdi peso para me tornar piloto de motovelocidade. Para alguns eu me tornei exemplo de foco, superação, determinação e coragem, para outros eu era motivo de piada (diziam que eu era mais *face* do que *race*), que eu só tirava fotos para postar nas redes sociais.

Teve até quem dissesse que eu era uma "vergonha para minha equipe", pois andava sempre em último lugar... Mas sempre tem de ter o primeiro e o último, não é mesmo? Lembro-me de que uma pessoa uma vez disse: "Eu queria esta vergonha na minha equipe". E é disso que eu me lembro, daqueles que sempre me apoiaram e incentivaram a continuar...

A criação da equipe

Como sempre fui ousada, sugeri ao meu patrocinador que criássemos uma equipe de motovelocidade e que ele se tornasse o chefe dela. Ideia aceita, partimos para a ação: criar uma estrutura e captar pilotos. Tarefa executada com sucesso: Moretti Racing Team criada!

Grid **Feminino**

Empolgada com a mídia e os holofotes voltados para mim, senti a necessidade de dividir essa conquista e fazer um *grid* só com mulheres, como o que participei no GP Gaúcho em 2012. Sugeri à direção do Superbike, apresentei a proposta e foi aceita. Foram 90 dias de trabalho duro para convidar as mulheres e captar patrocinadores que investissem no projeto que dei o nome "Vem pra pista, mulherada". A Moretti Racing foi a Equipe responsável por acolher em sua estrutura as 20 mulheres de sete estados do Brasil que iriam alinhar na última etapa do Superbike em Londrina/PR.

O *grid* foi um sucesso, mas também gerou conflitos e divergência de opiniões entre eu e meu chefe de equipe, o que acabou por causar um afastamento entre nós e minha substituição na equipe por outra piloto.

2016 – Sem patrocínio. Sem equipe. E agora?

Em 2016, após sair da Moretti Racing, tinha de arrumar outra equipe para poder participar do campeonato... Para ter visibilidade, participei pela primeira vez das 500 milhas de motovelocidade e, com meu companheiro de equipe Juninho Trudes #72, fomos campeões da categoria 500 cc nas 100 milhas. O título veio em boa hora e fui integrar a equipe oficial da Castrol Racing. Não posso deixar de mencionar a importância que meu grande amigo Edmir Minelli teve naquele ano e todo o apoio que ele me deu. Quem tem amigos tem tudo!

Na final do campeonato paulista (meados do ano), um incidente no *grid* de largada (pelo mau uso de equipamento de segurança) me deixou fora do

Superbike até o final da temporada naquele ano. Transtornada emocionalmente com o ocorrido, comecei a ministrar palestras de segurança sobre a importância do uso correto dos equipamentos de proteção (senti necessidade de divulgar os riscos de não usá-los adequadamente).

Para poder continuar nas competições, iniciei no Campeonato de Supermoto (que o custo era menor) e fui vice-campeã brasileira na categoria feminina em 2016. No final do ano, comecei a pensar em uma maneira de voltar ao Superbike.

2017 – A luta continua

Fui em busca de patrocínio para participar novamente das 500 milhas de motovelocidade, desta vez fazendo dupla com a inesquecível Indy Munhoz; fomos a única dupla feminina participando e subimos ao pódio em 3º lugar.

O título conquistado com a Indy rendeu-me o convite para participar de uma das maiores equipes do Superbike na época, a Motonil Motors. Este foi um ano de muitas conquistas. Continuei no Supermoto. Fui assistir ao motoGP na Argentina e na Espanha. Um amigo (José Gonçalves, o Cuca) convidou-me para fazer um treino de moto no Estoril em Portugal. Também fui convidada para ministrar palestras sobre as mulheres nas competições no Salão Duas Rodas. Conheci meu esposo (Marcelo Almeida) e tive de tomar decisões que mudaram mais uma vez minha vida (para melhor).

2018 – A mudança e os novos desafios

Após fazer o treino no Estoril, fui convidada a participar do campeonato (patrocinada), mas para isso precisaria morar lá e ter a moto e outros patrocinadores, é claro, pois competições na Europa têm alto custo. Então... malas prontas em fevereiro; eu partia rumo a um novo desafio (com o apoio do Marcelo, que era meu namorado na época, casamo-nos em Portugal).

Insegura e um pouco abalada pelos comentários maldosos (de pessoas no Brasil) de que eu nunca conseguiria alinhar em um *grid* na Europa, reuni forças, mais uma vez venci o medo, as más línguas e na última etapa do campeonato subi ao pódio em 3º lugar! Foi mais um ano incrível e de muito aprendizado.

2019 – Depressão vs. motivação

Passada a euforia de estar participando de um campeonato fora do Brasil, com dificuldades de adaptação com a moto, a saudade da filha e dos amigos começa a apertar. Um grande vazio e a depressão ganharam espaço na minha vida. Nem mesmo a abertura da MM Adventure (empresa de esporte de aventura que temos em Portugal) me dava ânimo. Comecei a ganhar peso novamente (10 kg) e sentia que estava faltando algo (eram as palestras). Até que mais uma vez Deus olha para mim e recebo o convite para novamente ministrar palestras no Salão Duas Rodas (2019). Motivação a mil, preparo o material de divulgação e as malas para a nova aventura e novo desafio: lotar a Arena LifeStyle. As palestras mais uma vez foram um sucesso (como as de 2017). Objetivo cumprido, Arena lotada! Matei a saudade da filha e dos amigos e estava na hora de voltar para solo lusitano. #PartiuPortugal!

2020 – Minha filha, meu orgulho

Retornei ao Brasil em janeiro para o grande dia: a formatura da minha filha Maria Eduarda em Direito (que seis meses antes já havia passado na OAB – Ordem dos Advogados do Brasil) e me enchido de orgulho). Depois da formatura, fui a Brasília fazer um curso de pilotagem com a pequena grande piloto Indy, e logo depois iniciei uma maratona de palestras que foi interrompida por causa da pandemia de covid-19. A vida das pessoas, o mundo e o esporte, tudo parou devido à instabilidade financeira global; afinal, ninguém sabia como tudo iria ficar... Tive de desacelerar também...

2021 – Novos desafios, mais uma mudança

Era sabido que a pandemia não iria durar para sempre e minha prioridade era voltar a ministrar palestras e poder viajar assim que as fronteiras aéreas se abrissem. Como estavam proibidas as atividades de desporto, resolvemos empreender e ter uma nova atividade: a jardinagem.

Durante o confinamento obrigatório, eu e o Marcelo fizemos cursos de capacitação e iniciamos as atividades no ramo de limpeza e manutenção de jardins (como era atividade ao ar livre, podíamos atuar sem problemas). Deu certo! Mas quando o inverno foi chegando a insegurança foi batendo e não sabíamos se teríamos trabalho no inverno por causa do tempo chuvoso. Então, fizemos uma pausa... Voltei a atuar na área administrativa em uma rede hoteleira e ele na manutenção. Fronteiras aéreas fechadas, um ano e oito meses sem poder voltar ao Brasil...

2022 – As palestras

Em 2017, eu tinha como meta realizar oito palestras/mês (duas por semana). Em outubro/2021 quando reabriram as fronteiras, retornei ao Brasil, fiz algumas palestras (sete em seis dias). Retornei para Portugal a fim de me preparar para as palestras de maio/2022 (maio amarelo) – (15 palestras em 10 dias), estavam programadas 20, mas infelizmente contraí covid-19 e tive que cancelar algumas. Resumindo: isso tudo a motovelocidade me deu... E seguimos em frente, superando desafios e nos reinventando a cada dia... Encerro este capítulo convidando-os para mergulharem nesta história mais a fundo e com muito mais detalhes no meu livro que será lançado em 2023.

Meu conselho: nunca desista! Persista! É possível. Acredite em você!

E eu não poderia finalizar sem agradecer, primeiramente a Deus por iluminar sempre meu caminho. A minha filha Maria Eduarda por estar sempre ao meu lado, apoiando e incentivando. Minha família (mesmo que distantes). Todos que fizeram (e fazem) parte dessa trajetória. À querida Vanessa Giannelline, que me convidou a eternizar minha história fazendo parte desse projeto. E principalmente ao Octavio Sereno, que foi fundamental em toda essa minha trajetória na motovelocidade; sem ele nada teria sido possível. Se não fosse por ele, eu seria apenas mais uma Márcia... mas... Sou Márcia Reis #97, a dona da p**** toda!

65

A SOMBRA DA MULHER QUE NASCEMOS PARA SER

Este capítulo nos convida a entender como nossa luz e sombra são parte de nosso processo evolutivo: apropriarmo-nos do poder que é nosso e vivermos nosso propósito.

MARCIANI KESTRING BADZIAK

Marciani Kestring Badziak

Contatos
Instagram: @marcianibadziak
Facebook: Marciani Badziak Master Coach
LinkedIn: Marciani Badziak Master Coach
48 99926 9498

Master coach pela Sociedade Brasileira de *Coaching*. Formações em: *Personal & Professional Coaching, Executive* e *Business Coaching, Career Coaching, Mentoring Coaching, Leader Coach, Positive Psichology Coaching* e Acelerador da Felicidade. *Practitioner* em Programação Neurolinguística pelo Instituto Brasileiro de *Coaching*. *Coach* educacional e vocacional. Analista de perfil comportamental e analista líder *alpha*. Aplicadora do Programa da Escola da Inteligência do Dr. Augusto Cury. *Head trainer*. Escritora. Professora, palestrante e mentora. Graduada em Administração de Empresas, especialista em Gestão Estratégica de Pessoas, especialista em Gestão de Finanças, especialista em Consultoria Empresarial com ênfase em *Coaching*.

Tudo o que existe tem seu oposto, sua polaridade: esquerda e direita, bom e mau, quente e frio, prazer e dor, certo e errado, luz e sombra. Somos feitos de luz e sombra. Aquilo que reprimimos, negamos e mantemos recalcados em nosso subconsciente, que insistentemente buscamos controlar, como inveja, ódio, ciúmes e todas as manifestações negativas que mantemos escondidas são nossas sombras. Lidar com a sombra é tão difícil porque ela é tudo o que somos consciente e inconscientemente, e que não queremos ser ou reconhecer, para nós e para os outros, por medo ou por vergonha.

Aspectos negados ou negligenciados são armazenados em nosso subconsciente, podendo trazer consequências negativas. Medos, desejos impróprios, experiências que geraram vergonha, agressividade, tudo isso se tornam sombras, as quais se manifestam em pensamentos e comportamentos nocivos como apontar nos outros as próprias fragilidades, colocar-se em posição de vítima, pensamentos e atitudes preconceituosas, julgar demais os outros e tratar mal ou se sobrepor a pessoas em posição inferior.

Manter-se em uma realidade ignorante em relação às nossas sombras nos faz agir buscando atender a uma necessidade negligenciada, com consequências extremamente negativas e nocivas. Faz-nos permanecermos na sombra da mulher que nascemos para ser.

A prisão de ser quem não somos

A sombra faz parte do que somos e daquilo que mais projetamos no outro. Quando negamos nossas sombras, tendemos a criar e viver um personagem, um grande disfarce, fingindo e construindo uma máscara para que ninguém, nem nós mesmos, reconheçamos. Viver esse disfarce nos desconecta de nossa essência e de nosso propósito, aprisiona-nos em uma realidade que sabota nossos sonhos, destrói nossas relações, aliena nossas vidas.

Precisamos viver e valorizar nossa essência, aquilo que é naturalmente nosso, desconsiderando as crenças instauradas ao longo de nossa existência, seja por hereditariedade, convívio social ou experiências, as programações a nós impostas, todas as situações que nos podaram, que tentaram nos moldar a ser quem não somos. Valorizar nossa essência nos permite nos conectarmos mais facilmente ao nosso senso de propósito.

Seguir nosso propósito é basicamente aquilo que nascemos para ser. Alguns chamam de dom, outros de vocação, mas está relacionado àquilo que traz sentido à nossa existência, ao que nos realiza, nos satisfaz, nos gera felicidade. Atendemos a nosso propósito até quando não temos consciência dele, de maneira instintiva, porém quando temos clareza de nosso propósito de vida, da forma como transformamos o mundo em que vivemos e deixamos nossa marca, encontramos nosso objetivo de vida e utilizamos nossa paixão para melhorar nossas vidas e a das pessoas com as quais convivemos.

Presentes disfarçados

Discriminadas no ambiente de trabalho, vistas como fracas, tratadas como incapazes, acreditar nos rótulos, ceder a essas dores impostas pela sociedade nos fará viver alienadas, indiferentes e sem senso de propósito.

Todas as situações que nos representam um desafio são como presentes disfarçados para nos mostrar onde nos faltam recursos para lidar e ter resultados melhores com essas situações. Mostram-nos para onde devemos olhar e nos desenvolvermos. Isso acontecerá somente quando situações relacionadas ao ego estiverem controladas, quando assumirmos a autorresponsabilidade para entender que aquilo que nos incomoda no outro é o que nos falta, ou aquilo que está na nossa sombra se reflete no outro. Sentimentos como culpa, atitudes de autojulgamento e vitimismo são totalmente dispensáveis quando buscamos o processo de tomada de consciência e evolução.

A liberdade de ser quem nascemos para ser

O fato de todos termos sombras nos torna iguais, o que nos difere é a forma como lidamos com elas. O mais importante não é perceber esse lado sombra e sim o que fica alienado de nossa personalidade. Entender que a sombra faz parte do nosso ser, combater o sentimento de culpa, reconhecer nossas sombras, trazer para a consciência, aceitar, respeitar e honrar é o caminho para o processo de evolução. O caminho para se tornar a luz, para brilhar e iluminar a nós e as pessoas à nossa volta.

A expressão popular tão usada "a luz no fim do túnel" só tem sentido por ser algo que se destaca na escuridão. A luz só existe onde há sombra para fazer contraste e se destacar.

Alguns lidam melhor com o lado sombra por terem mais facilidade de lidar com seu mundo interno, com seu eu interior. Aprende-se a usar o que há de melhor em nossa sombra, como, por exemplo: a raiva, para nos posicionarmos e não deixar que abusem de nós; o ciúme, para cuidarmos mais de nossas relações; o medo, para sermos mais cuidadosos.

> *A sombra não está presente para magoá-lo e sim para mostrar-lhe onde você está incompleto. Quando a sombra é abraçada, ela pode ser curada. Quando ela é curada, ela se transforma em amor.*
> DEEPAK CHOPRA

Para reconhecer a sombra, harmonizar-se com a parte que falta, aprender a viver a própria luz e vencer nossos conflitos, é essencial investirmos em autoconhecimento e autodesenvolvimento.

Conhecer nossa luz e nossa sombra é parte do processo de autoconhecimento. Entender nossas forças e nossas fraquezas nos possibilita enxergar o que pode ser potencializado, desenvolvido e neutralizado, assim como o que nos representa ameaça e oportunidade, o que pode ser usado como um recurso para o empoderamento feminino.

O termo *empoderamento feminino* tem sido muito usado nos dias atuais, muitas vezes de maneira distorcida, mas este nada mais é do que tomar para nós o que é nosso: nosso poder, nossa força, nossa determinação, nosso equilíbrio, nossa sensibilidade, nossa autoestima, nosso senso de justiça, de capacidade, o ato de se tornar poderosa sem estar relacionada à superioridade.

O empoderamento dá voz e autonomia, recursos estes desenvolvidos a partir do reconhecimento da nossa luz e da nossa sombra. Faz entender que nossa sombra tem grande valor e que pode nos ajudar a trilhar um caminho de autoconhecimento e desenvolvimento. Reconhecer nossas sombras nos traz muitos ensinamentos:

- **A sombra não deve ser negligenciada ou repelida e sim compreendida**

Por mais que a palavra *sombra* remeta a algo sombrio, não devemos negligenciar, repelir ou combatê-la em nós e sim compreendê-la. A sombra refere-se ao que escondemos de nossa própria consciência. Refere-se a identificar e reconhecer esse nosso lado, colocar luz sobre ele e aprender a lidar de maneira positiva com o que antes era visto de modo negativo.

- **Desenvolver a autorresponsabilidade sobre nossos sentimentos**

Desenvolver a autorresponsabilidade pelos nossos sentimentos e parar de projetá-los sobre os outros. Quando algo no outro a incomodar, questione-se sobre o motivo para tal. Entenda, as respostas não estão no outro e sim dentro de você, reconhecer isso a tornará responsável pelo que sente.

- **Reconhecer os sentimentos reprimidos**

Procure se conhecer para identificar os sentimentos reprimidos e evitar que eles se transformem em julgamentos. Quanto mais se conhecer, mais facilmente poderá enxergar seu lado sombra e encontrar formas de lidar positivamente com ele.

- **Enxergar que somos completos**

Aceitar a dualidade de luz e sombra, o que consideramos certo ou errado, ruim ou inadequado, só pelo fato de julgarmos sentimentos e comportamentos bons ou ruins, quando somos apenas seres completos que possuem esses dois lados. Entender e aceitar essa polaridade é essencial para se aceitar e usar esses aspectos a seu favor.

- **Desenvolver o autoperdão**

Está relacionado à necessidade de nos perdoarmos. Reprimirmo-nos por sentirmos algo que consideremos ruim, sem entender o que nos motivou a isso, aumentará nossa sombra. Nos enxergarmos como seres humanos que somos e nos perdoarmos nos libertará de tabus, do autojulgamento e do ego.

Por fim, desenvolver o poder do perdão e do amor a nós, libertarmo-nos da culpa, da mágoa e dos ressentimentos que nos paralisam e nos impedem de ser quem realmente nascemos para ser.

O perdão nos liberta, dos outros e de nós mesmos, que impedem a autossabotagem, de desenvolver muitas doenças, do apego a quem nos magoou e nos feriu. O perdão a quem nos feriu e a nós mesmos nos permite amar e avançar na nossa constante evolução, permitindo sermos quem realmente nascemos para ser.

Cada uma de nós está esperando ser revelada, perceber que tem o poder de alcançar e mostrar brilho, força, criatividade e felicidade. Imaginar que tudo o que desejamos está ao nosso alcance, esperando ser reconhecido, vivido e expandido.

UMA CARTA ABERTA PARA TODAS AS PESSOAS ACIMA DO PESO

Quando você procura ajuda para o tratamento da obesidade, espera ser ouvida, orientada e direcionada para uma ação, sem julgamentos e rótulos. Não precisamos de conselhos ou advertências do tipo: coma isso, faça aquilo. O que buscamos, na verdade, é um profissional que nos ofereça apoio e nos direcione para a ação. No Programa MB de Emagrecimento você encontra uma atmosfera de acolhimento, você é ouvida, criamos vínculo e desenvolvemos a autoconfiança, damos oportunidade de os pacientes se empoderarem, para assim poderem alcançar a transformação corporal e emocional.

MARINES TRENTIN BERG

Marines Trentin Berg

Contatos
Instagram: @nutrimariberg_
11 96174 5478

Idealizadora do Programa MB de Emagrecimento. Graduada em Nutrição e Pedagogia, com especialização em Musculação no Emagrecimento e especialização em Educação e Nutrição Comportamental.

Minha busca frustrada pelo emagrecimento

Minha história pela transformação física começou em 2012. No ano anterior, havia me mudado da minha cidade Florianópolis/SC para a capital paulista. A mudança de cidade e a adaptação a um lugar totalmente diferente me fizeram ganhar alguns quilos de gordura corporal. Várias tentativas frustradas de emagrecimento ocorreram. Consultas, medicamentos e dietas restritivas acompanhadas por médicos e nutricionistas não surtiram resultados satisfatórios. Por vezes até emagrecia, mas depois engordava tudo o que conseguia eliminar e ganhava mais alguns quilos à medida que eu voltava a me alimentar normalmente. Foi assim que cheguei ao auge dos 98 kg. Eu não me reconhecia mais, não aceitava meu corpo; a cada ajuda que buscava era uma decepção. Não foi nem uma nem duas vezes que ouvi de profissionais: "Quer emagrecer? É fácil! Basta fechar a boca!". O impacto dessas palavras tinha um poder enorme de me fazer sentir raiva, vergonha e decepção; então, eu desistia e comia ainda mais. Decidi, como uma última tentativa, fazer cirurgia bariátrica, pois acreditava que cortando meu estômago me livraria daqueles quilos de gordura que sobrecarregavam meu corpo.

Passei a pesquisar renomados médicos da área em São Paulo. Conheci um profissional que atendia no melhor hospital da capital e tinha em seu currículo inúmeras cirurgias bariátricas no Brasil e no exterior. Liguei para a secretária dele e falei que gostaria de realizar o procedimento. Agendei e realizei todos os exames antes mesmo da consulta. Muita espera e ansiedade, mas chegara o grande dia. Lá fui eu com todas as expectativas do mundo e esperança em resolver meu problema definitivamente. Agora sim vou ser magra, pensei.

A última tentativa pelo emagrecimento mágico

No dia da consulta, minha filha adolescente de 12 anos, muito adiantada para sua idade, ofereceu-se para me acompanhar, já que o pai dela não iria, pois era absolutamente contra o procedimento, sabendo que eu não era uma paciente com indicação para cirurgia bariátrica. A consulta estava marcada para as 11 horas da manhã. Foi uma longa espera até sermos atendidas. Quando o médico conseguiu nos atender, já se passavam das 15 horas. Mais uma vez minha frustração começou a dar seus ares, mas eu não podia desistir, era minha última esperança; eu precisava esperar que o médico pudesse me atender, mesmo que fosse muito tarde. Quando finalmente chegou minha vez, a secretária nos acomodou na sala de consulta e ali esperamos por mais alguns minutos. Enquanto isso, passei a analisar o ambiente. Percebi que em cima da mesa do médico havia a Bíblia Sagrada que estava aberta no Salmo 91 e comecei a lê-lo. Herdeira de uma família bastante religiosa, aquela oração significava para mim proteção e livramento. Não pude deixar de pensar no que tudo aquilo estava querendo me dizer. Antes que eu chegasse ao fim da oração, entrou na sala aquele que mudaria para sempre o rumo da minha vida, no que se refere a emagrecimento, nutrição, atividade física, estudo, autoconhecimento, crenças limitantes, paradigmas e por aí vai, uma busca sem fim.

Então, ele se sentou e fez a famosa pergunta: "Em que posso ajudar?". Lembro-me de ter ficado por alguns segundos em silêncio; olhei para a minha filha e ela estava me olhando com muito espanto ou medo, não sei. Esperava ela, conhecendo bem a mãe, que eu dissesse algo pouco convencional ao médico? O nó na garganta me impedia de esboçar qualquer palavra. A tristeza, a decepção e a raiva pela falta de consideração do profissional, ao nos deixar esperar por tantas horas, e a sensação de estar na estaca zero outra vez começou a surgir novamente. Então, olhei para o médico e disse apenas:

"Eu quero fazer a cirurgia e aqui estão meus exames"; entregando os exames necessários. Ele começou a folhear os papéis e explicava como seria o procedimento. Eu estava em um estado tão profundo de incredulidade que era impossível prestar atenção em qualquer palavra que ele dissesse. Lembro-me de que minha atenção se fez presente repentinamente quando minha filha o interrompeu e disse: "Doutor, o senhor acha mesmo que minha mãe precisa fazer essa cirurgia?". Pude perceber ali um profissional sendo desafiado por uma garotinha, um ar de fúria estava pairando naquela sala. O médico virou-se para mim e disse: "Se você desejar fazer a cirurgia, minha secretária vai disponibilizar os dias e os horários. Você pode marcar com ela o dia que for melhor para você". Mais que depressa, respondi: "Sim, com certeza eu marcarei". Foi tudo o que consegui dizer. Todas as perguntas que eu pensava em fazer sobre a cirurgia desapareceram da minha mente como fumaça. A essa altura eu já não tinha questionamento a fazer, nem expectativas. Estava decidido: eu nunca faria aquela cirurgia. Em seguida, agradeci e me despedi com um aperto de mãos. Foi a consulta mais rápida da minha vida, provavelmente menos de dez minutos. Porém, foi o tempo suficiente para minha tomada de decisão. Eu jamais faria aquela cirurgia.

No caminho de volta para casa, que durou aproximadamente uma hora e meia de viagem, minha filha, cansada e com fome, adormeceu. Eu então pude refletir sobre todas as minhas buscas frustradas. Eu sabia que aquela era a última busca de emagrecimento "mágico". Lágrimas rolaram pelo meu rosto e ao olhar para minha filha dormindo, pensei: "Eu preciso fazer a coisa certa, por ela". Durante todo o tempo de viagem para casa, planejei passo a passo o que eu faria a partir daquele momento, já que mais uma vez a tentativa de emagrecer não tinha dado em nada.

A decisão acompanhada da ação

Minha decisão pelo emagrecimento por meio da reeducação alimentar aconteceu dentro daquele carro no caminho de volta para casa. No dia seguinte à consulta, comecei a colocar em prática tudo o que eu havia planejado. A primeira coisa que eu fiz foi marcar uma consulta médica com um clínico geral a fim de realizar exames cardiológicos e exames de sangue, pois pensava em praticar atividade física. Antes de iniciar qualquer exercício físico, eu precisava saber como estava de fato minha saúde. Segundo os resultados dos exames, naquele momento eu apresentava lesões musculares nas costas, hérnias de disco na cervical e lombar e uma pré-diabetes, ou seja, nada que pudesse me impedir de praticar atividades físicas adequadas naquela situação. Parti para o segundo passo. Passei a investir em livros que pudessem me ajudar a criar hábitos saudáveis e comecei a estudar incansavelmente. Pesquisei autores renomados nas áreas da neurociência, desenvolvimento humano, esporte e nutrição.

Em meados do mês de fevereiro daquele mesmo ano matriculei-me em uma academia de esportes e comecei a praticar musculação; até então eu era totalmente sedentária. Com o corpo já preparado pela musculação, iniciei aulas de corrida duas vezes por semana. Eu participei de todas as corridas de rua da minha cidade, na categoria de 5 km. Cheguei a participar também da Meia Maratona Internacional de São Paulo na categoria 10 km. Durante todo o meu processo na busca de transformação, procurei "voar com águias". Passei a seguir pessoas inspiradoras nas redes sociais, ler artigos e livros dos mestres em esportes, medicina e nutrição.

Enfim, o sucesso chegou

Em cinco meses eliminei 34 kg e a transformação foi tão maravilhosa que eu me senti a própria Mulher-Maravilha. Resgatei totalmente minha autoestima. Passei a acreditar que com meu esforço e dedicação não haveria nada neste mundo que eu não pudesse fazer ou ser. Algum tempo depois, como segunda graduação, iniciei o curso de nutrição. Inúmeros cursos, especializações e congressos vieram na sequência. E assim acontecia a mudança de um *mindset* fixo para um *mindset* de crescimento. À medida que eu identificava minhas crenças limitantes, percebi que poderia transformá-las em sucesso, bem-estar e autoestima elevada. Foi algo profundo, não somente transformei meu corpo, mas também minha mente. Porém, não foi fácil, seguiram-se muitos dias de lágrimas, noites mal dormidas, estudos, perseverança, resiliência e desafios. Passei por tudo isso e, apesar do descrédito de algumas pessoas quanto a meu êxito, consegui me formar em nutrição. Realizei o que eu desejava e valeu muito a pena.

O Programa MB de Emagrecimento (PMBE)

A maioria dos pacientes que chegam ao PMBE falam que sabem exatamente o que precisam fazer para emagrecer, porém não conseguem colocar em prática. Isso acontece porque entre querer emagrecer e decidir emagrecer há muitas diferenças, e a verdadeira decisão é aquela que nos leva a uma ação, a uma atitude. Decidir emagrecer significa agir em concordância com aquilo que gostaríamos de alcançar, com nosso objetivo. Ser meu paciente certamente será a melhor decisão rumo à sua transformação.

O PMBE tem seus pilares em uma área da nutrição que chamamos de nutrição comportamental. É neste ponto que entra o acolhimento, o ouvir sem julgamentos e rótulos. Quando o paciente se sente acolhido e seguro consegue falar sobre as dificuldades, os sentimentos e suas relações interpessoais. À medida que ele se ouve falando, automaticamente seu cérebro faz as conexões neurais, sendo possível identificar suas ações, corrigi-las e alterar comportamentos sobre a forma de se alimentar.

A nutrição MB vai além da reeducação alimentar, do reaprender a comer para eliminar gordura corporal, é um programa que ajuda mulheres e homens a superarem as crenças limitantes sobre si mesmos, ajuda-os a estabelecerem o *mindset* do magro de sucesso, para assim se transformarem em suas mais perfeitas versões. O Programa MB de Emagrecimento vai além da transformação física, é um programa que tem como foco a mudança do comportamento, melhorando sua relação com os alimentos e com seu corpo. Exige do paciente uma transformação emocional e abre caminhos para uma longa jornada em busca do autoaperfeiçoamento e do autoconhecimento. Você deseja uma transformação de vida duradoura? Deseja emagrecer e permanecer magro? Então, lembre-se do aforismo mais famoso da história: "Conhece-te a ti mesmo". É importante salientar ainda que ninguém consegue permanecer no caminho transformado (magro) sem pensar em transformar primeiro seu comportamento diante do ato de comer. É identificando suas emoções e os gatilhos do "comer emocional" que é possível alterar o comportamento alimentar. É dessa forma que o indivíduo passa a ser o agente transformador da sua própria realidade à medida que o seu corpo se transforma; é um processo longo, porém duradouro.

A vantagem de aderir ao Programa MB é que você não vai precisar correr atrás de tantas informações, buscar inúmeros profissionais de várias áreas para te ajudar, como aconteceu comigo. O programa oferece um atendimento completo, com ferramentas para a prática da reeducação alimentar e mudança de hábitos, facilitando um emagrecimento de sucesso. O PMBE auxilia a desenvolver uma relação saudável com os alimentos, de maneira que você possa permanecer magro para o resto da vida, evitando o "efeito sanfona" e o reganho de peso.

O ato de comer é um dos grandes prazeres da vida e aqui você emagrece comendo comida de verdade, termo que se refere aos alimentos saudáveis e preparados da maneira mais natural possível, diminuindo aditivos químicos, gorduras, açúcares e corantes, preservando sabores, aromas, cores e principalmente os nutrientes, sem exclusões e restrições alimentares.

O programa oferece o e-book MB, que possui mais de 30 receitas, entre alimentos salgados, sobremesas, chás, *shots* e mais de 500 alimentos catalogados que farão parte do seu plano alimentar; levando em consideração sua escolha e sua preferência, você come o que gosta. Uma outra vantagem é que você não vai ficar limitado a um cardápio restritivo; você planeja o que vai comer, usando os alimentos que tem na sua casa. E o mais importante: a lista de alimentos MB sugeridos é composta daqueles que fazem parte da nossa cultura alimentar; e você pode comprar, estando dentro da sua realidade familiar e financeira. O programa oferece atendimento presencial e on-line por meio da plataforma Zoom, e os acompanhamentos são feitos via WhatsApp e chamadas de vídeos.

67

CONTINUAR...
APESAR DE

Trataremos dos desafios da maternidade e de ser mulher, superando os obstáculos e seguindo, apesar dos problemas enfrentados. Este texto relata os problemas encontrados na maternidade, relacionamentos e a forma como lidar com os problemas sem desistir dos objetivos e dos sonhos. Sentir a gratidão e caminhar em direção dos sonhos por meio da mudança de pensamentos e atitudes.

MICHELLE THOMÉ

Michelle Thomé

Contatos
transfomarmastermind@gmail.com
Instagram: @tranformarmastermind
@michethome
54 99987 2215

Formada em Administração pela Faculdade da Associação Brasiliense de Educação. Autora do livro *Análise dos projetos socioambientais desenvolvidos pelo Banrisul*, publicado, em 2016, pela Editora Novas Edições Acadêmicas, resultante do Trabalho de Conclusão de Curso, cujo artigo foi aceito no III Congresso Internacional de Educação Ambiental dos Países e Comunidades de Língua Portuguesa. Pós-graduada pela Universidade Federal de Santa Maria/RS em Educação Ambiental e estudante do curso de Direito pela Faculdade da Associação Brasiliense de Educação – FABE Marau/RS; também é estudante autodidata do desenvolvimento humano e do poder do pensamento. Fundadora do projeto, em fase de construção, "Transformar *Master Mind*", movimento que visa estimular o empoderamento feminino. Atua como supervisora na Superintendência Regional Alto Uruguai do Banco do Estado do Rio Grande do Sul. Mãe da Emanuelle e do Matheus, é dedicada a aprender e empreender em seus sonhos e projetos.

Certamente minha vida se parece com a de milhares de mulheres que criam seus filhos, trabalham, estudam e tentam se manter nos padrões estabelecidos pela sociedade. Mas como dar conta de tudo? Como agradar a todos? A resposta é muito simples: tentar agradar a todos é o primeiro passo para não agradar a ninguém.

Não podemos e não devemos romantizar a maternidade, ela tem seus desafios, seus medos, suas angústias, que só quem é mãe consegue entender. Até que ponto colocar os filhos acima de tudo e se deixar para trás? Onde encontrar o equilíbrio entre ser mulher e ser mãe, porque continuamos com as necessidades, os sonhos e os desafios da mulher que precisa ter sucesso no trabalho, cuidar da casa, manter-se bem arrumada, dar atenção ao(à) companheiro(a) e todas as multifuncionalidades exigidas; é um caminho árduo, mas compensador.

Mãe aos 18 anos e com os projetos de vida inteiramente redirecionados: os planos de sair de mochila e ganhar a vida, cursar uma faculdade foram interrompidos pela notícia da gravidez não planejada. Nada espetacular, pois isso acontece com inúmeras meninas mundo afora, mas o que quero trazer aqui não é o fato de ser mãe aos 18, mas de seguir apesar de todos os obstáculos, levantar-se após cada queda e construir a partir disso uma família. A cada obstáculo dizia a mim mesma: não desista, você consegue, vai valer a pena o esforço, vai lá e faz. E assim fui construindo pedacinho por pedacinho.

Para entender esta breve história: eu estava com o casamento marcado, mas sem uma casa para morar, grávida do primeiro namorado, uma menina com sonhos, projetos e planos totalmente diferentes do cenário apresentado. Neste momento, minha mãe teve um papel fundamental, e por isso aprendi que pais devem sempre acolher os filhos, por pior que seja a situação. Ao ver meu desespero, nem tanto pela gravidez, mas por iniciar um casamento totalmente sem sentido, minha mãe teve uma atitude muito sábia e me disse que não era necessário o casamento apenas por convenções da sociedade, que a casa dela estaria aberta para criar mais um filho se necessário. Aquelas palavras tiraram todo o peso das minhas costas e imediatamente cancelei o casamento, com um recado ao então noivo, porque naquela época a comunicação não era muito fácil e acessível como é hoje.

Aproveitei a visita do meu pai, que também me ajudou muito. Ele extremamente compreensivo e fez o que podia nas condições que tinha. Levou-me para o interior de São Paulo, onde morava na época, mas estar grávida em um lugar desconhecido não era fácil. Então, retornei para a casa de minha mãe, onde minha filha nasceu. Por três anos tentamos conciliar a situação, mesmo em cidades diferentes. Tentamos reaproximação, mas já não adiantava, era uma relação falida. A pressão psicológica que eu sofria era demais. Minha irmã mais nova e até meus irmãos, bem pequenos na época, cuidavam da minha filha para que eu pudesse trabalhar. A vida foi tomando rumo e fui me libertando das palavras que ecoavam na minha mente, palavras que ouvia dele, como: "Você não vai encontrar mais ninguém, pois já tem uma filha de outro homem. Você não é capaz de se sustentar. Você não consegue criar uma filha. É pobre", e por aí vai. Com uma filha pequena e problemas familiares, além de preconceito por ser mãe solteira, sentia que estava deslocada, fora dos padrões, sem perspectiva. Meu pai estava morando numa cidade do litoral de São Paulo e vi então a possibilidade de retomar um sonho: "Vou morar na praia, criar minha filha e enfim serei feliz longe de tudo e todos". Doce engano, a situação era sempre complicada financeira e emocionalmente, mas conheci uma pessoa.

O homem que conheci parecia maravilhoso, foi o ponto de apoio que encontrei diante de tantas dúvidas e medos. Decidimos morar juntos, os primeiros anos foram ótimos. Tínhamos planos, mas os planos eram mais meus do que dele, até que engravidei novamente, mais uma vez sem planejar. Sem dinheiro, mais um filho e vivendo apenas de planos. Ficamos juntos por sete anos, nos últimos dos quais tudo mudou. Mesmo durante a gravidez ele tinha trabalhos estranhos, chegava sempre tarde em casa, e eu me virava como podia.

O dia que mais me marcou foi quando percebi que já não tinha leite para amamentar meu filho; era tarde da noite e eu não sabia o que fazer, quanto mais nervosa menos leite no peito para amamentar. Então, liguei a cobrar para minha mãe que morava no Sul, para que ela contatasse meu irmão e ele pudesse me ajudar. Pedi uma lata de leite e de joelhos orei muito, e só pedia que Deus me abençoasse com leite materno para sustentar meu bebê.

Não era aquela vida que queria para meus filhos. Era sócia de uma padaria praticamente falida, trabalhava 16 horas por dia, às vezes até 20 horas, mas eu tinha tanta vontade de dar uma vida digna aos filhos que não sentia o cansaço. Passei esses anos sem pensar em mim como mulher. Não me cuidava, só queria trabalhar para que quando tivesse condições pudesse desfrutar, mas as dificuldades apareciam dia após dia, parecia que estava tirando água de um barco furado e realmente estava.

Deixamos o negócio para trás; o relacionamento acabou. Descobri traições até com minha melhor amiga na época. Foram dias terríveis e sete anos de relacionamento se acabaram por telefone. Ele disse que estava apaixonado e vivendo com outra pessoa. Precisava ser forte, tinha duas crianças que dependiam exclusivamente de mim. Então, trabalhava o dia todo, seis dias por semana. Meu pai e meus irmãos seguiam me ajudando, mas as dificuldades eram muitas. Eu fazia as tarefas domésticas, colocava as crianças para dormir e era o momento em que podia desabar sem ninguém ver; e amanhecia chorando. Foi quando meu irmão e minha cunhada me ajudaram. As duras palavras dele numa noite em que me viu chorando doeram tanto que me acordaram. Minha cunhada me deu um livro de autoajuda e foi o livro que mudou tudo.

A partir daquela leitura mudei meu pensamento, meu modo de agir; e tudo começou a mudar. Ainda tinha o sonho de cursar uma faculdade, nada havia morrido em mim. Consegui uma bolsa para o curso de Administração em Santos/SP – uma chance imperdível – e questionava quando teria outra oportunidade de cursar uma faculdade sem custo. Porém, como morar numa cidade grande com dois filhos pequenos, tendo de trabalhar e estudar? Era praticamente impossível, então coloquei meus filhos em primeiro lugar. Engoli o orgulho, a frustração, o sentimento de derrota por anos em São Paulo sem ter conseguido nada além de mais um filho sem pai. Financeiramente quebrada e com a autoestima extremamente abalada, minha voz interior me disse: "Não desista. Você fez tudo o que pôde. Isso não é uma derrota, mas um recomeço".

Vendi o pouco de móveis que tinha e retornei com dois filhos para o Sul. Sem dinheiro e praticamente sem dignidade, me sentia falha, destruída por tudo o que havia acontecido. Mas pensei, enquanto juntava o pouco que sobrou olhando velhas fotos, que as pessoas que realmente me amassem não se importariam com minha condição e as outras eu não deveria considerar. E assim parti para mais um recomeço. Reencontrei pessoas tão especiais da família e amigos antigos, mas também recebi críticas e olhares não tão agradáveis, que fiz questão de ignorar. Foquei apenas as pessoas que me acolheram. Fiz novamente a inscrição, mesmo sem esperança, mas recebi outra manifestação de tudo o que meu pensamento havia mentalizado e fui para a faculdade de Administração com 32 anos. Foi fantástico.

Ainda trabalhava bastante, mas tinha os finais de semana livres e muitos sonhos. Precisava sair da casa da minha mãe e criar meus filhos. Em um dia específico, entrei no banco para fazer uns pagamentos e senti no meu coração: é isso que quero fazer. É aqui que quero trabalhar! Mais tarde abriram as inscrições do concurso para o banco estadual, só que precisava de muita ajuda além de financeira, precisava do tempo das pessoas para me ajudar com as crianças. Trabalhava também nos finais de semana em cerimoniais de casamento, formaturas, vendia *lingerie* e qualquer coisa que pudesse gerar uma renda extra, pois eu sabia uma regra básica de educação financeira: se você não consegue economizar, tem de aumentar a receita. E eu não queria economizar, queria elevar meu padrão de vida. Quando recebi a ligação de uma amiga me parabenizando pela aprovação, lembrei-me do dia em que entrei no banco e posso afirmar que passar naquele concurso foi a virada que eu precisava. Depois de oito anos morando com minha mãe, pude comprar meu apartamento, pequeno, modesto, mas meu e dos meus filhos.

Quando minha filha decidiu cursar a faculdade, mesmo sendo bancária, não conseguia pagar e precisava de mais renda. Mais uma vez, precisava aplicar a regra de aumentar a receita. Muitas vezes amanhecia trabalhando, mas sempre me lembrava das vezes em que amanheci chorando. Agora estava acordada de madrugada para atingir meus objetivos, era muito diferente. Investi na carreira profissional, fiz um processo seletivo para ser promovida e fui morar em outra cidade a 120 km dos meus filhos. Depois de um ano consegui voltar para casa, como supervisora da superintendência do banco.

Ao ir a uma audiência no fórum representando o banco, lembrei-me do sonho da faculdade de Direito. Imaginei-me naquele lugar. Sem pestanejar, fui à faculdade e saí matriculada no curso dos meus sonhos, das minhas visualizações, do meu sentimento mais fervente. Hoje tenho 43 anos e sou estudante com muito orgulho. Tenho muitos planos para minha carreira, principalmente no Direito voltado às mulheres. Um deles é o Transformar *Master Mind*, que é o início de um projeto fabuloso que busca parcerias em diversas áreas para conectar mulheres que desejam transformar suas próprias vidas, ajudando e inspirando outras.

Já fui questionada muitas vezes sobre como dou conta de tudo; e a verdade é que não dou conta, faço o que tem de ser feito do jeito que é possível fazer. Muitas vezes a casa fica bagunçada porque minha prioridade do dia é estudar, mas no outro procuro dar mais atenção, fazendo uma boa faxina, movimentando as energias, e assim vou gerenciando a vida. Não há forma correta, não existe manual da vida perfeita. Errei muitas vezes, em alguns momentos como mãe, como filha e como amiga; principalmente, errei ao me sentir imperfeita, ao cobrar uma perfeição que não existe, a perfeição inalcançável da mulher e mãe de "comercial de margarina". Não somos seres fabricados em série, somos únicos com virtudes e fraquezas, errando e aprendendo em cada situação, porque quando mudamos e aprendemos tudo muda ao nosso redor. Basta observar como ao mudar o pensamento e posicionamento algumas pessoas se afastam, outras se aproximam, oportunidades aparecem. Neste processo todo da vida, percebi que tudo o que aconteceu foi resultado das minhas escolhas, conscientes ou não. Por isso, busco observar minhas atitudes de hoje, por que elas sim irão impactar minha vida. O passado não posso mudar, mas posso escolher o futuro.

Hoje minha filha mais velha é formada em Odontologia, meu filho é um belo rapaz de 18 anos, apaixonado por futebol, e eu sinto tanto orgulho que meu coração se enche de gratidão todos os dias, até nos dias em que fico chateada com eles. Vivo um relacionamento que me faz bem e que buscamos melhorar a cada dia, compreendendo as dificuldades de cada um. Trabalho com o que amo, tenho uma família maravilhosa com todos os seus defeitos e priorizo a companhia de pessoas que também valorizam a vida.

É impossível falar da vida sem falar de gratidão, gratidão até pelas pessoas que de certa forma erraram comigo, com elas aprendi como não devo ser. Sentir gratidão é maravilhoso. Feche os olhos por um momento e agradeça tudo o que você ama. Sinta a gratidão no seu peito e muitas coisas mudam.

Meu objetivo com esse relato é inspirar, assim como me inspirei em inúmeras pessoas a buscar o que desejo, a seguir apesar dos obstáculos, a entender que os problemas sempre vão existir, mas posso mudar a forma de lidar com eles e entender que somos responsáveis pelo nosso caminho. Ainda estou aprendendo a cada dia, mas ao dar aquela olhadinha no retrovisor da vida sei que muitas pessoas diriam que uma menina pobre, filha de pais separados, mãe solteira, não chegaria a lugar algum, mas percebo que sou uma pessoa próspera, e não é pelo dinheiro, mas por ter acreditado nos meus sonhos e não deixar que as críticas e o medo me paralisassem.

Iniciei dizendo que tentar agradar a todos é o primeiro passo para não agradar e essa é uma verdade que aprendi errando, porque hoje sei que mesmo fazendo meu melhor vou desagradar alguém e está tudo bem, nem todos têm o mesmo propósito, nem todos estão no mesmo processo. Então, o mais importante é pensar, sentir e agir de acordo com o que te aproxima de quem quer ser, e tudo isso é assunto para um livro inteiro, já em projeto.

Acredite em si, estabeleça seus objetivos, visualize aonde quer chegar e faça todos os dias as ações para alcançar o que deseja. Vai lá e faz! Você consegue!

MULHERES REAIS PODEM, DEVEM E MERECEM PASSAR PELA CONSULTORIA DE ESTILO

"Uma imagem vale mais que mil palavras". Aprender a linguagem da imagem e usá-la a seu favor vai encurtar em muito o caminho do que você quer comunicar sobre si mesmo. Uma pesquisa conduzida com dois mil norte-americanos revelou que a primeira impressão é formada em menos de 30 segundos. Em 69% dos casos, a primeira impressão foi formada antes mesmo de a outra pessoa falar. Assim, 27 segundos é o tempo médio para que formemos uma imagem sobre como a pessoa é... 27 segundos!

MÔNICA XAVIER

Mônica Xavier

Contatos
monicaxavierestilopessoal@gmail.com
Instagram: @monicaxavierestilopessoal
Facebook: monicaxavierestilopessoal
11 99998 4130

Nasci *personal stylist*, já veio no meu DNA. Exerci-o a vida inteira por instinto, de graça, e com prazer, sem saber que era uma profissão. Em 2018, com 56 anos de idade, na maturidade, descobri o curso profissionalizante e me formei pela Escola Pan-americana de Artes em Assessoria de Imagem. O curso me instrumentou para exercer meu dom natural. Ali aprendi que a construção da imagem é desenvolvida por meio de três pilares: aparência, comportamento e comunicação. Escolhi me dedicar ao pilar da aparência e sou *personal stylist* voltada para mulheres reais. Trabalho com paixão, dedicação e sempre buscando excelência no resultado.

Entendendo como funciona a consultoria de estilo

Estilo é dizer quem você é sem usar palavras.

Desenvolvi um esquema de trabalho que foi construído pouco a pouco. Fui montando e lapidando minha forma de atender minhas clientes conforme foram surgindo as demandas. Foi com base na prática, no dia a dia e nas necessidades que me eram apresentadas por elas. Montei um protocolo que é ao mesmo tempo completo e sucinto. Tem tudo do que uma mulher real precisa saber para exibir uma imagem compatível com o que pretende mostrar. A ideia é pendurar nos cabides do seu *closet* autoconhecimento e autoestima ao invés de roupas.

Uma entrevista preliminar é imprescindível, principalmente para vermos se temos afinidade, ambas, e isso vai ser determinante no desenvolvimento do trabalho. Nosso relacionamento terá muita intimidade e não conseguiremos fazer isso sem empatia. É o momento também de descobrir o *lifestyle* da cliente, seus gostos, suas pretensões, pistas do seu estilo que, em geral, são uma mistura de dois ou três estilos.

Aí vem o teste de coloração pessoal. Você já deve ter ouvido falar disso, tem sido muito comentado pelas blogueiras e até por quem vende maquiagem. Trata-se de descobrir quais cores nos valorizam, deixam nossa pele mais iluminada e com aspecto de saúde. Isso é feito por meio de um teste com tecidos de cores específicas perto do nosso rosto que mostram quais cores melhor harmonizam com nossa pele. É mágico! Funciona de verdade, as cores erradas podem ressaltar olheiras, manchinhas, sinais de expressão e até criar um bigode que você nem tem. As cores adequadas te levantam, te iluminam.

Lembra que falei sobre intimidade? Pois bem, agora vem um momento bem íntimo: descobriremos seu tipo de corpo e suas particularidades. Vou precisar ver e analisar teu corpo só de calcinha e sutiã. São classificados em cinco tipos os corpos femininos: triângulo, triângulo invertido, ampulheta, retângulo e redondo. É baseado nas proporções de ombro, cintura e quadril. Mas, além disso, cada pessoa tem suas características próprias. Somos indivíduos únicos. Braço curto, comprido ou proporcional, magro, roliço ou proporcional, ombros arqueados, atlético ou no lugar, sem cintura, cintura alta, baixa ou no lugar, tronco curto, proporcional ou longo, e por aí vai. São inúmeras características próprias de cada um que fazem uma *big* diferença na hora de vestir seu corpo de modo a entregar o resultado que você quer. Explico: eu e você podemos ter seios fartos, porém eu posso querer disfarçar essa característica e você, querer realçar. Então, trabalharemos para conseguir esse resultado que você quer passar. Não tiro nenhuma medida sua, não tem fita métrica envolvida, é um trabalho de análise de proporções e não de medidas. É sua primeira aula de autoconhecimento.

Agora vem uma etapa importante e de novo superíntima: *closet clean*. Apesar do nome, não vou limpar nem arrumar seu guarda-roupas; pelo contrário, vou virá-lo de ponta-cabeça. Aqui faço um parênteses para lhe contar que não se parece nada com aqueles programas de televisão em que os apresentadores jogam toda a sua roupa no lixo e ainda vão escarnecendo e criticando suas escolhas. Não é nada disso, não passa nem perto. Não fique com receio. Tire essa imagem do programa brega de estilo da sua cabeça. Você vai provar suas roupas. Vamos montar vários *looks* com cada peça e você pode ir fotografando tudo. Vou lhe mostrar e ensinar o que veste seu corpo de modo condizente com o que você quer passar em termos de formato do corpo, estilo e imagem. É a segunda aula de autoconhecimento. É revelador. Você vai descobrir que é impressionante o que tem no seu armário. Como os *looks* podem se multiplicar, como uma simples bainha de dois dedos pode fazer maravilhas com aquela sua saia que você amou quando experimentou na loja e quando chegou em casa não conseguiu mais vestir e não sabe o porquê. Você mesma vai entender o que não a valoriza, o que não faz parte da fase de vida em que você está agora, do que você quer mostrar como imagem. Não serei eu a tirar nada do seu armário e sim você que não vai querer essas peças que só estão ocupando espaço no seu *closet* e não têm mais sentido para você. Sem dor nem sofrimento; ao contrário: alívio. E aí chegamos na parte das compras, que é outra etapa que costuma causar receio antes mesmo de começarmos a consultoria. Infundado, você vai ver. Já fiz muitas consultorias, inúmeras, e posso te afirmar que nunca a lista de itens a serem adquiridos passou de dez peças. Melhor ainda, lhe afirmo que cinco peças são uma média bem realista de peças que foram necessárias para a maioria das mulheres reais que atendi. Isso se deve à multiplicação de *looks* com peças que já existem no seu armário e que você usava sempre da mesma maneira sem explorar as várias combinações, e também à recuperação de peças com pequenos consertos que estavam sem uso. Um exercício que adoro fazer com minhas clientes é levá-las a uma loja de departamentos, onde a vendedora não ficará nos seguindo e deixar a escolha das peças da nossa lista de compras por conta da cliente. Isso me permite avaliar se ela de fato entendeu o processo de vestir seu corpo de acordo com seu estilo, de modo a valorizar os atributos e esconder as imperfeições, com o que quer passar em termos de imagem. Nesse tipo de loja posso entrar com ela no provador e conversarmos sobre cada escolha. É nosso terceiro momento íntimo e é muito gratificante perceber que a mulher entendeu todo o seu potencial e está pronta para vestir seu corpo da forma com que sempre sonhou.

Durante o processo todo vou dando dicas práticas. Um creme milagroso para passar na parte interna da coxa mais avantajada para minimizar o atrito quando estamos de vestido ou saia, o que fazer para a sandália de tiras finas não machucar o pé... essas coisas pequenas que nos incomodam e que são fáceis de resolver com truques simples.

Mitos e verdades sobre consultoria de estilo

Você pode ter resultados ou desculpas. Não os dois.

O que você sempre quis saber e não tinha para quem perguntar:
"Preciso perder peso antes de passar pela consultoria de estilo?"

Uma analogia que sempre faço quando me falam que vão fazer minha consultoria só depois de emagrecer alguns quilos é que faço com seu corpo o que o maquiador faz com seu rosto: ilusão de ótica. O maquiador tem o poder de afinar o nariz, aumentar os olhos, deixar bochechas definidas, deixar os lábios carnudos, definir os contornos do rosto, tudo isso usando seus pincéis mágicos. A *personal stylist* consegue dar ideia de que você é mais alta, mais magra, que seus seios são fartos ou disfarçar seios volumosos, caso seja o seu desejo; dar impressão de que há harmonia nas medidas de ombros, cintura e quadril, levando a ideia de que você tem o formato de corpo ampulheta, que é um dos mais desejados pelas mulheres, mesmo que esse não seja o seu. Então não, não há necessidade de emagrecer para só depois passar pela consultoria.

"Você vai tripudiar, criticar e jogar fora todas as minhas roupas no lixo igual fazem nos programas de estilo na TV?"

Esses programas pretendem ser um show, entretenimento, não condizem com a realidade. Na vida real o trabalho de consultoria de estilo é feito em parceria com a cliente. Visa ensinar a conhecer seu corpo, suas particularidades, seu estilo, entender seu *lifestyle* e também como você quer parecer, ou seja, o que você quer que sua imagem diga sobre si. O que faremos no seu armário é alinhar isso tudo com as roupas que você tem. Então não, não será tirado nada do seu armário sem sua anuência.

"Te acho tão elegante, mas meu estilo é tão diferente do seu... Vou ter de usar o mesmo tipo de roupas que você? Deixar meu amado tênis e subir no salto alto?"

Meu estilo é meu estilo. É a imagem que escolhi para mim. Pretendo parecer elegante sem afetação, alta e magra. Mas isso sou eu, minha escolha. Na consultoria de estilo, vou trabalhar com o que você quer para si. Mesmo que você tenha pretensões parecidas com as minhas, você com certeza tem características e desejos próprios, e vou usar tudo isso para lhe mostrar como construir sua imagem, que será só sua. Se você quer uma imagem totalmente diferente da minha é nisso que vou trabalhar. Não é porque não uso tênis que vou lhe falar para não usar. Se você gostar e quiser, vai usar, sim! E vai ficar linda e dentro do seu estilo com tênis. Então não, você não vai ter de usar salto alto se não quiser, nem se vestir como eu.

"Consultoria de imagem é só para artistas, pessoas públicas, executivas, ricas?"

O que a faz pensar que uma mulher real não precisa ou não merece ter uma consultoria de estilo? Vou lhe contar que é um *big* exercício de autoconhecimento e aumenta em muito a autoestima. Toda mulher deveria se dar esse presente. Artistas e pessoas públicas precisam de uma assessoria muito ampla, muito completa. Quando atendemos esse tipo de mulher nos preocupamos com o tom de voz, com a postura, com o modo de se sentar, de andar e de falar, com o hálito e outros cheiros corporais, com o que falam, com quem falam... é muito extenso mesmo. Para você, que como eu é uma mulher real – mulher que trabalha, ou aposentada, ou dona de casa, solteira, casada, mãe, filha, estudante, jovem, madura – foi que montei meu protocolo de atendimento, que é sucinto e completo; tem tudo o que uma mulher real precisa. E o melhor, superacessível. Se você costuma fazer mão toda semana e pé duas vezes por mês, consegue pagar com tranquilidade a parcela dos meus serviços. Então não, não é só para mulheres ricas ou famosas, é para quem quer mostrar sua imagem de mulher real.

"Vou ter de comprar muitas roupas novas? Roupas caras? Roupas de grife?"

É impressionante como muitas vezes não temos noção dos tesouros que temos no armário. Você acaba por preguiça, falta de inspiração ou de conhecimento, usando sempre as mesmas roupas do mesmo jeito. Ou seja, aquela calça só com uma blusa específica ou aquela saia com uma mesma camisa. Quando percebemos que dá para fazer várias combinações com cada peça, seu armário acaba se multiplicando. Cada peça vai render vários *looks*. Também tem a questão dos consertos. Aquele vestido que você não conseguia usar porque cada vez que experimentava achava que tinha algo errado que não conseguia identificar, mas também não conseguia se desfazer, às vezes só precisa de uma bainha para vestir bem. Ou aquela blusa linda que veste superbem seu corpo, mas as mangas bufantes não a favorecem, podem perder essas mangas e aí sim ficar bem em você. Quanto a valores das roupas, trabalharemos dentro da sua verba, da sua realidade, do seu orçamento e com a lista por ordem de prioridade, que identificaremos ao longo do processo. Isso vale também para grifes. Te digo que não tenho o menor problema em trabalhar com lojas de departamentos ou mais populares. Brechós também são um lugar ótimo para garimpar peças. Tudo dentro das suas possibilidades. Não há necessidade de comprar tudo de uma vez. Podemos fazer as compras em etapas, por ordem de prioridade. Então não, você não terá que gastar nada fora da sua verba, do seu orçamento.

"Aposentei-me recentemente, não preciso mais me vestir respeitando o *dress code* de uma empresa, por que eu passaria por uma consultoria de estilo agora que não preciso mais trabalhar?" Exatamente por isso! Sua nova etapa terá uma nova rotina que provavelmente incluirá fazer novas atividades e ir a lugares aonde você não costumava ir. Se sua vestimenta era toda dentro de um estilo tradicional que você tinha de respeitar por causa do trabalho, por exemplo, agora você pode se dar ao luxo de externar seu verdadeiro estilo. Usar o que de fato gosta. Porém passou tanto tempo usando aquilo que era necessário que certamente vai ser muito útil receber ajuda para entender seu corpo com suas particularidades e seu estilo. Então sim, é uma ótima hora para se libertar da forma de vestir antiga e aprender a escolher novos *looks* para sua nova fase.

Princesa, fada madrinha ou bruxa? Escolha

Sonhos são portas, atitude é a chave.

Outro dia, num grupo de mães, surgiu o assunto de profissões. E alguém questionou: "Quando criança, o que vocês diziam que queriam ser quando crescessem? E vocês hoje exercem essa profissão?". Aí vieram as respostas: enfermeira e sim, professora e não, astronauta e não, engenheira e sim... e eu? Princesa! E... a princípio não, mas... será que não mesmo? Vamos analisar: não nasci num castelo em berço de ouro e filha de rei, não me casei com um príncipe. Por outro lado, sempre fui tratada como princesa pelo meu pai. E meu marido às vezes me faz sentir uma princesa. Só às vezes... Mas me sinto uma princesa praticando minha profissão. Princesa?! Talvez esteja mais para fada madrinha, e quero lhe mostrar que a mágica está em nossas próprias características. O que eu faço é só te mostrar o que procurar e o que fazer com elas.

Descobri na maturidade minha vocação para fada madrinha. Foi por puro acaso, e prometo lhe contar em detalhes daqui a pouco. Isso, como tudo na vida, tem ônus e bônus. A maior desvantagem que identifico é que terei menos tempo para exercer essa deliciosa profissão. E as vantagens? Identifico muitas, e aqui estão algumas que acho importantes:

- A moda é cíclica, sempre acaba voltando. É claro que atualizada, repaginada. Eu já vivi e vesti seis décadas, fiz parte desses seis movimentos de moda. Fica muito fácil para mim identificar os pontos fortes e fracos de cada época e tirar proveito disso no meu trabalho.
- Uma mulher adulta se sente mais à vontade com outra mulher adulta para mostrar seu corpo de mulher real, suas marcas, suas dobras. Assim como contar suas expectativas, suas aspirações, suas inspirações com relação à imagem que quer mostrar. Intimidade.
- Não tenho pressa nem afobação para ensinar. Faço tudo com muita calma, sem pular etapas, sem imposições. Gosto que minha cliente APRENDA sobre todos os pontos que são importantes para formar a imagem que ela deseja exibir. A ideia é que quando termine minha consultoria ela possa andar com as próprias pernas.
- Costuro desde criança por instinto. Nunca fiz um curso de corte e costura. Agora na maturidade duas ou três aulas, mas não consegui dar sequência. Então nem conta. Eu jogava o tecido no chão e cortava, depois costurava. Meu namorado, que é meu marido há décadas, chegou uma vez na hora em que eu estava no processo de corte e não acreditou quando viu aquele pedaço de tecido se transformar num vestido.

- Tenho o olho bom. Sei olhar, avaliar e entender o que fica bom, o que dá certo. Proporções.

Acho que é o lado bruxa da fada madrinha.

Descoberta, encontro, revelação. Chame do que quiser, simplesmente aconteceu

Você nunca será velha demais para sonhar um novo sonho.

Pergunta clichê, e superválida: com o que você trabalharia de graça se não precisasse ganhar dinheiro?

Prometi que ia contar como aconteceu a descoberta da minha vocação para fada madrinha na maturidade e gosto de cumprir meus tratos. Foi por mero acaso. Uma amiga querida me convidou para fazermos um curso que nos permitiria trabalharmos juntas. Moro no Embu das Artes/SP, ou como dizem meus amigos ogros, Embu da Selva, e minha amiga em Cotia/SP. Bem próximas. Aí seria bem fácil dividir gastos com gasolina e estacionamento porque o curso era em São Paulo. Fomos juntas, então, obter maiores informações na Escola Pan-Americana de Artes sobre o curso de Assessoria de Imagem. Eu nem sabia ao certo o que era isso exatamente. Quando vi o escopo do curso, fiquei enlouquecida! Amei! Topei na hora me inscrever. Aí veio a paulada... o curso era bem caro, totalmente fora do meu orçamento no momento – era uma época de vacas magras para mim. Tinha de ser pago sem parcelamento e antes do início das aulas, que seria dali a uma semana... Pense em alguém murcha... Era eu depois desse balde de água fria. Falei para minha amiga que adoraria, mas não tinha como fazer o curso. Aí ela me salvou, pagou meu curso à vista e eu paguei parcelado para ela. Nunca vou ter como agradecer esse gesto. Hoje não somos mais amigas, mas eu tenho muita consideração por ela e eterna gratidão.

Primeiro dia de aula, e imediatamente entendi que sou uma *personal stylist* por puro instinto. Eu só não sabia que nome dar ao que fazia espontaneamente a vida toda com as primas e as amigas. E também não imaginava que era uma profissão, que eu podia trabalhar e ganhar dinheiro com ela. Foi uma descoberta maravilhosa! No curso obtive ferramentas que me permitiram aperfeiçoar o que já fazia por instinto e facilitar o trabalho. Eu tenho o dom e é minha vocação. E com o curso, estou bem instrumentada para exercer. Mas isso não significa que parei de estudar, me informar, procurar crescer. Ao contrário, esse meio (moda, imagem, tendências e comportamento) está sempre evoluindo, se não nos atualizarmos ficamos para trás muito rapidamente. Estou sempre antenada e buscando informações.

Mudança de nome, mas não de identidade

Troque suas folhas, mas não perca suas raízes.

Considero-me uma pessoa de sorte. De muita sorte. Posso até falar: iluminada! Acabo tropeçando na vida com pessoas incríveis. Uma delas, conheci numa reunião com o pessoal de marketing de um shopping center, e ela coordenaria um evento do qual eu faria parte, dando uma palestra sobre estilo. Acontece que ela é uma mulher inteligentíssima, antenada e muito competente, que tem até um escritório em Nova York. Ela é da área de marketing e eventos, conversamos por cinco minutos e foi empatia mútua de cara. Aí nossa conversa rolou solta por um tempão. Ela me deu dicas profissionais muito boas por pura generosidade. Duas coisas que ela me falou nesse dia me marcaram muito e me levaram a refletir: meu nome é lindo, mas não "vende". É difícil, é grande, tem muitas consoantes, precisa ser soletrado, então me atrapalha. Por exemplo, numa entrevista de rádio, em que as pessoas estão só ouvindo, não tem legendas, não tem como achar minhas redes sociais porque elas escutam meu nome, porém não conseguem escrever por ser difícil. A segunda foi que meu discurso não se alinhava com as imagens que publicava. Eu falava o tempo todo de mulheres reais e minhas postagens eram com imagens de mulheres que não passam essa impressão.

Depois ouvi novamente sobre meu nome de um jornalista muito querido que me entrevistou para uma rádio local da região que eu moro. Ele reforçou o que ela disse, meu nome é lindo, mas não "vende". Tanto com ela como com ele, tentamos várias abreviações e apelidos e não conseguimos chegar a algum que funcionasse. Aí, com dor no coração, me rendi... virei Mônica Xavier em homenagem à minha avó paterna. Infelizmente não conheci essa avó Maria Xavier, e não sei quase nada sobre ela. Morreu quando meu pai tinha só doze anos. Meu pai tinha adoração por ela e eu por ele, então imagino que eu também teria gostado muito dela. Aí me sinto um pouco menos mal por estar abrindo mão do Niculitcheff, que herdei do meu pai, pelo Xavier que não herdei na certidão de nascimento, mas herdei no coração. E cada vez mais gosto do som do Mônica Xavier.

Palestras que fluem como bate-papo entre amigas – o pulo do gato

A ideia não é simplesmente transferir conhecimento, e sim criar possibilidades.

No início, as palestras eram assustadoras para mim. Fazia um esforço danado porque queria acertar, me enquadrar, fazer de modo padrão. Aí, alguém com muito conhecimento em marketing e gestão de desenvolvimento de carreira me falou que o que tornava boas as minhas palestras era justamente que elas não se enquadravam no padrão. São um bate-papo entre amigas. Falou que minha linguagem é superacessível, tenho boa oralidade, que sou perceptiva e carismática. Sou bem-humorada e engraçada. Falo alto, muito, gesticulo, dou risada; isso é muito natural em mim e é um ponto superpositivo, que mostro empatia, que sou ótima motivadora. Sou generosa nos comentários, não tenho o menor problema em elogiar as pessoas. Pareço uma amiga de longo tempo falando de igual para igual, sem nenhuma arrogância. Como se estivesse na sala de casa. Tudo isso me deu muita segurança para seguir também por esse rumo. Entro, me apresento e na sequência já aviso que podem me interromper a qualquer minuto para fazerem perguntas. Esse é o pulo do gato que transforma a palestra numa interação gostosa. Isso enriquece muito o desenrolar. O tema pode ser o mesmo, mas o resultado sempre é diferente, porque as questões que vão surgindo mudam os rumos. Quem dita a forma como irá se encaminhar o assunto são as mulheres que estão assistindo e participando. É o interesse delas que me dirige para entregar o que estão querendo saber. Já fiz palestras para vários tipos de plateia. Desde executivas até mulheres em situação de vulnerabilidade social. Quebrei a cabeça para bolar como abordaria sobre vestimenta com essas últimas. A ideia era ensiná-las a se vestir para uma entrevista de emprego. Mulheres paupérrimas que dificilmente têm a chance de escolher o que vestem porque normalmente recebem roupas em doação. Apelei para truques de ajustes das roupas com elásticos, grampos e prendedores de cabelo. Fiz um verdadeiro show que elas amaram! Fui vestida com roupas sobrepostas e com uma bermuda e regata de ginástica por baixo que me permitiram ir trocando as roupas e fazendo os truques. Elas aprenderam de modo simples, prático e lúdico como fazer. No final distribui para todas um material impresso com os cinco tipos de formatos de corpos e pedi que cada uma delas identificassem o seu. Noventa e nove por cento delas apontaram o redondo. Redondo é aquele corpo em que a cintura é mais larga que o quadril e os ombros. A autoestima delas era tão baixa que elas se enxergavam como alguém sem formas, sem curvas. Triste realidade. Chamei cada uma delas no particular e analisamos juntas novamente, e claro, algumas eram redondas sim, mas tinham muitas mulheres com todos os outros tipos de corpos. O que faltava para elas enxergarem seu verdadeiro formato era autoestima.

Outro ponto que detecto nesses bate-papos é que quando a plateia é de executivas, principalmente as de empresas cujo *dress code* é mais tradicional, como as instituições financeiras e os escritórios de advocacia, por exemplo, e eu começo a mostrar que mesmo num ambiente superformal e tradicional não há necessidade de vestimenta engessada, que podemos sempre colocar pitadas do nosso estilo pessoal. Elas se surpreendem positivamente e começam a se descontrair e perguntar. Isso é ótimo porque aí posso direcionar a conversa para os pontos de interesse delas.

Como parei de lavar a louça

Ela tentou afogar seus problemas, mas eles sabiam nadar.

Sabe quando você tem uma fase com várias oportunidades profissionais bacanas batendo na sua porta e você não toma nenhuma atitude? Cada vez que se senta para tentar produzir algo sobre aquele projeto, você lembra que tem algo sem nenhuma importância para fazer, em vez de fazer o que é necessário? Do tipo: preciso molhar as plantas ou preciso comprar pão? Pois é, você está sofrendo da "síndrome de lavar a louça", ou seja, arrumando desculpas para procrastinar e para se sabotar. Aprendi isso com uma amiga querida que acabou virando cliente. E agradeço-a demais por ter me aberto os olhos para isso. É difícil enxergarmos sozinhos esse autoboicote, mas a partir do momento que conseguimos ver, fica bem mais fácil se policiar para começar a agir. Para mim, foi um tapa na cara quando ela me mostrou que o que eu estava fazendo era pura autossabotagem. Medo do sucesso? Talvez. Falta de autoconfiança? Talvez. Ainda não sei ao certo o porquê. Depois disso, parti para a ação e tem sido muito bom. Estou me sentindo muito bem. Quem me deu muita força para que isso acontecesse foi minha filha. Ela é muito observadora e sagaz. Quando alguém faz alguma crítica rude com relação a como estou querendo conduzir meu negócio, ela sempre me pergunta: "O que fulano sabe sobre seu trabalho?". Isso vale uma reflexão séria, pois é muito fácil criticar quando você não conhece o negócio, não sabe os porquês. E, como a tarefa de parar de me boicotar envolve desenvolvimento de vários projetos e uma mudança drástica, que é a do meu nome profissional, contratei uma assessora de marketing digital para alinhar tudo isso com minhas redes sociais. Elas não eram muito profissionais. Eu falava muito por imagens, aproveitando um dom que tenho, que é o olho bom. Porém, as pessoas precisam mais que isso para entender o que quero comunicar e mostrar do meu trabalho. Minha assessora é uma profissional incrível! Digo que ela é a diretora artística da minha vida profissional. Ela vai me mostrando como fazer as postagens com o que meu público espera que eu entregue. Aí fica tudo muito fácil e gostoso. Só tenho de fazer o que sei, o que tenho capacidade. A contratação dela foi uma alavanca na minha forma de lidar com as redes sociais. Agora tudo tem minha cara, minha assinatura. Ela me direciona para imprimir minha marca pessoal em tudo que publico. Estou encantada. É um investimento que vale muito a pena.

A cereja do bolo

As pessoas costumam dizer que a motivação não dura para sempre. Bem, nem o efeito do banho; por isso, é recomendado diariamente.

Sendo assim, sigo dia a dia procurando informação, inspiração e aprendizados. Estou o tempo todo observando e captando o que pode enriquecer meu trabalho. E agradeço muito, mesmo que só na maturidade, ter descoberto meu propósito de vida. Isso me faz muito feliz e realizada. É a cereja do bolo da vida maravilhosa que eu tenho.

69

DE REPENTE, AVC

Surpreendida por um acidente vascular cerebral isquêmico aos 29 anos de idade, vi-me obrigada a iniciar um intenso processo de aceitação, entrega e reabilitação, que também se transformou na busca incessante por um objetivo de vida: qual seria a minha missão na Terra? Como posso fazer a diferença na vida das pessoas?

MORENA FORNACIARI

Morena Fornaciari

Contatos
derepenteavc@gmail.com
Instagram: @derepenteavc
Instagram: @morena_fornaciari
YouTube: Morena Fornaciari

Nascida em Vitória/ES em 14 de dezembro de 1988, Morena Fornaciari sempre teve muitos interesses, em sua maioria voltados para a arte. Ainda na infância, descobriu o amor pela dança, o gosto pela escrita – que expressava por meio de seus diários – e a habilidade para o desenho – que a levou a graduar-se arquiteta e urbanista em 2013. Um acidente a levou a redescobrir o seu lado escritora, buscando transformar suas vivências, experiências e sentimentos em livros.

Vinte e seis de abril de 2018, quinta-feira. Tinha tudo para ser apenas mais um dia comum. Eu acordei cedo, tomei banho e um café da manhã rápido. Era dia de aula de dança e para variar eu estava na correria, porque não abri mão daqueles minutinhos a mais na cama depois de o despertador tocar. Sempre fui mais da noite do que do dia. Poucas coisas são capazes de me tirar cedo da cama com alegria e disposição: uma ida à praia com a família, uma viagem, um churrasco na piscina com os amigos... e claro, dançar!

Eu havia voltado a dançar há pouco tempo, depois de passar por uma fase bem atribulada emocionalmente, a descoberta do câncer da minha mãe. Fiquei quase um ano sem frequentar aulas. Fui voltando aos pouquinhos por incentivo dela, que via o quanto dançar me fazia bem! No dia anterior, 25 de abril, havia sido seu aniversário. Deus sabe o quanto eu orei para poder passar esta data ao lado dela, e para que ela estivesse o mais forte e saudável possível! Eu estava especialmente feliz e agradecida pela bênção concedida e pelos momentos vividos há poucas horas.

Fui feliz e radiante para a aula de dança, e lembro-me da aula com perfeição! Eu usava um top preto e branco com um shorts preto, que hoje, assim como a maioria das roupas daquela época, já não me serve mais – mas esse é um assunto para outro momento. Como em todas as aulas nós dançamos mais de uma sequência, mas eu me lembro especialmente da sequência da barra, que eu achava lindíssima, e precisaria de muito tempo de treino e estudo para executar com o mínimo da decência que ela merecia. Apesar da minha falta de técnica, eu estava ali pela sensação que dançar me trazia, e só isso já me preenchia!

Vez ou outra me pego ouvindo a música desta sequência, e me arrisco a dizer que ainda me lembro dos passos. Ouvi-la me traz muitas lembranças e sentimentos. Lembro-me de momentos de aula. Não só do jazz, mas também do jazz funk, que eu frequentava sempre que podia, e das aulas de balé quando criança. Lembro-me das aulas de ginástica olímpica também quando criança, e das estripulias que eu ainda fazia em casa o tempo inteiro, mesmo já sendo uma mulher adulta. Era comum me ver de cabeça para baixo na sala ou virando cambalhota no meio dos meus sobrinhos. Lembro-me das aulas de dança de salão. Da minha fixação por piruetas. Executar uma pirueta com perfeição era uma das minhas grandes metas! Lembro-me também de um domingo, alguns dias antes do acontecido, em que fiquei sozinha em casa e dancei incessantemente por horas a fio, tentando aprender outra sequência que a turma inteira do jazz já sabia. Eu não queria chegar na aula e ficar olhando, eu queria dançar junto. E tenho a sensação de que, de alguma forma, eu sabia que precisava aproveitar e dançar, dançar muito, o máximo que pudesse! Mas vamos voltar à minha rotina daquele dia... Ao fim da aula de dança eu peguei o carro e dirigi de volta para casa. Almocei. Sentei-me ao computador para trabalhar em um projeto e ali fiquei até a hora de ir para o salão, onde eu iria fazer uma escova no cabelo. Eu costumava escovar meu próprio cabelo em casa, mas ia ao salão de tempos em tempos. Cheguei e não demorou muito para que meu amigo e cabeleireiro fiel há quase dez anos me recebesse com o carinho de sempre. Enquanto ele me arrumava, bebi um cappuccino acompanhado de uns biscoitinhos deliciosos, como de costume. Conversamos sobre a vida, trabalho, planejamentos futuros. Falamos bobagem e rimos bastante! De cabelo feito, voltei para casa e me preparei para o que seria a quarta ou quinta sessão de uma massagem que eu vinha fazendo para aliviar nós de tensão na região do trapézio e do pescoço. Eu sentia muita dor há pelo menos dois anos, e a massagem era meu último recurso para tentar melhorar. Eu já havia ido a alguns médicos, feito ressonâncias e outros exames que nunca acusaram nada fora do normal... Então, eu passei a relacionar minhas dores com o fato de eu ser uma pessoa extremamente ansiosa e a me tratar com remédios para dor muscular, dor de cabeça e enxaqueca.

De início alguns remédios eram prescritos, outros eu tomava por conta própria quando a situação apertava. Quando me dei conta, eu estava me automedicando há tempos. Se eu puder dar conselhos neste livro, um deles é este: não se automedique. Mesmo que você já tenha procurado vários médicos e nenhum deles tenha resolvido seu problema. Se algo continua a incomodando a ponto de atrapalhar sua vida, procure quantos profissionais forem necessários, mas não tente resolver o problema sozinha, muito menos diminuí-lo. Ninguém conhece nosso corpo tão bem como nós mesmos. Pois bem, onde eu estava... a massagem. Lembro-me de fazer um coque alto no cabelo e de vestir algo confortável. Escolhi um top sem alças, uma calça de pijama e um par de meias. A massagem aconteceria em casa, no quarto dos meus pais. Então, certifiquei-me de que tudo estivesse preparado para quando a fisioterapeuta chegasse. Ela chegou e tudo estava correndo perfeitamente bem, como sempre. Eu andava sentido uma dor estranha no pescoço, diferente da dor usual, mas já estava acostumada a me sentir mal e a pensar "não é nada". Além disso, meu dia estava correndo perfeitamente bem até ali, e já era fim de tarde. Dentro de algumas horas eu iria dormir e acordaria renovada, sem dor. Para que comentar? Desnecessário.

Ela foi apertando os pontos de tensão. Papo vai, papo vem, um ponto dolorido aqui, outro ali... e de repente um ponto doeu muito. Muito. Uma dor descomunal. E era ali, bem onde eu estava sentindo a tal "dor estranha". Quando a fisioterapeuta soltou o ponto, eu imediatamente senti o lado esquerdo do meu corpo formigando, como se estivesse dormente. Da cabeça até a ponta do dedão do pé. Eu já havia sofrido alguns episódios de crise de ansiedade na minha vida. E naquele momento fiquei muito confusa sobre o que realmente poderia estar acontecendo. Durante as crises eu sentia dormência em algumas regiões do corpo. Então talvez fosse apenas isso – pensei. Eu mal podia imaginar que naquele momento minha vida já havia mudado completamente, e eu iria começar uma longa jornada de luta, superação e autoconhecimento.

Eu disse para a fisioterapeuta que havia algo errado. Nós paramos a sessão. Confusa, levantei-me para pegar uma bolsa de gelo. Consegui caminhar até o frigobar perto da escada sem muita dificuldade, embora estivesse me sentindo um tanto quanto esquisita. Sou destra, então usei a mão direita tanto para abrir o frigobar quanto para pegar o gelo, e fiz as duas coisas sem maiores problemas. Isso aconteceu porque o local em que ocorreu meu AVC afetou a parte motora do lado esquerdo. Talvez, se eu fosse canhota, já teria notado ali alguma diferença. Voltei. Deitei-me. E foi aí que eu comecei a realmente perder a noção das coisas.

Eu me lembro de tudo em flashes. Parece que tudo aconteceu muito rápido. Lembro-me de um sentimento de agonia que sou incapaz de descrever com perfeição. Eu estava aflita, com medo, não conseguia respirar. Ao mesmo tempo que sentia o formigamento, de repente era como se meus membros do lado esquerdo não estivessem mais ali. Sabe aquela dormência super incômoda que sentimos quando dormimos sobre o braço? Era bem parecido. Porém pior. Muito pior.

A fisioterapeuta estava tão assustada quanto eu. Afinal, o que poderia estar acontecendo? Eu definitivamente não gostaria de estar no lugar dela naquele momento. Ela pegou o celular para buscar ajuda. Eu pedi a ela que chamasse meu irmão, pois ouvi quando ele chegou em casa durante a massagem – conheço todos da minha família pelos passos e pela forma com que abrem a porta. De repente ele estava no quarto, e meus vizinhos médicos também. Minha mãe, minha madrinha, meus sobrinhos, meu pai. Alguém aferia a minha pressão, outro alguém pedia que eu mexesse o pé. Tentavam chamar uma ambulância. Algo bateu no meu rosto uma, duas vezes. Fiquei aterrorizada quando me dei conta de que era meu próprio braço, que se mexia muito e de uma forma desengonçada. Não era eu que o estava comandando. Eu mal conseguia senti-lo. Pedi pelo amor de Deus para que alguém o segurasse e fizesse parar. Eu não estava entendendo nada. Eu queria chorar. Meu olhar cruzou com o do meu irmão. Ele disse: "Calma. Quanto mais calma você ficar, melhor".

Eu respirei fundo. E os *flashes* começaram a ficar mais confusos. Estou numa cadeira de rodas. Estou no elevador com dois socorristas. Estou saindo de cadeira de rodas pela garagem do prédio. Não me sinto segura sentada, parece que vou cair. Estou deitada numa maca, sendo colocada dentro de uma ambulância. Continuo na ambulância. Ainda na ambulância. Não sei onde eu estou, mas vomito no chão. Minhas orelhas doem muito. Estão tentando tirar meus brincos e meus *piercings*. Parece que preciso fazer um exame. Ouço a voz da minha mãe. Minha bexiga dói. Dói muito. Minha mãe sussurra que posso fazer xixi, pois estou usando fraldas. Estou? Quando colocaram? Não consigo. Estou na maca entrando na sala de ressonância, e minha irmã está comigo. Vomito mais uma vez. Era aniversário dela no dia seguinte. Pergunto se já é meia-noite. Ela segura meus pés para esquentá-los – a sala estava muito fria – e ri, dizendo para eu ficar parada. Tiram-me do aparelho. — Já é meia-noite? – pergunto. Preciso ser a primeira a desejar parabéns. Estou na maca fora da sala de ressonância, com a bexiga muito, muito dolorida. Por que não consigo fazer xixi? Sou medicada. Sinto um desespero, uma sensação horrível. Minha irmã me acalma. Estou em um quarto. Ou pelo menos penso estar. Estou sozinha. Uma enfermeira chega e se desespera com o tamanho da minha bexiga. Diz que já volta com a sonda. Sonda? Mal sabia eu que iria ter de me acostumar com aquilo. Alívio. Estou sozinha. Abro os olhos, uma enfermeira está parada ao meu lado. E de tudo o que ela me disse, eu só consigo me lembrar de uma frase: "Você sofreu um AVC".

Eu não sabia o que era um AVC. Pensava ser algo que acometia apenas idosos. Não consegui pensar muito sobre isso. Eu sentia muita dor e estava sonolenta. Só queria dormir e acordar na minha casa, na minha cama, me sentindo bem. Mal sabia eu que não acordaria em casa tão cedo, mas sim na Unidade de Terapia Intensiva – e que uma grande transformação pessoal já havia começado.

Nos próximos meses eu iria reaprender o básico. Engolir. Enxergar. Respirar. Sentar. Ficar de pé. Andar. Eu literalmente renasci. E isso me fez repensar toda a minha vida, e a me perguntar se eu estava realmente vivendo como gostaria. Isso me fez questionar qual era o meu papel no mundo. E se eu tivesse morrido? O que eu teria deixado para trás? De que forma as pessoas se lembrariam de mim? Aliás, as pessoas se lembrariam de mim?

Eu tive muito tempo para pensar sobre a vida na UTI. Foram dias fortes, intensos, de muitos extremos. De ir ao fundo do poço e depois alcançar o céu ao ouvir uma voz familiar no horário de visitas. De me sentir em paz e de repente vir uma necessidade enorme de chorar angustiada. De me sentir em um imenso vazio, e não pensar em absolutamente nada. De pensar em tudo que eu queria ter feito e não fiz – como escrever um livro. De descobrir que eu quero sim, ser lembrada, e que não há nenhum mal ou arrogância nisso. Já dizia o ditado, só morre quem é esquecido.

Quero ser lembrada, principalmente, pelo meu otimismo e pela forma de lidar com as adversidades. Mais do que ser lembrada por isso, desejo profundamente aprender como ajudar outras pessoas a fazerem o mesmo. Porque a vida é cheia de altos e baixos, e isso não pode nos impedir de sermos genuinamente felizes HOJE. Acredito que o segredo da felicidade seja saber aceitar e se adaptar às mudanças. Porque pensamos, planejamos e calculamos cada passo da nossa vida, mas a verdade é que não temos o controle de absolutamente nada e as coisas podem realmente mudar do dia para noite – e eu acho isso incrível. Por causa do meu AVC, eu mudei minha postura diante da vida. Por causa do meu AVC, eu estou realizando meus sonhos de infância. Por causa do meu AVC, hoje eu me sinto muito mais eu do que antes. O meu AVC me libertou, quando poderia ter me destruído. De repente, tudo faz sentido. De repente, eu me encontrei.

70

RECOMECE QUANTAS VEZES VOCÊ PRECISAR

A vida não se resume a uma corrida sobre quem chega primeiro, trata-se de saber aproveitar cada etapa da jornada com garra, determinação e principalmente amor. Meu objetivo aqui é inspirar e fazer você refletir, ressignificar os momentos de provação e desafios da sua vida. Acredite, refaça, reajuste, recomece, reorganize quantas vezes você precisar, mas nunca desista dos seus sonhos.

NADJA LIMA

Nadja Lima

Contatos
alvesdelimanadja@gmail.com
Instagram: @nadjalima.oficial
61 98552 1408

Comunicóloga social (com habilitação em Relações Públicas) pela Anhanguera, Brasília/DF (2008). Consultora de Imagem e Estilo pela École Supérieure de Relooking (2022). Trabalha como produtora de eventos corporativos por mais de 20 anos. Mentora de eventos e consultora de imagem e estilo para empresários e produtores digitais.

Só enxergamos no outro aquilo que há em nós.
SIGMUND FREUD

Aos 6 anos de idade eu gostava de brincar no quintal da minha casa com um pedaço de cabo de vassoura com um filo amarrado na ponta. Eu simplesmente me teletransportava para um universo de possibilidades mágicas. Quando segurava aquela varinha e rodava no quintal com ela apontada para o céu eu enxergava até um pó mágico brilhante que saía dela para todo lugar e via tudo ser transformado e brilhar.

Segundo a psicologia, aos seis anos a criança percebe-se como um ser separado dos outros. Eu achava que tinha superpoderes com minha varinha mágica e eu amava isso. E sabia fazer mágica. Ainda me lembro naquela época de ter um filme preferido: *Mary Poppings*. O motivo? Pelo seu carisma, encantamento e magia para tornar tudo melhor na casa em que trabalhava. Minha cena preferida era a que ela aparecia voando com seu guarda-chuvas pelo céu. Ah, imaginação não tem limites e as possibilidades são maravilhosas. Como é bom lembrar dessas memórias que estão até hoje registradas no meu DNA. O que quero dizer com tudo isso? Quando faço uma análise da minha vida, vejo como sempre fui diferente e muitas vezes fui condenada, mal interpretada por ser assim; e me sentia muito sozinha na maior parte do tempo.

Nunca fui de muitas amizades, mas sempre tinha alguém com quem me identificava mais pelas afinidades. Eu sempre fui rebelde, destemida e muitas vezes até louca, uma característica marcante da minha personalidade.

Sempre tive uma conexão especial com a natureza. Minha família não era pobre. Tínhamos uma condição de classe média favorável. Minha mãe e meu pai sempre nos proporcionaram lembranças maravilhosas de viagem em família para o interior de Minas, para a chácara dos meus avós paternos e minha madrinha de batismo na cidade natal do meu pai. Eram muitos passeios e fins de semanas em cachoeiras e clubes. Todo o esforço deles era visível em nos proporcionar esses momentos felizes de diversão em família, que, no entanto, eles não tiveram em suas infâncias.

Quando cheguei à adolescência, passei por um momento muito difícil e revoltante. Fase da adolescente rebelde. Minha mãe conseguiu uma oportunidade ótima na época de me mudar de escola, só que no meio do ano letivo. Eu sofri tanto nessa mudança de escola e não sabia explicar para minha mãe. Para completar, a nova escola era ótima, mas minha turma tinha um grupo de meninas com quem eu não simpatizava por elas serem as dominantes, mandonas daquela turma, as regras elas ditavam. Consequentemente, eu, a novata, que chegou no meio do ano e não simpatizava nem queria participar de nada com elas, sofria com as implicâncias. Lembro-me de me esconder no banheiro na saída e esperar a escola se esvaziar para ir embora porque elas me ameaçavam de levar uma surra. Como tinha uma estatura pequena e elas eram maiores e fortes, eu não queria arriscar apanhar na saída. E a solução para esse problema que eu não conseguia explicar nem sabia a quem recorrer foi clara para mim... Tomei essa decisão para resolver meu problema. Reprovei de ano para não precisar ter contato com aquelas meninas. Minha mãe ficou louca comigo. Resolvi o problema me prejudicando, mas eu dei meu jeito. Como eu disse antes, faço isso a uma conexão com o fascínio de fazer mágica; e essa foi a minha aos 12 anos de idade.

Sinais do meu chamado

Aos 13 anos minha mãe já me introduziu no mundo dos negócios. Meu pai tinha uma loja de ferragens e ferramentas, logo meu contato com vendas e marketing foi por essa idade. Eu estudava e meio período eu tinha que ajudar meu pai. Eu era a primogênita de mais dois irmãos. Aprendi com ele como atender pessoas, cálculos de porcentagem, demanda e oferta.

Nunca tive facilidade com matérias de exatas, mas sempre tive afinidade por história, geografia, psicologia e sociologia. Eu amava, e as notas só eram altas porque eu realmente me conectava. Na escola, depois de repetir o ano, eu passei por uma fase mais tranquila e de descobertas. Sempre estava à frente de eventos e decorações. Já era um sinal da minha mágica começando a florescer. Quando eu tinha 15 anos, na minha festa de aniversário, ouvi falar pela primeira vez na profissão que mudaria minha vida para sempre. Uma amiga da minha mãe se apresentava aos convidados da minha festa como RELAÇÕES PÚBLICAS e eu achei aquilo fascinante. Eu não tinha noção do que era, mas achei o máximo tudo o que ela fez para ajudar a fazer a festa acontecer, como um maestro conduz um concerto. Porém, eu não imaginava que seria a minha profissão e que esse tipo de profissional faz muita mágica.

Fazendo uma viagem no tempo, percebi que em toda a minha vida eu sempre estava à frente de peças, festas e exposições etc. para resolver problemas, fazer tudo ter mais fluidez e encantar as pessoas. Entendo que esse é meu dom e só o percebi há pouco tempo. É como se eu estivesse dormente e não enxergasse nem sentisse, por mais que as pessoas me falassem e reconhecessem isso. Essa mágica interna de fazer acontecer tudo com minha varinha mágica de possibilidades infinitas. E olha, não estou me gabando, não. Mas sei muito e hoje tenho orgulho disso!

Desastre da sociedade

Quando decidi investir na clínica de estética, só pensava que essa oportunidade eu não poderia desperdiçar, já que eu pedia muito em oração para ganhar mais e fazer algo verdadeiro também. Tentei conciliar meu negócio, a saboaria artesanal, com a clínica, mas achei inviável devido à clínica exigir muito de mim, até porque minha sócia era um pouco despreparada para resolver a parte empresarial e fazer mudanças para melhorar o andamento. Então, vi-me em uma encruzilhada para decidir em qual me dedicar exclusivamente. Bom, sofri muito para tomar a decisão que mudaria minha vida para sempre, mas não imaginava que seria na proporção que foi.

Uma das minhas condições impostas para sermos sócias era mudar de local. A clínica já existia há nove meses e o local em que minha futura sócia a montou era muito ruim, escondido e no terceiro andar de um prédio mal estruturado e cheio de problemas no período das chuvas. Logo, comecei uma corrida, já que minha sócia estava grávida e eu queria arrumar a mudança de local e toda a estrutura da clínica antes do terceiro trimestre da gestação dela. Pensei que seria mais trabalho para mim, mas a pouparia, proporcionando tranquilidade no seu momento materno de preparação.

Coloquei minha varinha mágica para funcionar. Achei o local, reformei-o e comprei os móveis em menos de 40 dias. Olha, foi mágica mesmo; e ao mesmo tempo, a coisa mais poderosa que havia feito sozinha, praticamente. Eu tinha orgulho de cada parede, quadro, móveis, identidade visual, peças decorativas e paisagismo que prontamente fiz para o local ficar MARAVILHOSO. E ficou muito lindo, aconchegante e cheio de luz. Agora era só mudar! No dia da mudança da clínica antiga para a nova, foi um pesadelo. Percebi ali que minha sócia era esquisita, mas eu sempre pensava que, por ela estar grávida, estava estressada e sempre justificava a falta de educação, e antipatia dela considerando isso.

Tudo o que eu fazia não era suficiente, ela sempre estava com uma cara amarrada e não curtia nada. Eu pensava: "Eu vou curtir. Não posso mudá-la, mas vou ser feliz do meu jeito".

Após 26 dias opressores e um clima pesado após a reinauguração, fui à sala da minha sócia com um relatório na mão para pedir recibos de pagamento e saídas do caixa, para que eu pudesse alimentar o sistema financeiro da nova clínica. Ela pediu que eu me sentasse e não me olhava nos olhos. Ela começou assim: "Preciso falar com você algo que sei que você não vai perdoar nunca por isso... Eu não quero ser sua sócia, não quero mais!".

Eu: Vamos conversar o que te incomoda? Como podemos fazer?

Ela: Não quero mais que você faça parte da clínica.

Eu: Mas fulana, você tem certeza? Isso pode ser resolvido. Como posso te ajudar?

Ela: Eu só tenho um pedido para você. Me dá um prazo para eu te devolver seu investimento?

Eu: Agora você vai resolver com meu marido e advogado porque eu não quero mais ficar nem uma segundo aqui em um local que não sou mais bem-vinda.

A conversa foi assim vazia e sem muitas justificativas... A energia era tão ruim que eu queria sair correndo de lá. Saí da sala com o coração quebrado, dilacerado. Eu me sentia em outro planeta. Peguei meus pertences na sala e desci as escadas dizendo um mantra: "EU sou filha de Deus e coisas maravilhosas e extraordinárias acontecem comigo todos os dias". Repetia sem parar. Não chorei nesse dia, mas minha alma gritava. Naquela hora me dei conta dos sinais de que aquilo não era para mim e eu não percebia. Entrei no carro, liguei para meu marido e dei a notícia. Ele ficou irado com minha sócia. Disse que nós íamos resolver. Eu respondi: "Eu não quero me reconciliar com ela. Só quero o dinheiro de volta e seguir minha vida. Liga para o advogado e veja o que devemos fazer". Fui para casa e me sentia péssima. Eu não disse nada para minha mãe que estava lá; somente no outro dia consegui falar para ela. E imagine só... Ela chorava muito e dizia: "Ela é uma pessoa horrível. Ela te usou". E eu só escutava, abaixava a cabeça e pensava: Deus, o que devo aprender com isso?

Os dias seguintes foram longos, sóbrios e cheios de solidão. Eu estava entrando num deserto. Eu não chorava, não dormia nem comia. Eu só "mantrava" para perdoar e limpar todo aquele sentimento tóxico de humilhação, orgulho ferido e medo. Eu me sentia frágil e ao mesmo tempo estava com raiva. Isso mesmo. Eu sentia raiva de fazer minha mágica para melhorar aquela clínica e ser expulsa de lá. Eu sempre fui muito intensa em tudo o que me dedico. Eu simplesmente sou cem por cento em qualquer coisa que vou fazer; é uma característica minha e eu estava exausta depois de ela me pedir para sair. Posso afirmar que para ela foi uma surpresa ver tudo pronto e um faturamento mensal de quase o dobro depois de 26 dias da clínica aberta. Ela não estava a fim de dividir os louros comigo, já que nunca havia visto tanto dinheiro em pouco tempo... Eu me senti um lixo.

Reconstrução de um novo caminho

As perguntas que eu sempre fazia naquele momento eram: "Deus, o que devo aprender com isso?" O papel de ser vítima eu não queria ocupar. Eu já estava em um momento da minha vida que eu entendia que poderia mudar minha realidade quando e como quisesse, sem aprovação de ninguém. Não é sobre força, coragem ou razão, é sobre se libertar de incertezas para construir algo que realmente tivesse valor para minha vida. Uma nova versão de mim que seria cada vez mais próxima de quem deveria ser verdadeiramente.

Quando descobrimos o real motivo de termos nascido e seguimos esse chamado, então alcançamos o sucesso. Ter sucesso pode ter vários significados. O meu é saber que lutei dia após dia para ser melhor para mim, porque quando sou boa e suficiente para mim eu serei fantástica para os outros.

Entrar em uma sociedade malsucedida me fez refletir sobre muitas questões. Serviu para entender, não fazer aquilo de novo de ignorar sinais de que algo não é para mim. O meu propósito ali era só fazer mágica para ela desfrutar depois, um presente do universo na vida dela que eu deveria executar e entregar sem apego. Deu errado para mim? Não, meu papel era só ser canal, o que ela faz com esse presente, isso é problema exclusivo e único dela. Porém, em outra perspectiva e quanto ao autoconhecimento, o aprendizado é olhar tudo isso e ver que serviu para me colocar de volta no caminho de que me desviei muitas vezes por me sentir incapaz, com medo, achar que precisava melhorar para ficar pronta.

Nasci para fazer acontecer, transformar o que as pessoas não sabem em uma experiência única. Quando contei lá no início que eu gostava de brincar de fazer mágica, realmente tive muitos sinais para trilhar esse caminho e o segui com meu coração.

Para escrever cada parágrafo, eu chorei e foi uma autocura para minha vida; e a mensagem que deixo para você é: busque saber quem você é se aceite, converse com suas sombras, mas não lute contra elas. Faça o contrário, alimente sua luz divina para que ela sempre se sobressaia. Porque o mundo é bom, mas a maioria de nós ainda não despertou e não sabe enxergar o lado bom das adversidades sem se vitimizar e prejudicar o outro.

Acredito no poder das escolhas e aprendi a desfrutar das consequências. Eu não conseguia ver na minha ex-sócia esse mar de confusão e sentimentos de insegurança e ameaça que ela via em mim. Eu simplesmente mergulhei de cabeça em um projeto, ofereci o melhor de mim para que as duas pudessem desfrutar de bons frutos após tudo estruturado. Meu intuito era fazer acontecer, colocar a clínica no topo das mais bem requisitadas da nossa região, mas ela não entendeu assim e não cabe mais justificar ou entender as atitudes dela quanto a essa questão. Desejo-lhe felicidade!

Agradeço imensamente a minha ex-sócia pela oportunidade única que abriu no meu coração e que me impulsionou a aceitar o convite de ser coautora deste livro com histórias de mulheres tão inspiradoras e incríveis. Sem esse desastre de sociedade, talvez eu não contasse minha história. Sinto-me grata e realizada por fazer parte desse time de mulheres protagonistas e donas da p**** toda.

Referências

OURIVES, E. *DNA milionário: aprenda a reprogramar a sua mente, cocriar sua realidade, mudar quanticamente o seu DNA, aumentando a sua frequência vibracional para entrar em ressonância e alinhamento com o sucesso financeiro.* São Paulo: Editora Gente, 2019.

ROBBINS, A. *Poder sem limites: o caminho do sucesso pessoal pela programação neurolinguística.* Rio de Janeiro: BestSeller, 2017.

SUPERTI, P. *Ouse ser diferente.* São Paulo: Buzz, 2020.

STIBAL, V. *ThetaHealing: uma das mais poderosas técnicas de cura energética do mundo.* São Paulo: Madras, 2018.

VIERA, P. *O poder da autorresposabilidade: ferramenta comprovada que gera alta performance e resultados em pouco tempo.* São Paulo: Editora Gente, 2017.

71

O GRANDE DESAFIO DOS GESTORES DA ATUALIDADE

Aqui abordaremos as dificuldades enfrentadas pelos líderes atuais, os problemas vividos pelos colaboradores e como desenvolver ambientes saudáveis que aumentem a produtividade sem colocar em risco a saúde da equipe. Veremos a importância de se construir uma cultura de confiança, aumentando o sentimento de pertencimento e propósito, de modo a evitar a síndrome de *burnout*, tão em alta no Brasil e no mundo.

NATALIA GUIMARÃES VIOTTI

Natalia Guimarães Viotti

Contatos
www.nataliaviotti.com
contato@nataliaviotti.com
Instagram: @nataliaviotti.adv
Facebook: facebook.com/nataliaviottioficial
LinkedIn: br.linkedin.com/in/nataliaviotti
11 91482 1957

Advogada trabalhista empresarial, formada pela Universidade Católica de Santos/SP, especialista em Direito do Trabalho Empresarial pela Faculdade de Direito Damásio de Jesus, com extensão universitária em Gestão de Pessoas e Compliance Trabalhista pela FGV, além de ser pós-graduada em Psicologia Positiva pela PUC. Possui certificação em Relacionamento com Clientes, Equipes e Colaboradores e em *Mindfulness* pela PUC-RS e é certificada internacionalmente pela ITCerts® em *LGPD Foundation*, *GDPR Foundation*, *Information Security Management* (ISO 27001), *Information Security Risk Management* (ISO 27005), *IT Governance Foundation* (ISO 38500), e *Data Protection Officer* (DPO). Possui também extensão universitária em Aspectos Jurídicos da Violência Obstétrica pela PUC-RIO e é autora do livro *9 Estratégias para alcançar a alta performance*, disponível na plataforma digital Hotmart.

Com uma trajetória de quase 18 anos na advocacia trabalhista empresarial, Natalia trabalhou em grandes escritórios de São Paulo, como Perez e Rezende, Siqueira Castro Advogados Associados e Gouvêa Vieira Advocacia, onde ficou por oito anos e foi coordenadora jurídica da área trabalhista na filial de São Paulo de 2016 a 2022, quando decidiu empreender e abrir seu próprio escritório.

> *Os cérebros funcionam melhor quando se sentem seguros, ouvidos,*
> *apreciados e valorizados, mesmo quando erram.*
> TAMARA RUSSELL

Foi-se a ideia de que apenas o ambiente físico ou a remuneração eram suficientes para reter pessoas no trabalho. Hoje temos consciência de que não podemos comprar satisfação; pelo contrário, é necessário construirmos uma cultura de confiança, propósito e realização no ambiente laboral, que por sua vez despertará alto engajamento nos colaboradores.

O desafio é que dificilmente os líderes e os gestores são preparados para essas tarefas, na maioria das vezes as promoções vão sendo alcançadas por méritos técnicos e/ou antiguidade, de maneira que pessoas sem habilidades para liderar e gerir vão sendo destacadas para essas funções.

Depois de dois anos de pandemia com intervalos de longas quarentenas, inúmeras medidas provisórias, novas leis, reforma trabalhista e previdenciária, e a caminho de mais mudanças, o empresário precisa reinventar suas operações a fim de reduzir prejuízos e conseguir se manter no mercado. Inadimplência de clientes, redução de consumo, aumento dos encargos trabalhistas, absenteísmo e altas cargas tributárias são apenas alguns dos pontos de preocupação da gestão. São tantas as incertezas e os desafios que os empregados e colaboradores acabam, muitas vezes, sendo deixados de lado.

O famoso *home office,* a princípio um "salvador da pátria", parece ter vindo para ficar, mas o quanto sua aderência melhora a qualidade de vida ou a coloca em risco? O quanto o *home office* é, de fato, saudável para um negócio? Como ficam as relações com a equipe? Estariam os gestores atuais preparados para compreender seus liderados à distância e extrair deles o melhor que têm em benefício da empresa?

Tudo está em constante evolução e é preciso entender as necessidades humanas e a importância do pensamento crítico na gestão. Como já dizia Heráclito: "Nada é permanente, exceto a mudança". Um exemplo é que mais de 99% das espécies que já habitaram o planeta foram extintas porque não se adaptaram à pressão da seleção natural. Agora estamos passando por uma transformação digital, que acelera as mudanças e aumenta as incertezas, afetando toda a sociedade, inclusive o consumo, mas nossa intuição não nos permite entender os impactos exponenciais da tecnologia digital e por isso todos os negócios estão sob ameaça.

Estávamos acostumados a empreender em contextos simples, em que "sabíamos o que sabíamos", em que as soluções eram previsíveis e o processo era sentir, categorizar e responder. Depois passamos a viver contextos complicados, em que havia várias respostas para cada situação, em que "sabíamos o que não sabíamos" e o processo era sentir, analisar e responder. Na sequência passamos a vivenciar contextos complexos, nos quais não havia respostas corretas, "nem sabíamos o que não sabíamos" e o processo passou a ser sentir, testar e responder. Agora temos o contexto caótico, em que simplesmente "não sabemos". Não há relação de causa-efeito, o sistema é instável, perto do colapso, não há concordância com as soluções existentes e o processo passou a ser agir, sentir e responder. Quem não conseguir se adaptar e evoluir vai ficar fora do jogo. Aliás, o documentário "O Fim dos Dinossauros e o Início da Humanidade", do canal "Você Sabia?" do YouTube, tem muito a nos ensinar sobre isso. Fica aqui a recomendação!

Nas palavras do norte-americano Chuck Robbins, CEO da Cisco Systems, aproximadamente 40% das empresas "Fortune 500" não vão existir mais até 2025 devido à incapacidade de adaptação aos novos tempos. O século XXI mostrou que o modelo tradicional do capitalismo está desgastado e a sociedade tem cobrado um foco maior no ser humano e em todos os *stakeholders*. Saímos do foco em finanças para o foco no propósito e podemos ver que há três pilares a serem construídos nas equipes: pertencimento, confiança e cooperação.

Nossos ancestrais eram caçadores-coletores e viver em pequenos grupos nos deu vantagens evolutivas desde então, garantiu nossa sobrevivência, já que viver fora do grupo nos tornaria presa fácil. Essa é uma lembrança atávica e, portanto, tão importante nos ambientes corporativos. É claro que estar em grupo requer relações sociais complexas, até porque evoluímos fazendo exigências aos demais integrantes, que muitas vezes entendem como críticas pessoais e não conseguem visualizar a necessidade de quem as solicita, respondendo com indiferença ou silêncio, que na maioria das vezes piora o grau de insatisfação e aumenta o distanciamento, diminuindo o senso de pertencimento e engajamento.

O fato é que o ser humano é dependente do senso de pertencimento, que é conquistado em ambientes de confiança e cooperação, e os líderes atuais precisam estar preparados para fomentar a segurança psicológica no ambiente de trabalho, promover a cooperação e o trabalho em equipe, revertendo situações resultantes de desgaste.

Em todas as equipes haverá conflitos, mas é importante como os gestores os gerenciam. Os líderes engajadores fazem isso muito bem, de modo que as pessoas se sintam cuidadas e seus relacionamentos e vínculos estão aumentando. Para evitar o caos, precisamos mudar nosso *mindset*[1] para uma nova perspectiva organizacional:

Antigamente víamos as empresas como máquinas reducionistas, lineares, racionais, simplistas e fracionadas. Hoje as empresas são um organismo vivo, são sistêmicas, complexas, interdependentes, autorreguladas, holísticas e adaptativas, mas para sobreviverem precisam de líderes preparados para entender que cada pessoa tem um conjunto de necessidades psicológicas básicas que são nutrientes para manter o crescimento, a integridade e a saúde. São elas: afinidade, significado, desafio e autonomia.

A teoria da autodeterminação nos ensina que há três tipos de necessidades básicas inatas, que são: autonomia, pertencimento e competência, que é a vontade de fazer algo com suas habilidades. Quando um líder dá voz a um liderado, ele o empodera e ao fazer isso atende à necessidade de autonomia. Quando um colaborador percebe que é capaz de fazer algo que não está acostumado a fazer, ele se sente desafiado e mais uma necessidade básica é atendida, pois percebe que está aprendendo algo. Se um líder o inspira, automaticamente sentirá que a necessidade de significado também está sendo

---

[1] "Configuração da mente". De fato, quando falamos de *mindset*, referimo-nos a características da mente humana que vão determinar nossos pensamentos, comportamentos e atitudes.

preenchida. Todos nós gostamos de fazer atividades significativas, que estejam alinhadas com nossos valores centrais ou básicos. Já a afinidade é a necessidade de fazer parte de um grupo e se sentir conectado com outras pessoas.

Profissionais que passam a demonstrar agressividade, irritabilidade e níveis elevados de exigência podem estar vivenciando dores impensáveis decorrentes de falhas na operação, tais como excesso de trabalho, isolamento, ausência de *feedbacks* ou, ainda, por perceberem que suas habilidades não estão sendo bem aproveitadas, ou seja, ausência de propósito. Essa é a receita para a síndrome de *burnout*[2], que causa instabilidade de humor, ansiedade, depressão, agressividade, dificuldade de regular as emoções e, por fim, queda na produtividade.

É comum pensarmos que o engajamento demanda muita energia ao trabalho e como resultado teríamos o *burnout*, mas isso não é verdade, pois o que causa o *burnout* é o desequilíbrio entre a energia gasta e a recompensa recebida. Se você estiver engajado certamente a estrutura estará funcionando de maneira adequada e você terá a recompensa esperada, ao contrário de quando você está trabalhando duro, em busca de algo que não recebe, seja uma promoção, um *feedback* positivo, ser aceito em algum grupo específico ou receber demandas que o desafiem.

As pessoas que trabalham de maneira compulsiva assim o fazem porque não obtêm a satisfação ou aquela energia de volta tão esperada e continuam achando que precisam fazer mais e mais, pensam que se não trabalharem serão substituídas ou se sentirão culpadas por não chegarem ao limite. Esta é a diferença entre engajamento e *workaholismo*[3], mas nem todos os líderes estão preparados para identificar tais condições. É importante estarmos atentos, pois o *burnout* leva à depressão e à ansiedade. Primeiro vem o esgotamento e depois vem a depressão.

Alta demanda e falta de recursos gera exaustão, que leva ao *burnout*, que por sua vez gera percepção de maior demanda e de menos recursos, ou seja, é cíclico. Por sua vez, muitos recursos geram engajamento, que geram produtividade e felicidade.

Martin Seligman, um dos idealizadores da Psicologia Positiva, criou um acrônimo de cinco elementos que levam ao bem-estar (P.E.R.M.A. – em

---

[2] Síndrome de *burnout* (ou síndrome do esgotamento profissional) é um distúrbio emocional com sintomas de exaustão extrema, estresse e esgotamento físico resultante de situações de trabalho desgastantes, que demandam muita competitividade ou responsabilidade. É composta por três dimensões: exaustão emocional, despersonalização e falta de realização profissional.

[3] Vício em trabalho. Não consta na CID (Classificação Internacional de Doenças), mas pode adoecer e gerar sérias consequências na vida profissional e pessoal do empregado.

inglês), que se traduz em emoções positivas, engajamento, relacionamentos positivos, significado e realizações. Quantos desses elementos estão presentes em sua equipe? E o que pode ser feito para mudar a situação atual?

Uma alternativa é fomentar a prática de *mindfulness*, uma atividade meditativa voltada para a atenção plena, pois quando estamos no momento presente nosso nível de bem-estar é bem maior do que quando estamos divagando, até porque o modo como nosso cérebro foi construído não é projetado para lidar com muita atenção paralela.

As empresas precisam entender que investir em bem-estar, felicidade e engajamento só contribui, seja para o negócio, seja para a satisfação dos próprios empregados. No final, é um ganha-ganha. Termino este capítulo com algumas reflexões:

> *O problema não é como levar novas ideias para nossa mente, mas como tirar de lá as ideias velhas.*
> DEE HOCK, fundador e ex-CEO da Visa

> *Grande parte das falhas das empresas é por trabalharem no problema errado.*
> GEORGE KEMBEL

> *Não conhecer o conjunto inteiro das dinâmicas comportamentais que promovem engajamento é um pecado capital da liderança.*
> ROGÉRIO CHER

Referências

BOEHS, S. T. M.; SILVA, N. *Psicologia positiva nas organizações e no trabalho: conceitos fundamentais e sentidos aplicados.* São Paulo: Vetor, 2017.

ESTADÃO. *Melhores serviços.* Disponível em: <http://www.publicacoes.estadao.com.br/melhores-servicos/2019/melhores_servicos_2019_site.pdf>. Acesso em: 2 set. de 2022.

SCHAUFELI, W. B.; TARIS, T. W; RHENEN, W. V. Workaholism, burnout and engagement: one of a kind or three different kinds of employee well-being?. *Applied Psychology: An International Review*, 2008, 57, 2, 173-203.

SNYDER, C. R.; LOPEZ, S. J. *Psicologia positiva: uma abordagem científica e prática das qualidades humanas.* Tradução: COSTA, R. C. São Paulo: Artmed, 2009.

WEST, B. J.; PATERA, J. L.; CARSTEN, M. K. Team level positivity: Investigating positive psychological capacities and team level outcomes. *Journal of Organizational Behavior*, 2009, 30, 249-267.

72

A CORAGEM DE SER MULHER

Neste capítulo você encontra fatos e experiências rumo à coragem para ser mulher: desempenhar papéis distintos e exercer a força sobrenatural da mulher para conquistar seu espaço e ser protagonista da própria história.

NÚBIA MONTEIRO

Núbia Monteiro

Contatos
nubia.amonteiro@icloud.com
11 99772 0044

Publicitária graduada pela Universidade Nove de Julho (2006). Curso de Marketing de Varejo pela ESPM. Liderança contemporânea e autoconhecimento para gestão de pessoas pela INSPER. Gerente nacional de vendas na Safilo do Brasil. Apaixonada pelo processo de vendas e por pessoas. Acredita que o ser humano tem a capacidade de construir o extraordinário.

Segundo os dicionários, o vocábulo *coragem* tem relação direta com bravura, ânimo, determinação, esforço e ousadia. No entanto, para além dos sinônimos citados, percebi por meio das minhas experiências que a coragem está atrelada, principalmente, à capacidade de reconhecer sua própria realidade, e após tal assimilação desenvolver as competências necessárias capazes de transformá-la.

Aqui, meu relato pessoal tem como intuito compartilhar algumas das experiências que me proporcionaram uma maior percepção acerca da essência do que é coragem e como tudo isso foi fator determinante para a obtenção de competências fundamentais para minha formação como profissional.

Bravura

O início da minha história, infelizmente, é comum a muitas mulheres do mundo. Aos três anos de idade, tornei-me órfã; no entanto, essa situação foi também a grande responsável para que a figura-modelo da minha trajetória criasse forma, ganhasse vida e tivesse um nome: Maria de Lourdes.

Maria de Lourdes é minha avó materna, responsável não somente pela minha criação, mas também pela de outros quatros filhos e dois netos. Nascida e criada na roça, no interior do estado do Paraná, ela viu a si mesma, desde muito jovem, diante das maiores adversidades que uma mulher poderia enfrentar. Representante de um modelo muito tradicional de família em nosso país – a família de mães solteiras – ela é o exemplo perfeito do perfil *hands-on*, popularmente conhecido como "mão na massa", pois consciente de que era o pilar, o governo e a própria providência desse lar, jamais deixou de medir esforços e exerceu inúmeros papéis, durante longos períodos, muitas vezes de segunda a segunda, como faxineira, cozinheira, camareira, costureira, confeiteira, entre outros. E foi ali, sob o teto de um humilde barraco, mas repleto de determinação, que meu primeiro passo rumo à coragem foi dado: minha avó, minha mãe-tutora, minha fonte sem fim de BRAVURA.

Ânimo

Não são poucos os exemplos na literatura, no cinema e na própria História de nomes que deram uma reviravolta em seus destinos após presenciarem um acontecimento trágico, pois muitas vezes é nas situações desagradáveis que vivemos que encontramos as oportunidades mais preciosas e capazes de nos impulsionar adiante.

Aos nove anos de idade, vivi uma das experiências mais tristes que uma criança poderia testemunhar. Os dias de chuva eram sempre muito desafiadores para nós, porque nossa casa, além de humilde, era bastante precária, tínhamos de lidar com graves problemas de infiltrações e goteira.

Era uma noite de temporal, já de madrugada, quando ouvimos um estrondo violento... Uma grande quantidade de lama, repentinamente, invadia os cômodos de nossa casa e levava tudo o que via pela frente! Não tivemos tempo, eu e meus primos fomos tirados de casa e levados para dormir na casa de nossa vizinha. Não conseguia ao certo entender o que havia acontecido. Foi, contudo, muito triste ter de acompanhar da casa ao lado o desespero de minha avó, dos meus tios e de alguns vizinhos tentando salvar os móveis e parte dos nossos pertences e reerguer a parede de casa.

Na manhã seguinte, ainda chuvosa, o dia começava diferente: não era dia de ir à escola, pois não tínhamos mais nossos materiais escolares, nem sabíamos o que ainda restava de nossas roupas. E foi exatamente essa cena, ainda tão forte e vívida em minha memória, que me apresentou uma sensação nunca antes vivida, uma tristeza profunda misturada a um sentimento de revolta intensa. Foi por meio dessa tragédia, no entanto, que uma chave virou em mim e abriu uma nova porta, um novo horizonte, que me alimentava com o ÂNIMO necessário para ir em busca de mudança na vida.

Determinação

Engana-se aquele que acredita na existência de um caminho pronto e predestinado. A construção de uma história de sucesso se dá no passo a passo de uma longa caminhada. E a minha já se iniciou nessa primeira infância, quando minha percepção já começava a ganhar forma e profundidade, pois me dava conta de que minha realidade estava muito aquém daquela que achava merecer. E inspirada na figura de minha avó, concluí que o único caminho possível para mudar toda essa situação era por meio do trabalho.

Antes de obter meu primeiro trabalho formal, como limpadora de bacalhau num comércio de alimentos e itens regionais, exerci trabalhos muito comuns a jovens mulheres, moradoras de bairros periféricos das cidades, como babá e vendedora de catálogos de cosméticos; essa atividade, mais tarde, acabaria se mostrando muito relevante para minha vida no grande mercado de vendas.

Percebia, aos poucos, que o trabalho era a ferramenta ideal para que eu conseguisse construir uma natureza mais dinâmica, entrasse em contato com os mais diversos públicos e personalidades e ocupasse um espaço dentro de minha comunidade. E apesar de muitas vezes sentir olhares de vergonha e reprovação, jamais tive medo do julgamento, do apontar de dedos e da zombaria. Jamais me preocupei se a atividade com a qual estivesse envolvida poderia ligar minha imagem a algo modesto, simplório e sem valor.

Em mim havia a DETERMINAÇÃO necessária capaz de propor que eu começasse com pequenos passos, mas que me fariam, anos mais tarde, dar grandes saltos.

Esforço

Pergunte às pessoas qual é o antônimo de coragem e a maioria delas responderá sem titubear um segundo sequer que é covardia. No entanto, o oposto de coragem é a inatividade, é temer dar o primeiro passo, é decidir estagnar-se, é escolher a procrastinação e acreditar que o destino bateria à sua porta e entregaria seus sonhos realizados. E olhando em retrospecto para minha própria história, percebo que jamais deixei de ser uma filha da coragem.

Entrei na universidade sem ter qualquer condição financeira para conseguir me formar. E para realizar mais esse sonho, precisei manter uma rotina nada fácil, conhecida por muitos jovens trabalhadores desse país: passava longas horas no transporte público, porque morava longe tanto do trabalho quanto da faculdade. Eu trabalhava como vendedora numa loja e nos tempos livres ainda desenvolvia atividades adicionais para complementar minha renda e tentar arcar com os custos dos meus estudos.

Finalmente me formei como publicitária e consegui uma excelente oportunidade de trabalho numa grande multinacional. Quando achei, porém, que finalmente colheria meus louros, percebi que uma nova realidade, muito mais complexa e árdua, iniciava-se ali. Meus conhecimentos sobre vendas e negócios eram ínfimos diante do que essa nova função exigia de mim. Com o desejo de entregar resultados e desempenhar um bom papel, decidi dar as mãos ao ESFORÇO.

Uma avalanche de novos saberes e conhecimentos precisavam ser aprendidos por mim. Virava noites estudando tudo o que me era possível sobre gestão, planejamento, estratégias de longo prazo, investimentos de *trade marketing*, negociações comerciais e execução de varejo. E afirmo que cada noite de estudos valeu a pena, pois quatro anos mais tarde tive a oportunidade de assumir o papel de gerente regional de vendas em uma multinacional líder em seu setor.

Ousadia

"Você tem grandes chances de fracassar. Não é grande conhecedora do segmento e é a primeira mulher a assumir um cargo de liderança de vendas num segmento dominado por homens", disse um dos meus ex-chefes, nos meus primeiros dias de trabalho.

Desde muito jovens, somos confrontadas com a diferença de tratamento entre ser homem e ser mulher. Enquanto a eles são concedidos adjetivos como fortes, corajosos, destemidos e poderosos, a nós, mulheres, restam palavras como fracas, sentimentais, medrosas e delicadas.

Atire a primeira pedra a mulher que não precisou de OUSADIA para conquistar seu espaço, batalhar por sua posição no mercado de trabalho e obter autoridade e respeito dentro de um ambiente onde a misoginia e o machismo reinaram por séculos em absoluto. Ainda hoje, em pleno século XXI, somos colocadas à prova, somos subjugadas e precisamos entregar feitos excepcionais e incríveis para sermos ouvidas e notadas. Mas uma revolução começa a tomar forma e novos valores passam a ser necessários para se tornar líder, por exemplo, repertório emocional, percepção sensível e aguçada aos detalhes e intuição interpessoal. E é com essas novas *soft skills* que, há quase dez anos, ocupo um cargo de liderança, sendo responsável pela área comercial da segunda maior indústria do segmento de óculos e armações. Fui a primeira mulher da minha família a dirigir, a primeira mulher a ter um diploma universitário, mas não serei a última a se inspirar na história de minha avó, que, como muitas avós nesse país, permanece firme e forte, e ainda apresenta vivaz a coragem de ser mulher.

73

O PODER DA ADAPTABILIDADE

Neste capítulo, será abordada a adaptabilidade como uma habilidade humana cada vez mais necessária para a vida, mas, principalmente, como um poder que pode ser adquirido ou melhorado. Para isso, você precisa estar aberta a aceitar aquilo que não pode controlar e a construir uma consciência de como passar pelos processos de mudança do melhor modo possível.

PÂMELA LEAL QUINTIAN RAMOS

Pâmela Leal Quintian Ramos

Contatos
pamcontatudo.com.br
pamcontatudo@gmail.com
Instagram: @pamcontatudo
Facebook: Pâmela Leal Quintian Ramos (Pam Conta Tudo)
YouTube: Pam Conta Tudo
Twitter: @pamcontatudo
48 99163 5050

Administradora, graduanda em Psicologia. *Digital influencer* e corredora.

Não é o mais forte que sobrevive, nem o mais inteligente,
mas o que melhor se adapta às mudanças.
MEGGINSON

Poderia iniciar este texto dizendo que o termo adaptabilidade sempre fez parte da minha vida, e isso explicaria eu ter me tornado a pessoa que me tornei. Mas a verdade é que o caminho que percorri foi que me fez estar aqui. Para vocês, leitoras, que pensam é fácil estar lá ou aqui por isso ou aquilo, não se enganem. Por trás de muitos sorrisos estampados nos rostos existem infinitas lutas enfrentadas. Então, você pode se perguntar: as pessoas são falsas? Minha resposta é: não. Elas são adaptativas. Ser adaptativo sempre me lembra de um momento na minha infância quando eu nem imaginava que esta palavra existia, mas tive que usá-la. Moramos em Santa Catarina e meus pais decidiram se mudar para o Rio Grande do Sul. Imagine isso para uma jovem. Foi terrível! Nova escola, longe da família; enfim, para mim era uma luta psicológica e emocional. Mas naquele momento eu me lembro de pensar assim: "Vou imaginar que agora eu mudei de país e vou tentar aprender aqui coisas da região". E por incrível que pareça deu muito certo. Logo eu estava dançando músicas gaúchas como o chamamé, que se tornou a minha preferida.

O quero trazer para vocês é que para uma criança a mudança já é difícil, adaptar-se é de alguma forma doloroso. Mas se entendermos que isso nos conduzirá a lugares bons e a momentos inesquecíveis, vamos nos tornar mais otimistas em tentar ser mais adaptativos em todos os aspectos da nossa vida.

Há pouco tempo passamos por uma pandemia e ela ainda faz parte de nossas vidas. Principalmente na minha, que fiquei com algumas sequelas. No entanto, mais uma vez, como em muitas na minha vida, precisei me adaptar.

Vou lhes contar algo que poucas pessoas sabem. No início da pandemia eu estava superativa, motivando todos a minha volta a não se acomodar a fazer exercícios, a pensar positivo. Consegui ajudar muito dos meus familiares e amigos. Porém, após dois anos, comecei a me sentir cansada e um pouco pessimista. Até mesmo perdi a vontade de fazer coisas que eu particularmente amava. Enfim, descobri uma depressão bem severa. Uni forças de onde eu já não tinha para procurar ajuda. E foi aí que novamente tive de me adaptar a uma realidade que sempre me assustou, precisar tomar medicação. Logo eu que sempre fui do chá e que acredita que o natural é sempre melhor, me vi precisando escolher entre a negação ou a realidade.

Bom, se estou aqui escrevendo vocês já imaginam o poder da adaptabilidade. Aceitei, lutei e ainda luto para que em breve tudo esteja 100% e eu possa me ver livre de algumas medicações. Mas hoje eu me sinto eu novamente. Sem ter me adaptado, aceitado a minha realidade, sem ter mudado eu estaria ainda em um buraco negro.

Quando me convidaram para participar deste livro, eu pensei: "Não vou. Eu estou doente e não tenho nada para ajudar ninguém". E olha minha gratidão por ter falado sim e ter sido adaptativa em um momento que não parecia ser possível algo de bom. Portanto, é com muita alegria que falo para vocês um pouco sobre adaptabilidade, que mudou e vai sempre mudar a minha vida e a sua. Separei várias situações na vida e a forma como podemos usar a adaptabilidade.

Adaptabilidade no trabalho

No mundo corporativo, as empresas líderes em seus ramos que não se adaptaram rapidamente às mudanças acabaram fechando as portas, a Kodak é um dos exemplos mais citados. Com os empregados não é diferente, os funcionários que não se adequarem às necessidades da organização são substituídos por colaboradores que são capazes de acompanhar a evolução da produção dos bens ou serviços. E sobre as mudanças, minhas caras, há um dito popular de que nada é mais certo nesse mundo do que a morte e os impostos. Eu acrescento aqui a mudança, pois tudo muda o tempo todo no mundo. Contrariando essa verdade universal, os seres humanos são naturalmente apegados à zona de conforto. Mudar gera um estresse temporário e, por isso, a maioria das pessoas inconscientemente evita as mudanças. No entanto, vou contar uma verdade que aprendi sobre a vida, que foi muito bem colocada na música de Oswaldo Montenegro (2001): "Hoje eu sei que mudar dói, mas não mudar dói muito".

Certamente doeu para os datilógrafos que redigiam os documentos em uma máquina de datilografia que eles conheciam como a palma de sua mão, sem ao menos precisar olhar para o teclado. Mas se refletirmos um pouquinho, deve ter doído muito mais para aqueles que não se adaptaram a essa mudança, visto que a maioria das nossas atividades diárias, profissionais e pessoais, passam pelo uso do computador e/ou do celular.

Atualmente, nas empresas, a adaptabilidade é considerada uma competência essencial na hora da contratação, superando muitas vezes a formação acadêmica.

Adaptabilidade na vida pessoal

Não temos de ser melhores do que ninguém, mas sim a nossa melhor versão. E, é claro para isso precisamos ser adaptativos. Pois a natureza muda, o mundo muda, as legislações mudam. Estamos constantemente sujeitos às transformações externas e internas; coletivas e individuais; profissionais e pessoais. Portanto, manter-se na inércia não é a melhor opção. Por outro lado, não adianta somente mudar. É preciso que haja rapidez, pois quanto mais rápido nos adequamos aos novos meios e/ou situações, melhores são nossas chances de sobrevivência e/ou de sucesso.

Agora, sendo a mudança uma das certezas da vida, seja por forças da natureza, um acidente ou outro motivo qualquer, não seria inteligente de nossa parte nos prepararmos emocional e estrategicamente para darmos nosso melhor em tais situações?

Não se trata de pessimismo, mas de trabalhar nas melhores energias possíveis, mas sem deixar de reconhecer a limitação de controle que temos sobre a vida. Portanto, como podemos fazer desse processo algo mais fácil? Primeiramente, é reconhecer que estamos sujeitos aos mais variados tipos de transformações que podem ser positivas ou negativas.

É interessante pensar que até mesmo as mudanças que consideramos positivas, muitas vezes desejadas por nós, podem ser estressantes. É o caso de pais que tentam por anos ter um filho e quando a gravidez acontece a mudança provocada pela chegada de um bebê gera ansiedade, medo, estresse, mas também o sentimento de felicidade e realização de um sonho.

Já as situações negativas, ainda que não desejadas, também acontecem. Particularmente, trabalho sempre em busca de ser a melhor versão de mim mesma. Para isso, procuro aprendizagem nas vivências das outras pessoas, seja identificando suas conquistas ou seus fracassos. Ainda que me inspire na trajetória do outro, meu objetivo principal é ser cada vez melhor dentro de quem eu realmente sou, dentro da minha essência, e jamais me comparando com ninguém e sim comigo mesma. Por outro lado, existem algumas teorias da área administrativa e psicológica que explicam como os sujeitos tendem a se comportar diante do processo de mudança.

Processo de mudança

Elisabeth Kübler-Ross (1969) publicou uma obra na qual ela estabelece cinco estágios do luto: negação/isolamento, raiva, barganha, depressão e aceitação. Vale lembrar que a morte é uma das mudanças que mais dor nos causa.

Curva dos cincos estágios do luto de Kübler-Ross

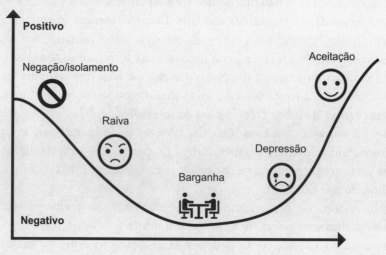

Fonte: adaptada de Kübler-Ross (1969).

O modelo de processo de mudanças de Kübler-Ross inspirou outros autores como William Bridges (1991) e John Fisher (2012).

Modelo de transição de William Bridges (1991)

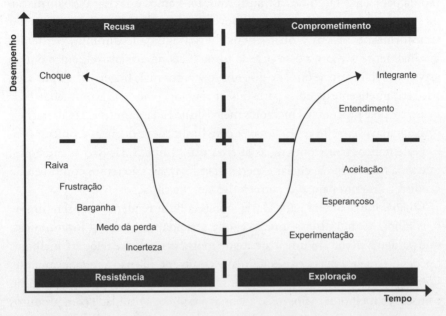

Fonte: Adaptada de Bridges (1991).

John Fisher (2012) apresentou uma nova versão do processo de mudanças em sua curva de transição pessoal, na qual ele descreve que os indivíduos, quando passam por mudanças, tendem a vivenciar ao menos nove etapas:

- Ansiedade: por deixar a zona de conforto.
- Felicidade: por pensar que algo pode mudar e para melhor.
- Medo ou negação: diante do desconhecido.
- Raiva: de si e dos outros.
- Ameaça: por não saber como agir.
- Culpa ou desilusão: por não ter se preparado melhor.
- Depressão ou hostilidade: por conta das incertezas do futuro.
- Aceitação gradual: das novas circunstâncias, do novo.
- Avanço: que é o seguir em frente, levando-nos novamente à zona de conforto.

Observando como esses teóricos acima mencionados descrevem o processo de mudança, apesar de pequenas variações, tem-se um padrão estabelecido, que é:

- Primeiro: recusa, negação.
- Segundo: dor e sofrimento.
- Terceiro: exploração, conhecimento, costume.
- Terceiro: adaptabilidade.

Compreender os processos da mudança pode nos levar de maneira mais rápida para a aceitação dessa transformação. Vamos exercitar essa afirmação na seguinte situação: ou morremos jovens ou envelhecemos e passamos por transformações físicas e/ou mentais. Nossa agilidade diminui, perdemos gradualmente a visão, nossa pele se torna mais fina e sensível, entre outros aspectos. Diante desse fato, de que nos tornamos mais frágeis e dependentes, não seria inteligente de nossa parte buscar entender o que está acontecendo com nosso corpo e procurar os melhores meios de nos adaptarmos a tais alterações?

É agradável envelhecer e conviver com limitações e doenças crônicas? Não é. No entanto, teoricamente, as alternativas também não são as melhores, que seria morrer ou vivenciar experiências das quais não temos compreensão ou discernimento para agir com efetividade na situação.

Quão complexo será para Maria, que terá de aprender a viver sem um de seus filhos? Como dizer a uma mãe que se a adapte a isso? O jovem Lucas, que perdeu a perna em um acidente de moto, certamente não terá melhores opções do que ter sua perna exatamente como era. Ele não a terá novamente. Ele já a perdeu. Sua melhor opção nessa situação é aceitar sua nova condição e buscar os melhores meios de se adequar a essa nova realidade com produtos e técnicas especializadas em reabilitação.

A dor e o sofrimento são inevitáveis na vida. Ter consciência disso nos faz emocionalmente mais bem preparados para aceitar essa premissa e sair o mais rápido possível do vale do desespero, como mostra a Figura 3. Quando chegamos no "fundo do poço" a tendência é buscarmos impulso para reagir ao estado depressivo no qual nos encontramos e sair dessa situação difícil; ou desistimos e seguimos a vida nesse mar de dores sem fim.

Adaptabilidade: o caminhar pelo vale do desespero

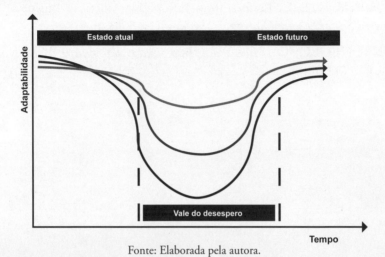

Fonte: Elaborada pela autora.

Sim, cada caso é um caso e cada ser humano é único em sua subjetividade, e recebe e sente os impactos de maneira distinta. Contudo, olhando a Figura 3, percebe que nem sempre precisamos mergulhar no mais profundo desse vale? Dentro das nossas individualidades, podemos entender o processo de mudança e trabalharmos para passar por ele da maneira mais tranquila possível? Quanto mais nos treinarmos para isso, maior será nosso poder de adaptabilidade e menos tempo ficaremos nos vales de desespero da vida. Conquistamos as melhores oportunidades de uma vida mais equilibrada, digna e feliz.

Devo me adaptar a tudo?

Não. Não devemos nos adaptar a um ambiente ou uma situação que vai contra os princípios e os valores que compõem nossa subjetividade. Portanto, se eu tiver de deixar de ser quem sou, se a mudança fere minha essência, esse é meu limite de adaptabilidade.

Referências

BRIDGES, W. *Managing Transitions: Making the Most of Change*. Capo Lifelong Books, 1991, 144 p.

FISHER, J. *The process of transition: Fisher's personal transition curve*, 2012.

KÜBLER-ROSS, E. *On death and dying*. New York: Scribner, 1969.

MEGGINSON, L. C. Lessons from Europe for American Business, *Southwestern Social Science Quarterly*. 1963, 44(1): 3-13, p. 4.

MONTENEGRO, O. *Mudar dói, não mudar dói muito*. JAM Music, 2001. CD (37 min.).

74

O QUE TE IMPEDE DE SE SENTIR DONA DA P**** TODA TODOS OS DIAS?

Nunca existiu uma época tão favorável ao empoderamento feminino como o século XXI. Ainda assim, milhares de mulheres não conseguem acessar seu poder pessoal e não conseguem se sentir dona da p**** toda. Neste capítulo, você vai mergulhar nas origens disso e vai acessar recursos para seu empoderamento diário e para viver uma vida nos seus próprios termos, que gere orgulho e felicidade.

PATRÍCIA MELLO

Patrícia Mello

Contatos
www.patriciamello.com.br
contato@patriciamello.com.br
Instagram: @eu.patriciamello

Sou apaixonada pela liberdade e pelo autoconhecimento. Valorizo a autenticidade, o desafio, a contribuição, o crescimento e a diversão. Luto contra tudo o que me limita, principalmente internamente. Meu propósito é ser um canal para empoderar mulheres a alcançarem liberdade emocional e financeira por meio do empreendedorismo. Sou mentora de empreendedoras que possuem negócios de ajuda, membro da equipe do Tony Robbins, *master coach*, especialista em autossabotagem, palestrante e escritora. Assim, consigo unir e transformar meus saberes e experiências em um negócio potente e autoral. Por falar nisso, minhas certificações principais são: especialista em Inteligência Positiva (*PQ Coach Program – Positive Intelligence*), *master coach* criacional (*Coaching* de Vida e Carreira – IGT International Coaching), *Life, Business e Leadership Mastery* (Tony Robbins Research International), administradora (Estácio de Sá), mestre, bacharel e licenciada em História (PPGHIS – UFRJ).

Faço questão de começar meu capítulo parabenizando a Editora Literare Books International e a coordenadora Juliana Serafim por promoverem o terceiro volume desta obra extremamente relevante. Não sei você, mas cresci com histórias de contos de fada e gostaria de ter crescido embalada por histórias de mulheres reais que encontraram seu próprio caminho de empoderamento e mudança de paradigmas. Só que esse tipo de literatura não estava disponível naquela época. Por isso, sinto-me abençoada por poder ser coautora de um livro tão potente.

Talvez você já se veja como dona da p**** toda, talvez ainda não. E se não se vê, não é culpa sua. Ainda vivemos numa sociedade patriarcal que, ao longo dos séculos, tentou tirar das mulheres seu verdadeiro poder. Seja qual for seu estágio, vai se beneficiar com esse mergulho no empoderamento feminino nas páginas que se seguem.

Antes de qualquer coisa, é importante definir o que é ser dona da p**** toda para você. Hoje não tenho dúvida de que sou dona da p**** toda. Só que nem sempre foi assim. Minha definição de mulher empoderada era muito distante da visão que tinha de mim. Minhas regras para definir o que era uma mulher f*** eram super-rígidas e difíceis de serem alcançadas, até porque não dependiam só de mim. Já as regras para me sentir fracassada e pequena eram superfáceis de serem atingidas. Era muito comum que passasse semanas, meses ou anos me sentindo insatisfeita, julgando-me e alimentando uma visão pessimista quanto ao meu futuro.

Acreditava que antes de completar 30 anos já deveria estar no casamento dos sonhos, ter meu apartamento próprio, ocupar um cargo gerencial, com filhos a caminho ou pelo menos em fase de planejamento e, claro, viajar todo ano. Perfeita definição da mulher de sucesso do Google e que nenhum padrão sociofamiliar tradicional botaria defeito. Só tinha um problema: esse não era meu padrão de sucesso. Conhecia-me tão pouco naquela época que nem percebia o quanto estava desalinhada e sofrendo.

De tudo o que estava na minha lista, a única coisa que hoje é uma realidade na minha vida são as viagens. Tenho meu próprio negócio com foco no empoderamento feminino por meio do empreendedorismo digital, viajo para participar de treinamentos e para palestrar e promover meus livros. Posso estar em qualquer lugar e continuar tocando meu negócio, que é estruturado para funcionar de maneira remota e virtual. Sou divorciada e a maternidade é uma possibilidade, porém não é um sonho. E ainda me tornei atleta internacional de *Kettlebell Sport* aos 35 anos; e no meio de uma pandemia. Estou na minha melhor forma física, mental e emocional e realizo meus objetivos antes dos prazos que estipulo. Tudo isso porque fiz o movimento de me conhecer para viver a vida nos meus próprios termos e porque colhi aprendizados importantes que compartilho aqui.

A construção de uma mulher dona da p**** toda

Você já parou para pensar e escrever qual é a sua definição de uma mulher empoderada e bem-sucedida? Se não, sugiro que faça isso já. E, se você quiser se divertir e tiver a possibilidade, dê um passo além e pergunte para as mulheres da sua família o que é uma mulher empoderada na visão delas.

Se pudesse perguntar às minhas bisavós, talvez elas responderiam que uma mulher empoderada é aquela que sobreviveu à miséria, ao casamento ainda na adolescência e à dor de perder tantos filhos e que, graças a Deus, conseguiu ver os filhos que vingaram terem uma vida melhor do que a delas. Para minhas avós, depois que elas entenderam o que significa o termo *empoderada*, disseram que é uma mulher realizada em todos os sentidos: estudada e com diploma universitário, que fala outros idiomas, com sucesso e estabilidade na carreira, viajada, que não depende de marido, que tem uma família feliz e saudável. Já para minha mãe, uma mulher empoderada é aquela que sabe o que quer e que tem voz.

Concordo com a minha mãe, e minha vida hoje também tem muito da visão das minhas avós. Para mim, neste exato momento, uma mulher dona da p**** toda é aquela que é livre para ser tudo aquilo que ela pode e merece ser. É uma definição ampla que me permite trabalhar com critérios importantes para mim, como a liberdade, o ser e o merecimento. Daqui a uns anos, é provável que minha definição evolua junto com meu grau de consciência. Ou, pelo menos, que minhas regras para me ver como dona da p**** toda mudem, ainda que a definição permaneça igual.

Fiz questão de trazer esse exercício de ancestralidade porque todas nós temos três consciências atuando em nós: a individual, a familiar e a coletiva. Se você reparar bem, cada geração possui seu contexto histórico e isso impacta diretamente a definição do que é ser uma mulher empoderada. Inclusive, falar sobre empoderamento feminino é algo muito recente. Isso não quer dizer que as mulheres sempre foram submissas ao longo da história. Porém, é fato que certas garantias de direitos femininos que ajudam a promover o empoderamento feminino ainda são recentes. Por exemplo, no momento em que escrevo, ainda não completaram 100 anos desde que as mulheres conquistaram o direito de votarem e serem votadas. Isso aconteceu em 1932, no governo de Getúlio Vargas. E faz apenas 60 anos que as mulheres conquistaram o direito de se tornarem economicamente ativas sem a autorização dos maridos. Isso aconteceu em 1962, com o Estatuto da Mulher Casada. Até então, o Código Civil de 1916 exigia a autorização do marido para que a mulher pudesse trabalhar, ter seu próprio negócio, abrir conta no banco e ter um cartão de crédito.

Na História, 100 anos é um período curtíssimo para que a sociedade possa sentir o impacto da mudança. Por outro lado, nunca vivemos um momento tão propício para nos sentirmos empoderadas. Já que diferentes ondas feministas fizeram um belíssimo trabalho em abrir os caminhos para nós, principalmente da década de 1970 para cá. Então, por que muitas mulheres ainda têm dificuldade em se sentir donas da p**** toda? A resposta vai além da consciência coletiva e de todos os problemas históricos e estruturais que ainda existem.

Quando começamos a experimentar o mundo e nos relacionamos com nossos pais e outros adultos, nosso cérebro infantil e ainda sem referências para discernir o que acontece começa a formar seus mecanismos de defesa aos perigos reais e emocionais. Quando chegamos à fase adulta, já temos maturidade para discernir, porém esses padrões inconscientes estão tão enraizados que acabam se tornando automáticos e promovem a autossabotagem[1].

Esses padrões de autossabotagem fazem parte do nosso cérebro sobrevivente e são alimentados e reforçados pelo medo. Para se tornar dona da p**** toda ou para se sentir dona da p**** toda a maior parte do tempo, você precisa saber reconhecer seus padrões de autossabotagem, interrompê-los e criar um novo padrão, conectado a sua sabedoria interior e que lhe permita se ver como

---

[1] Para saber mais sobre padrões de autossabotagem, leia meu capítulo: "Nem procrastinação nem preguiça – o que realmente o impede de ter constância nas ações?" no livro *Todo mundo merece um coach*, também publicado pela Literare Books International.

você realmente é: uma mulher incrivelmente forte, merecedora de uma vida abundante e próspera e uma fonte de luz e amor incondicional.

Não sei se você percebeu, mas já usei três vezes um termo que, na minha jornada empreendedora e na minha jornada como atleta, descobri ser fundamental para virarmos nossa chave, acessarmos nosso poder pessoal e realizarmos nossos sonhos: merecimento.

Se você estudar a história das mulheres, vai perceber que aquelas que mais acessaram seu poder pessoal e ousaram romper com os padrões da época sofreram na fogueira, em instituições psiquiátricas, foram assassinadas por seus companheiros ou foram julgadas e difamadas pela sociedade. Historicamente, o patriarcado não permitiu que as mulheres acessassem seu poder pessoal nem trabalhassem seu merecimento.

Se você olhar para a história das mulheres da sua família, pode ser que consiga vê-las como guerreiras e sobreviventes. Porém, se ouvir com atenção plena é provável que perceba tons de culpa e de não merecimento em suas narrativas.

E aí vem você, em pleno século XXI, com tantos avanços na sociedade, nas garantias constitucionais às mulheres, com a quarta onda feminista, que usa as redes sociais como veículo para debater questões que ainda precisam ser solucionadas para que todas nós possamos viver em segurança, com tantos recursos de desenvolvimento pessoal disponíveis e já tendo iniciado sua própria jornada de retorno à sua essência e para mudar a sua própria vida... e lá no fundo da sua mente vem aquela voz que diz: "Quem sou eu para ser tão feliz e ter tantas conquistas se as mulheres que vieram antes de mim não tiveram a mesma oportunidade?".

Pode ser que você estranhe isso e até se negue a reconhecer que ocorra. A verdade é que temos vários padrões ocultos rodando na programação da nossa mente. Nós somos seres tribais. Só chegamos até aqui porque criamos laços, apegos e lealdade à tribo. Para nossos ancestrais, ser expulso do clã significava a morte, pois perderia proteção e acesso a alimentos. Ainda hoje, mesmo que a tecnologia e a medicina tenham tornado a possibilidade de vida mais garantida, o medo de não pertencer continua sendo visceral. Por isso, o maior medo do ser humano é não ser bom o suficiente. Pois se não for bom o suficiente, significa que não será amado. Consequentemente, não pertencerá mais ao clã.

Quando você olha para todas as possibilidades na sua vida e olha para tudo o que já conquistou, é perfeitamente possível que sua mente lhe pregue peças e que, ao olhar para as mulheres da sua família, julgue que não merece ser dona da p**** toda, pois elas não puderam ser. Então, inconscientemente, você mantém sua lealdade a elas e começa a se sabotar. Isso ainda pode ser reforçado caso você tenha o hábito de se comparar negativamente com outras mulheres de sucesso e caso passe a acreditar que não é boa o suficiente para viver uma vida com propósito[2] e para conquistar o que deseja. Então, ao invés de se perguntar quem é você para ser tão feliz e ter tantas conquistas, pergunte-se quem é você para não viver isso! Justamente por amor e lealdade a todas as mulheres que vieram antes de nós é que devemos ser escandalosamente felizes, realizadas e donas da p**** toda. Verdadeiramente acredito que o momento histórico que vivemos favorece isso e que a única coisa que nos impede de tornar isso real são nossas crenças de não merecimento.

Como trabalhar o merecimento?

Gosto muito de processos de escrita. Acordar pela manhã e escrever três páginas sobre seu sonho ou sobre o sentimento com o qual você despertou. No final da noite, escrever seus aprendizados sobre seus padrões emocionais e sobre suas ações, o que poderia fazer diferente e com mais amor e seus motivos para agradecer naquele dia,

Outro recurso poderoso é utilizar afirmações positivas que trabalhem o autoamor, a confiança, a conexão com a espiritualidade e o quanto você é digna e merecedora de uma vida abundante e feliz. É importante criar frases que estejam sempre no sentido positivo e que sejam coerentes com aquilo que já acredita dentro de si. E isso ainda pode ser potencializado com algumas estratégias para fazer o subconsciente cooperar consigo. Se quiser saber como, mande-me uma mensagem via *direct* do Instagram e te envio um vídeo explicativo.

Desenvolva o hábito de se elogiar mais do que você se critica. Faça um pote da gratidão para ser alimentado todos os dias e lido ao final de cada ano. Crie um *drive* ou uma caixa física para guardar todos os elogios e agradecimentos que recebe e use como um SOS quando estiver para baixo. E, por último, mas não menos importante: quando se pegar com medo, sabotando-se, comparando-se ou diminuindo-se, não se critique ainda mais. Acolha-se com muito amor e empatia. Faz parte da sua humanidade. Nenhuma mulher se sente 100% dona da p**** toda durante as 24 horas do dia. Nossas emoções não

---

2 Para saber mais sobre como empreender e viver o seu propósito, sugiro a leitura do meu capítulo "Estratégias para vencer os principais bloqueios que o impedem de viver do seu propósito" no livro *Coletânea Bienal: memórias, histórias e estratégias capazes de revolucionar vidas*, da Editora Literare Books International.

seguem o fluxo de uma linha reta. Isso é uma cobrança por um perfeccionismo que, além de irreal, passa por cima de você. Dê-se permissão para viver sua ciclicidade e, nas fases em que estiver mais no seu mundo interno, dê-se colo e compreensão. E decida utilizar cada situação como uma professora na sua vida. Pergunte-se o que esse sentimento, esse medo ou esse acontecimento querem lhe ensinar sobre suas crenças de merecimento.

E lembre-se: sentir-se merecedora e dona da p**** toda é uma construção-diária que se faz com autoconhecimento, autorresponsabilidade e decisão.

Referências

CHAMINE, S. *Inteligência Positiva: por que só 20% das equipes e dos indivíduos alcançam seu verdadeiro potencial e como você pode alcançar o seu.* Tradução Regiane Winarski. Rio de Janeiro: Objetiva, 2013.

DEL PRIORE, M. *Sobreviventes e guerreiras: uma breve história das mulheres no Brasil: 1500-2000.* São Paulo: Planeta, 2020.

LECHTER, S. *Pensa e enriqueça para mulheres.* Porto Alegre: CDG, 2014.

MELLO, P. Nem procrastinação nem preguiça – o que realmente o impede de ter constância nas ações? In: *Todo mundo merece um coach: desperte sua melhor versão e transforme autoconhecimento em resultados.* Coordenadores: Sandor Sanches e Flavia Kobal. São Paulo: Literare Books International, 2021.

MELLO, P. Estratégias para vencer os principais bloqueios que o impedem de viver do seu propósito. In: *Coletânea Bienal: memórias, histórias e estratégias capazes de revolucionar vidas.* Coordenação Maurício Sita. São Paulo, SP: Literare Books International, 2022.

PERROT, M. *Minha história das mulheres.* 2. ed. São Paulo: Contexto, 2007.

ROBBINS, T. *Poder sem limites: a nova ciência do poder pessoal.* 41. ed. Rio de Janeiro: BestSeller, 2020.

75

QUAL FOI A ÚLTIMA VEZ QUE VOCÊ FEZ ALGO PELA PRIMEIRA VEZ?

Neste capítulo, eu a convido a refletir sobre a importância dos movimentos na vida pessoal e profissional, a entender a necessidade de buscar inovação, conhecimento e novas possibilidades para evolução de negócios e a se colocar em ação. Assim como na vida, a estagnação pode ser o principal motivo de morte de todo e qualquer negócio. Vamos entender como está a saúde do seu negócio? Vida é movimento!

PATRÍCIA PAULINO

Patrícia Paulino

Contatos
patriciapaulino@patriciapaulino.com
Instagram @mentora.patriciapaulino
32 99941 5805

Mentora profissional (tripla certificação em *Mentoring* pela Global Mentoring Group). Psicanalista. *Coach* Empresarial *Business* & *Executive*. CEO – Fundadora do Reconstrua Mentoring Club. Especialista em Marketing Digital Estratégico – alavancagem de negócios, posicionamento de mercado e criação de carreiras no on-line. Criadora do Método STPA e do Programa de Formação de Mentores Reconstrua (com mais de 100 profissionais formados e em atuação no mercado de *mentoring* profissional).

> *Sucesso... parece estar conectado com ação.*
> *As pessoas de sucesso estão sempre em movimento.*
> *Elas cometem erros, mas elas não desistem.*
> CONRAD HILTON

Qual foi a última vez que você fez algo pela primeira vez? Consegue se recordar?

Pois é, este é um dos grandes problemas que atingem nossa vida pessoal e profissional: a falta de movimento e o medo de se permitir arriscar, o medo de fazer coisas novas e o medo de ser julgado pelos erros e pelos possíveis fracassos. Estou escrevendo este breve texto pensando em você, pensando em a ajudar a entrar em movimento e despertar o desejo de utilizar os conhecimentos, as habilidades e a *expertise* que já possui a fim de construir novos caminhos para seus negócios e vida pessoal. Afinal de contas, você é uma pessoa só e vida pessoal e profissional andam juntas!

Convido você a se permitir repensar algumas coisas, a abrir os olhos e refletir sobre as oportunidades que batem na sua porta todos os dias e que, às vezes, você nem percebe o que está acontecendo e a necessidade de se colocar em movimento, em ação. Aceita meu convite?

Todos nós temos a percepção de que o tempo está passando rápido demais, não é mesmo? O ano mal começa e lá vem carnaval, já começa a quaresma, que engata na semana santa e, quando nos damos conta, já estamos planejando as férias do meio do ano. O ano passa num susto, assim como a vida! Quando você se dá conta, já está comemorando cinco anos do seu "novo" negócio, enquanto ainda afirma para o mundo que está apenas começando! Como assim começando se você já tem cinco anos de experiência? A coisa piora um pouco quando alguém lhe pergunta: "Quais são as metas do seu negócio para os próximos cinco anos, quais são seus objetivos pessoais e profissionais?". Jesus!

É nessa hora que você percebe que a vida a está levando e que está faltando planejamento e organização na sua empresa. De fato, temos a percepção de que o tempo está passando mais rápido. Isso se dá porque vivemos na era da informação e, muitas vezes, perdemo-nos em meio ao volume de informações que nossa mente não consegue processar.

Estudos recentes mostram que a falta de produtividade, motivação e a dificuldade de avanços nos negócios podem ser resultados da sobrecarga de informação e da sobrecarga de decisões a serem tomadas a todo momento. Está comprovado que o cérebro não relativiza a importância das decisões de maneira automática (para ele, escolher a cor de uma caneta para escrever um bilhete é uma decisão tão importante quanto a de um alto investimento para a ampliação da empresa). O fato é que esse excesso de informação e de decisões demanda grande energia cerebral e acaba gerando uma fadiga neuronal.

Pessoas obrigadas a tomar muitas decisões em seu dia a dia demonstram piora do controle de impulsos e o decréscimo do bom senso, como se nosso cérebro fosse um grande HD que tivesse um limite para esse processo de tomada de decisão, quando passa desse limite o cérebro começa a entrar em "pane". Os últimos 20 anos foram de muitos avanços nos estudos da neurociência e da psicologia cognitivo-comportamental. As conclusões mais recentes dão conta de que energia e atenção são recursos escassos para o cérebro, e é por este motivo que muitas vezes nos sentimos estafados, com a cabeça cheia e sem energia nem para escolher o que comer após um dia inteiro de trabalho.

A coisa se complica porque o cérebro também tem um sistema de monitoramento que tem como objetivo principal economizar energia, visto ser este um recurso escasso. Ele trabalha para que sejamos capazes de ignorar aquilo que não é prioridade, e as prioridades para a mente são definidas de acordo com as metas e os objetivos traçados anteriormente. E, se você não tem metas e objetivos traçados de maneira clara e objetiva, a coisa fica complicada; seu cérebro vai guiá-la para os lugares (físicos, emocionais e comportamentais) mais tranquilos e confortáveis para que você fique alegre e satisfeita, poupando sua energia física e mental. Para quem não sabe para onde quer ir, qualquer lugar está bom...

Vida é movimento! Sua saúde depende de movimento e é assim nos negócios também! De uma forma geral, os empresários e empreendedores têm dificuldades de aceitar que os resultados positivos e os resultados negativos de seu negócio são de responsabilidade deles e de ninguém mais. Se os resultados são positivos, o mérito é seu e é importante você comemorar isso! Agora, se os resultados são negativos, a responsabilidade é sua! Na maioria das vezes, o resultado positivo que não veio está justamente nas ações que você se recusa a tomar ou nas mudanças que você sabe que são necessárias, mas que insiste em não iniciar. Costumo dizer que aceitar isso de peito aberto é o início de um grande processo de mudança, a gente só muda quando consegue aceitar e racionalizar que algo não está fluindo bem e que é preciso fazer algum movimento para melhorar. Em outras palavras, as mudanças acontecem quando você aceita que possui dores que precisam ser curadas. Na linguagem das ciências comportamentais, esse momento é chamado de dissonância cognitiva – momento de profundo desconforto psicológico carregado de angústia e ansiedade que ocorre quando o indivíduo percebe uma incoerência entre suas ações/seus comportamentos, seus valores/suas crenças e seus objetivos/seus desejos para a vida. Essa dissonância cognitiva é um "racionalizar" do problema. Geralmente isso acontece quando nos deparamos com a realidade do nosso negócio... Vejo muito isso quando pergunto sobre o valor da hora trabalhada... E você, sabe quanto ganha por hora e sabe qual dos trabalhos/processos que realiza gera um valor de hora maior? Faça as contas hoje, mesmo que de maneira simples, some todo seu rendimento e divida por todas as horas trabalhadas, depois me conte se esse valor a faz feliz e se você se sente bem remunerado pelo trabalho realizado.

A angústia e o estado de ansiedade gerados pela dissonância cognitiva são um impulso para o movimento de mudança, porém muitas pessoas não entendem que esse racionalizar do problema é o início de um grande processo de reconstrução e acabam se perdendo e entrando, mais uma vez, no estado de estagnação. O mundo muda quando você muda. O mundo muda quando você se coloca em ação e se projeta para ele... Volto a lhe perguntar, qual foi a última vez que você fez algo pela primeira vez? Qual foi a última vez que você se permitiu mudar alguns padrões de ação e de pensamento? Mas vamos "apimentar" um pouco mais nossa conversa? Outra questão que aumenta a dificuldade de ação e que precisa ser tratada é o desequilíbrio entre competência e autoconfiança, que gera dois efeitos relatados e estudados pela psicologia: efeito Dunning-Kruger e síndrome do impostor. O efeito Dunning-Kruger é um viés cognitivo segundo o qual as pessoas que possuem pouco conhecimento sobre um assunto acreditam que sabem mais do que aqueles que possuem anos e anos de estudo, e que estão mais bem preparados para falar sobre aquele tema. Por conta dessa autoconfiança muito superior à própria competência, essas pessoas acabam tomando decisões equivocadas e chegando a resultados ruins tanto na vida pessoal quanto na vida profissional. Nesse efeito, é a incompetência que impede o indivíduo de reconhecer os próprios erros; sofre-se da chamada superioridade ilusória. Por outro lado, na síndrome do impostor, pessoas que são muito competentes e que possuem baixo nível de autoconfiança sofrem de inferioridade ilusória, chegando a reconhecer ou tratar como autoridade pessoas bem menos competentes do que elas. As pessoas que sofrem com a síndrome do impostor geralmente se escondem e evitam grandes movimentos de mudança por se sentirem impostores diante da incompetência confiante de pessoas cheias de autoconfiança e vazias de conteúdo. Quem sofre com a síndrome do impostor geralmente fica paralisado e estagnado na vida e nos negócios. A síndrome do impostor, além de aumentar a ansiedade e a angústia, também impede as pessoas de fazerem coisas novas e, consequentemente, de obterem resultados positivos, visto que resultados diferentes são frutos de ações diferentes.

As vozes que "habitam nossa mente" ou nossas conversas internas também possuem grande responsabilidade nesse processo de estagnação dos negócios. É normal conversar consigo mesma, todo mundo faz isso, e essa é uma parte importante do desenvolvimento do autocontrole. A questão é que, em alguns casos, o indivíduo acaba sendo o maior "julgador" dele mesmo e isso tem um impacto direto nos resultados e no crescimento de empresas. O repensar das nossas atitudes, a busca da melhoria contínua e o reavaliar das ações são essenciais para que a evolução seja uma constante. O problema é quando esse "olhar para dentro" não tem medida. As ciências que estudam os comportamentos chamam de ruminação o ato da rememoração compulsiva de acontecimentos passados ou de preocupação com a imaginação angustiada de eventos que ainda nem aconteceram. O ponto importante para essa nossa discussão é que nossa mente produz um "falatório" quase incessante, muitas vezes desconexo e que produz discursos inteiros e extensos em que o foco somos nós mesmos (sempre nos colocando como personagem principal e no papel de vítima). Esse falatório mental pode nos guiar para o bem ou para o mal. Ele nos guiará para o mal quando: os pensamentos ansiosos e repetitivos (ruminação) se transformam num sabotador; impedem-nos de realizar as tarefas necessárias para que os objetivos do negócio sejam alcançados; transformam-se em fonte de alimentação do estresse (quando operando no estado de ruminação) e quando impactam diretamente os valores cobrados pelos serviços prestados, visto que tem efeito direto na baixa autoestima e no aumento da insegurança. E nos guiará para o bem quando: permite-nos entender que essa atividade de "conversa interna" serve para reavaliar os pontos que podem ser melhorados (se a conduta fosse diferente); mantém-nos no presente, sem ruminar o que não deu certo e sem nos ocupar com o que poderá acontecer no futuro, apenas nos capacitar para agir melhor aqui e agora. Ok, mas em meio a tantas problemáticas geradas por nós mesmos e por nossas mentes, temos de dizer que existem caminhos que podem ser seguidos e comportamentos que podem ser condicionados para que você evolua de maneira saudável nos negócios.

As ciências que estudam o comportamento humano (neurociência e psicologia cognitivo-comportamental) observaram que existe um grupo de pessoas que eles denominaram PABS (pessoas altamente bem-sucedidas) que são pontos fora da curva em suas áreas de atuação e atingem resultados que 80% das demais pessoas não chegam nem perto de alcançar. O ponto mais interessante desses estudos é que eles mostram que a "chave do sucesso" dos PABS é a organização, o não consumo desmedido de informação e o foco (os PABS colocam seu foco de atenção no que realmente importa para suas vidas e negócios). Outro ponto importante é que a neurociência comprova por meio de estudos que todos nós podemos desenvolver os comportamentos que os PABS possuem e que vão transformar nossas vidas.

Seis principais características comportamentais dos PABS que você pode desenvolver:

1. Metas e prazos: trabalham metas e prazos para curto, médio e longo prazo sempre com foco na vida pessoal e profissional.
2. Autorresponsabilidade: entendem que são responsáveis por todo e qualquer resultado na vida pessoal e profissional, não gastam energia cerebral com justificativas, focam nas ações e fazem o que precisa ser feito.
3. Organização: organizam o dia a dia em todos os ambientes que habitam para que o cérebro poupe energia com as coisas triviais. Colocam cada coisa em seu lugar, desde os objetos da casa até os papéis do escritório.
4. Capacidade de delegar: entendem que delegar as atividades que podem ser delegadas libera "espaço" para que elas possam evoluir no que, de fato, precisam dar foco. Buscam otimizar seu tempo para que consigam crescer e atingir os objetivos. Além disso, não consomem informações que não são importantes para seu desenvolvimento.
5. Relação com erros e fracassos: entendem que erros fazem parte do processo de aprendizado e que o fracasso é apenas o *feedback* negativo de algo que não deu certo.
6. Reconhecem o que não sabem: entendem que não precisam saber tudo; aliás, reconhecem que não sabem tudo. Os PABS delegam, buscam ajuda, possuem mentores e profissionais que os acompanham, orientam

suas ações e lhes mostram seus pontos fortes e seus pontos cegos. Tratam seus pontos fracos com naturalidade, porém aceitam desenvolvê-los para que possam estar sempre em crescimento.

Desejo que você se permita entrar em movimento e que tenha coragem de desenvolver os novos comportamentos que vão transformar sua vida pessoal e profissional.

Vida é movimento!

Referências

GRANT, A. *Pense de novo*. Rio de Janeiro: Sextante, 2021.

KROSS, E. *A voz na sua cabeça*. Rio de Janeiro: Editora Sextante, 2021.

LEVITIN, D. J. *A mente organizada*. Rio de Janeiro: Objetiva, 2021.

76

CHAMADA

Chegou o momento de as mulheres tomarem posse de todos os seus direitos, inclusive ao prazer. Neste capítulo, eu as convido para desconstruir tudo aquilo que não serve mais e reconstruir um caminho de liberdade, amor-próprio e gentileza ao corpo feminino.

PAULA EMANUELA

Paula Emanuela

Contatos
www.terapiaglobal.com.br
Facebook: Terapia Global
Instagram: @terapiaglobal / @paulaorgastica69 / @vivendooegasticamente
65 99943 4303 / 65 3028 7801 / 65 98117 8384

Sacerdotisa e terapeuta tântrica. Educadora sexual, palestrante e condutora de Rodas Terapêuticas. Treinadora comportamental. Pós-graduada em Psicologia Sexual. Psicoterapeuta tântrica e prânica. Pós-graduada em Sexologia. *Coach* de relacionamento e sexualidade. Facilitadora em Meditação Ativa. Operadora do oráculo dos guardiões. Terapeuta *Thetahealing*. Estudiosa do Xamanismo e facilitadora de Círculo de Estudos e Práticas Ancestrais do Xamanismo O Despertar da Serpente. Praticante de Reiki Usui, fitoterápico, xamânico e Kundalini, e Reiki de limpeza de entidade negativa. Mestra na Técnica de Cone Hindu. Operadora de Mesa Quântica Estelar. Especialista em banhos energéticos. Instrutora de confecção de incensos naturais e xamânicos. Guardiã do Sagrado Feminino, acolhedora da Tenda vermelha. Terapeuta menstrual. Instrutora de yoni egg e vaporização do útero. Doadora de Deesksha. Consteladora. Terapeuta em Naturopatias. Esteticista. Bacharel em Direito com pós-graduação em Direito Administrativo.

O poder da mulher orgástica

Olá, querido(a) ser orgástico(a) de luz. Eu me chamo Paula Emanuela. Sou psicoterapeuta e sacerdotiza tântrica, e venho aqui trazer um pouquinho do olhar orgástico feminino e te convidar para um despertar do seu poder sexual, que é único e exclusivamente seu.

A sexualidade feminina foi castrada há milhares de anos. Junto com a liberdade, se perdeu a conexão com os corpos e a natureza divina sexual. Não vou me aprofundar em todas as prisões que o patriarcado colocou o feminino, mas sim nas consequências de tudo isso até hoje; e cabe a você, a mim, a nós mudar esse conceito e tomar de volta toda a nossa sabedoria ancestral, com amor e muita paciência; afinal, a castração e a repressão não são nossas, só estão em nós. Eu sei que você pode estar pensando: "Mas Paula, não sei como fazer isso. Você não sabe tudo o que eu passei". Calma, eu não sei, mas passei por muitas situações difíceis e consegui superar com muito amor e gratidão; afinal, eu não nasci numa manjedoura orgástica. Esse caminho eu mesma criei e estou aqui para te auxiliar a construir seu caminho orgasticamente.

Minha história

Vou te contar resumidamente a minha história. Minha mãe, no auge dos seus 15 anos, engravidou solteira (até hoje não sei quem é meu pai). O ano era 1985, então imagine a pressão e o preconceito dessa época. Meu avô ficou furioso e excluiu-a como filha, não conversando mais com ela. Minha mãe, no desespero, tomou Baygon® (veneno de mosquito) para morrer. Foi nessa energia que eu nasci. Quando eu tinha dois anos, minha mãe se casou e eu com quatro anos tive meu primeiro irmão. Foi ali que meu maior pesadelo aconteceu, o companheiro da minha mãe começou a abusar sexualmente de mim no puerpério de minha mãe; e pior: ela estava dentro do quarto, na cama, e eu no colchão no chão com ele quando tudo começou. Com leves toques que foram se transformando em toques mais profundos e foram pouco a pouco destruindo minha inocência. Vale mencionar que eu confiava (minha mãe também) e amava aquele homem como pai, e ficava muito tempo sozinha com ele, já que minha mãe tinha importantes cargos na igreja evangélica repressora, da qual os dois participavam fielmente.

E foi com dez anos, em uma aula de educação sexual, que descobri que era abusada. Paralisei-me e caí no choro. Levaram-me para a diretoria – eu aos prantos – e entregaram uma carta para minha mãe, que dizia assim: "Senhora mãe, favor comparecer à escola na segunda (esse dia foi numa sexta), assunto urgente da sua filha".

Quando li a carta feita à mão, fiquei morrendo de medo de apanhar, pois parecia que eu tinha feito algo errado e eu não tinha medo da mãe, eu tinha pavor. Ela era violenta e as únicas coisas que fazia por mim era gritar e me espancar. A criança que vive em um lar violento é um prato cheio para o abusador. Com a carta em mãos, apavorada e com choro engolido, mostrei para minha melhor amiga e ela me disse assim: "Olha, a minha mãe sempre fala para contar tudo para ela, então não mostre a carta. Conte tudo o que aconteceu para sua mãe e ela vai cuidar de você". Peguei essas palavras e imediatamente fui ao encontro da minha mãe, que morava no fundo da casa dos meus avós. Ela estava fazendo minha irmã dormir. Lembro-me do medo que me deu, mas com muita coragem eu fui e a chamei; disse tudo para ela resumidamente, primeiro houve um silêncio e ela saiu do quarto com um olhar de espanto que logo se tornou investigativo. Fez algumas perguntas, era visível que ficou desnorteada (ninguém está preparado para viver isso) e me disse que iria conversar com ele no outro dia, pois ele já tinha ido para o trabalho. Naquela noite eu não dormi. Parecia que eu sabia o que ia acontecer, só não imaginava que ia ser tão cruel. No outro dia quando ele chegou, eu ouvia os gritos – coisa comum na relação tóxica deles. Ela me chamou na sala e falou as palavras mais devastadoras da minha vida, que o abusador tinha contado que eu com quatro anos o seduzi e que o próprio diabo me usava para abusar dele nos últimos seis anos, ainda enfatizou que eu era o maior erro da vida dela, que não deveria ter nascido, que tentou me matar e que no fundo sabia que eu ia ser uma prostituta, puta e vagabunda e que a partir daquele momento eu não era mais filha dela. Para completar a crueldade, fez-me jurar sob a pena de ser presa e expulsa da família (principalmente que Deus não ia me amar) se eu contasse para alguém; e, claro, me deu uma surra extremamente violenta com fio de eletricidade desencapado para eu lembrar as coisas feias que fiz na vida dela. Mesmo destruída e sendo violentada e açoitada, não pude chorar para não acordar o abusador.

Fiquei devastada. Minha avó curava as feridas das surras indignada, e sempre perguntava o que eu tinha feito na escola merecer tal castigo. Essa era a desculpa que minha mãe dava e dizia que estava tão chateada comigo, que iria se mudar dali. Na verdade, achei um alívio, pois eu não amava minha mãe como mãe. Sentia amor nitidamente por minha avó, que cuidava de mim com muito carinho. Eu via minha mãe como a irmã brava e chata da igreja.

Segui minha vida triste. Chorava sozinha. Pouco tempo depois, menstruei e veio todo aquele papo ridículo de que agora eu era uma mocinha e tinha de me comportar. Alguns meses após minha mãe se mudar, em uma discussão com o marido, ela deu um tiro no peito e se suicidou.

No velório, eu escutava as pessoas dizerem que isso aconteceu porque ela se mudou de lá, e eu me sentia culpada por esse fato. Na verdade, senti-me culpada por 21 anos pelo abuso e pela morte da minha mãe. Carregava todo esse fardo sozinha e sempre me sentindo uma pessoa horrível.

Conto tudo isso para explicar a importância de ressignificar todas as tragédias que eventualmente aconteçam em relação à sexualidade. Depois de 21 anos guardando esse segredo torturante, comecei a me tratar com terapias alternativas e me lembrei de outros seis homens que abusaram de mim sexualmente: tios, primos, vizinhos e amigos de extrema confiança da família, dos meus 4 aos 11 anos. Foram sete homens que roubaram e destruíram a inocência da minha criança. Hoje, como adulta, eu cuido dela, dou amor, segurança e com a minha história ajudo a acolher outras crianças feridas nesse mundo cheio de abusos, pela falta de orientação sexual. Agora você já sabe que não foi fácil para mim, mas eu consegui. Não vou dizer que não sinto. É como uma cicatriz que eu olho e às vezes vem a tristeza. Choro, mas eu já sei que passou e não é mais uma ferida aberta. Eu não sei o que aconteceu com você ou como você se sentiu com o que aconteceu, mas você pode mudar a sua história, porque você merece ser feliz e viver uma vida repleta de amor e prazer.

História da sexualidade

Bom, agora que você já sabe resumidamente a minha história, vamos voltar ao contexto histórico e social. Há séculos as mulheres são castradas sexualmente, privaram-nos das informações básicas dos nossos corpos, enquanto os homens desde pequenos têm livre acesso a informações, mesmo sendo por meio da pornografia. Eles sabem sobre sexo, inclusive podendo praticá-lo em alguns estabelecimentos, já as mulheres são conduzidas a assuntos sociais, triviais e podadas de informações importantes sobre nosso prazer, nossos desejos e nossa conexão com o corpo. São séculos de regência patriarcal e glória ao falocentrismo. Para você ter ideia, somente no século XX o prazer feminino começou a ser estudado para fins de doença, sobre natalidade e histeria. Então, temos de ter paciência com esse processo, entender nosso passado, honrar as mulheres que vieram antes e tudo o que elas tiveram de passar para você estar aqui hoje tendo essa informação.

Convido você a pensar um pouquinho sobre suas gerações passadas: sua mãe, suas avós e suas tias. Como eram as conversas femininas e sobre sexualidade? E quais informações eram passadas ou direcionadas como bons costumes sociais e familiares? Perceba quantos desses padrões estão em você, mesmo de maneira inconsciente, às vezes de modo sútil. Sabe uma roupa ou uma cor que você acha bonita, mas não consegue usar? Ou até mesmo ir a certos lugares que você tem vontade, mas tem algo dentro de você que te impede, que te diz não, aí você paralisa ou julga e crítica quem usa, vai ou faz? Tudo isso não é seu, só está com você. São heranças genéticas de muita dor e crueldade com as mulheres que vieram antes. Dê uma respirada profunda e libere tudo isso. São outros tempos e nós podemos fazer diferente, mas trazendo no coração a gratidão por todas que vieram antes, principalmente reconhecendo todo o esforço que elas fizeram para nos libertar desses padrões que não nos cabem mais. A linha tênue que separa o sagrado do profano tem dominado o universo feminino e devastado o empoderamento sexual das mulheres.

O empoderamento

Chegou o momento de tomar posse do seu direito divino de gozar a vida, desconstruir o que não é seu, mas está com você, devolver o que é dos outros e se conectar com a energia do prazer. Afinal, para que toda essa liberdade sexual se você não usufrui dela?

Hoje temos informações, recursos e ferramentas orgásticas que nos auxiliam nessa jornada de prazer, então vamos começar.

Primeiro: comece a se ver de verdade, sem parâmetros ridículos da moda e da sociedade hipócrita que escravizou o prazer feminino por séculos. Lembre-se: você é livre, é única e irrepetível; é um presente para essa existência. Honre sua imagem e sua existência. Chega de só ver defeitos. Acolha e ame seu corpo, as marcas e as cicatrizes, cada parte sua, a luz e as sombras.

Segundo: pare de terceirizar a responsabilidade pelo seu prazer. É sua, e somente sua a responsabilidade de ir em busca do seu prazer máximo. É claro que o(a) parceiro(a) pode ajudar, sim; porém, é uma ajuda. Como é que ele(a) vai te levar a um lugar a que você nunca foi (poucos conseguem). Se você tem dificuldade – seja por tabu, vergonha ou criação, está na hora de você SE TOCAR. Isso mesmo: estou me referindo à masturbação (autoamor).

Todos os dias em meus atendimentos terapêuticos vejo casais, e principalmente as mulheres, reclamando da ausência de orgasmos na relação sexual, e sempre a mesma acusação: ELE(A) não me dá prazer. Como ele vai te dar algo que é seu? E se nem você que mora no seu corpo se conhece, imagine outra pessoa. É como pedir para ir a algum lugar sem dar o endereço. A pessoa pode até chegar, mas vai demorar; e nessa demora pode se cansar e perder o entusiasmo do momento.

Este capítulo é para uma chamada de consciência. Será que você se conhece mesmo? Cada pedacinho do seu corpo? Hoje te convido a pensar com sinceridade o quanto você é responsável pelo seu prazer. E como anda a qualidade dos seus orgasmos. Se você tiver, claro, porque cerca de 60% das mulheres nunca chegaram ao orgasmo; e as poucas que chegam é por estímulo clitoriano; afinal, todo orgasmo é clitoriano, esse ser divino foi feito exclusivamente para te dar prazer. Ele não envelhece e são cerca de oito mil terminações nervosas de conexão orgástica.

Terceiro: procure um terapeuta que trabalha na área da sexualidade. Um terapeuta tântrico vai te auxiliar com maestria nesse caminho orgástico. Depois de mais de oito mil atendimentos, eu passei a experimentar o quanto trabalhar o corpo é importante; não é que as terapias tradicionais não funcionem, elas demoram, porque tudo o que é armazenado no corpo só é liberado no corpo. Por isso, muitas vezes, durante o ato sexual, vêm memórias de dores, desconforto e abusos; é o corpo dando sinal, e infelizmente as práticas corporais se resumem a sexo. O tantra (não estou falando somente da massagem) transforma porque ele acessa, acolhe e libera o corpo de uma forma amorosa e gentil; e isso é encantador.

Se o tantra fosse um livro de três mil páginas, a massagem tântrica seria apenas uma página deste livro orgástico repleto de possibilidades que te convida para a consciência, liberando os corpos (físico, mental, emocional e energético) com massagens, psicoterapia tântrica, meditações, consciência e muito amor. Existem muitos profissionais maravilhosos dessa área. Procure com atenção; é seu corpo o seu espaço sagrado.

Dentro de tudo o que já vivi, sinto que a diferença entre o sagrado e o profano é seu olhar; e no meu olhar tudo é Sagrado!

Finalizo dizendo que viver orgasticamente é um processo que todos nós devemos buscar, então não aceite viver com menos. Tome posse do seu prazer, é seu direito de nascença ser multiorgástico(a); e o mais importante não é o que fizeram com você e sim o que você faz com o que fizeram com você.

Eu te convido a viver orgasticamente!

Ah, que orgástico!

77

OUSANDO SONHAR

A vida é uma caixinha de surpresas. Você pode se deixar amedrontar e se esconder ou pode encarar e transformar seus piores momentos em grandes oportunidades. Não que seja fácil ou que tenha uma fórmula mágica. Mas as opções são desistir ou seguir: o que você escolhe e como escolhe é a única coisa que você controla.

**POLLYANNA MICRONI
QUITES PELLEGRINELLI**

Pollyanna Microni Quites Pellegrinelli

Contatos
www.ocadernodecapaamarela.page |
pollyquites@me.com
Instagram: @pollyquitesp
@bemvindaaoobvio
@quitespellegrinelliadv
35 98869 6280

Sou advogada desde 2010 e trabalhava com direito do trabalho e previdenciário desde então. Em 2022, comecei a estudar os direitos da mulher e decidi advogar apenas para mulheres. Isso acabou me levando a fazer palestras sobre o tema, o que se mostrou um verdadeiro chamado: falar de direitos para mulheres. Em razão disso, decidi estudar mais e comecei um mestrado em Direito na Fundação Iberoamericana. Atualmente, além do trabalho como advogada em meu escritório, desenvolvo trabalho voluntário como presidente da Comissão da Mulher Advogada de Poços de Caldas e tenho dado palestras sobre direito da mulher. Concomitantemente, estou escrevendo um romance em três volumes sobre minha história de vida incomum e minha redescoberta de mim mesma. Antes disso tudo, fui diretora da Caixa de Assistência dos Advogados de Minas Gerais, presidente do Conselho Estadual Jovem e vice-presidente da OAB Jovem Minas Gerais.

Nossos olhos se cruzaram, eu não saberia dizer o que senti naquele momento. Meu coração se acelerou e meu corpo pegou fogo na hora. Senti como se ele tirasse minha roupa inteira com os olhos, pisquei e aquele sorriso indecente estava na cara dele, um olhar superior, de quem sabia o que estava fazendo comigo e gostava.

Meu rosto ferveu, senti ódio, uma vontade de estralar minha mão na cara dele. Mas só sorri, enquanto encarava a mão da minha amiga entrelaçada na dele... Foi assim que conheci o amor da minha vida. Ele estava "ficando" com uma grande amiga e, acreditem, ele não era essa pessoa horrível, não... e eu viria a saber disso brevemente... mas o que nós soubemos logo que nossos olhos se cruzaram pela primeira vez foi que não tinha como duvidar daquele incêndio que dominava nossos corpos, não tinha como duvidar das pernas bambas e das borboletas no estômago. Eles terminaram dias depois desse nosso fatídico encontro, e meses se passaram até que finalmente nos beijamos.

É difícil descrever o que senti quando os lábios dele tocaram os meus. Era como se eu nascesse de novo, como se minha alma finalmente despertasse, como se todos os meus sentidos fossem ligados naquele instante.

No meu livro, foi assim que descrevi esse momento:

> Depois de muita conversa, em uma das curvas da pista de *cooper* ele me virou para si, segurou minha cintura com uma das mãos, colocou a outra na minha nuca, embaixo dos meus cabelos e foi aproximando seu rosto do meu. Meu coração estava tão acelerado que eu sentia que meu peito iria explodir, cada centímetro do meu corpo estava ali, presente, vivo. A boca dele tinha cheiro e gosto de canela e pousou sobre a minha com muita suavidade. Parecia que ele não queria me assustar.
> Ficou ali, alguns segundos, como se pedindo permissão para continuar e, vendo que eu não me afastava, segurou meu lábio inferior com os seus, bem suavemente, sugou com doçura e cuidado, depois fez a mesma coisa com meu lábio superior, e voltou pro meu lábio inferior e quando me percebeu mole em seus braços e com a boca

entreaberta, me beijou com paixão e desejo. Preencheu toda a minha boca e a minha alma, me roubou para si para sempre. Me apertou em seus braços e eu jamais iria querer sair dali. Foi o melhor beijo de toda minha vida. Que se repetia sempre que eu pedia: — Me beija de verdade.
(Livro I – Ele)

Quando nos conhecemos, eu tinha 15 anos e ele, 18. Entre idas e vindas, brigas e reconciliações tivemos quase 22 anos de uma história intensa, de muitas lágrimas e incontáveis sorrisos, além da jura – honradamente cumprida – de sempre "estarmos" um para o outro. Foi nos braços dele que eu conheci o amor mais intenso e foi por ele que chorei as lágrimas mais duras de toda minha vida. Mesmo quando separados – por mais de nove anos – nos falávamos toda semana. Ele me ligava e a frase era sempre a mesma:

— Eu só quero saber como você está.

Eu nunca sabia exatamente como responder porque meu coração gritava e pulava só de ouvir a voz dele, a vontade era sempre de responder "estou sem você, como posso estar bem?". Mas ao invés disso, falávamos um pouco da vida, dos problemas e dos sonhos. Por alguns minutos ele era meu e eu era dele. Era tudo o que tínhamos e saboreávamos cada um desses momentos, a gente se consolava, ria junto, vibrava as conquistas um do outro numa genuína alegria, aceitando de bom grado o que podíamos ter.

Ele foi o meu amor *da vida*, mas não meu amor *para a vida* – pelo menos não para toda ela. Esse conceito eu aprendi nas redes sociais: um amor que, embora seja o amor da sua vida – que te consome, que te faz pulsar – pode não ser o amor para sua vida, ou pelo menos não para ela toda, não sendo o amor que vai efetivamente dividir a vida com você. Ele foi aquela história bonita, intensa e curta, que a gente conta para as amigas e todas dizem "Own!". Ele foi aquela pessoa que quando está do seu lado te faz brilhar mais e que todos olham e dizem: "Vocês foram feitos um para o outro", porque cada pequeno momento que estávamos perto era tão ardente e cheio de vontade que ninguém, nem nós dois, conseguíamos entender por que não ficávamos definitivamente juntos – é o que estou tentando decifrar no meu romance (que além de estar me ajudando com o processo do luto, está me ajudando a entender tudo o que vivemos).

Certa feita, em uma madrugada de sábado, ele me ligou. Meu telefone estava no bolso do meu noivo da época – porque eu tive dois noivados acabados por ele – que viu o nome e atendeu. Foi aquela situação desagradável, os dois bateram boca no telefone, até que eu consegui pegar o aparelho e ele fez o comentário:

— Eu só quero saber se você está bem...

Eu desliguei o aparelho, pois não sabia nem o que pensar. Meu coração batia acelerado, eu sabia que ele não estava bem, só de ouvir sua voz; e tudo em mim gritava que eu precisava "estar" para ele – era nossa promessa. Mas eu não tinha como estar para ele naquele momento. Eu tinha uma vida, ele estava casado com uma filha bebê. Ele tinha seguido e eu precisava seguir também.

No dia seguinte, um domingo, ele me ligou à tarde, pedindo desculpas e contando que havia se separado.

— Meu casamento acabou – disse chorando. — Ela levou a minha filha, eu não consigo dormir sem ela.

O desespero na voz dele destruiu minha alma e tudo que eu queria naquele momento era pegá-lo no colo e dizer o quanto eu o amava...

— Não consigo dormir sem ela – repetia — eu preciso de você, eu preciso te ver. Deixa eu ir te ver. Não posso te oferecer nada, mas eu preciso te ver.

Olhando para trás eu me arrependo tanto de não ter dito simplesmente: VEM. Mas na hora ele me ofendeu muito com aquela oferta, porque ele sabia o quanto eu o amava e ainda assim tinha coragem de me ligar pedindo para me ver sem me oferecer nada? Eu não podia ser um encontro casual, não para ele. Eu jamais conseguiria.

— Eu tô noiva. Tô tentando ser feliz, me deixa ser feliz. Você sempre aparece e estraga tudo na minha vida. Apaga meu número. Me esquece. E se posso te dar um conselho, tenta salvar seu casamento, você tem uma filha bebê. Tenta mais uma vez – respondi com voz embargada.

Desliguei. Eu estava destruída. Era nosso fim, eu tinha certeza. Chorei e apaguei o número dele.

Não nos falamos mais. Por meses não tive notícias dele, sem ligações semanais, sem trocas, sem nossos poucos momentos. Às vezes eu me arrependia da minha decisão, mas eu sabia que não poderia seguir minha vida presa neste passado. Eu precisava seguir. E assim eu fiz, me entreguei de corpo e alma ao relacionamento que eu tinha, na esperança fúnebre de que em algum momento a semente do amor se tornaria uma imensa e frondosa árvore.

Mas não eram bem esses os planos de Deus, da vida ou do destino. Anos mais tarde, nos reencontramos, na cidade onde tudo começou; com uma troca de olhares ele fez todo o meu corpo vibrar e tremer. A chama que eu imaginava estar apagada se reacendeu como um vulcão que entra em erupção. Nem meu corpo nem minha mente entendiam por que nós dois não estávamos juntos e finalmente resolvemos corrigir isso: nos casamos.

Foram oito anos de uma alegria intensa e um amor absurdo. Fui ao céu milhares de vezes. A cada dia nos conhecíamos mais e nossa intimidade crescia. Era amor, paixão, amizade e companheirismo. Eu amava a voz, o cheiro, o gosto, as mãos, tudo dele. Eu me sentia completa, plena, realizada. Estávamos juntos no paraíso. Tínhamos o mundo todo para nós – e sabíamos disso. Vivenciávamos isso com nossa alma, como tudo entre nós: intenso e ardente.

Nossas risadas, nossas conversas, nossas caminhadas... tudo junto era melhor e juntos éramos mais fortes. Conquistamos tanto! Ousamos sonhar, ousamos trilhar caminhos que nem imaginávamos que poderíamos; e cada conquista, ainda que individual, era nossa.

Tivemos brigas, desencontros e reencontros, tivemos muito aprendizado e uma luta imensa para estar juntos. Escolhemos ficar juntos – todos os dias, mesmo nos piores dias, principalmente nos dias mais escuros. Porque amar é fácil, mas construir um relacionamento não é. Exige investimento diário, cuidado e atenção. Como uma delicada plantinha que precisa da quantidade certa de água, adubo e sol. E nós dois tínhamos alcançado isso, tínhamos descoberto a nossa receita: a quantidade ideal de água, adubo e sol que fazia nosso relacionamento florescer e crescer.

Mas numa linda manhã de verão, num daqueles belos domingos, um dia em que tudo me dizia que ele não deveria sair dali do meu cantinho, num dia que meu coração gritava implorando para que ele ficasse, ele se foi. Isso é algo que eu nunca vou entender, e, apesar de trágico, sempre vou agradecer: olhando para trás, hoje parece que tudo estava escrito e que Deus, a vida ou o destino, nos deu a bênção de nos despedirmos, mesmo sem saber. Isso ficou marcado em mim, quando lembro do beijo, do abraço, tudo estava diferente naquela manhã. Eu sentia como se precisasse olhar para ele, mais e mais. Eu sentia que precisava segurá-lo firme em meus braços e ele me abraçou com uma ternura, com um amor que me tocava a alma.

Eu me senti tão amada naquela manhã e ao mesmo tempo eu sentia uma necessidade tão grande de dizer que o amava. Eu precisava que ele soubesse, como se algo dentro de mim gritasse que não teria outra oportunidade de dizer. Quando ele já saía pelo quintal, gritei novamente:

— Anjo, te amo.

Ele me olhou, sorriu e respondeu:

— Eu também te amo.

Tudo isso acabou em uma curva. Um acidente bobo e... silêncio. Um silêncio ensurdecedor. Meu mundo desabou em estilhaços que me cortaram – e ainda cortam – milhares de vezes. A respiração falha até hoje, ainda sinto essa pressão no peito que me faz acreditar que não vou nunca mais respirar levemente.

Quanta dor. Uma dor selvagem, brutal, que lateja em cada poro, uma dor que sangra, que pulsa. Uma dor que cega, que deixa muda, surda – uma dor viva. Como um animal ferido e assustado, eu me vi ao lado do corpo frio e sem vida dele. Por toda a madrugada fiquei sentada ao seu lado esperando ver um milagre acontecer – e como eu pedi que Deus me concedesse um milagre!

Houve momentos que minha alma parecia sair de mim. Eu sentia que não teria forças para continuar – olhava para a frente e só via escuridão.

Minha filha segurava minha mão com força e seu olhar assustado me trazia de volta. Eu a segurava firme como se fosse minha âncora para esse mundo – a força motriz que me fazia continuar respirando.

Eu tinha uma vida e inúmeros sonhos. A gente tinha tanto ainda por construir, nossas meninas iriam se formar e nos mudaríamos para a praia... Eu tentava pensar em alguma coisa que fosse minha no meio daquilo tudo, mas tudo era nós. Não existia eu e era perfeito desse jeito. Mas esse jeito não existia mais. Eu tinha perdido o amor da minha vida e junto com ele a minha vida. Tudo que eu conhecia, sonhava e planejava.

Um mundo inteiro de aspirações e expectativas tinha ido embora com ele. Uma parte de mim tinha morrido com ele. Eram três lutos: o dele, o meu e o da nossa vida. E eu não tinha força para nenhum deles. Mas foi no meio dessa dor imensa que a fé dele em mim se fez presente e transformou minha vida.

Com o passar dos dias, procurando me reencontrar, me manter firme nem que fosse pela Duda, fui me descobrindo nas palavras dele, me enxergando pelos olhos dele, lembrando de cada palavra de incentivo e força que ele havia me dito, lembrando de como ele acreditava em mim e no meu potencial. Fui tentando me ver com os olhos dele e através dele me salvar da escuridão.

Ele dizia que eu deveria advogar para mulheres, já que era tão feminista e gostava tanto do assunto. Que eu falava muito bem, então deveria dar palestra, falar na internet e levar conhecimento para quem mais precisasse. Que eu deveria escrever um livro porque sempre tinha sonhado com isso e devia apostar nos meus sonhos.

Eram todos sonhos meus, mas eu não acreditava neles, nunca tinha apostado neles. Só que naquele momento era tudo o que me restava, tudo o que eu tinha: um mapa da fé que ele tinha no meu potencial para tentar seguir.

E foi assim que esse novo capítulo da minha vida começou. Tornei-me advogada da mulher, comecei a dar palestras sobre os direitos das mulheres e escrevi meu primeiro livro, que brevemente será lançado (acompanhe no blog www.ocadernodecapaamarela.page meus passos nessa jornada).

E descobri que a vida é isso: uma sucessão de eventos sobre os quais não temos controle algum; alguns maravilhosos, outros terríveis. Tristezas e alegrias. E o que realmente define a vida é a forma como você encara esses acontecimentos.

Não é sobre o que a vida faz de você. Mas o que você faz da vida. Não que o sofrimento seja opcional. Não é. Mas você precisa seguir apesar do sofrimento, apesar da dor. E está tudo bem ter dias ruins, dias em que você só quer se esconder embaixo das cobertas, chorar todo o seu sofrimento e lamber todas as suas feridas, mas depois você precisa se levantar e encontrar coisas pelas quais ainda vale a pena lutar e agradecer, amores que ainda valem a pena serem vividos – filhos, família, amigos.

Eu me encontrei e me descobri uma pessoa que eu sequer imaginava que poderia ser. Descobri em mim força para lutar por sonhos adormecidos, descobri sonhos que eu não tinha, mas que posso sonhar. Descobri, aos 37 anos, uma existência completamente diferente daquela que tinha planejado, e embora não seja a existência da minha vida, talvez seja a existência para minha vida.

Eu estou pronta para minha aventura. Espero que você esteja pronta para a sua.

78

RESILIÊNCIA

Uma vida cheia de superações e desafios, a história de uma criança que luta para vir ao mundo, até uma mulher que luta contra o preconceito e a discriminação de uma sociedade egoísta e cruel.

PRISCILA OLIVEIRA

Priscila Oliveira

Contatos
priiuoliver@gmail.com
Instagram: @priiu_oliver / @pri.floresconceito
81 99109 3006

Gerente de relacionamento bancário no maior banco da América Latina. Empreendedora. Formanda em Psicologia. Assistente terapeuta em TEA. CEO da Pri Flores Conceito.

Durante toda a minha vida, sempre sonhei em um dia inspirar outras mulheres com a minha história de vida e superação. Acredito que tudo na nossa vida tenha um propósito, e isso se tornou possível quando decidi, aos 34 anos, estudar Psicologia. Mas, antes de chegar a essa parte, eu gostaria de falar sobre o que me levou a desenvolver a empatia pelo próximo. Então, tudo começou em São Paulo/SP, onde nasci. Minha mãe tinha 27 anos, já tinha três filhas, todas ainda muito pequenas, era um lar de muito sofrimento e violência doméstica. Meu pai estava desempregado e sua via de escape era o álcool, o que mais tarde fez que ele se tornasse alcoolista. Minha mãe fazia faxina para ajudar nas despesas de casa, mesmo assim não estava fácil viver ali. Meus pais eram naturais do interior de Pernambuco e tinham seguido para São Paulo em busca de trabalho e condições melhores. Minha mãe conta que quando soube que estava grávida de mim, foi levada à farmácia pelo meu pai para tomar uns remédios a fim de interromper a gravidez; sentiu-se culpada pelo que tinha feito, embora não tivesse tido outra alternativa. Enfim, naquele momento, Deus começava a escrever a minha história e a traçar os propósitos que Ele quis reservar para mim. Deus foi tão maravilhoso que não só a gravidez correu bem, como também nasci perfeita, não tive nenhuma sequela. Foi um verdadeiro presente para minha mãe: no dia 24 de dezembro de 1983 eu nascia, e minha mãe ainda não sabia, mas eu seria a filha que lhe daria muito orgulho. Pois é, isso foi só o começo... Desde que me entendo por gente, nossa família nunca teve paz, até cheguei a pensar que existia uma maldição nela. Coisa doida, né!? Porém, à medida que eu fui ficando adulta e me tornei estudante de Psicologia, entendi que os adultos traumatizados de hoje foram crianças maltratadas do passado, que durante a infância construímos crenças boas ou ruins sobre nós, sobre o outro e sobre o futuro; e quando uma criança cresce num lar desestruturado, em meio a brigas, xingamentos e agressões físicas ou psicológicas, ela carregará traumas durante toda a sua vida. Isso influenciará as suas decisões mais importantes no futuro.

Minha infância foi marcada por momentos de aflição, dor e incertezas. Algumas vezes nos mudamos umas quatro vezes no ano, devido a problemas que meu pai tinha com dívidas de jogo e por estelionato. Isso mesmo, o famoso 171. Isso fazia com que tivéssemos poucos amigos e as pessoas nos olhassem meio que atravessado e com desconfiança. Era terrível, mas o dia a dia conseguia ser ainda pior na convivência dentro de casa. Ainda não existia a Lei Maria da Penha para os crimes de agressão a mulheres. Na nossa casa não existia respeito, e foram poucos os momentos de alegria, mas sempre ficávamos unidas. Diante de tantas ameaças e agressões, e um ambiente nada propício para o crescimento saudável de uma criança, procurei não me espelhar em meu pai e começar a construir na minha mente tudo o que eu não queria ser. Eram tantas brigas, muitas vezes tínhamos que fugir de casa de madrugada e pedir abrigo aos vizinhos. A gente nunca sabia como seria o dia seguinte. Recordo-me que, mesmo passando por tudo aquilo, eu nunca deixei de amar meu pai. Queria ajudá-lo, mas não sabia como. Eu era sua filha mais nova. Quando estava sóbrio era carinhoso. Cresci sendo o "filho homem" que ele não teve. Assistíamos a jogos, corrida e filmes de ação juntos, mas tudo isso se perdia quando ele dava o primeiro gole. Ele participou diversas vezes do AA (Alcoólicos Anônimos), grupo de apoio aos alcoolistas e sua família. Mas nada era constante. Sempre tinha recaídas, e as agressões voltavam ainda piores. Dos cinco aos dez anos de idade, eu sofri vários abusos nas casas por que passei. Não pelo meu pai, mas sim pelas pessoas que na época se propuseram a nos ajudar, vizinhos e alguns conhecidos da minha mãe. Nunca tive coragem de contar para ninguém, porque a maioria dos abusos vinha de pessoas do nosso convívio; e por mais que eu me sentisse constrangida pelo que acontecia, com minha inocência não conseguia lidar com as ameaças dos abusadores e o medo de algo pior acontecer. Ainda hoje busco curar as feridas que carrego devido a tudo o que passei, mas não é fácil ter que conviver com lembranças que geram crenças distorcidas de quem você é, e como você enxerga o seu futuro.

Aos 13 anos de idade, tive meu primeiro namorado. No começo parecia um sonho. Ele tinha uma família, pais amorosos, uma casa e muitas promessas de amor; enfim, tinha uma família que me acolhia. Foi um namoro longo, ao todo passamos cinco anos juntos; os primeiros meses foram perfeitos, me sentia feliz, protegida e amada. Não demorou muito para eu perceber que o sonho tinha virado um pesadelo, que mais uma vez estava vivendo num ambiente hostil, carregado de mentiras e traições. Parecia que a história da minha mãe estava se repetindo: meu então namorado era alcoolista. Desenvolveu um ciúme doentio por mim, me proibindo de sair de casa sem ele. Não tinha mais amigas, sofria agressões, era obrigada a fazer sexo mesmo sem eu querer. Fazer coisas que eu não estava acostumada a fazer. Fui traída diversas vezes com outras mulheres e homens. Eu estava encurralada, não podia falar com meus pais, porque certamente meu pai me obrigaria a casar-me com ele quando descobrisse que eu não era mais virgem. Eu tinha apenas 14 anos e perdi os melhores anos da minha vida, tentando sobreviver a um relacionamento abusivo e tóxico, até chegar à maioridade e poder responder por mim mesma. Ele sempre ameaçava falar para meus pais sobre o que já tinha acontecido com a gente e se usava disso para me manter presa a ele. Tive que abrir mão de muita coisa, vivia numa prisão sem grades; e algumas vezes parecia que eu estava cada dia mais longe de me libertar dele. Contraí algumas DSTs, que graças a Deus consegui tratar e ficar boa; a esperança ia e voltava como uma gangorra... Os dias se passavam meio cinza e sem vida para mim... Nada me deixava feliz, tinha me afundado nas minhas próprias escolhas... mas, enfim, dezembro de 2001 chegou. Minha tão sonhada maioridade chegou. Após seis meses do meu aniversário, meus pais decidiram ir morar em outra cidade. Era tudo o que eu precisava para acabar de vez com esse tormento. Já morando distante, acabei o namoro por telefone. Não dei muitas explicações, até porque era óbvio para ele a minha insatisfação com aquele teatro. Ele ainda tentou me convencer de que iria se matar e a culpada seria minha. Contei toda a verdade para minha mãe e tive o apoio dela para segurar minha decisão. Sei que hoje sou uma mulher forte e decidida, e com certeza esse passado fez parte da minha construção, para ser a mulher forte que sou hoje, que não aceita menos do que eu mereço.

Nunca me considerei uma pessoa revoltada ou vítima da sociedade. Sabia que aquele contexto em que eu cresci, para algumas pessoas, seria determinante para justificar a prática de má conduta, ou me deixar levar pela vida fácil. Eu cresci vendo meu pai falsificar documentos, clonar cartões de crédito, abrir contas em banco se passando por outra pessoa, mas diante de tudo isso, decidi seguir e me espelhar na minha mãe, que durante todos os anos que conviveu com meu pai nunca se deixou corromper, muito menos usufruía da vida fácil que o dinheiro lhe daria. Ela sempre lutou para que todas as filhas tivessem um estudo digno. Conseguimos estudar em escola particular, como bolsistas, todas nós nos tornamos pessoas honestas, trabalhadoras e que conquistaram tudo o que têm na vida com o suor e esforço do próprio trabalho. Sempre estudei muito, conseguia ser uma das melhores alunas na escola. Eu tinha plena convicção de que os estudos seriam o único caminho que me possibilitava ter uma vida melhor. Não queria viver morando de favor na casa das pessoas para o resto da vida nem achava que minha mãe merecia isso. Por essa razão, mesmo diante de tantos obstáculos e problemas, busquei me agarrar a cada oportunidade que surgia na minha vida. Ressignifiquei todo o mal que as pessoas fizeram comigo, transformei toda a dor em força de vontade de vencer na vida. Eu só queria poder sonhar de novo e construir com honestidade uma nova história para minha vida. E à medida que crescia me dediquei a correr atrás de algo que a maioria das pessoas me falavam que era impossível, que fazer faculdade era algo distante demais para minha realidade. Mas, mesmo sem muito apoio, nunca perdi o foco dos meus objetivos; e persisti no que eu tinha determinado a viver.

Recomeços, como eu amo essa palavra... Recomecei minha vida em outra cidade. No início foi muito difícil, vendíamos bolos na feira e durante a semana eu trabalhava entregando flores. Recebia um salário-mínimo, mal dava para pagar o essencial para o nosso sustento. Seis meses depois meu pai faleceu, devido à quantidade de álcool que ele consumiu em uma semana inteira. Além da dor da perda, estávamos sem nenhuma reserva. Não tínhamos dinheiro para providenciar o velório, mas algumas pessoas líderes da igreja que a gente frequentava se reuniram e conseguiram fazer uma vaquinha para pagar todos os custos do velório e sepultamento. Eu tinha acabado de completar 19 anos, não sabia bem o que fazer, para onde ir. Naquele momento tive que amadurecer de maneira precoce, e tudo estava nas minhas mãos para que eu providenciasse toda a parte burocrática da coisa. Os dias foram se passando e ficando ainda pior. Não sabíamos o que fazer, ficamos eu e minha mãe numa cidade grande. Eu trabalhava numa floricultura e ganhava um salário-mínimo. Lembro-me de que nossa feira de um mês cabia numa caixa de leite ninho. Minha mãe fazia bolos para ajudar nas despesas. Não foi fácil, mas prometi a minha mãe que não iríamos voltar para uma cidade onde fomos tão humilhadas. Não gostava da ideia de passar por tudo aquilo de novo. Decidimos entregar a casa em que morávamos e alugamos uma bem simples, o piso no cimento, banheiro sem chuveiro, sem luz, água só de carro-pipa, mas mesmo assim tínhamos paz e não nos faltava o que comer. Recebíamos muita ajuda da igreja e de amigos. Consegui recomeçar minha vida, sempre muito resiliente e confiante, sempre muito esperançosa em dias melhores. Conheci o pai do meu filho, que me ajudou muito nesse recomeço. Mesmo não estando mais casados, tenho uma eterna gratidão por tudo o que ele e a família dele fizeram por mim.

Em 2004, exatamente um ano após a morte do meu pai, minha vida teve uma mudança em 180 graus. A irmã do meu então namorado conseguiu uma entrevista de emprego com a gerente do banco em que ela trabalhava. Confesso que não me saí muito bem. Estava nervosa e gaguejei muito, mas eu tinha sido indicada e tive boas referências. Foi assim que comecei a trabalhar como terceirizada na agência de um banco em que eu entregava flores. Nossa, era tão fora da minha realidade que quase não aceitei o emprego achando que não merecia, que era demais para mim e não iria dar conta. Foi quando minha ligou e disse: "Deus está lhe dando uma chance de melhorar de vida. Agarre com todas as suas forças e acredite que vai dar tudo certo". E não é que ela tinha razão? Fui contratada e após dois anos fui efetivada como funcionária do banco. Foi incrível ver como Deus estava agindo na minha vida. Fui caixa, tesoureira, gerente de contas e hoje já estou há dez anos como Gerente de Relacionamento Alta Renda PF. Orgulho-me muito de toda a minha trajetória. Consegui dar uma vida melhor para minha mãe, casei-me e tive um filho lindo, que é o grande amor da minha vida. Aos 38 anos estou me formando em Psicologia, com pós-graduação em autismo e outras psicopatologias da infância e da adolescência. Tenho minha própria empresa, a Pri Flores Conceito, que atua no mercado de presentes, flores e confeitaria. Faço terapia toda semana, é o autocuidado mais importante que tenho comigo mesma. É isso que me ajuda a lidar com meus traumas de infância, sem que estes prejudiquem quem eu sou e como eu vejo as pessoas e meu futuro.

Hoje olho para meu passado e me orgulho da mulher que me tornei; e aos poucos consigo ajudar outras mulheres a encontrarem seus propósitos, assim como eu encontrei o meu. Casei-me novamente. Meu filho hoje tem 13 anos. Sou grata a meu esposo Leandro por sempre me motivar a persistir nos meus sonhos. Ele mais que qualquer pessoa do mundo acreditou em mim e nos meus projetos; e isso muda tudo na minha vida. Sou apaixonada pelo mundo do Empreendedorismo Feminino, é nele que me encontro ao mesmo tempo que busco alternativas de motivar e engajar mulheres a serem donas do seu próprio negócio e se tornarem "as donas da p**** toda".

A mensagem que quero deixar para todas as mulheres é: jamais coloquem limites nos seus sonhos, não aceitem menos do que merecem.

Acredite que seu maior inimigo é você mesma, só você pode decidir o que fazer da sua vida, decidir o que fazer quando se deparar com os problemas e as dificuldades, se prefere lutar e aceitar o papel de vítima e deixar outras pessoas decidirem seu futuro por você. Eu sei que às vezes a dor é tão grande que deixamos de acreditar em nossa capacidade de recomeçar. Mas acredite, quando decidimos dizer não para o que nos faz sofrer, Deus age na nossa vida para que tudo possa cooperar para as coisas darem certo. Resiliência é a capacidade de usar sua força interior para sair de um momento difícil, de dor, e mesmo assim continuar forte para seguir em frente. Alimente em sua mente os pensamentos positivos que a impulsionam a encontrar uma nova versão de si mesma todos os dias.

> *As crenças que temos sobre nós mesmos, sobre o mundo e sobre o outro determinam o modo como nos sentimos. O que e como as pessoas pensam afeta profundamente o seu bem-estar emocional.*
> AARON BECK

79

QUEM COMANDA É VOCÊ
SEJA PROTAGONISTA DA SUA VIDA!

Neste capítulo, você encontrará inspiração e motivação para comandar sua vida, seus negócios e suas escolhas. Quem é a pessoa mais importante do mundo? Você deseja ter uma vida extraordinária? Sonhe grande e acredite com convicção, pois isso não depende de mais ninguém além de si. Você é a pessoa mais importante da sua existência. Valorize-se e ame-se. Empreender trata-se de uma escolha: defina o que será realizado, quem será beneficiado e o universo orquestrará tudo o que é necessário para a execução.

PRISCILA SUSIN

Priscila Susin

Contatos
linktr.ee/altaperformancers
altaperformance19@gmail.com
Instagram: @priscilasusin | @altaperformancers
Facebook: @priscisusin | @altaperformancers
54 99976 5509

Priscila é empresária, casada e mãe. Mora na Serra Gaúcha, é graduada em Administração e MBA Executivo em Negócios. Tem vasta experiência na área de administração com atuação em *data driven*, processos, *customer experience*, comercial, *e-commerce*/loja on-line e gestão executiva. Trabalha há mais de 20 anos nessas áreas, acumulando experiência em empresas nacionais e multinacionais de diversos segmentos, como energia elétrica, tecnologia da informação, ferragens, ferramentas, moveleiro, plásticos, teleatendimento e serviços. Defende que quem comanda tudo é a nossa mente, o bem sempre vence e coisas boas acontecem o tempo todo com certeza. Em 2019, fundou a Alta Performance – Gestão de Projetos. Com seu trabalho de consultoria, vem transformando várias empresas, implementando *data driven*, mapeamento de processos, práticas de sucesso do cliente, *e-commerce* e contribuindo para melhorar o desempenho das pessoas.

O que a mente cria, o universo providencia

Aquilo que você tem de conteúdo mental infalivelmente é aquilo que vai se projetar diante dos seus olhos.

É necessário identificar um sonho, um desejo, um plano de vida, não deixar a vida te levar; tem de escolher aonde quer ir para que a vida lhe mostre a direção certa. Você não consegue chamar um Uber® se não souber para onde você vai.

Sonhar grande e sonhar pequeno dá o mesmo trabalho; então, escolho sonhar grande, pois os idealizadores de grandes sonhos foram os que realizaram os grandes feitos da humanidade. Por isso, idealize um grande sonho, dedique-se com determinação e convicção e você será uma grande vencedora.

Se tentou fazer algo e não deu certo, você aprendeu como não fazer, ou seja, aprendeu com o erro. O fracasso não existe, é apenas uma experiência que você teve e são essas experiências que formam a estrada ou os degraus que a levam ao sucesso.

Entre os pequenos fracassos da vida, cito as aulas de educação física na escola, em que eu era sempre a última a ser escolhida para os times de qualquer esporte. Eu havia desistido de fazer qualquer esporte ou exercício físico, mas aos 30 anos decidi tentar fazer aulas de ginástica coletiva como *jump* e *combat*. Foi muito difícil e engraçado no início, mas como tudo se consegue com persistência e treinamento, também consegui. Hoje é uma rotina diária e uma das minhas paixões.

Não adianta mentalizar o êxito sem ação. Um dia, meu esposo, que já morou na Itália e trabalhou em uma estação de esqui, sugeriu:

— Vamos viajar para esquiar?

Respondi:

— Você está maluco!

Então pensei: o que vou ficar fazendo em uma estação de esqui se não sei esquiar? Achei que seria o momento de tentar fazer um esporte e resolvi fazer aulas de esqui em um parque *indoor* na cidade de Gramado, que fica a 90 km da minha cidade. Fomos alguns finais de semana antes da viagem. Minha primeira experiência na montanha de verdade foi em Ushuaia, na Argentina: saí do primeiro teleférico tensa, mas consegui esquiar e descer a montanha, me senti incrível.

Meses depois, na loja de aluguel de esquis em Sauze d'Oulx, na Itália, o simpático Sr. Felice me disse: "Aprender a esquiar no parque *indoor* é igual a ler um livro". Ainda bem que eu estava confiante, pois seria minha segunda experiência. Esta foi ainda mais prazerosa e acabei indo até as pistas de nível profissional. Tudo é possível com treinamento, para se ter habilidade é necessário preparação e confiança.

> *O sucesso não vem do esforço em ser alguém um dia, mas de acordar cada dia se sentindo alguém de sucesso.*
> ÊNIO MAÇAKI HARA

Empreender

Quando comecei a me perguntar qual é meu propósito, qual é minha missão nesse mundo e o que posso fazer para contribuir com o mundo e as pessoas, decidi me tornar uma empreendedora e abrir minha empresa de consultoria. Entre as principais objeções ao tomar essa decisão estavam o medo de fracassar e o apego ao salário na conta todos os meses; e eu estava grávida – ter filho era algo totalmente desconhecido.

Idealizei meu sonho, criei coragem e me desafiei a começar. O trajeto é trabalhoso e exaustivo, mas o resultado é recompensador. Um dos conselhos mais valiosos que recebi, que ajudou a vencer o medo do insucesso, foi "o não, eu já tenho". Contudo, aprendi que não devemos nos apegar a uma empresa, uma organização, um lugar, uma pessoa ou um projeto. O mundo é muito grande e a vida é muito curta para passarmos a vida inteira fazendo a mesma coisa, no mesmo lugar e tendo as mesmas experiências.

A consultoria

Sempre tive uma "dor" nas empresas onde trabalhei; vontade de melhorar tudo, pensar como dono, reformular processos, mudar a cultura organizacional, desenvolver as lideranças e as equipes, automatizar processos, criar controles de indicadores e metas, registrar e quantificar tudo o que é feito dentro das empresas e transformar tudo em indicadores para identificar com base em dados os gargalos e as oportunidades de melhoria.

Gosto de trabalhar com consultoria porque é como treinar esportistas de alta performance que devem manter o foco e a motivação constantemente e precisam estar sempre preparados para possíveis imprevistos. Além disso, com uma perspectiva do negócio como um todo, infalivelmente atingem-se ótimos resultados em médio e longo prazo, trazendo mudanças culturais à gestão das empresas.

Exalto um dos resultados mais satisfatórios que obtive como consultora: realizo um projeto de consultoria em processos, *customer experience* e *data driven* em uma empresa de soluções em tecnologia para os ramos de alimentação e varejo em que as duas filhas do sócio proprietário, que no princípio estavam relutantes com o progresso do projeto passaram a assumir a gestão do negócio, exaltando suas competências e suas habilidades; e consequentemente instigaram mudanças culturais na empresa.

O consultor é tal como um colaborador que enxerga o negócio como se fosse seu e ainda o apoia na tomada de decisões. O desejo de melhorar tudo à minha volta e potencializar resultados é o que me impulsiona e motiva a tornar meu negócio cada vez melhor.

Planejar, mapear e mensurar dados e relacionamento é uma questão de sobrevivência para as empresas

Planejamento é a base do sucesso; definir qual é o propósito e aonde queremos chegar para que as trilhas sejam descobertas, pensar no presente a partir do futuro.

> *O que realmente faz diferença na sua vida não é o que você*
> *faz de vez em quando. É o que você faz todos os dias.*
> JENNY CRAIG

O mapeamento de processos anda junto com o planejamento; não importa o tamanho do sonho, cada detalhe deve ser mapeado. O time precisa compartilhar esse mesmo sonho e saber o que e como fazer para atingi-lo. Trata-se de uma ferramenta de gestão e organização das atividades que sustentam a empresa, priorizando e classificando as tarefas de modo eficiente. Ao organizar processos, identificam-se hábitos que podem ser úteis para o dia a dia da sua empresa e trabalha-se para desenvolvê-los. É primordial ter controle de processos para que um negócio possa ser lucrativo, sólido e sustentável.

Um negócio sem controle de indicadores, sem mensurar dados, é o mesmo que ir para a guerra com um exército desarmado; e estar desarmado obriga a ser submisso (segundo *O Príncipe*, de Maquiavel). Os indicadores de desempenho, ou KPI (*Key Performance Indicators*), permitem acompanhar os resultados da empresa em tempo real e periodicamente, avaliando a produtividade, identificando gargalos e permitindo agilidade e segurança na tomada de decisões.

É necessário mensurar os resultados de maneira transparente e ágil, envolvendo os colaboradores visando administrar e melhorar os resultados. Mas não adianta planejar, mapear processos, medir indicadores e não se preocupar em como os clientes estão sendo atendidos. Colocar o cliente no centro para ter experiências memoráveis é uma questão de sobrevivência: valorizar o tempo e o esforço do cliente, confiar nele, humanizar o atendimento, deixá-lo participar e entregar 100% do prometido. Vale lembrar que a experiência do cliente é responsabilidade da empresa inteira.

Qual é o diferencial da sua empresa? Os clientes estão felizes ou indiferentes, e os colaboradores? Qual é o sentimento das pessoas envolvidas?

> *Se há algum segredo de sucesso, ele consiste na habilidade de apreender o ponto de vista da outra pessoa e ver as coisas tão bem pelo ângulo dela como pelo seu.*
> HENRY FORD

Cuidar do relacionamento com as pessoas é fundamental para qualquer negócio. Antes de encantar seu cliente, encante seu colaborador. Muitas empresas não estão preocupadas com a forma como os clientes são atendidos ou recebidos. E não me refiro aos atendentes, recepção ou telefonista, mas a empresa toda deve estar comprometida com isso, desde a portaria, segurança, pessoal da limpeza até o atendimento telefônico ou presencial. Se oferecermos excelente atendimento aos clientes, eles pagarão bem pelos serviços que prestamos, e os negócios prosperarão.

> *Be so good they can't ignore you.*
> STEVE MARTIN

Assim como o relacionamento, um brilhante processo de vendas deve estar norteado pela empresa ser tão boa que os clientes não consigam ignorá-la. Qual é o DNA do negócio? Para que e por que o consumidor compra da empresa?

> *E se um vendedor é capaz de mostrar-nos como seus serviços ou suas mercadorias podem ajudar-nos a resolver nossos problemas, não necessita vender-nos coisa alguma. Nós compraremos. E todo cliente gosta de sentir que está comprando e nunca que lhe estão vendendo.*
> DALE CARNEGIE

Não olhe para trás, não é para lá que você vai. Siga reto, sempre em frente e reconstrua as fronteiras do mercado. Vá além da demanda existente!

É importante a constante renovação no contexto atual, por isso devemos nos perguntar como empreendedores: o que está impedindo você de ir para o futuro que planejou? De que adianta anos de experiência se não existir a renovação, a inovação?

No momento atual, é necessário estarmos presentes no mundo digital, criar relacionamento ensinando algo, gerando valor para as pessoas, publicando os bastidores, a rotina e seus projetos. Entre as estratégias de negócios, a preocupação com a transformação digital – a marca e a imagem do negócio, são uma questão de sobrevivência, pois hoje em dia o melhor lugar para esconder seu negócio é a segunda, terceira ou quarta página do Google.

Ser alguém que vale a pena conhecer é uma das minhas metas há muito tempo, a qual nos últimos meses teve um *upgrade*, acrescentando profundidade e autenticidade; e essa meta vem ao encontro do contexto atual, por isso não deve ser diferente no mundo dos negócios.

Desafios

Como se tornar um líder? Aos 25 anos me tornei supervisora de uma equipe de 25 teleatendentes. Esse, sem dúvida, foi um dos maiores desafios profissionais, pois toda a minha equipe tinha mais idade e tempo de empresa do que eu. Aprendi que devemos exaltar nossos maiores valores, o que fazemos de melhor. Esse é o diferencial que nos faz únicos e autênticos. Trata-se de abandonar o pensamento de que as pessoas são rivais e jogar seu jogo com personalidade, honestidade e coragem de ser quem você realmente é, com defeitos e qualidades, exprimindo seus porquês e seus sentimentos. Ser autêntico é o que cativa as pessoas e as torna fãs. No contexto atual do marketing: gerar conexão.

Ser mãe é desafiador: a vida muda, você muda e inicia uma nova vida; e uma nova versão de si. Tudo aconteceu como previsto: parto normal e uma bebê perfeita e saudável. A maternidade inicialmente é fatigante; no puerpério, ocorrem alterações hormonais, a amamentação é dolorida, demandas em tempo integral do bebê, não retorno imediato ao corpo anterior à gestação, privação do sono e ainda as pressões sociais. Com o passar dos dias e meses, a vida vai voltando ao normal – um novo normal.

É possível conciliar maternidade e carreira? Eu iniciei minha jornada de empreendedorismo com a Victoria ainda na barriga. Após o nascimento dela, eu tinha duas recém-nascidas para dar atenção: a Victoria e a Alta Performance. Como a empresa estava no início, tudo dependia de mim. Contar com um companheiro que assumiu suas responsabilidades de pai, ter uma rede de apoio e ter claras minhas prioridades – minha família e meu negócio – foi o que me ajudou, pois assim conseguia ter uma rotina bem organizada. Sistematizei minha rotina com base nos horários da minha filha e fiz de tudo para dar certo. Foi bastante desafiador conciliar as coisas, principalmente pela angústia e o sentimento de culpa de não conseguir dar atenção a minha filha, mas não foi impossível.

Convicção e gratidão

Sonhar é de graça. Acredite, visualize seu sonho com a convicção de que ele já existe, crie na mente os cenários, contemple seu empreendimento exatamente como você planejou: as paredes, sua mesa, seu time, as reuniões, as comemorações e as metas sendo realizadas. Comece a colocar em prática seu sonho, mesmo sem estar pronto. Use os recursos que possui atualmente e confie.

Agradecer a todas as pessoas, coisas e fatos é sem dúvida a receita para progredir. Já parou para pensar em tudo o que você possui? Se parar para agradecer por cada coisa que possui, será que as 24 horas do dia serão suficientes? Tenha gratidão pela provisão ilimitada, pelo sonho como já realizado, pela oração como já atendida, pela pátria e pelos nossos antepassados, que são nossas raízes.

Observe as pessoas com quem convive. Tenha por perto pessoas que a motivam a ser melhor, que a incentivam e apoiam; e nunca se esqueça delas, independentemente de onde você chegar, pois quando vamos acompanhados vamos mais longe.

Se eu pudesse dar um conselho, seria: sonhe grande. Alimente sua mente com bons pensamentos. Tenha resiliência. Ame-se. Ame o que você faz. Não julgue. Trate as pessoas como gostaria de ser tratada e seja grata.

80

ESCLEROSADA

Quem é você?
Por que lê?
Não sei.
Não sabes?
Em que data estás?
Venha,
Comigo,
Se entregue,
Não tem que ter aonde,
Não tem que ter por quê,
Só tem que ter você,
Que lê.
(1983, 2015, 2022... 2039, RAQUEL LIBÉLULA)

RAQUEL ANDRESSA RODRIGUES

Raquel Andressa Rodrigues

Contatos
raquellibelulaoficial@gmail.com
Instagram: @raquellibelula
Facebook: facebook.com/raquellibelulaesclerosada
TikTok: raquellibelula
YouTube: youtube.com/c/kjairclimberBH
31 98288 7190

Estudante de Biomedicina, teóloga, terapeuta holística, pedagoga do movimento, esteticista, massoterapeuta e treinadora física. Idealizadora do Programa de Treinamento de Alto Impacto com Alta Preservação Articular. Aperfeiçoamento em Biomedicina, Osteopatia, Podologia e Nutrição Clínica. Escritora da Literare Books International.

Recue para avançar

> *O sábio fala porque tem alguma coisa a dizer; o tolo, porque tem que dizer alguma coisa.*
> PLATÃO

De todos os tempos que temos, só não temos tempo a perder. Muitas das vezes, nos distraímos ao longo do caminho. Não se desconecte. O final das coisas será sim sempre mais importante do que o início, mas com foco absoluto no hoje. O hoje é a garantia da vitória do amanhã que ainda não alcançamos; estamos em processo. O ontem findou. Não há nada mais a fazer. Muitas vezes nos gerou dor. Fica uma cicatriz, que nos traz lembrança do perigo, queda, lágrimas, mas não dói fisicamente nem emocionalmente mais. Preserve de maneira absoluta suas emoções.

O entendimento do equilíbrio fará a diferença nesse aprendizado. Nossa mente é parte fundamental no cuidado por nossa saúde. A cicatriz não dói, momento em que já conseguirá hoje, ao se olhar no espelho, identificar feridas cicatrizadas, que se tornaram ensinamento de não mais correr o risco de cair e possuir a gratidão com um lindo sorriso e não o início do coração bater mais forte e lágrimas caírem com a mesma ou pior dor do ontem.

Muitas mulheres se conectam à história de uma borboleta para ver a vida de maneira mais lúdica, apesar de dolorosa; vista inicialmente como uma lagarta, passa um tempo dentro de um casulo, mudanças difíceis, sim; e mudança não é sinônimo de crise, trata-se de oportunidade de viver o que é novo. Mudanças são cruciais para alçar voo.

Em um momento que se tornou um marco em minha vida, hoje uma cicatriz, acontecimento lamentável no dia do meu aniversário, me deparei com dois caminhos. Até iniciei os passos no que seria sim entendível, lentamente, olhando para baixo, lágrimas caindo no chão frio e empoeirado. Sem ligar para ninguém, me dei o direito de estar triste. Sentei-me na calçada por um momento, limpei os olhos, respirei fundo com imensa dor no peito e acordei... Digo acordei porque tudo tem início em nossos pensamentos. Não foi necessário trazer para minha vida o que minha mente me trouxe em primeiro instante.

> Tudo que é verdadeiro, tudo que é honesto, tudo que é justo, tudo que é puro, tudo que é amável, tudo que é de boa fama, se há alguma virtude, algum louvor, nisso pensai.
> (FILIPENSES 4:8)

Não temos como impedir que um passarinho pouse em nossa cabeça, mas podemos espantá-lo; caso contrário, poderá fazer ninho, vai botar ovos e filhotes nascerão.

Convido você, portanto, a trilhar comigo o segundo caminho com o qual me deparei. A história da borboleta foi sim crucial e iniciei as passadas em outra direção. Emitir minha luz, falar sobre gratidão e amor em uma linha de transmissão em que fui eu a primeira receber as palavras que meus lábios emitiam. Ao findar, me senti muito mais forte, com retorno positivo de inúmeras pessoas, mas outra história e conhecimento mais profundo chegou até mim; e vislumbrei uma libélula. Foi impacto profundo. Vem comigo...

Dois termos latinos podem ter sido a origem da palavra libélula: *libellules*, diminutivo de "livro" (*liber*), visando à semelhança de suas asas como um livro aberto – ou *libella*, significando "balança", com visão em seu equilíbrio.

A borboleta era lagarta no passado. Vive seu tempo doloroso em casulo e voa ao fim como uma linda borboleta.

A libélula, enquanto voa, consegue atingir equilíbrio perfeito, representando a renovação após período de dificuldade de maneira fiel e, além de tudo, emite luz, assunto no qual irei voltar a falar; e se está aqui hoje, não tenho qualquer dúvida de que és iluminada.

Chamo-me Raquel Andressa Rodrigues (Raquel Libélula). Sou filha, amiga, esposa e mãe. Eu como mulher sou literalmente múltipla. Recebi em outubro de 2020 o diagnóstico de uma doença autoimune dita rara e sem cura. Sou rara, e hoje possuo um autocorpo e mente imune, mas quem definiu sem cura só esqueceu de deixar claro o significado fiel dessa palavra: método especial de tratamento. E é por meio de um método especial, chamado Protocolo Coimbra, criado pelo dr. Cícero Galil Coimbra, que realizo este tratamento, com fiel atenção de meu médico dr. André Monteiro, anestesiologista, acupunturista, cheio de amor pela medicina aliada à minha autonomia de movimento. Fez-me iniciar a caminhada para desligamento de minha doença: esclerose múltipla. Já me considerava também esclerosada, forma antiga de chamar alguém de louca. Se um dia te chamaram de louca sinta-se feliz. Irá se familiarizar por aqui sobre ser louca; privilégio.

Em 2015, comecei a ter o conhecido por mim hoje como "surtos", sempre em busca de razões, mas sem diagnóstico correto. Ortopedista, osteopata, ginecologista, dentista, clínico geral, inúmeros exames e surtos que foram de paresia dos artelhos de meu pé – me impedindo de caminhar sozinha –, à boca torta – me levando à retirada de três sisos e uso de aparelho – e formigamento 24 horas por dia, no lado esquerdo (permanece até os dias atuais, como sequela). Isso me levou à consulta em minha segunda gestação, para obter uma palavra de que seria necessário exame de liquor, que consiste na análise do líquido cefalorraquidiano, que está localizado no crânio, envolvendo o encéfalo, e da coluna vertebral, envolvendo a medula, pois num exame de toque foi visto que estava sim tudo seguro com o bebê. Porém, antes de descer da cama, minha perna caiu sem que eu sentisse, e o exame não me trouxe também o diagnóstico correto, mas pela segunda vez a cefaleia com dores de cabeça que apenas quem já viveu compreende a dor. As dores de cabeça, nada como a vivida com a cefaleia, eram constantes em minha história, desde quando menstruei; menstruação que não mais estava tendo dia de chegar e findar, permanecendo por longos períodos, ultrapassando um mês, trazendo também "fadiga". Muito além de estar cansada, a fadiga nos leva a perder o prazer de acordar para um novo dia; porta se abrindo para a "depressão", tão comum aos que possuem o diagnóstico que recebi. Não teve vitória na tentativa de me parar.

> Nunca me pergunte: o que quis dizer?
> Caso aconteça,
> Perguntarei a você: o que tens a ver?
> O que entendo, escrevo;
> O que lê, entenda;
> Será diferente o entender do escrever?
> Quem entende é você;
> Quem escreve sou eu;
> Tem que ter por quê?
> Escrevo como quero,
> Entenda como quiser.
> ("Não digo", RAQUEL LIBÉLULA)

Desejo que, com minhas palavras, eu desperte em você o desejo de possuir AUTONOMIA em seu viver.

Minha completa atenção e meu amor eram entregues ao meu marido, meus filhos, com foco preciso em meu trabalho, com imensa atenção à minha motricidade de movimento; como treinadora de alto impacto, fui eu quem trouxe para o Brasil e Minas Gerais aparelhos com a visão necessária de alto impacto para todos. A alta preservação articular me trouxe também segurança ao receber o diagnóstico finalmente correto.

Consegue se conectar? Entende em meu relato que resolver problemas isolados não a preservará dos males carregados em sua história de vida? Ame-se mais. Não segure a pessoa que você acredita ter nascido e assim também morrerá, deixe ir. Conheça-se; recue para avançar. Qual ponto vivenciou que lhe traz memórias e permanência que se vê com dores e desconforto no hoje? Ou traz a você a comum resposta a quando se pergunta:

— Para que você nasceu?

— Não sei.

Você que está lendo, consegue me responder? Olhe-se no espelho. Quando a gente não para, a vida nos para, reconheça a razão de ter nascido. Tome posse, deixe um legado. Seja LUZ.

Eu já me encontrava cansada de desejar mais atenção de meu marido, fatigada nos cuidados com meus filhos, corpo clamando descanso sem poder. Meus alunos contavam comigo. Acordo, ligo a TV e ao colocar desenho para meu caçula assistir, enquanto envio áudios nos grupos e redes sociais, qual seria o local da aula, daquele dia, com inúmeras mudanças com a vivência da pandemia e locais das aulas fechados. Percebo as lentes de meus óculos embaçadas. Olho para meu filho, brigo por ter pego meus óculos pela lente e limpo. Coloco novamente, olho para a TV e me deparo com algo errado. Não era a lente suja, mas minha visão altamente embaçada. Um oftalmologista, após novos exames de sangue e de imagem, me diz ser necessário realizar uma ressonância magnética.

Reflita antes de dar continuidade à leitura:

Você se lembra de quem você era antes de o mundo dizer quem você deveria ser? Lembra-se de seus sonhos antes de ouvir que isso não seria promissor ou não seria possível a você?

Um diagnóstico "raro" foi o objetivo de me "obrigar" a reencontrar a arte de ser. Fez-me entrar em depressão? Não; me fez ver que seria necessário recuar, "viver a arte da vida e sentir o efeito". Oportunidade para toda mulher e a mulher toda vivenciar a magia que é quando decidimos abrir a porta que um dia foi fechada, mediante o potencial de ação que temos para transformação do universo.

Minha primeira formação? Teologia.

> Respondeu Jesus: "Ame o Senhor, o seu Deus de todo o seu coração, de toda a sua alma e de todo o seu entendimento". Este é o primeiro e maior mandamento. E o segundo é semelhante a ele: "Ame o seu próximo como a si mesmo".
> (MATEUS 22:37-39)

Como havia dito: quando a gente não para, a vida nos para; nos devolve o que emitimos para o universo, amar o próximo sim, mas como a si mesmo. Amar e cuidar de todos sempre foi meu foco. Como poderia continuar se não estava mesmo me amando primeiro? Meu próprio corpo estava destruindo meu corpo.

Nosso equilíbrio e motricidade respeitam nossa fé. Se a vida me parou é porque sou especial e preciso continuar viva e bem para continuar amando e ajudando a todos a quem sempre me coloquei à disposição para ajudar e amar. Um dia de cada vez. Por meio de minha visão direita, perder a visão central e início do mal em minha visão esquerda e ausência da cor vermelha e da força da luz inicia minha depressão? Não; deu início a minha gratidão.

"As LUZES se encontram"

Gratidão em todos os dias da luz que todos nós possuímos e nos foi entregue gratuitamente ao nascer. Quando compartilhamos alegria e coisas boas, emitimos e espalhamos feixes de luz, e essa luz vai buscar se conectar com a luz que existe em outros indivíduos. Somos raras. As luzes se encontram, o amor expande e a saúde agradece. Conecte-se com as histórias lidas por aqui e transborde também sua luz.

A esclerose múltipla é uma doença neurológica autoimune, em que as células de defesa do organismo atacam o próprio sistema nervoso central. A doença é caracterizada por lesões cerebrais e medulares, especificamente são danificadas ou destruídas as zonas de mielina (a substância que cobre a maioria das fibras nervosas), as fibras nervosas, os nervos ópticos e da medula espinhal. Sua causa ainda é desconhecida e afeta geralmente pacientes jovens, entre 20 e 40 anos; e o dizer "não tem cura" é a maior prova da falta de conhecimento quanto à melhor forma de cuidado para um paciente que recebe um diagnóstico como o que eu recebi.

Os sintomas que podem ser manifestados no indivíduo são: fadiga intensa, depressão, fraqueza muscular, alteração do equilíbrio, da coordenação motora, dificuldade de deambulação, dores articulares, disfunção intestinal e da bexiga, formigamento, dormência, dor, ardor e coceira nos braços, pernas, tronco ou face, dor de cabeça intensa e, algumas vezes, uma menor sensibilidade ao toque.

Ter a vivência dos sintomas já era normal para mim, não de todos, mas o entendimento de que há tempo de amar e cuidar de todos, me deixando de lado, era assim também minha forma de me agredir e não o que sempre afirmei, que ser e viver assim era ser quem nasci para ser. A vida me parou por mim.

Recebi um dia essa "palavra" e divido hoje com você: *"Aonde estenderes suas mãos, o mundo inteiro irá te ver"*.

Sou como diamante, preciosa e não posso ser riscada por qualquer material. Apenas um diamante consegue riscar outro. Indivíduos, diamantes, que ultra-admiro, respeito e ouço, juntamente com meu eu, me fizeram receber com alegria o fim de meu tormento e dores. Amar a mim mais que ao meu marido, deixando as portas abertas para ele; amar a mim mais que aos meus filhos, deixando que cresçam e tenham conhecimento não de um diagnóstico recebido pela mãe, mas do entendimento de que possuem autonomia de movimento, ensinado por mim, e que a medicina só chega até o ponto que conseguem ver. Ninguém melhor que nós para nos conhecer e escrever nossa história, mediante a necessidade da escrita do novo, de novo. Não importa quantas vezes recomeçou, ainda está viva.

Somos a imagem e semelhança de Deus.

> *Façamos o homem à nossa imagem,*
> *conforme a nossa semelhança.*
> (GÊNESIS 1:26)

Deus é Criador do Universo. Reescreva sua história.

"Recue para avançar", esse é o título de meu livro solo: *Recue para avançar – "Unção triplicada"*.

Deixarei aqui outra poesia, com desejo de fazer com que você embarque comigo nesse aprendizado que a vida me trouxe pela dor. Trarei a você em amor, que você seja também vista como esclerosada, palavra essa dita para mulheres vistas como loucas.

> Deus escolheu as coisas loucas deste mundo para confundir as cultas, as fracas para confundir as fortes, as que não são para confundir as que são.
> (I CORÍNTIOS 1:27-28)

Mascarada
Raquel Libélula
Será,
Entre os sentimentos,
Raiva,
A mais sincera?
Dizemos com sua presença
Tanta coisa antes não dita.
Até que ponto sentimos o que
Dizemos?
Até que ponto?
Esquecemos o que foi dito?
No momento dela,
Mente ao ser sincera,
Diz o que é mudo,
Fala não sentindo,
O que sente não expressa;
Por isso,
Somente ele
Faz-nos esquecer o que foi dito.
Amor,
O mais sincero
Entre os sentimentos.

Em meu livro solo, destaco a essência de recuar para avançar, unção triplicada. Ele aborda a precisão do mergulho nas dimensões e suas diferenças. Continue comigo!

81

EMPREENDENDO SEM FILTRO

Relato de maneira sincera os desafios, os fracassos e a persistência ao empreender durante uma fase de crise. Compartilho os aprendizados de uma forma leve e prática, para inspirar e ajudar outras pessoas que estejam passando por situações parecidas ou que, por algum motivo, se sentem paralisadas e não conseguem concretizar seus sonhos.

RAQUEL BERSANO

Raquel Bersano

Contatos
raquelbersano.com.br
contato@raquelbersano.com.br
Instagram: instagram.com/raquelbersano/
LinkedIn: linkedin.com/in/raquelbersano/
11 4212 0106

Graduada em Publicidade e Propaganda, pós-graduada em Administração de Empresas pela FGV e em Neurociência e Psicologia aplicada pela Universidade Presbiteriana Mackenzie. No mercado digital desde 2010, trabalhou no segmento financeiro, de comunicação e serviços, atendendo a grandes empresas. Empreendendo desde 2015, atualmente é cofundadora da Inspire Academy, consultoria e treinamentos de marketing digital. Como consultora, liderou projetos de marketing digital para pequenas, médias e grandes empresas, nacionais e internacionais. Professora na ComSchool, empresa do grupo Magalu, referência em cursos de marketing digital, *e-commerce*, redes sociais e comportamentos na era digital; e do curso de funil de vendas da Platzi, fundada na Colômbia, com mais de três milhões de alunos e considerada uma das melhores escolas que ensinam tecnologia. Ama aprender e ensinar, é curiosa e está sempre disposta a refletir e repensar sobre tudo.

Esta não é uma história de superação. Meu objetivo não é contar somente minha trajetória de vida e carreira, mas compartilhar o que aprendi durante a jornada que me trouxe até aqui, e quem sabe inspirar e ajudar a provocar alguma mudança na sua vida.

Nasci no dia da criatividade, 17 de novembro. Coincidência ou não, me considero criativa e comunicativa. Sou filha de pai e mãe criativos, que gostam de fotografia, arte, cinema e comunicação. Talvez por conta dessas influências, decidi muito cedo qual faculdade queria cursar: Publicidade e Propaganda. Considero sorte ter acertado o curso de primeira, porque aos 17 anos ter de escolher o que vai estudar pelos próximos quatro ou cinco anos e que possivelmente se tornará sua profissão é uma grande responsabilidade, sem falar na pressão.

Não trabalhei em grandes agências, apesar de ter sido um sonho durante muito anos. Terminando a faculdade, aceitei uma proposta para trabalhar no segmento financeiro, em um banco multinacional. Entrei nesse mercado bem jovem, aproveitando uma oportunidade de emprego, sem pensar em carreira. No início estava muito feliz e satisfeita com o trabalho, fiz muitos amigos e aprendi demais nessa empresa. Essa experiência foi essencial para me mostrar que, apesar de estar em um ambiente agradável, não era bem aquilo que eu queria para a minha vida profissional.

Em 2015, abri minha primeira empresa, chamada Inspire Digital, uma consultoria especializada em marketing digital. Em 2021, decidi mudar o modelo de negócio e transformar a Inspire em uma empresa de treinamento e educação, a Inspire Academy, da qual sou cofundadora. Nesse período de transição, na tentativa de me encontrar na carreira, me perdi. Um ano após essa mudança, ainda sofro as consequências de decisões tomadas de maneira impulsiva, baseadas muito mais na emoção e na paixão do que na razão.

Os aprendizados que compartilho aqui me ajudaram a repensar e mudar várias áreas da minha vida. Espero que a ajudem também.

Ninguém disse que seria fácil

Empreender não é fácil. Exige tempo, dinheiro, paciência e, na maioria das vezes, tomar decisões difíceis e assumir riscos sem nenhuma garantia de retorno. Além de ser um enorme desafio, para algumas pessoas pode ser a única opção. Não quero ficar aqui glorificando o ato de empreender, e sim remover os filtros colocados pela nossa sociedade e por alguns empreendedores.

Quando iniciei a empresa trabalhava 10, 12 e até 14 horas por dia. Finais de semana e feriados se confundiam com os dias de trabalho. Insano, não é? Na época eu não achava. Tinha a sensação de que valia muito a pena investir todo esse tempo na MINHA empresa. Já fazia isso quando era funcionária, qual seria o problema? Mas, como dizem, uma hora a conta chega. A empolgação não dura para sempre. No lugar dela chega o cansaço e o sentimento de que quanto mais eu trabalhava, menos evoluía. Pensava: "Como isso é possível? O que estou fazendo de errado?".

Eu acreditava que, quanto mais horas trabalhasse, mais dinheiro ganharia. Se eu vendia minhas horas, quanto mais produtiva fosse, mais horas venderia e, consequentemente, ganharia mais dinheiro. Fazia total sentido, concorda? Na prática, não é bem assim. Subestimamos o tempo. Passei por uma fase em que tive dúvidas se empreender era mesmo a melhor opção para mim. Pensei algumas vezes em voltar para o mundo corporativo, mas sentia que deveria continuar nesse caminho; e receber o apoio de outras pessoas me incentivou a persistir. Fico imaginando quantos profissionais já passaram ou até mesmo estão passando por situação parecida... Durante essa jornada como empresária, descobri que não adianta você ter uma superideia ou um negócio dos sonhos se não desenvolver um *mindset* empreendedor. Construir esse *mindset*, na minha opinião, é o grande desafio. Porque não aprendemos na escola, nem na faculdade, tampouco no MBA. Não é uma habilidade nem uma capacidade técnica. É um processo que só tem começo, mas não tem fim.

Hoje sei que não precisava trabalhar mais horas e sim de maneira inteligente. Durante todo esse tempo, meu objetivo por trás de tanto trabalho era levar a consultoria para mais pessoas. Se tempo é um fator limitante, independentemente da minha produtividade, como escalar o negócio sem mudar a essência dele?

Foi a partir desse processo que decidi me dedicar mais a aprender e ensinar, e hoje me sinto privilegiada por trabalhar com o que amo e por sentir que existe um propósito claro naquilo que faço. Durante essa transição, nem tudo aconteceu da forma como eu imaginava; e quando pensei que a empresa estava pronta, na verdade, estava só começando uma longa jornada.

Otimismo é bom, mas otimismo em excesso pode ser fatal

Muito se ouve que errar faz parte do aprendizado, e não há como discordar disso. Porém, eu preferiria não ter cometido tantos erros. Estava empreendendo há sete anos e via empresas que começaram na mesma época que a minha faturando na casa dos milhões. É inevitável fazer comparações quando estamos cercadas de pessoas que só mostram o sucesso, o dinheiro e a vida transformada nas redes sociais.

Tudo o que antes me inspirava passou a me incomodar, gerar uma grande ansiedade e eu senti que precisava mudar essa situação. Foi aí que dei um passo maior que a perna. Investi muito tempo e dinheiro contratando pessoas para fazer uma mudança radical na empresa. Ampliei escritório, encerrei contratos com clientes, paguei cursos e eventos para quem trabalhava comigo. Não tive medo de tomar nenhuma decisão; pelo contrário, me sentia tranquila e realizada. O problema é que eu estava apostando todas as minhas fichas em um negócio que, apesar de promissor, não tinha nenhuma garantia de que daria certo. O prazo que eu calculei (de maneira completamente equivocada) era possível, porém otimista demais. E o que aconteceu? O resultado não veio e nem estava perto de vir.

No início de 2022 encerrei contrato com fornecedores, entreguei o escritório e reduzi todos os custos que pude. Voltei para a estaca zero, ou melhor, estava no negativo. Não me sentia culpada, até então acreditava que empreender era assim mesmo: ganhamos algumas vezes, perdemos outras... Até o dia em que precisei enfrentar as consequências de todas essas decisões. Lembro-me de acordar cedo, estar supermotivada, com muita vontade de fazer acontecer, mas quando me olhei no espelho, duvidei de mim. Foi a pior sensação que tive depois de muito tempo empolgada e feliz. Será mesmo que eu sou tão boa quanto dizem? Que vou conseguir reverter essa situação? Será que estou no controle? Foi um misto de angústia e desespero, porque a única pessoa com quem eu estava contando até então era eu mesma. E eu parecia estar desistindo de mim.

Nunca estive sozinha; pelo contrário, sempre tive apoio de muitas pessoas, da família, de amigos e das pessoas com quem trabalhava. Mas eu escolhi não pedir ajuda no momento certo. E esse foi o erro e a pior escolha que fiz.

Este capítulo não é sobre errar, superar, se dar bem nos negócios ou na vida. É sobre pedir ajuda e não se sentir sozinha. É sobre valorizar quem você é e colocá-la acima da situação em que você está. Nós nos colocamos em situações difíceis, às vezes nos sujeitamos a isso, seja no trabalho, no relacionamento, com a família ou com os amigos e erramos quando não pedimos ajuda.

Erramos quando não compartilhamos nossas dores, nossos anseios e nossas preocupações. Erramos em querer resolver tudo sozinhas, muitas vezes por orgulho. Se nos colocamos naquela situação, sentimo-nos responsáveis por ter de sair dela.

O que aprendi passando por essa fase? Que, independentemente da situação, eu não preciso enfrentar sozinha, mereço ajuda. Será que essa reflexão serve para você?

Para mudar, primeiro aceite

Não foi fácil enfrentar tudo isso que acabei de contar; e reverter essa situação se tornou minha prioridade. Foi assim que desenvolvi um *framework* chamado AURA: Autoconhecimento, Autorresponsabilidade e Ação. São três pilares que ajudaram a equilibrar minhas emoções e aceitar as condições que eu mesma me coloquei. Ele é baseado em estudos comportamentais, neurociência, psicologia e minha experiência como aluna e professora.

Autoconhecimento

Autoconhecimento ainda é um assunto pouco comentado entre as pessoas. Muitos profissionais se preocupam com a formação acadêmica e técnica, mas se esquecem de que o sucesso de qualquer jornada depende de fatores internos. Nosso cérebro gosta de conforto, de coisas familiares. Para ele, quanto mais comum e familiar for, melhor. Ele não curte mudanças. Mesmo que seja para nosso bem, ele vai resistir durante um certo tempo. Você vai ter de desafiá-lo. E isso pode gerar frustração, adiamento de planos e sonhos que, se não sairmos do modo automático de pensar, nunca serão realizados. Muito disso por falta de conhecimento, principalmente sobre nós mesmos.

A boa notícia é que podemos melhorar nosso comportamento mudando nosso processo cognitivo, ou seja, a maneira como estamos acostumados a pensar. Essa jornada é longa, mas digo que meu único arrependimento é não ter começado antes. O autoconhecimento me ajudou a aceitar a situação que estava passando e agir. Deixei algumas referências para quem quiser se aprofundar nesse assunto. Espero que ajudem.

Autorresponsabilidade

Quando passamos a nos observar e nos conhecer, aprendemos algo novo todos os dias. Eu tenho aprendido muito desde o momento em que percebi que sou responsável por, no mínimo, 90% do que acontece na minha vida. A diferença é tudo aquilo que está fora do meu controle, mas ainda assim sou responsável pela forma como me sinto diante das situações que enfrento. O que me intriga é que, ao mesmo tempo que se sentir responsável pode parecer um peso, é libertador.

Quando decidimos assumir o controle da nossa vida, das nossas escolhas e nossas atitudes, mudamos um padrão cognitivo no nosso cérebro. É difícil aceitar nossos erros. Costumamos ser mais tolerantes aos erros dos outros e menos aos nossos. A mensagem que eu quero lhe passar aqui é: ASSUMA A RESPONSABILIDADE E O CONTROLE DA SUA VIDA.

Quando você decide, seu cérebro interpreta que você tem controle. Sei que estou tentando simplificar algo que pode não ser tão simples para a maioria das pessoas, por isso recomendo que você se aprofunde no assunto lendo as referências que menciono no final deste capítulo.

Quero propor um exercício que fiz recentemente e me deixou muito mais segura e confiante. Usei o site futureme.org e escrevi uma carta para o meu "eu" do futuro. Programei para recebê-la um ano após a data que escrevi. A ideia desse exercício é firmar um compromisso com você. Eu, por exemplo, escrevi como se já tivesse alcançado todos os objetivos que me propus no período de um ano. Quando terminei, me senti responsável por cada uma das metas e não quero me decepcionar quando esse e-mail chegar na minha caixa. O que acha de fazer esse teste também?

Ação

Você se lembra dos filmes que marcaram a sua vida? É impossível esquecer, não é mesmo? Agora imagine: se um diretor, uma equipe cinematográfica, não tivessem tirado o roteiro desses filmes do papel e colocado em ação, o filme não existiria. Imagina quantos roteiros de filmes existem e que não foram filmados? O quanto esses filmes poderiam fazer parte da experiência de algumas pessoas ou até mesmo marcar a vida delas como a nossa foi marcada? É sobre isso que eu quero que você reflita. Se você não agir, será como um roteiro de um filme que não foi gravado. Isso teria acontecido se eu não tivesse sentado e escrito este capítulo. Mas como você bem sabe, a jornada não é tão simples assim; exige a mudança mais difícil de fazer: alterar nosso padrão cognitivo e nossos comportamentos. Se fosse fácil já teriam milhares de pessoas realizadas e felizes. Mas ninguém nos ensinou isso. Aprendemos por conta própria, por nossa iniciativa e nossa curiosidade. E não acontece de uma hora para outra, é um processo. Lembre-se: devemos focar o percurso e não o destino, porque é o que fazemos no momento presente que vai nos ajudar a criar o futuro que imaginamos.

Aceite seu tempo. Aceite suas limitações. Isso não pode ser usado como desculpa para não fazer, mas como falei anteriormente: responsabilize-se pelo seu sucesso e pelo seu fracasso. Essa culpa não é do outro; por mais que fatores externos possam interferir, a forma como reagimos a esses acontecimentos está sob nosso controle.

A possibilidade de fracasso costuma ser o que mais nos paralisa. Mas se vivermos com medo do fracasso, do sofrimento ou da vergonha, nunca saberemos o que seria possível em nossa vida.

Fracasso é um evento e não uma pessoa.
JOHN MAXWELL

Referências

BREWER, J. *Desconstruindo a ansiedade.* Rio de Janeiro: Sextante, 2021.

DISPENZA, J. *Quebrando o hábito de ser você mesmo: como desconstruir a sua mente e criar uma nova.* Porto Alegre: Citadel, 2018.

MURPHY, J. *O poder do subconsciente.* São Paulo: BestSeller, 2015.

82

QUE P**** É ESSA?

É muito comum querermos ser a dona de tudo, controlar e tomar as rédeas de toda e qualquer situação. Mas como realmente fazer isso? Como de fato ser a dona da coisa toda? Existe sim uma forma, e quero levar você a pensar de uma maneira diferente a respeito do assunto, e se tornar de fato a dona da p**** toda.

RAQUEL CASAL

Raquel Casal

Contatos
www.raquelcasal.com.br
raquelcasal@me.com
41 99194 6006

Formada em Design de Interiores, casada, mãe de três, acadêmica de Direito, dona de casa, empresária de loja de calçados, *influencer* de vida *fitness*, mas, acima de tudo, mulher e peregrina de si mesma.

O que é de verdade ser a dona da p**** toda? Pensei bastante; e com tudo o que tenho observado, todas as situações que nos moldam, consigo responder com mais propriedade a esta pergunta. Nesse ano em que completei 40 anos, digo que é ser dona de você por completo e de modo livre. É saber viver de maneira íntegra e respeitosa consigo mesma, e depois com os outros. Eu acho lindo ser completa em mim e ao mesmo tempo isso não ser algo ofensivo para aqueles que vivem ao meu lado. É um equilíbrio que demoramos a entender, principalmente porque, naturalmente, quando começamos a viver pensando em nós mesmas, somos tachadas de egoístas. Por exemplo: você se sente levemente culpada ou julgada por deixar sua casa e seus filhos todos os dias por no máximo 1 hora e 30 minutos a fim de treinar na academia e cuidar da sua saúde? Sente-se julgada ou culpada por trabalhar e não ser a mãe, esposa ou dona de casa superdedicada que deveria ser? Como ser dona de mim se estou mais preocupada com o que o outro faz que me desagrada? Como ser dona de mim, se o que os outros pensam, ou se o que eu imagino que os outros irão pensar ao meu respeito, influencia meu comportamento? Se isso ocorre com você da mesma forma que ocorria comigo, não somos dona de nós. Estou aprendendo a usar filtros, a fim de me respeitar, ser dona de mim e não ofender aqueles que amo. Complexo, né! Nem tanto.

É óbvio que você não pode fazer tudo aquilo que surge na sua telha, pois em algum momento irá desrespeitar e com isso ofender pessoas importantes na sua vida. É pensar no outro sem deixar de pensar em si. Doar-se sabendo onde estão seus limites.

O primeiro limite que tenho usado é o Evangelho. Não sei qual a sua religião, mas gosto muito dos preceitos morais que existem na Bíblia. Acho que são fortes norteadores, por isso gosto de estudar e conhecê-la bem. Ali encontro formas de respeitar o próximo, mas também de saber como o próximo deve me respeitar, aquilo que devo fazer, mas também aquilo que deve ser feito por mim. Inclusive, recentemente tive uma compreensão de três versículos muito conhecidos por todos (Mateus 22: 37-39):

> Respondeu Jesus: "Ame o Senhor, o seu Deus de todo o seu coração, de toda a sua alma e de todo o seu entendimento"(37).
> Este é o primeiro e maior mandamento(38).
> E o segundo é semelhante a ele: "Ame o seu próximo como a si mesmo"(39).

Primeiro Deus em nossa vida, mas quero focar a parte destacada: "como a si mesmo". Aqui percebi que não tem como amar o próximo se eu não aprender a me amar primeiro, a me aceitar antes. Isso não quer dizer se colocar na posição inferior pelo outro, mas de igualdade, de entender que o outro é exatamente como eu. Mas se eu não tiver amor-próprio, se eu não me conhecer, não conseguirei entregar o mesmo amor ao próximo. Significa que se assim não for, essa balança estará desequilibrada para algum lado. Se eu me amar demais, forçarei o outro a me servir. Se eu não me amar o suficiente, serei uma escrava da vontade do outro. E ali entendo um limite: se eu não faria comigo, não faço ao outro. Se eu faria por mim, faço ao outro; é um limite para entender até onde o outro pode ir comigo, se o que faz contra mim a pessoa faria contra ela mesma. Se a resposta é não, a pessoa não teria tal atitude contra ela, então não devo aceitar a mesma atitude contra mim.

Expectativa é outro fator que faz que eu deixe de ser a dona da p**** toda. Viver esperando algo dos outros ou do mundo é colocar sua felicidade no lugar errado. Primeiro porque a expectativa geralmente vem de seus pensamentos, e se você espera algo do outro e não fala que está esperando aquilo, é muito grande a chance de você se decepcionar; e ninguém tem culpa ou responsabilidade sobre isso, se não foi corretamente acordado entre os envolvidos. Sua felicidade não pode estar num momento, numa atitude vinda de outro, numa expectativa não suprida. Você deve se sentir inteira por si e não pelo que o outro faz ou deixa de fazer.

Estou me habituando a pensar que se minha atitude ou a atitude do(a) outro(a) não é declaradamente desrespeitosa ou imoral, não deve ser considerada como tal. Não se preocupe em adivinhar o pensamento do(a) outro(a), mas em ser você mesma, seja mais livre para isso; e se o outro se chatear, pois "deixamos" de fazer algo, é uma liberdade de pensamento dele. Só devemos dar essa atenção toda quando a atitude ou as palavras são declaradamente desrespeitosas.

Confesso que em alguns casos esse filtro é difícil. Mas é a prática que leva à perfeição, certo? E como não ter expectativas? Simples, não tem como. Somos seres humanos e iremos sim ter ou esperar algo, mas calma: isso não é um beco sem saída. Existe uma luz no fim do túnel. Eu uso uma "balança" para medir se minha expectativa é plausível. Se está dentro de uma rotina de acontecimentos, é normal gerar esse pensamento. Se é algo que não ocorreria de maneira natural, sua expectativa irá te frustrar, mas bom mesmo é deixar as coisas acontecerem e ser surpreendida com o que está para acontecer e não pelo que você quer que aconteça.

Você definitivamente só pode cuidar da sua vida. Você é responsável somente pelas suas escolhas; a mesma temática na vida do outro não pertence a você.

Invadimos o espaço do outro em nome do amor e do cuidado, e muitas vezes esperamos exatamente a mesma atitude conosco, que nos carreguem no colo, e quando não acontece ficamos chateadas. Sem motivo óbvio, porque ninguém falou como agiria. Esperamos certas atitudes, ninguém combinou nada e ainda roubamos ou perdemos a liberdade de ser quem realmente somos. Perdemos a possibilidade de aceitar o outro por quem realmente é. Certo, Raquel; e agora?

Posso dizer que, depois que comecei a entender e praticar isso, me senti dona de mim, dona dessa p**** toda. É fácil? Para mim não muito, mas quando consigo me sinto muito bem. Porque consigo receber e consigo doar de maneira livre e genuína. Consigo ser eu, me aceitar. Sempre passando o filtro, se não é desrespeitoso ou imoral não há que se sentir chateada. Se passando esse filtro o outro se sentir no direito de estar chateado, é uma opção individual. E você tem a liberdade de avaliar se é algo que você pode contribuir para melhorar ou se está sendo cobrada por algo que não tem possibilidade de oferecer, e vice-versa.

Suas expectativas devem estar consigo. Faça as coisas de modo a se sentir orgulhosa e feliz com você, não desrespeitando o outro e não esperando a validação da plateia. Novamente digo: não é muito simples, mas quando conseguimos é libertador.

Entenda: quando você se sente desrespeitada, isso pode de fato estar acontecendo e não deve ser tolerado, mas também pode ser uma expectativa não suprida, que nem deveria ter sido gerada.

Ainda existe o filtro da comunicação. Deixamos de falar, de comunicar nossos limites; e quando paramos para analisar, estamos atravessando essa fronteira ou provocando o outro a ultrapassar os próprios limites. A maior arma que temos é a pergunta. Vemos um gesto e interpretamos da pior forma possível, quando o correto deveria ser perguntar para entender o que de fato se passa naquele momento. Acredite, se você começar a ter a curiosidade de perguntar, descobrirá que as coisas são bem mais simples do que as complicações que inventamos. Mesmo que uma atitude ou palavras não sejam desrespeitosas, as pessoas têm o direito de não gostarem. Você tem o direito de não gostar, mas não temos o direito de mudar ou exigir a mudança do outro. Primeiro porque ninguém muda ninguém, e segundo que, se você permanecer na expectativa de que sua mãe, seu chefe, seu namorado, seu marido, filhos, amiga ou qualquer outra pessoa mude para que você se sinta melhor, tenho uma péssima notícia: não irá funcionar exatamente assim. Será uma série de frustrações, uma atrás da outra. E o contrário também acontece. Aqui entra a conversa, franca e sem expectativas, mas principalmente, com permissão de liberdade ao outro ou a você de avaliar se aquilo é algo que possa de verdade ser feito diferente desde que não ofenda ninguém. Cada um pesará na sua balança o preço, o ônus e o bônus de mudar aquilo que é solicitado. Somos condicionadas a agradar ao máximo, e esquecemos de impor limites.

Mais ou menos assim, exemplo besta, mas que esclarece bem: você está no seu carro e para no semáforo vermelho; logo, aproxima-se um pedinte com a mão estendida solicitando ajuda, pela aparência da pessoa claramente se percebe que mora na rua; é óbvio que precisa de ajuda, mas você entregará a chave do seu carro? Entregará o cartão do banco com a senha? É óbvio que não, pois você tem a opção de oferecer alguns trocados ou ajudar uma ONG que contribui para a vida dessas pessoas, mas você não dará tudo o que tem, ajudará com limites. E por que quando estamos falando de envolvimento emocional é mais difícil encarar as coisas dessa forma? Porque quando usamos limites em "coisas" invisíveis nos sentimos ou mesmo somos julgadas por sermos egoístas? A meu ver, egoísta é quem tem e não doa, e respeito próprio não é o mesmo que se doar desrespeitando seus próprios limites. Respeito próprio é inegociável.

Precisamos ser autossuficientes em nós mesmas, não esperar pelo outro, mas nos levantar e fazer; não esperar as palavras e a validação do outro, mas nos validar. É claro que quando somos reconhecidos é muito bom, mas não tenha a expectativa tão alta nisso a ponto de se sentir frustrada ou chateada quando não acontecer, porque você tem de se validar e se aceitar primeiro. A atitude do próximo tem que ser um bônus em nossa vida e não o fio condutor e autorizador de nossa felicidade.

O outro deveria fazer e não fez? Problema dele. Você fez e não recebeu elogio? Elogie-se você mesma. Faça sem esperar nada em troca, mas faça porque você quer, simples assim. Fez uma gentileza e não ouviu um "obrigado"? Azar de quem recebeu e não retribuiu. Isso fala muito mais da pessoa do que de você, e não deixe de fazer porque você não é reconhecida. Faça porque te deu vontade. Triste não é para quem faz e não recebe validação, triste é quem recebe e não reconhece. O não reconhecimento fala muito mais do vazio de quem recebe do que de quem faz. Sinta-se inteira por ter feito algo, e não pela metade por não ter "recebido o que você merecia". Esse é um posicionamento de vitimismo. É permitir que as circunstâncias moldem seu comportamento.

Pare de olhar para o lado e passe a olhar para dentro. Muitas vezes fazemos "o certo" em busca de aprovação, e vamos pulando de galho em galho buscando muito mais a aceitação externa antes da aceitação própria, e simplesmente nem percebemos. Agir certo e não depender de aceitação dos outros, mas primeira da sua própria. Se o que faço é correto e não é desrespeito ao outro, é opinião alheia aceitar ou não, e não pode ser um termômetro, mas a mudança desse comportamento deve ser gerada antes por motivação interna do que motivação externa. E temos de aprender a não colocar esse mesmo peso sobre as pessoas com quem nos relacionamos.

Como diz Jeff vanVonderen em seu livro *Vida familiar transformada pela graça*:

> A edificação de um bom casamento, mesmo quando conduzida da maneira certa, é um processo complicado e confuso. Certas pessoas possuem um profundo senso de inferioridade arraigado na alma. Então tornam-se peritas na arte de apresentar um bom desempenho e de levar o outro a fazer o mesmo, simplesmente para encobrir o mal-estar que sentem.

E isso pode ser muito bem considerado em todo tipo de relacionamento pessoal de nossas vidas. É muito fácil pensar no respeito que devemos considerar com os outros e esquecer do respeito que devemos a nós mesmas.

Tem uma velha frase que sei que você conhece, mas praticá-la é justamente sobre o que estou escrevendo: quando você muda, o mundo muda. A beleza está nos olhos de quem vê, e o que você está vendo? Estamos todos dando nosso melhor, acredite. Se você pensar dessa forma terá mais empatia, será mais fácil praticar, e certamente as situações serão vivenciadas de uma forma mais leve e você se preocupará menos. Muitas vezes nos sentimos esgotadas por nos colocarmos na posição de sermos as responsáveis pela mudança do outro, ninguém é capaz que viver com essa missão, a de "melhorar alguém". Ninguém muda ninguém.

A opinião de alguém é apenas uma opinião pessoal. Você não precisa dizer se está certo ou errado, apenas respeitar; e se for o caso contribuir para melhorar, caso isso não exija que vocês atravessem seus limites. Quais limites? Somente você pode definir isso. Lembra do exemplo do mendigo? Até para ajudar existe limite. Mas que p**** é essa? LIBERDADE.

Existe algo com que, mesmo de maneira intuitiva, com a maturidade, passei a me preocupar, e posteriormente fui enriquecida com ótimos livros que tive a oportunidade de ler. São as palavras que dizemos, em qualquer tempo ou contexto, mas principalmente na hora da raiva. Eu sempre acreditei que nunca vale a pena usar as palavras para ofender as pessoas, principalmente aqueles que mais amamos. Nossas palavras devem ser sim medidas, a todo tempo. Gosto da ideia de evitar o pedido de desculpas. Não que eu tenha problemas com isso; pelo contrário, gosto de saber quando cometo um erro, pois aprender é transformador. Melhor que corrigir é não ter que o fazer, melhor que usar as palavras para ferir é usá-las para crescimento e conhecimento, do contrário, melhor seria o silêncio. Pois uma vez que você usa sua voz como arma para desferir uma bala no outro, uma vez provocado o ferimento ou a ofensa, mesmo que com uma retratação – ou porque não dizer mesmo com uma humilhação de sua parte para corrigir – você já não tem mais controle sobre a situação. A mágoa, a ofensa pertence ao outro e não a você; e isso significa que, uma vez atingido seu objetivo, você terá de lidar com o resultado, que é completamente imprevisível. Então, procure não entrar nessa situação, vença o desejo de vingança, de ferir o outro só porque você está ferida. Sabe aquela história: "A pessoa só dá o que ela tem"? É sobre isso, não permita que o mundo ao seu redor endureça seu coração. Não permita que as situações moldem seu comportamento. Entregue o que você tem de bom; e se isso não for suficiente, paciência! Nem toda pessoa sabe apreciar uma bela obra de arte; isso é para poucos mesmo. Quando tentam nos ofender a resposta natural é a ofensa, e ao renunciar a isso você confunde o outro e ainda, por mais loucura que pareça, mantém sua paz e sua liberdade, porque sua escolha foi fazer diferente. Isso é ter liberdade e não ser manipulável, isso é ser a dona da p**** toda.

Tem uma frase que sempre digo e não sei se fui eu que pensei nela ou se li em algum lugar, mas é a seguinte: "Posso não saber quem sou, mas sei exatamente quem eu não sou". Algumas vezes, não sei bem descrever quem eu sou, mas não tenho dúvidas de quem não sou. Você já pensou dessa forma a seu respeito? Faça esse exercício. Garanto que a próxima vez que alguém disser algo a seu respeito será mais difícil te ofender. Se te chamarem de egoísta e você tiver certeza de que esse adjetivo não lhe define, será muito mais difícil de atingi-la.

Existe um versículo bíblico que adoro, na verdade gosto do texto todo, mas vou me ater apenas a uma pequena parte; é do capitulo 3 do livro de Eclesiastes. Ele começa dizendo que tudo tem seu tempo determinado; o versículo 5, na segunda parte, diz: "[...]tempo de abraçar e tempo de afastar-se de abraço". Isso quer dizer que você precisar saber o momento de chegar e o momento de partir, o momento de falar e o momento de se calar, e isso não quer dizer que sejamos fracas, apenas quer dizer que não vamos gastar energia com o que é desnecessário. Que vou canalizar minha atenção ao que me faz bem, ao que me faz crescer. Isso é fácil? Garanto que não! Mas depois que se pega o jeito da coisa, fica tudo mais fácil.

Para mim, ser a dona da p**** nada mais é do que ser dona de mim mesma, pois a única coisa nesse mundo que posso controlar, mudar ou melhorar é a mim mesma; e quando eu sou melhor para mim, também sou melhor para todos ao meu redor.

Referência

VONDEREN J. V. *Vida familiar transformada pela graça*. Curitiba: Betânia, 1992.

83

MULHER

Vivemos numa sociedade desigual, carregada de preconceitos, e são muitos os desafios enfrentados por nós mulheres. Convido-a a embarcar, despida de preconceito e com a mente curiosa, nesta leitura que poderá conduzi-la a reflexões e muitos *insights*. Somos agentes de transformação num universo repleto de complexidade; e meu sincero desejo é que possamos reconhecer e validar a importância do poder da mulher e do protagonismo feminino nesse processo.

REGINA POCAY

Regina Pocay

Contatos
repocay@gmail.com
Facebook: @reginapocay
Instagram: @repocay
19 98781 1108

Terapeuta, especialista em desenvolvimento pessoal, equilíbrio emocional e analista comportamental. Escritora, formada em Pedagogia, pós-graduada em Psicopedagogia, Gestão de Pessoas e Neuropsicologia. Esposa, mãe e avó, títulos que carrega com muito orgulho, pois acredita que a família e os netos renovam sua energia e lhe permitem exercitar o amor ágape. Considera-se uma eterna aprendiz da vida e irremediavelmente apaixonada pelo ser humano.

Comece fazendo boas escolhas

Você provavelmente conhece a frase: "Somos a média das cinco pessoas com as quais mais convivemos". Descobri o verdadeiro significado e sentido desta frase na prática, com 16 anos, ao sair de um emprego do qual ADORAVA a rotina de trabalho, o ambiente e as pessoas, mas somente por conta de um salário maior que me ofereceram, troquei de emprego.

Bastou a primeira semana de trabalho na outra empresa para que eu me arrependesse amargamente por ter trocado de emprego, pois me deparei com colegas de trabalho desmotivados e com uma gerente tirana que rebaixava os colaboradores. Hoje é considerado assédio moral, mas na época isso nem era cogitado.

Provavelmente pela pouca idade, não tinha "musculatura" para me defender e acabei, depois de seis meses, pedindo a conta do emprego.

Não sou a favor de apologias e radicalismos, mas acredito que meu limite de liberdade e ação esteja diretamente vinculado ao limite de liberdade e ação do outro; e isso independe de gênero, cargo ou posição social. Com esse episódio em minha vida, pude aprender que sou livre para agir, mas escrava das consequências da minha ação. Aprendi ainda que meu agir ganha cada vez mais autonomia à medida que entendo que livre é aquele que abdicou de julgamentos e entendeu que é no caminho do bem-estar comum que reside a verdadeira liberdade; e que SIM, regras existem para serem respeitadas; SIM, minha vida importa; e SIM, a vida do meu próximo importa também. Por isso, procure eco das suas crenças e valores em pessoas que estejam alinhadas a eles; e, independentemente das circunstâncias, aja, faça sua parte, pois toda mudança ocorre de dentro para fora, sempre nesta ordem. Depois dessa experiência, desenvolvi uma grande habilidade de compreender pessoas, pois mesmo "sofrendo" com minha gerente, eu olhava para ela e me perguntava: o que será que a faz agir assim, com tanta amargura com a vida e com as pessoas?

Saí dessa experiência fortalecida e consegui um emprego muito melhor logo em seguida, no qual permaneci por anos e ascendi hierarquicamente, chegando à gerência. É lógico que aquele não foi o único emprego ou lugar onde fui subjugada, porém foi o único lugar onde me permiti ficar calada de uma forma sufocante, mas também foi exatamente pelo fato de ter passado por isso que aprendi a me defender, aprendi a me colocar no lugar do outro, aprendi que nunca devo agir como aquela gerente; e o mais importante: aprendi a me valorizar e não aceitar que ultrapassem meu limite. Hoje em dia, colho os frutos desta escolha, pois quando encontro pessoas que não estão na mesma sintonia, opto, no menor tempo possível, por seguir meu caminho fazendo escolhas que vão ao encontro da minha visão de mundo e que contribuem para o bem comum.

O mundo precisa de mais pessoas empáticas. Empatia é uma habilidade que deve ser desenvolvida e praticada. Prepare-se, transforme-se e o mundo a sua volta será transformado.

Falhar na preparação é se preparar para falhar.
DOUGLAS VIEGAS

Uma técnica infalível que utilizo para fazer boas escolhas e estar preparada para os desafios do dia a dia é estabelecer uma rotina de vida e cumpri-la com foco, disciplina e entusiasmo. Ainda que este seja um exercício difícil, eu venço um dia de cada vez e sou grata por isso.

Seja protagonista na sua história, você pode!

Mudar é difícil, não mudar é fatal.
LEANDRO KARNAL

Toda mulher que sabe aonde quer chegar, que sabe o que quer e que aprende a desenvolver autoconfiança, vence qualquer desafio que a vida lhe apresenta; e este é um caminho que traz muito aprendizado para quem decide percorrê-lo.

Como terapeuta comportamental, já fui convidada, algumas vezes, para falar sobre a importância da mulher, seja no mercado de trabalho, na política ou na sociedade; e em todas as vezes o pano de fundo da fala era motivação. Sempre me pediam para motivar e incentivar mulheres a se tornarem protagonistas no ambiente em que estavam inseridas.

Confesso que leio muito, gosto de estar atualizada na minha área e sempre compartilhava conteúdo importante, trazia referência de leitura nos grupos com quem falava; porém, com o passar dos anos fui percebendo que a maior identificação das mulheres era com minhas histórias, como desafios e "perrengues" que enfrentei e enfrento na vida. Foi então que comecei a perceber o que é empatia na prática.

Contava minhas histórias e as estratégias (nem sempre bem-sucedidas) que usava para vencer um desafio. Isso nos aproximava e me dava a oportunidade de me colocar no lugar de outras mulheres ao ouvir atentamente a história de cada uma.

Empatia é um daqueles termos complicados de se definir e que abrangem muitas coisas diferentes. Passa pela conexão verdadeira com o outro, mas também passa pela capacidade genuína de se colocar no lugar de outra pessoa. Passa ainda pela capacidade de ler a linguagem não verbal de alguém (um olhar, um sorriso, por exemplo) e, também, pelo reconhecimento das emoções que estão no outro. Reconhecimento sem juízo de valor.

Muitos estudiosos têm se debruçado sobre esse tema. Não é preciso ser estudioso, entretanto, para olhar ao nosso redor e ver que estamos, como sociedade, nos tornando menos empáticos, principalmente em relação a questões de gênero.

Perceba, olhe ao seu redor. Todos os dias vemos ou convivemos com pessoas que parecem indiferentes a tudo; e a única coisa que as comove é o que as afeta diretamente. Para elucidar este tema, trago um relato de uma mulher jovem que participava de um treinamento sobre o poder do feminino em nós, que eu e uma colega de trabalho conduzíamos. A participante em questão era casada e tinha dois filhos. No início do treinamento essa mulher contestava absolutamente toda a teoria que apresentávamos e mesmo nas atividades práticas ela não se entregava, dizendo que aquilo não funcionava na "vida real". Ela era muito reativa, chegando a ser agressiva em sua fala quando se dirigia às pessoas do grupo ou mesmo a nós instrutoras.

Curiosa para entender qual era a dor real que ela trazia e naquela situação de grupo não se permitia revelar, convidei-a para um bate-papo individual. Usando técnicas apropriadas de acolhimento, consegui que ela se sentisse segura para falar. Então, revelou-me que apanhava quase diariamente do marido em casa; e o pior, na frente dos filhos. Após essa intervenção, aquela mulher conseguiu voltar ao grupo, permitiu-se compartilhar sua dor, recebeu apoio incondicional do grupo e num processo terapêutico, gradativo, pós-treinamento, aprendeu a se valorizar e conduzir sua trajetória de vida em direção ao que ela acreditava ser o ideal. Nesse caso em especial, a família conseguiu se organizar de uma forma equilibrada, pois o marido também aceitou fazer terapia e o desfecho foi feliz.

Um adendo: vale salientar que, na grande maioria dos casos, quem é agredido, agride. Isso acontece como um mecanismo quase inconsciente de defesa, e somente a tomada de consciência pode mudar isso.

Voltando ao caso, a mulher aprendeu a fazer escolhas assertivas e conseguiu, independentemente das circunstâncias, agir. Ela se permitiu protagonizar sua história.

Protagonismo é o processo de protagonizar, de ser o protagonista de uma apresentação. Deriva do grego *protagonistes*, em que *protos* significa "principal" ou "primeiro" e *agonistes* significa "lutador" ou "competidor". Protagonismo é um termo muito usado no teatro de no cinema para se referir ao personagem principal da encenação.

Preste atenção pois protagonizar envolve também vencer desafios, lutas, competição; e a vida com certeza nos apresentará muitos desafios. Eles serão parte da nossa história, mas somente nós podemos decidir o desfecho de cada capítulo.

Seja protagonista. Transforme sua história.

Uma dica de ouro e que ajudou muito o processo da mulher protagonista do relato que trouxe foi fazer um diário (que eu gosto de chamar de escrita terapêutica), em que ela usou a própria dor para mover-se em direção aos novos objetivos de sua vida. O diário consiste em escrever sobre a dor com a maior riqueza de detalhes possível e, após isso feito, reler o que escreveu e, na sequência, queimar.

Se você também está passando por algum momento desafiador em sua vida, talvez fique curiosa para usar essa poderosa ferramenta e perceber os efeitos benéficos que ela pode exercer.

Carta à mulher que desejo ser

> Das minhas conquistas e dores já
> aprendi como cuidar.
> Aprendo todos os dias,
> nos encontros e desencontros,
> a me perceber,
> a me reconhecer em você,
> e isso também me faz prosperar.
> Você é parte de mim...
> e sou parte de você!
> Somos todas uma!
> Honro tudo o que fui e o que posso vir a ser.
> A mulher que hoje sou, cresceu dentro de você,
> e hoje sei que já sou
> e serei todos os dias,
> a mulher que desejo ser.

Referências

GRIVOL, P.; POCAY, R. *Educar sem manual*. 2020.

PEREIRA, T. *et. al. Os segredos das mulheres de influência*. Pernambuco: Identidade, 2020.

84

O VALOR DO MEU TRABALHO, DO TRABALHO DE TODAS AS MULHERES

Este capítulo, a partir da perspectiva individual, evidencia as dificuldades que permeiam a vida da mulher profissional, trazendo a "economia do cuidado", sua visibilização e sua valorização, especialmente entre "as donas da p**** toda", que, como eu, certamente assim estão nominadas porque contam com o trabalho invisível de tantas outras mulheres.

REJANE SILVA SÁNCHEZ

Rejane Silva Sánchez

Contatos
www.silvasanchez.adv.br
rejane@silvasanchez.adv.br
Instagram: @rejanesanchez
Facebook: @rejanesilvasanchez
LinkedIn: Rejane silva Sanchez

Advogada. Diretora do RSS Bureau de Direito. Especialista em Direito e Processo do Trabalho. Vice-presidenta da Comissão Nacional da Mulher Advogada da OAB Nacional. Vice-presidenta do Conselho Estadual da Mulher Empresária (CEME). Diretora jurídica do Inspiring Girls Brasil. Conselheira do Conselho Estadual de Direitos da Mulher (CEDIM/SC) e COMDIM/FPOLIS/SC. Membra do Observatório de Violência contra a Mulher de Santa Catarina. Conselheira de Administração do SICOOB Advocacia. Autora de livros e artigos. Palestrante e conferencista. Instrutora de Ikebana Sanguetsu. Mãe. Mulher.

Filha do meio, nasci na década de 1970, no auge da repressão imposta pelo regime militar no Brasil, que, por outro lado, vibrava com a conquista da Copa do Mundo de futebol e cuja classe média se encantava pelo suposto milagre econômico. No mundo, crises políticas e econômicas relacionadas ao petróleo, a independência das colônias portuguesas na África, o término da guerra do Vietnã e uma explosão cultural, com o movimento *hippie*, o rock progressivo e os revolucionários talentos musicais nascentes. A tecnologia chegava à população, com o lançamento do primeiro microprocessador do mundo.

Meus pais estavam iniciando a família, com poucos recursos e grandes desafios. Recebi uma educação tradicional e conservadora que me proibia, entre outras coisas, o brincar "na rua", que era permitido ao meu irmão. Para mim, além das minhas bonecas, loucinhas, meu universo particular de brincadeiras, restavam escola e afazeres domésticos, para "ajudar" a minha mãe. Eu me sentia oprimida, mas, surpreendentemente, em razão da minha natureza, isso potencializava minha rebeldia e minha capacidade de sonhar.

Lembro-me de que, entre as brincadeiras preferidas, eu me vestia e me comportava como uma mulher de negócios, independente, que até fumava cigarros (naquela época era chique). Transformava a grande mesa da cozinha em uma mesa só minha, com vários telefones e máquinas (imaginários, logicamente), além de papéis, canetas e tudo mais que aparentasse a ampla sala de trabalho de uma grande mulher de negócios. Eu já admirava mulheres de personalidade forte, a que assistia na televisão, despretensiosamente, como Marília Gabriela e Elis Regina, e a protagonista do seriado Malu Mulher, interpretada por Regina Duarte (a personagem, feminista, assustava a família média e assim assistia escondida, ou melhor, passava os olhos rapidamente, quando possível). Também ouvia notícias sobre a Lei do Divórcio, o reconhecimento da igualdade entre os gêneros na Constituição de 1988, e tantas outras que viriam a promover mudanças radicais, especialmente no Brasil.

Mas embora a predestinação da minha vida como uma "do lar", mãe, esposa e *expert* em serviços domésticos não estivesse sendo definida pela minha educação, havia sim uma tendência a ser este o meu predestino, porque os exemplos próximos viviam tal modelo. Nesse passo, registro que, além do cuidado da família, filhos, casa e toda a lida doméstica, minha mãe, filha de uma matriarca que pariu 17 filhos e teve de criá-los todos quase que de maneira solitária, alternava-se entre as obrigações formais e outras atividades para complementar a renda, como a venda dos famosos Tupperwares® (utensílios plásticos conhecidos mundialmente e comercializados de maneira autônoma, de casa em casa). Percebo, hoje, que havia em minha mãe, além da necessidade da sobrevivência, o desejo latente, creio, de autonomia e liberdade.

O fato é que minha rebeldia e o desejo arrebatador de independência impulsionaram-me a trabalhar desde muito pequena. Aos 13 anos iniciei minha vida profissional, como atendente em restaurantes e videolocadoras, chegando após alguns anos a assistente administrativa em uma empresa de tecnologia.

Na hora de decidir pela faculdade, escolhi o Direito por vocação. Trabalhei e fiz estágios durante toda a graduação. Tornei-me advogada, fiz pós-graduações, cursos e mais cursos. Trabalhei para alguns escritórios, passei por sociedades, adquiri experiência e confiança. Isso me levou à decisão de trabalhar para mim, sob meu próprio nome, e em 2014 nasceu o Rejane Silva Sánchez Bureau de Direito, escritório de advocacia que conquistou destaque no mercado e segue crescendo.

Em paralelo, para o desenvolvimento da carreira, voluntariei-me em órgãos de classe (OAB[1]), ONG (InspiringGirlsBrasil[2]), entidades empresariais (Facisc[3]), cooperativa (Sicoob[4]), além da Academia Sanguetsu de Ikebana[5], entre incontáveis outras atividades, sempre diversificando para enriquecer o conhecimento e a vida.

---

1 Ordem dos Advogados do Brasil, entidade de representação e regulamentação da advocacia e defensora da Constituição Federal.

2 Organização dedicada a aumentar a autoestima e ambição profissional das meninas, colocando-as em contato com mulheres dos setores de tecnologia, ciências, engenharia, além de empreendedoras.

3 Com 50 anos de atuação, a Facisc (Federação das Associações Empresariais de Santa Catarina) é o maior sistema empresarial voluntário do estado pela sua capilaridade e pela diversidade de setores que representa: indústria, comércio, serviços, agronegócio, profissionais liberais, turismo etc.

4 O Sicoob (Sistema de Cooperativas Financeiras do Brasil) é o maior sistema financeiro cooperativo do país, composto por cooperativas financeiras e empresas de apoio.

5 Estilo de ikebana (arte de montar arranjos de flores) criado por Mokiti Okada, que tem como noção básica o respeito pela natureza e tem como princípio a não modificação dos materiais usados (folhas, flores, galhos), tentando criar um arranjo mais natural e equilibrado possível.

Em meio a tudo, casei-me aos 23 anos e tive duas filhas: Isadora e Valentina. Hoje sou uma mulher bem-sucedida, inteira e convicta de que tenho a realizar muitos sonhos que sonho, ainda, e sempre.

Marcas, desafios, tristezas, decepções, frustrações, dores? Sim, tive e senti, e tenho e sinto, em diversos momentos. Mas se eu, que me considero uma mulher privilegiada – pois sou branca, com estrutura familiar que me proporcionou a conquista do sucesso –, vivo entre altos e baixos, o que dizer de milhares de mulheres que estão em condições diferentes das minhas, condições mais precárias?

Penso nessas mulheres a partir da minha trajetória, e assim passo a abordar a divisão sexual do trabalho e como ela impacta tão gravemente a vida de toda as mulheres e, portanto, de toda a humanidade ao longo da sua história.

Há pouca bibliografia sobre o tema, tão urgente, e prefiro me socorrer de autoras mulheres. Eis que o olhar feminino é íntimo dessa realidade perversa. Vejamos o que dizem Mayra Cotta e Thais Farage (2021):

> Trabalho é político. E por diversas razões. A começar pela maneira como decidimos o que será reconhecido como trabalho. Ir ao escritório e sentar em frente ao computador é trabalho. Vestir um macacão e tomar o seu lugar na linha de montagem é trabalho. Produzir um ser humano dentro de você, parir, amamentar e garantir que ele sobreviva não é trabalho, é "vocação materna". Cuidar de pessoas ao redor de nós, acolhê-las quando precisam e oferecer apoio emocional para suportar um mundo cada vez mais difícil não é trabalho, é "manifestação da natureza feminina do cuidado". Cozinhar, limpar a casa e lavar a roupa não são trabalho, são "atividades domésticas" – que no máximo podem ser terceirizadas por algumas mulheres majoritariamente brancas para outras mulheres majoritariamente negras.

A mão de obra feminina sempre foi pouco valorizada. E é a diferenciação entre o público e o privado que também caracteriza o espaço a partir do critério do gênero. A consolidação do espaço público como o que possibilitava trabalho assalariado passou a ser naturalizada como se devesse ser ocupado pelos homens. Já às mulheres cresceu a atribuição da criação dos filhos e as atividades de cuidado. Não à toa, a riqueza (ou o que se considera riqueza) sempre foi gerada no espaço público, e não no privado (em casa).

À mulher foi definido o papel primordial da manutenção da espécie a partir da maternidade e, como visto, da criação dos filhos e atividades de cuidado, sem que estas fossem consideradas as mais importantes para a preservação do equilíbrio social entre os seres humanos e da própria espécie. Por quê? É hora de questionar e mudar esse cenário.

Todos nós precisamos de cuidados para existir. As pessoas chegam "prontas" ao mercado profissional porque se beneficiam do trabalho invisível realizado, o mais das vezes, de maneira gratuita ou, quando se terceiriza, mal remunerado.

É fácil deduzir que a economia tradicional – comércio, indústria, serviços – não poderia existir se não fosse subsidiada pela economia do cuidado, que é o trabalho de lavar, passar, cozinhar, limpar a casa, cuidar de filhos, pais, companheiros, mantendo o primordial para que os indivíduos sobrevivam "harmoniosamente".

Enfatizo que o termo "economia do cuidado" se refere ao campo de estudos que busca visibilizar o trabalho que é ignorado, banalizado e desvalorizado pela sociedade. A economia do cuidado, conforme definição da Organização Internacional do Trabalho (OIT), envolve dois tipos de atividades: as diretas – como alimentar um bebê ou cuidar de um doente; e as indiretas – como cozinhar, lavar, passar e limpar a casa.

Segundo estudo da Oxfam[6], essas tarefas cotidianas exercidas por todas as mulheres do mundo somam cerca de 12,5 bilhões de horas por dia, movimentando US$ 10,8 trilhões ao ano, valor mais de três vezes maior do que a indústria da tecnologia do Vale do Silício (Estados Unidos).

A economia do cuidado impacta a trajetória pessoal de praticamente todas as mulheres; no entanto, é praticamente invisível porque é um trabalho com forte dimensão emocional e que é desenvolvido na intimidade.

No Brasil, em cinco décadas, a presença feminina no mercado de trabalho saltou de 18% para 50%, segundo dados do Instituto Brasileiro de Geografia e Estatística (IBGE). E mesmo sendo provedoras naturais dos serviços de cuidado, com o ingresso no mercado remunerado, as mulheres passam a trabalhar mais, tanto que o mesmo IBGE levantou, em estudo de 2017-2018, que, dos 57,2 milhões de domicílios brasileiros, apenas 17,6% tinham despesas com serviços domésticos e de cuidado. Logo, 82,4% dos lares atendem a tais necessidades sem recorrer a trabalhadores remunerados. E nós, mulheres, dedicamos três vezes mais tempo aos serviços do cuidado não remunerado do que os homens.

---

6 A Oxfam é uma das organizações humanitárias mais reconhecidas no mundo, trabalhando para salvar vidas em situação de emergência e reduzir o risco de desastres futuros. Organização da sociedade civil brasileira sem fins lucrativos e independente, criada em 2014 e sediada em São Paulo/SP, pretende construir um Brasil com mais justiça e menos desigualdades.

Eu poderia ainda fomentar o debate com o forte impacto de indústrias, como de cosméticos e moda, por exemplo, que submetem mulheres a padrões inalcançáveis, potencializando desafios de caráter pessoal e relacionamento de gênero, como se o objetivo fosse sempre "aprisionar" a mulher a um modelo/molde para que a ordem natural da vida siga sem arroubos. E ainda que a temática de gênero exija sempre a interdisciplinaridade como um olhar que refina e melhor explica as questões e, por consequência, revela como o aprisionamento a padrões também impacta a vida profissional das mulheres, vou me restringir ao campo do trabalho. É nesse campo, com a responsabilização social pela economia do cuidado, que se soma o fato do mundo de o trabalho para as mulheres ainda ser repleto de exploração, controle e opressão. Além das conhecidas diferenças salariais baseadas em raça e gênero, o assédio sexual e moral, o preconceito, a discriminação e as desigualdades que caracterizaram a entrada das mulheres no mercado laboral persistem até os dias atuais. Toda essa constatação sobre a vilania gerada pela divisão sexual do trabalho impacta todas as mulheres, inclusive a mim. Mas entendo que é imperioso igualmente evidenciar que, se hoje sou uma mulher bem-sucedida, é porque também contei e conto com o valioso trabalho de outras mulheres que se dedicam à economia do cuidado. Quando me refiro ao cuidado, faço-o também no âmbito da assistência moral e afetiva, já que, como mencionado, também experimentei – e ainda experimento, contrariada – preconceitos, discriminações e desigualdades do mercado de trabalho formal.

Ressalto que as mulheres com quem contei não foram ou são só as remuneradas (terceirizadas), mas, em especial, aquelas que formaram a minha rede de apoio desde o meu primeiro emprego, passando pela primeira infância das minhas filhas, e que foram essenciais para que eu seguisse trilhando uma vida profissional e social com destaque. São elas: minha mãe Norma e a mãe do pai das minhas filhas, Regina Helena, assim como minhas avós (como participaram da minha primeira infância!), irmãs, tias, primas, amigas, vizinhas e tantas outras extraordinárias mulheres.

Eu quero acreditar que haverá um dia em que outro capítulo que se refira a gênero e trabalho traga dados e notícias mais entusiasmantes e probas, aproveitando todo o valor financeiro, mas sobretudo o afetivo – por isso mesmo incomensurável – das mulheres, assim como a tão sonhada equidade entre os gêneros, com todos os atores assumindo seus papéis, com a sociedade mundial valorizando o que merece ser valorizado.

Finalizo este texto registrando o orgulho que tenho pela mulher que me tornei, e quanto sou agradecida e honrada por chegar até aqui ladeada de mulheres tão inteligentes e amorosas, que me inspiram e que mantêm aceso em mim o desejo de seguir sonhando com um futuro melhor não só para mim, mas para minhas filhas e para todas as mulheres do mundo. Porque é para isso – para este futuro de dignidade e justiça para todas as mulheres – que continuarei dedicando minha inteligência, meu trabalho e minha esperança.

Referência

COTTA, M.; FARAGE, T. *Mulher, roupa, trabalho: como se veste a desigualdade de gênero*. São Paulo: Paralela, 2021.

85

LANÇADA NA ARENA CONDOMINIAL

Acredito que quando algo é colocado em seu caminho, independentemente da sua escolha, a força suprema e causa primeira de todas as coisas está agindo para que você e o que lhe pertence alcancem o objetivo do encontro. Neste capítulo, vou contar como a fé e a confiança em Deus, otimismo, esforço e pessoas-chave testemunharam o momento mais difícil da minha vida *ad astra*.

RENATA FREIRE COSTA GUTIEZ

Renata Freire Costa Gutiez

Contatos
adv.renatafreire@gmail.com
Instagram: @renatagutiez.slz
@rfcgutiez.adv
98 98404 7778

Graduada em Direito pela Universidade Federal do Maranhão (UFMA). Advogada inscrita na OAB/MA sob o nº 11.400, especialista em Direito e Gestão Condominial, especialista em Direito Condominial. Fundadora da Associação dos Síndicos do Maranhão – Assosíndicos/MA. Vice-presidente da Comissão de Direito Condominial da OAB/MA. Sócia e fundadora do escritório RFC Gutiez Advogadas. Pós-graduada em Direito Imobiliário. Professora em cursos para síndicos e advogados condominialistas. Síndica 5 Estrelas pela Fundação Vanzolini (USP – Universidade de São Paulo). Certificada na Confederação Nacional dos Síndicos pela Fundação Getulio Vargas (FGV/CONASI) – 1ª aprovada no Brasil.

Meu sexto sentido sempre foi muito aguçado. Eu estava passeando com meus quatro cães e me deparei bem ao longe com a imagem de sete torres de um condomínio. Deu-me um frio na barriga. Um ou dois anos depois eu iria me casar e morar naquele condomínio. Minha vida pessoal e profissional mudaria para sempre. Entre aquele fim de tarde e o dia em que fui morar no condomínio, aconteceram algumas coisas que me fizeram perceber que, às vezes, o pior dia de sua vida acontece para que você perca tudo, até não restar alternativa senão andar sobre o que tem sob seus pés.

Eu era servidora pública não concursada, num cargo em comissão que me ajudou a pagar a singela festa do meu casamento e me deu a oportunidade de fazer uma viagem de quatro dias a um *resort,* graças ao cupom do site de compra coletiva, com o meu já marido. Era perto do Natal e no último dia da viagem, parcelada em quatro vezes no cartão de crédito, recebi uma mensagem no celular informando a minha exoneração do cargo. Como faríamos dali em diante? Eu que sustentava a nós dois, pois ele deixou de trabalhar como fisioterapeuta para se dedicar integralmente à faculdade de Medicina. Eu estava perdida, com pouco dinheiro e compromissos financeiros que não contavam com aquele momento e situação.

Perdi o emprego, certo, mas eu tinha uma profissão. Nada de choramingar. Vesti-me de advogada, que eu ainda era, e diariamente passeava para lá e para cá no fórum. Gastava sola mesmo. Conversava com advogados, servidores, pedia ajuda e orientação, e soube que empresas de fora do meu estado contratavam advogados para atuarem como correspondentes, pagando na hora. Procurei nas pautas de audiências das portas de vidro das varas e nos corredores do Fórum as empresas que mais tinham demandas e enviava e-mails me colocando à disposição. Os clientes apareceram e me senti grata a Deus. Valorizo meu tempo e trabalho, recusando ofertas que aviltam os honorários. E assim fomos sobrevivendo. Nessa época tive o apoio financeiro e emocional incondicional da minha tia-avó. Eu almoçava em sua casa todos os dias e recebia, além do carinho, a comida mais gostosa que já comi. Nos dias mais difíceis ela dizia: "Não te preocupa, pois enquanto eu tiver, você e seu marido também terão".

Eu precisava de um emprego fixo. Um dia chorei muito e, ajoelhada, pedi ajuda para Deus. Deixei currículos em escritórios, e nada. No dia seguinte a esse meu clamor meu telefone tocou. Era uma oportunidade de serviço fixo. A pessoa pediu que eu fosse lá no local fazer uma entrevista e, com minhas informações à mão, ela disse: "Olha, sei que pelo seu currículo essa função não seria a ideal, mas é o que temos. Se você topar posso ver em alguns meses se consigo algo melhor e compatível com suas qualificações".

Ao dar a notícia aos meus familiares, alguns foram pessimistas: "Uma menina que morou na Inglaterra, fala inglês fluente, formada em Direito na Federal, não, não... É muito pouco um salário desses". Confesso que fiquei angustiada e pensativa, mas raciocinei da seguinte forma: eu pedi para Deus em clamor, e no dia seguinte me ofertam o serviço. Foi Deus. Não vou recusar, ele sabe o que é melhor para mim. Seis meses depois eu estava ganhando o triplo e trabalhando somente um expediente. O que me dava a tarde livre para voltar para a advocacia correspondente. A comunicação com Deus é um diálogo, e percebemos isso quando temos uma rotina espiritual de preces e orações. Meu marido sempre disse que comigo Deus não dá um sinal abstrato, é bem claro.

Nada, absolutamente, nos faltou. Pagava as contas e ainda ia ao sushi bar uma vez ao mês com meu marido; pelo preço elevado, o passeio no restaurante japonês era um grande evento.

Nessa época aconteceu o "condomínio" na minha vida. Fui lançada à arena condominial. Naturalmente, aquele caminho estava sendo desenhado sob meus pés, então busquei estudar, entender mais profundamente o assunto, para que quando a sorte chegasse eu estivesse preparada.

A advocacia condominial é incrível, majoritariamente extrajudicial, oportunizando a convivência com os síndicos. Comecei a admirar as pessoas que se colocavam à disposição para esse papel tão fundamental. O síndico é, senão o maior, um dos profissionais com maiores habilidades e responsabilidades, de quem se exige diversos talentos e conhecimentos, é agente multidisciplinar, personagem coadjuvante com responsabilidade de protagonista; é quem, além da estrutura física do prédio, precisa lidar e manter a estrutura emocional para bem servir moradores, muitas vezes mergulhados na cultura da hostilização do síndico. É difícil mensurar o VALOR dessa atividade complexa, multidisciplinar, de uso inteligente do corpo, alma e coração. A atividade é grandiosa, é para os fortes, para os honestos, os corretos, íntegros, que têm a coragem de servir na área condominial com todo o seu amor e toda a sua dor.

A sede do escritório de advocacia

Eu atendia meus clientes nos escritórios compartilhados da Ordem dos Advogados da Seccional do Maranhão. Trabalhava um expediente no meu emprego fixo e as tardes eu me dividia entre os condomínios, clientes de outras áreas e a advocacia correspondente. Um cliente tinha lojas comerciais em ponto estratégico e nos contratou para elaboração de contratos de locação, após ter loja abandonada por inquilino, que foi embora levando até as portas de vidro, o que desmotivou o proprietário a reformar e facilitar a locação do ponto.

Meu marido finalmente se formou médico. Foi emocionante, pois sabíamos as dificuldades e o esforço para findar o curso em tempo integral, aos trinta e poucos anos. Durante o curso perdi meu emprego comissionado e, muito esforçado, a noite e aos finais de semana ele andava com sua maca pesada para lá e para cá fazendo fisioterapia a R$ 40 a sessão.

Meu marido é um homem diferente. Deus me disse que aquele homem que conheci em local de ajuda espiritual seria meu esposo. Não tínhamos amigos em comum. Naquele sábado, uma conexão foi criada para sempre, mas ainda não sabíamos. Ele me deu o cartãozinho e, naquela noite, enviei e-mail agradecendo por toda a orientação sobre assuntos espirituais. Achei que não o veria mais. No sábado seguinte, cheguei à casa de apoio espiritual atrasada e aparentemente não havia cadeira disponível, quando uma trabalhadora me avisou que havia cadeira disponível, e eu fui. Lá estava, de novo, meu futuro marido sentado ao lado. Ele me agradeceu pelo e-mail e me explicou que no cartão seu sobrenome estava erroneamente escrito com "s" em vez de "z". Ao enviar, eu foquei no nome principal em destaque no cartão, e por achar o nome "Gutiez" difícil de escrever, olhei a letra que estava maior, fazendo com que minha mensagem chegasse ao destinatário. Eu perguntei a razão de ele continuar com um cartão com dados errados. Ele disse que era porque havia mandado fazer cem unidades. Ele me perguntou por qual razão eu decidi mandar e-mail em vez de ligar ou mandar um SMS, mas fiquei com vergonha de dizer que eu não tinha créditos no celular. No sábado seguinte aconteceu algo estranho. Um carro atravessou a frente do meu, pouco antes de acontecer um acidente envolvendo um motoqueiro, e, do carro da frente, saiu meu futuro marido para socorrer a vítima. Fui embora, mas ficou na minha cabeça esse novo reencontro, "por acaso".

Depois de alguns anos de casados eu comentei o episódio com meu marido e ele ficou surpreso ao saber que eu era a motorista do carro atrás. Tempos se passaram e nos casamos. Ele sempre esteve ao meu lado em todos os momentos, bons e ruins. Um homem íntegro, evoluído moralmente, que se dedica à família e a causas sociais, que ajuda a todos, ainda que nunca os tenha visto. E me ajudou a construir o escritório, em um ato de amor, companheirismo, amizade e crença no meu potencial como advogada. No dia em que recebeu o primeiro salário como médico, me chamou e disse: "A partir de hoje seu dinheiro vai ser só para você. Vamos montar seu escritório, comer sushi todo final de semana e realizar seus sonhos". Fiquei emocionada. Busquei meu cliente para alugar aquela sala destruída que ainda estava disponível; além de aceitar a oferta, ele generosamente me propôs carência longa sem pagar o aluguel. Esse cliente sempre me ajudou, e sou grata a Deus por colocar pessoas boas na minha vida. Reformamos todo o imóvel, ficou lindo. Assim, nasceu a sede do escritório RFC Gutiez Advogadas.

Alguns anos depois nosso escritório se tornou referência em todo o estado. Nossa equipe é unida, trabalha por amor, recebe participação nos lucros da empresa – em porcentagem de produção – para motivação. Penso que esse é o segredo do nosso sucesso, pois eu e minha sócia, que é brilhante profissional e pessoa iluminada, valorizamos nossa equipe, aplicando a liderança servidora e a autorresponsabilidade à realização das tarefas. No mercado condominial, dentro e fora de nosso estado, os colegas conhecem e admiram nosso trabalho de destaque e competência.

Respirei fundo, levantei-me e disse: eu me candidato

"A gente quer que você seja síndica." Ouvi uma batida fraca na porta. Aguardei. Ouvi um burburinho lá fora como se várias pessoas estivessem ali do outro lado da porta. Abri. Era um grupo de condôminos e estavam ali para me pedir que assumisse aquela responsabilidade gigantesca em um condomínio grande e cheio de problemas. Eu disse que iria pensar para não causar impacto negativo, mas dentro do meu coração eu já estava decidida que eu não iria. Jamais. Deu-me até tremedeira. No entanto, já havia um caminho sob meus pés, rumo ao exercício da sindicatura. Quando chegou a hora certa, venci a eleição com larga diferença de votos, com um subsíndico que esteve sempre ao meu lado, me apoiando e me ajudando na vida profissional e pessoal. Ser síndica, que experiência forte. É missão. Muitas famílias sob nossa liderança, que precisa ser servidora. A responsabilidade é muito grande, então busquei conhecimento. Fui para São Paulo estudar Administração de Condomínios.

Permaneci síndica nesse empreendimento até meu primeiro filho nascer. E isso mudou minha vida e transformou minha carreira.

Minha base: família

A minha primeira experiência significativa com crianças foi o nascimento dos meus dois sobrinhos. Minha irmã sempre me disse que eu só saberia como é o amor de mãe quando tivesse meu filho, ela me encorajou a ser mãe. Ela e meu cunhado, que é um homem de bem, veio lá do Rio Grande do Norte para mudar o cenário da nossa família ao fazer da minha irmã sua esposa e nos presentear com dois filhos lindos, educados e avançados moralmente.

Tive dificuldades e o choque de realidade me trouxe problemas de cunho psicológico. Eu tive vergonha, a princípio, então busquei a ajuda de uma tia que amo como uma mãe, com quem eu converso abertamente sobre todas as coisas e por quem sou aconselhada com todo amor e respeito. Ela me ajudou e amparou em todo esse processo, até que eu me sentisse melhor. É muito difícil conciliar maternidade e trabalho; e graças a Deus tive o apoio incondicional da minha mãe, durante todo o processo, acompanhando o crescimento e o desenvolvimento do meu filho desde o primeiro dia do seu nascimento, sendo incansável e companheira. Meu núcleo familiar principal é muito próximo. Meu irmão é aquele que visita todo dia se puder, superfamília, quando não está viajando. Ele e minha cunhada estão juntos há tanto tempo que ela parece ser sangue do nosso sangue. Nosso pai é militar do Exército, por isso estudamos nos colégios militares desse grande Brasil. Nos almoços de família, sempre relembram quando meu pai teve pressão alta me ensinando matemática. Quando fui aprovada na OAB eu estava na casa dele, com ele, e pulamos juntos muito felizes, abraçados e comemorando.

Destaque em âmbito nacional

Em 2020 eu fui a primeira pessoa aprovada, no Brasil, no difícil exame da FGV CONASI (Fundação Getulio Vargas). No mês seguinte saiu minha aprovação no badalado rol dos síndicos 5 Estrelas (Fundação Vanzolini/USP). Poucas pessoas em nosso país possuem essas qualificações, que servem para comprovar o conhecimento teórico e prático do gestor condominial, habilitando-o à contratação segura e de excelência. A aprovação nesses exames impulsionou meu nome fora do Maranhão, me oportunizando conhecer as pessoas que eu admirava e nas quais me inspirava, fortalecendo ainda mais meu comprometimento com o mercado condominial.

86

A CURA DAS FERIDAS DA HUMANIDADE ESTÁ NA RAIZ
A RAIZ É UMA MULHER PRETA

Precisamos resgatar a energia feminina em essência e desconstruir a masculinidade tóxica, abusiva e violenta. O abafamento do feminino e o surgimento do patriarcado levou os seres humanos à desconexão da divindade dentro de si, e violência, culpa, medo, abandono, punição, rejeição e outras feridas passaram a fazer parte do cotidiano. No berço ancestral, na raiz, isto não acontecia: amor, acolhimento, honra, respeito, compartilhamento, existir, ser, sentir, dançar, fazem parte da essência. E a essência é feminina. A representação da raiz em essência e existência é a MULHER PRETA.

RENATA SÏLVA

Renata Sïlva

Contatos
silva.renatacontato@gmail.com
Instagram: @sourenatasilva
YouTube: Renata Sïlva - Relacionamento - Reconquista
TikTok: @sourenatasilva

Pedagoga com licenciatura em: Matérias Pedagógicas, Administração, Supervisão e Orientação Educacional. Psicopedagoga Clínica e Institucional. Professional, *life* e *leader coach* certificada pelo IBC – Chairman of BCI – Behavioral Coching Institute and Graduate School of Master Coaches Founder ICC – International Couthing Council. Analista comportamental e extensão acadêmica em *Professional and Self Coaching*. Especialista em Dança e Consciência Corporal e Sexualidade Humana. Pós-graduanda em Psicologia Clínica e Psicologia Positiva, Ciência do Bem-Estar e Autorrealização (em curso – 2022). Terapeuta holística integrativa sistêmica. Colunista e facilitadora dos conhecimentos do feminino e masculino ancestral. Seu trabalho se iniciou na Argentina, depois no Brasil, Portugal, Uruguai e Paraguai. Renata Sïlva é potência no despertar e no resgate da força e da feminilidade perdida, bem como na desconstrução das masculinidades tóxicas e abusivas do patriarcado, saindo do homem ideal para o homem real.

Sentada na cozinha, sentindo o cheirinho gostoso do feijão cozinhando na panela de pressão e aquele barulhinho típico de quando ele está quase pronto, fico admirando minha vó. Suas mãos em atenção plena moldam as coxinhas de galinha para serem fritas logo, logo; e eu enquanto isso ajudo cortando os legumes. Ao mesmo tempo que cada salgadinho é confeccionado como uma escultura, minha vó conta as histórias das mulheres que vieram antes de nós, da nossa família, e ainda me dá uma lição: "Natinha, você não está cortando esses legumes direito. A vovó corta as batatas desse jeito? Tudo torto, de qualquer maneira? Você quando come fica no seu prato a comida de qualquer maneira? É para cortar certinho, em quadradinho, bonitinho. Você não merece nada jogado, ninguém merece comer nada de qualquer jeito, então faça com carinho e amor, porque é isso que você merece e é assim que a vovó faz, certo?".

Quando criança, não entendia a profundidade da minha vó e não percebia quantas histórias ela tinha dentro de si e o quanto esse amor estava presente em tudo o que fazia. Por muito tempo, achei que era somente uma mulher oprimida, submissa e silenciada. Hoje sei que dentro dela haviam conhecimentos transcendentais que foram abafados por um masculino opressor, por moldes e veneno. Esse veneno chama-se machismo. Outro veneno opressor: racismo.

A opressão do silenciamento

Desde pequena eu sentia as dores do racismo e do machismo ao mesmo tempo. Mesmo sem saber o que ocorria, sentia na pele as duas doenças da humanidade ao mesmo tempo. Infelizmente isso ainda nos tempos de hoje ocorre com meninas e mulheres. A verdade é que desejam de todas as formas que sejamos silenciadas.

Venho de uma família em que nunca houve nenhum tipo de conversa sobre as questões raciais e muito menos sobre o machismo. Na família de minha mãe, o machismo estava presente diariamente em diversas situações, já na família de meu pai, o orgulho de ser preto era sentido, mostrado, exposto e não falado.

Como o despertar da sua feminilidade pode ajudá-la?

A mulher preta está cansada, exausta. Diferentemente da mulher branca, não lutamos para poder trabalhar, nunca deixamos de trabalhar. Todo esse trabalho é à base de chibatas. Ora por maiores salários, ora por carga excessiva, ora por batalhar para ocupar espaços pelo nosso merecimento acadêmico, mas sempre embarreirado ora pelo fato da cor da pele, ora por uma alma que precisa ser nutrida.

A mulher oprimida, precisando assumir diversos papéis, deseja ser amada, mas se conecta com homens negativos, destrutivos, tóxicos, que passam por diversas situações em batalha; cansada, devastada, esqueceu-se de si mesma para poder ter espaço. Com isso, sua feminilidade não foi verdadeiramente despertada.

O despertar da feminilidade contribui exatamente para esta ruptura de uma mulher desconectada do essencial para uma mulher alinhada à essência e à sua força feminina ancestral.

O feminino é fluidez, leveza, prosperidade e abundância. É como dançar e sentir o vento tocando cada parte do seu corpo. O feminino é a potência maior que há no mundo: gerar, nutrir, acolher, acarinhar; potencializa e é conectado às leis da natureza, porque a natureza é feminina. O feminino é amor, perdão e transcendência. O feminino não é gritar o tempo todo, insegurança, medo, ciúmes.

O amor não pede nada em troca, ele flui em abundância; e esse fluir é amar em verdade e amar em verdade é ser livre.

O que acontece quando seu feminino não está nutrido?

Quando esse feminino não está nutrido, suas relações, seu relacionamento sofre com isso. A humanidade desalinhada só ignora uns aos outros e morrem em vida. Relações abusivas, brigas excessivas como dois homens, pois os dois estão vibrando na energia masculina, apego, desconexão, desentendimento de si mesma, doenças ligadas ao feminino, medo e bloqueios. A sexualidade é reprimida ou atrairá homens que farão esse papel de opressor.

Desde 2020, quando o planeta convidou - aliás impôs de forma disruptiva a cada um ter uma reflexão enquanto ser humano sobre como estava vivendo, alinhando o próprio eu, a fala, o sentir, a energia ou até mesmo se a própria fala era real ou uma fala medíocre. O planeta convidou a grande reflexão: havia harmonia entre o agir e o pensamento?

O homem passou a fingir que ama. A mulher passou a fingir que acredita. As crianças passaram a ser educadas pelos celulares e a pandemia trouxe a quebra e o regresso necessário. Ela veio mexer na humanidade, nas feridas e nas doenças do inconsciente coletivo; nos moldes, porque fomos todos moldados e domesticados.

Racismo, feminicídio, espancamento de mulheres... O número desses males aumentou em mais de 200% nesse período. Por quê? Qual é o motivo do aumento da agressividade quando homens e mulheres precisavam estar em contato com seus familiares?

O machismo e o racismo: dois males cruéis

A sociedade moldada e domesticada ensinou o homem a se tornar *forte*; e *forte* é sinônimo de opressor, quando suprimir as qualidades femininas de suavidade, amor, acolhimento, compaixão, leveza e intuição é normal. Só que esse mesmo homem também tem dentro de si a energia feminina e inconscientemente nega esse lado, reprimindo a sua mulher interior; e essa repressão acontece há milhares de anos e o destrói. Esse mesmo homem passa a direcionar essa dominação ao feminino e ao feminino original: com a mulher preta, a opressão é ainda maior.

Conhecimento liberta, transcende e prospera

A ferida é o lugar onde a dor permite que a luz possa entrar e transcender sua existência.

Sua mulher não merece mais viver onde é oprimida, apontada, viver onde não há amor, onde a repressão sexual ao corpo feminino exista. Sua mulher merece acessar o poder feminino, compreender-se enquanto mulher conectada com suas raízes ancestrais e seu útero alinhado como fonte de poder. Da mesma forma, você enquanto mulher preta deve resgatar as memórias da nossa ancestralidade, da força do povo preto e diluir aquilo que é ainda oprimido em nós. Você, mulher branca, entenda que o racismo é um elemento destruidor da estrutura social ainda presente no nosso país e no mundo e principalmente no Brasil.

Não há elevação alguma em ser uma mulher da p**** toda se você ainda não souber ser uma mulher que possui empatia por outra mulher, independentemente de sua etnia, pois o útero de uma está conectado ao útero da outra e todas estamos conectadas ao útero maior, que é o da mãe Terra.

Não podemos mais naturalizar o racismo, a opressão, a desconexão do feminino, a desumanização da mulher, a mulher negra sendo objetificada e colocada no lugar exploratório e de subserviência.

Quem tem medo da mulher preta?

A mulher preta é a base da pirâmide. Estatisticamente, segundo o Censo 2010, dados do IBGE (Instituto Brasileiro de Geografia e Estatística) mostram que 54% da população brasileira é negra. Dados do Ipea (Instituto de Pesquisa Econômica Aplicada), de 2016, mostram que mulheres brancas recebem 70% a mais que mulheres negras. Ou seja, a opressão existe pelo fato de ser mulher, preta e pobre, e o opressor ainda se acha no direito de dominar corpos pretos. Nosso país ainda vive a cultura escravocrata, em que uma mulher preta é objetificada como sendo um corpo apenas para trabalho braçal, sexo e jamais intelectualizado. Isso se reflete na vida das famílias e na estrutura financeira. Obviamente, ao menos no poder social e econômico das famílias.

Quando a mulher preta começa a retirar todos os véus que foram colocados sobre seus olhos e começa a enxergar seu próprio poder e desperta sua força e sua potência, deixando de ser aquela que está para servir e sim resgatando o protagonismo da sua própria linhagem ancestral, causa medo e estranhamento àqueles que já se acostumaram a vê-la como objetificada ou apenas como subserviente. Esse medo e esse estranhamento vêm da cultura e do costume de dizer que a mulher preta não tem inteligência suficiente, não tem nível cultural e muito menos conhecimento relacionado às várias esferas.

Uma vez escutei de um homem branco que havia acabado de conhecer que eu era uma mulher perigosa. Perguntei a ele o porquê. Fiquei surpresa com a resposta: "Muito bonita, inteligente e independente".

Consegue compreender o quanto a mulher preta é colocada apenas no lugar de servir? Seu corpo é usado para servir aos desejos dos homens, assim como o patriarcado os ensinou e os tornou pior, unindo-os ao racismo.

A mulher preta deseja amar tanto quanto a mulher branca, mas não podemos negar que há uma diferenciação em relação às dores de ambas. O perigo vem exatamente do resgate de ser mulher e da compreensão e do entendimento enquanto mulher preta, quando ela resgata toda a força de suas raízes, não se deixando mais ser colocada no lugar que não deseja estar e muito menos no papel da mulher oprimida que nossas antepassadas viveram.

O maior medo que se tem da mulher preta é que ela resgate todo o poder e sua consciência aconteça de fato, transgredindo-a para toda a população preta, indígena e brancos conscientes de que essa união é a cura da humanidade em harmonia e paz.

A cura da desordem da humanidade está na raiz e este conhecimento está na mulher preta

A mulher preta carrega em seu sangue as memórias da ancestralidade do berço do mundo. Essas memórias são cultivadas e vividas até hoje em suas casas, com seus filhos e familiares; e nos terreiros, nas religiões de origem afro. Quais são esses valores passados de geração em geração?

Ubuntu, já ouviu? Não apenas uma palavra, é um conceito, uma filosofia.

Ubuntu representa uma filosofia e uma ética africana, que significa: "Sou quem sou, porque somos todos nós". Uma pessoa com ubuntu tem consciência de que ela é afetada quando um semelhante seu é afetado. Sabe que não é uma ilha, somos continentes interligados uns com os outros. Ubuntu fala de respeito básico pelos outros. Fala de compaixão, partilha, empatia, compreensão, cuidado, humanitarismo, calor humano... Resumindo, ubuntu fala de amor!

Consegue compreender como esse conceito está internalizado e ensina o indivíduo a ter consciência do coletivo?

Em África, nas sociedades matrilineares, não havia tamanha necessidade de controlar a sexualidade feminina, pois se compreendia que a identidade e a herança de uma criança era transmitida pela linhagem materna.

Os mais velhos são respeitados, pois são uma biblioteca viva e possuem conhecimento vasto do sentido da vida, das tradições e das memórias, e podem contar as histórias que são passadas de geração em geração para que no futuro elas sejam contadas aos descendentes.

Minha avó na cozinha ocupava um lugar muito importante para a mulher preta, onde o alimento é mais do que comida, é a nutrição do alimento físico e amor. Os conhecimentos são passados por meio da palavra, da oralidade.

Ninguém é sozinho, ninguém está sozinho e todas as decisões são tomadas em conjunto e unidas às leis universais, e a natureza faz parte de nós como força e vitalidade. A mulher preta compreende sua ciclicidade e ritualiza seus marcos, assim como os ancestrais, mesmo que de modo inconsciente.

A mulher preta sempre pensa no coletivo. Uma das provas está na nossa própria história, em que, mesmo a mulher sendo chicoteada pelo homem branco, senhor de engenho, estava pronta para ajudar na cura de um mal, de uma doença, sem pensar duas vezes que aquela mesma pessoa havia lhe feito tamanha maldade.

Seus conhecimentos estavam na ação do bem e da humanidade e não para se apropriar do outro e vantagem do outro. Até hoje esta ação é exercida, quando a mulher preta, mesmo com seus problemas, está à frente, em maioria, no auxílio às pessoas para que a comunidade em seu entorno possa ter um crescimento exponencial e existir diante de tantas mazelas do mundo.

A mulher preta tem seus braços abertos diante de toda a sua comunidade e traz dentro de si equilíbrio entre homens, mulheres, crianças e o grande espírito; e ele se manifesta na arte, na dança e na música. Há o incentivo sem olhar os corpos como sexualizados e repressão. O corpo é expressão divina. A anulação do corpo é a anulação da divindade existente dentro de si.

É necessário que, além da percepção, haja empatia da mulher branca e ela se coloque em entendimento, compreensão e ação em relação às questões da mulher negra, indígena e da mulher trans.

O acolhimento e as práticas de empoderamento precisam ser de maneira coletiva e jamais seletiva e elitizada. Este é o caminho primordial para que as mulheres possam ocupar espaços, para que eliminem as práticas de violência aos corpos e a opressão feminina decorrente do patriarcado.

A você, mulher preta

Seu poder existe e está nas suas raízes, independentemente da sua história de origem, do local que você mora ou morou: seja na favela, seja no castelo, seja no asfalto, seja no palácio.

Você tem dentro de si um poder enorme. Esse poder é ancestral. Esse poder é África, esse poder é diáspora.

Jamais esqueça: você é a representação do berço da grande mãe, você é a representação da origem, da força da mãe Terra.

Mulheres, a força feminina é ancestral.

Referências

GIBRAN, K. O. *Acredite no amor: reflexões inspiradoras sobre o profeta*. São Paulo: Alaúde Editorial, 2021.

LOPES, N. *Filosofias africanas: uma introdução*. Rio de Janeiro: Civilização Brasileira, 2020.

MANO A MANO. Entrevistada: Sueli Carneiro. Entrevistador: Mano Brown 26 de maio de 2022. *Podcast*. Disponível em: <https://open.spotify.com/episode/2eTloWb3Nrjmog0RkUnCPr>. Acesso em: 22 de nov. de 2022.

NETO, A.; FRANÇA. R. *Confinamentos & afins: o olhar de um homem negro sobre resistência e representatividade*. Rio de Janeiro: Nova Fronteira, 2020.

OSHO. *O livro das mulheres*, 13. Ed. Rio de Janeiro: BestSeller, 2021

OSHO. *O livro dos homens*. 5. ed. Rio de Janeiro, BestSeller, 2018.

RIBEIRO, D. *Quem tem medo do feminismo negro?* São Paulo: Companhia das Letras, 2018.

EMPREENDER NUNCA FOI MEU SONHO, MAS FOI EMPREENDENDO QUE MUDEI MINHA REALIDADE DE VIDA

Neste capítulo, eu vou te contar como eu transformei uma empresa com poucos clientes, sem capital e que funcionava na informalidade, em uma empresa sólida e lucrativa, que atualmente me proporciona uma vida financeira confortável, sem contar moedas.

Reni Serafini

Contatos
www.reniserafini.com
serafim.reni@gmail.com
Instagram: @reniserafini
16 99785 8214

Formada em Administração de Empresas e Ciências Contábeis. Possui mais de 25 anos de experiência na área administrativa, em departamentos financeiros, de compras e pessoal. Atuou em multinacionais na gestão de pequenos negócios. Desde 2012, é dona e gestora da @buscarrtransportes, transportadora de veículos que atua no Brasil inteiro. Especialista, mentora e consultora em pequenos negócios.

Empreender nunca foi meu sonho, meu objetivo. Aliás... eu tinha era medo de ter um negócio. Notícias como: "A maioria das empresas fecha no primeiro ano" ou "Pequenas empresas não sobrevivem mais que 5 anos" sempre me fizeram pensar que empreender era uma péssima ideia.

Eu sofria da "síndrome do contracheque". Sempre achei que segurança era carteira assinada, seguro-desemprego, FGTS... Quando o Jailton (meu marido e sócio) me disse que ia se tornar sócio de uma empresa, fui contra. Estávamos em uma fase complicada financeiramente. O Jailton vinha de uma má fase e ultimamente tinha tido péssimos empregos; e o sustento da casa, na maior parte, dependia do meu salário. Por mais que eu estivesse ganhando bem, somos uma família grande, quatro pessoas, e na época tinha dois filhos pequenos. A situação financeira não era boa. Ele insistiu e, para acabar com as brigas, minha resposta foi "VAI BRINCAR DE EMPRESÁRIO QUE EU SUSTENTO A CASA".

Apesar de sempre ter sido a intraempreendedora (aquela que empreende na empresa dos outros), eu sempre me dediquei muito nas empresas em que trabalhei. Nunca fui demitida. Na verdade fui uma vez, no meu primeiro emprego com registro em carteira (porque eu já tinha sido babá e doméstica). Meu primeiro registro em carteira foi aos 13 anos, em uma loja e lá eu trabalhei por mais de um ano. No dia do casamento da minha irmã eu faltei, mas avisei, aí na segunda-feira fui demitida. Foi a única vez. Depois disso, eu sempre pedi demissão, e em todas as vezes, que não foram muitas, meus chefes lamentaram minha saída. Propuseram-me aumento e deixaram as portas abertas, caso eu quisesse voltar.

Para mim, a empresa em que eu trabalhava era como se fosse minha. Eu sempre entregava mais do que tinha sido contratada. Sempre gostei de aprender sobre funções, além das minhas. Isso me rendeu, além de ser chamada de puxa-saco, promoções, aumento de salário... muita experiência. Então, quando o Jailton me veio com história de trabalhar por conta própria, ter um negócio, eu realmente não vi com bons olhos. Eu queria que ele arrumasse um bom emprego. O Jailton sempre teve bons empregos; ele sempre foi um excelente funcionário também, mas não tinha o menor dom para empreender. Antes de me conhecer, ele já tinha sido dono de uma padaria (em sociedade com um irmão) e de um supermercado com um amigo e tinha falido os dois negócios. Este era um dos motivos pelos quais eu não gostava da ideia de ele trabalhar por conta, ter um negócio. Também não acreditava no modelo de negócio em que ele queria entrar: "transportadora de veículos multimarcas". Tinha o fato de o Jailton não ter nem um centavo para investir. Como já disse, vínhamos de uma fase complicada e já tínhamos gastado todas as nossas reservas. Até nosso carro (um Palio com mais de 12 anos de uso) tinha os documentos atrasados. Meu medo era que ele colocasse a única coisa que nos dava segurança (nossa casa) em jogo. Era uma casa simples, não tinha grande valor, mas era minha segurança. Mas mesmo contra minha vontade o Jailton insistiu e o sócio (que já tinha a empresa) ofereceu metade do negócio. O Jailton só precisava entrar com a experiência, a empresa trabalharia com prestadores de serviço e bases de apoio, de modo que não necessitava de grandes investimentos. Então, o Jailton entrou de cabeça no negócio e a "brincadeira de empresário" começou a prosperar.

Mesmo eu trabalhando em uma multinacional, das 7h às 17h, de segunda a sexta, com dois filhos pequenos e uma casa para cuidar, o Jailton estava sempre me pedindo ajuda na empresa e eu comecei a ver que era bom negócio. Como eu estava lá para "ajudar", não podia dar muito palpite, mesmo vendo a péssima gestão que eles faziam.

Em pouco tempo, o sócio do Jailton não quis mais continuar no negócio e meu marido me propôs trabalhar com ele; ou ele ia precisar contratar alguém. Ele estava certo de que a transportadora era um excelente negócio e não ia desistir.

A princípio eu não quis, eu estava na empresa dos sonhos, com um bom salário e via um futuro promissor. Mas o Jailton usou o mais baixo dos argumentos: "Você vai ter mais tempo com as crianças. Vai poder buscar e levá-las à escola. Você pode trabalhar só meio período...". Qual mãe não sonha com isso?

Foi uma decisão difícil... De um lado tinha a segurança da carteira assinada, de um bom salário que mantinha as contas da casa em dia; apesar de não sobrar nada, também não estava faltando. Mas eu acordava às cinco da manhã, preparava as crianças, Jailton me deixava na empresa antes e depois levava as crianças para a escola. Pegava-os ao meio-dia e deixava-os na casa da minha cunhada. Eu só chegava em casa às 18h; ainda tinha de cuidar da casa e do jantar. Estava sempre exausta e não ia ver meus filhos crescerem. Do outro lado, Jailton me oferecia a possibilidade de trabalhar meio período, enquanto as crianças estivessem na escola, e ganhar até mais, pois a empresa tinha potencial; só precisava de uma boa administração.

Administrar não era problema para mim. Se eu sabia fazer a gestão da empresa dos outros, por que não saberia fazer na minha? Quanta indecisão... Foram noites sem dormir, pesquisas, conversas com amigos, com conhecidos do ramo... Deixar um emprego de que a gente gosta, com uma carreira promissora, para se aventurar no empreendedorismo não é fácil. Ainda mais em um negócio nada tradicional, sem dinheiro e sem nenhuma garantia.

Movida pelo desejo de acompanhar mais de perto o crescimento dos meus filhos, fiz uma reserva de uns três meses para manter as contas essenciais de casa e me joguei de cabeça no negócio. Mas antes eu me sentei com meu marido, que dali por diante se tornaria meu sócio, e fiz duas exigências:

1. Eu não estava ali para ajudá-lo, para dar uma força ou para complementar a renda familiar, eu era sócia dele, dona de 50% da empresa e responsável pela gestão administrativa e financeira. Minhas decisões poderiam ser contestadas, mas jamais ignoradas, assim como eu era responsável e respeitada nas empresas em que trabalhei, queria que ele me respeitasse também.
2. Que no dia em que fosse necessário fazer empréstimo de um centavo para pagar dívidas ou atrasar um pagamento, eu largaria a empresa e voltaria para a CLT.

Ele aceitou!

O Jailton sempre confiou e acreditou na minha forma de administrar, desde a administração das contas da nossa casa. E sem modéstia nenhuma, eu sempre fui boa com dinheiro, sempre tive uma visão estratégica.

Infelizmente eu não tinha essa mesma confiança na empresa. As manchetes de que a maioria das empresas não sobrevivem ao primeiro ano ou que não passam do segundo me assombravam. Eu pedia a Deus que durasse pelo menos até meus filhos crescerem um pouco mais. Mas minha insegurança era tanta que eu não dei entrada no meu seguro-desemprego. Quando avisei minha chefe que ia sair para empreender, contei a ela sobre minha insegurança, as dúvidas e o medo. Então, ela me disse que ia solicitar minha demissão. Assim eu ia poder contar com o seguro-desemprego e todas as verbas rescisórias. Disse que eu tinha contribuído muito com a empresa e que não tinha por que não me ajudar também. Confesso que isso foi um conforto! Mas eu não dei entrada no seguro-desemprego. Era minha carta na manga. Se algo desse errado, teria o mínimo para segurar o básico até me recolocar no mercado de trabalho. Esperava sempre o pior, e foi assim durante muito tempo. Passei as crianças para estudar à tarde. Ficava em casa com eles na parte da manhã e depois que deixava-os na escola ia para a empresa. Essa rotina era um sonho realizado!

Quando eu realmente assumi a empresa, descobri que tinha muita coisa para fazer. A empresa não tinha nenhum procedimento, estava operando na informalidade. Tinha dívidas de ICMS e eu não conseguia emitir sequer um CT-e (Conhecimento de Transporte eletrônico). Foi então que eu descobri que seria bem mais difícil do que imaginava.

Tenho de confessar também que eu achei que administrar um pequeno negócio seria bem mais simples; afinal, além de ser formada em Administração de Empresas eu tinha experiência em pequenas empresas e em departamentos financeiro, de compras e pessoal de grandes empresas. Mas pesava ainda minha falta de conhecimento na área fiscal, principalmente para uma transportadora que atua no Brasil inteiro. Convenhamos que o sistema fiscal brasileiro é muito complexo. Cada estado tem uma legislação tributária específica e suas alterações quase diárias. Isso só dificultou as coisas.

Trabalhando apenas meio período e com todas as atribuições, eu era a gestora, a atendente, a que precisava se atualizar sobre tributação, responder ao comercial, cuidar do marketing e ainda coletar e entregar veículos em Salvador/BA, pois precisávamos oferecer um diferencial. Afinal, estávamos começando e nosso diferencial era oferecer a coleta ou a entrega de veículos na casa do cliente como cortesia (o Jailton levava ou buscava o carro do cliente rodando e eu era a motorista de apoio. Fiz isso muitas vezes antes ou depois do expediente, muitas vezes com meus filhos no banco de trás do veículo, dormindo).

A falta de tempo e a questão de ser necessário cobrir tantas áreas me fez descuidar do financeiro. Sempre fui rigorosa com as contas a pagar, mas passei a negligenciar o contas a receber; confiava na boa-fé do cliente. Tinha também o fato de não separar as contas da empresa das minhas contas pessoais. Apesar da sociedade entre mim e o Jailton, nunca tivemos separação de dinheiro, o que é meu é dele e vice-versa. Então, não tinha problema não fazer essa separação de contas nem definir um valor de pró-labore. Afinal, eu nunca fui uma pessoa de gastar muito. Com isso, para poupar tempo, deixei de controlar as entradas e as saídas por meio do Fluxo de Caixa. Não fazia o fechamento do mês com um DRE nem controlava como se devia o Contas a Receber.

Eu estava sempre preocupada em trazer mais clientes, em melhorar nosso serviço e negligenciava meu financeiro. Estávamos faturando bem, mas o dinheiro não sobrava. Para piorar, achando que o problema estava na falta de conhecimento fiscal, resolvi cursar Ciências Contábeis. Meu tempo, que já era curto, ficou mais curto ainda.

Junto com a faculdade de Ciências Contábeis, comecei a ler mais sobre empreendedorismo; e foi na leitura que descobri que o problema estava na forma como que eu estava gerindo o negócio. Se continuasse assim, ia levar a empresa à falência. Foi então que contratei uma pessoa para cuidar da minha casa e ficar com as crianças quando elas não estavam na escola e mais dois funcionários para a empresa. Havia faturamento e estava na hora de delegar algumas funções. Com isso, comecei a fazer a gestão como sempre soube que precisava ser feita e como fazia nas empresas em que tinha trabalhado.

Criei processos e procedimentos, passei a estabelecer metas e trabalhar com todos os relatórios gerenciais de que um empresário precisa para nortear um negócio. Em pouco tempo comecei a ver dinheiro na conta. Passei a ter mais segurança na empresa, no meu negócio.

Empreender pode parecer fácil, pegar nossa experiência profissional, nossas economias e colocar em um sonho de mais ganhos financeiros, achando que fazer a gestão de um negócio é intuitivo, pode ser a ruína de muitos empreendedores que engrossam as estáticas de que pequenos negócios não se sustentam além dos dois anos.

Se eu não tivesse reconhecido em que ponto estava errando e não estudasse muito para corrigir tais erros, provavelmente minha empresa não teria chegado a cinco anos. Felizmente, corrigi a tempo. Em 2022, a empresa completou dez anos sob minha gestão. Fecha atualmente 140 contratos por mês, muito acima dos 12 que atendíamos em 2012, e nos proporciona uma vida confortável financeiramente, muito além do que eu sonhava quando era criança.

Eu vivi até o início da minha adolescência nesta casa, que fica no interior do Espírito Santo. Meu pai não era fazendeiro, era colono. Sou caçula de sete irmãos, sendo seis mulheres e um homem. Meu sonho quando morava aí era ser doméstica. Minha expectativa e a das minhas irmãs era estudar até a 4ª serie. Meu pai dizia que bastava saber ler, escrever e fazer as contas básicas. As escolas rurais só ofereciam instrução até a 4ª serie. Para estudar além disso, só indo morar na cidade, e isso só era possível para filho de "rico".

Por obra do destino, meu pai se desentendeu com o dono da fazenda e disse que não morava mais nas terras de ninguém. Mudou-se para a cidade mais próxima. Nesta cidade eu fui babá, doméstica, balconista, caixa de supermercado e costureira, até ir morar na capital Vitória, quando aos 18 anos conheci meu marido, fiz faculdade e pude chegar onde eu estou.

Não foi fácil. Tive que trabalhar muito. Dediquei-me dias e dias a me aperfeiçoar, mas valeu a pena cada sacrifício que fiz, cada dia de dedicação.

Quando eu era criança e morava naquela casa, meu sonho era ser doméstica porque eu não gostava dos trabalhos na roça: colher café, plantar e colher milho, arroz, feijão e hortaliças, cuidar do gado... Eu não queria essa vida e achava que ser doméstica era o máximo que eu poderia alcançar. Mas eu não aceitei o que o destino tinha traçado para mim. Sempre quis ir além. Quando consegui ser doméstica, vi que poderia muito mais... E fui atrás dos meus sonhos. Ocupei cargos de chefia em grandes empresas, mas meu maior feito e as grandes conquistas vieram com o empreendedorismo, com minha empresa a @buscarrtransportes. Eu nunca imaginei que alcançaria tudo o que eu alcancei, de menina pobre filha de colonos, que cresceu na roça, recentemente entrei em uma concessionária e comprei um carro SUV de mais de R$ 100.000,00 à vista. Moro em uma casa confortável de mais de 400 m², com piscina, *closet* e jardim. Meu sócio e marido recentemente realizou seu sonho pessoal, comprou sua tão sonhada caminhonete 0 km.

Graças a Deus, pago um bom plano de saúde e escola particular para meus filhos. Vou ao supermercado e compro o que tenho vontade sem contar moedas. Posso proporcionar boas experiências para meus filhos. Hoje, por exemplo, concluo o capítulo deste livro no quarto de um confortável hotel em Porto Seguro/BA. Estou lhe contando isso para me gabar? Não, é porque eu quero incentivar outras pessoas a conseguir e alcançar seus objetivos no empreendedorismo também.

Há muito tempo deixei de trabalhar só meio expediente, mas posso fazer meus horários. Posso acompanhar meus filhos nas consultas ou ficar com eles quando estão doentes. Nunca faltei às reuniões ou às apresentações deles na escola. Não é fácil; você não vai trabalhar pouco, vai precisar aprender como se faz, mas tudo o que conquistei foi graças ao empreendedorismo! E você pode alcançar também!

88

A FELICIDADE É APRENDIDA

A felicidade é algo que nos instiga a crescer, é um desejo nato do ser humano. Neste texto relato algumas experiências, percebendo que todos nós estamos em busca de sermos plenos e felizes na vida. Que esta leitura inspire sua luz interna. Coloquei dez perguntas-chave sobre autodesenvolvimento pessoal. Gostaria muito de receber seus *insights*, adoraria que você os compartilhasse comigo.

ROSANGELLA FAGUNDES

Rosangella Fagundes

Contatos
medreyterapias@gmail.com
Instagram: @medreyterapias
45 99906 2299

Levar consciência com leveza, alegria e conhecimento é o meu Dharma. É o que nasci para fazer. Nos atendimentos individuais ou em grupos, desenvolvo você para atingir sua potencialidade. Uso ferramentas como: Hipnose Clínica e Ericksoniana, Kundalini e Hatha Yoga, Ayurveda, Constelação Familiar, *Coaching* de Inteligência Emocional, PNL, Numerologia Tântrica e Astrologia Védica. São mais de 18 anos de experiências ouvindo, observando, entendendo e possibilitando a mim a oportunidade de poder apoiar outro ser humano com a infinita capacidade de transformação. Sou criadora e facilitadora do Método Medrey de Terapia.

Das poucas lembranças que eu tenho da infância, uma delas, que é bem vívida, era o sonho de tornar-me adulta, realizar coisas, as quais eu nem sabia bem o que era – ser mãe... se eu não tivesse filhos nessa vida, não realizaria meu legado com certeza –, conhecer todas aquelas coisas que eu via na TV, cuja imagem era só em preto e branco – eu colocava as cores que estavam na minha imaginação. Lembro-me de que eu montava um palco de madeiras velhas e amontoadas, e ali cantava, dançava, me apresentava para minhas bonecas. Porém o público, na minha imaginação, não tinha fim.

A mesma satisfação que eu tinha naquele dia se torna viva aqui agora, enquanto eu escrevo para você, pois nossa mente não sabe distinguir o real do imaginário. Quando fecho meus olhos, posso até sentir a instabilidade do meu palco, que por sinal era bem mal feito. Sinto a madeira nos meus pés, e minha força em me equilibrar em meio a tanta instabilidade. E desde essa tenra idade até hoje, quando me apresento para um trabalho, sinto esse desejo de levar a todas as pessoas que entram em contato comigo que a felicidade deve ser sonhada, deve ter sabor de realizada, deve ter alegria no coração, frio na barriga e um frescor na cabeça; essa para mim é a sensação de felicidade.

Quando comecei a me entender como uma pessoa, eu tinha uns sete anos. Lembro-me de pensamentos como: "O que eu vim fazer aqui nesse mundo? Por que eu nasci nesse contexto de vida? Deve existir algo a mais que isso". Sentia-me sozinha na vida. Nessa época eu morava com uma tia desde que eu tinha uns dois anos de idade. Minha mãe e minhas duas irmãs moravam na cidade vizinha. Eu recebia a visita delas de tempos em tempos. Descobri nesse entremeio que era filha de um pai desconhecido. Agora meu pensamento era: "Quem sou eu? Será que existe alguma coisa que eu ainda não sei, sobre mim?".

Criei uma espécie de medo de saber alguma coisa a mais que eu nem imaginava. Depois, quando me tornei adulta, com várias terapias, acabei tratando disso. Foi o que me motivou a ser terapeuta hoje e poder levar às pessoas que me procuram esse ressignificar da vida.

Quando eu tinha 11 anos, minha tia, que eu chamava de mãe, adoeceu de um câncer de útero; e como já estava adiantado quando foi descoberto não resistiu e faleceu. Fiquei novamente com a sensação de ser jogada de um lado para o outro, como se eu estivesse sem um lugar ainda na vida, um endereço seguro que pudesse reconhecer como sendo meu. Fui morar em um lar onde minha mãe trabalhava muito, era superestressada, minhas irmãs tinham 15 e 18 anos. E assim se seguiu minha adolescência. Sem muitas respostas, porém muitas perguntas. Sempre procurando alguém para me completar, me fazer feliz, o grande conto de fadas. E hoje eu vejo isso dentro do consultório. Percebo que um engano muito grande está justamente nisso, pensar que temos alguém que nos salve de nós mesmos, das nossas dores e das nossas angústias; e entregamos ao outro o poder de decisão sobre nossa vida, não entendendo que nós somos os grandes salvadores da nossa vida, ao nos ouvir, nos acolhermos nos momentos de angústias e dores emocionais.

Quanto mais sabemos e encaramos nossas dores, que, diga-se de passagem, não são fáceis muitas vezes, mais entendemos o mecanismo de como acontece nossa transformação, nosso despertar para algo que é muito maior para nós. Aprendemos e entendemos que as dores nos fazem crescer e nos fazem fortes para enfrentar tudo o que vem adiante.

As dores têm papéis importantes para nós; ou fazemos delas força ou fracasso. Sempre temos duas opções na vida: enfrentar ou vitimizar-se. E eu experimentei esse papel de vítima por muito tempo, até entender que: fiz minha escolha, galgando diariamente minha evolução. Escolhi e assumo esse papel, e assim eu ganho força. Essa fala me fez lembrar do seu Gerônimo, um senhor de 70 anos que me procurou. Ele relatava que vivia por viver; afinal, estava viúvo já há quatro anos, e após a morte da sua esposa se sentia meio sem ocupação na vida. A casa estava como ela havia deixado. Ele não via motivo para mudar, pois dentro de si nada mudava havia tempos.

Começamos a sessão. Seu Gerônimo estava engasgado e choroso. Contou-me que tinha bem certo na cabeça o dia em que ele e a esposa levantaram às quatro da manhã, tomaram umas cuias de chimarrão e logo em seguida, ela tossiu, deixando sair da boca uma bola de sangue. Relatou a ele que não se sentia bem havia dias. Ali mesmo ele sentiu o pavor que o acompanhava até aquele dia da sessão.

Ele me dizia: "Rô, eu não acreditei que aquilo iria acontecer comigo. Eu iria perder minha companheira de 50 anos. Pedi a Deus que me levasse antes dela, mas isso não aconteceu, mas eu continuo esperando".

Foi quando eu disse a ele: "Seu Gerônimo, quatro anos se passaram e o senhor está parado naquela memória, naquele dia, esperando que algo aconteça e essa realidade mude, mas eu preciso lhe dizer que tudo isso pode mudar, e quem vai o salvar? Será que você mesmo".

Ele se sentou na espreguiçadeira, inspirando pelo nariz e expirando pela boca, e a cada exalação ele tirava do corpo a sensação de falta, de dor, de desespero, de cansaço. Assim ele fez por mais ou menos por 15 minutos, assessorado por mim.

Quando pedi a ele que deixasse a respiração voltar ao normal, relatou: "Me sinto tão leve que a impressão que eu tenho é que estou flutuando".

Perguntei a ele: "Faz quanto tempo que o senhor não se sente assim?".

Ele me respondeu: "Acho que nunca me senti assim. Abriu um espaço no meu corpo, a respiração é fluida, nem percebo que estou respirando, antes eu tinha que puxar várias respirações pesadas, e respirar doía no meu peito. E agora, ao invés de eu querer morrer, eu quero é viver, porque ficou muito leve".

Continuamos a sessão e pedi a ele que retornasse àquele dia, visualizando-se ao redor do fogão à lenha, tomando chimarrão com a esposa, e ele disse a ela: "Querida, meu verdadeiro amor, eu retorno a esse momento pelo qual eu fiquei aterrorizado há quatro anos para te falar que libero você. Deixo essa lembrança seguir o curso natural da vida, o passado, retiro de dentro de mim essa dor que está me matando a cada dia um pouquinho, e escolho viver com abundância, alegria e prazer. Vou procurar nossos filhos, nossos netos e me fazer presente na vida deles, deixar de ser um peso, uma pessoa amarga e solitária. Darei a oportunidade para uma outra mulher entrar na minha vida, e eu poder passar todos os dias com mais entusiasmo. Realizarei tudo o que ficou parado nesse tempo, deixando no meu coração as lembranças que vivemos juntos".

E tremendo o corpo sem parar, a voz embargada, quase sem sair direito, ele disse: "Eu libero a mim, Gerônimo, e a você, Maria de Lourdes, para seguirmos nosso destino, nosso caminho; agora cada um no seu plano espiritual".

Seu Gerônimo respirou, sorriu e me disse: "Agora sim, eu sinto a vida voltar a fluir. Sinto energia na minha fala. Sinto vontade de sair correndo daqui e viver cada segundo de vida que me resta, perdi quatro anos de vida em uma memória que me deixava doente. Parece até que meu corpo se expandiu, cresceu, aumentou".

Respondi a ele: "Seu Gerônimo, ele de fato se expandiu, cresceu e aumentou, porque o senhor saiu de uma memória de dor e de sofrimento. O corpo que tem dores físicas tem memórias de dores emocionais; e o senhor – agora sem essas memórias – limpou toda a impressão magnética de negativismo, solidão, saudade, angústia e luto que estavam na sua memória corporal".

E assim segue o senhor Gerônimo até hoje, continua aprendendo a ser feliz.

Observo que muitas vezes a mudança não existe na vida das pessoas pelo simples fato de não sabermos como identificá-la ou como fazer o passo a passo. Nós nascemos em um lar muitas vezes com uma estrutura frágil, delicada, em que não se pode falar nem fazer muitos movimentos de libertação, em que existem crenças e comportamentos que nos aprisionam; e começamos a ver e sentir o externo como se fosse somente daquela maneira que é a certa.

Nós temos nossa maneira de ver, de sentir o externo e que muitas vezes não é real. Ela pode ser imaginária, romantizada ou até ilusórias, presa em um pensamento mágico de que as coisas por si só se resolvem – se ficar esperando sem nenhum movimento, nenhum esforço que dependa de você, as coisas por si só se resolvem. Esse talvez seja um terrível engano que nos faz perder muito tempo para realizarmos tudo o que temos para realizar. Esse olhar atento para nossas dores, dificuldades e dúvidas tem de estar sempre no nosso *check-list* de pensamentos, e para isso criei dez perguntas para você se autoavaliar constantemente.

Prepare um lugar interno, dentro de você, em que possa fazer dez respirações bem profundas, inspirando pelo nariz e expirando pela boca, e assim se conectando consigo, percebendo as sensações do teu corpo, se existe alguma dor ou desconforto, se está tensa, talvez soltar os ombros, os braços, o peito, e assim relaxar também o quadril, as pernas, os pés – e depois de tudo descontraído, relaxado, pergunte-se:

1. Essa realidade me deixa feliz?
2. Esse relacionamento me deixa em paz?
3. Se eu estivesse sozinha, estaria melhor?
4. Eu estou conseguindo me desenvolver como um ser em evolução que sou?
5. Quais são as travas que não me deixam avançar?
6. Quais são os pontos positivos que eu tenho para me tirar do ponto atual e me levar para o próximo ponto de partida?
7. Minha família me ajuda ou me afasta dos meus objetivos? E se me afasta, eu peço permissão para fazer minha vida mais leve.

8. Quem pode ser força para que eu me desenvolva cada vez mais?
9. Tenho um amigo que me diria a verdade, sobre meus defeitos, para eu poder ver algumas coisas que não consigo sozinha?
10. Como eu recebo os feedbacks que as pessoas me dão? Tenho melindres ou aceito na intensão de melhorar.

O ideal é que isso seja feito diariamente, em um horário que for mais tranquilo para você. E as perguntas, deixe-as ressoar como um mantra dentro da cabeça. Porque o que nos faz crescer são as perguntas, os questionamentos que temos sobre nossa vida. As respostas muitas vezes vêm de um lugar que não existe mais ou algo que está no passado, experiências antigas, muitas vezes frustradas. Essas respostas do passado nos deixam sem ação, por conta das frustrações, impedindo-nos de andar porque a mente traz somente as experiência vivida. Essa mesma mente não tem discernimento para o que é certo ou errado, bom ou mal, somente chega a lembrança e junto o sentimento, que pode ser ruim ou bom, pode ser de relaxamento do corpo (se for positiva) ou contração (se for negativa). Por outro lado, as respostas prontas podem vir de um outro lugar da nossa mente, o futuro, e também como o passado não existe ainda, podemos projetar o futuro, porém o grande engano está em pensarmos que o que já nos aconteceu no passado poderá também acontecer no futuro.

Perde-se tempo novamente pensando, criando, imaginando, elaborando algo que sequer pode vir a acontecer. O real é que não podemos mandar no futuro, e por ser incerto muitas vezes paralisa novamente, pensando e não tomado nenhuma ação. É importante sabermos que todo o tempo temos pensamentos; essa é a função da nossa mente. E o que nos faz evoluir é nossa ação, por isso o perigo de ficarmos na mente.

Atendo pessoas que estão em busca da felicidade; eu entendo que o que elas buscam é estarem mais perto de si mesmas. As pessoas querem muitas vezes fazer coisas mirabolantes na vida e se esquecem do básico, para ter um acolhimento.

É olhar para si e entender qual é a necessidade básica como pessoa, sentir-se incluída, acolhida, olhada, ter um lugar na vida, nas relações afetivas; e talvez a grande chave que eu entrego para ela é o auto-olhar, perceber a pessoa incrível que nos somos. Nosso papel muitas vezes é olhar para nossas necessidades primeiro e depois as dos outros, e esse papel às vezes está invertido na vida. Esquecemos que, se não estivermos abastecidos de nós mesmos, buscamos fora o que com um pouco de silêncio interno encontramos facilmente. A plenitude está em vários lugares e em um só lugar ao mesmo tempo, pois somos um universo infinito de possibilidades. No momento em que você encontrar esse universo dentro de si, aí sim se sentirá plena e abastecida de si mesma.

O que nos faz feliz é bem menos do que nossa vaga ideia de espelhar-nos. Temos nossa própria luz, não precisamos buscar luz emprestada nos outros. É só achar esse interruptor, e a grande dica é: ELE ESTÁ DENTRO DE VOCÊ, e com treino e atenção plena facilmente você achará. Feliz vida e feliz existência a todos nós.

89

EFEITO DESIDERATA
COMO TRANSFORMAR UM COTURNO EMBARRADO NUM LINDO SCARPIN

Ao contar esta história, homenageio também aquelas meninas mulheres que, mesmo vivendo em meio à escassez de recursos e à violência familiar, nunca deixaram de sonhar e de projetar um amanhã em que pudessem ver a vida sob o salto de um lindo scarpin. Consegui atrair sua atenção? Então, convido você calçar momentaneamente meus sapatos que no caminho lhe conto, por que esta é a minha história. Vamos?

ROSE FLORIANO

Rose Floriano

Contatos
roseflor@terra.com.br
LinkedIn: bit.ly/3dnvj7N
Facebook: Rose Floriano
Lattes: lattes.cnpq.br/5732099640601453

Mãe do João Vitor, esposa do Figueiredo, amiga, dona do meu destino e agora a dona da p**** toda! Com perfil *lifelong learning*, aceito novos desafios e mantenho-me em constante aprendizado. Trajetória acadêmica em instituições como Unisinos, FGV e PUC/RS. MBA em Desenvolvimento Sustentável e Economia Circular. MBA em Gestão Ambiental e Economia Sustentável. Mestrado em Administração. MBA em Marketing. Especialização em Relações e Negócios Internacionais. Graduação em Comex. Coautora do livro *Negócios de impacto socioambiental no Brasil: conceitos e reflexões de A a Z*. Após quase 20 anos trabalhando em multinacionais de grande porte, em 2015 fiz uma transição de carreira e investi na Rosvale, por meio da qual, como especialista em logística e sustentabilidade, conecto pessoas, organizações e soluções para desenvolver negócios melhores para o mundo. Muito me honra contribuir para uma economia que seja genuinamente capaz de gerar transformação social.

> *Seja você quem for, seja qual for a posição social que você tenha na vida – a mais alta ou a mais baixa –, tenha sempre como meta muita força, muita determinação e sempre faça tudo com muito amor e com muita fé em Deus, que um dia você chega lá. De alguma maneira você chega lá.*
> AYRTON SENNA

Assumi o convite para integrar a lista de mulheres do livro *As donas da p****a toda* como um grande presente e uma oportunidade de tornar emblemático este ano em que completo 50 anos. Compartilhar parte da minha vida em um de seus capítulos, além representar de maneira genuína este curso temporal a que todos somos submetidos, fará que eu reflita sobre tudo o que vivi e o quanto o caminho que percorri até aqui pode representar o de tantas outras meninas e mulheres que, por meio do meu relato, possam fazer ecoar também suas vozes.

Em uma de suas frases inspiradoras, Cora Coralina diz: "Mesmo quando tudo parece desabar, cabe a mim decidir entre rir ou chorar, ir ou ficar, desistir ou lutar, porque descobri, no caminho incerto da vida, que o mais importante é o decidir". Esta frase muito me representa, porque desistir nunca foi uma opção na minha vida e lutar por meus ideais sempre foi uma característica marcante desde muito, muito pequena, algo que orgulhosamente herdei de minha mãe. Aliás, não tem como contar minha história sem antes discorrer sobre o papel da dona Melânia, uma mulher incrível que deixou o melhor dela na minha vida e de minhas duas irmãs – sua garra, sua resiliência, sua força interior e seus valores. Tudo isso traduzido em muito amor e pura entrega, embora tendo passado por muito sofrimento e uma trajetória permeada por preconceito e violência doméstica.

No mundo inocente de uma criança, vi minha mãe ser agredida algumas vezes pelo meu pai, que, acometido pelo triste vício do alcoolismo, atentou contra a vida dela algumas vezes. E foi assim, diante de um mundo tão solitário, não podendo contar com meu pai para o sustento das suas três filhas, que minha mãe aprendeu a se virar com o que sabia e podia fazer, trabalhando em casa. À noite dedicava-se a costurar e fazer reparos em roupas que pegava na própria vizinhança, para quem, durante o dia, também lavava roupas. Eu e minhas irmãs disputávamos para estar com ela, ou como companhia nas longas e frias noites ou ajudando a encher o tanque, bombeando água de um poço de pedra.

Foi em momentos como este, com apenas dois aninhos de idade e mal sustentando o peso da bomba, que o trabalho começou a ganhar significado na minha vida. Ao remeter-me a esse tempo descobri que construir uma vida melhor e de sucesso nasce com propósito, mas acontece de fato por meio de trabalho, normalmente árduo. O ato de bombear a água representou para mim, anos mais tarde, colocar energia boa em tudo o que me proponho a fazer, ciente de que para ser bem-sucedida devia entregar meu melhor, dependendo, essencialmente, de escolhas diárias. Por isso, ouso dizer que precisamos estar atentos ao nosso propósito e canalizar nosso tempo e nossa energia naquilo que esteja alinhado com o que buscamos e que faça real sentido. E foi assim que minha mãe, dotada de uma sabedoria incomparável, conduziu suas escolhas, especialmente quando decidiu conquistar sua liberdade, separando-se de meu pai. Revelou-se decidida, destemida e muito corajosa, embora consciente de tudo o que enfrentaria, numa época em que mulheres separadas – não importasse o motivo – eram tidas como vagabundas e sempre as vilãs de um relacionamento fracassado. Por isso, digo com muito orgulho que o sentido real de empoderamento feminino aprendi com ela, de quem veio também o ensinamento sobre dignidade, mostrando-me os caminhos que me fazem dona do meu próprio destino.

Com apenas 27 anos, sem ter onde morar e com três pequenas meninas para criar, podem imaginar quantos outros desafios vieram a partir daquela decisão. Privou-se de tanta coisa e submeteu-se a uma rotina de dois empregos; e, ainda assim, sob o ponto de vista material, tudo era muito racionado, ao nível de minha mãe passar fome ou de dividir o pouco que tínhamos em três – sim, ela sempre nos priorizava. Mas diante de tal lisura de caráter foi nos nutrindo do que há de mais valioso – muito amor, muita garra traduzida na vontade de vencer as adversidades e pautada por valores e uma fé inabalável – que no conjunto se tornaram basilares para minha vida. Entretanto, foi diante de algumas dificuldades, ela no mundo dos adultos e nós no das crianças, que fomos nos adaptando e nos reinventando. Para estudar, reusava cadernos que eram apagados, lápis e borrachas divididos em três, roupas e calçados doados, aprendendo, assim, que o "dividir" resultava em somar afetos e conquistas que foram aos poucos nos conduzindo a melhores perspectivas. Uma das mais significativas veio quando eu tinha perto de nove anos. Com a promessa de um bom salário, farta e boa comida e outras necessidades básicas até então pouco supridas, minha mãe decidiu morar e trabalhar num sítio. Porém o local não oferecia nenhuma infraestrutura, como água encanada (mais uma vez, o poço de pedra presente), luz elétrica e tampouco transporte público, o que nos obrigava a levantar, todos os dias, às cinco horas da manhã e caminhar longos quilômetros por quase uma hora até o ponto de ônibus mais próximo. Caminhávamos em ruas embarradas, atravessando campos, pulando cercas e córregos para só então pegar dois ônibus até chegar à escola.

Vale destacar algumas passagens que marcaram este ponto da história, que lapidaram o meu caráter e, sem dúvida, o período da minha vida que mais me ensinou sobre determinação, resiliência e propósito, centrado em tudo o que faço até hoje. Com muita dedicação aos estudos e perseguindo algumas certezas, fui planejando meu futuro: queria "ser alguém", vencer na vida, dar muito orgulho para minha mãe, viabilizar meus sonhos e atender aos mais simples desejos. Convicta disso, enfrentei preconceitos e superei vergonhas (ainda que bobas), como a de não ter aquelas roupas graciosas com as quais as meninas da minha idade desfilavam, de não ganhar aquela boneca que as amiguinhas tinham recebido do Papai Noel, dentre tantas vontades que ficaram represadas. Mas o que me desconcentrava mesmo era quando tinha apresentação de trabalhinhos ou quando me oferecia para declamar o poema que marcou minha vida: "Desiderata", de Max Erhmann. Isso porque, ao estar ali exposta, evidenciava o único calçado que tinha – um coturno masculino que me fora doado, muitas vezes ainda carregando o barro da longa jornada que me levara até ali. Vale lembrar que, depois de cumprir bravamente o horário da escola, aquele mesmo trajeto, às vezes sob as mesmas condições climáticas, repetia-se no retorno para casa, quando somente três horas depois faria minha refeição para seguir com a segunda rotina do dia, ajudar nas lidas da casa e da roça.

Nessa fase da vida, usando o arado como uma referência, tive um outro grande aprendizado – é preparando a terra, plantando boas sementes e cultivando com cuidado que nos tornamos merecedores de uma boa e farta colheita. E, fazendo uso desta metáfora, aprendi que o futuro é delineado com o que se vive hoje e cada passo dado vai moldando não só o que queremos conquistar, mas principalmente o que queremos nos tornar. Projetar o futuro implica, portanto, respeitar o passado.

Cultivando sonhos e projetando metas, tive meu primeiro emprego aos 15 anos, cheguei à universidade aos 18 e viajei para os Estados Unidos aos 20 (detalhe, falando um raso *the book is on the table*) para prestar serviço voluntário com um firme objetivo: o de aprender inglês para seguir a profissão que havia escolhido, na época já cursando Comércio Exterior.

Foi uma experiência incrível porque não só aprendi o inglês como também um pouco de espanhol, pois realizei serviço voluntario numa ONG que prestava diferentes tipos de assistência a imigrantes latino-americanos, de onde saí, após um ano de intercâmbio, como tradutora interprete inglês-espanhol-inglês e com o cargo de assistente da diretoria. Tive muita saudade da família e do grande amor da minha vida, hoje meu marido – que havia conhecido meses antes da minha partida, com quem, há quase 30 anos divido estas e tantas outras conquistas, sonhos e com quem nutro o coração pulsante de uma família linda que construímos juntos.

Ao voltar então para o Brasil, dei ênfase à minha formação acadêmica e à minha carreira profissional, que foi construída degrau por degrau, conquistando diferentes funções em empresas multinacionais, desde o estágio até uma carreira executiva, demonstrando que aquele objetivo de vencer na vida tinha se cumprido. Sinto-me profundamente grata a cada pessoa que cruzou meu caminho, que me estendeu a mão, que me lançou desafios, mas que sobretudo foi também me (re)definindo como pessoa e como profissional.

Foram muitas conquistas, até que a vida por algum momento me tirou da rota. Quando ainda vivia a euforia de concluir mais um grande sonho, o de tornar-me mestre em Administração, perdi de maneira prematura, trágica e misteriosa aquela que foi sempre meu porto seguro e a bússola que me guiou sempre para a direção certa. Minha mãe foi encontrada morta dentro de um poço de pedra – ironia do destino? Justamente num poço de pedra, personagem presente em trechos desta história e que marcou momentos da minha infância. Como entender e aceitar isso? E foi talvez este fato o maior dos desafios a mim impostos e por isso por algum tempo tentei buscar respostas das mais diferentes formas. Aos poucos fui me (re)encontrando, até que ressurgi dos destroços de um coração tomado pela saudade, mas lindamente marcado pelo legado que por ela me foi deixado – a certeza de que nós, meninas e mulheres, somos muito fortes, que mesmo em meio a tantas adversidades podemos nos tornar agentes de mudança e capazes de transformar um velho e embarrado coturno num lindo e elegante scarpin.

Ilustrações: editoraalarte@gmail.com

90

DE PROFESSORA A EMPREENDEDORA
COMO O EMPREENDEDORISMO MUDOU MINHA HISTÓRIA

Neste capítulo, irei relatar o processo percorrido até me tornar uma empreendedora, e como empreender aos 38 anos mudou minha vida e transformou minha história. Meu propósito é ajudar outras mulheres a se sentirem mais confiantes e ter sua autoestima renovada por meio da sua própria beleza.

SANDRA PRADO

Sandra Prado

Contatos
sandrinhaprado@hotmail.com
Instagram: @eusandraprado
66 99716 5165

Empreendedora no campo da estética, com uma formação diversa em três áreas de conhecimento: educação, estética e gestão. Graduação em Educação Infantil (2009) e especialização em Neuropsicopedagogia (2019) com diversos cursos na área, incluindo TDAH. Diferentes formações em estética, como depilação profissional, designer de sobrancelhas, automaquiagem e maquiagem profissional. Capacitações em gestão e análise comportamental. Teve experiências pessoais e profissionais no Brasil e na Inglaterra. CEO na empresa MakeUp10 desde 2019, com lojas físicas e loja virtual com atuação em todo o Brasil.

O êxito da vida não se mede pelo caminho que você conquistou, mas sim pelas dificuldades que superou no caminho.
ABRAHAM LINCOLN

Empreender nunca esteve em meus planos. Devido às dificuldades na minha infância e na adolescência, o único pensamento era buscar oportunidades para ter uma vida melhor, mas nunca soube como seria meu futuro de fato.

Mesmo sem saber sobre meu futuro e muito menos que seria um empreendedora, hoje consigo perceber que já existiam em mim características que predominam em minha vida profissional atual.

Comecei a trabalhar com 15 anos e não parei desde então. Aos 22, prestei meu primeiro vestibular e passei, iniciando assim minha vida acadêmica. Lecionei por alguns anos como professora de Educação Infantil. Sempre amei crianças e trabalhar com elas sempre foi uma paixão, assim como lecionar sempre foi um presente em minha vida; e destarte fiz cursos e pós-graduação voltados à Educação.

Depois de algum tempo lecionando, decidi buscar novos desafios na minha vida profissional e pessoal. Trabalhei em outros segmentos e estava com um emprego bacana quando decidi morar em outro país. O desejo por construir um futuro diferente para mim e minha família e viver a cultura de outro país sempre esteve muito intenso dentro de mim. Antes de me mudar, fiz alguns cursos no segmento de beleza como preparação para trabalhar lá. Após finalizá-los, mesmo sem falar inglês e sem conhecer ninguém, mudei-me para Londres. Por muitas vezes me chamaram de "louca", mas nada me parou, pois Deus sempre esteve comigo e eu já havia decidido o que gostaria.

Tantos outros acontecimentos e oportunidades surgiram e eu sempre buscava algo que me fizesse crescer pessoal e profissionalmente.

No período em que estive na Inglaterra, passei por diversas experiências positivas. Tive a oportunidade de, entre outras coisas, conviver com famílias britânicas, conhecer novas culturas, aprender outro idioma, fazer amizades e conhecer diversos países. Também tive algumas experiências negativas, claro. A mais forte delas: a solidão. Mas tudo isso me levou a ter ainda mais foco e objetivo, virtudes que busco desenvolver cada dia mais, todos os dias.

Primícias de um empreendedorismo latente

Em 2016, quando cheguei a Londres, fui trabalhar como funcionária em uma companhia de limpeza. Rapidamente consegui vários trabalhos e depois de cinco meses eu já tinha minha própria "carteira" de clientes, deixando assim de ser funcionária para trabalhar para mim mesma, como autônoma.

Os desafios foram grandes, pois ainda não dominava o idioma local. Ainda assim, não desisti e só aumentavam minhas horas de trabalho e minha lista de clientes, chegando a dispensar alguns clientes por falta de tempo e a contratar uma auxiliar para atender parte da demanda crescente. Esse momento foi desafiador e muito gratificante, pois comecei a despertar em mim a sensibilidade e o autoconhecimento para perceber certas virtudes pessoais que permitiram desenvolver habilidades que contribuíram para uma boa gestão do tempo e um amadurecimento de minha gestão financeira. Essa autopercepção, esse olhar para mim mesma – que parece, mas não é tão simples – era uma novidade para mim até então e virtudes pessoais como resiliência, determinação e autossuperação – essenciais a qualquer empreendedor – passavam a ser identificadas e desenvolvidas em mim.

Empreendedorismo e realização

Em 2018, já de volta a minha cidade natal no Brasil, convivendo com pressões sociais, cobranças pessoais e incertezas laborais, colocava-me a pensar e a buscar soluções sobre minha vida profissional. Mesmo amando crianças, já não estava mais nos meus planos voltar a dar aula. Foi então que, mais uma vez, decidi enfrentar um novo desafio: morar em outra cidade e buscar novas oportunidades.

Nesta outra cidade, trabalhando na área de administração, conheci um modelo de negócio que chamou minha atenção, levando-me a buscar mais informações e a estudar sobre o tema. Após alguns meses de muita pesquisa, estudo de mercado e de viabilidade técnica e financeira, decidi retornar outra vez a minha cidade natal para iniciar meu primeiro negócio como lojista.

Em 2019, em Rondonópolis/MT, aos meus 38 anos de idade, iniciei-me no mercado de maquiagens e cuidados para a pele com a abertura da Make-Up10 – uma loja a preço único de R$ 10,00. Não obstante eu estivesse bem capacitada para tal e já possuísse bastante conhecimento prático, estava claro que seria um grande desafio, uma vez que não possuía experiência como vendedora e tampouco como lojista. No entanto, apesar de me assustar, não era um problema para mim, já que desafios faziam parte da minha vida e minha fé me ajudava a seguir adiante.

Em meio à insegurança e à vontade plena de realizar este sonho, decidi investir todo o meu dinheiro, todo o meu tempo e toda a minha experiência neste novo projeto, que hoje já é realidade e um motivo de orgulho pelo sucesso e crescimento tão satisfatório, acima das minhas próprias expectativas.

O que quero dizer é: acredite em si mesma! Você é capaz, sim! Como eu disse, muitos me chamaram de "louca". Senti-me insegura muitas vezes; em outras, a solidão parecia ser mais forte do que eu. Contudo, nesse processo de experiências em diferentes países e cidades, e formações e trabalhos em áreas diversas, nunca me faltou dedicação para superar desafios, nunca diminuí o ânimo para o estudo e o trabalho; e em nenhum momento cessou a busca por meus ideais. E acima de tudo, em todos os lugares por onde passei, com todas as pessoas com quem convivi, em todos os momentos que pude experimentar, sempre existiram a ética e o respeito nas relações humanas, a força de trabalho e a fé e a esperança como propulsores de uma caminhada que só está começando.

Empreendendo na prática

Então, vamos lá! Empreender foi um divisor de águas na minha vida, descobrir que posso servir pessoas por meio do meu trabalho é incrível e libertador. Passar por todo esse processo nos faz seres humanos melhores. Assim como uma metáfora criada por Kim e Mauborgne (2019, empreender é viver em busca do "oceano azul".

Como forma de contribuição, eu gostaria de explorar vários temas, tais como: formação continuada, busca por novos desafios, resiliência e, não menos importante, planejamento, domínio do negócio e responsabilidade. No entanto, prefiro me ater a três questões, igualmente imprescindíveis: propósito, estratégia e identidade.

Propósito

Tem-se falado muito em propósito. Mas afinal, o que realmente significa ter um propósito? Propósito significa intenção, projeto, desígnio. Aquilo que se busca alcançar, finalidade, objetivo.

Eu me atrevo a dizer que não encontrei meu propósito, ele me encontrou. Oferecer oportunidade para que as mulheres se cuidem, realçar sua beleza, elevar sua autoestima, sempre foram para mim o objetivo principal que deu forma à MakeUp10. Levar produtos de qualidade a um valor acessível a todos, esse é um propósito muito claro do meu negócio.

Para que hoje tudo isso se tornasse realidade, posso destacar alguns passos importantes:

1. **Ideia:** todo negócio começa com uma ideia. Não precisa ser algo genial, mas tem de ser boa e, para isso, você precisa entender sobre seu negócio.
2. **Proposta de valor:** você precisa agregar valores ao seu produto e precificá-lo corretamente. Conhecer todos os seus custos até que seu produto chegue ao consumidor final. E para isso é importante responder a algumas perguntas-chave:

- O que eu vou vender?
- Onde vou entregar?
- Como vou vender?
- Qual será minha margem líquida?

3. **Fornecedores:** você precisa ter uma boa cadeia de fornecedores, pois eles farão que se mantenha atualizada no mercado. Bons fornecedores terão variedades e preços mais diversificados, logística mais organizada etc.
4. **Público-alvo:** ter seu público-alvo definido ajudará para que você construa um negócio direcionado e com foco específico nos resultados.

Estratégia

> Para que qualquer estratégia seja bem-sucedida e sustentável, a empresa deve desenvolver uma oferta que atraia compradores; deve criar um modelo de negócios que permita ganhar dinheiro com a oferta; e deve motivar as pessoas que trabalham em colaboração com ela a executar a estratégia.
> (KIM; MAUBORGNE, 2019)

Uma das estratégias que utilizamos em meu negócio chama-se gatilhos mentais. Entre os diferentes tipos de gatilhos utilizados, três têm se tornado mais frequentes, pois fazem toda a diferença:

1. **Gatilho da escassez:** despertar no cliente a vontade de comprar, saber que a empresa tem pouco estoque e que pode acabar em alguns dias. Por exemplo: ofertas relâmpago para algumas mercadorias ou com quantidade limitada de peças. Fazer o cliente entender que se ele não comprar, perderá.
2. **Gatilho de urgência:** está relacionado ao gatilho da escassez, porém não está relacionado a produtos, mas sim com prazo e tempo para efetuar a compra. Por exemplo: prazo para acessar um e-mail e garantir a promoção. Ou seja, utilizar o tempo para fechar um pedido.
3. **Gatilho da reciprocidade:** criação de conteúdos relevantes capazes de educar e nutrir o conhecimento dos consumidores. Este é um dos gatilhos que sensibilizam as pessoas, fazendo com que elas tenham mais empatia pela marca e pela empresa.

Identidade

Quando pensamos em empreender, é comum que nos venham algumas dúvidas e questionamentos:

- Mas já tem muitas empresas no mesmo segmento que o meu.
- Aquela empresa vende produtos mais baratos que os meus.
- Será que esse ponto é bom?
- Será que meu negócio vai dar certo?

Tudo isso passou pela minha cabeça também, mas sempre busquei ser eu mesma, reconhecendo e valorizando minha identidade, apostando em autenticidade e aplicando conhecimentos de marketing de diferenciação ao meu negócio. Nestes anos, posso destacar três diferenciais que contribuíram muito para que nos mantivéssemos no mercado:

- Preço acessível e único de R$ 10,00.
- Curso de automaquiagem gratuito a cada R$ 120,00 em compras.
- *E-commerce* com entregas em todo o Brasil.

Nenhuma loja na cidade oferecia esses benefícios e isso fez com que me diferenciasse dos meus concorrentes. Não podemos nos esquecer de que, para oferecer um diferencial, deve-se primeiramente fazer um bom plano de negócios, com um bom estudo de mercado. Não seja uma cópia. Seja autêntica! Sua maior referência não pode ser o concorrente, senão você mesma. Buscar conhecimento e se aperfeiçoar é seu maior diferencial.

Empreender exige coragem, fé e conhecimento

Empreender a levará a lugares inimagináveis. Servir pessoas de alguma forma fará com que você cresça cada dia mais.

É preciso coragem para enfrentar as adversidades e suportar os dias difíceis, buscar seus sonhos e trilhar o caminho que deseja percorrer. Entender que tudo tem um processo deixa o caminhar mais leve e prazeroso. Respeite seu limite e seu tempo, apenas trace seus objetivos e busque-os.

Fé para os dias em que nada parece fazer sentido, mas que na verdade são apenas o caminho para chegar a seu objetivo. E para aqueles dias em que tudo parece ir bem, ser uma pessoa faz toda a diferença.

Busque o máximo de conhecimento que conseguir, invista em si e em seu aprendizado. Procure apoio, mentorias, cursos e eventos que agreguem ao seu potencial.

Empreender aos 38 anos fez com que muita coisa fizesse sentido de fato na minha vida. Todas as experiências e as dificuldades só me fortaleceram ao longo de todo o processo.

Independentemente de onde você tenha vindo, classe social, família ou cultura, se você tem um sonho, lute por ele sem olhar para trás nem se desviar do caminho.

> Não fui eu que ordenei a você? Seja forte e corajoso!
> Não se apavore nem desanime, pois o Senhor, o seu Deus,
> estará com você por onde você andar.
> (Josué 1, 9)

Referências

HILL, N. *Mais esperto que o diabo – o mistério revelado da liberdade e do sucesso.* Porto Alegre: CDG Editora, 2014.

KIM, W. C.; MAUBORGNE, R. *A estratégia do oceano azul.* Rio de Janeiro: Sextante, 2019.

91

ARQUITETANDO A VIDA

Olá, aqui convido você a viajar comigo para alguns pontos importantes de minha jornada, pois é ela o caminho e parte de mim! Espero que algo, nestas entrelinhas, a faça vibrar o coração. Houve momentos em que apenas vivi e colhi os resultados pelas escolhas, até que algo dentro começou a gritar – a razão do existir –, desde então comecei a me olhar, a sonhar, planejar e arquitetar. E, quando vi, despertei...

SANDY BELMONTE GARCEZ

Sandy Belmonte Garcez

Contatos
www.sb.arq.br
contato@sb.arq.br
Instagram: @arquiteta.sandy
Facebook: facebook.com/arquitetasandy

Arquiteta graduada pela FAU-USP (2005), com MBA em Gerenciamento de Projetos (IBE-FGV). Exerce arquitetura e estudo de melhoria contínua há mais de 15 anos, além do estudo do impacto do ambiente no ser humano (psicologia ambiental). Desenvolve com propriedade todas as etapas dos projetos: viabilidade, projeto legal e CEF, compatibilização, executivo e liberação de obra, desde projetos de edifícios residenciais (incorporação), loteamentos, institucionais e áreas corporativas, bem como assessoria com gestão de equipes e contratos. Autora de um plano de comunicação de projeto de arquitetura, utilizando-se de escopo, *checklists* e fluxogramas para todas as etapas de projeto. Seu diferencial é ser "Sandy sendo Sandy", pessoal e profissional. Preza a excelência com simplicidade, flexibilidade, qualidade e está focada em entregar o melhor resultado como ser humano, sendo seu maior projeto a sua vida.

Na minha caminhada, e também na sua, houve momentos difíceis e outros maravilhosos. Sou de uma família de origem humilde, meu pai ora trabalhando em dois empregos para manter a casa e minha mãe cuidando de nós, ora empreendendo em um comércio no qual ambos trabalhavam; e eu e minhas duas irmãs ficávamos sozinhas, cuidadas pelas vizinhas. Mas em um ambiente de muito amor.

Nasci em uma cidade bem pequena, na divisa do estado de São Paulo e Mato Grosso do Sul. As casas eram divididas em "passeios", como pequenas quadras, com as ruas bem estreitas (vielas), utilizadas apenas para acesso dos moradores, ou seja, lugar perfeito para brincadeiras, com muita tranquilidade e liberdade. Praticamente todos se conheciam; frequentávamos as casas um dos outros.

Ao lado de casa, havia o depósito de material de construção de uma empresa, e toda a criançada ia brincar nas montanhas gigantes de pedras, areia, pó de serra. Até que um dia fui abusada por um dos "guardinhas", já senhor de idade, que cuidavam do local. Eu sentava em seu colo e ele me molestava, eu tinha dez anos (anos 1990), e não sabia o que significava, pois voltei algumas vezes. Só fui descobrir o que havia acontecido após sessões de terapia, já com 37 anos de idade. Aí consegui ressignificar e perdoar. Essa cura foi o gatilho para a lembrança e a cura de muitos outros abusos escondidos em pequenos gestos; e é importante saber, são abusos: como presenciar revistas *Playboy* no banheiro de um tio, o pai de uma amiga se acariciando e mostrando sua parte íntima enquanto brincávamos e eu fingia que não via o que estava acontecendo, o irmão de outra amiga que fazia o mesmo.

Certo dia estava indo de bicicleta até o comércio dos meus pais. No caminho, um homem parou seu carro e pediu informação, enquanto eu falava, em um momento olhei para ele e vejo que estava se masturbando. Vale frisar, quanto ao abuso, que precisa ser olhado, curado e não esquecido, disfarçado. Mas para focar aqui também o outro lado, minha infância e minha adolescência foram incríveis. Recebi muito amor dos meus pais. Sempre fizeram de tudo para mim e para minhas irmãs.

Fui escoteira, acampei em diversas cidades, fiz muitas amizades, além do aprendizado para vida. Em 1994, fui a um acampamento internacional. Minha mãe acompanhou, eram mais de 7.000 pessoas, em uma noite de show eu subi ao palco para dançar com a banda.

Minha história com palco continuou, com apresentações como paquita cover, desde os dez anos de idade até os 15 anos. Várias crianças e adolescente viajando para fazer cover do Show da Xuxa em festas de rodeio e aniversários de criança, e ainda hoje sou fã da Xuxa. Eu sempre amei sentir a música, amo dançar. Nessa mesma época também fazia jazz e dança contemporânea, e também me apresentei em festivais da academia.

Fui envelhecendo e as atividades foram mudando. Continuei no escotismo e também entrei para o Interact-Rotary. Sempre estive envolvida com ações sociais. Também acompanhava minha mãe na catequese e depois na Pastoral da criança.

Em toda a minha caminhada, sempre tive muitos amigos e minha família sempre presente. E nunca deixei de sonhar. Meus maiores sonhos lá na adolescência, típicos da geração das princesas da Disney, eram me casar e ter filhos.

Além de todas essas atividades, eu amava (e ainda amo) estudar, me esforçava sempre para tirar as melhores notas. Lembro-me quando tirei meu primeiro "C" em História; estava na 3ª série. Nossa, como chorei. Chegou a época de escolher a profissão, perfeccionismo continuou; tinha de passar na USP, e aconteceu.

Quando tinha 15 anos de idade, já na fase da paquera, comecei a namorar. Um namoro desaprovado por todos: pelos meus pais, pela família dele, pelos amigos meus e os dele. Eu com 15 anos, cheia de sonhos e vontades, e ele com 24 anos, recém-separado e com uma filha de seis meses de idade, além de vícios (álcool e cigarro). O medo de todos era eu engravidar e abandonar tudo. Mas eu fiquei cegamente apaixonada, insisti e fui atrás, na rebeldia, para ir contra todos e mostrar que estavam errados. Namoramos por 11 anos, e ficamos casados por mais 11 anos. Ou seja, conheci-o menina e me separei quando mulher.

Foi um relacionamento muito intenso; éramos bem diferentes em quase todos os sentidos. Vivemos muitos momentos sim, mas foi um relacionamento totalmente abusivo, brigas com agressões verbais e psicológicas, ciúmes, além dos vícios. Eu, com medo de perdê-lo, não me posicionava, apenas chorava;

e quando não estava mais suportando, estourava, o que servia de pretexto para ele reverter a "culpa" para mim. Eu insistia no relacionamento, pois lá no fundo o que eu não queria era admitir para todos que eu estava errada e que meu sonho de ter uma família e ser mãe estava desmoronando. Ah, essa foi minha maior dor na separação, me sentir fracassada. Hoje entendo, não foi um fracasso e sim um ponto final. Um capítulo da história que se encerrou para outro começar.

Depois da separação, vivi uma fase de bagunça, como se tivesse saído da prisão e precisasse recuperar o tempo perdido, desbravar um mundo novo, pois era como se tivesse 22 anos. Tive vários momentos bons, conheci homens que hoje são meus amigos, e outros de quem nem lembro o nome. E por muitas vezes me sentia vazia.

Foi em um momento desses de carência que conheci o último ex-namorado, em um famoso aplicativo de relacionamento. Esse relacionamento foi em uma velocidade e em uma intensidade que eu não conseguia raciocinar, apenas fui sendo levada. Ele sempre muito envolvente em sua conversa e usando a falsa espiritualidade. Nessa mesma época começou a pandemia; o medo, as incertezas, a morte rondava a todos, e estava, sim, mais carente e vulnerável. Desta vez abuso psicológico, moral e patrimonial. Foram anos em nove meses. Financiei carros, me candidatei para a vereança, moramos juntos. E, por fim, fui acusada de danos morais e crime político por promessas feitas por ele em meu nome.

Consegui enxergar o que estava acontecendo no momento em que fui intimada para depor na delegacia. Foi quando me perguntei: "O que estou fazendo com minha vida? O que estou fazendo com minha história? O que estou fazendo com meu nome?". E minha resposta foi dizer um SIM para MIM, ao dizer não àquela situação.

Foi desafiador sair dessa dominação e desse abuso, uma violência psicológica, patrimonial e moral, pois eu não enxergava uma saída. Mas com muita persistência, apoio da família, amigos, terapia, resgate da minha fé e espiritualidade, tive forças para dar o próximo passo e inverter a situação. E com um passo atrás do outro, sempre disposta a mudar, a enxergar sim a luz, comecei a me acolher, a me olhar, assumir meus medos e minhas fraquezas e não mais me esconder. Abri-me, deixei cair todas as armaduras que criei para defender aquela Sandy que estava no inconsciente, fragilizada, quebrada em caquinhos e que vivia no vitimismo.

Junto com a Sandy pessoal, há a Sandy profissional. Em meu início na carreira de arquitetura, ainda como estagiária, durante o dia trabalhava nos projetos dos Campi da USP, e à noite em projetos e obras de lojas em shopping e bancos. Geralmente eu era a única mulher na madrugada acompanhando o trabalho de alguns homens. Na construção civil, ainda há abuso moral, homens em relação às mulheres, além de a arquitetura até então ser uma profissão pouco valorizada.

Ainda em São Paulo, migrei para a área corporativa. Nessa época estava casada. Fui conquistando meu espaço, o respeito e o reconhecimento por sempre me aprofundar e entender do assunto. Deixei esta área para voltar a trabalhar na minha cidade, pois estava a ponto de me separar (o que não adiantou, houve separação).

Meu próximo passo foi trabalhar com incorporação, edifícios residenciais. Aqui a evidência da "distinção" do masculino e do feminino, além do arquiteto e do engenheiro. Mas isso não me impediu ou me desmotivou. Senti mais coragem e vontade de mostrar que é possível fazer um planejamento e que o projeto bem feito é de extrema importância para uma boa execução da obra, evitando retrabalho e desperdício. O bastidor (projeto) é tão importante quanto o resultado (obra).

No ambiente corporativo, entrava como parte da equipe, e pouco tempo depois já estava liderando uma outra esquipe. Meu crescimento e meu reconhecimento dentro das empresas sempre foi muito rápido, pois fazia mais do que pediam, buscando dar meu melhor, além de ser muita curiosa.

Como sempre busquei a perfeição em mim, consequentemente exigia perfeição da equipe de maneira enérgica e ríspida, intensificada pela minha dificuldade em confiar e delegar. Com essas atitudes, fiz muitas pessoas chorarem e até mesmo me odiarem. Por muito tempo não percebia o que estava causando verdadeiramente nas pessoas. Meu foco era apenas dar meu melhor e exigir o melhor no outro. Uma forma de agir imatura, assim como estava a Sandy pessoal. Permitir que os outros me tratassem como eu me tratava, pois estava acostumada a me maltratar, a ser maltratada e maltratar.

Na mesma época em que me separei, fui demitida pela primeira vez. A agressividade tanto no comportamento quanto no envolvimento e crescimento assustam, e foram esses os motivos. Não esperava. Fiquei sem chão.

Comecei a empreender; tive uma sociedade com uma amiga e novamente um abuso, pelas diferenças de objetivos e crenças, e a balança pesou no meu lado. As contas começaram a chegar; o desânimo e o medo tomaram conta e voltei para o ambiente corporativo.

Novamente o ciclo se repete; e quando termino o último relacionamento, sou demitida novamente, outro susto. Repostas de todos os lados. E sabe o que aprendi com tudo isso? EU ME ESCOLHO e nada vai mudar isso. A melhor coisa é ser dona da nossa vida, dos nossos sonhos, das nossas escolhas e vontades, pensamentos e sentimentos. E isso vai de encontro à fase que estou no profissional. Eu escolhi ser minha própria empresa.

Aproveitei todo o meu caminhar profissional, utilizando meu conhecimento e experiências nos projetos, atendimento ao cliente. Com meu trabalho de MBA, elaborei um plano de comunicação para todas as disciplinas de projeto e também uma metodologia para compatibilização de projetos de arquitetura e seus complementares, e ainda padronização das atividades a fim de aperfeiçoar esforços, tornando o processo mais eficiente, mitigando erros e riscos, tornando o projeto mais eficaz. Utilizei essa ferramenta nas empresas em que trabalhei e foi possível verificar sua eficácia por meio da evolução do conhecimento da equipe. E agora criei coragem de multiplicar esse conhecimento e lançar um infoproduto. Isso só foi possível porque fui arquitetando a Sandy pessoal, para dar meu melhor no profissional.

Nessa busca, quando verdadeiramente me aceitei com minhas fraquezas e minhas fortalezas, meus defeitos e minhas qualidades, enxerguei a situação em que estava me colocando; ressignifiquei-a e criei a coragem de mudar, de a encarar, de me acolher, de me perdoar e principalmente me amar, amar minha vida. Muitas vezes fui guiada pela ansiedade. Tive muita pressa, atropelei o tempo e tive de recomeçar e dar um passo de cada vez. Mas Deus, o Universo, a Intuição, meu Eu Superior, a Centelha Divina, o Divino, o Eterno, por diversas vezes me mostrou que meu caminho é voar e empreender. Tenho uma essência muito livre, amo a liberdade, mas insistia em ir contra quem sou e levei uma vida de relacionamentos abusivos, tanto afetivos quanto profissionais. Ou seja, durante tempos da vida, a preocupação foi o FAZER. O que vão pensar? E nesse processo esqueci o que realmente sou. Quem sou? O que quero? E fui me perdendo nos sonhos dos outros, nas vontades, nas crenças, no inconsciente coletivo; e tudo bem, o importante voltar para a rota. E cá estou!

Em quantas situações, relacionamentos e empregos, eu buscava algo que não encontrava, pois o que realmente estava fazendo era desviar o olhar para fora. E foi nesse processo de olhar para dentro e arquitetar a Sandy, que descobri que minha carência era de mim mesma. Estava perdida. Sempre olhei para tudo e todos e menos para mim. Talvez por medo de não ser aceita, de ser rejeitada e julgada. Exatamente o que eu fazia a mim mesma e com os outros. Hoje aprendo diariamente a me amar, respeitar minhas vontades e valorizar toda a minha história. Ouvir a batida do coração e seguir seu compasso, seu ritmo. A calma.

Minhas amigas sempre brincavam: "Sandy sendo Sandy". Por um tempo isso me incomodava, mas certa vez percebi o quanto essa afirmação é correta e passei a amar, estou no caminho certo e cada vez mais próxima de minha verdadeira essência. Minha melhor decisão, meu maior orgulho é a coragem de assumir ser quem sou, com todos os meus defeitos e minhas qualidades, meus erros e meus acertos. Posso assim afirmar que a vida é nosso maior presente, nosso maior projeto. Sou grata a quem me deu essa oportunidade, meus pais, e a todos que fizeram parte do meu caminhar. Alguns que ainda fazem parte e outros que farão, que me ajudam a ser um ser humano melhor a cada dia, E saber que a cada momento sempre serei minha melhor versão. Prazer, eu sou Sandy; e você, quem é?

92

DESTRAVE E SEJA A DONA DA P**** QUE QUISER

Até pouco tempo, pensava-se que circuitos neurais eram criados e modificados apenas na infância, sendo impossível, na vida adulta, modificar conexões ou criar novas. Mas, hoje, sabemos que o cérebro é mutável. Podemos mudar, aprender, ter novos comportamentos e resultados a qualquer momento. O segredo é DESTRAVAR, abrir-se ao novo, conhecer-se, desenvolver inteligência emocional e se permitir ser a dona da p**** que quiser.

Sara T. Lima

Contatos
saratlima@terra.com.br
Instagram: @saratravainilima
LinkedIn: saralimasoluções
67 99930 8442

Graduada em Psicologia com Licenciatura e Bacharelado pela Universidade de Uberaba (2000) e com MBA em Gestão Estratégica de Pessoas pela Universidade Cândido Mendes (2007). *Life coach*, analista comportamental, *leader coach*, *professional & self coach* pelo IBC (Instituto Brasileiro de Coach), com certificação internacional pelo IAC (International Association of Coaching) e Extensão Acadêmica *Professional & Self Coaching* pela Faculdade Monteiro Lobato em parceria com o IBC (2017). Tem mais de 20 anos de experiência em empresas de pequeno, médio e grande porte, de capital nacional e internacional, na implantação, estruturação e condução de processos na área de Desenvolvimento de Pessoas e Organizações, tendo atuado em atração e seleção, treinamento e desenvolvimento, avaliação de desempenho, clima organizacional, retenção, comunicação interna e saúde mental em empresas. especialista em ferramentas de desenvolvimento de pessoas, times e líderes. Palestrante profissional, treinadora de times e líderes de alta performance, apaixonada por desenvolver e ativar o potencial humano. Idealizadora do método PC-PA, que já impactou a vida de centenas de pessoas, e do PDL (Programa de Desenvolvimento de Líderes), que já capacitou centenas de líderes.

Durante muito tempo fomos doutrinados a acreditar que só aprendemos muitas coisas até uma determinada idade. Então, chegar à vida adulta sem uma faculdade, uma profissão definida, sem ter determinada habilidade, trazia consigo um peso muito grande. Parecia que o tempo certo de fazer isso ou aquilo havia passado; o jeito agora é você se conformar. Será?

Com a evolução dos estudos sobre comportamento e mente humana, hoje sabemos que essa historinha contada por muito tempo abre espaço a novas possibilidades e é sobre essa reflexão que hoje vou escrever neste capítulo.

Vou iniciar compartilhando um pouco da minha história para gerar reflexões e quem sabe inspirações. Prazer, sou uma psicóloga que resolveu sair do tradicional para emplacar no mundo organizacional e me especializar no desenvolvimento de competências comportamentais.

Desde quando mergulhei no entendimento da mente humana, tinha claro que iria direcionar esse conhecimento para ajudar as pessoas a se conhecerem melhor e usarem seu potencial para alavancar suas vidas e carreiras. Da minha turma que se formou no ano de 2000, pouquíssimas pessoas trilharam caminhos em empresas, a maioria partiu para a área social e clínica – áreas maravilhosas, mas que não me encantavam. Sempre acreditei que poderia fazer diferente, poderia entrar no mundo corporativo e humanizar os processos ligados à gestão de pessoas.

Eu olhava para mulheres que atuavam em empresas (que eram raras naquela época) e tinha muita admiração, principalmente quando via aquelas que conseguiam equilibrar vida pessoal e profissional. Meu desejo sempre foi provar que ambientes corporativos são sim ambientes de MULHERES; ou melhor, lugar de gente competente, que faz acontecer, que gera resultado, que lidera equipe, indiferentemente do sexo, da cor, da raça, da idade ou da escolaridade. Nunca lutei pelo direito de termos mais mulheres ou mais homens em alguma atividade, sempre acreditei que temos de dar oportunidade com base nas competências e nas entregas profissionais, e não em rótulos preconceituosos.

Quando iniciei minha carreira, não sei se por sorte ou atração, entrei na área de Recursos Humanos de uma grande empresa no ramo de mineração. Nem preciso dizer que era um ambiente até então extremamente masculino, mas que me desafiava muito, pois sabia que para mostrar meu valor e conseguir crescer teria de me superar, ganhar respeito e confiança de líderes, muitas vezes machistas, mas isso não me intimidou.

Eu nunca me foquei nas barreiras que teria pelo fato de ser mulher, mas sim em agregar valor e resultados. Nunca me vitimizei; muitas vezes chorei escondido e passei por coisas que não gostaria, mas isso não me fez desistir. Com muita dedicação, estudo, superação e desenvolvimento, consegui aos 25 anos chegar ao cargo de coordenação em uma empresa do ramo florestal, depois de ter tido uma grande vivência também no setor sucroalcooleiro, sempre ambientes muito masculinos. Passei por dificuldades e superações não somente na área profissional, mas também pessoal.

Logo que me formei e consegui meu primeiro emprego, tive de terminar um relacionamento de longa data por falta de apoio do meu namorado. Com um carro velho, pouco dinheiro e uma mala pequena me mudei para uma nova cidade, com muitos medos e ansiedades, mas com muito incentivo dos meus pais. Recordo-me de que nessa época morei em uma pensão muito úmida e com muito carpete. Isso me gerou crises terríveis de rinite, porém quando me perguntavam como eu estava minha resposta sempre era que estava muito bem, entendia que tudo aquilo fazia parte do processo e reclamar não ajudaria em nada.

Aos 30 anos mais um desafio: assumir meu primeiro cargo de gerência: liderar uma equipe a maioria com idade bem acima da minha. Em termos de crescimento profissional, estava conseguindo trilhar o caminho almejado, mas não queria deixar para trás a vida pessoal.

Poucos meses antes de me casar, recebi a proposta pela qual batalhei por dez anos: assumir o cargo de diretoria de RH em uma grande empresa, mas para isso teria de repensar meu casamento ou viver muito distante do meu marido.

Nesse período iniciei uma fase de difícil decisão: casar-me ou me dedicar à carreira? Esse é um dilema pelo qual muitas mulheres ainda passam hoje em dia. Foi um período turbulento, ansioso. Ouvi diversas vezes muitas pessoas, inclusive mulheres, dizerem que meu marido já estava bem-sucedido, ganhava bem e eu podia ter uma vida boa, mas eu sempre me questionava o que é ter uma vida boa. Para mim não era negociável não trabalhar. Sempre amei o que fazia, sentia propósito, queria ter liberdade financeira e dar continuidade à minha carreira. Mas acabei optando por me casar e acompanhar meu marido Fernando. Foi uma fase maravilhosa em família, tivemos nosso filho João Marcelo e realizei o sonho de ser mãe de uma criança incrível, porém ao mesmo tempo não queria deixar minha profissão. Comecei a fazer cursos, *coaching*, mentoria, investi em um negocio na área de bem estar e desenhei um novo ciclo na carreira: tornar-me consultora, *coach* e treinadora. Parece ter sido fácil, MAS NÃO FOI! Estava aprendendo a ser esposa e mãe, estava aprendendo a ser autônoma, estava me reinventando. UAU, que fase surtante!

Em minhas palestras sempre falo sobre a importância de investirmos em nossa aparência, no corpo físico, em conquistas materiais, mas sempre reforço que não podemos deixar de investir em nosso desenvolvimento, em novos aprendizados, no mundo intelectual, espiritual e relacional, pois isso é o que pode mudar as perspectivas e a direção do nosso caminho.

Seja a dona da p**** que quiser

Meus pais sempre acharam lindo tocar piano. Eu e minha irmã iniciamos aulas de música muito cedo. Para as pessoas que possuem inteligência musical é fácil aprender música, muitos nem fazem aula e tocam de "ouvido", mas eu não tinha essa habilidade. Foram dez anos de estudo até me formar como professora de piano, tive de me esforçar muito para conseguir. A disciplina e o fato de não desistir deixaram marcas muito positivas em mim. E é sobre isso que quero falar agora: pare de desistir das coisas que deseja. Se não pôde fazer uma faculdade antes, se foi mãe cedo, se não tem uma carreira, se não tem determinada habilidade, se não conseguiu aprender nadar quando era mais jovem, se você se separou, não se desespere. Tudo o que focamos expande-se em nossas mentes. Se você se focar os problemas, o fracasso, a falta de dinheiro, as dores... isso se expande. E você se torna especialista em encontrar problemas mesmo estando diante da soluções. Nossos pensamentos geram sentimentos e nos levam a ter comportamentos, se você deseja mudar algo, comece mudando a forma de pensar.

Decida o que deseja e seja protagonista do seu futuro. Não quero ser hipócrita e vender para você a ideia de que pode ser tudo o que quiser. Acho isso muito vago e ilusório. Mas você pode ter mais do que tem, ser mais do que é, crescer, desenvolver, mudar seu corpo, ter novas habilidades, ter novos projetos, fazer diferente se esse for seu desejo. Você pode ter equilíbrio de vida, ser mãe, filha, esposa, amiga e ter sucesso na vida profissional. Você pode também optar por não trabalhar, mas assuma a responsabilidade da decisão. Toda escolha envolve renúncias, ônus, bônus e todos nós teremos provações. O pior lugar que podemos estar é no muro das indecisões. Levanta e vai ser a dona da p**** que quiser.

O direito de ser quem quiser ser

Para mim o maior ganho das mulheres nos últimos anos foi poder ser o que quiser ser, se quiser dirigir uma empilhadeira, ou ser diretora de uma empresa, ou talvez bailarina, engenheira, confeiteira, tudo bem! Se quiser ser esposa e mãe, tudo bem! Se quiser não ter filhos, tudo bem também! Temos de lutar pelo direito de ser quem quisermos ser; só não podemos continuar sendo vítimas e/ou nos colocando como vítimas. Assuma sua vida e suas escolhas, faça acontecer, indiferentemente da sua idade, pois seu cérebro possui NEUROPLASTICIDADE.

O cérebro se modifica. Ele é um órgão plástico e pode de fato transformar suas próprias estruturas e funções, mesmo em idades avançadas. A neuroplasticidade – uma das descobertas mais revolucionárias desde que os cientistas desvendaram os primeiros esboços da anatomia básica do cérebro – promete derrubar a noção ultrapassada de que o cérebro adulto é rígido e imutável (DOIDGE, 2016).

O cérebro é um dos órgãos mais complexos do corpo humano, constituindo-se no centro de controle para registro, processamento e respostas relacionadas a intelecto, sensações, emoções, comportamento e memória. Ele não é um órgão estático, é extremamente adaptável e responsivo aos estímulos externos. Isso significa que se você tem 30, 40 ou 60 anos pode adquirir novos conhecimentos, desenvolver novas competências, criar novos hábitos, repensar crenças e valores, desde que queira. O que realmente faz diferença nesse processo é seu querer e a abertura ao novo.

Nos últimos anos tive a oportunidade de atender mais de 500 profissionais e líderes em processo de *coaching* e mentoria e treinar mais de 1.000 pessoas ao redor do Brasil. Muitas pessoas estavam buscando melhorar competências comportamentais e crescerem profissionalmente, algumas autoconhecimento, outras estavam completamente perdidas em busca de uma nova direção em sua vida pessoal ou profissional. E a conclusão a que cheguei foi que a idade, o sexo e a raça não interferem nos resultados, o que determina é o DESEJO, a disciplina e a abertura ao processo.

Durante a vida, vamos criando registros de tudo o que vivemos e alguns são limitantes e incapacitantes, por isso muitas vezes precisamos reprogramar o cérebro. Estamos vivendo um momento de mudanças rápidas e isso tem gerado uma necessidade de controle de ansiedade e abertura ao novo como nunca vivemos antes. Não é à toa que a inteligência emocional se tornou uma habilidade tão valorizada.

Mesmo tendo boa capacidade intelectual e técnica, se nosso emocional não sabe lidar com as adversidades, estaremos mais suscetíveis a tomar decisões erradas, baseadas em momentos de crise e estresse e até mesmo ter dificuldade para manter relacionamentos saudáveis na vida pessoal e profissional.

Quebre padrões negativos de comportamento

Todos nós temos padrões de comportamento, em geral as pessoas sabem o que esperam de você e até onde podem ir com você. Esse é um ponto crucial na vida de qualquer pessoa.

Se eu permito que outras pessoas me humilhem, me depreciem, me usem, me tratem de maneira desprezível ou até mesmo fiquem o tempo inteiro reforçando minhas limitações, preciso rapidamente quebrar esses padrões. Como você quer ser tratada? Como você quer ser vista? Quais são seus sonhos?

Pare de permitir ser tratada assim, seja na vida pessoal ou profissional. Lute pelo seu espaço, redescubra prazeres, cuide do seu corpo, da sua alma e da sua mente. Muitas vezes vamos relaxando com a gente mesma e isso acaba nos custando o casamento, a carreira, o amor-próprio, a saúde e o sucesso. PARE COM ISSO AGORA, quebre padrões negativos de comportamento. Muitas vezes queremos mudar e acreditamos que o caminho é mudar as outras pessoas, mas não é. Foque em se autoconhecer e se autodesenvolver, em mudar seus comportamentos e assim poderá impactar a mudança do comportamento do outro.

Relacionamentos: a base da existência humana

A primeira necessidade que temos assim que nascemos é de nos relacionarmos com outros indivíduos da mesma espécie para sobreviver, para suprir necessidades físicas, emocionais e sociais. É por meio dos relacionamentos que crescemos e nos desenvolvemos, é com a colaboração de outros que alcançamos o que desejamos. E nesse momento quero que reflita sobre seus relacionamentos, como estão suas conexões? Como estão seus relacionamentos amoroso, profissional, espiritual, familiar, com filhos e amigos? Com o passar do tempo, vamos nos afastando de pessoas e nos fechando em uma cápsula, pois acreditamos que não temos tempo para momentos de desconexão. Em meus treinamentos, sempre convido os participantes a analisarem a RODA DE SUAS VIDAS e normalmente as pessoas que estão em desequilíbrio em muitas áreas tendem a se sentir mais tristes, depressivas, sem propósito e menos produtivas. Muitas pessoas relatam não ter tempo para nada, mas a maioria está com muita atividade e pouca produtividade; e isso gera um sentimento de fracasso e frustração intenso e doloroso.

Uma das coisas que abre muitas portas para oportunidades são nossas conexões. Pessoas se conectam com pessoas, indicam produtos e serviços de pessoas. Ter habilidade de se relacionar de maneira positiva, ter inteligência emocional, ser uma boa ouvinte, criar conexões positivas te ajuda a atingir metas e realizar projetos, além de trazer sentido à vida humana. Eu já morei em seis cidades, já me mudei 16 vezes e uma das coisas que sempre faço quando chego a um lugar novo é criar vínculos. Seja por meio da igreja, academia, trabalho, filho... Essas conexões me ajudam a encontrar soluções para problemas, ter momentos de lazer, indicação profissional e criar segurança psicológica. Enfim, para encerrar este capitulo, quero deixar uma última dica. Se você deseja mudar algo em sua vida, comece definindo claramente o que você QUER E O QUE NÃO QUER a partir de agora. A lista do "não quero" ajuda muito a determinar verdadeiramente o que desejamos e o que queremos evitar ou não repetir. Grande parte das pessoas tem muita iniciativa, e no momento das colheitas, desistem por deixar seus sabotadores entrarem em ação, por não acreditar em si ou por aceitar ser influenciada negativamente pelo meio em que vive. Se você não for sua própria prioridade, para quem será? Se você não investir em si mesma, quem o fará?

Desejo a você muito equilíbrio em todas as áreas de sua vida e que você possa ser a dona da p**** que quiser.

Referências

DOIDGE, N. *O cérebro que se transforma.* Rio de Janeiro: Record, 2016.

GOLEMAN, D. *Inteligência emocional: a teoria revolucionária que redefine o que é ser inteligente.* 2. ed. Rio de Janeiro: Objetiva, 2012.

93

AFRONTAS, CONFRONTOS E TRANSFORMAÇÕES

Se creres, maiores obras do que estas fareis.
(João: 14:12)

Assim diz a Bíblia sobre capacitações naturais dos seres humanos que sejam conscientes desse poder. Eu fiz uma trilha de 50 anos para entender essa mensagem. Cheguei aqui com arranhões e ciente de que o que aprendi até agora não me garante um futuro de tranquilidades.

SIMONI LUDUVICE

Simoni Luduvice

Contatos
www.filacontabilidade.com.br
sluduvice@uol.com.br
11 98369 9965

Empresária contábil há mais de 25 anos, com formação em Contabilidade, Gestão de Pequenas e Médias Empresas e MBA em Gestão Estratégica de Negócios. Participante do curso 10.000 Mulheres pela FGV e idealizadora do Projeto Coachbilidade, que auxilia empreendedores a darem os primeiros passos após abrirem uma empresa.

Uma criança descobrindo sua própria heroína

Tenho lembranças claras de quando tinha por volta de oito anos de idade. Uma menina magricela, sem opinião própria, muito medo do abandono e cheia de atitudes que tentavam agradar as pessoas amadas por perto. Vivia com minha avó e minha mãe, num certo momento dessa trajetória, e apanhava praticamente todos os dias sem entender muito os motivos. Ainda não tínhamos televisão, mas eu havia assistido em algum lugar um programa que tinha uma certa Poderosa Ísis, uma heroína parecida com a Mulher-Maravilha, dotada de superpoderes.

Cansada de apanhar sem entender nem mesmo o porquê, desenvolvi o hábito de correr para o fundo do quintal a cada nova surra. Erguia o bracinho direito para o alto, com punho e olhos fechados, assim como fazia a heroína que eu havia conhecido. Eu tinha certeza de que quando abrisse os olhos seria uma heroína e ninguém mais me maltrataria de maneira alguma. É claro que nunca abri os olhos e me vi com aquelas roupas, mas nunca deixei de acreditar que poderia ser minha própria heroína.

Uma adolescente que troca pedidos de permissões por decisões

Os anos foram se passando e com 12 já me sentia praticamente adulta. Corpo de mocinha, primeira menstruação às portas e cheia de demandas com os irmãos mais novos. Abandonei o catolicismo não praticante e adotei o Cristianismo como religião. E este foi um confronto em que me envolvi com minha mãe, que não aprovava minha escolha.

Sendo menor de idade e convidada ao batismo, pedi autorização para minha mãe para que pudesse participar. Diante de sua negativa, lembrei-lhe que eu poderia assinar a autorização em seu lugar, mas não o faria. E também não deixaria de participar do batismo, com ou sem sua autorização. E assim aconteceu. Nem ela retrucou a minha decisão nem eu deixei de realizar a escolha por medo do que poderia acontecer. Neste instante entendi que a partir dali eu continuaria contando com apoio e orientações de minha mãe, mas faria minhas próprias escolhas e suportaria as consequências também.

E um dia me joguei nos braços do empreendedorismo

Com cerca de 14 anos já tinha meu primeiro trabalho. Encarava com certo romantismo porque, afinal, eram novos amigos, novas aventuras, novos conhecimentos. Tudo me animava e nada parecia assustador. Depois de algumas aventuras em trabalhos com os quais eu me comprometia porque sempre fui do time dos que fazem o que tem de fazer; independentemente de gostar ou não do desconforto momentâneo, comecei a trabalhar numa empresa de contabilidade, onde encontrei minha verdadeira vocação. Foi amor à primeira vista pelo assunto, pelas formas de fazer, pelas pessoas que encontrei, que, embora muitas vezes hostis, me ajudaram a aprender tantas coisas novas.

Iniciei a jornada sendo chamada de "a funcionária mais barata do escritório". Era a auxiliar de serviços gerais de todos e estava ali para ajudar quem precisasse de ajuda em qualquer área. Eu amava organizar documentos, datilografar, emitir guias e ajudar as outras pessoas. E assim fui me desenvolvendo e me profissionalizando. Tratava as empresas pelas quais passei como se fossem minhas. Não esperava ordens; organizava as tarefas e agenda numa postura proativa, surpreendendo meu líder na maioria das ações. Tinha um pensamento que sempre me vinha à mente: "Cuidarei deste escritório como se fosse meu porque um dia, quando tiver colaboradores, eles serão assim também". A bem da verdade, entendo mais esse pensamento hoje do que entendia naquela época. Mas o fato é que ele me guiava.

Um dia, numa demanda de rotina, vi-me numa situação de desrespeito por parte de um líder e não pensei duas vezes para me desligar daquele escritório. Perguntei o motivo da atitude dele, disse-lhe que não concordava com o comportamento e pedi desligamento. No dia seguinte, quando pensei de cabeça fria, chorei até dizer chega. Como poderia cuidar da minha vida sem aquele trabalho que me pagava tão bem? Chorei, chorei, chorei e decidi que era aquilo mesmo que faria, mesmo que ele pedisse para eu ficar. Foi então que aceitei convite para formar a primeira sociedade numa empresa, aceitei e decidi que seguiria minha vida ganhando 10% do salário anterior, mas não olharia mais para trás. Assim fiz, fiquei um ano naquela sociedade e percebi que nossos valores eram diferentes. Foi então que recebi novo convite de outra amiga, com valores semelhantes aos meus e criamos uma nova empresa que teve propósito de contribuir com os clientes desde o nascimento. Essa sociedade já chegou à idade adulta e completou, em 2022, 25 anos.

Os maiores confrontos foram comigo

Enquanto escrevo, penso nesses momentos que foram transformadores na minha vida. Refletindo sobre tantas outras situações que me trouxeram até aqui, identifiquei vários momentos de afrontas. Tanto dos outros em relação a mim, quanto minhas em relação a outras pessoas. Da mesma forma que não afrontei por má intenção, entendi que as pessoas que me afrontaram também achavam que estavam certas; logo, não há espaço para mágoas com elas. Por outro lado, fui confrontada pela vida em vários momentos diferentes, e em todos eles descobri uma Simoni nova que eu nem sabia que existia. Foram confrontos que me levaram a transformações comportamentais que moldam a mulher que aqui escreve agora.

Olhando para trás, lembro-me de que a maioria desses confrontos me fizeram chorar. Achei-me vítima das situações, incompreendida por pessoas que já tinham uma visão mais sábia do que eu e percebiam que eu estava tendo a personalidade moldada, enquanto eu me achava injustiçada.

As afrontas me fizeram muitas vezes fugir das situações. Ao perceber que a pessoa levantava a voz ou dizia palavrões numa conversa, eu logo me calava e saía da conversa para não ter de enfrentá-la. Quantas batalhas emocionais eu perdi por este comportamento! Quantas mágoas guardei fragilizando meu corpo e minhas emoções, ao invés de empilhar pequenas vitórias constantes, como faço agora.

Quando comecei a me confrontar, a me olhar como única pessoa que serve de referência para eu querer ser melhor no dia seguinte, a minha principal plateia, aí sim, a transformação começou a acontecer.

Existe uma história no Velho Testamento da Bíblia Sagrada que conta a saga da saída do povo de Israel, que vivia sob escravidão no Egito. Deus levantou Moisés, que também tem uma história de vida incrível, e ordenou que ele tirasse o povo do Egito e levasse para uma terra abençoada, chamada Canaã, onde teriam abundância, prosperidade e tudo de melhor. Para começar, Moisés teve um trabalho danado para convencer o Faraó, o povo e até mesmo as pessoas que andavam com ele. Foram necessários muitos sinais e mortes até que o Faraó resolvesse libertar o povo.

O povo sai do Egito e precisa atravessar o Mar Vermelho para entrar no deserto. O Faraó arrependeu-se bem rápido de ter permitido a saída dos israelitas e logo mandou seus soldados atrás para obrigá-los a voltar. Deus abriu uma estrada de terra no meio do mar, ou seja, dividiu o mar em duas partes para que o povo de Israel passasse. Os soldados vinham atrás e, à medida que foram entrando pela mesma estrada, Deus foi fechando o caminho e os soldados que já tinham entrado pelo caminho foram se afogando. Uma perda grande para o Faraó do Egito.

A distância entre o Egito e Canaã era de aproximadamente 9,5 km. Os historiadores estimam que o tempo médio para caminhar de um lugar para o outro seria de aproximadamente 40 dias; o povo caminhou nada menos que 40 anos e a grande maioria não chegou à terra prometida em função de reclamações, falta de gratidão e outras atitudes não permitidas por Deus.

Por que estou contando esta história? Porque ela se tornou uma metáfora de aprendizado muito importante para mim. Quantas vezes na minha vida passei por situações em que um objetivo poderia ser alcançado em dez dias e eu levei dez anos para conseguir? Inúmeras.

Quantos sonhos já ficaram para trás porque eu dei inúmeras desculpas sobre um vitimismo que criei e não os alcancei. Lembrei agora que gostaria de ter estudado Letras na Universidade de São Paulo e não tentei porque contei várias historinhas de impossibilidades para mim. Já vivi também experiências de estar no ponto A, traçar uma linha até o ponto B e fazer acontecer. Estas são experiências que tenho vivenciado agora depois de tantas perdas financeiras e emocionais.

Sobre as lições que aprendi

A responsabilidade será sempre minha

Minhas escolhas me definem. Não é sobre o que me aconteceu, mas sobre como eu resolvi e me reinventei. Aquela menininha que tinha certeza de que era uma heroína tinha razão porque hoje quando penso na minha trajetória percebo as dificuldades que vêm me moldando.

Um dos maiores desafios é fazer perguntas indigestas a mim mesmo e dar respostas sinceras. É admitir que ninguém mais além de eu mesma pode mudar as situações em que me envolvo.

Quem é bom em desculpas não é bom em mais nada

Se eu começar a escrever as oportunidades que deixei passar ao longo da vida, terei uma lista maior de desculpas que contei para mim. Comecei a carregar logo cedo um pacote bem pesado de crenças limitantes e supervalorização de pessoas que tinham menos para dar do que eu acreditava. E eu ali, terceirizando responsabilidades e deixando de construir meus melhores dias.

Expectativa é um veneno para quem a alimenta

Lembrei-me do meu aniversário de 15 anos. Eu já trabalhava na época e durante todo o dia 28 de abril de 1983 criei uma festa incrível na minha imaginação. O vestido era maravilhoso, o mais lindo que já tinha visto. Convidados, comidas e bebidas à vontade para todos, música ao vivo, o bolero. Nossa! Vivi intensamente essa expectativa o dia todo.

No fim da tarde, quando retornei do trabalho e abri a porta esperando encontrar a maior festa da minha vida, encontrei apenas cenas do cotidiano normal da família. Um boa-noite sem resposta, cada um cuidando das suas coisas e ninguém se lembrou de que era meu aniversário.

No primeiro momento, uma tristeza se abateu sobre mim, depois passou e deixou lugar para o aprendizado. Sabe o que fiz com ele? Passei a comemorar todos os meus aniversários sem esperar que ninguém me fizesse nada. De lá para cá já foram várias festas memoráveis tanto para mim como para as pessoas que participaram. Fiz da minha vida uma festa!

Ninguém pode me dar o que não tem

Tinha crenças fortes sobre o amor compartilhado entre familiares e amigos. E um dia entendi que ninguém pode dar o que não tem, independentemente do grau de ligação que se tem com essa pessoa.

Se alguém não foi amado, pode ter dificuldades para amar. Se alguém foi oprimido, pode ter dificuldades para respeitar a liberdade alheia. E isso não torna ninguém melhor do que ninguém. Somos todos hóspedes do tempo, cidadãos do universo e estamos aqui para aprender, evoluir e contribuir uns com os outros. Entender isso é libertador. Deixei de ficar presa em teias emocionais que não me levavam a lugar nenhum. Passei a ser minha melhor expectadora e concorrente, ou seja, faço meus melhores resultados e não me comparo a ninguém, pois todos temos algo a ensinar e coisas para aprender.

Melhor é amar do que ser amada

É claro que aqui refiro-me ao verbo amar, no sentido de atitude que vem do espírito. No dia em que entendi que há uma incrível diferença entre dar e receber, deixei de economizar sentimentos, carinho, atenção e bons serviços. Tudo é sobre mim, sobre o que sinto e o que faço com isso; e não sobre os outros. A criação da vida que quero ter é minha responsabilidade e eu delimito as fronteiras de quem pode ou não ficar, de quem pode ou não me afetar. Esses aprendizados, como os demais, são como banhos diários. O banho que tomei ontem não me deixa limpa até amanhã. A água que bebi ontem não mata minha sede de hoje. De vez em quando tenho de me visitar, encontrar minha criança interior e verificar se ela se lembra dessas coisas.

Alguns aprendizados marcam tanto que lembro deles a cada gatilho que me move para a reclamação de falta de afeto. Outros, porém, preciso relembrar aqui e ali para não me permitir cair na tentação de autovitimização.

A missão de vida é ser eu mesma

Já me questionei diversas vezes sobre minha missão de vida. Ficava inquieta com respostas que nem sempre saciavam minha curiosidade ou não faziam muito sentido para mim. Até que entendi umas coisas bem interessantes que têm feito minha vida mais leve. Minha missão está relacionada aos objetivos que tenho em cada fase da vida e não na minha essência.

Entendi que não nasci para ser guerreira nem valente, como às vezes as pessoas me classificam, mas sim para ser eu mesma. Com todos os defeitos e as qualidades que me cabem. E com todas as qualidades ou limitações que alimentei durante a vida.

Existe uma mensagem que arde no meu coração e eu vou multiplicando-a pela vida a quantas pessoas eu puder espalhar. E esta mensagem está relacionada ao que está dentro de mim e não ao que o mundo tenta me convencer. Encontrar comigo todos os dias é o que tem feito sentir a plenitude da existência. Saber que posso ter empatia, amorosidade, cuidados, atenção com todas as pessoas que passarem por mim, mas não poderei oferecer nada disso a mais ninguém se não oferecer a mim antes de tudo.

94

O AMOR TRANSFORMA

Aos meus queridos leitores, venho trazer, neste capítulo, dicas e exercícios de como transformar seu casamento complicado e abusivo em um relacionamento próspero e abundante por meio de minha experiência de 26 anos de união estável.

SÔNIA MARGARETE DA SILVA

Sônia Margarete da Silva

Contatos
soniamargareth8@gmail.com
Instagram: @sonia_margareth
YouTube: Sônia Margarete da Silva
51 98521 1273

Escritora, hoje trabalha como hipnoterapeuta e com regressão. É massoterapeuta e também trabalha com constelação familiar, ajudando pessoas a encontrar soluções para se permitirem ter um relacionamento harmonioso, facilitando o convívio das pessoas em um mesmo ambiente, para assim poderem crescer em todos os sentidos em sua jornada.

Olá, sou Sônia Margarete da Silva. Vivo em união estável há 26 anos, e ela rendeu frutos que são nosso casal de filhos maravilhosos! Hoje posso dizer que estou em um casamento de dar inveja a muitos casais. Porém nem sempre foi assim! Todo casal logo que se conhece fica apaixonado; e nesse calor da emoção, paixão, tesão, muitas vezes deixamos de perceber muitos detalhes que futuramente podem ser decisivos para um relacionamento curto, longo e até mesmo eterno. O meu, por exemplo: iniciamos uma maravilha! Logo engravidei, então começaram as mentiras e ciúme doentio; afastei-me de amigos e fui me tornando introspectiva e insegura. Quando me dei conta, já estava fazendo tudo o que ele queria. Com ele vivi todos os tipos de abusos, exceto agressão física.

Psicologicamente eu acabei ficando muito, muito abalada, de uma maneira que deixei afetar minha saúde, tive depressão pós-parto e mais uns anos após fui diagnosticada com câncer de intestino. Então, após tanto sofrimento, discórdia e ofensas, eu vivia doente. Resolvi reescrever minha própria história, pois comecei a me dar conta de que eu não estava mais vivendo minha vida. Sim vivendo e fazendo somente o que era bom para ele. Foi aí que comecei a me reerguer novamente.

Saí em busca de minha essência. Participei de reuniões em grupos, terapias, estudos, leituras e de meu autoconhecimento, meu crescimento profissional e psicológico. Participei de *workshops* de expansão de consciência. Foi então que percebi que vivia em um relacionamento tóxico. E vivendo, sentindo na pele, errando e acertando, tive uma certeza! Quando começamos um relacionamento, ninguém começa amando! O amor vem com o tempo, como uma microempresa, que com o tempo sem cuidados pode falir, ou como uma boa sociedade, que pode se transformar em uma multinacional, então? Eu não estava disposta a sair desse casamento em dívidas, pois sempre acreditei que quando recebemos tarefas do universo temos de concluí-la. Caso contrário, eu poderia ter dez relacionamentos e ter as mesmas questões para solucionar. Então, conversamos meu marido e eu, e ele também participou de algumas terapias e *workshops* de autoconhecimento e expansão de consciência. Hoje nós estamos mais maduros e conscientes de muitas coisas. E uma delas é: que se caso tivermos de nos separar hoje não sairemos em dívida psicológica nem emocional um com o outro, porém pretendemos envelhecer juntos.

Sete passos para um bom começo de relacionamento

1. Seja sincera. Seja você mesma. Não invente ou conte mentiras para conquistar ou agradar uma pessoa.
2. Você não precisa fazer as vontades de uma pessoa somente para fazê-la feliz.
3. Não coloque expectativas na pessoa com quem você acaba de se relacionar, pois existem surpresas e você pode se decepcionar.
4. Não exija que a pessoa mude por sua causa, pois o tempo mostra quem somos realmente.
5. Não tente se transformar por uma pessoa. Você poderá ter sérios problemas vestindo um caráter ou um personagem que não é você. Seja autêntica.
6. Não deixe ninguém tirar sua vontade de conhecimento e crescimento profissional, físico e espiritual. Essa é nossa base.
7. Jamais use um relacionamento para se curar do que te machucou anteriormente. Assim, você irá se ferir cada vez mais. Ao invés de se curar, você entrará em um círculo vicioso e viverá de relacionamentos rotativos.

Oito regras básicas para um casamento equilibrado

1. Sinceridade, seja o que for.
2. Aceitação. Primeiro aceitar a pessoa que você está disposta a amar, pelos erros, pelo seu jeito sem se questionar, sem cobrar por eventos passados, até mesmo por acontecidos no próprio relacionamento.
3. Permita que a pessoa cometa erros e você cometa erros, para acertar sem culpa do passado.
4. Não se cobre tanto, um casamento, um relacionamento é para ser leve. Não se sinta obrigada a fazer ou ser o que você não quer.
5. Seja uma boa ouvinte. Escute o que seu(sua) parceiro(a) tem para dizer, mas olhe nos olhos enquanto ouve.
6. Empatia. Antes de criticar ou argumentar, primeiro troque de lado, coloque-se no lugar do outro.
7. Perdoe os erros; porém, faça do perdão uma borracha e não jogue o que foi perdoado em outras conversas.

8. Amor. Como falei, esse vem com o tempo; não é nos primeiros dois, três anos, não!

Todos esses passos e muito mais são os materiais para construir essa fortaleza chamada casamento, união estável, relacionamento duradouro e por aí vai; os nomes para almas que se juntam para evoluir.

95

SEJA SUA PAZ

Quem olha o meu sorriso não imagina a superação necessária para hoje ser a responsável por sustentar a minha paz. Venha comigo e entenda como as codependências nos limitam e impedem de sermos quem nascemos para ser. Após descobrir as constelações, desenvolvi o Método Sophia Figueiró de Design de Vida baseado em neurociência, meditações e inteligência emocional. Transformei a minha vida com base nos desafios da minha história. Venha comigo e entenda como mudar a p**** toda.

SOPHIA GOMES FIGUEIRÓ

Sophia Gomes Figueiró

Contatos
www.institutointac.com
sophia@institutointac.com
Instagram: @intac.br / @sophiagfigueiro
67 99989 2705

Graduada em Letras pela Universidade Católica Dom Bosco. Pós-graduada em Neuropedagogia Clínica e Psicopedagogia Clínica e Institucional e em Terapia Sistêmica Familiar. Atualmente, cursa o sétimo semestre do curso de Biomedicina na Estácio de Sá. Especialista em Metodologias Ativas de Aprendizagem, Hipnose Clínica Ericksoniana. Analista corporal O Corpo Explica. Terapeuta de *neurofeedback* e diversas terapias integrativas complementares. Cursou Neurociências em Harvard. Em 2014, fundou a Apoio Soluções Inteligentes, que cresceu e se tornou o Instituto Neurocientífico de Terapias Alternativas e Complementares (INTAC), do qual é CEO. Oferece-se atendimento clínico, terapêutico, cursos e consultorias em diversas áreas, além de ser um renomado centro de treinamento e formações, incluindo pós-graduação nas áreas da educação, saúde e gestão. Campo-grandense, tem 43 anos. É casada com Marcelo Borges, mãe do Antônio Paulo e do Marcelo, "boadrasta" do Felipe, mãe da Maria Sophia e avó do Théo e do Luke.

Sou Sophia Gomes Figueiró. Tenho 43 anos. Sou filha de Aroldo Abussafi Figueiró e Sandramaria Gonçalves Gomes, pai engenheiro, sonhador e poeta que me deixou como herança a consciência de que posso ser quem eu sou e não preciso me submeter aos desejos alheios, mas isso tem um preço, que ele pagou com a própria vida. Mãe bailarina, determinada, forte, linda, uma mulher da sociedade. Se fosse hoje em dia seria com certeza uma influencer, dona da melhor companhia de dança, viajada, famosa, um tanto quanto arrogante, mas ingênua. Acreditava que dinheiro não acabava, que contos de fadas existiam e que todo homem era igual ao pai dela, doce ilusão. Vale ressaltar que esse é o olhar de uma filha pequena para a história de seus grandes e maravilhosos pais, é muito mais sobre como eu percebia o mundo a minha volta do que como ele realmente era.

Até os dez anos de vida tive a oportunidade de viver em um conto de fadas, uma família perfeita, pais maravilhosos, com sucesso profissional, financeiro e em evidência social. Um lar amoroso, acolhedor e muito feliz, talvez essa tenha sido a grande diferença entre meu posicionamento diante da vida e o dos meus irmãos mais novos. Longe de ser perfeita ou melhor do que alguém, sinto como se eu fosse uma referência de família para eles e muitas vezes, inconscientemente, ocupei o lugar dos meus pais, sem saber o quanto isso era desequilibrado e gerava consequências negativas para todos.

Meus pais se separaram. Com isso, meu pai entrou em crise, não aceitava; e para atingir minha mãe, afastou-se de nós por um tempo. Viveu uma vida boêmia. Nunca nos ajudou financeiramente, mas tive sorte, pois minha faculdade ele pagou. Hoje compreendo sua dor, minha mãe era tudo para ele e ela o deixou. Ele era tudo para ela e ela o deixou depois que ele não soube lidar com o câncer que a tirou por um tempo da sua vida; parece contraditório e foi mesmo. Um tempo depois que se curou do câncer, ela pediu o divórcio. Muita gente até hoje não acredita, mas era um ciúme e um controle tão absurdo que ele tinha por ela que seria impossível continuar ali.

Era uma relação dual, intensa, passional, um tentando ser mais que o outro, uma disputa de egos em que o maior perdedor foi o amor.

Papai logo se casou novamente, com uma mulher mais de 20 anos mais jovem que via nele um herói, pois casou-se com ela mesmo tendo um filho, morando no interior, sendo julgada. Meu pai não a julgou, deu a ela um nome, amor e um lugar na sociedade. Foram felizes, mesmo meu pai se tornando uma pequena sombra do homem que era com minha mãe. Tivemos uma relação turbulenta, eu e a madrasta, especialmente pela forma como ela tratava meus irmãos mais novos. Com o passar do tempo, tivemos bons momentos, mas depois da morte do meu pai não temos mais nenhuma relação, apesar de ser mãe dos meus irmãos.

Mamãe achava que dinheiro não acabava e que daria conta de administrar a empresa sem meu pai. Doce ilusão. Ela achava que ele não trabalhava, mas sem ele ao seu lado o negócio acabou. Então, vieram os tempos difíceis, vendeu os bens para viver. Foi pesado lidar com tudo o que viveu; e aos poucos a depressão foi tomando conta e a colocou em um lugar de sobre-vida, quando passar por cada dia era uma imensa luta, até que desistiu de lutar e vieram as sucessivas tentativas de suicídio. Muitas vezes fui eu que precisei socorrê-la. Dessa época em diante minha paz acabou, minha maior preocupação era em mantê-la viva. Eu acordava a noite para ver se ela estava respirando, contava os remédios diariamente para ver se não tinha tomado mais do que deveria, e ainda tinha de inventar estórias para meus irmãos não perceberem o que estava acontecendo com ela. Queria poupá-los da dor de ter uma mãe que não amava os filhos – na minha ignorância, ainda menina, era isso que eu pensava. Foram inúmeras vezes, de muitas formas diferentes, mas graças a Deus ela nunca conseguiu e eu tive tempo de pedir perdão por todo o julgamento e a falta de empatia que tive diante da sua dor. E pasmem, eu não enlouqueci, sobrevivi à dor do abandono e da traição, pois era assim que me sentia, traída por meu pai e abandonada pela minha mãe; e aceitei a posição de responsável por cuidar deles todos. Assim, fui empurrada para uma vida que não fazia muito sentido para mim, imersa em codependências e necessidade de salvar os outros.

Escrevo aqui com o intuito principal de despertar a consciência quanto à importância da neutralidade, do pertencimento, da intencionalidade e especialmente da fé, pois a diferença principal entre as pessoas que vivem em paz das que vivem em guerra não são os problemas, mas a forma como elas olham para eles.

Consegui viver ali até os 16 anos, sentindo-me 100% responsável por manter minha mãe viva; e isso nos colocava em pé de guerra. Imagine quão desrespeitosa eu era e arrogante, pois achava que sem mim ela não sobreviveria; e ao mesmo tempo quão sofrida e desamparada eu me sentia, mas precisava ser forte e manter tudo funcionando. Mesmo quando ela não saía da cama: tarefa das crianças em dia, comida na mesa, roupa lavada, tudo. Era um inferno, mas alimentava meu ego e fazia que eu me sentisse importante, amada e essencial. Muito incoerente a mente humana – era como se a depressão da minha mãe fosse necessária para que eu pudesse ser alguém visto no meu sistema. Vivíamos em desequilíbrio.

Então cansei, comecei a sentir uma necessidade física de não estar mais ali, tinha crises de asma horríveis, fumava muito, não queria mais aquele lugar, só julgava. Foi aí que engravidei e casei-me aos 16 anos. Quando Antônio Paulo nasceu, pude sentir o amor que uma mãe sente; e diante do risco iminente de perder meu filho após cinco paradas cardiorrespiratórias eu vivi o dia que transformou minha vida e experimentei pela primeira vez o amor de Deus por mim.

A diferença entre fé e esperança

Estavam todos tomados por uma angústia silenciosa. Ninguém me falava nada. Eu já havia acordado da anestesia há horas e não me traziam meu filho. Eu queria vê-lo, e nada. Insisti e me disseram que ele estava sendo levado para a UTI neonatal em outro hospital e que havia sofrido duas paradas. Levantei-me da cama. Vesti minha roupa e pedi que me levassem. Ninguém queria deixar; eu abri a porta e fui andando. Até que minha tia disse que me levaria. Ela sabia que eu iria nem que fosse a pé. No caminho, fui pensando o que eu tinha de errado, por que todos que eu amo preferem morrer, qual era meu problema, por que eu não merecia ser feliz. Enfim, muitas coisas passaram pela minha cabeça durante aqueles 15 minutos de trajeto até a UTI.

Quando cheguei e vi meu filho pelo vidro, todo entubado, cabeça raspada para colocar o soro e as medicações, tive a impressão de que ele sorriu para mim. Naquele momento foi como se acendesse uma chama de fé no meu coração, e todas as besteiras que eu tinha pensado no caminho não fizessem mais sentido. Aquele guri magrelo e careca me devolveu à vida. Naquele instante tudo mudou dentro de mim; foi meu momento do basta. Ali começou minha reconstrução interna, lenta, trabalhosa, intensa e eterna, sem pressa e sem pausa.

Ali foi meu despertar, muito distante e incoerente ainda, mas me mostrou que muito mais do que filha de Deus eu sou um ser divino, de amor divino e de presença divina. Meu filho sobreviveu; é um homem e tanto, pai exemplar e de um caráter excepcional.

O que eu não sabia era que Deus não erra de endereço e quando ele coloca uma tarefa psíquica para ser realizada de nada adianta fugir, que a tarefa se reinventa e volta; e comigo foi assim. Deixei de ser mãe da mãe para ser mãe do marido, e tudo o que julguei sobre a história dos meus pais eu repeti. Absolutamente tudo, só que tive o despertar da minha centelha divina, que por algum tempo eu não soube muito bem como nutrir, então houve momentos essenciais e acho importante pontuá-los aqui.

A filosofia diz que existem quatro caminhos que nos levam a nos relacionarmos com Deus e vou usá-las, pois representam exatamente o que eu vivi:

1. Temor (eu, pecadora, e Deus separados).
2. Gratidão (eu, miserável sem nada a agregar, e Deus completo separados).
3. Filial (eu continuidade de Deus como herdeira e Deus ainda oculto).
4. Unos (eu como ontem e Deus como amanhã – Ele é parte de mim e eu Dele).

Antes do nascimento do Antônio Paulo, eu vivia uma fé em que Deus existia fora de mim como um pai a quem eu devo respeitar, obedecer para não ser punida e pedir o que eu preciso; e quando eu recebo, agradeço. É uma fé distante de fora para dentro, cujos sentimentos principais são medo, esperança e devoção, sustentada na religião.

No dia em que ele nasceu, senti-me nos braços de Deus. Mesmo em meio àquela turbulência, eu sabia que tudo daria certo. Eu era capaz de sentir a presença dele em meu peito, acalmando meu coração, mantendo-me feliz, muito feliz por estar ali, por ter tido atendimento, por termos vencido cinco paradas respiratórias (ele teve mais três) no caminho para o hospital. Conseguia olhar para tudo realmente com gratidão e certeza de que tudo já havia dado certo. Os sentimentos que norteiam essa fé são o merecimento, a necessidade como se fosse um irmão de Deus, sem medo, mas com a ligação ainda de fora para dentro, sustentada na religiosidade.

Depois disso, comecei a ter uma fé tão inabalável, tão real... Sentia-me filha preciosa do pai. Nesse momento liberei minha mente para explorar toda a minha potencialidade. Foi quando me separei e vi que eu poderia viver a vida que Deus me criou para viver, permitir-me ser feliz, próspera e abundante.

Hoje vivo minha vida em unidade com Deus. Algo que conquistei há pouquíssimo tempo e me comprometo a nutrir e honrar diariamente. Relaciono-me com minha centelha divina diariamente. Todos nós somos unos com Deus, forjados a sua imagem e semelhança e isso nos capacita a ativar o amor divino, o poder divino e a presença divina. Para isso, precisamos nos comprometer a sermos templos dessa presença. Precisamos nos responsabilizar em ser o melhor possível e a estarmos em constante evolução, comprometidos a sermos melhores 1% ao dia, longe de buscar a perfeição, mas em intenso aprimoramento, galgado na disciplina e na constância de sermos nossa versão divina, realmente quem Deus nos criou para ser. Sustentados na unicidade divina, somos todos unos com Deus. Esse processo todo tem demorado anos, e como eu disse é eterno, sem pressa e sem pausa, e me possibilitou a capacidade de desenvolver um método de design de vida que conecta a neurociência e as constelações familiares. Ele apresenta ferramentas eficientes para a solução de tarefas psíquicas essenciais. Sabe aquelas que, se a gente não resolve, elas voltam? Então...

Pela segunda vez, não cumpri a tarefa

Em 1994, aos 16 anos, casei-me achando que iria me livrar da responsabilidade, que eu achava que tinha, de cuidar da minha mãe; pois é, doce ilusão. Sabe por quê? Porque não era sobre ela, era sobre mim, e de novo Deus não erra de endereço. Escolhi um marido que na época precisava de alguém para cuidar dele. Estava perdendo a mãe e a sabedoria da comunidade de destino o colocou em minha vida, pois ele seria a pessoa perfeita para eu entender o "para que" do rolo todo. Mas de novo não aprendi. Vitimizei-me, com ele quis pagar de fodona, era a mulher que ganhava dinheiro, pagava a escola dos filhos, as viagens, comprava roupas e brinquedos caros, enquanto ele mergulhava na dor de uma depressão profunda e incapacitante, e mais uma vez estava eu sendo vista como a mulher forte, batalhadora e fodástica, que não é quem Deus me criou para ser, ou pelo menos não por esses motivos. Em 2011, após uma traição e uma arma apontada para mim, achei (inconscientemente) que já estava fodona o suficiente e saí de casa, deixando tudo para trás, sem pensão ou apoio, apenas os dois filhos para acabar de criar. Sim, dois, quando Antônio estava com nove anos nasceu Marcelo, que alma linda tem esse guri, nunca vi coração mais amável e empático – fica aqui um alerta: estamos trabalhando para ele ser sua prioridade, pois empatia demais sobrecarrega e desequilibra. Fato é que fugi mais uma vez e não aprendi a lição e ainda fiquei como a "salvadora" da p**** toda.

Foi nessa época que meu salto evolutivo aconteceu. Fiquei dois anos sozinha, de casa para o trabalho, do trabalho para casa, em um trabalho psíquico ativo, uma autopoiese intensa, muito estudo, leituras e meditações pelas quais pude acessar o tal "Para quê?".

Eu precisava ser minha prioridade, simplesmente porque nasci para viver a vida que eu quiser viver, fazer escolhas que façam sentido para meu *animus*, que façam meu coração bater, minha pele se arrepiar, minha adrenalina subir, minha pupila se dilatar, que me deem tesão, é isso.

Depois que virei essa chave, eu precisava aprender que p**** de vida era essa. Então, voltei a estudar, pedi as contas do trabalho em que eu era foda. Renunciei a tudo que não era essencial. Despi-me de qualquer prejulgamento e recomecei, mais uma vez. Procurando alguma coisa que eu nem sabia o que era. Até que me perguntei no que eu era boa, para que as pessoas me procuram? Fiquei matutando sobre isso. Vendas × Pessoas, duas coisas que me movem.

Errar uma vez é normal, mas três vezes é burrice

E se tem uma coisa que eu não sou é burra. Voltei a empreender, continuava estudando e lapidando meu processo. Nessa época três conceitos essenciais já estavam bem consolidados: a neutralidade – fico apenas com o que é meu e não deixo que o outro tire minha paz; haja o que houver eu estarei no comando das minhas reações. A autorresponsabilidade – só fazem comigo aquilo que eu permito, se aconteceu de alguma forma também sou responsável; e o poder do julgamento, tudo o que eu julgo a vida vai me trazer como tarefa psíquica; portanto, o trabalho de não julgar é essencial e talvez o mais desafiador para nós humanos.

Com essas lições já no consciente, mas distante de estar no automático, recebi de presente o Marcelo, meu segundo marido, que me trata como uma princesa, realiza todos os meus sonhos, fez-me conhecer o prazer, o amor e um belo orgasmo múltiplo. Como eu fiz por merecer esse marido, em todos os aspectos, falo sempre que ele é perfeito para mim, principalmente quanto aos desafios. Testa-me diariamente, no desafio de não permitir que ninguém pode ter o poder de tirar minha paz; e como ele tenta, mas na imensa maioria das vezes não consegue, também tem um perfil depressivo, mas olho para isso como algo dele e não meu. Respeito suas escolhas e fico ao lado dele nos dias ruins. Não quero salvá-lo, meu compromisso diário é salvar a mim mesma da necessidade de ser necessária para ser amada.

Ele me deu mais dois filhos: Maria Sophia, a menina que concebi depois de conseguir ressignificar a dor do abandono que sentia em relação à minha mãe, e Felipe – que já veio pronto quando nos conhecemos. Esse relacionamento me ensina diariamente que podemos amar sem querer que o outro se ajuste às nossas necessidades, que amar é primeiramente respeitar quem somos e o sagrado direito de o outro ser quem é, que perfeição não existe – o que existe é aperfeiçoamento –, que ser cuidada e protegida não é sinal de fraqueza. Muito pelo contrario, que em uma relação adulta e saudável cada um tem sua função bem definida e não cobra o outro por exercê-la, que relacionamento não se discute de cabeça quente e que a hierarquia da paz (1. Deus; 2. Eu; 3. Companheiro de evolução; 4. Filhos; 5. Trabalho; 6. Família de origem) precisa ser respeitada para que a fluidez e o equilíbrio dinâmico possam conduzir para o amor que cura.

Hoje posso me considerar uma mulher em evolução contínua. Sou capaz de me dar tudo aquilo que preciso para ser feliz. Responsabilizo-me por nutrir minha centelha divina com amor, cuidar com gentileza do meu corpo físico, mental, espiritual e energético. Ofereço aos meus filhos o melhor que posso fazer sem me sacrificar. Digo muitos "nãos", pois não tenho mais medo de ser traída ou rejeitada. Busco eliminar as codependências e os ganhos indiretos, pois são eles os responsáveis por acharmos que vale a pena viver uma vida mais ou menos. Posso te afirmar: não vale. Trate agora mesmo de achar um propósito maior, interno. Não vale causa social, filantropia, viver para os filhos ou para o trabalho. Recebemos de Deus a oportunidade dessa vida única em cada experiência e cabe a nós fazer o melhor possível para honrá-la. Para depois pensarmos em fazer qualquer coisa que seja para os outros.

Tive muitos mestres ao longo desse processo, aos quais serei eternamente grata. Com certeza meus pais e meus companheiros de evolução, Theo e Marcelo, foram os mais importantes. Depois meus filhos e com certeza grandes professores evolutivos contribuíram direta ou indiretamente para que hoje eu possa viver a vida em plenitude, realizando meus sonhos com saúde, harmonia, sucesso e prosperidade. Mas a decisão diária e a responsabilidade continuam sendo todas minhas e para me lembrar disso, e compartilhar esse propósito, estou a serviço de contribuir para que outras pessoas possam conhecer e experienciar uma vida com mais responsabilidade e liberdade. Convido você a testar.

Referências

AZIZ, S. J.; LICHTENSTEIN, D. *A dádiva.* Prumo, 2011.

HELLINGER, B.; HOVEL, G. T.; *Constelações familiares.* Cultrix, 2007.

JUNG, C. G. *O homem e seus símbolos.* Harper Collins, 2021.

LENT, R. *Neurociência da mente e do comportamento.* Guanabara Koogan, 2008.

MORAIS, E. A. de. *Neurociência das emoções.* InterSaberes, 2020.

PENMAN, D.; WILLIAMS, M. *Atenção plena: Mindfulness.* Sextante, 2015.

ROSENBERG. M. B. *Comunicação não violenta.* Ágora, 2021.

SELIGMAN, M. E. P. *Felicidade autêntica.* Objetiva, 2019.

SUI, C. K. *Alcançando a unidade com a alma superior.* Ebel, 2018.

VANZANT, I. *A vida vai dar certo para mim.* Sextante, 2003.

_96

PODEROSA SIM, FELIZ TAMBÉM

Sugiro uma abordagem equilibrada e consciente para o enfrentamento de nossas dificuldades pelo bom senso, exemplo e autoconhecimento. Bom senso pelo qual temos sido sempre treinadas, observação das ações de mulheres valorosas e autoconhecimento. Dessa forma, seremos capazes de assumir o poder que nos compete como mulheres realizadas e felizes.

SUELY BURIASCO

Suely Buriasco

Contatos
www.suelyburiasco.com.br
sburiasco@gmail.com
Instagram: @suelyburiasco.oficial
Facebook: facebook.com/SuelyBuriasco/
11 91301 7584

Escritora, jornalista e educadora. Graduada em Estudos Sociais e pós-graduada em Docência Superior. Especialista em Mediação de Conflitos pelo Instituto Familiae – reconhecido pelo Inama (Instituto Nacional de Mediação e Arbitragem). MBA em Gestão Estratégica de Pessoas pela Universidade Estácio de Sá. *Master coach* membro da Sociedade Brasileira de Coaching. Embaixadora da Paz pela UPF (Federação para a Paz Universal). Ministrante de palestras e cursos de aperfeiçoamento na área de mediação de conflitos e cultura da paz. Implanta e coordena o projeto "Cultura da Paz na Escola". Articulista em vários jornais e sites internacionais. Autora dos livros *Uma fênix em Praga* e *Mediando conflitos no relacionamento a dois*. Coautora do livro *Mediação e conciliação*.

> *Diga-nos o que é ser uma mulher para aprendermos o que é ser um homem. O que se move pelas margens. Como é não ter casa nesta terra. E andar perdida da que você conheceu.*
> TONI MORRISON

Nesse trecho de seu discurso, a primeira escritora negra a ganhar o Prêmio Nobel de Literatura enfatiza a força feminina que luta e vence desafios pelo reconhecimento de seu valor na sociedade. É justo citar que ao longo de mais de um século apenas 15 mulheres receberam a honraria.

Toni Morrison separou-se quando ainda estava grávida do segundo filho, e teve de trabalhar para o sustento da família. A oportunidade surgiu com o emprego em uma importante editora, um ambiente até então estranho para ela – "um mundo de homens". Em uma entrevista ao documentário "Partes de Mim", no Philo TV, Morrison contou que, em algum momento, todos os editores receberam aumento, menos ela. Contestando junto à diretoria, provou que também era "arrimo de família", o que causou estranheza. Diante de seus argumentos inteligentes e convincentes, a editora mudou a norma e concedeu aumento também a ela. Mas não foi só essa mudança que Toni propiciou. Como editora, deu oportunidade para muitas outras mulheres passarem pela experiência vivenciada por ela quando olharam seu passaporte e lhe perguntaram: "O que você faz?" e ela pode respondeu: "Eu escrevo". Um doce e forte sentimento de gratidão me envolve quando penso nessa mulher incrível a quem, de alguma forma, devo a oportunidade de ser reconhecida como escritora.

Sabemos que a luta da mulher num mundo ainda regido por homens está longe de terminar. É preciso continuar o trabalho de tantas, como Morrison, ampliando possibilidades para o futuro. Vejo nisso uma grande e honrosa responsabilidade. Atitude que requer quebras de paradigmas muito arraigados, inclusive nas próprias mulheres. Difícil, mas muito promissor.

É relevante destacar que aos homens e às mulheres são dados deveres especiais, igualmente importantes. Homens e mulheres são seres humanos iguais, com especialidades diferentes, sem grau de superioridade. Essas especialidades ou diferenças são decorrentes de uma interação das estruturas biológicas e do ambiente sociocultural, como entendem atualmente os especialistas. Por isso, talvez o termo mais coerente seja *equidade*, que pressupõe considerar as características e as individualidades de cada um, buscando direitos iguais.

Nas palavras do filósofo espanhol Julian Marías, a "única igualdade entre os sexos é a essencial dependência que um tem do outro". A equidade valoriza as diferenças entre os sexos, entendendo que homens e mulheres têm especialidades complementares. Isso parece ficar cada vez mais claro. A preferência a equipes formadas por homens e mulheres demonstra que a forma diferente de lidar com as mesmas questões abre maiores possibilidades. Pesquisas revelam que vem aumentando a participação das mulheres em cargos de chefia, isso graças às políticas inclusivas das empresas, que ajudam a reduzir a desigualdade de gênero. É inquestionável a importância de ações como essas que somam forças para que o empoderamento feminino se torne realidade nas empresas e na sociedade em geral. É importante dizer que não se trata de privilegiar a mulher, mas dar a ela justo reconhecimento e que nesse trabalho a parceria masculina é de extrema importância. A ideia é que os líderes promovam e fortaleçam mais mulheres na ascensão profissional e no desempenho de funções cada vez mais relevantes; também que as empresas se preocupem com a segurança, a saúde e o bem-estar de todos os colaboradores, sem qualquer discriminação. A capacidade profissional da mulher tem sido demonstrada ao longo do tempo e sua presença, inquestionavelmente, tem efeito muito positivo no mercado. A equidade é, pois, questão de justiça. No entanto, a discussão dos termos está longe de ser a principal, todos os dias temos fatos confirmados da forma como a mulher ainda é concebida como um ser inferior e merecedor de absurdos.

Ainda impressiona a quantidade de mulheres que vivem situações de total inferioridade, subjugadas a maridos que as violentam moralmente, fisicamente e de todas as formas possíveis. O fato é que muitas delas são tão dependentes financeira e emocionalmente que, embora procurem ajuda, não se dispõem a agir de maneira efetiva para mudar essa situação. Pior ainda é a falta de conscientização de grande parte delas, que aceitam a desigualdade e a subserviência sem revolta, sentindo-se realmente inferiores e indignas. Além de cultural, o machismo também é questão educacional; basta ver como mulheres que se dizem independentes e modernas ainda fazem distinção de tratamento e tarefas entre filhos homens e mulheres. Aliás, nesse quesito é forçoso admitir que as próprias mulheres têm grande responsabilidade em disseminar a desigualdade por muitas gerações e, infelizmente, muitas ainda agem dessa forma, mesmo que de modo inconsciente. Esse, certamente, continua sendo um problema social com abordagem no mundo todo.

Mulheres sofrem grande pressão social: mulher tem de trabalhar, mulher tem de cuidar dos filhos, marido, casa... Mulher não pode aceitar dependência financeira, mulher não pode isso, nem aquilo. "Lugar de mulher é onde ela quiser", desde que seja a favor das ideias de quem clama. E por aí vamos nós!

Nada pode garantir mais a qualidade de uma sociedade do que o respeito e a consideração incondicionais. Não é incomum saber de mulheres que desistiram de sua profissão para cuidar do lar; nada contra isso, desde que seja essa uma escolha consciente. Respeitar o "onde ela quiser" precisa ser verdadeiro. Felizmente, também vemos crescer o índice de homens que escolhem dividir responsabilidades domésticas para beneficiar o crescimento profissional de sua companheira. O que se espera é que tanto homens como mulheres possam ter liberdade de escolha.

Também as mulheres que alcançam sucesso profissional não estão livres das censuras, são julgadas porque precisam dividir a atenção entre o trabalho e a vida pessoal. Precisamos deixar claro que podemos e devemos assumir o ônus e o bônus de nossas próprias escolhas. Mais difícil do que conciliar a vida pessoal e a profissional tem sido lidar com tamanho preconceito social, que, infelizmente, não é exercido apenas por homens. Vejo muitas mulheres engajadas e bem-sucedidas profissionalmente com baixa autoestima, descrentes em relação ao amor, vivenciando graves conflitos. O fato é que uma vida saudável implica estar satisfeita consigo mesma e isso inclui a forma como nos relacionamos. A edificação de bons relacionamentos também requer habilidades que abrangem determinação e bom senso; afinal, nada é perfeito e adaptações sempre serão necessárias. Entendo que andamos rápido em relação à nossa realização profissional, mesmo estando muito aquém de alcançarmos o reconhecimento que merecemos. Entretanto, estamos com grande dificuldade em harmonizar nossos papéis como profissionais, esposas, mães, filhas...

A missão feminina não é tarefa fácil; afinal, são tantos os entraves que manter a graça e a harmonia nem sempre é simples. Mas as mulheres que marcaram época nunca tiveram facilidades na vida. Muito pelo contrário, são mulheres que lutaram contra a discriminação, a miséria, a violência e a desigualdade. Abriram caminhos às mulheres de hoje que continuam nessa batalha com coragem e tenacidade. Mesmo não tendo as mesmas facilidades em relação aos estudos, muitas mulheres fizeram invenções incríveis. Como exemplo de legado feminino na tecnologia, podemos citar a austríaca, naturalizada norte-americana, Hedy Lamarr. Ela desenvolveu uma tecnologia durante a Segunda Guerra Mundial cujo conceito de transmissão acabou, mais tarde, permitindo o desenvolvimento de tecnologias como o Wi-Fi e o Bluetooth. O vidro invisível que revolucionou as tecnologias de câmera e melhorou significativamente os aparelhos foi criado pela física estadunidense Katharine Blodgett. A afro-americana Marie Van Brittan Brown criou o primeiro sistema de vigilância por vídeo, que originou os sistemas modernos de vigilância com câmaras que possuímos hoje. E isso lembrando só a área de ciência e tecnologia. O papel da mulher é cada vez mais extenso na sociedade.

Sororidade é um termo a ser trabalhado e vivificado. Faz-se necessário varrer de nossa sociedade os preconceitos que minimizam o papel das mulheres e esse é um trabalho de todo ser humano consciente. Nossa luta não é contra o sexo oposto e sim a favor da igualdade de direitos. Não aceitamos ser subjugadas, desrespeitadas ou violadas em nossas garantias. Unidas podemos demonstrar que é possível e totalmente viável nos defender de tudo e todos que ainda não se conscientizaram de nossa capacidade. Por isso, é muito importante estarmos engajadas em movimentos educacionais que visem esclarecer e educar nossa sociedade. Para tanto, há que se buscar autorrealização e equilíbrio; grande desafio da mulher na construção de um futuro mais digno, igualitário e feliz.

Felizmente vemos crescer o movimento de mulheres que decidiram construir a própria vida, livres e independentes. Mulheres que entendem que não se trata de provocar uma guerra entre sexos; muito pelo contrário, o grande objetivo é caminhar juntos, lado a lado, em todos os níveis e sob qualquer situação. Pelas mães que criam novas gerações de homens e mulheres valorosos que se respeitam entre si. Pelas mulheres que se dão valor e não aceitam, em hipótese alguma, ser menosprezadas ou humilhadas. Toda mulher merece respeito!

Diante de tantas dificuldades, é preciso analisar uma questão básica: "Mulher, você tem se realizado como é e da maneira como vive?".

A maior aspiração do ser humano é ser feliz. Já nos apresentaram inúmeras fórmulas para a felicidade. No entanto, sem o autoconhecimento é impossível encontrá-la. Assim, nada mais recomendável do que procurarmos respostas. Mulher, quem é você? Do que gosta? O que quer para ser feliz? Parece fácil, mas é complicado encontrar respostas seguras para questões tão íntimas.

Pessoas que não são acostumadas a ouvir a si mesmas apresentam grande grau de insatisfação na vida; afinal, como encontrar o que desejam se nem mesmo sabem o que é?

Escuto muito: "Queria virar a mesa, largar tudo e só fazer o que quero". Então, eu pergunto: "E isso a faria feliz?". Normalmente, mesmo que de maneira relutante, ouço: "Não!". Então, porque se perder em pensamentos originários do orgulho exacerbado?

Não se pode confundir poder com intolerância, gentileza e empatia com subserviência. A convivência sadia se mescla no esforço e na satisfação; o ego é nosso grande inimigo. O empoderamento feminino não pode ser concebido de maneira autoritária e arrogante. Essa confusão pode provocar grande sofrimento. O que buscamos é o contrário disso e muito além; queremos o poder que é nosso por direito de maneira a nos trazer a felicidade que almejamos. Não essa felicidade fugaz e ilusória dos contos de fadas que há séculos nos inebriam a mente, mas a felicidade real, construída por nossas próprias capacidades.

> *Quanto requintadamente humano foi o desejo de felicidade permanente, e quanto estreita se tornou a imaginação humana a tentar alcançá-la.*
> (MORRISON, 2020)

É importante definir prioridades no que realmente desejamos e aí sim focar nossa energia e nossa vontade. Se dar um basta pode nos realizar, vamos lá! Todavia, é bom lembrar que as coisas conquistadas de maneira paulatina são sempre mais seguras.

Para garantir o poder e a harmonia capazes de nos realizar, precisamos desenvolver cada vez mais a inteligência emocional. Nossa luta precisa ser pacífica e educacional na busca de uma transformação cultural pela qual a justiça seja edificada de maneira plena. E por justiça também entendemos a necessidade de se valer da instituição quando necessário, denunciando e exigindo que a lei se cumpra sempre que nos sentirmos ameaçadas ou constrangidas. Não há necessidade de esperar que o caos se instale para buscarmos o equilíbrio. Não precisamos nos impor pela força bruta, temos meios mais inteligentes e eficazes. Podemos lutar com as armas que há séculos estamos sendo treinadas a usar: a conciliação, o bom senso e a sabedoria. Ao tomarmos para nós o poder que nos foi negado, não podemos cair no engodo de abdicar do poder que tem sido nosso há muito tempo. Essa é uma questão grave que merece toda a nossa atenção.

O conhecimento de si mesma é o caminho para uma vida plena, um estágio em que saibamos definir o que queremos para nossas vidas e a partir daí traçar objetivos mais seguros. É claro que esse é um processo lento; não acontecerá do dia para a noite, até porque, sendo almas em construção, estamos sempre mudando e somando aquisições que podem alterar o rumo de nossos desejos. O importante é estarmos sempre atentas e jamais permitir que nada nem ninguém seja maior do que nossa vontade de nos autoconstruirmos na busca pela plenitude como mulher e ser humano.

Referências

GNIPPER, P. *Mulheres históricas: Hedy Lamarr, a atriz que inventou a base para o wi-fi*. Disponível em: <http://www.canaltech.com.br/internet/mulheres-historicas-hedy-lamarr-a-atriz-que-inventou-a-base-para-o-wi-fi-77347/>. Acesso em: 14 jan. de 2021.

MORRISON, T. *A fonte da autoestima – ensaios, discursos e reflexões*. Tradução de Odorico Leal. São Paulo: Companhia das Letras, 2020.

SOMARCA. *Propriedade Intelectual. Mulheres que, com suas invenções, marcaram a história*. Disponível em: <http://www.somarca.com.br/somarca/2019/03/13/mulheres-que-com-suas-invencoes-marcaram-a-historia-2/>. Acesso em: 11 set. de 2022.

TILT – Uol. *Curiosidades de ciência. Quem é a mulher negra que inventou o sistema de segurança de casas e bancos...* Disponível em: <http://www.uol.com.br/tilt/noticias/redacao/2021/12/26/quem-e-a-mulher-negra-inventora-do-sistema-de-seguranca-residencial.htm?cmpid=copiaecola>. Acesso em: 11 set. de 2022.

97

MEU PRIMEIRO SALTO ALTO

Neste pedacinho do livro, a gente viaja na história de uma menina que passou a vida inteira achando que não era boa o bastante para ser amada por outras mulheres. Mas, depois, ela descobre que o problema nunca esteve nas outras pessoas e sim dentro de si. Leia agora como ela descobriu isso e transformou sua maior dificuldade num propósito e deu o *primeiro salto alto* em sua vida.

TATIANE SERAFIM

Tatiane Serafim

Contatos
canalsaltoalto.com
tatianeserafim@canalsaltoalto.com
YouTube: youtube.com/canalsaltoalto
Instagram: @tatiserafim.oficial / @canalsaltoalto / @canalsaltoalto.loja

Graduada em Comunicação Social com habilitação em Jornalismo (2008) e pós-graduada em Marketing Digital (2022). Mais de 14 anos de experiência na área de comunicação, atuando na assessoria de imprensa de grandes empresas. Apaixonada por televisão e por entretenimento, também se especializou na apresentação de programas e comerciais de TV. Há sete anos trabalha na internet com o Canal Salto Alto, uma rede de apoio a mulheres empreendedoras. Lá oferece capacitação em marketing digital, gravação de vídeos para negócios e outros temas em parceria com profissionais especializadas. Por meio do Canal Salto Alto, também cria ações que possibilitam *network* e gera oportunidade de vendas de maneira física ou pela internet, por meio de um *marketplace* criado apenas por mulheres vendedoras. Mas, acima de toda a sua bagagem profissional dentro da comunicação, Tatiane é empreendedora, mãe, esposa e uma mulher real, como todas. E seu grande diferencial é colocar o coração em tudo o que faz!

Entre várias paixões que possuo na vida, a escrita está entre as principais, tanto que me tornei jornalista por me encantar pelas palavras. Fui alfabetizada bem cedo, aos quatro anos, por minha própria mãe. Sempre gostei de Língua Portuguesa e ainda bem moleca já escrevia poemas e pensamentos, compunha letras de música e escrevia livros. E foram muitos títulos até aqui, já perdi a conta. Aventuras, romances, biografias, autoajuda... Porém, nenhum desses fascinantes livros foi finalizado, editado ou muito menos publicado. Durante todo esse tempo não me faltaram ideias nem palavras, tampouco inspiração. Confesso que me faltou coragem! Faltou-me acreditar em mim mesma, no meu potencial e em tudo aquilo que carrego no meu coração. Mas neste momento esta história tem um novo capítulo a partir de agora!

Meu problema com mulheres

Eu nasci, cresci e ainda vivo na cidade de Linhares, norte do Espírito Santo. E desde bem pequena comecei a perceber minha dificuldade em lidar com mulheres. Eu tinha problemas de convivência com minha mãe, com algumas primas, tias... Tive sérios problemas de rejeição por parte de meninas na escola, problemas esses que me marcaram profundamente.

Eu tinha sim um círculo feminino de amizade, porém era bem pequeno. A maior parte delas me olhava torto, me excluía. Já tive roupa arrancada no recreio, cabelo cortado, mochila escondida. Mas o *bullying* infelizmente sempre existiu na vida das crianças. Quem nunca teve um apelido que odiava na escola? Contudo, no meu caso, eu não conseguia identificar quais eram os motivos. Parecia que não era por ser gorda ou magra, grande ou pequena. Era por simplesmente ser eu!

Já com os meninos era diferente. Eles me defendiam, me entendiam, me aceitavam. Eu gostava de estar com eles. Era como se não existisse um olhar de julgamento sobre mim. Então, eu jogava bola e videogame com eles. Eu realmente me sentia acolhida. Na adolescência, encontrei-me de vez na turma do fundão, junto com meus parceiros: os meninos!

Você que está aí do outro lado me dando a honra da sua leitura deve estar pensando: "Ela entendeu enfim que era gay"! Bom, desculpe desapontar, mas não era bem isso, não. Quanto à minha sexualidade e meu gênero, eu nunca tive qualquer dúvida. Sempre me reconheci como mulher e sempre gostei de meninos. Sempre fui muito vaidosa e, modéstia à parte, não era de se jogar fora. Então, chamava a atenção por onde passava. Meu problema era mesmo lidar com a figura de outra menina, de outra mulher.

Os anos foram se passando e comigo eu carreguei esse peso. Fui tendo repetidos problemas sociais com elas na escola, nos trabalhos por onde passei, na faculdade e muito mais ainda na família. No entanto, a maturidade foi chegando e fui tendo de aprender "na marra" a lidar com muitas pessoas, entre elas, as mulheres; e por questão de sobrevivência, tive de criar estratégias para isso e ainda aprender a entender as outras mulheres, respeitando cada história, cada ser humano. Deus, em sua plenitude, olhou todo o meu sofrimento e minha dificuldade lá de cima e, por me amar demais, disse: "Tatiane, chegou a hora de aprenderes de verdade a lidar com as mulheres. Serás mãe de uma!".

O sopro de vida da maternidade

Mas antes de te contar toda a minha história com a maternidade a partir do momento em que engravidei, acredito que seja interessante que você saiba como eu enxergava a maternidade antes disso. Bom, na verdade, nunca tive a menor vontade de ser mãe. Quando me lembro disso "chega dói" meu coração, mas infelizmente era isso mesmo que eu sentia naquela época. Para se ter uma ideia, construir uma família era algo que estava em último lugar na minha lista de prioridades de vida. Minha família já era tão conturbada com problemas financeiros, o alcoolismo do meu pai e o câncer da minha mãe que eu não queria mais problema.

Meu sonho sempre foi morar em uma cidade grande como São Paulo e ser apresentadora de TV, ser escritora, viajar o mundo, ser livre e solta. E quando tivesse mais velha talvez adotaria um filho, sozinha mesmo. Mas... lá no fundinho mesmo do meu coração parece que eu sentia que, se por acaso fosse mãe, eu seria mãe de uma menina. Acho que já estava escrito nas estrelas, não é mesmo? Pois Deus me fez mãe de uma menina linda.

Bom, então, em fevereiro de 2017, eu descobri a gravidez. E minha transformação como ser humano começou quando aquela sementinha ainda estava no meu ventre. O sopro de vida que caiu sobre mim me resgatou das profundezas do meu ser mulher e me trouxe enfim à vida de verdade.

A primeira vez que minha filha mexeu dentro da minha barriga foi como se Deus tivesse sussurrado em meu ouvido: bem-vinda à vida, minha filha! Você é muito especial! Eu te amo muito!

E naquele momento minha mente se abriu e eu entendi que o problema nunca foi as mulheres. O problema nunca foi as pessoas à minha volta. O problema sempre fui eu! Na verdade, o problema que minha falta de amor-próprio criou dentro de mim. Minha necessidade de me sentir amada. Minha insegurança. Meu complexo de inferioridade, de achar que nunca seria boa o bastante para ser amada pelas mulheres. Tudo isso criou uma barreira dentro de mim e me levou a acreditar que eu não conseguiria lidar com outras figuras femininas.

Vale ressaltar, cara leitora, que apesar de todas as dificuldades que eu tinha na família, sempre recebi muito amor dos meus pais. Eu e minha mãe temos nossas diferenças; afinal, são duas personalidades muito fortes e distintas, mas eu nunca tive dúvida do amor dela por mim. Do jeito dela, mas ela sempre me amou muito. Já meu pai era "coruja" mesmo. Falava que me amava, enchia-me de beijos e abraços, emocionava-se com qualquer conquista minha. Sem dúvida, ele foi meu primeiro fã. E de onde ele estiver agora, sei que está torcendo por mim. Porém, mesmo sendo amada pelos meus pais, foi na gestação que senti pela primeira vez um amor pleno de verdade. Foi a primeira vez que me senti importante e agraciada; afinal, eu carregava outra vida em meu ventre. Eu sentia como se estivesse sendo escolhida por Deus para gerar e cuidar de um anjo para Ele, e isso é um milagre da vida.

Bom, então depois de três anos de casados nasceu a Helena, nosso raio de sol. A menina que não gosta de ver ninguém triste, que conta piadas, que dança desengonçada para nos fazer rir, que faz cosquinhas em todos. Enfim... a menina que enche nossa vida de luz e alegria. E ela ainda veio com um *upgrade,* muito bem elaborado por Deus... Ela veio com um temperamento muito, mas muito mais forte que o meu, bem parecido com o da minha mãe.

Um salto alto na minha jornada

Quando Helena nasceu, em 2017, já fazia dois anos que eu havia me aventurado na internet. Em 2015, eu e uma amiga, que também era jornalista, criamos um canal no YouTube e começamos a gerar conteúdo para mulheres sobre autocuidado e autoestima. Nessa época, eu já sentia no meu coração essa necessidade de me comunicar melhor com mulheres, entender melhor a história de cada uma, mas ainda tinha muitos medos e traumas. Mas mesmo assim decidi dar início a essa jornada, ainda sem entender muito bem o que eu pretendia com o Canal Salto Alto.

Com a chegada da minha filha, já sozinha no canal, eu passei a mostrar mais minha rotina na internet, minhas dificuldades de mãe de primeira viagem e, principalmente, de mãe empreendedora. Com o passar do tempo, por incrível que pareça, fui atraindo mais e mais mulheres. Elas foram se identificando com meus dilemas, enviando-me depoimentos, inspirando-se em mim. E à medida que o tempo passava, eu sentia mais e mais vontade de estar ali, junto delas, não mais da "galera do fundão" com os meninos, mas na turma das "meninas". Usando minhas dificuldades para ajudar outras mulheres, incentivando o autocuidado, promovendo o empoderamento feminino e liderando um movimento de empreendedorismo feminino.

O Canal Salto Alto cresceu, virou um perfil no Instagram, um blog e chegou a ter até um programa numa TV local. Mas, mesmo com tanto impacto e provas concretas do meu trabalho, eu ainda tinha medo da minha missão. Eu ainda encarava o Canal Salto Alto como um *hobby*, algo para passar o tempo, fazer boas ações, ajudar pessoas. Eu até ganhava um dinheirinho aqui e ali, mas 90% do meu trabalho era filantrópico. Até que veio a pandemia em 2020 e tudo mudou.

Desde que me formei em 2008, eu sempre trabalhei em jornada dupla ou até tripla – um período em algum veículo de comunicação com carteira assinada e o outro em alguma empresa como assessoria de imprensa ou atendendo clientes particulares. E quando me tornei mãe decidi empreender na minha área. Saí do trabalho fixo e fiquei apenas com os contratos de assessoria de imprensa. Passei a me aventurar na gestão de redes sociais também.

Após os quatro meses de licença-maternidade e um mês de férias vencidas, eu voltei ao jornal em que trabalhava apenas para cumprir o aviso prévio e preparar alguém para ficar no meu lugar. Mas lá atrás, quando Helena tinha apenas dois meses, eu já havia começado a deixá-la algumas horas com as avós para atender meus clientes. Como ela não mamou exclusivo, eu aproveitava o momento em que ela podia ficar com a mamadeira e trabalhava. Foi uma rotina árdua, uma batalha intensa todos os dias. Mas aos poucos fui me restabelecendo e criando minha cartela de clientes e, em apenas um ano, voltei a ganhar o que eu ganhava antes de me tornar empreendedora. Ter meu próprio negócio me possibilitou flexibilidade de horário e pude ficar com minha filha no período da manhã; só a deixava com as avós no período da tarde, participando ativamente da criação dela, mesmo com todas as dificuldades. Depois, quando ela completou um ano e meio, passou a frequentar a escola e as coisas foram se ajustando. Mas em 2020 veio a pandemia e meus clientes foram simplesmente "abduzidos" pelo medo e a incerteza da economia.

Apenas um cliente maior permaneceu, e ainda com redução no valor do contrato. Mas mesmo assim era o que me mantinha naquele momento, junto com a renda do meu marido. Aí, em maio de 2021, esse último cliente encerrou contrato.

Naquele momento em que o chão se abriu bem na minha frente, eu tinha algumas alternativas: procurar novos clientes – o que estava bem complicado no momento; voltar a trabalhar CLT – o que me fazia chorar só de pensar em ficar longe da minha filha; ou simplesmente aceitar de uma vez por todas minha missão de vida e encarar o Canal Salto Alto como minha empresa.

Bom, se estou aqui agora escrevendo para você sobre minha história é porque não tive dúvida em escolher a última opção. Com muito frio na barriga, confesso, mas também com muito amor e força de vontade. Porque eu sentia no meu coração que minha história com as mulheres ainda não tinha acabado. Parecia um chamado, algo que inquietava minha alma. Então fui. Me joguei! Quebrei a cabeça. Estudei pra caramba. Fiz vários cursos. Iniciei uma pós-graduação. Passei noites e noites em claro definindo os próximos passos, traçando estratégias. Investi todas as minhas economias – todas mesmo – e me apropriei de uma vez por todas do meu negócio!

Com as estratégias de marketing que eu criei ao longo de 14 anos trabalhando na área da comunicação, com um novo modelo de abordagem e definição do meu público, iniciei uma nova jornada no Canal Salto Alto. Criei redes sociais do zero, segmentei meu conteúdo e elaborei métodos próprios para estabelecer vínculos afetivos com as Mulheres Poderosas (como eu as chamo) que me acompanhavam no Canal Salto Alto.

Criei um canal de comunicação direto com elas, oferecendo apoio e capacitação em marketing e em várias outras áreas por meio de uma Plataforma de Membros própria. Criei *workshops* e ações de fomento do empreendedorismo feminino, elaborei até um *marketplace* (shopping on-line) onde apenas mulheres podem vender seus produtos. E hoje já possuo meu escritório próprio, no qual realizo atendimentos direcionados às empreendedoras membros.

Agora eu uso todo o meu conhecimento para ajudar outras mulheres a terem sua *independência financeira* de maneira profissional e sustentável, seja num espaço físico ou com a possibilidade de trabalhar sem sair de casa, podendo ter mais tempo com seus filhos e acompanhar de perto o crescimento deles.

Eu acredito muito que a independência financeira das mulheres transforma vidas! Porque ela tira mulheres da situação de vulnerabilidade psicológica de acharem que não são capazes de terem o próprio dinheiro. Porque tira mulheres da situação de vulnerabilidade social, combatendo a violência doméstica, pois grande parte das mulheres que hoje sofrem algum tipo de violência no Brasil não consegue quebrar esse ciclo violento por depender financeiramente de uma figura masculina. E porque a independência financeira das mulheres devolve a elas o *protagonismo da própria vida!*

Hoje, a garotinha que um dia não conseguia lidar com as meninas da escola deu seu *primeiro salto alto* e agora lidera milhares de mulheres. E este é apenas o primeiro capítulo de muitos que ainda virão da minha história!

98

SEJA INSACIÁVEL, O PODER DO CONHECIMENTO É TRANSFORMADOR

Neste capítulo, quero compartilhar um pouco da minha jornada, o que move meu ser, o que me inspira a viver. Espero despertar em você um pouco da minha sede por conhecimento e mostrar o quanto é transformador você ir em busca do seu autoconhecimento.

THAYNARA TEIXEIRA

Thaynara Teixeira

Contatos
thayquimica@gmail.com
Instagram: @drathaynarateixeira
Facebook: facebook.com/thaynarateixeirabeauty
62 98153 8876

Graduada em Química Industrial pelo Instituto Federal de Educação, Ciência e Tecnologia de Goiás (2015). Tem experiência na área de química, com ênfase em cosmetologia. Graduanda em Fármacia pela Unifan. Pós-Graduada em Docência do Ensino Superior pela Fabec (2015). Pós-graduada em Estética e Cosmetologia pela Unyead Educacional (2022). Também possui experiência na área de estética e cosmética, em que tem atuado profissionalmente nos últimos anos, com vasta preparação teórico-prática, realizando e participando de vários cursos, extensões, congressos, seminários e aperfeiçoamentos nessa área profissional.

Ei! Aqui é Thaynara Teixeira. Espero despertar em você o que me inspira a viver!

Tudo começou aos três anos de idade, quando iniciei meus estudos no jardim de infância. Naquele momento tudo era novidade, e sempre gostei de aprender e falar sobre o que aprendi, sou muito comunicativa. Meus primeiros três anos de estudo, tive minha primeira "formatura" da pré-alfabetização, minha primeira comemoração por tempo e conclusão dos estudos. Eu não sabia, mas ali foi a sementinha de tudo.

Desde os cinco anos tenho acesso a computador, e sempre foi um diferencial na minha vida. Tenho uma grande afinidade por tecnologia, e quando se fala em inovação sinto até frio na barriga. Quero sempre aprender algo novo. Descobri desde pequena que para aprender algo eu precisaria me dedicar. Sempre tive facilidade com a área de Exatas. Sou uma pessoa muito racional, gosto de entender os processos, saber como funciona. Sou aquela que sempre lê um manual de instruções antes de qualquer coisa. Ter acesso à tecnologia logo na infância foi fundamental. Dediquei-me e me dedico muito, e adoro encontrar uma novidade, um comando escondido no teclado é como uma cereja no bolo para mim.

Gosto da sensação que o poder do conhecimento me traz. Quando conquisto esse poder, o medo vai embora e a coragem me fortalece para buscar ser minha melhor versão. Esta é a sequência em que sempre acredito e vivo:

Buscar conhecimento – entender e praticar – poder ser e realizar.

Com 13 anos, minha mãe começou a me instruir, dando-me a oportunidade de aprender uma profissão; e sempre deixou claro que, para eu conseguir ter o que quero, precisaria trabalhar. Com o trabalho, eu poderia conquistar/realizar tudo o que desejo. E aí começou minha jornada com a área da beleza, pela qual sou apaixonada!

Aprendi minha profissão muito cedo. Participei com minha mãe de inúmeros cursos, congressos e palestras voltadas para a área da beleza. Fiquei deslumbrada com as transformações que acontecem nesse universo.

Com os anos se passando e o vestibular chegando, aos 17 anos eu tinha de decidir qual área, qual curso, com o que eu iria trabalhar; precisava escolher. Essas perguntas perturbam qualquer jovem, são muitas incertezas. Minha maior afinidade no ensino médio era Matemática; ela é uma ciência exata, sem erros, e eu gosto de resolver problemas. Mesmo sendo apaixonada por Matemática, achava uma área muito rígida e gostaria de algo com mais movimentos, transformações e reações. Minhas outras duas opções seriam na área de Química ou Biologia; essas são as áreas que movem meu fascínio por estudo. Apesar de gostar de Biologia, ela era uma terceira opção. Foi então que passei a refletir sobre Química e avaliar a possibilidade de ingressar no curso de Química Industrial, que usa a Matemática como ferramenta; desse modo, eu estaria unindo minha paixão por Exatas com as novas descobertas desse curso. Assim, escolhi meu curso superior.

Dediquei um ano da minha vida aos estudos e consegui ser aprovada no vestibular de uma instituição pública. Essa realização foi um marco na minha vida, passar no Instituto Federal de Educação Ciência e Tecnologia de Goiás (IFG) para um curso difícil. Comecei o curso de Química Industrial aos 18 anos com a intenção de buscar a indústria cosmética para entender todo o processo que envolve a fabricação de produtos cosméticos; além disso, ter o título de química, que sempre achei fantástico.

O curso de Química me trouxe a experiência que eu buscava na indústria cosmética, que unida com meu conhecimento como profissional da beleza me permitiu agregar conhecimento e me aprofundar em todo o processo que envolvia cosméticos.

Dentro das indústrias, tive inúmeros aprendizados que contribuíram para meu desenvolvimento e ao terminar a faculdade pude me tornar responsável técnica de uma indústria de cosméticos. Depois de uma distribuidora de cosméticos, trabalhei também como analista em uma distribuidora de essências. Experimentei o mundo da Química e mesmo amando essa área não me sentia realizada; faltava-me algo.

No meio do caminho, apesar de estar cursando e trabalhando na área de Química, sempre busquei me especializar também na área da beleza. Fiz inúmeros cursos, nas áreas de estética capilar e facial. No decorrer dos anos, mesmo trabalhando como química, aos sábados estava no salão atendendo minhas clientes.

Após a faculdade, fiz uma pós-graduação em Docência do Ensino Superior, e com 25 anos comecei a ministrar aula para o curso técnico de estética. Ministrei diversas disciplinas, foi transformador. Descobri que, além da paixão pelos estudos, também tenho paixão na mesma proporção, por ensinar. Nessa fase da minha vida eu tinha três fontes de renda. Era um sufoco; no fundo eu gostava, mas não durou muito. Trabalhar como química ou até mesmo como professora em uma instituição é diferente de trabalhar para você mesma. A falta de reconhecimento nas empresas da área de Química me deixou insatisfeita e não consegui me sentir realizada. Isso foi devastador para minha vida. Sempre achei a profissão de professora maravilhosa, mas infelizmente também não é reconhecida. E reconhecimento é meu combustível diário, é o que motiva o amor pelo que estudo e faço. Ter a confiança das clientes que buscam por meu trabalho faz que eu me inspire e permite que eu as transforme, realçando sua beleza.

Durante minha vida profissional, experimentei diversas formas de trabalho para que pudesse entender qual me faria feliz. Então, decidi atuar na área da beleza. Empreender não é uma tarefa simples. A busca por visibilidade e por alcançar novos clientes me impulsionou para entender um pouco mais sobre marketing digital; afinal, para empreender é preciso conseguir acessar meu cliente da melhor forma. A tecnologia é sempre uma excelente aliada; então, investi tempo em estudos com marketing digital e ferramentas de design gráfico, para gerenciar meu perfil nas redes sociais e me auxiliar em um melhor posicionamento como profissional. Assim, continuei me aprofundando nessa área. Deixei meu título de química em *stand-by* e passei a refletir sobre o que faria para me desenvolver e ser uma ótima profissional da beleza.

Desde o início da minha trajetória, quem me lê deve ter percebido que eu não paro de buscar conhecimento e estou sempre me aperfeiçoando. Devido à vasta área de atuação do profissional da beleza, eu sempre fiquei deslumbrada com todas as transformações possíveis que os toques das minhas mãos poderiam realizar. Comecei a trabalhar com a estética facial. Fiquei encantada e acabei entrando em um dilema: estética capilar ou estética facial? Perdi o interesse em continuar atuando como química e não gostaria de continuar como cabeleireira. Isso fez que eu mergulhasse cada vez mais nesse novo mundo da estética.

Procedimentos faciais passaram a ser meu foco. Os avanços na estética facial são constantes e são muitas transformações que me deixavam cada vez mais deslumbrada com essa área. Então, iniciei uma especialização em Gestão e

Biossegurança em Estética e Cosmética na Universidade Estadual de Goiás (UEG); afinal, mais conhecimento não me faria mal.

Em meio a todo esse processo de dúvidas no meu campo profissional, também passei por mudanças no campo sentimental. Passei por um divórcio que me abalou como pessoa e como mulher, mas que ao mesmo tempo me fez crescer e amadurecer. Devido a tantas mudanças em um momento delicado e de muitas incertezas, acabei desistindo da especialização e decidi buscar um processo psicoterapêutico. Percebi o quanto o divórcio foi devastador, o quanto me deixou fragilizada e trouxe à tona questões em que eu nunca havia pensado e refletido. Eu precisava me conhecer de verdade, me reencontrar e me reconectar com tudo o que me fortalecia. Passar por todo esse transtorno mudou minha vida completamente, e com a ajuda do processo terapêutico consegui resolver minhas questões internas. Pude voltar a sonhar, pude respirar novamente e reacender minha vontade de aprender. E o mais importante: aprendi a me respeitar.

Ao receber alta da minha psicóloga, fiz um compromisso comigo: continuar meu autoconhecimento; afinal, sou movida pelo aprendizado. Nunca estou satisfeita, quero sempre mais. Agora, além de buscar conhecimento para minha área profissional, busco também me autoconhecer. Passado todo esse fechamento de ciclo na vida pessoal, uma nova vontade foi acesa dentro de mim. Vi a possibilidade de fazer um novo curso superior, na área da saúde (olha a Biologia de novo aí). Precisava escolher um curso que me capacitasse para a área de estética facial, porque não queria ter o título de técnica de estética para sempre. Ingressei no curso de Farmácia e estou me dedicando, para então poder me especializar em procedimentos estéticos avançados, e minhas ambições não param por aqui...

Vejo o quanto pude conquistar com essa profissão em que me encaixei desde pequena. Cuidar faz parte de quem sou, e sou grata por minha profissão unir cuidados e transformações. Há 17 anos trabalho com minha mãe e temos uma parceria muito forte. São tantas feiras e eventos que nós duas participamos que já perdi as contas.

Hoje com 31 anos, relembro todos os empregos que já tive – seja como química, cabeleireira, esteticista, professora, a vez que cheguei a ter três fontes de renda –, algumas decepções com pessoas íntimas, todas as minhas superações e todas as minhas conquistas. Percebo que a vida precisa de movimento. Não se pode parar, precisamos ser imparáveis. Permitir que os momentos de desafios te transformem. Vejo que nós precisamos passar por eles para então poder fluir, e ir ao encontro do que mais temos vontade. Não deixe suas vontades e ambições de lado. Lute por si. Você merece o que deseja. Conheça-se e trabalhe arduamente por sua melhor versão. O autoconhecimento é chave de tudo. Para ser quem você realmente deseja, precisa entender o que busca e se o que irá encontrar ou conquistar será o que realmente deseja ser, ter e fazer. Ter clareza do que deseja é a peça-chave.

Com o processo terapêutico aprendi a fazer autoanálises, a respeitar o que acredito ser importante em minha vida, a respeitar minhas limitações e não permitir que a opinião do outro atrapalhe minhas escolhas. Compreendi que a psicoterapia me traz ferramentas que auxiliam meu desenvolvimento como pessoa. Mas que fique claro: somente um profissional é capaz de te mostrar essas ferramentas. Eu carrego comigo algumas frases para sempre me recordar e manter vivo todos os meus aprendizados. Eu as uso como exercícios diários, que aplico em situações e momentos da minha rotina diária:

- Isso é meu ou é do outro?
- Isso me cabe se eu pegar a responsabilidade?
- Sua antiga versão teria orgulho da sua versão atual?
- Para receber algo, eu preciso pedir.
- Você permite o que irá te acessar.
- Feche o ciclo, ou repita.
- Tudo é para o bem e para o mal.
- As pessoas erram e faz parte do ser humano errar, não somos perfeitos.
- Ter plena consciência das escolhas e das renúncias que fará.
- A vida é uma passagem somente de ida; leve na mala somente o que precisa.
- Respeite sua história e celebre suas conquistas.
- Busque o equilíbrio e não a perfeição.
- Somos diferentes uns dos outros.
- Respeite o processo, não pule etapas.
- Se cair, levante-se e "continue a nadar".
- Ressignificar é libertador.

Essas frases fazem parte da minha virada de chave, e a cada nova forma de pensar uma nova versão minha surge. Se te tocaram de alguma forma, busque também pelo seu autoconhecimento.

O que me inspira viver é acreditar que posso sempre evoluir. E que a cada novo desafio eu estarei lá para aprender mais uma vez. Jamais deixe se apagar sua vontade de aprender algo novo.

Desejo uma boa jornada para ti.
Beijo da Thay.

99

HÁ DEZ PASSOS PARA A FELICIDADE E O SUCESSO

Todo ser humano busca por duas coisas na vida: a primeira é ser feliz e a segunda ser bem-sucedido; e no meio dessas buscas acabam-se encontrando crenças, princípios, valores e autossabotagem. Neste capítulo, você saberá como transformar valores em propósito, buscando a felicidade e o sucesso em dez passos.

THAYNI LIBRELATO

Thayni Librelato

Contatos
www.librelato.com.br
thayni@librelato.com.br
Instagram: @thayni_librelato
LinkedIn: Thayni Librelato

É graduada em Direito e em Administração de Empresas pela Unisul. Fez pós-graduação em Gestão Empresarial pela Unibave e em Marketing pela Unisul, além de diversas especializações no exterior, como a de Gestão e Marketing na Universidade de San Diego, de Empreendedorismo e Liderança no Babson College e de Liderança no complexo Disney World. É sócia e conselheira de administração da Librelato S.A. Implementos Rodoviários, uma das maiores empresas do segmento no país, estando entre as melhores empresas para se trabalhar em Santa Catarina, segundo o GPTW. É administradora da Rádio Guarujá, na qual apresenta o programa Papo Empreendedor, mentora do Happy Coworking, diretora da Indústria na Facisc e membro do Conselho Gestor na Federação das Associações Empresariais de Santa Catarina (Facisc). Integra o Conselho Eletivo do IEL na Federação das Indústrias do Estado de Santa Catarina (Fiesc) e participa do Lide Mulher Santa Catarina. Foi a primeira mulher presidente da Associação Empresarial de Orleans e Lauro Müller (ACIO), sendo a primeira mulher do extremo sul catarinense a assumir uma presidência na região. É membro do Conselho de Administração Consultivo da ACIO e diretora na Associação Empresarial de Criciúma (ACIC). É embaixadora da Casa Guido de Criciúma, uma organização sem fins lucrativos que cuida de crianças e adolescentes com câncer, e coatora dos livros *Empreendedorismo feminino, inovação e associativismo* e *Maternidade e carreira*.

Quando recebi o convite para ser uma das autoras deste livro e li o título, PARALISEI! Que nome é esse!? O que as pessoas vão pensar de mim ao verem que sou uma das coautoras de *As donas da p**** toda*? Mas logo me veio à memória um dos maiores ensinamentos que a vida me deu: "Viva a sua vida sem se preocupar com o que os outros pensam sobre você". E tenham certeza de uma coisa: o melhor peso que devemos perder na vida é o peso da opinião dos outros sobre nós.

Meu nome é Thayni Librelato. Sou mãe, esposa, filha, empresária (trabalho em nove empresas), administradora, advogada, voluntária, associativista e, nos tempos vagos, a Thayni (se é que se tem tempo vago quando se é mãe).

Aos nove anos de idade meus pais se separaram e passei por muito preconceito. Há 30 anos isso era um tabu em cidades pequenas. E passei minha infância e adolescência provando para os outros que eu não estaria perdida na vida como imaginavam. Foi adulta que descobri que o principal segredo que nos leva à felicidade é não se preocupar com a opinião alheia. E foi nos estudos que coloquei todo o meu sofrimento e frustrações: fiz duas faculdades ao mesmo tempo, e aos 22 anos já era formada em Direito e Administração de Empresas.

E aos 30 anos, com a partida do meu pai em 2013, descobri no Brasil o que era ser mulher, jovem e herdeira. Diante de tantas humilhações e preconceito, nasceu uma mulher querendo mudar a realidade de outras mulheres. Não foi fácil escutar: "O Lussa (meu pai) só teve filha mulher? Que azar!"; "Mulher não serve para nada"; "Só para sexo e lavar a roupa"; "Não adianta você ficar estudando um monte. Não vai servir para nada"; "Toda mulher é fraca demais"; "Mulher age com emoção e não com a razão"; "Como vai saber cuidar de uma criança se nem cozinhar sabe!"; "Você não acha estranho entrar aqui (dentro de uma fábrica) com essa barriga?" (quando eu estava grávida). Num evento em Santa Catarina, onde estava o então vice-presidente da república, General Mourão, fui barrada na porta: "Me desculpa, moça, mas aqui é só para empresário". Estas foram as frases mais leves que encontrei para registrar o preconceito que já sofri.

Mas não são só as mulheres que sofrem preconceito. O empresário ainda é visto como o vilão da história. E percebo que quanto mais os empresários e os profissionais que trabalham nas empresas crescem, mais sozinhos eles ficam. A liderança é sempre solitária. Por isso, prezo tanto pelos meus valores, pois na hora em que você precisa decidir algo, você sempre está sozinha. E, então, são os valores, os maiores conselheiros da nossa vida.

Com minha mãe, Adecir Maria Cardoso da Silva, uma professora de História, aprendi uma frase que marcou minha vida: "Seja forte, mas não como as pedras, que tudo destroem, e sim como as ondas, que tudo superam". Ela me ensinou também a tratar todos de maneira igual, independentemente da profissão, do cargo, da opção sexual ou da condição financeira. Ela ainda me ensina a acreditar em mim mesma, sendo ética e honesta com meus princípios e a nunca desistir dos meus sonhos, mesmo que até ela não acredite. Com meu pai, José Carlos Librelato (Lussa), um dos maiores empreendedores natos que já conheci, um menino que tinha um único par de sapatos e mesmo assim, aos 17 anos, pegou uma folha de papel e traçou seus 17 objetivos de vida: entre eles, ter um carro, um trator, um caminhão, um avião, uma empresa com 500 colaboradores, entre outros, e os conquistou antes de partir. Quando faleceu, tinha uma empresa com 2.000 colaboradores. Com ele, eu aprendi a lutar pelos meus sonhos; ensinou-me a tratar a todos com respeito, dar valor ao dinheiro, alimentar a vontade de aprender e nunca desistir. Sempre me deu exemplos de como ser protagonista da própria vida. Que na vida temos duas escolhas: ou somos vítimas ou somos protagonistas. Não dá para ser os dois.

Hoje levo comigo esses valores como guia para minhas escolhas sem esperar por aprovação. E nunca se esqueça: o mesmo motivo que faz as pessoas te amarem, as faz te odiarem. Então, se é teu sonho: vai lá e faz! E isso nos faz entender que nosso valor não está no julgamento que outros fazem de nós, mas no que levamos para cada relação construída e cada escolha que a gente faz. Essa é a energia fundamental para prosperar na carreira e na vida.

Todo ser humano busca por duas coisas na vida: a primeira é ser feliz e a segunda é ser bem-sucedido. E, para você que está lendo este capítulo agora, lembre-se sempre: a vida recomeça todos os dias. Não se autossabote achando que está velha demais, que agora não consegue mais. Nunca é tarde para ser feliz e/ou bem-sucedida.

Pare de empurrar a vida com a barriga, sem perspectiva. Porque sem o desafio da superação em si a vida não tem graça. São nossas escolhas, nossas decisões, que fazem quem somos hoje. O que você lê, assiste, pensa, faz, fala, experimenta, vive, decide, escolhe, pratica, estuda, ensina, educa, alimenta, veste, traduz a sua vida e quem é você ou será.

Compartilho aqui ensinamentos que te deixarão mais feliz.

Dez aprendizados para ser feliz:

1. Cuide bem de si e da relação com os outros.
2. Confie nos frutos do que plantou, tenha paciência e se responsabilize por suas escolhas. Você é o responsável por suas decisões, palavras, atitudes e por seus pensamentos.
3. Muita disciplina, e nunca deixe de sonhar grande. A disciplina é a capacidade de repetir diariamente tudo o que é preciso. Faça o que tem de ser feito, mesmo que não tenha vontade. E jamais aceite a definição de "diversão" de outras pessoas. Para alcançar seu propósito é preciso ter foco.
4. Ame a si mesma, torne a gratidão um hábito e pense sempre positivo. Sendo grata por cada dia de sua existência, pelos dias bons e também pelos ruins. Muitas vezes o "fundo do poço" ensina mais lições que o topo da montanha.
5. Sorria mais e não arrume desculpas. Sorrir é um santo remédio e eu nunca imaginei que algum dia acreditaria nisso até aprender sobre a Ioga do Riso – uma técnica para promover o bem-estar físico e mental.
6. Seja cada dia 1% melhor e sempre faça ações sociais.
7. Surpreenda-se: visite alguém que não vê há tempos. Ligue para algum amigo ou familiar com quem há muitos anos não conversa.
8. Faça o que você ama, acredite em si e dê sempre seu melhor. Precisamos dar o melhor de nós a cada momento e onde quer que estejamos. Faça do seu lugar o melhor lugar do mundo, o melhor lugar para viver e trabalhar. É preciso também ter paixão pelo que se faz. Quando a pessoa tem paixão pelo que faz, as dificuldades e as barreiras ao crescimento são vencidas com muito mais facilidade.
9. Seja gentil.
10. Tenha ética e ressignifique os problemas. Faça o que é certo, não o que é fácil. É preferível atrasar suas conquistas do que ir contra seus valores. Quando você muda seu olhar, passa a ver o que os outros não veem. Onde veem barreiras, você verá aprendizados. Em vez de fracassos, verá progresso e lições, ganhando cada vez mais força e resistência.

Para ser feliz, mude seu olhar. A vida começa no final da sua zona de conforto; ou crescemos e melhoramos ou desperdiçamos o presente que Deus nos deu: a vida. Ame a vida que você tem enquanto cria a vida dos sonhos.

Uma das maiores descobertas que fiz ao longo de minha carreira foi a de que toda pessoa que alcança sucesso sempre tem um conjunto de pensamentos, comportamentos, convicções, atitudes e ações para ressignificar os problemas, os fracassos e os medos.

Faça além do que é esperado, saia da sua zona de conforto e comece sempre a fazer mais do que você faz hoje a fim de caminhar para onde você quer chegar: é aqui que começa o caminho do sucesso. Conheça dicas simples de como alcançar o sucesso e ser bem-sucedida.

Dez aprendizados para ter mais sucesso:

1. Estude muito e cultive o autoconhecimento. Aprenda novas habilidades, leia livros, veja filmes, faça cursos, mentorias e sempre aplique o que aprender. Mude sua mentalidade. Aprenda com as pessoas que você admira.
2. Ame as segundas-feiras e novas experiências, lugares, novas comidas. Aprecie a natureza. Caminhe muito e anote sempre suas ideias, seja num bloco de notas digital ou de papel.
3. Fique sempre ao lado de pessoas mais inteligentes que você e tenha a leitura como hábito. Nós somos a média das cinco pessoas com as quais convivemos; escolha bem seu ciclo de convívio e amizade. E nunca se esqueça: pessoas de sucesso falam sobre ideias, os fracassados, de pessoas. Em relação à leitura, ela é um hábito que estimula a mente, melhora a concentração, reduz o estresse, a depressão e a ansiedade, melhora a escrita, a comunicação, expande o vocabulário, a criatividade e você ainda ganha conhecimento e pode mudar sua vida. Contribui para o desenvolvimento pessoal, desenvolve o pensamento analítico e crítico. De todos os livros que eu já li, esses foram os que mais impactaram minha vida: *Tudo tem seu preço* e *O poder da vida*, da Zíbia Gasparreto; *Milagre da manhã*, Hal Elrod; *O lado humano do sucesso*, de Carlos Morassutti; *O especialista em pessoas*, de Tiago Brunet; e *Mais tempo, mais dinheiro*, de Gustavo Cerbasi. Recomendo as leituras.
4. Dê sempre seu melhor e reconheça seu valor. O que realmente te move, te motiva, é seu dom e seu propósito? Dê sempre seu melhor, independentemente de qualquer situação; e faça seu melhor, porque independentemente do resultado você vai ter certeza de que foi até seu limite. Vencedores encontram solução para todos os problemas e perdedores encontram problemas para todas as soluções. E lembre-se: tudo tem seu próprio tempo de acontecer. Saiba identificar quais são suas crenças limitantes sobre si mesma e sempre seja grata pela pessoa que se tornou, criando recompensas por isso.
5. Faça muito *networking*: construa relacionamentos de maneira desinteressada, participe de associações empresariais, de clubes de serviço, de cursos, palestras, graduações, feiras, congressos, clube de mães, entre outros. Ter contato com pessoas é condição ouro para o sucesso.

6. Acredite em si. Você já parou para pensar que seu maior concorrente é você? Com sua falta de compromisso, o tempo que você procrastina, seu ego, o conhecimento que não coloca em prática, os vícios que não consegue controlar, seus hábitos ruins... Enquanto você não mudar seus hábitos ruins, sua vida nunca vai mudar. Não deixe que seus medos matem seus sonhos. Não são todos os projetos que você fizer ou todas as escolhas que darão 100% certo. Ninguém tem sucesso o tempo todo nem se dá bem em todas as escolhas. Mas o importante é você nunca duvidar da sua vontade e competência. Os dias ruins não farão de você uma fracassada.
7. Escute muita música e tenha o hábito de ouvir mais que falar. As palavras são poderosas, use-as com sabedoria.
8. Nunca pare de aprender e respeite seu próprio tempo. Sempre há algo para aprender, seja curiosa e faça muitas perguntas. Esteja sempre aberta a críticas e pensamentos opostos aos seus. Pessoas inteligentes são aquelas que mudam de opinião. Além disso, crie uma vida de possibilidades, descobrindo seu propósito; desenvolvendo inteligência emocional; vivendo sua vida e não a dos outros, fazendo muitos cursos relacionados ao seu negócio e aos seus *hobbies*; aprenda a lidar com o dinheiro e com o tempo (maior ativo dos empresários nos dias de hoje). Ninguém tem todas as respostas, e se tem uma coisa que aprendi durante minha trajetória é que somos obrigadas a desaprender o tempo todo. Nesse novo mundo tudo muda muito rápido e é preciso estar preparada. E desenvolver nossas habilidades faz parte do processo de crescimento pessoal e profissional. Quer ter uma carreira brilhante? Desenvolva suas habilidades de gerenciamento, liderança, vendas, comunicação, resolução de conflitos, *networking*, inteligência emocional, imagem pessoal, etiqueta a mesa, entre outras.
9. Cuide da sua saúde. Alimente-se bem (ingestão de três a cinco porções de frutas por dia, respeitando o momento do alimento e vivendo o presente durante a refeição. Coma alimentos na sua matriz, cortando 90% dos alimentos industrializados da sua vida, fazendo da alimentação fonte de nutrição e não de recompensa). Beba bastante água (ingestão de dois a três litros de água por dia). Faça exercícios físicos. Pratique meditação. Durma bem (sete a oito horas de sono restaurador). Acorde cedo e faça de três a cinco vezes ao dia exercícios de respiração.
10. Nunca desista e jamais julgue os outros: o fracasso só existe para as pessoas que não tentam.

Eu sempre comento que nunca podemos julgar as outras pessoas, pois não usamos os sapatos delas, não sabemos pelo que já passaram, já sofreram, dos medos, das dúvidas e das incertezas, dos tropeços, das alegrias, das vitórias e das conquistas; enfim, dos caminhos pelos quais já passaram.

E uma coisa é certa: o sucesso não se mede pela quantidade de dinheiro que adquirimos, mas pelas vidas que tocamos. O que você faz, fala, pensa, reflete em tudo a sua volta e na vida de quem você influencia. A vida está nos detalhes. Quem luta por propósito não para em qualquer obstáculo. Quem tem uma motivação não desiste por qualquer razão.

Mesmo que você comece tarde, seja inexperiente, não tenha conhecimento, esteja insegura, tente e falhe e não tenha apoio. Você ainda pode ter sucesso! E tudo depende de qual caminho irá escolher: o caminho bom, o mau, o certo ou o errado, o moral ou o imoral. Você tem de saber para poder selecionar, escolher, desenvolver.

Encontrou a felicidade e o sucesso? Antes de ser um excelente profissional, seja um excelente ser humano e não se esqueça dessas dicas como um "manual" da sua vida:

1. Seja ética: faça o que é certo, não o que é fácil.
2. Faça sempre planejamento pessoal ou profissional: para alcançar coisas grandes, comece pequeno.
3. Tenha coragem e foco: aprenda a dizer não!
4. Tenha garra e muita fé em Deus.
5. Não tenha medo de errar.
6. Seja criativa.
7. Tenha vontade: suas desculpas não podem ser maiores que seus desejos.
8. Muita efetividade: não basta ter iniciativa. Tudo tem de ter começo, meio e fim.
9. Seja produtiva.
10. Faça da superação um hábito diário: desafie-se um pouco mais a cada dia, escreva seus 17 objetivos no papel e dê prazo para eles acontecerem.

Todas essas dicas estão dando certo na minha vida. Vale lembrar que sucesso e felicidade são duas sementes plantadas todos os dias. Não existe nada eterno. A tempestade não dura para sempre, tampouco o sol. Mas todos os dias recebemos de Deus uma folha em branco e uma caneta; e a escolha de como escrever sua história está por sua conta.

Quanto mais você se organiza do lado de dentro, mais a vida se organiza do lado de fora. Sempre se pergunte: como posso ser a mudança desse mundo? E sempre se questione sobre as leis que você mesma criou para si.

Livre-se das críticas duras que você lança sobre si e orgulhe-se da pessoa que é hoje, pois você lutou para se transformar nela.

A decisão é sempre nossa. Nós escolhemos nossas guerras e nossas batalhas. A solução está em você, não no outro.

Crie a vida que você merece viver e ajude outros a fazerem o mesmo. E tenha certeza de uma coisa: NINGUÉM É CAMPEÃO POR ACASO.

100

VOCÊ PODE REALIZAR TUDO O QUE SONHA, BASTA ACREDITAR

Um capítulo de muita luta e obstinação. A vida da menina filha de agricultores, nascida em Mercedes/PR, que, aos 12 anos, foi para Joinville/SC. Foi empregada doméstica, auxiliar de costura em malharia e bancária, até tornar-se um dos principais nomes do empresariado da maior cidade do estado.

TINA MARCATO

Tina Marcato

Contatos
www.ottohouse.com.br
www.hmarcato.com.br
tina@ottohouse.com.br
Instagram: @tinamarcato

Administradora graduada pela Univille (Universidade da Região de Joinville), com pós-graduação em Marketing pela INPG – Business School. Líder *Coach* – Sebrae/SC. Líder Educadora pela Metanoia (Processo de Gestão para Alta Liderança) desde 2011. Formação pela Integral Desenvolvimento Humano no PIC (Processo de Intensificação Cognitiva). Vice-presidente do CEME (Conselho Estadual da Mulher Empresária). Diretora e conselheira da ACIJ (Associação Empresarial de Joinville). Voluntária no Rotary desde 2012. Atua no mercado imobiliário e de incorporação desde 1993.

Nasci na pequena cidade de Mercedes/PR. Desde minha tenra infância tinha um coração inquieto. Meus pais eram agricultores e eu amava o cheiro da terra, a lida do campo e os animais. Tudo isso me fortalecia. Mesmo sem nunca ter saído de lá, meu eu interior balançava minhas estruturas e eu tinha certeza de que iria mais longe. Os dias caminhavam como tudo caminha em uma cidade pequena, de maneira bem lenta. Até que, aos 12 anos, recebi a visita de uma tia, seguida do inusitado convite para morar em Joinville/SC. Não sabia onde ficava, o que faria. Mas meu coração insistia que eu deveria mudar de ares.

A nova cidade foi um choque de realidade. Ali tive contato com coisas simples que desconhecia, como água encanada, chuveiro elétrico, transporte público e televisão. No meio de tantas inovações existentes na casa da tia, fui de imediato apresentada ao trabalho doméstico. Duas crianças para cuidar, responsabilidade dos afazeres domésticos e muita roupa para lavar.

O difícil trabalho jamais me desmotivou e serviu, sim, como alavanca para buscar uma condição de vida melhor. Não só para mim, mas para toda a família: meus pais, duas irmãs e um irmão que ainda moravam longe.

Nos momentos de adversidades, tinha a fé e a convicção de que acharia meu espaço. Tudo era uma questão de tempo. Em meio às muitas atividades, minha tia me permitia estudar. Quando adentrei pela primeira vez na nova escola, o lugar emanava cultura, conhecimento e acolhimento total. Senti estar no caminho certo. O que para os alunos da minha idade era apenas uma armação de concreto com mesa, cadeira e professor, na minha concepção era o passaporte para uma vida melhor que eu tanto idealizava.

Com 13 anos voltei a Mercedes para passar uns dias com meus pais. A argumentação sempre foi um dos meus pontos fortes. Munida de falas consistentes, convenci toda a família a mudar de ares, vir para Joinville viver o sonho de crescer e prosperar na nova cidade comigo. Em poucos dias a mudança estava pronta e a ideia agora era seguir em frente.

Quando a família está próxima, tudo vai se encaminhando com mais clareza. Voltei para minha trincheira preferida – a escola – e, com muito esforço, dedicação e boas notas concluí o ensino fundamental. Ao lado da família, pude continuar sonhando com um futuro melhor e deixei o trabalho de doméstica na casa da tia para trás. Joinville, que era um celeiro de empregos, desde nossa chegada passou por um período grande de recessão. Por mais que tentasse, meu pai e minha mãe não conseguiram colocação como planejado.

Com o dinheiro levantado com a venda dos bens em Mercedes, compramos uma casa simples na zona sul da cidade. Sem trabalho formal, meus pais alugaram um sítio e passamos a viver das vendas dos produtos produzidos ali, que eram feitas de porta em porta.

O sonho de fazer ensino médio ardia no meu coração; e em meio a muitas dificuldades fiz a matrícula e comecei uma nova jornada. Com meus pais focados no sítio, coube a mim e à irmã mais velha buscar trabalho nas malharias, que viviam um período de expansão na cidade. Como tinha mais idade, ela não demorou para conseguir uma vaga. Fiquei aguardando uma colocação na empresa que ela atuava, mas isso estava demorando muito a acontecer. Fiz uma lista com o nome das malharias da cidade e fui batendo de porta em porta à procura de emprego. Lá pela quinta tentativa, consegui uma vaga como auxiliar de costura.

Na empresa, dei o melhor de mim e sonhava em trabalhar no escritório, pois entendia que lá era meu lugar. Sonho que era motivo de descaso por parte das amigas de trabalho que não conheciam minha determinação. Das 5h às 13h30, dando duro na malharia. À tarde fazendo cursos de capacitação numa escola profissionalizante pública. Nas vezes em que me desanimava olhava para trás e via o quanto havia evoluído.

"Não basta ter sorte, também tem de se estar preparado para as oportunidades." Esta era minha máxima. Em uma manhã de trabalho exaustivo na malharia, perguntaram se alguém conhecia datilografia, pois a datilógrafa da empresa tinha pego atestado sem data para voltar.

Levantei o braço, sob olhares incrédulos. Fui levada para o escritório e ali apresentada para uma máquina de datilografia, quase igual à que eu havia feito o curso. Como possuía curso de agente administrativo, fui ganhando novas funções. E logo fui efetivada no cargo; sempre acreditando em mim e em Deus, passei na igreja para agradecer. Minha presença na igreja já tinha se tornado parte do meu cotidiano e prossegue até hoje.

Com um espaço representativo na malharia, voltei meu foco para o ensino médio. Fui estudar na maior escola pública da cidade. Ali me deliciava com os ensinamentos que recebia no curso técnico de Administração, um dos mais valorizados da época. Nem bem tinha iniciado o último ano e já estava interiormente me preparando para o ensino superior. Queria uma vaga no concorrido curso de Administração de Empresas, na Universidade da Região de Joinville. Sabia que somente o conteúdo da escola não era o suficiente para alcançar meu objetivo. Juntei minhas economias e fiz um cursinho pré-vestibular, uma novidade na época. Chegava em casa e me enfiava nos exercícios das apostilas para resolver as questões.

Nos dias que antecederam as provas, estudava até de madrugada. Centrei-me nos estudos e na fé. Minhas estadas na igreja ficaram ainda mais constantes. Provas do vestibular realizadas, mesmo ainda sem ter o resultado, já me via na universidade. A aprovação para cursar o ensino superior só veio comprovar aquilo que eu sempre soube: a escola, os conhecimentos, a fé e o esforço são a grande catapulta para o crescimento social. Na universidade comecei a viver um novo e grande momento da minha vida. O convívio diário com as mais diferentes cabeças e cada um com seu sonho. Muita gente parecida comigo, buscando descortinar um futuro ainda melhor.

O trabalho no escritório da malharia me preenchia o dia. Entretanto, eu queria mais e meu íntimo me dizia que eu poderia ir mais longe, bem mais longe. Era conversa recorrente na cidade e também na universidade que haveria um concurso para o Banco do Brasil. O que mais se falava era das dificuldades para conseguir aprovação e "histórias" de pessoas que já haviam tentado mais de dez vezes sem sucesso.

Procurei mais informações, li com atenção o edital, fiz a inscrição e parti em busca de preparação para esse desafio. Fiz todos os cursinhos possíveis e imagináveis. Comprei todas as apostilas disponíveis no mercado e me enfiei de cabeça nos estudos. Quando externei que concorreria à vaga no concurso, tanto na malharia como na universidade duvidaram da minha capacidade. Um motivo a mais para estudar dobrado e testar todo o meu potencial.

Prova dificílima, mas por incrível que pareça todas as questões que foram propostas eu havia estudado. Veio o resultado. Para incredulidade de muitos e minha alegria, não só fui aprovada, como consegui uma excelente colocação que me credenciava a ficar em Joinville ou no máximo em uma cidade próxima. Enquanto não era chamada no banco, resolvi dar mais um *upgrade* na minha carreira. Fui estudar inglês, entendia que um segundo idioma iriar contribuir em muito na minha formação.

Ali fiz muitos amigos, em especial um estudante de engenharia, Luís Marcato. Alguém com muitas coisas em comum, até a história de ter vindo do interior do Paraná. A amizade foi crescendo e depois de um bom tempo, com tantas afinidades, casamo-nos. E o segredo para tomar essa decisão foi "me casar com uma pessoa que compartilha dos mesmos valores".

Aprovada no concurso do Banco do Brasil, prossegui trabalhando na malharia com o mesmo empenho de sempre e ansiosa para iniciar a nova carreira. Até que a boa nova chegou! Fui chamada e informada que atuaria em Araquari, uma pequena cidade perto de Joinville. No meu primeiro dia de trabalho olhei para trás e vi o quanto havia progredido na vida. Não perdi o foco, pois sabia que muitos outros horizontes começariam a se descortinar na minha carreira.

Um ano depois, conquistei minha primeira promoção. Mesmo com a distância segui com a faculdade, me formei e emendei uma pós-graduação em Marketing. Depois de seis anos, fui transferida para a Agência Central do Banco do Brasil em Joinville, e a família já havia aumentado com o nascimento do meu primogênito André.

Meu coração continuava inquieto, e dentro das novas funções passei a observar oportunidades de trabalho. No banco tinha por função o atendimento nas empresas. Um dos produtos oferecidos com mais frequência eram os seguros para todas as áreas. Desvinculada do Banco do Brasil e já atuando forte no mercado imobiliário, fui convencida por dois amigos a abrir uma corretora de seguros. Com pouco foco, o negócio, acabou fracassando. Desse revés tirei várias lições positivas que iriam me acompanhar em projetos futuros.

Já com dois filhos pequenos (Yolanda também já havia nascido), fui instigada por um construtor a atuar como corretora de imóveis em um prédio que ele estava levantando. Com os pés no chão, aceitei a proposta e fazia plantões durante a semana, fora do expediente do banco, e nos finais de semana. Em pouco tempo estava familiarizada com a nova função. Passei a focar e buscar conhecimento na área. O que mais me fascinava era ver a alegria dos clientes adquirindo o novo imóvel que seria seu lar.

A atividade começou a ganhar corpo e a cada dia novas negociações iam surgindo e muitos clientes entrando na minha carteira de corretora. Pouco tempo depois, as comissões oriundas das vendas mensais dos imóveis já ultrapassavam o atrativo salário do Banco do Brasil. Encontrei-me nesse novo ramo de atividade e a cada nova venda um dilema: fazer carreira na área ou permanecer no conforto do serviço público?

Comecei a ventilar a ideia de sair do banco. Os amigos próximos e os colegas de trabalho diziam que não deveria deixar o certo pelo "duvidoso". Trocar uma carreira estável por algo que na visão deles era muito incipiente e inaceitável. Meu coração e meus instintos, que sempre me acompanharam, me diziam algo diferente.

Contrariando a tudo e a todos e com uma convicção fora do comum vi ser hora de respirar novos ares. E com muita tranquilidade e certeza tomei uma decisão irreversível: desliguei-me do banco. Meu marido sempre foi e é meu grande incentivador e sempre me apoiou em todas as decisões. Com um bom *network* ele me ajudava indicando clientes e acompanhando meu trabalho. O negócio prosperou e decidimos empreender em família. Tomamos a decisão de abrir nosso próprio negócio: a imobiliária WWW Imóveis. O nome foi uma alusão à internet, que estava começando de maneira incipiente e era discada.

Iniciei meu novo negócio com as mesmas certezas e sentimentos de quando deixei Mercedes para morar em Joinville. Entrei de cabeça nesse novo empreendimento. Fui garota-propaganda, inovei nos materiais de divulgação, na qualidade das fotos e nos descritivos, chamando a atenção dos clientes. Criei ações de marketing inovadoras para a época. Trouxe os medalhistas olímpicos Gustavo Borges (natação) e Giovane Gávio (voleibol) como marketing de empreendimentos da empresa.

Tempos depois, com a WWW Imóveis, já consolidada e para ganhar mais musculatura e visibilidade optamos por uma fusão com outra importante empresa do setor. Um projeto que foi audacioso e bem-sucedido. Observando de perto nosso cotidiano de trabalho, os filhos mostraram interesse em entrar nesse ramo de atividade. Decidimos então iniciar o processo de sucessão e a capacitação deles. Assim, desmembramo-nos da fusão e criamos de maneira audaciosa a Imobiliária Otto House e na sequência a incorporadora H. Marcato Empreendimentos. Ali diariamente enfrentamos desafios e colhemos muitos resultados e aprendizados.

Segui me capacitando em um setor predominantemente masculino até então. Recentemente visitei, ao lado dos futuros sucessores, ambientes de inovação como Google, InovaBra, Natura, Acate (SC), entre outros. Com o olhar da juventude, criamos um modelo de negócios digital, que na pandemia foi essencial para a empresa.

As questões de trabalho, atividades sociais e de associativismo sempre andaram muito juntas na minha vida. Assim, cheguei à Associação Empresarial de Joinville (ACIJ), uma das principais do estado.

Iniciei no Núcleo Imobiliário da ACIJ. Ali trouxe soluções coletivas para um setor que atuava muito individualmente. Ajudei a fundar a Rede de Imóveis, um programa que trouxe muitos benefícios para o mercado imobiliário da cidade. Presidi o núcleo de mulheres empreendedoras da entidade, sou conselheira e atuo como diretora de relacionamento. Na parte social, tive a oportunidade de presidir o Rotary Joinville Manchester, atuando em várias ações sociais junto a entidades e escolas da cidade.

Meu maior legado é tudo o que construímos até aqui. Minha realização é ter meu marido e meus dois filhos atuando comigo: André – engenheiro civil – e Yolanda – administradora. Sei que posso produzir ainda mais e meu coração continua inquieto, pois tenho a convicção de que juntos podemos ir muito além.

A PRINCESA QUE DESCEU DA TORRE SOZINHA

Este capítulo revisita os paradigmas da mulher contemporânea na construção de seu protagonismo ao longo de sua jornada, revendo a simbologia que perpassa a mulher que buscava o salvamento para o extremo oposto de ser a salvadora; e mostra necessidade de acolhimento e integração dessa dualidade como forma de reconexão com a essência do feminino.

VERÔNICA BRITO

Verônica Brito

Contatos
veronicasbrito@uol.com.br
Instagram: @veronicabrito2022
LinkedIn: Veronica Brito

Procuradora do Estado da Bahia, com especialização em direito público há 22 anos. Pós-graduada em Psicologia Positiva pela PUC-RS. Facilitadora e *coach* do Método Louise Hay – Heal Your Life. Mentora de autoestima e empoderamento feminino. Terapeuta integrativa. Pós-graduanda em Neurociências e Direito Digital pela PUC-PR.

> *Se você quer elevar a humanidade,*
> *empodere as mulheres.*
> MELINDA GATES

Era uma vez...
Uma menina que adorava as estórias das princesas que eram salvas por belos príncipes. Calçando o sapatinho de cristal, tornava-se a mais bela eleita do príncipe. Resgatada da torre em que se encontrava presa e vigiada por um dragão, alcançava a redenção e o sonho de uma nova e linda vida, com todos os seus sonhos realizados.

Não é à toa que desde os quatro anos de idade, ao ganhar uma coleção de contos de fadas, precocemente alfabetizada, essa doce menina iniciou suas primeiras leituras, lendo e relendo a estória da Gata Borralheira, que se casava com um lindo príncipe no final. Aliás, nessa época, seu lindo vestido longo de princesa e seus cachinhos adornavam seu rosto angelical e seu jeito doce de quem sonhava com um mundo encantado.

Com um pouco mais de idade, suas longas tranças lhe deram inspiração e desejo de ser a Rapunzel que seria salva da torre onde se encontrava aprisionada. Nessa fase, aprisionada na torre de sua casa, enfrentava alguns dragões externos nada agradáveis.

O temperamento autoritário e explosivo de seu pai algumas tantas vezes a assustava, causava repulsa com um misto de sentimentos de intimidação, respeito, timidez e falta de naturalidade de uma menina que apenas queria ser criança e brincar sem medo com suas primas. Desejo algumas vezes reprimido e só alcançado à medida que sua mãe desbancava, aos poucos, aqueles grilhões de imposições e colocava sua voz em outro patamar de enfrentamento. Foi estabelecida a lealdade com a mulher que primeiro lhe ensinou lições de empoderamento. Não obstante, vez por outra ela percebia seu recuo, tomada por seus medos mais íntimos de não dar conta do sustento e da educação dos filhos sozinha. Isso mesmo depois de ter criado sua princesinha até os quatro anos de idade, com a força de seu trabalho.

A vida tem seus paradoxos e traz consigo escolhas e resoluções nem sempre fáceis de tomar quando se tem filhos. Em alguns momentos, a pequena princesa desejava que aquele dragão que a atemorizava e consumia a paz daquela casa fosse embora. Ficava chateada com a falta de coragem de sua mãe. Algumas vezes, tomava sua defesa, como parte mais vulnerável e se tornava enorme diante dele. Em outros momentos, já adulta, olhava com amor para quem lhe deu a vida, seus primeiros livros de contos de fadas e algumas lições de resiliência e superação, com o entendimento de que dentro daquele homem também habitava uma criança amedrontada.

Amparada no lema de que a mulher não deve depender de um homem, haja vista tantos exemplos de mulheres ao seu redor, a princesa se fez forte; e ancorada no desejo de salvar sua família e ter um melhor futuro, buscou, por meio dos estudos, a sonhada independência profissional e financeira. Lidou com os diversos monstros e dragões que encontrou no novo reino, aprendeu a viver sozinha. Tornou-se um grande pilar de sustentação daquela família, que se sentia extremamente orgulhosa de suas conquistas.

Ela se tornou independente, adquiriu seu próprio castelo e sua carruagem, mas, no fundo do seu coração, ainda desejava encontrar seu príncipe encantado para poder desfrutar daquele tão sonhado final feliz.

Por inúmeras vezes, a princesa foi guerreira, uma super-heroína destemida; usava seu cinto de mil e uma utilidades para resolver várias situações desafiadoras. Como tantas princesas de sua época, muitas vezes finalizou o dia exausta e sozinha.

Em um dado momento de sua vida, ela não desejava mais um príncipe que a tirasse da torre e lhe desse a realeza. Com seus recursos internos e com uma grande gama de coragem, ela desceu da torre sozinha e desbravou montanhas e florestas.

Tomada pelo arquétipo de Ártemis, ela era independente e tomava conta de si mesma. Esse sempre foi um motivo de orgulho para ela. Porém, no mais fundo do seu coração, quando não estava enfrentando leões, dragões, prazos e compromissos, ela ainda se sentia sozinha e voltava a desejar um príncipe, um herói para chamar de seu e que pudesse, junto com ela, ampliar seu reino, restabelecendo-a das árduas batalhas diárias. Por mais incrível que pareça, aquela lembrança infantil da Cinderela ainda rondava seus pensamentos. Essa batalha, no entanto, foi uma das mais desafiadoras. Uma parte dela desejava o encontro e a realização de um ideal amoroso, que permaneceu dentro de si guardado para um tão sonhado final feliz. Ela se tornou uma rainha, mas ainda não tinha um príncipe nem um cavaleiro para chamar de seu.

A música composta por Erasmo Carlos, "Mesmo que seja eu", cairia como uma luva nessa história:

> "Sei que você fez os seus castelos
> E sonhou ser salva do dragão
> Desilusão, meu bem,
> Quando acordou, estava sem ninguém."

Na vida dessa personagem, em especial, apesar de toda a sua independência, ela achou que após alcançar a tão sonhada independência profissional e financeira era possível, no momento desejado, dar vazão à construção do seu desejo de constituir uma família. Ela mantinha dentro de sei ainda uma parte do sonho de ser a princesa que encontra um príncipe ou até mesmo um sapo que vira príncipe ao receber um beijo seu.

Não havia nada de errado com seu desejo, a pretensão aqui não se encerra em qualquer crítica ou censura. E muito menos em espelhar uma generalidade ou pressuposto de que, ao escolher uma coisa, não se pode ter a outra ou não se pode ter as duas.

A intenção é contextualizar que naquela mulher havia um desejo genuíno ainda de preenchimento daquele lugar que, de uma maneira simbólica, ainda buscava um resgate, um salvamento, uma idealização da vida amorosa.

É inegável que os diversos contos de fadas inspiram e desenvolvem diversos aspectos psicológicos nas crianças e que, dentro do contexto social e histórico do momento, sustentam determinadas condutas e virtudes valorizadas em uma dada sociedade.

A proposta deste capítulo não é debater os aspectos positivos ou negativos que os contos de fadas podem ter na psiquê das crianças, sobretudo das meninas; nem o viés psicológico, social, histórico e ideológico que podem sustentar um determinado comportamento ou *status quo*, nem o empoderamento e o protagonismo feminino.

A pretensão que aqui se apresenta é apenas a de ilustrar que o imaginário feminino, em maior ou menor grau, mesmo em face às mudanças de paradigmas mais atuais do contexto da independência feminina e de seu protagonismo em flagrante expansão, ainda traz, de maneira subjacente, alguns elementos arquetípicos decorrentes da redenção da heroína por algo externo, internalizados por elementos simbólicos que se extraem dessas histórias contadas desde a infância.

No reino moderno e contemporâneo, onde muitas batalhas foram travadas por nossa heroína, muitos paradigmas foram transformados, muitos candidatos a príncipes também tiveram seus paradigmas quebrados e tiveram de lidar com uma mulher que não precisava mais ser salva, que passou a ser dona do próprio nariz, como se antes não fosse. É inegável que já era, mas dentro de um contexto de transformações que o papel da mulher alcançou na contemporaneidade, tornou-se consciente de sua real titularidade.

A visão que a mulher tem de si mesma, assim como a face como o empoderamento feminino é visto na sociedade contemporânea, tem se modificado e ganhado corpo ao longo de vários anos e às custas de muitas lutas e quebras de paradigma, o que, em alguns momentos, colocou a mulher num papel de uma super-heroína, que deixa de ser salva ou resgatada para ser a salvadora. Ela passa, então, a ser a mulher-maravilha, pois além de salvar a si mesma ela passa a querer salvar a tudo e a todos, valendo-se do seu cinto de mil utilidades, e chega a um polo extremo de exaustão. Encontramos nesse novo modelo mulheres que criam e sustentam suas casas sozinhas em dupla ou até mesmo tripla jornada de trabalho. E ainda se sentem tomadas pela culpa por não dar conta de todas as atividades, sobretudo aquelas relacionadas aos filhos e a si mesmas.

Nesse compasso de profundas transformações, diversos paradigmas se estabeleceram, partindo de situações extremas de profunda negação a esse feminino submisso e à exacerbação do papel independente da mulher em suas escolhas, preferências e como senhoras de sua própria vida.

Há diversos tons de cinza nesses matizes que vêm sendo construídos ao longo da história do protagonismo feminino e do novo masculino que se estabeleceu nesse imenso cenário de mudanças no papel da mulher. Nesse contexto, a heroína aqui trazida como exemplo experimentou dificuldades para encontrar esse equilíbrio e a justa medida para o acerto com suas pretensões e convivência com um homem que, muitas vezes, ainda se assusta com sua independência e com a alternância de atividades e posturas que, em um contexto mais longínquo, eram tidas como de exclusividade do homem. Nessa toada, a mulher que ocupa o papel principal dessa estória teve de aprender a lidar com esses extremos, porque em um determinado momento, premida pela necessidade de se estabelecer no mercado de trabalho com competência, fazer jus aos mesmos patamares financeiros, de reconhecimento e respeito a si mesma, pagou um preço muito alto, às custas da perda da identidade feminina e livre da mulher.

A mulher contemporânea está sendo convidada a olhar para dentro e para o resgate de sua essência, eminentemente feminina, a se conhecer cada vez mais e integrar de maneira harmônica essas polaridades dentro dela, conciliando seus diversos papéis numa sociedade ainda marcada pelo patriarcado. Esse convite tem sido feito como resgate e restabelecimento do equilíbrio que é próprio da natureza, no qual o resgate do feminino sagrado se restaura e tira a mulher do extremo que a deixou exaurida e desvitalizada.

A célebre frase de Santo Agostinho diz que a virtude está no meio. A justa medida se tornou extremamente necessária ao equilíbrio dessas polaridades que habitam a alma feminina e o papel que ela ocupa como pessoa individualizada e coletiva na sociedade atual.

É claro que com nossa heroína não poderia ser diferente. Ela se encontra dentro desse novo contexto e não se admite mais que a mulher faça a mesma jornada do herói. Sua jornada tem peculiaridades que devem ser respeitadas e identificadas nesse ciclo infindável de sua passagem atual. Nesse contexto, a heroína – ou simplesmente essa mulher comum que habita tantas de nós – passou a olhar mais para dentro e se conectar com suas raízes mais profundas. Ela passou a entender que não precisava mais encontrar uma outra metade; não por orgulho, exacerbação ou repúdio às suas necessidades e ao outro, mas por reconhecer que ela é inteira e está em constante construção.

As duas polaridades habitam sua alma e cada uma tem sua natureza e necessidade de satisfação. Ela afasta os conceitos maniqueístas, mas percebe a grandiosidade da dualidade que faz parte do todo, que se entrega e se complementa. Assenhora-se de suas fortalezas e de sua capacidade de desbravar o mundo e acolhe sua vulnerabilidade. Ela se permite ser vulnerável, ser acolhida e preenchida pelo outro. Ela reúne seus recursos internos, busca soluções e ajuda. Ela se permite receber. Sabe impor seus limites, demarcar seu espaço, fazer valer sua voz; e se ainda não sabe por completo, dispõe-se a aprender, pois sabe que a ninguém é dado entrar sem sua permissão.

- "Meu corpo minhas regras."
- "Minha casa é meu templo."
- "Não é não!"
- "Lugar de mulher é onde ela quiser."

Só para lembrar de algumas falas que essa mulher ainda tem de repetir em diversos cantos do mundo.

É impossível negar que a caminhada é longa e o cenário ainda se encontra longe de ser o perfeito, mas junto dessas bandeiras que ainda precisamos erguer e sustentar a duras penas também emerge essa mulher mais consciente, que busca o resgate dessa essência que se perdeu na trajetória dessa história.

A princesa desceu da torre sozinha, porque decidiu arregimentar seus recursos internos, reconheceu suas potencialidades e assumiu também suas vulnerabilidades, assumindo sua inteireza. Foi uma escolha difícil, mas a princesa, a mulher-maravilha, a nova heroína, a mulher comum – todas elas e todas em uma só – decidiram livrar-se da prisão da torre. Desceram e foram em busca do seu lugar no mundo.

Não há uma receita única, mas o primeiro passo é a decisão. Você já decidiu de qual prisão pretende se libertar? Já decidiu descer da torre e desbravar o reino de seus sonhos? Com certeza, você pode mais do que imagina.

Referências

BROWN, B. *A coragem de ser imperfeito*. Rio de Janeiro: Sextante, 2013.

BROWN, B. *A coragem de ser você mesmo*. Rio de Janeiro: BestSeller, 2021.

FRANZ, M. V. *O significado psicológico dos motivos de redenção dos contos de fadas. Um estudo arquetípico sobre conflitos e problemas de relacionamentos*. 2. ed. São Paulo: Cultrix, 2022.

GASGON, B. *A bela adormecida acordou. Para você mulher, que assim como eu, atravessou do século XX para o XXI*. São Paulo: Jardim dos Livros, 2011.

MURDOCK, M. *A jornada da heroína. A busca da mulher para se reconectar com o feminino*. Rio de Janeiro: Sextante, 2022.

PERRAULT, C. *A gata borralheira. Mundo encantado*. Rio de Janeiro: Record, 2015.

102

RECOMEÇAR

Uma mulher que sempre sonhou e quis ser mãe, apesar de todos os outros sonhos: de viajar, morar sozinha, trabalhar e conquistar os caprichos que a infância desejou! E, durante anos, passou por provações em busca desse sonho! Apesar de todo o sofrimento, hoje se vê mais forte, mais determinada e com uma herança de força e coragem que ninguém neste mundo poderia lhe deixar, a não ser o seu filho!

VÍVIAN LANDIM

Vívian Landim

Contatos
vivianlandimoficial@gmail.com
Instagram: @vivianlandimoficial
YouTube: Canal Vivi tá on

Nasceu em Brasília/DF. Formou-se, pela Universidade de Brasília, Bacharel em Economia, fez pós-graduação em Finanças, com especialidade em Operações Bancárias, e também MBA em Estatística. Atuou muitos anos como economiária. Empresária no ramo da moda. Hoje, tem uma marca de semijoias e óculos. Atualmente, atua como *influencer* digital no nicho de estilo de vida feminino e maternidade. Possui mais de 50 mil seguidores e representa várias marcas em suas redes sociais; realiza *lives* em seu canal do YouTube com empreendedores.

Esta história teria tantos inícios... Mas preciso dizer que é sobre uma menina nascida em janeiro de 1978 que sempre quis e sonhou ser mãe. Por mais independente que eu sempre tenha sido, havia vontades, como crescer, trabalhar, viajar, morar sozinha, casar... e ser mãe era a maior delas.

Hoje, poder e conseguir escrever sobre já é um prêmio que dou a mim mesma. Ao me casar com 26 anos, em um navio de luxo, no ano de 2004, tudo estava correndo dentro do esperado ou previsto, porém a vida não nos é tão certa e óbvia. Tinha uma casa, um trabalho estável e um marido. Contudo, deparei-me com o que seria meu algoz por alguns anos: a impossibilidade de ser mãe do jeito que imaginei. Tentei de todas as formas entender o que Deus, o Universo e a vida estavam querendo me dizer.

Depois de dois anos de casada, descobri que ele tinha feito vasectomia. Não era seu plano ter mais filhos; ele já tinha duas filhas, mas nunca, nunca teve a coragem de me dizer com todas as letras. Medo de me perder? Medo de dizer a verdade, pois era dura demais? Não sei. Por que não acabou tudo ali? É o que você deve querer me perguntar, não é? Mas a gente não se casa pensando que vai terminar... todos os sonhos, os planos, a casa, o casamento.

Resolvi, então, fazer uma inseminação artificial, por que não? No dia em que eu iria começar o tratamento de FIV (fertilização *in vitro*) cheguei em casa e para minha surpresa não era só uma injeção que me esperava, era também um guarda-roupa vazio. Ele havia tirado tudo dele de casa e ido embora.

O dia que eu achei que seria o início de um sonho se tornou o início de um pesadelo. Como iniciar um tratamento sem o pai? Sem o apoio de que precisaria naquele momento? Chorei a noite toda, o dia seguinte todo e alguns dias depois. Ele voltou, pedindo-me desculpas, prometendo me apoiar e começar todo o processo.

Meu maior objetivo naquele momento era ser mãe e assim retornei como se nada tivesse acontecido, então dei início ao tratamento, pois estava atrás de realizar meu sonho!

Na primeira tentativa houve até óvulos doados para aquelas que não poderiam de jeito algum ter filhos, pois imaginei que assim, ajudando outras mulheres a serem mães, essa bênção também recairia sobre mim. Todo o procedimento é muito doloroso em todos os sentidos, psicológico, físico e emocional; só quem passou, sabe. Uma clínica de renome e três óvulos fecundados estavam dentro de mim. Pronto! Acabaria ali o problema. De jeito nenhum, após uma semana perdi todos os três bebês.

Ao voltar na clínica, senti-me parte da estatística de insucesso. Saí de lá me sentindo incompetente e somente um número. Decidi que faria tudo de novo, mas não aqui, na melhor clínica em São Paulo. Providenciei tudo! Ao chegar lá me senti tão acolhida e cuidada... como estava precisando naquele momento, uma frase que ouvi e que me acalentou foi: "Relaxe, agora teu problema é meu e eu tenho a solução, ou seja, você não tem mais problema algum". Relaxar? Minha ansiedade e a certeza eram tantas de que daria certo que meu óvulos perfeitos e em abundância não respondiam à demasiada carga de hormônio que estava em meu corpo. Os médicos não entendiam o que estava acontecendo. Até que ouvi do médico que eu estava com uma dosagem muito alta de hormônio no corpo, que não poderiam me dar mais e que meus óvulos não evoluíram como deveriam para a retirada; e a decisão era minha: continuar ou parar ali para que meu corpo descansasse e quem sabe numa próxima tentativa... Era só estar pronta. Pronta? Para mim, eu sempre estive pronta. Naquele momento, tive de juntar todas as minhas forças e dizer: "Vou parar". Até hoje, não sei como consegui dizer aquilo, mas disse.

Quando voltei a Brasília, coloquei meus joelhos no chão e pedi a Deus que me ajudasse e ao mesmo tempo pedi desculpas e perguntei a Ele o que estava fazendo de errado. Será que eu querer tanto um filho era errado? Será que seria egoísmo da minha parte querer ser mãe de um filho meu, com tantas crianças precisando de uma mãe?

Fiz todos os trâmites necessários para a adoção, cadastro na Vara da Família, participei das palestras e entrevistas com assistentes sociais. E recomecei! Passei a visitar casas de acolhimento de crianças; e numa dessas visitas fui informada de que havia uma criança.

Dei entrada no fórum da cidade vizinha à minha e passei a visitar sozinha aquela menininha todos os dias.

Saía do trabalho à noite e dirigia mais de 60 quilômetros só para vê-la. Todos os dias, por dois meses. Até que recebi uma ligação de uma advogada da cidade, que teve acesso ao meu processo e o retirara, e na ligação me pedia muito dinheiro para devolvê-lo para a apreciação do juiz. Uma amiga advogada, com toda a calma do mundo, disse-me: "Vívian, é crime ela cobrar, será crime se você pagar". E mais uma vez eu tive de juntar todas as forças e dizer: "Não vou te pagar!". E assim estava eu novamente na estaca zero, recomeçando e juntando os cacos.

Até que um dia qualquer no trabalho, em 18/11/2009, meu telefone toca, e do outro lado da linha uma menina acabara de nascer e esperava por mim, numa cidade de Minas Gerais. Eu tinha de correr para lá e liguei para meu marido; era só irmos para esta cidade que todo processo já estaria encaminhado! Minha filha! Chegou o momento de ser mãe! E do outro lado da linha ele me diz pela primeira vez: "Não, não estou pronto. Vamos esperar mais um pouco!". ESPERAR?! Era só o que eu gritava!

Eu arranquei na hora a aliança, joguei no lixo e só disse: "Vá pra casa, pegue suas malas, pois naquela casa uma família vai se formar com ou sem você! Esta criança terá mãe, avós, tios, padrinhos, não precisa que você seja pai".

De malas prontas, ele me esperava e tentava me convencer a esperar por algo que por ele nunca aconteceria. Ali, eu tive a constatação: era o fim!

Depois de ele ir embora, uma chuva torrencial caiu. Meus pais e uma amiga me convenceram a não pegar a estrada. Logo que amanheceu saímos em viagem! Mas ao chegar em Minas Gerais, recebi a notícia de que a mãe aparecera à noite e desistira da entrega para a adoção! O que me restava? Ir embora para Brasília, chegar em casa e ver o berço vazio, mais uma vez! Recomeçar!

Voltando no tempo, aos 15 anos, eu conheci um rapaz muito legal no Carnaval e viramos amigos. Após três anos de amizade, ele me convidou para sair e finalmente se declarou para mim, dizendo que sempre foi apaixonado e que agora com 18 se sentia seguro para me pedir em namoro. Começamos a namorar ali. Foi um namoro muito bom e com o tempo ele fez que eu me apaixonasse loucamente, até que descobriu que a ex-namorada estava grávida; assim, terminou comigo para assumir o filho e a relação de pai. Na época, fiquei arrasada, pois eu, com apenas 18 anos, achava que ele poderia ser pai, assumir o filho, dar todo o apoio, mas não precisaria pôr fim ao nosso relacionamento. Enfim, mesmo expondo minha opinião e reforçando que ficaria ao seu lado, ele terminou. Tinha um senso de responsabilidade apurado e não se permitiria largar a antiga companheira sozinha em uma gestação e criação de um filho seu. Enfim, foi quando eu disse que seguisse seu caminho, ele nunca mais me veria novamente.

Passados 13 anos, eu, casada, reencontrei-o no carnaval. Fomos cordiais um com o outro e trocamos os respectivos telefones. Em novembro foi o fim daquele casamento. Em dezembro fomos almoçar e durante o almoço ele se declarou arrependido de ter terminado comigo anos atrás, dizendo que nunca me esqueceu, que sempre pensou em mim e ainda me amava. Ele estava solteiro e eu divorciada, porém não contei a ele sobre o que tinha acontecido comigo. Deixei-o pensar que estava casada, pois meu intuito era só me distrair e conversar com um velho amigo. Falei a ele que somos responsáveis por nossas escolhas e que temos de encarar todas as consequências delas.

Em janeiro, no meu aniversário de 32 anos, um novo ciclo recomeçava, pois nos meus planos era para ter uma criança linda apagando as velinhas junto comigo, e não tinha. No dia seguinte, esse amigo me disse que não foi ao aniversário porque não queria me ver com meu marido, e na mesma hora me esqueci de que não havia contado sobre a separação. Disse: "Que marido?". Pronto, acabei contando que havia me separado. Ele na mesma hora me convidou para sair.

Jantamos, dançamos e, no final da noite, antes de ir embora, ele me beijou; naquela noite eu não consegui dormir e todo aquele sentimento voltou todo em mim. Apaixonada pela segunda vez pela mesma pessoa. Depois, sem saber de nada do que havia me acontecido, ele me disse que, apesar de já ter um filho e não pensar mais nisso nesses anos, teria outro sim, mas só se fosse comigo. Pegou no meu ponto fraco.

Dois meses depois, ele me convidou para ir a um casamento numa outra cidade. Mais uma vez um casamento de amigo. Apesar de ter dito que não iria, fiz a mala, arrumei o cabelo, entrei no carro e fui. Fui atrás dele, numa cidade que não conhecia, atrás de um casamento que não sabia onde aconteceria. Encontrei!

Enquanto esperava no carro, meu coração parecia que ia sair pela boca. Até que o vi, na porta da igreja, na fila dos padrinhos. Quando fui ao seu encontro, seu olhar era de quem não acreditava no que estava vendo. E eu olhando em seus olhos, cheguei bem perto e perguntei: "Hoje pode ser o primeiro dia do resto de nossas vidas?". A resposta veio num beijo e a partir desse dia parecia que tentávamos recuperar todo o tempo perdido.

Após cinco meses, de casamento marcado, numa certa manhã de domingo, ele olha para mim e diz: "Você está grávida!". É claro que eu não queria nem pensar na possibilidade de fazer um teste de gravidez e dar negativo. Após muita insistência dele, fiz o teste! POSITIVO! Eu senti que minha vida estava finalmente no rumo certo para recomeçar uma nova história e minha família!

No mês seguinte, em nossa festa de casamento, celebramos nosso amor, nosso reencontro e nosso filho. Era menino e ele se chamaria João Paulo. Os meses foram se passando, uma gravidez supertranquila, sem enjoos, era só uma barriga linda e eu só felicidade e gratidão! Neste momento eu soube claramente a definição de paz!

Em um exame no sexto mês os médicos perceberam algo errado. O coração do João Paulo tinha um problema, sua aorta não havia se desenvolvido. Meu Deus! Isso não poderia estar acontecendo! Cuidados redobrados e eu não poderia entrar em trabalho de parto. Ficou acordado que assim que ele nascesse seria submetido a uma cirurgia imediatamente.

Na minha cabeça só passava a seguinte pergunta: por quê? Mas minha fé era de que eu já havia passado por todas as provações que me cabiam nesta vida, e nada mais de ruim poderia me acontecer! Mas aconteceu! Três dias após seu nascimento, numa cirurgia superdelicada, que durou dez horas, o médico saiu da cirurgia e me deu a pior notícia que uma mãe pode receber: meu filho morreu! Naquele momento eu só sabia gritar e bati, bati tanto no peito do médico... Ele estático na sua incapacidade de me dizer qualquer outra coisa. Meu mundo acabou!!! Por quê? Onde estava Deus naquele momento? O que eu fiz de errado nesta vida? Por que estava sendo punida? Como eu poderia perder de maneira tão trágica a única coisa que mais queria nesta vida? Todas essas perguntas e somente a vontade de morrer também! Estavam todos ali, pai, mãe, médico, minha obstetra, psicólogo do hospital, que chorava mais do que eu, eu não via ninguém! Eu só queria ver meu filho mais uma vez!

Pedi a minha médica que me levasse para vê-lo e ela, com sua generosidade de mãe, me atendeu! Conseguiu autorização e me levou ao necrotério do hospital. Pude colocá-lo em meu colo mais uma vez e pela última vez! Aquele corpinho pequeno e pesado, dormindo. Era um anjo dormindo em meus braços! Minha vontade era de me levantar dali correndo com ele nos braços.

Meu sonho se acabara ali naquele enterro de um bebê lindo que tinha os traços da mamãe, na bochecha e na boca! Em meu luto, acabei tendo uma crise de vesícula e por erro médico fui diagnosticada com embolia pulmonar; colocaram-me numa UTI. E se eu disser que estava feliz por isso, pois para mim eu morreria e me encontraria com meu filho? Estava tudo bem! Despedi-me de todos. Se esse fosse o ciclo se fechando, eu aceitaria e já estava imaginando que, ao chegar ao Céu, só queria pedir por ele; estaria lá para cuidá-lo! Não era! Meu marido foi a força, a serenidade, a perseverança por nós dois, pois eu não era nada naquele momento.

Um ano depois que tudo aconteceu, descobri que estava grávida de novo. Em 24/11/2012, meu príncipe Felipe nascia prematuro por complicações na gravidez, mas para mim estava tudo certo, pois eu pedi a Deus que se tivesse que mandar qualquer coisa que mandasse para mim, pois eu suportaria. E hoje conto esta história com muito amor pelo anjinho no Céu e meus dois filhos lindos, Felipe, meu bebê arco-íris, e Henrique, nossa bênção final.

Minha família está completa e formada como sempre sonhei. Como meu marido, em seu discurso no enterro, disse que nós conseguiríamos formar nossa família: conseguimos!

_103

MAS, AFINAL, QUEM SÃO AS DONAS DA P**** TODA?

Neste texto, vamos, juntas, trilhar passo a passo, em uma abordagem analítica, como o repertório é fundamental em nossas vidas, passando pelo entendimento de sua constituição: conhecimento, talento e experiência. E assim, estaremos preparadas para entender o que já sabemos e o que podemos vir a saber, conhecendo o primeiro passo no caminho para o empoderamento.

VIVIAN SANTOS DE MORAES SARMENTO

Vivian Santos de Moraes Sarmento

Contatos
www.linkedin.com/in/bonchic
Instagram: @bonchic_bibisarmento

Executiva, com 27 anos de experiência no gerenciamento e implantação das áreas ADM/RH - DHO com foco na apropriação da cultura organizacional, desenvolvimento das lideranças e comunicação interna. Oficial de *compliance* com *expertise* na implementação e gerenciamento de programas de integridade, riscos e governança corporativa. Gestão de projetos e análise de processos (Black Belt) em cumprimento à LGPD. Palestrante educacional, indicada ao Prêmio de Honra às Mulheres Empresárias (EPW). Como gestora, desenvolveu estratégias e qualidades para gerenciamento de equipes em busca dos melhores resultados com ferramentas de gestão/*mentoring*, ranqueando a UNIFAEL entre as 100 melhores empresas do paraná em 2021 e 2022, no Great Place to Work, por suas boas práticas em gestão de pessoas. *Platinum consultant* pela Minding Manners International, conceituada internacionalmente em Etiquette & Protocol Academy of London em Outubro de 2022. *Master* em Etiqueta pela E.B.E & The British Scholl of Etiquette London, *chef de cuisine* e *leader coach* Membro do GERH, coautora na série *Mulheres compliance na prática* e criadora da BONCHIC, empresa que busca, por meio da etiqueta e suas relações, um caminho para falar de autoconhecimento e desenvolvimento, potencializando sua confiança, segurança e autoestima.

Mas, afinal, quem são as donas da p**** toda?

Este título do livro, sem dúvida, provocou você, afinal está aqui lendo e eu imagino muitas possibilidades de respostas que podem lhe ocorrer, quase todas intuitivas. Quero propor um pequeno exercício cujo objetivo você vai entender quando chegar ao final do texto. Vamos "fatiar" essa pergunta em três partes. Quem são as donas? O que é ser dono? E o que é a p**** toda? As respostas não importam muito aqui; o que eu quis foi mostrar a relevância de saber fazer perguntas e, principalmente, fazer as perguntas certas, porque são elas que nos levam ao conhecimento e esse é um dos pilares do nosso repertório. E quanto maior e mais complexo o nosso repertório, mais seguras serão nossas escolhas, as nossas eleições.

Ainda aproveitando o título deste livro, para sermos as donas da p**** toda, precisamos ser as donas de nós mesmas, e isso dificilmente vai acontecer sem conhecimento.

Parece óbvio, mas todas sabemos que o ovo de colombo também era.

Aquela primeira pergunta que acabei de fazer se refere a uma grande razão para ler este livro (ou qualquer outro): a curiosidade. Eu arrisco dizer, com certa segurança, que você está se imaginando como uma dessas do título, uma das donas. Acho que isso já é uma boa razão para responder a curiosidade.

Em matéria traduzida na plataforma de conteúdos educacionais Porvir, STENGER (2015) trata das razões pelas quais a curiosidade melhora a aprendizagem, com o estudo de uma pesquisa coordenada pela Universidade da Califórnia, nos Estados Unidos, que constatou que a curiosidade nos ajuda a aprender informações que não consideramos tão interessantes ou importantes. Seus pesquisadores descobriram que, uma vez que a curiosidade foi despertada por alguma pergunta, indivíduos tiveram mais facilidade para aprender e lembrar informações completamente independentes. Dr. Matthias Gruber, um dos coautores do estudo, explica que isso acontece porque a curiosidade coloca o cérebro em um estado que lhe permite aprender e reter qualquer tipo de informação, que motiva o aprendizado. Além de preparar o cérebro para a aprendizagem, a curiosidade também pode tornar o aprendizado uma experiência mais gratificante, pois aumenta a atividade no hipocampo, região do cérebro envolvida na criação de memórias, e também atua no circuito do cérebro relacionado à recompensa e prazer. O cérebro "depende da dopamina, a substância química do 'sentir-se bem', que transmite a mensagem entre os neurônios e nos dá uma espécie de euforia. Assim, instigar a curiosidade os ajuda a lembrar as lições que aprendem, mas também pode tornar a experiência prazerosa" (STENGER, 2015).

Com isso, antes de entrar no tema que escolhi para tratar da importância do repertório, e para que você possa aproveitá-lo melhor, fiz essa introdução com o intuito de demostrar que os textos deste livro não devem ser lidos buscando respostas, mas como auxiliares para se organizar e fazer as perguntas certas.

Para a filosofia, fazer perguntas nos estimula a entender e saber sempre mais. São os questionamentos que nos forçam a entender profundamente determinadas questões e pensar por diferentes perspectivas. Para o autor dos livros *O Mundo de Sofia* e *O castelo nos Pirineus*, Jostein Gaarder, "nascemos curiosos, nascemos filósofos. E, quando crescemos, todos aprendemos a fazer perguntas. No entanto, quando nos tornamos adultos, acabamos nos acostumando com o mundo e ficamos acomodados". (ALMEIDA, 2010) Portanto, estimular perguntas diversas e, principalmente, fazer as perguntas certas é em que devemos nos concentrar para aprimorar o conhecimento e melhorar a experiência.

Todas nós já ouvimos (ou até já falamos), em algum momento, "essa criança está na idade dos por quês", justamente porque, na infância, temos essa pulsão de perguntar tudo. Em resumo, não deveríamos perder isso nunca.

Desse modo, tenha cada um dos temas deste livro como mais um pedacinho do seu repertório. E se o nosso maior objetivo é a constituição do repertório, para continuarmos, precisamos saber o que é e do que é formado.

Para entender o que estou ouvindo ou lendo, tenho o hábito de ter a maior certeza possível de que a minha ideia está se fundamentando bem, de começar pela etimologia, a origem da palavra; para mim, o mais importante quando me deparo com um termo é entender o que ele de fato significa.

Repertório vem do latim *repertorium*, que significa "lista; inventário" que, por sua vez, nasce em *reperire*, que quer dizer encontrar ou descobrir. Assim, em linhas bem reduzidas, se refere ao que alguém descobriu (aprendeu) e passa a ter no seu "inventário".

Agora, vejamos do que o repertório é composto: o conhecimento do qual já estamos falando, talento e experiência.

Para encurtar caminho, o pedacinho que escolhi para trazer como tema exemplar do que escrevi até aqui é a elegância, um dos tópicos mais significativos da minha pesquisa e do meu trabalho. E para ser coerente com toda essa introdução, vou tentar ser mais analítica e menos descritiva. Vamos juntas trilhar passo a passo.

Comecemos pelo óbvio, afinal, o que é elegância?

Não vamos ceder à tentação da resposta curta e grossa, não é o nosso objetivo. Estamos construindo um repertório e tenho certeza de que você tem, hoje, uma ideia precisa do que é elegância. Uma pessoa bem vestida, com porte, postura, refinada. E eu já vou começar dizendo que isso também é verdade, mas é só uma das expressões dela. Portanto, ao invés de definir, vamos tentar construir o conceito.

Dessa forma, sugiro darmos alguns passos para trás e começarmos novamente pela etimologia, a origem das palavras. Elegância tem origem no latim, *eligere,* cuja tradução é ora eleição, ora escolha. De novo a certeza dos significados. A primeira coisa que vem à sua cabeça é que "eleição" é ir votar em um político, por exemplo. Mas "eleger" é de fato apenas escolher. Então, elegância é, inicialmente, sobre escolher qualquer coisa.

Ok, mas você está se perguntando como isso vai convergir com o que você já entendia por elegância. Então, vamos continuar esse trabalho conjunto. Minha intenção não é mudar o entendimento e, sim, melhorá-lo. E não se preocupe, eu também já tive essa mesma ideia a respeito um dia.

Nesses primeiros passos, vamos partir da ideia de que a elegância é e deve ser um estado de espírito. SER elegante e não PARECER elegante.

É preciso ter estilo antes de poder pagar por ele
FERNANDO SARMENTO

Em resumo, dinheiro compra coisas, mas não compra elegância. Do ponto de vista do conhecimento e da teoria, há muito material escrito a respeito: histórias, culturas, sistemas, protocolos e, portanto, diferentes abordagens.

Um desses caminhos possíveis para entender a elegância é a etiqueta. Ela é um componente importantíssimo para referir a ideia, pois foi criada para compor regramentos e protocolos específicos e coordenar o comportamento de grupos de modo a facilitar sua organização e manter padrões sociais.

A etiqueta é como uma lista de escolhas possíveis e desejáveis; é muito mais fácil ser elegante conhecendo etiqueta, e isso tem que ser aprendido.

Portanto, um caminho sólido para a elegância é seguir os padrões determinados pela etiqueta e, para isso, é preciso conhecê-los.

> *Aprenda as regras como um profissional,*
> *para que você possa quebrá-las como um artista.*
> PABLO PICASSO

O segundo componente do repertório é a experiência, que também é um caminho para aprender. É constituída por qualquer conhecimento obtido por meio dos sentidos, praticar o que você já sabe ou incorporar o que você observa. Qualquer evento, mesmo nas situações mais corriqueiras e banais, é fonte de experiência.

Colocar-se disposto a experimentar diante de todas as oportunidades é uma fonte rica para compor sua percepção e diferenciar aquilo de que gosta do que não gosta. É compor referências e ter argumentos para chegar ao resultado mais preciso e consistente. As experiências também nos permitem alterar nossas percepções à medida que vamos entrando em contato com outras oportunidades de conhecimento.

Aprender é o mecanismo do conhecimento, pois nos ajuda a ter a melhor compreensão de algo e a aproveitar melhor as oportunidades da experiência. E, no sentido inverso, a experiência é a oportunidade de por em marcha o conhecimento. Mas a partir de agora, se já não praticava, tenha isso sempre em mente; esteja sempre curiosa e, principalmente, prestando atenção em tudo que for fonte para o seu repertorio, seja o conhecimento ou a experiência.

Finalmente, o terceiro componente, o talento. É o único que não é aprendido, mas não se engane, todas as pessoas o têm. O talento está relacionado ao natural, ao dom, à inteligência, à aptidão, àquilo que nasce com o indivíduo; é um componente pessoal e individual, que funciona ao mesmo tempo como filtro e processador do conhecimento e da experiência, dando a sua própria interpretação e expressão, assim finalizando o conjunto.

A essa altura, acredito que você já tenha uma boa ideia do quanto é importante o repertório, o quanto ele enriquece nossas relações.

Portanto, se partirmos dessa percepção sobre qualquer tema, considerando que sua compreensão e seu enriquecimento são construídos a partir de conhecimento, experiência e talento e, consequentemente, a composição do repertório, vamos entender melhor o que já sabemos e nos prepararemos melhor para o que viremos a saber. Não gosto muito de clichês, mas esse, sim, é o verdadeiro caminho para o que está sendo chamado de empoderamento. Já dizia Hobbes, "informação é poder". Quanto mais temos ciência e controle do nosso repertório, mais poder temos na mão.

Uma pessoa preenchida de conhecimentos, experiências e talentos diversos, construídos ao longo de sua vida, apenas precisa reconhecer esses elementos no curso de sua biografia, necessitando somente redescobri-los, enxergá-los e colocá-los em movimento.

Aprender a "aprender o outro" também nos possibilita ser mais empáticos e fazer nossas escolhas de acordo com o que for melhor para o contexto ao qual estamos expostos em determinado momento. Aí vem o sentido verdadeiro da elegância. SABER escolher.

Por isso, nunca esqueça: não só para a elegância, mas para tudo em nossa vida é importante construir conscientemente nosso repertório, prestar atenção e aprender com tudo e com todas as oportunidades e nunca parar de fazer perguntas, valorizando que, quanto mais você aprende, mais você entende sobre si mesma, e isso contribui para a formação do nosso repertório.

Esse é um bom caminho se queremos ser as donas da p**** toda.

Referencial

ALMEIDA, M. R. *Nós já nascemos filósofos.* Disponível em: <http://www.uol.com.br>. Acesso em: 07 ago. de 2022.

STENGER, M. *Por que a curiosidade melhora a aprendizagem?* Disponível em: <https://porvir.org/por-curiosidade-melhora-aprendizagem/>. Acesso em: 07 ago. de 2022.

SEU MOMENTO É AGORA!

Qual o tamanho do seu sonho? Quem verdadeiramente você é? Quais são as regras do jogo da sua vida? Quais são as regras do seu jogo? Neste capítulo, eu te conto as 11 regras que me ajudaram a chegar até aqui e desafio você a começar agora uma nova história na sua vida. Bora pro jogo!

VIVIANE DE PAULA

Viviane de Paula

Contatos
www.agoraresultados.com.br
Instagram: @mentora.viviane / @agoraresultados
62 99143 5763

Empresária, escritora, empreendedora, palestrante, consultora, mentora, especialista em atendimento, vendas, alta performance pessoal e empresarial. Capacitei-me em Administração, com pós-graduação em Finanças, Controladoria, Auditoria, Gerenciamento de Projeto, *Master Coaching*, especialista em análise comportamental, eneagrama, formação de liderança, vendas, jogos empresariais e estudante de Psicanálise e Teologia. Durante minha trajetória profissional, atendi mais de 7 mil empresas em todo Brasil e capacitei cerca de 10 mil líderes e 70 mil pessoas. Atualmente, sou fundadora e proprietária do Agora Fábrica de Resultados, que possui atuação em projetos de endomarketing, marketing digital, pesquisa, cursos e mentoria empresarial, o que me credenciou a ocupar a cadeira de vice-presidente de relacionamento da Associação Comercial de Empresas Goianas (ACEG), liderando um projeto inovador sobre o empreendedorismo feminino que tem revolucionado o mercado empresarial liderado por mulheres. Em janeiro, lanço meu primeiro livro solo *Eu escolhi voar*. Amo o empreendedorismo e meu desejo é fortalecer e empoderar milhares de mulheres a empreender. Bora pro jogo? Meu propósito é transformar seu potencial em potência. Sou Viviane de Paula; e você, quem é?

Bônus: youtube.com/watch?v=40AVvHEWytw

Adoro esses projetos colaborativos. Eles me mostram a força que a coletividade tem. Desde muito cedo entendi que juntas somos mais fortes e que está em nós a capacidade de vencer o jogo. Pode parecer clichê, mas aprendi a ter sorte. Uma sorte diferente do que se encontra por aí, nada místico, mas na verdade muito real. Certa vez li sobre o conceito de sorte, e lá dizia que é o encontro da capacidade com a oportunidade. Então, capacitei-me uma vida toda para que quando a oportunidade chegasse eu estivesse pronta. E foi assim que vim parar aqui, com muita sorte e capacitação!

Não sei quem você é, ou quais são seus sonhos, se é que você possui um sonho. Mas hoje tenho certeza de que provavelmente eu acredito mais em você do que você mesma; por isso, te convido a navegar na minha experiência e conquistar seu lugar de sucesso neste mundo.

Neste capítulo eu conto um breve resumo da minha história e como construí as 11 regras de ouro do jogo da minha vida. As regras são simples e bem óbvias, deve ser por isso que temos tanta dificuldade de segui-las. Deixo aqui um desafio: tente colocá-las em prática e garanto que a história da sua vida pode mudar.

Vêm aí as regras do jogo:

- 1ª regra – Se algo na sua vida hoje não está bom, se você se sente desamparada e não vê saída, acalme-se! Sua bênção está chegando.
- 2ª regra – Não se cale diante de suas dificuldades e suas fraquezas; o silêncio alimenta sua dor e ela pode se tornar um monstro devorador.
- 3ª regra – Tenha sempre um propósito, ele te faz acreditar e seguir rumo ao destino.
- 4ª regra – Seu grande amor vai chegar, fique tranquila que o destino vai se encarregar de fazer que vocês se encontrem.
- 5ª regra – Ninguém é uma ilha, a família sempre será eterna.
- 6ª regra – Escute os conselhos de seus pais, esta é a maior regra de ouro.

- 7ª regra – Para cada problema que existe há pelo menos três soluções, por isso não se desespere nem desista.
- 8ª regra – Seja grata às oportunidades que a vida lhe impõe e valorize seu potencial.
- 9ª regra – O sucesso de hoje não garante o sucesso do amanhã. Esteja sempre inovando e cuidando de suas finanças.
- 10ª regra – Não há lugar melhor do que nos braços de uma mãe. Contemple este amor.
- 11ª regra – Você determina seu começo e seu fim, sua hora é AGORA!

Tudo tem um começo

São 6h55 da manhã e o sol já avisa que o dia amanheceu. Abro os olhos, reviro o corpo na cama, chamo pelo Theo e não me contento com seu olhar; logo digo: "Eu te amo, Theo. Bom dia!". Antes de me levantar leio as mensagens e comando as primeiras demandas do dia, mas a cama me abraça e insiste em me segurar um pouco mais. Logo vem meu filho Thiago e faz a mesma pergunta de todos os dias: "Mãe, levanta. Não vai trabalhar hoje? Já está muito tarde e você precisa se levantar". Bora pro jogo, Viviane!

É aqui que toda a história começa! Entro no banheiro, tiro toda a minha roupa e me observo no espelho, o espelho da vida! Já não tenho mais o mesmo corpo, o olhar já está carregado de rugas, o rosto com as marcas do tempo e os cabelos levemente embranquecidos. Ah, ele chegou! Não percebi o tempo se passar e já se vão 50 anos. Ao me olhar, vem toda uma lembrança de cada fase da minha vida. Sou Viviane Barbosa de Paula, filha de Luís Menezes de Paula e Olga Barbosa de Sousa, mãe da Rayssa Barbosa Hummel, do Thiago Petras Hummel e do Theo, o pet mais amado do mundo. Aqui vai uma confissão: amo minha família e faço tudo para honrá-la.

Nasci em 26 de janeiro de 1973 por volta do meio-dia. Cheguei cheia de vida e por isso ganhei o nome de Viviane, que significa "vivaz". São tantas histórias já vividas que nem sei como devo contar, mas vou resumir em 11 pontos marcantes a cada 5 anos.

Quem sou eu

Primogênita de uma família de três irmãs (Fá e Cris), sempre fui a preferida da vovó Mida e do vovô João. Sempre ouvi falar que ser filho de vó é muito bom, e com a chegada de minha irmã Fá pude comprovar isso. Com todo carinho e amor que era me dado por meus avós, pude me sentir amada e protegida. Nesse momento escrevendo este capítulo, posso sentir o cheiro do biscoito frito, do bolinho de chuva, do franguinho frito na panela e do milho especial da dona Mida. Além disso, nunca me esquecerei dos passeios no parque, no zoológico e das viagens para visitar os parentes mais distantes. Lembro-me de que, nos momentos difíceis, minha avó me encorajava dizendo: "Filha, está muito ruim assim? Está difícil suportar? Que ótimo! É sinal de que a bênção que está chegando é muito grande". Que bom que eu sempre acreditei; afinal, descobri muito cedo que sou filha do rei, o pai celestial que me guardou e guarda todos os dias.

Vem aí a regra 1 – se algo na sua vida hoje não está bom, se você se sente desamparada e não vê saída. Acalme-se! Sua bênção está chegando!

O silêncio inocente

Aos dez anos eu já havia passado por situações bem difíceis. Posso dizer que foram as piores da minha vida. A maioria das mulheres passam pelo que passei em silêncio como eu, mas as marcas são profundas e por muito tempo me senti culpada por isso. Sofri três abusos sexuais, o primeiro aos sete anos, em casa, por uma pessoa da família; o segundo aos dez anos, pelo porteiro do prédio em que eu morava; e o terceiro aos 12 anos por um policial armado namorado de uma tia minha, quando tive de ficar em silêncio e me esconder por três dias em uma fazenda, pois havia risco de acontecer uma tragédia maior. Antes de contar esse ocorrido aqui, questionei-me se era o certo, mas sim! É preciso falar. Por muitos anos fui proibida de comentar o assunto principalmente por questões familiares, o que me ensinou a absorver muita coisa e não lutar pelo que realmente é certo e justo.

Regra 2 – não se cale diante de suas dificuldades e suas fraquezas; o silêncio alimenta sua dor e sua dor pode se tornar um monstro devorador.

O amor transforma

Ela chegou e eu tinha apenas 15 anos, minha bonequinha, que veio ao mundo para me ensinar e mostrar que por ela minha vida tem sentido. A cada dia da minha nova vida eu desejava ser uma pessoa melhor. Por ela fui trabalhar, estudar e passei a desejar viver em meio aos novos desafios que a vida me impunha. Minha Rayssa! Ela me fez mãe, me fez conhecer o amor incondicional, o amor que veio do maior amor da minha vida. Mulher forte, guerreira, líder nata e de uma coragem inspiradora.

Regra 3 – tenha sempre um propósito, ele te faz acreditar e seguir rumo ao destino.

A vida continua

E quando pisquei, já estava com 20 anos, já era maior idade e a responsabilidade já batia na porta. Agora eu podia decidir por mim mesma, e acredite: resolvi me casar. Uma das decisões mais importantes que tomei na vida. Conheci o Thiago quando eu tinha 13 anos de idade, foi amor e ódio à primeira vista. Ele era lindo, seu sorriso envolvente, além de galã era o rapaz desejado por todas as garotas da escola. Nosso primeiro encontro foi depois de pular o portão para passar o recreio com o pessoal do segundo grau. Fomos os dois parar na diretoria e recebemos advertência. Com Thiago eu aprendi a ser mulher, ser mãe, esposa, amiga, ser paciente, dona de casa, mulher ativa, ser empreendedora, ser eu!

Regra 4 – seu grande amor vai chegar, fique tranquila que o destino vai se encarregar de fazer com que vocês se encontrem.

Há sempre alguém que estenderá as mãos

Fomos casados por dez anos. Dentre as idas e vindas vivemos muitas experiências e aprendemos juntos. Fomos adolescentes e adultos, fomos namorados e casados, fomos amigos e amantes, e desse relacionamento tivemos dois lindos filhos. Aos 25 anos chegou meu príncipe, lindo, loirinho, gordinho e cheio de bênção. Meu presente de vida! Thiago Filho me trouxe libertação, com ele quebrei todas as barreiras e as crenças que tinha na minha vida. Senti-me a mulher mais forte do mundo; afinal, nossa família estava completa. Descobri que meu maior valor é a família, por isso lutei pela minha com todas as forças. Meu maior desejo era que meus filhos não passassem pelo que eu passei na separação dos meus pais. Por isso, a decisão de me separar do meu marido foi o maior ato de amor que tivemos um pelo outro. Enxergamos a necessidade de que nossas vidas tomassem caminhos diferentes e não dava para continuarmos juntos, mas sempre tivemos um acordo: nunca deixaríamos de ser uma família.

Regra 5 (a mais nobre) – ninguém é uma ilha; a família sempre será eterna.

O pai

Sempre fui apaixonada pelo empreendedorismo e pelo meu trabalho. Comecei a empreender muito cedo: aprendi a vender roupa; tive uma fábrica de pizza congelada em sociedade com minha prima Ju; aprendi a comprar e vender semente para capim; fui vendedora de plano de saúde; participei de um projeto de importação e exportação de cachaça e fui a primeira representante mulher de uma marca de cachaça famosa no Centro-Oeste; comandei uma franquia de café; fui dona de um bar e restaurante no qual eu era a cozinheira; trabalhei em uma empresa de treinamento; fui vendedora de serviço de segurança com carro forte... e por tudo isso deixei meus estudos de lado. Estudar não era prioridade, bastava uma simples ligação que na hora eu atendia o cliente. E de fato o atendimento sempre esteve presente na minha vida; foi assim que levei mais de dez anos para pegar meu diploma. E de repente estou nos 30.

Devo muito ao meu pai, não apenas pelos ensinamentos da vida, mas também pela persistência e por nunca desistir de mim. Ele foi e ainda é minha maior inspiração de vida. Por muitas vezes pensei em desistir, mas ele nunca deixou; sempre me fez ver o lado bom de tudo e que somente o conhecimento pode transformar problemas em oportunidades.

Meu pai sempre foi um bom estrategista, toda a sua vida foi planejada, desde o casamento, a escolha da profissão, a fundação da empresa, o tempo dedicado aos trabalhos, a hora de correr e a hora de parar – a inspiração que tive para chegar aonde cheguei. Quando saí da casa dos meus pais aos 14 anos de idade para constituir minha família, recebi três conselhos que foram meus guias: busque conhecimento; escolha qualquer profissão, desde que você a ame; e seja a melhor naquilo que pretende fazer.

Regra 6 – escute os conselhos de seus pais; esta é outra regra de ouro.

O conhecimento que transforma

Levei para a vida os conselhos do meu pai, porém passaram-se sete anos para que eu me posicionasse diante da minha graduação. Costumo dizer que comecei a vida de trás para a frente. Primeiro me casei, tive filhos, fui uma boa dona de casa, mãe e esposa, somente então descobri o prazer pelo trabalho – e que prazer, viu, pois amo o que faço.

Foram anos para descobrir que sou vendedora e posso ter qualquer função que serei a melhor, e meus olhos brilham quando fecho uma venda. A faculdade não era minha prioridade, fora o pânico que tinha de matemática.

Então, minha estratégia foi fazer todas as disciplinas que não envolvia matemática. Meu pai pagava minha faculdade e foi aí que ganhei meu primeiro xeque-mate. Ele me deu um prazo de dois anos para me formar ou eu mesma pagaria minha faculdade. Enlouqueci! De todas as formas que eu imaginaria, era impossível concluir o curso no prazo que ele me deu. Tive de tomar uma decisão, sair do trabalho e me dedicar aos estudos. Com isso, tive de enfrentar meu mostro, a tal matemática. Na época, indicaram-me um professor aposentado que ministrava curso em casa, cujo nome era "As lacunas da matemática". Na primeira aula quase desisti, ele me colocou para contar até dez. Perguntei se isso era sério mesmo, e era! Contei até dez, fiz conta de somar, diminuir, multiplicar e dividir e foi assim que me apaixonei pela disciplina. Logo me tornei monitora de matemática financeira e meu sonho era ser corretora da bolsa de valores. Concluí meu curso aos 33 anos, depois a pós-graduação em finanças, controladoria, auditoria, gerenciamento de projeto, *master coaching* e não parei mais de estudar; assim posso dizer que me tornei a melhor no que me proponho a fazer.

Regra 7 – para cada problema existe pelo menos três soluções; por isso, não se desespere nem desista.

Da oportunidade à descoberta

Em 2006 iniciei minhas atividades profissionais em uma agência de propaganda. Minha função era desenvolver projetos de endomarketing que pudessem alavancar as campanhas publicitárias; o projeto era sensacional! Tinha a mesma duração da campanha e o objetivo era fazer com que os vendedores falassem da campanha para os clientes; e, se durante o atendimento isso era feito, o vendedor recebia um prêmio. Foi quando conheci a ferramenta de cliente oculto e o processo de atendimento que era implementado. A técnica eram "as senhas do bom atendimento", e nele mostravam-se os passos que abrem as portas para um atendimento de qualidade. Quando vi aquilo, meu coração disparou e percebi que era o que eu desejava fazer por toda a vida. Assim, começamos um grande projeto, éramos três e o sonho era muito grande. Em pouco tempo de estagiária virei sócia; e nosso primeiro e grande projeto era um grupo de três empresas de materiais para construção. Foi o dia que marcou a vida da nossa empresa. Logo fechamos com dez empresas, depois 30, depois redes e franquias, o que nos oportunizou atender mais de seis mil empresas ao longo de 17 anos de trabalho.

Como é bom ter alguém que acredita em nosso talento, e foi exatamente isso que aconteceu na minha vida. Juntos transformamos as senhas do bom atendimento em uma fórmula que realmente gera resultados extraordinários nas empresas varejistas. Esse é o método ASDAC, do qual eu sou cocriadora. Bem, o projeto virou um negócio e a empresa foi engolida pelo produto. Fechamos a agência de propaganda e nos tornamos a maior empresa de endomarketing e cliente oculto do Centro-Oeste.

Os anos se passaram e o crescimento era exponencial. Abrimos uma unidade em Brasília e logo veio um polo em São Paulo. O Brasil era nosso! Não existia nada no mundo que eu quisesse mais. Aqui descobri o que eu de fato vim fazer no mundo. Cheguei a gerenciar mais de 45 colaboradores em todo o Brasil. Todos registrados, com programas de desenvolvimento e capacitação, atendimento em nível nacional e entregas extraordinárias aos nossos clientes.

Regra 8 – seja grata às oportunidades, mas valorize seu potencial.

A falência

Chegamos ao topo, mas não conseguimos administrar o negócio. Como toda regra de que se o que sai é maior do que o que entra, o financeiro em algum momento grita. E uma sociedade é como casamento, sem dinheiro os problemas aparecem e a probabilidade do fim é muito grande. Começamos a fazer um financiamentos atrás do outro, parcelar impostos, pagar juros abusivos a bancos; por fim, para não cair a qualidade de vida, sangramos financeiramente a empresa. Logo, a briga do comercial e o financeiro ficou insustentável. As reuniões de segunda-feira insuportáveis, tentávamos de tudo e a curva foi se acentuando, saíam mais empresas e entravam menos. Já não conseguíamos manter o padrão de gastos com viagens, hotéis caros e bons restaurantes. Começamos a reduzir o quadro de funcionários e a cortar gastos que impactavam os resultados do projeto; nosso caixa ficou vazio.

Primeiro demitimos um sócio, o que gerava vendas; e foi aí que perdemos nosso diretor comercial. Já não éramos mais um tripé, mas sim uma dupla que teria de dividir a gestão entre comercial, operacional e financeiro. E é claro que não deu certo.

Tentamos alavancar a empresa por mais dois anos, e com a pandemia o negócio chegou ao fim. Conseguimos falir um negócio superpróspero por falta de gestão, vaidade e ego. O pior de tudo foi que perdemos a amizade, a cumplicidade e a saúde. Uma parceria de 17 anos se acabou e, com ela, foi-se todo o nosso sonho! Saímos doentes dessa dissolução de sociedade. Já não tínhamos mais condições de trabalhar juntos.

A coragem de começar novamente não me faltou; e foi assim que abri um outro negócio, que logo no primeiro mês me rendeu o contrato com um shopping para atender a mais de 300 lojas de atacado e varejo. Porém, não deu tempo de comemorar a conquista, pois a pandemia derrubou o projeto; e de um dia para o outro fiquei com apenas um cliente na carteira.

Regra 9 – o sucesso de hoje não garante o sucesso do amanhã. Esteja sempre inovando e cuide de suas finanças.

A doença

Você já imaginou ter sua vida virada de pernas para o ar de uma hora para outra? Eu não! Como se não bastasse sair de uma sociedade de uma forma muito dolorosa, vivenciei uma experiência de quase morte, ficando 16 dias hospitalizada na UTI por conta de uma infecção generalizada advinda de uma cirurgia para retirar uma pedra que estava no meu canal urinário. Estava tão frenética e focada no trabalho que não percebi que meu corpo estava doente. Os médicos me perguntavam se eu sentia alguma dor, porém nada sentia.

Quantas vezes vivemos anestesiados com as dores da vida e de fato não percebemos o que está acontecendo? Quantas vezes somos negligentes com nós mesmos? Cheguei no fundo do poço. Eu já não tinha empresa, não tinha trabalho e agora não tinha saúde. Recebi documentos dos médicos para que eu pudesse me aposentar, sequer eu conseguia tomar banho sozinha. Demorava mais de 30 minutos para colocar roupa e tinha de me deitar várias vezes neste período, pois me faltavam forças e o ar. Lembro-me de que um desses dias, quando eu já estava em casa e liguei para minha médica, disse a ela que estava morrendo e minha família não sabia. Foi um grito de socorro: "Me ajuda ou me mata de uma vez, pois eu não suporto mais".

Uma mulher ativa, arrimo de família, cuidava dos filhos, da mãe, de funcionários, empresas em todo o Brasil... agora não tinha forças nem recursos sequer para fazer uma compra de supermercado. Nesse momento tão difícil contei com o apoio e o cuidado da minha família. Minha mãe e meus filhos foram a força de que eu precisava para sobreviver e encontrar um motivo para viver. Fui amada e desejada, então percebi que eu precisava viver por eles. Um dos momentos mais difíceis e importantes da minha vida me fez perceber que a força que eu tinha era semelhante à da águia, pelos seus grandes voos e pela visão ampliada. Porém, esqueci-me de que a águia, ao completar 40 anos, arranca todas as suas penas com o bico e recomeça uma nova história. Eu sou uma águia e sobrevivi para lhe contar esta história.

Regra 10 – não há um lugar melhor do que nos braços de uma mãe. Contemple esse amor.

O recomeço

Eu venci! E acredite: comecei do zero, sem dinheiro, sem saúde, apenas com um desejo e uma ideia. Mais uma vez encontrei pessoas que acreditaram no meu sonho, pessoas que desejavam minha volta, confiavam em mim e, acima de tudo, me amaram.

O agora sobreviveu a uma pandemia, a uma doença, à falta de capital e hoje eu posso dizer que a história valeu a pena. Eu precisei apenas acreditar! Havia dias em que meu filho Thiago me dizia: "Para que isso? Fecha tudo e fica em casa, mãe". Reunia forças que não sabia que tinha. Ia para a empresa sozinha, ou às vezes com meu sócio. Olhava aquela sala enorme vazia, sem ninguém, e mesmo assim não aceitava que era o fim. Porém, mesmo diante da triste realidade, eu conseguia enxergar o ambiente cheio, muitos clientes, muitos negócios, muita prosperidade e felicidade.

Mais uma vez Deus me honrou! Hoje somos muitos, atendemos na pandemia a mais de 200 empresas. Nossa marca está consolidada novamente e ajudamos outras pessoas a empreender. Ainda somos novos. Temos projetos arrojados e todos os sonhos se tornam realidade.

E eu? Bem, eu provavelmente hoje acredito mais em você do que você mesma. Convido você para entrar no jogo, pois descobri que somos as donas da p**** toda!

Regra 11 – você determina seu começo e seu fim. Sua hora é AGORA!

105

MULHERES E SEUS DIFERENTES PAPÉIS

Mãe, filha, esposa, amiga, aluna, profissional, empresária, esportista, professora e outros tantos papéis que temos em nosso dia a dia. Como dar conta de tudo isso e ainda conseguirmos tempo para nós mesmas? As próximas páginas a levarão a uma reflexão sobre como conseguimos realizar todos esses papéis de nossas rotinas e sermos felizes e bem-sucedidas.

VIVIANE KARINA GIANLORENÇO

Viviane Karina Gianlorenço

Contatos
evoluadho@gmail.com
Instagram: @karinagianlorenco / @evoluadho
16 98112 3424

Proprietária da Evolua Desenvolvimento Humano e Organizacional. Tem formação em Psicodrama, Eneagrama, *Coach*, Análise Comportamental. MBA em Desenvolvimento Humano. Atua como consultora de RH e treinadora corporativa de algumas empresas no estado de São Paulo. Professora executiva dos MBAs da Unifev e pós-graduação da FIU (Pereira Barreto) e FGV, conveniada Unifev. Palestrante em vários temas de desenvolvimento humano e temas para a transformação de mulheres.

A vida nos dias de hoje nos leva a um ritmo frenético que não percebemos que não é nosso. Simplesmente aceitamos e, quando vemos, estamos no piloto automático, fazendo tudo e mais um pouco. Às vezes me pego pensando: "Nossa, como era bom ser criança, sem muitas responsabilidades e agora tudo fica sob a responsabilidade da mulher que me tornei". Com certeza, essa não é uma reflexão somente minha, mas também de outras tantas mulheres que têm uma rotina diária maluca e frenética; pedimos às vezes para o dia ter mais de 24 horas. A questão do empoderamento feminino tem validado ainda mais que todas nós assumamos esses papéis e sejamos chamadas de "mulheres-maravilha". Não que isso seja ruim. Tenho orgulho quando escuto que sou uma mulher forte, guerreira e que sou a mulher-maravilha, mas tenho medo às vezes de onde tudo isso vai dar. Quando criança, sonhava tantas coisas: ser bailarina, policial, veterinária, casar-me com o príncipe encantado... Quando me dei conta, a vida passou rápido demais e tudo o que sonhei um dia aconteceu diferente. A escolha da profissão, estudar ou trabalhar? Namorar ou casar? Qual faculdade fazer? Isso porque tive a oportunidade de poder fazer uma faculdade, diferentemente de outras mulheres que não têm essa possibilidade e acabam sendo reféns da vida, repetindo as histórias de suas mães, suas avós e de gerações passadas.

Para chegarmos aonde estamos agora numa tentativa de igualdade de gênero e posicionamentos profissionais, muitas mulheres lutaram bravamente. Em minhas palestras, falo sempre que a mulher empoderada não é somente aquela que vemos nas redes sociais – linda, glamourosa, bem-sucedida, com carros, casas caras, com namorado ou marido parecendo o príncipe da Cinderela. Mulheres empoderadas são todas as mulheres que acordam cedo para cuidar de seus filhos e levá-los às escolas ou deixar com a vizinha ou a babá para que possam ir trabalhar, sejam em suas próprias empresas, casas ou nas empresas e casas de outras pessoas. Empoderadas são aquelas mulheres que se olham no espelho e reconhecem o quanto são fortes e guerreiras, mesmo que o tempo as tenha deixado enrugadas, com marcas e expressão de cansadas. Empoderadas são mulheres loiras, morenas, pretas, ruivas, magras, acima do peso. Empoderadas são todas as mulheres que fazem todos os dias os papéis de mãe, amiga, esposa, mãe solo, donas do lar, professoras, empresárias etc. Essas são as mulheres-maravilha, são os exemplos para todas as mulheres, e claramente deixarão um grande legado para as futuras gerações. Mas ao mesmo tempo que somos tão fortes, guerreiras, exemplos de superação, temos nosso lado frágil, que muitas pessoas olham e não veem, mas que temos de lidar todos os dias quando deitamos nossas cabeças no travesseiro e choramos todos os nossos problemas, nossas mágoas, nossas angústias, porque de alguma forma, para ganhar sempre, temos de renunciar a algo. Perdemos muitas coisas, pois temos de pensar nos outros, estarmos sempre prontas para resolver os conflitos de trabalho, além de todas as responsabilidades com os filhos, com a casa e marido etc. Quando nos damos conta, estamos vivendo uma vida de entrega para as outras pessoas, mas estamos nos esquecendo um pouco de nós mesmas.

Umas das coisas mais importantes que perdemos no meio do caminho é a autoestima, com todo esse turbilhão de papéis para desempenhar, nós como mulheres multitarefas nos deixamos em último plano. Sendo assim, quando nos damos conta, vemos que o tempo passou, envelhecemos, a saúde já não é mais a mesma, a disposição vai diminuindo, já estamos mais cansadas, e aí vem a pergunta: "O que fazer com tudo isso agora?". A mulher-maravilha que dava conta de tudo esqueceu-se de dar conta de si mesma. Sempre me pego fazendo essa pergunta a mim mesma, se tudo que faço vale a pena, se estou certa nas minhas decisões; e isso me coloca sempre para refletir que nós mulheres somos a perfeita MARAVILHA de Deus, e que você e ninguém mais é capaz de te dar o que você mais quer: SER FELIZ. Nossa felicidade não está nas mãos de outras pessoas e sim nas nossas mesmas. Temos o domínio e a decisão de ir até o ponto que queremos em tudo o que nos propomos a fazer. Por isso, para as mulheres que se esquecem de que são fortes, poderosas, vai uma reflexão para enfrentarmos o dia a dia com toda a garra e a força do mundo: você pode fazer o que quiser, ser quem quiser e conquistar o que quiser, porque o mundo inteiro está em suas mãos. Se eu puder dizer alguma coisa, te digo que você PODE!

Nunca acredite que você não é capaz. Por mais que seja difícil, INSISTA. Jamais se cale por alguém e não dê atenção às críticas que não se acrescentarão ao seu autodesenvolvimento. Você é mulher, tem grandes poderes e potenciais em suas mãos.

Dicas para o dia a dia das mulheres multitarefas

- Levante-se um pouco mais cedo, tome seu banho e passe seu creme preferido. Presentei-se com esse carinho para o dia começar bem.
- Faça uma oração ou meditação, o que preferir. A vibração do seu dia com certeza será mais positiva.
- Faça tudo com amor e dedicação.
- Planeje seu dia com suas prioridades de entregas, tanto no trabalho quanto em suas responsabilidades com filhos, casa etc.
- Tire um tempo somente para si; faça sua ginástica, sua dança ou sua atividade preferida.
- Acima de tudo, trate-se com carinho. Ame-se dia após dia e, principalmente, sorria, mesmo que esse sorriso às vezes não seja tão natural. Esse é o segredo que faz termos força para nos levantarmos todos os dias e enfrentarmos nossos desafios diários.

E depois de tudo isso, você ainda acha que não é empoderada? Que ainda não tem autoestima? Que está cansada de tudo que tem que fazer e cuidar? Que quando o despertador toca, não quer levantar-se? Não faça isso consigo. Lembre-se: você é que tem as rédeas de sua vida. Gosto sempre de fazer um exercício pela manhã, que me dá mais força para seguir sempre empoderada e realizar todas as minhas responsabilidades diárias. É uma técnica de empoderamento, que gosto também de fazer em minhas palestras para mulheres. Vou compartilhá-la com vocês e espero que as ajudem de alguma maneira. Vamos lá?

Técnica do empoderamento

Nesse momento, mulher, vou pedir a você que coloque uma música de fundo que você mais gosta e que te inspire coisas boas. Em seguida, fique de pé, feche os olhos e inspire e expire com calma para iniciarmos essa viagem. Deixe que essa reflexão leve você ao lugar mais maravilhoso do mundo: seu interior!

Com os joelhos levemente flexionados, você vai sentir a energia que vem da terra, subindo nos seus pés, passando pelas pernas e chegando na região do abdome e dos quadris bem devagar, inspirando e expirando. Não tenha pressa. Aproveite o momento e a energia que está circulando em seu organismo. Repita essa respiração por três minutos, e agora sinta essa energia trazendo calor para todos os músculos, sincronizada entre corpo, mente e sensações. Em seguida, sinta essa energia subindo ao coração e até a cabeça e explodindo para o Universo. E quando estiver pronta vá lentamente esticando as pernas, sentindo seu corpo e toda essa conexão que foi gerada nesses poucos minutos. Permita-se estar aí ocupando seu lugar no mundo, conectando-se com suas raízes e origens, posicionando seu poder feminino em sincronicidade com o poder da natureza e de toda a existência. Agora coloque levemente suas mãos em seus quadris e abra os olhos devagar, sorrindo e agradecendo por ser essa mulher maravilhosa e guerreira que é. Vá para a vida, levando todo o amor e toda a verdade que faz você ser uma mulher empoderada!

Espero que de alguma maneira essas reflexões tenham-na ajudado de alguma forma, pois é como eu consigo levar meu dia com minhas rotinas de mãe, amiga, namorada, professora, empresária, filha, aluna e outros papéis que realizo, assim como você, em meu dia a dia. Vou terminar com uma frase de que gosto muito e que faz todo o sentido para mim; espero que também faça para você.

Você veio a este mundo para viver a experiência de ser você! Não tente ser nada além do que você mesma! "Só você" é a melhor forma de encontrar o que há além de si.
NINA ZOBARZO

A ENGENHEIRA AGRÔNOMA DAS CIDADES INTELIGENTES

Qual é a história que você está contando sobre si? Você está feliz? Todas nós podemos viver a imensidão da vida, mas somos envolvidas pelo caos e não percebemos o quanto somos importantes na construção da sociedade. As mulheres podem melhorar o mundo e, como engenheira agrônoma, posso dizer que nunca é tarde para replantar, germinar novas sementes e despertar a mulher forte e corajosa que escondemos dentro de nós. Juntas, podemos mudar o que nos incomoda, agindo localmente para obter resultados a nível global. A mulher que acorda não cochila nunca mais!

WALESKA DEL PIETRO

Waleska Del Pietro

Contatos
waleskadelpietro@gmail.com
Instagram: @waleskadelpietro
19 99894 9498

Engenheira agrônoma, mestre em Agricultura e Ambiente. MBA em Gestão e Investimento. Gestora e educadora ambiental. Especialista em cidades inteligentes. Trabalha com a elaboração de projetos de políticas públicas, com foco em desenvolvimento sustentável. Já atuou em diversas instâncias, públicas e privadas, coordenando projetos na área de sustentabilidade.

Sou uma mulher forte, determinada e sei muito bem o que eu quero! Mas nem sempre foi assim. Vou compartilhar com vocês como aconteceu meu despertar, como transformei meu caos em oportunidade, descobri meu propósito e hoje atuo em projetos que promovem cidades para pessoas, ou seja, mais humanas, eficientes, sustentáveis e inteligentes.

Estamos vivendo em um mundo no qual a grande disrupção é a velocidade com a qual tudo está se transformando. A vida está cada vez mais acelerada, em um ritmo alucinante – e muitas vezes não percebemos que não estamos vivendo a história que gostaríamos de (e nem sabemos como) mudar. É preciso conhecer nossas dores, entender o que nos impede de vivermos nossa melhor versão em busca dos nossos objetivos. O segredo é se tornar aliada da transformação que desejamos ver no mundo, e essa transformação primeiro acontece dentro de nós.

Eu sempre fui uma menina alegre, estudiosa, madura e companheira dos meus pais. Filha única até os nove anos, não tive uma infância de muitas aventuras. Minhas brincadeiras eram mais seguras e sempre próximas da minha mãe – uma mulher de história incrível, que abriu mão da sua vida profissional para seguir ao lado do meu pai e cuidar dos filhos. E assim fez com muito amor e atenção exagerada (risos). Ela é a grande cuidadora da família e os dois estão juntos há mais de 50 anos, um exemplo de paciência e companheirismo. A Ritinha e o René são pais incríveis para mim e para meu irmão René Filho. Não tivemos muitos bens materiais, mas o amor, os valores e os princípios que recebemos foram valiosíssimos e fizeram toda a diferença na nossa estrutura como bons seres humanos.

Crítica e questionadora de tudo, minha mãe me intitulou: feliz sempre, satisfeita nunca! E sou assim mesmo, até hoje! Se pode ser melhor, por que não é? Se funciona lá, pode funcionar aqui! Enfim, minha cabeça está sempre fervilhando nos pensamentos para melhorar os processos, os ambientes e as pessoas.

Menina de sonhos grandes, sempre estudei em escolas públicas e acreditava que o único caminho para o sucesso seria o conhecimento. Sem medir esforços, aos 14 anos já estudava em outra cidade, no período integral, e me locomovia com transporte público interurbano. Aprendi a me virar sozinha "na marra". Formei-me técnica em alimentos no Colégio Técnico de Campinas e ingressei na Universidade Federal de São Carlos, no curso de Agronomia. Lá desenvolvi diversos projetos na área de produção de alimentos e meio ambiente. Comecei a trabalhar antes mesmo da minha formatura e nunca parei; aliás, continuei me especializando em Gestão Ambiental, Educação Ambiental, MBA em gestão de processos e também cursei mestrado em Agricultura e Ambiente.

Paralelamente aos estudos, foi na universidade que conheci o grande amor da minha vida: meu companheiro desde 2002, meu marido Denis Storani, engenheiro agrônomo também, com quem divido a vida e dois filhos maravilhosos: Catarina e Enrico. Costumo brincar que levei um trote na faculdade e continuo levando até os dias de hoje (risos). Brincadeiras à parte, agradeço a Deus pela família que formamos e pela parceria que desenvolvemos ao longo desses anos, respeitando nossas diferenças (que são muitas) e escolhendo, todos os dias, evoluir e caminhar lado a lado; afinal, amar é para os fortes.

Fui preparada para o mercado de trabalho, sempre estudando muito, mas nenhum desses estudos me preparou para a maternidade; e essa foi a grande transformação da minha vida. Eu e o Denis nos casamos depois de sete anos de namoro. Mesmo casados, levávamos uma vida bem agitada e de muito trabalho e viagens, sempre nos apoiando nos desafios. Chegamos a passar um aniversário de casamento com um rápido encontro no aeroporto. Eu dava aulas, fazia mestrado, viajava para congressos – nacionais e internacionais –, ganhava prêmios e bolsas de estudo; enfim, sempre tive sucesso no trabalho, por onde passei. Depois de dois anos e meio de casados engravidei da Catarina, hoje com dez anos. Foi uma grande alegria para toda a nossa família e durante toda a gravidez tive muita disposição para continuar com meus trabalhos, viagens, mestrado e até cuidar da construção da nossa casa! Disposição que durou até as 41 semanas sem descansar; e no dia dos namorados do ano de 2012 nasceu nossa garotinha, branquela e gorducha. Foi então que pela primeira vez em muitos anos precisei desacelerar. Nesse *break* eu tive a famosa depressão pós-parto, e muito pouco ou quase nenhum apoio. Atravessei um grande deserto de múltiplos sentimentos.

As mulheres das cidades precisam de apoio!

Tudo aconteceu diferente do que planejei! Meu orientador não me deixou continuar trabalhando no laboratório. Eu precisei deixar meu trabalho pela distância entre as cidades; a construção não se finalizou com todos os detalhes; o parto normal treinado durante os nove meses virou cesárea; a amamentação não fluiu; tudo doía muito; sentia-me muito sozinha e culpada. Enfim, foi mais difícil do que eu imaginei e não estava preparada para esses desafios porque, mesmo lendo livros e revistas, "na prática, a teoria é outra"; e nenhuma delas mudava aqueles loucos sentimentos.

As mulheres das cidades precisam de apoio!

Segui alguns poucos (e intensos) meses naquela situação. Busquei ajuda e aos poucos fui melhorando e aprendendo a lidar com os desafios, mas me fechei bastante para muitas coisas, pessoas e projetos. Passei a enxergar o mundo de outra maneira. Tudo havia mudado bruscamente para mim. Fui morar em uma cidadezinha pequena e pacata, sem rede de apoio, com uma bebê que dependia 24 horas de mim e não tinha mais meu trabalho. Meu marido continuava trabalhando bastante e demorou para ele perceber que minha vida tinha mudado muito. Fiquei em tempo integral com a Catarina durante um ano e dois meses, quando então encontrei uma escolinha para deixá-la por meio período e tentar voltar ao mercado de trabalho, mas confesso que estava difícil encontrar trabalho e eu achava, ou melhor, tinha quase certeza de que não conseguiria mais voltar no mesmo ritmo. Tudo tinha mudado muito; foi então que resolvi ter outro filho. Sempre quis ter dois e achei que seria a melhor hora, pois cresceriam juntos! Engravidei do Enrico quando a Catarina tinha um ano e meio. Já me preparei psicologicamente, pois eu queria viver uma experiência diferente da primeira. Na verdade, queria provar para mim mesma que poderia ser diferente. E assim foi! Optei pela cesárea (sem culpa), mas novamente tive problemas com a amamentação e, dessa vez, eles vieram acompanhados da alergia à proteína do leite! Cada filho nos prova de uma maneira e a gente vai aprendendo com as dificuldades! Foram meses de idas e vindas ao hospital até um correto diagnóstico; muitos medicamentos, injeções, internações, mãe esgotada e filha mais velha dando muito trabalho. Foi uma fase de muita resiliência e fé, transformadoras para mim.

As mulheres das cidades precisam de apoio!

Nessa fase, depois de conhecer mais de 20 médicos especialistas e muitos remédios e injeções, passei a buscar soluções naturais para a saúde, que me acompanham até hoje. Ervas medicinais e óleos essenciais fazem parte da nossa vida e também dos meus projetos para as cidades. Amo implantar farmácias vivas e jardins funcionais por aí. Sinto que a maternidade me transformou por completo, ensinou-me a ser mais forte, corajosa e a lutar por um mundo melhor para eles.

As mulheres das cidades precisam de apoio!

Demorou alguns meses para tudo se encaixar, mas deu tudo certo! Aos poucos Enrico foi se livrando da alergia, Catarina se adaptou com a mamãe compartilhada com o irmão e então eu comecei novamente minhas tentativas de voltar ao mercado de trabalho. Meu marido atua também na área ambiental e nós trabalhamos em alguns projetos juntos, mas eu queria ter minha própria identidade na vida profissional e por isso continuava buscando. Mesmo amando estar com meus filhos, eu sentia muita falta de trabalhar, produzir. Resolvi então empreender, pois não precisaria ficar longe das crianças. Trabalhei com recreação infantil em um projeto lindo com outras mães. Fazíamos também artesanato e foi muito sucesso nossa Mamylab (laboratório de ideias das mães). Também vendi roupas e cosméticos; tudo isso era muito legal e me ensinou muito! Porém, meu coração pulsava por projetos, pela engenharia, pelo desenvolvimento sustentável, por ensinar e transformar; então continuei buscando. Nunca desisti. Acredito que cada uma de nós tenha sua história. Respeito e admiro as mulheres que optam por ser mães exclusivamente ou por se dedicar a um novo projeto a partir de casa, mas não me adaptei, e tudo bem! Consegui uma oportunidade temporária e muito interessante, que foi dar aulas em escolas públicas e também em uma escola particular. Além de ensinar, eu aprendi como lidar com pessoas de diferentes idades e classes sociais. Pude ter uma visão da sociedade como um todo; afinal, de repente eu tinha 300 alunos em três escolas totalmente diferentes.

Foi uma jornada transformadora e de muito aprendizado sobre educação. Fiz cursos e me envolvi em projetos que continuo desenvolvendo até hoje, com meus parceiros, levando para as cidades projetos com metodologias ativas (STEM – Ciência, Tecnologia, Engenharia e Matemática) e projetos de produção sustentável, com sistemas agroflorestais dentro das escolas. Acredito que uma educação inovadora rompe fronteiras, e isso faz parte do meu propósito, que fui descobrindo com esse meu despertar. A gente não nasce sabendo qual é nosso propósito, por isso precisamos olhar para dentro de nós para entendermos o que faz nosso coração bater mais forte.

As mulheres das cidades precisam de apoio!

Eu continuava buscando oportunidades. O contrato com as escolas públicas foi temporário (seis meses) e, logo depois, eu também saí da escola particular, pois fui convidada para trabalhar como coordenadora do meio ambiente na cidade! Que desafio! Eu nunca havia trabalhado no setor público e, então, me apaixonei! Pude perceber o quanto nossas cidades precisam de soluções eficientes e o quanto precisamos envolver TODOS nessas soluções. Precisamos perder menos tempo com discussões vazias e usar nosso tempo a favor da nossa comunidade. Eu fiquei realmente vidrada na gestão pública e então consegui ter clareza do meu tão buscado PROPÓSITO. Comecei a estudar sem parar: planejamento urbano, políticas públicas e agora sou especialista em cidades inteligentes.

Hoje eu trabalho com diversas cidades, desenvolvendo projetos que promovem soluções, com a meta de tornar as cidades brasileiras cada vez mais inteligentes, cumprindo os objetivos de desenvolvimento sustentável da Organização das Nações Unidas (ONU), propostos na Agenda 2030.

Estamos em um grande processo de urbanização no Brasil e, até 2050, a expectativa é de que 70% da população mundial esteja concentrada em áreas urbanas, conforme previsão da ONU. Esse adensamento populacional pressiona as gestões das cidades a assumir papéis mais ativos e pensar em soluções para atender ao crescimento por demandas públicas.

As pessoas ainda têm a percepção de que cidade inteligente é a cidade digital, do futuro e cheia de tecnologia, mas não é. Cidade inteligente é a cidade desenvolvida para as pessoas, a cidade que funciona – um lugar onde tudo conspira para fazer nossa vida melhor! Aqui no Brasil, temos uma realidade diferente das cidades consideradas inteligentes nos países desenvolvidos dos Estados Unidos, dos Emirados Árabes e de países da Europa. Aqui ainda não resolvemos muitos problemas que se arrastam por mais de 500 anos, como planejamento urbano, distribuição de água potável, saneamento básico, burocratização e ineficiência de processos, entre outros. É neste contexto que nosso país se vê diante de um grande desafio: transformar as cidades em lugares que funcionem melhor e que ofereçam mais qualidade de vida aos seus moradores. Isso significa, principalmente, ampla oferta e bom funcionamento dos serviços públicos, garantindo a todos o mesmo acesso a saúde, educação, moradia, mobilidade urbana, segurança, meio ambiente, participação cidadã, transparência, livre acesso a informação, valorização da história local, entre outros pontos, sendo a tecnologia o meio para alcançar esses objetivos. Além destes, o processo de tornar uma cidade mais inteligente também dialoga com outras linhas do planejamento territorial mais humanísticas e com viés de equidade e justiça social, como é o caso das agendas Internacionais da ONU: Objetivos do Desenvolvimento Sustentável (ODS) e a Nova Agenda Urbana (NAU).

No Brasil, os municípios estão no caminho desse processo, que é em longo prazo e precisa do envolvimento de todos os agentes da transformação: governo (setor público), as empresas (setor privado), as instituições de ensino e a sociedade civil organizada (incluindo os cidadãos e as ONGs). Sem a participação efetiva dos cidadãos, não é possível criar uma cidade inteligente. A transformação começa com nossa atuação e nosso envolvimento.

A maioria dos municípios não sabe exatamente qual é sua realidade, qual é sua vocação. Meu trabalho hoje é auxiliar esse diagnóstico, desenvolver um plano de metas e estabelecer quais são os projetos prioritários para aquele lugar, pois não existe uma receita pronta! Cada cidade tem sua história, suas dificuldades e seus problemas. Quero atuar cada vez mais promovendo cidades inteligentes para as pessoas. Para isso, precisamos desenvolver as lideranças da cidade, assumindo como desafio permanente a formação integral de seus agentes da transformação. Na cidade inteligente e educadora, as diferentes políticas, espaços, tempos e atores são compreendidos como agentes pedagógicos, capazes de apoiar o desenvolvimento de todo o potencial humano. Esse conceito vem ganhando relevância desde a década de 1990, e hoje não está mais limitado ao ambiente escolar e acadêmico, pois as discussões que propõem ganharam espaço. Nessa jornada, percebo claramente o quanto precisamos unir as mulheres para esse desenvolvimento. Essa é uma das razões pelas quais topei participar deste livro. Muitas delas têm potencial, mas falta apoio, coragem e direcionamento para que participem do desenvolvimento.

Precisamos repensar as dinâmicas e as transformações das cidades, almejando cidades mais humanas, democráticas e sustentáveis para as mulheres, mas com a participação e o apoio efetivo delas. Se somos a maioria do eleitorado, mas a minoria na representatividade, precisamos fortalecer nosso grupo. As mulheres precisam se sentir representadas por elas mesmas, sentir confiança em caminharem ao lado dos homens. Por isso, é imperativo incluir a mulher no papel de tomadora de decisão, seja em métodos participativos de desenho de projetos, seja no papel de produtora do espaço (arquiteta, urbanista, engenheira, geógrafa…), no campo político, desenhando políticas públicas ou mesmo fortalecendo as administradoras dos lares, as empreendedoras, líderes comunitárias etc. Quando mulheres se unem, coisas incríveis acontecem.

Acredito na participação e na colaboração entre diferentes agentes da transformação da cidade, elaborando e executando planos, projetos e programas que busquem a sustentabilidade no meio urbano. Sigo sem desistir de cidades mais inteligentes, feitas para as pessoas. Como diz uma das minhas inspirações, Michelle Obama: "Não há limite para o que nós, como mulheres, podemos realizar, seja na política ou em outras áreas".

Espero que o relato do meu despertar seja como semente para outras mulheres germinarem e se desenvolverem, sendo autoras da sua própria história e fazendo parte da história das suas cidades também.

Vamos juntas! Quando mulheres se unem, coisas incríveis acontecem!

107

AS DEUSAS VIKINGS COMO INSPIRAÇÃO

Desde criança, tenho muito orgulho do meu nome de batismo. Na adolescência, alguns professores me perguntavam se eu conhecia sua origem e isso me chamava atenção. Fiquei curiosa e fui buscar um pouco da história das Valquírias. Elas eram deusas vikings, filhas do deus da guerra e integravam o time de Odin, o principal deus da religião cultuada pelos povos nórdicos e germânicos europeus.

WALKIRIA ALMEIDA

Walkiria Almeida

Contatos
w_almeida35@hotmail.com
LinkedIn: https://bit.ly/3x8ObyL
Lattes: https://bit.ly/3uaD9am
Instagram: @wa.educorp

Mestre em Administração com concentração em Gestão Internacional pela Escola Superior de Propaganda e Marketing (ESPM). Mais de 30 anos de experiência como secretária executiva de presidência e diretoria. Palestrante nacional e internacional (1º Fórum Internacional de Secretariado, em Moçambique). Docente na FMU, no curso de Secretariado Trilíngue. Diretora das empresas WA – Educação Corporativa e *New* consultoria *jobhunter, headhunter* e mentoria. Coordenadora, autora e coautora de algumas obras: *Competências dos profissionais de secretariado em diferentes empresas* (2017); *Recepção, atendimento e técnicas secretariais* (2020); *Excelência no secretariado* (2013/2021); *O futuro do secretariado: educação e profissionalismo* (2019); *Meu Cliente subiu no telhado... E agora?* (2021); *As incríveis: histórias de mulheres que deram a volta por cima e fizeram acontecer* (2022), esses quatro últimos publicados pela Literare Books.

A mudança não virá se esperarmos por outra pessoa ou outros tempos. Nós somos aqueles por quem estávamos esperando. Nós somos a mudança que procuramos.
BARACK OBAMA

Um pouco sobre as valquírias

Ao ler sobre a história das divindades vikings, orgulho-me e agradeço a escolha do meu nome pelos meus pais, Anibal Gomes de Almeida e Maria David de Almeida (em memória). Um dos significados é "guerreira". Eu me sinto vencedora por ter conseguido superar tantos desafios, tantos problemas e tantas situações extremamente difíceis.

Conforme pesquisas, descobri que elas percorriam os campos de guerra atrás dos melhores soldados e escolhiam os homens mortos nas batalhas e os conduziam para que chegassem até Valhalla, o famoso e desejado salão de Odin.

Apesar de serem criaturas extremamente interessantes e importantes para a cultura nórdica, as valquírias não são bem o que vemos em filmes e desenhos.

A ária "A cavalgada das valquírias" ficou muito popular por inúmeras apresentações em obras cinematográficas, sendo muito prestigiada, dado o talento de Wagner em suas óperas dramáticas. Na própria mitologia nórdica, elas aparecem no Edda em verso ou Edda poética, uma coleção de poemas nórdicos antigos que registram lendas. As composições de Wagner são notáveis por suas texturas complexas, harmonias ricas e orquestração com temas musicais associados com caráter individual, lugares, ideias ou outros elementos.

O secretariado entrou na minha vida gradativamente

Minha irmã, Wilma, trabalhava em uma grande empresa como secretária. Ficava encantada ao vê-la se arrumar e por várias vezes pensei: "Quero atuar nessa profissão". Um dia essa oportunidade chegou. Fui convidada para participar de um processo seletivo na empresa em que trabalhava como auxiliar de escritório. Na época, tinha três candidatas e eu fui aprovada. O mais interessante é que eu ainda não era formada; estava no segundo ano técnico do curso de Secretariado. Minha carreira foi ascendente. Atuei como secretária júnior, plena, executiva e de presidência. Nunca parei de estudar e de me capacitar. Participava de muitos treinamentos, palestras e eventos.

Algumas pérolas sobre minhas atividades como secretária:

- Atender executivos de outros países e ter de levá-los para almoçar, jantar e até baladas.
- Cair no escritório e quebrar os dois saltos do sapato.
- Comprar livros, por engano, sobre a reforma agrária.
- Receber uma ligação de mulher dizendo que é uma "paquera" do executivo e descobrir que não era seu chefe e sim um outro que tinha o mesmo nome de batismo.
- Receber um convite para gerenciar um restaurante da empresa e seu executivo a demover dessa ideia porque você é muito importante para ele.
- Trabalhar com executivos de nacionalidades diferentes: brasileiro, chinês, japonês e português. Uma verdadeira Torre de Babel.
- Trabalhar com um executivo famoso que prega boas ações nas palestras e não as aplica à rotina da sua empresa.

Situação financeira

Mesmo que não queiramos, toda separação é difícil. Após tomar a atitude de pedir o divórcio de um casamento de dez anos, sofri muito por vários motivos; e um deles foi o financeiro. Durante esses momentos de turbulência, procurei manter a fé em dias melhores e foco no meu desenvolvimento e no trabalho. Foram anos difíceis e por várias vezes desanimei, pensei em desistir, mas me inspirei nas "valquírias", mulheres batalhadoras, vencedoras e que superaram adversidades.

Nunca vencemos sozinhos, sempre temos ajuda de amigos e até de pessoas que não imaginávamos que estariam conosco. Posso dizer que sou afortunada porque, nos momentos mais complicados, recebi apoio e atenção.

Muitas vezes, ouço candidatos, nos processos seletivos, dizerem que não vão trabalhar naquela localidade porque é distante da sua residência e então eu me lembro de que lecionei em lugares longínquos e foram experiências agregadoras na minha vida. Ministrei cursos, cujos temas eram desconhecidos para mim até aquela data, estudei e consegui finalizar com qualidade. Certa vez, fui convidada para fazer atas em uma empresa gerenciada por médicos, foi algo complexo e desafiador; entretanto, o resultado foi satisfatório.

Em síntese, procurei tirar lições de todas as situações difíceis vividas. Uma vez, ouvi uma frase e nunca mais me esqueci: "Não conte para Deus o tamanho do seu problema, mas diga ao seu problema o tamanho do seu Deus" e certamente você conseguirá resolvê-lo.

Empreendedorismo

Fui secretária em uma empresa por 16 anos e lá descobri minha aptidão para a docência, pois gostava de orientar as estagiárias, assistentes e outros profissionais. O empreendedorismo chegou concomitantemente. Montei uma escola e depois uma microempresa com dois amigos. Tudo caminhava bem, mas eu precisava de mais conhecimento e, por esse motivo, fui buscar treinamentos e palestras; enfim, uma verdadeira jornada para o conhecimento. Os desafios foram inúmeros, mas aprendi muito em todas as etapas desse processo.

Uma pequena bolsa de empregos

Desde 2001, quando comecei a lecionar na graduação de uma renomada universidade, iniciei uma atividade, não remunerada, de indicar alunos para vagas de recepção, atendimento, assistentes e profissionais de secretariado.

Durante muitos anos, fazia algumas indicações, de uma forma caseira, mas, gradualmente, tudo isso mudou. Muitas pessoas começaram a divulgar essa minha atividade e fui solicitada por algumas empresas de pequeno, médio e grande porte. Foram muitas colocações e recolocações em vagas efetivas e estágio. A partir de maio de 2021, profissionalizei esse trabalho, junto com duas amigas e parceiras, Eneida Mastropasqua e Neusa Arneiro.

Atualmente, trabalhamos com recolocação e mentoria por meio da New Consultoria *Jobhunter* e *Headhunter*. É um trabalho prazeroso e que amamos fazer. A cada contratação, celebramos por termos a oportunidade de contribuir com profissionais em busca de um emprego. A New trabalha aproximando empresas de pessoas talentosas. Queremos cooperar com o implacável mercado de trabalho e principalmente com profissionais iniciantes e os 50+.

Alçando voos após uma demissão

Trabalhei 13 anos em uma universidade renomada, na cidade de São Paulo, como professora. Em junho de 2014, fui dispensada sem mesmo saber o real motivo. Fiquei arrasada por um mês, mas após uma queda grave (fraturei o úmero), resolvi me valorizar e parar de me lamentar sobre a perda desse emprego. Não foi tão simples superar essa demissão, mas a partir dessa situação minha vida se transformou. Descobri que eu tinha autoridade na minha área e que meu nome era forte no mercado de trabalho. Enfim, todo *networking* feito durante minha trajetória profissional tinha dado frutos.

Comecei a alçar novos voos, escrever e coordenar livros, ministrar cursos, palestras em vários estados do Brasil e até em outro continente (África). Além de tudo isso, finalizei o mestrado em Administração com êxito. Mas na minha vida sempre acontecem surpresas. Após quatro anos sem lecionar na graduação, recebi o convite de outra instituição de ensino para fazer parte do corpo docente do curso de Secretariado Executivo Trilíngue.

O universo dos livros

Escrever livros é algo enriquecedor. Quando colocamos no papel assuntos interessantes sobre carreira ou mesmo histórias de vida, podemos inspirar pessoas a se desenvolverem profissional e pessoalmente. Já escrevi alguns capítulos com outras autoras, um livro individual e coordenei três projetos literários. Em cada obra, percebi a importância de deixar um legado e o quão importante é influenciarmos pessoas.

Alguns benefícios para quem quer escrever livros: deixar registrado o conhecimento, para que qualquer pessoa possa ter acesso; criar uma identidade e autoridade em algum assunto; fornecer credibilidade para futuros trabalhos; dar visibilidade nas mídias sociais; e desenvolver *networking*.

Síntese dos meus trabalhos literários

Livro Excelência no Secretariado

Esse livro traz assuntos muito interessantes sobre o secretariado. Em 2013, tivemos a primeira versão e a edição especial, em 2021.

Alguns assuntos abordados: a importância da formação específica; a pesquisa na área do secretariado; amor pela profissão: uma escolha consciente; contribuições da educação à distância para formação do secretariado; como identificar indicadores de resultado: mensurar e dar visibilidade aos níveis decisórios quanto aos resultados; a atuação do secretariado executivo na gestão da informação e do conhecimento.

Competências em diferentes empresas

Em 2017, após o término do mestrado, fui convidada para lançar um livro com o tema da minha dissertação. Essa obra versa sobre as competências exigidas pelas empresas na área do secretariado e traz uma pesquisa bem elaborada sobre itens relevantes para essa profissão.

O futuro do secretariado

Em 2019, Bete D´Elia e eu lançamos esse projeto e foi um sucesso. O objetivo principal foi abordar a educação no secretariado. Todas as coautoras participaram do nosso curso preparatório de docência.

Alguns itens sobre o livro: ensino, aprendizagem e as mudanças geradas ao docente e aos discentes; gerações X, Y e Z; inteligência emocional focada em sala de aula; educação contemporânea: os desafios da didática e metodologia; ruptura do secretariado convencional com a transformação digital; o docente como protagonista da nova educação.

Recepção, atendimento e técnicas secretariais

No final de 2019, recebi o convite do Senac para escrever esse livro. Fiquei muito feliz com o resultado do projeto.

Algumas abordagens no livro: mercado de trabalho; atendimento ao cliente; comunicação; técnicas secretariais; organização de eventos profissionais; gestão de carreira.

Meu cliente subiu no telhado... E agora?

Em 2020, junto com Cláudia Avelino, lancei mais um projeto arrojado e inovador. Esse livro não é um manual de atendimento e sim uma fonte de inspiração para quem deseja atender com qualidade. Tivemos 29 capítulos bem explorados.

Alguns tópicos: atendimento jurídico; consultorias diversas; atendimento no segmento saúde; excelência no atendimento a restaurantes, bares e casas noturnas; companhia aérea – turbulências no serviço; regras de ouro no atendimento.

As incríveis

O lançamento foi em 29 de junho de 2022. Esse livro foi escrito por 26 profissionais de diferentes áreas e traz histórias de mulheres que lutaram, conquistaram seu espaço e são fontes de inspiração.

Algumas histórias: "Quem canta, seus males espanta: entre sonhos e emoções"; "Vencendo suas próprias barreiras para ser feliz"; "Sonhar e realizar"; "A importância da espiadinha pelo retrovisor"; "O valor de ser diferente"; "Sonhos de uma noviça curiosa, intuitiva e determinada".

Escrever pode mudar vidas, aproximar pessoas, trabalhar a autoestima e trazer muitos benefícios.

Docência na área do secretariado

A docência chegou à minha vida lentamente e foi se instalando pouco a pouco. Por amar esse ofício, resolvi mergulhar de cabeça nesse universo.

Em 2016, Bete D'Elia e eu resolvemos iniciar um treinamento de docência porque percebemos que alguns professores e coordenadores do Secretariado Executivo são oriundos de outros cursos. Sabemos que, quanto mais pessoas formadas e com vivência em uma determinada área, maior será a qualidade dos conteúdos que conseguirão transmitir para colaborar com os estudantes de uma forma ampla. Com isso, pensamos em mudanças na educação, metodologias ativas e modelos diferenciados de aulas.

Sabe-se que a tecnologia contribui muito, mas a atuação do professor é fundamental. A docência não é somente um trabalho, como muitos pensam, e sim uma missão de vida. Enfim, lecionar é mediar, orientar, motivar, direcionar e inspirar.

O curso de docência teve início em 2016 e permaneceu até 2018. Formamos em torno de 300 profissionais em São Paulo e uma turma em Brasília/DF. A ideia inicial era preparar profissionais de secretariado para assumirem aulas no curso técnico e na graduação. O programa se dividiu em conteúdos essenciais para qualquer docente.

- Da vivência à docência.
- Competências técnicas e comportamentais.
- Como lidar com as gerações X, Y e Z.
- Metodologias ativas.
- Didática de ensino.
- DNA do secretariado.
- Inteligência emocional.

- Legislação na educação.
- Grades, formato de aulas, participação em processos seletivos etc.

Finalizo este capítulo deixando uma mensagem de otimismo:
Podemos chegar onde quisermos, basta termos determinação, fé, força e foco!